Rheinische Großstädte während der Weltwirtschaftskrise (1929–1933)

Eine Veröffentlichung des

LANDSCHAFTSVERBANDES RHEINLAND
Amt für rheinische Landeskunde

Lothar Weiß

Rheinische Großstädte während der Weltwirtschaftskrise (1929–1933)

Kommunale Finanz- und Sozialpolitik im Vergleich

1999

BÖHLAU VERLAG KÖLN WEIMAR WIEN

Gedruckt mit Unterstützung
der Rudolf Siedersleben'schen Otto Wolff-Stiftung Köln

Redaktion: Margret Wensky

Die Deutsche Bibliothek – CIP-Einheitsaufnahme

Weiß, Lothar:
Rheinische Großstädte während der Weltwirtschaftskrise (1929–1933) :
kommunale Finanz- und Sozialpolitik im Vergleich /
Lothar Weiß. – Köln ; Weimar ; Wien : Böhlau, 1999
(Eine Veröffentlichung des Landschaftsverbandes Rheinland –
Amt für rheinische Landeskunde)
Zugl.: Köln, Univ., Diss., 1997
ISBN 3-412-06299-5

Druck und Bindung: MVR Druck, Brühl
Gedruckt auf chlor- und säurefreiem Papier
Printed in Germany
ISBN 3-412-06299-5

INHALT

VORWORT DES HERAUSGEBERS

Die Finanz- und Sozialpolitik deutscher Großstädte vom späten 19. Jahrhundert bis 1945 ist in den letzten Jahren verstärkt Gegenstand historischer bzw. wirtschaftsgeschichtlicher Untersuchungen. Neben Fallstudien, die einzelnen Städten oder auch dem Vergleich zweier Städte gewidmet sind, treten Arbeiten mit einem mehrere Großstädte umfassenden interkommunalen Vergleich, wie die vorliegende Untersuchung, die die Handlungsspielräume und Einflußfaktoren der Kommunalpolitik der Großstädte Düsseldorf, Duisburg, Essen, Köln, Mönchengladbach und Wuppertal während der Wirtschafts- und Staatskrise der Weimarer Republik von 1929 bis 1933 behandelt. Im Mittelpunkt der Untersuchung stehen die Finanzen der Städte als Schlüsselbereich für deren Krisenmanagement und seine Folgen für die soziale Lage vor Ort. Für die Analyse werden die Auswirkungen der lokalen Struktur und der externen Politik von den autonomen städtischen Entscheidungen getrennt und die Städte zu drei wirtschafts- und sozialstrukturellen Paaren „Dienstleistungszentren", „Montanwirtschaft" und „Textil- und Bekleidungsgewerbe" zusammengestellt.

Die Studie analysiert die lokale Wirtschafts- und Sozialstruktur, die konjunkturelle Entwicklung, die soziale Lage wie die externe politische Einflußnahme und Finanzentwicklung. Sie zeigt, daß die strukturellen Rahmenbedingungen und die externen Vorgaben von Staatsaufsicht und Städtetag die Handlungsspielräume der Städte maßgeblich und auf unterschiedliche Weise bestimmten. Neben der Wirtschaftskonjunktur und den Städten selbst waren für die Krise der Kommunalpolitik vor allem in bezug auf die verordnete Praxis der politischen Entscheidungsfindung auch das Reich und Preußen verantwortlich. Der Autor entwickelt intertemporal anwendbare Methoden zur historischen Haushaltsstatistik und präsentiert eine bislang unveröffentlichte statistische Dokumentation von über 80 Tabellen und graphischen Darstellungen. Insgesamt leistet die Untersuchung einen Beitrag zur Gestaltung kommunaler Politik und ihrer Auswirkungen in Krisenlagen und schließt zahlreiche Forschungslücken in Regional- und Stadtgeschichte wie auch bei methodischen Fragen.

Das Amt für rheinische Landeskunde des Landschaftsverbandes Rheinland ist durch die Herausgabe des *Rheinischen Städteatlas* in besonderem Maße der Erforschung der rheinischen wie der vergleichenden Städtegeschichte verpflichtet. Der Städteatlas bietet nach festem Schema im wesentlichen ein Grundgerüst zur Geschichte der Institutionen in der Stadt, Spezialstudien zu den verschiedenen Aspekten der jeweiligen stadtgeschichtlichen Entwicklung kann und will er nicht ersetzen, auf Forschungsdesiderate kann er vielfach nur hinweisen. Städteübergreifende, vergleichende Studien der älteren wie modernen Stadtgeschichte bieten neue methodische und inhaltliche Ansätze, die sich die Städteatlasarbeit zunutze machen muß. In diesem Zusammenhang steht die vorliegende Veröffentlichung, mit der die Reihe der seit 1994 als Begleitpublikationen zum *Rheinischen Städteatlas* erschienenen Arbeiten fortgesetzt wird. Daß das Werk publiziert werden kann, ist der Großzügigkeit der Rudolf Siedersleben'schen Otto Wolff-Stiftung, Köln, zu verdanken.

Besonderer Dank gilt dem Autor, Dr. Lothar Weiß, der geduldig alle redaktionellen Änderungen mitgetragen hat, und Frau Susanne Raillard, die in der Abteilung Stadtgeschichte des Amtes für rheinische Landeskunde an der Redaktion dieses Buches beteiligt war.

Bonn, im August 1999

Fritz Langensiepen | Margret Wensky

VORWORT DES VERFASSERS

Zwei Hände reichen nicht. Diese Erkenntnis nach dem Abschluß einer voluminösen Arbeit bewirkt bei jedem Verfasser ein schlechtes Gewissen über die Zeit, das Geld und auch die Nerven, welche viele Menschen in das Gelingen eines Werkes investiert haben. Dies motiviert auch den Verfasser dieser Dissertation zu Dankesworten an seine Eltern, die VW-Stiftung für die Bewilligung des Forschungsprojekts „Wirtschaftsentwicklung und Sozialpolitik der rheinischen Großstädte zwischen Inflation und nationalsozialistischer Herrschaftskonsolidierung im Vergleich (1924-1933)" am Seminar für Wirtschafts- und Sozialgeschichte der Universität zu Köln und die Universität zu Köln für die Gewährung eines Graduiertenstipendiums, die die finanzielle Grundlage für die Anfertigung der Arbeit schufen. Für die unzähligen Korrektur- und Sortierarbeiten gebührt an dieser Stelle die besondere Anerkennung den Herren Roland Creutz, Rolf Schwieder und Dr. Herbert Wingen, für die kollegiale Zusammenarbeit im Forschungsprojekt Herrn Dr. Lutz Sartor. Schließlich kann der Verfasser nur sein Erstaunen über die große Geduld und das Engagement ausdrücken, die die Herren Professoren Dr. Hans Boldt, Dr. Klaus Mackscheidt und mein Betreuer Dr. Friedrich Zunkel aufbrachten, um den Verfasser auf der Bahn zum Ziel dieser Arbeit voranzubringen. Es war ihr Einsatz, der stets auch dann den nötigen Antrieb gab, die Arbeit fortzusetzen, wenn das Dissertationsvorhaben zwischenzeitlich in eine Sackgasse geriet. So konnte im Sommersemester 1997 die Wirtschafts- und Sozialwissenschaftliche Fakultät der Universität zu Köln dieses Werk unter dem Titel „Finanz- und Sozialpolitik rheinischer Großstädte während der Weltwirtschaftskrise (1929–1933). Ein Vergleich ihrer Handlungsspielräume" als Dissertation annehmen.

Der Dank gilt auch dem Amt für rheinische Landeskunde des Landschaftsverbandes Rheinland in Bonn und besonders Frau Dr. Margret Wensky für die Redaktion und die Organisation der Herausgabe der Arbeit, deren Druck freundlicherweise von der Otto Wolff-Stiftung unterstützt wurde.

Köln und Frechen, im Januar 1999 — Lothar Weiß

A EINLEITUNG

1 Begriffsabgrenzungen und Hinführung zum Thema

„Krisen markieren ein Durchgangsstadium, das sowohl positive als auch negative Folgen zeitigen kann (...).“[1] Diese sehr allgemein gehaltene und deshalb auf den ersten Blick wenig befriedigende Beschreibung über eine besondere politische, gesellschaftliche oder wirtschaftliche Lage macht das Problem deutlich, vor dem der Versuch steht, den Begriff „Krise“ festzulegen. Einerseits ist die „Krise“ ein im Alltag der Menschen gängiger Begriff für die verschiedensten Phänomene, andererseits kennt auch die Wissenschaft eine große Bandbreite von Definitionen einer „Krise“.[2]

Zumindest ist man sich aber darüber weitgehend einig, daß die Krise eine Dysfunktion eines ökonomischen oder politischen Systems darstellt. Dabei werden Krisen überwiegend als eine Störung oder bedrohliche Änderung des Status quo verstanden, die ein Vorstadium des Zusammenbruchs der bisherigen Ordnung sein kann.[3] Häufig bedeutet eine solche krisenhafte Lage einen Wendepunkt in Gesellschaft, Wirtschaft und Politik mit einem außergewöhnlich hohen Entscheidungsbedarf. Ihre Überwindung stellt deshalb die Handlungsfähigkeit der Entscheidungsträger und die Möglichkeiten für die Lösung der durch die Krise verursachten Probleme vor besondere Herausforderungen, die in einer stabilen Verfassung des Systems nicht erforderlich sind.[4] Es ist die Menge der alternativen Handlungsmöglichkeiten dieser Entscheidungsträger,[5] welche ihren politischen Handlungsspielraum ausmacht, die Auswirkungen einer Krise anzugehen. Dabei kommt es nicht nur auf die Quantität der Handlungsmöglichkeiten im engen Sinne, sondern auch auf ihre inhaltliche Ausfüllung durch die Akteure und die Bedingungen der Umwelt an. Der Handlungsspielraum ergibt sich dann aus dem Verhältnis dieser Faktoren.[6] Ein so definierter Handlungsspielraum grenzt schließlich allgemein die politische Macht der Akteure ein, die nach Max Weber die „Chance, innerhalb einer sozialen Beziehung den eigenen Willen auch gegen ein Widerstreben durchzusetzen, gleichviel worauf diese Chance beruht,“ ist.[7] Als eine solche Krise, in der der kommunalpolitische Handlungsspielraum der Städte stark beschnitten und die Politik zu bis dahin unbekannten Problemlösungen herausgefordert wurde, empfand die zeitgenössische Fachliteratur das Geschehen in der Kommunalpolitik während der Verfassungs- und Wirtschaftskrise in den letzten Jahren der Weimarer Demokratie. Es entstand eine ausgiebige Debatte, die unter dem Schlagwort der „Krise der kommunalen Selbstverwaltung“ geführt wurde. Ihren Feststellungen schließt sich die historische Forschung weitgehend an. An dieser Debatte fällt zunächst einmal auf, daß ihr kritisches Augenmerk stark auf die Politik der Städte und Gemeinden gerichtet war. Für

1 Sturm/Billing: Krisentheoretische Ansätze, S. 227. Zur Geschichte des Begriffs „Krise“ vgl. Koselleck: Krise, S. 617–650. Einen Überblick über krisentheoretische Modelle bietet z. B. Bühl: Krisentheorien.
2 Koselleck: Krise, S. 617. Sturm: Krisentheorien, S. 483 f.
3 Sturm/Billing: Krisentheoretische Ansätze, S. 227.
4 Eger: Krise, Krisenmanagement, S. 161.
5 Hucke: Politische Handlungsspielräume, S. 55.
6 Ebd., S. 59.
7 Weber: Wirtschaft und Gesellschaft, S. 28. Webers Definition ist die noch heute geläufigste: Weiß: Macht, S. 306.

die zeitgenössische, konservativ bestimmte Kritik war die Politisierung der Kommunalverwaltung, vor allem die „Parteiendemokratie in den Gemeinden", eine systemwidrige Verformung der Verfassung kommunaler Selbstverwaltung im Sinne des Freiherrn vom Stein. Sie wurde als verantwortungsloser Populismus bezeichnet, als dessen Folge es zu einem Mangel an Selbstdisziplin im kommunalen Finanzgebaren kam.[8] Als weiterer Faktor für die Krise der kommunalen Selbstverwaltung wurde der Zentralismus in der Gestalt des Verbundsystems der öffentlichen Finanzen angesehen, der zu Lasten der Kommunen ginge.[9] Aus diesen negativen Ergebnissen zogen die konservativen Kritiker sogar den Schluß, daß eine demokratische Staatsverfassung mit der kommunalen Selbstverwaltung unvereinbar sei.[10]

Aber auch das linke politische Spektrum brachte für die von der Monarchie in die Weimarer Demokratie übernommene Selbstverwaltung der Städte und Gemeinden wenig Verständnis auf. Hier sprach man ebenfalls von einer „Krise der kommunalen Selbstverwaltung" und unterstellte dabei allerdings der kommunalen Selbstverwaltung eine antidemokratische Grundhaltung.[11]

Damit schimmert deutlich durch, daß die zeitgenössische Diskussion über die Krise der kommunalen Selbstverwaltung nicht nur das Ergebnis rationaler Beobachtung war, sondern in erheblichem Maße ideologiebeladen geführt wurde. Somit könnte es sich lohnen, das Schlagwort von der „Krise der kommunalen Selbstverwaltung" und damit zugleich die Einschränkungen des politischen Handlungsspielraums der Städte in Krisenlagen einer Prüfung zu unterziehen. Dabei ergeben sich durchaus mehrere Vorgaben, die Einfluß auf den Handlungsspielraum der Städte nahmen, und deshalb näher betrachtet werden sollen:

- die lokale Wirtschafts- und Sozialstruktur,
- die Wirtschaftskonjunktur und ihre sozialen Konsequenzen,
- der durch das Reich und Preußen gesteckte politische und rechtliche Rahmen für die Kommunalpolitik in der Verfassung der kommunalen Selbstverwaltung.

Die Auswirkungen dieser Faktoren zeigen sich in einer Krisenlage besonders deutlich bei der Finanzpolitik der Städte wie während der Weltwirtschaftskrise. Ziel dieser Arbeit soll es deshalb sein, diesen Politikbereich in den Mittelpunkt der Betrachtung zu stellen und an ihm den Handlungsspielraum der Städte in der Weltwirtschaftskrise möglichst genau zu untersuchen und zu bewerten.

8 Forsthoff: Die Krise der Gemeindeverwaltung, S. 60. Herzfeld: Demokratie und Selbstverwaltung, S. 36. Hofmann: Städtetag und Verfassungsordnung, S. 100. Ders.: Zwischen Rathaus und Reichskanzlei, S. 69 f. Jeserich: Kommunalverwaltung und Kommunalpolitik. Köttgen: Die Krise der kommunalen Selbstverwaltung, S. 32, 34. Rebentisch: Die Selbstverwaltung in der Weimarer Zeit, S. 98.

9 Köttgen: Die Krise der kommunalen Selbstverwaltung, S. 6.

10 Ebd., S. 7. Vgl. Herzfeld: Demokratie und Selbstverwaltung, S. 32 f.

11 Als Repräsentant galt der preußische Innenminister Grzesinski, SPD; Hofmann: Städtetag und Verfassungsordnung, S. 101. Ders.: Zwischen Rathaus und Reichskanzlei, S. 68.

2 Forschungs- und Quellenlage

2.1 Literatur

Die Literaturlage zur Geschichte der Weimarer Republik ist im allgemeinen vorzüglich. Sowohl die Geschichte der Wirtschaft als auch der Politik der letzten Jahre der Weimarer Republik sind so dicht dokumentiert und vielfältig dargestellt worden wie kaum ein anderer historischer Zeitraum.[12] Auch zur Sozialpolitik liegen Untersuchungen vor, die sich jedoch weitgehend nur im größeren Rahmen mit den Auswirkungen der sich verschlechternden Bedingungen für die Kommunen in der Weimarer Republik beschäftigen und damit recht allgemein bleiben.[13] Ebenfalls im großen Zusammenhang des politischen Geschehens in Deutschland stellen mehrere Veröffentlichungen die finanziellen Verhältnisse und die Finanzpolitik der Kommunen dar.[14] Durch eine Arbeit besonders gut abgedeckt ist der Bereich der öffentlichen Versorgungsunternehmen.[15] Obwohl es scheint, daß das Verhältnis zwischen den Gemeinden und der Staatsaufsicht im Untersuchungszeitraum schon länger geklärt ist,[16] gibt es hier noch viele unbeantwortete Fragen. Dazu gehören Lücken in der historischen Analyse der konkreten Auswirkungen dieses Verhältnisses vor Ort. So fand die detaillierte Einflußnahme der Kommunalaufsicht auf die Städte durch ihre laufenden Verwaltungsgeschäfte keine Beachtung. Ebenfalls wurde bisher nicht gefragt, welche Auswirkungen vor Ort die Interessenpolitik des Deutschen Städtetags als kommunaler Spitzenverband der Großstädte hatte.

Auf der anderen Seite stehen Publikationen über einzelne rheinische Städte, die nicht miteinander verbunden sind.[17] Hier sieht die Lage für das Ruhrgebiet, das ein die Stadtgrenzen überschreitender Siedlungsraum ist, günstiger aus.[18] Jedoch wird in einem Teil

12 Stellvertretend für die vielen Werke sollen hier drei genannt werden: James: Deutschland in der Weltwirtschaftskrise. Kolb: Die Weimarer Republik. Meister: Die große Depression.

13 Hentschel: Geschichte der deutschen Sozialpolitik. Herzfeld: Demokratie und Selbstverwaltung. Korsch: Der Stand der beschäftigungspolitischen Diskussion zur Zeit der Weltwirtschaftskrise in Deutschland. Preller: Sozialpolitik in der Weimarer Republik. Rebentisch: Kommunalpolitik, Konjunktur und Arbeitsmarkt in der Endphase der Weimarer Republik. Reulecke: Aspekte der deutschen Urbanisierungsgeschichte seit dem Ersten Weltkrieg. Ritter: Der Sozialstaat. Schulz: Kontinuitäten und Brüche in der Wohnungspolitik.

14 Dietrich-Troeltsch: Kommunalkredit, Reparationen und föderalistisches Prinzip. Elsner: Das Gemeindefinanzsystem. Heindl: Die Haushalte. Kommunale Finanzpolitik in der Weimarer Republik. Lichtenstein: Die Finanzwirtschaft der deutschen Großstädte. Most: Die Finanzlage der Ruhrgebietsstädte. Voigt: Untersuchungen zum Finanzsystem der deutschen gemeindlichen Selbstverwaltung. Voigt: Die Auswirkungen des Finanzausgleichs zwischen Staat und Gemeinden.

15 Ambrosius: Die öffentliche Wirtschaft in der Weimarer Republik.

16 Z.B. Herzfeld: Demokratie und Selbstverwaltung.

17 Als Beispiele seien hier angeführt:
D: Henning: Düsseldorf und seine Wirtschaft. Hüttenberger: Düsseldorf. Jachmann: Düsseldorf. Weidenhaupt: Kleine Geschichte der Stadt Düsseldorf. DU: Roden: Geschichte der Stadt Duisburg. Vinschen: Kleine Geschichte der Stadt Duisburg. E: Mohaupt: Kleine Geschichte Essens. K: Henning: Finanzpolitische Vorstellungen und Maßnahmen Konrad Adenauers. Herrmann: Wirtschaftsgeschichte der Stadt Köln. Zunkel: Die wirtschaftliche, soziale und finanzielle Entwicklung Kölns. MG: Hütter: Mönchengladbach.

18 Abelshauser: Wirtschaft, Staat und Arbeitsmarkt. Most: Die Finanzlage der Ruhrgebietsstädte. Wiel: Wirtschaftsgeschichte des Ruhrgebiets.

dieser Arbeiten die Weltwirtschaftskrise eher global behandelt, weil sie größere Zeiträume darstellen. Dies gilt auch für die Darstellungen der rheinischen Regionalgeschichte.[19]

Keine der bisher erschienenen Arbeiten hat den Versuch unternommen, auf dem Weg einer vergleichenden Analyse unter möglichst optimal vereinheitlichten Rahmenbedingungen den kommunalpolitischen Handlungsspielraum unter dem Druck einer schweren ökonomischen und politischen Krise zu messen.

2.2 Archivalien

Eine historische Arbeit über den kommunalen Handlungsspielraum muß die Bestände der Staatsaufsicht sichten. So befinden sich die relevanten Akten vor allem im Bestand der Abteilung IV (Kommunalangelegenheiten) des Preußischen Innenministeriums. Das archivalische Rückgrat dieser Arbeit bildet aber das Nordrhein-Westfälische Hauptstaatsarchiv Düsseldorf durch die Zuständigkeit für die Akten der Regierungspräsidenten in Düsseldorf und Köln als untere Kommunalaufsichtsbehörden der untersuchten kreisfreien Großstädte. Die Überlieferung beider Behörden ist höchst unterschiedlich. Einerseits enthält der Bestand Regierung Düsseldorf nicht nur über die Praxis der Staatsaufsicht beachtliches Material, sondern auch umfängliche Statistiken der Gewerbeaufsicht, die letzteren allerdings in einem kaum bearbeitungsfähigen Zustand, für eine Dokumentation des Wandels der Wirtschaftsstruktur der Städte. Andererseits existiert faktisch keine nennenswerte Überlieferung der Regierung Köln, so daß für die Stadt Köln eine große Lücke bestehen bleibt, die auch nicht im städtischen Archiv geschlossen werden kann.

Die archivalische Überlieferung zum Thema dieser Arbeit bietet auch Überraschendes. So ist über den Städtetag, den Spitzenverband der Großstädte, im Landesarchiv Berlin eine außerordentlich dichte und aussagekräftige Überlieferung vorhanden, die durch gedruckte Findbücher erschlossen ist.[20] Dazu existiert im Stadtarchiv Duisburg eine weitere Überlieferung über den Verband, seine Provinzialorganisation im Rheinland und die zahlreichen Vereinigungen der Kommunalpolitiker und Verwaltungen der Großstädte. Grund dafür ist die in Duisburg eingerichtete Geschäftsstelle des Rheinischen Städtetags unter dem Vorsitz von Oberbürgermeister Jarres. Außerdem war Jarres Mitglied sämtlicher Führungsorgane des Städtetags.

3 Das Konzept der Arbeit

Von dieser Lage der publizierten Forschungsergebnisse und der Archive ausgehend, möchte die Arbeit nicht den bekannten Erkenntnisstand wiedergeben, sondern ihn voraussetzen. Am Anfang des gewählten Untersuchungszeitraums, die Jahre 1929 bis 1933, steht politisch die kommunale Neuordnung zum 1. August 1929, die fünf der sechs rheinischen Großstädte betraf, am Ende die Machtübernahme der Nationalsozialisten nach

19 Janssen: Kleine rheinische Geschichte. Kellenbenz: Wirtschafts- und Sozialentwicklung der nördlichen Rheinlande. Lademacher: Die nördlichen Rheinlande. Romeyk: Verwaltungs- und Behördengeschichte der Rheinprovinz.

20 Viergutz: Deutscher und Preußischer Städtetag.

den Kommunalwahlen in Preußen am 12. März 1933. Dieser Zeitraum war von der großen Depression der deutschen Wirtschaft und der Auflösung der Weimarer Demokratie geprägt. Dementsprechend werden für die Untersuchung der finanziellen Entwicklung der sechs rheinischen Großstädte die Haushaltsjahre 1929/30 bis 1933/34 festgelegt, welche jeweils am 1. April begannen und am 31. März endeten. Durch die Auswahl aller Untersuchungsobjekte aus einer Region, der nördlichen Rheinprovinz, sollen Einflüsse unterschiedlicher rechtlicher und politischer Rahmenbedingungen auf die Kommunalpolitik der Städte möglichst unterbunden werden. Außerdem beschränkt sich die Arbeit auf Städte mit wenigstens 200 000 Einwohnern im Untersuchungszeitraum.

Der Schwerpunkt der Quellen für diese Arbeit liegt auf den interkommunal vergleichbaren Statistiken, die großenteils bislang nicht veröffentlicht worden sind und dadurch Überlieferungslücken schließen.[21] Darüber hinaus wird sich vor allem auf die Auswertung der Berichte der Gewerbeaufsichtsämter, Zeitschriften der Industrie- und Handelskammern, Verwaltungsberichte und Archivalien konzentriert.

Mit diesem Material werden zuerst die wirtschaftlichen, demographischen und sozialen Strukturmerkmale der Städte miteinander verglichen und damit Erklärungsansätze für die folgende Beschreibung der unterschiedlich verlaufenden lokalen Wirtschaftskonjunkturen in den sechs rheinischen Großstädten Düsseldorf, Duisburg-Hamborn, Essen, Köln, Gladbach-Rheydt und Wuppertal gewonnen. Hierbei geht es vor allem um die Entwicklung der Beschäftigung und des Strukturwandels in den Jahren der Krise. An diese Darstellung schließt sich eine Untersuchung der schwerwiegenden Folgen dieser wirtschaftlichen Depression auf die sozialen Verhältnisse und die kommunalen sozialpolitischen Anforderungen der Städte wie ihre Arbeitsbeschaffungsmaßnahmen sowie ihre Wohlfahrts- und Wohnungsfürsorge an. Aber auch die Beziehungen der Städte zu staatlichen Stellen und zum Deutschen Städtetag einschließlich der verordneten innerstädtischen Machtverschiebungen werden auf ihre Auswirkungen für die konkrete Kommunalpolitik vor Ort untersucht. Schließlich folgt eine Analyse der städtischen Haushalte und Finanzpolitiken anhand entsprechenden Datenmaterials, das wegen seiner numerischen Meßbarkeit als Indikator für die Größe der kommunalpolitischen Handlungsspielräume der sechs rheinischen Großstädte eingesetzt werden kann.

4 Methodische Probleme und ihre Bearbeitung

4.1 Die Bildung von wirtschafts- und sozialstrukturellen Vergleichsgruppen

Um die rheinischen Großstädte nicht nur einzeln zu untersuchen, sondern auch miteinander zu vergleichen, sollen aufgrund der Ergebnisse der Zählungen von 1925 und 1933 Gruppen gebildet und die Städte diesen zugeordnet und beobachtet werden.

21 Z. B. Statistik des Deutschen Reichs, Statistik der staatlichen Gewerbeaufsichtsämter, Mitteilungen zur Statistik des rheinischen Arbeitsmarktes, Haushaltspläne der Städte und das Statistische Jahrbuch deutscher Städte.

Dazu werden zwei einfache und geläufige Maßstäbe für die Auswahl der Untersuchungsobjekte angewendet:

- Mindestgröße von 200 000 Einwohnern im Durchschnitt der Jahre des Untersuchungszeitraums[22]

Aufgabenumfang, Finanzierung, Verwaltungsorganisation und Zentralitätsfunktionen in einem größeren Siedlungsraum werden wesentlich von der Einwohnerzahl einer Stadt geprägt. Traditionell wird zwar in der Statistik eine Stadt ab einer Einwohnerzahl von 100 000 zur „Großstadt". Doch reicht diese Einwohnergrenze für die Untersuchung nicht aus, denn direkt nach der kommunalen Neuordnung in Rheinland und Westfalen 1929 entstand eine Reihe von „Großstädten" durch Eingemeindungen und Zusammenschlüsse, deren Wirtschafts-, Sozial- und Raumstrukturen, Verwaltungsorganisationen und Infrastrukturleistungen in Kultur und Bildung, Sozial- und Gesundheitsfürsorge sowie im Bauwesen über den gesamten Untersuchungszeitraum hinweg nicht einmal annähernd den Verhältnissen bzw. der durchschnittlichen Ausstattung der Großstädte entsprachen.

Für die Rheinprovinz bleiben danach sechs Großstädte übrig, die zumindest nach den Resultaten der Volkszählung von 1925, umgerechnet auf den Gebietsstand am 1. August 1929, und der Zählung von 1933 dieses Kriterium erfüllen: Düsseldorf, Duisburg-Hamborn, Essen, Köln, Gladbach-Rheydt und Wuppertal.

- Lokale Wirtschaftsstruktur

Für die Zuordnung der sechs rheinischen Großstädte nach strukturellen Merkmalen stehen die Ergebnisse der Gewerblichen Betriebs- und Berufszählungen 1925 und 1933[23] zur Verfügung. Sie legen eine Einteilung der sechs Städte in drei Gruppen nahe:

In den Dienstleistungsstädten Düsseldorf und Köln hatte der tertiäre Sektor eine deutlich größere Bedeutung als in den übrigen Kommunen. Dies traf insbesondere auf die alte Handelsstadt Köln zu. Für sie war die Bezeichnung „Dienstleistungsstadt" zweifellos angebracht. Von den sechs ausgewählten Städten sank nur in Köln der Anteil von Industrie und Handwerk an den beschäftigten Personen in der Gewerbezählung 1933 unter die Hälfte. Düsseldorf wies dagegen durch den relativ hohen Anteil der Eisen- und Stahlverarbeitung und des Maschinenbaus eine Affinität zum Ruhrgebiet auf. Im Vergleich mit Düsseldorf war Köln das bedeutendere Oberzentrum Westdeutschlands.

Für die Montanstädte Duisburg-Hamborn und Essen bringt ein Blick auf die Tabellen ein klares Ergebnis: Die wirtschaftlichen und sozialen Stützen dieser Städte sind der Bergbau und die Eisen- und Stahlgewinnung. Noch stärker als für Duisburg-Hamborn trifft dies auf Essen zu. Beachtlich ist, daß der Anteil von Handel und Verkehr dieser Städte nur knapp unterhalb des Durchschnittswerts für die sechs Städte lag.

Charakteristisch für das dritte Städtepaar ist der Spitzenplatz des Textil- und Bekleidungsgewerbes. Dieses Paar setzt sich aus Gladbach-Rheydt und Wuppertal zusammen. Jeder zweite Beschäftigte in Gladbach-Rheydt verdiente nach den Zählungen 1925 und 1933 sein Geld in der Textilindustrie. Nimmt man die auf dem zweiten Platz stehende verwandte Bekleidungsindustrie noch hinzu, so kann mit Recht fast von einer Monostruktur in Gladbach-Rheydt gesprochen werden.[24] Im Vergleich zu Gladbach-Rheydt hatte Wuppertals Textilindustrie eine geringere Bedeutung. Seine ausgewogenere Wirtschaftsstruk-

22 Vgl. Tabelle 74.
23 Vgl. Tabellen 1–2, 17–22.
24 Sartor: Wirtschaftsentwicklung und Arbeitsmarktpolitik, S. 29.

tur bewirkten die bergische Metallwarenindustrie und das Dienstleistungszentrum an der Wupper. Während Gladbach-Rheydt einen extrem niedrigen Anteil des tertiären Sektors an der Summe der Erwerbstätigen hatte, entsprach der Dienstleistungsbereich in Wuppertal ungefähr dem Durchschnitt der sechs rheinischen Großstädte.

4.2 Die statistischen Quellen

4.2.1 Statistik zur lokalen Wirtschafts- und Sozialstruktur[25]

4.2.1.1 Berufs- und Gewerbliche Betriebszählungen

Für die Untersuchung der lokalen Wirtschafts- und Sozialstruktur stehen als Quellen die der Weltwirtschaftskrise zeitlich am nächsten liegenden Berufs- und Gewerblichen Betriebszählungen aus den Jahren 1925[26] und 1933 zur Verfügung. Im Unterschied zu den Zählungen von 1925 sind diejenigen von 1933 nicht mit jenen methodischen Problemen aus der kommunalen Gebietsreform 1929 und der zwischenzeitlichen konjunkturellen Entwicklung außerhalb des Untersuchungszeitraums behaftet. Die einzige Ausnahme unter den sechs rheinischen Großstädten war Gladbach-Rheydt, das 1933 wieder in die selbständigen Städte M. Gladbach und Rheydt aufgeteilt wurde. Die Zählungen verfolgten verschiedene Erhebungskonzepte. Setzte die Gewerbliche Betriebszählung an den Beschäftigungsfällen bzw. besetzten Arbeitsplätzen der Gewerbebetriebe an, so richtete die Berufszählung ihr Interesse auf die Bevölkerung des Wohnortes.[27]

Die Berufszählungen bieten ein vollständiges Bild der lokalen Erwerbstätigkeit durch die Erfassung der gesamten Wohnbevölkerung und beziehen dazu die öffentlichen Verwaltungen, Anstalten und sonstigen Einrichtungen ein, die in den Betriebszählungen fehlen.[28]

Zu den problematischen Seiten der Berufszählungen gehört die Zuordnung der Erwerbslosen und deren Haushaltsangehörige nach ihrem letzten Arbeitsplatz ohne einen separaten Nachweis gegenüber den Erwerbstätigen.[29] Dies verfälscht ihre Ergebnisse, war doch dieser Personenkreis nicht mehr vom alten Betrieb, sondern von einer eventuellen öffentlichen Unterstützung abhängig. Immerhin wurden 1933, im Unterschied zur Zählung 1925, die Erwerbslosen wegen ihrer zwischenzeitlich erlangten Bedeutung getrennt von den Erwerbstätigen ausgewiesen. So kann wenigstens punktuell für den Monat Juni 1933 der Umfang der unsichtbaren Arbeitslosigkeit[30] geschätzt werden. Weitere Schwierigkeiten entstehen dort, wo ehemals selbständige Gewerbetreibende nach ihrer Geschäftsaufgabe nachträglich einem abhängigen Beschäftigungsverhältnis zugeordnet werden.[31]

25 Vgl. dazu auch: Die regionale Erwerbsstruktur.
26 Für die Zählung 1925: Zunkel/Froese: Die Wirtschaft um 1925.
27 Stockmann/Willms-Herget: Erwerbsstatistik in Deutschland, S. 158.
28 Berufszählung, Einführung, 1933, S. 5.
29 Ebd.
30 Summe der Erwerbslosen, die nicht vom Arbeitsamt erfaßt wurden.
31 Berufszählung, Einführung, 1933, S. 11.

Außerdem bleibt ihre Erfassung als Erwerbslose unvollständig, denn sie wurden nur dann als erwerbslos erfaßt, wenn sie beim Arbeitsamt als Arbeitssuchende registriert waren.[32]

Ein Fortschritt gegenüber 1925 ist der 1933 erstmalig erstellte separate Nachweis von Beamten und Angestellten nach der Pflichtmitgliedschaft in einer Angestellten- bzw. Invalidenversicherung.[33] Dabei wurde der Begriff der „leitenden Angestellten und Beamten" 1933 gegenüber 1925 wesentlich eingeschränkt. Diesen Verbesserungen stehen Nachteile der Zählung von 1933 gegenüber. So wurden 1933, im Gegensatz zu den höheren Verwaltungsebenen und zur Zählung 1925, für die Städte keine getrennten Daten über das Hausgewerbe ausgewiesen.[34] Dies ist vor allem für die Untersuchung der Städte Gladbach-Rheydt und Wuppertal nachteilig, weil das Hausgewerbe vor allem mit der Textil- und Bekleidungsherstellung verbunden war. Außerdem wechselten 1933 die Definitionen für die Erwerbstätigkeit gegenüber 1925.[35]

Die Gewerblichen Betriebszählungen hatten einen anderen Schwerpunkt als die Berufszählungen. Sie stellten die Struktur der Gewerbebetriebe dar und boten gegenüber den Berufszählungen die Vorteile einer organisatorischen Verknüpfung der beschäftigten Personen mit den Gewerbebetrieben.[36] Doppelzählungen entstanden aber bei den Gewerblichen Betriebszählungen, wenn eine Person an verschiedenen Orten mehrere Beschäftigungen ausübte und jeder Arbeitsplatz als eine Einheit („beschäftigte Person") gezählt wurde. Andererseits erhoben die Gewerbezählungen alle Arbeitsplätze, was die Berufszählungen nicht konnten, weil sich die statistische Zuordnung der Wohnbevölkerung nur nach der Haupterwerbstätigkeit richtete. Daneben konnte eine Erwerbstätigkeit verschieden zugeordnet werden, wenn die Tätigkeit einer Erwerbsperson von der systematischen Zuordnung des Betriebes abwich.[37]

Das zentrale Problem der Gewerblichen Betriebszählung war jedoch der verwendete Begriff des Gewerbes. Für die Zählung 1925 wurde er so unbestimmt gehalten und nicht an eine geläufige Beschreibung in Gesetzgebung und Wirtschaft angebunden, daß er eine Quelle für Zuordnungsfehler war.[38] Als Gewerbe wurde üblicherweise „jede gleichmäßig fortgesetzte, auf Gewinn gerichtete selbständige Tätigkeit"[39] aufgefaßt. Für die Zählungen war aber diese Ausrichtung eines Betriebs auf die Gewinnerzielung unerheblich. Gemeinnützige Einrichtungen und Körperschaften des öffentlichen Rechts wurden dann einbezogen, wenn die verrichtete Arbeit für den Markt geleistet wurde. Hieraus ergaben sich widersprüchliche und zufallsabhängige Zuordnungen.[40]

So sind die Gewerblichen Betriebszählungen durch ihre Abgrenzungen in mehrfacher Hinsicht Erhebungen eines Ausschnitts der gesamten Wirtschaft. Dies entsprang der verbreiteten Neigung der Veranstalter amtlicher Erhebungen, die scheinbar unproduktiven

32 Ebd., S. 10.
33 Ebd., S. 18.
34 Vgl. Berufszählung, Rheinprovinz, 1933.
35 Berufszählung, Einführung, 1933, S. 29.
36 Stockmann/Willms-Herget: Erwerbsstatistik in Deutschland, S. 159.
37 Ebd., S. 162 f.
38 Vgl. Lucht: Probleme einer gewerblichen Betriebszählung, S. 6–17.
39 Hoffmann: Gewerbe, S. 711.
40 Gewerbliche Betriebszählung, Einführung, 1933, S. 4.

Teile des tertiären Sektors zu ignorieren und sich auf Branchen der materiellen Gütererzeugung zu konzentrieren. So wurden beispielsweise das Gesundheitswesen und das Reinigungs-, Sport- und Kunstgewerbe aus der Gewerblichen Betriebszählung 1933 herausgenommen, die noch 1925 erfaßt worden waren.[41] Hier bleibt nur ein Ausweichen auf die Berufszählungen übrig.

Zwei für die vergleichende Untersuchung nachteilige Änderungen zwischen den Zählungen 1925 und 1933 betrafen die Gewerbegruppe V (Eisen- und Stahlerzeugung). Zwar blieb ihr Etikett erhalten, aber ihr Inhalt wurde verändert.[42] Die noch 1925 erhobenen „technischen Betriebseinheiten" wurden 1933 nicht mehr gezählt.[43] Für eine genauere, von den horizontalen und vertikalen Betriebsverbindungen bereinigte Untersuchung ist dies nachteilig. Neben der Eisen- und Stahlgewinnung betrifft es auch den Maschinen- und Fahrzeugbau. Somit bleiben nur noch Vergleiche zwischen den örtlichen Betriebseinheiten möglich.

4.2.1.2 Quellen zur Einkommens- und Vermögensstruktur

Für die Untersuchung der wirtschaftlichen und sozialen Verhältnisse in den Städten stehen neben den Zählungen die amtlichen Steuerstatistiken zur Verfügung. Dabei eignet sich die Personalsteuerstatistik des Reichs wegen ihrer Erhebungs- und Darstellungsweise besonders für die vergleichende Betrachtung der Einkommensverhältnisse zwischen den Städten, da natürliche Personen entsprechend ihrer Leistungsfähigkeit der Einkommensteuer bzw. bei einer abhängigen Beschäftigung der Lohnsteuer unterlagen.[44] Die Veranlagung zur Einkommensteuer erfaßte die Bezieher von Einkünften aus ihrer gewerblichen und freiberuflichen Tätigkeit ebenso wie die Arbeitnehmer, deren Gesamteinkommen eine Mindestveranlagungsgrenze (8250 RM im Jahr nach dem Abzug der Steuervergünstigungen) überstieg, oder wegen der Höhe ihrer Nebeneinkünfte.[45]

Für die Untersuchung der Einkommensverhältnisse der Bevölkerung im Untersuchungszeitraum ist jedoch die Lohnsteuer die bedeutendste Hilfe.[46] Sie ist repräsentativ für die Einkommensverhältnisse der abhängig Beschäftigten in den Städten. Die Ergebnisse ihrer Erhebung wurden für die Kalenderjahre 1928, 1932 und 1934 veröffentlicht.[47] Somit betrifft nur ein Jahrgang die Jahre der Wirtschaftskrise. Probleme bereiten deshalb die Änderungen der Gebietsstände der untersuchten Städte durch die kommunale Neugliederung

41 Ebd., S. 4.
42 Ebd., S. 10.
43 Ebd., S. 11. Ausführlich über die Änderungen und die Auswertungen der Betriebseinheiten: Stockmann/Willms-Herget: Erwerbsstatistik in Deutschland, S. 119–123.
44 Zarden: Einkommensteuer, S. 418 f.
45 Einkommen- und Körperschaftsteuerveranlagungen für 1932 und 1933, S. 8.
46 Bezogen auf die Volkszählung vom 16.6.1933; Steuerabzug vom Arbeitslohn in den Jahren 1932 und 1934, S. 7.
47 Steuerabzug vom Arbeitslohn im Jahre 1928. Steuerabzug vom Arbeitslohn in den Jahren 1932 und 1934. Die nach dem zweijährigen Turnus für 1930 geplante Veröffentlichung fiel aus; Steuerabzug vom Arbeitslohn in den Jahren 1932 und 1934, S. 3.

im Rheinland 1929 und die Teilung der Stadt Gladbach-Rheydt 1933. Dazu kamen die zahlreichen steuerrechtlichen und statistischen Änderungen.[48]

Gibt die Besteuerung von Einkommen aller Art Auskunft über die Ertragskraft der wirtschaftlichen Aktivitäten und Quellen der Einkünfte, so wird der Vermögensbestand der natürlichen und juristischen Personen gut durch die für die Steuerveranlagung ermittelten Rohvermögen der Vermögensteuerstatistik dargestellt.[49]

4.2.1.3 Zählungen zur demographischen Struktur

Für einen interlokalen Vergleich der demographischen Verhältnisse bieten sich für die Zeit der Weltwirtschaftskrise die nächstliegenden Volkszählungen von 1925 und 1933 an. Die Ergebnisse der Volkszählung 1925 wurden nur für die Alters- und Geschlechtsstruktur der sechs rheinischen Großstädte publiziert und wegen der Neugliederung im rheinisch-westfälischen Industriebezirk auf den Gebietsstand von 1929 umgerechnet, um die Vergleichbarkeit mit den Ergebnissen von 1933 zu erzielen. Anhand eines vom Statistischen Reichsamt erstellten Verzeichnisses der veränderten und neugeschaffenen Gemeinden seit 1925[50] konnten die Einzelergebnisse der später eingemeindeten Gebietsteile von 1925 zusammengelegt werden. Zieht man mangels anderer Möglichkeiten hilfsweise die Einwohnerzahl als Testgröße heran, so ist eine große Übereinstimmung der Summen der veröffentlichten Einzelergebnisse der Gebietsteile von 1925 mit den neuen Gebietsständen nach 1929 vorhanden.[51] So können die Zählungen von 1925 neben die Zahlen von 1933 gestellt werden.

Etwas komplizierter gestaltete sich die Anpassung der Systematiken der Berufs- und Betriebszählungen von 1933 an die des Jahres 1925. Der umgekehrte Weg war nicht gangbar, weil die amtliche Statistik bis zum Ende des Untersuchungszeitraums die Systematiken von 1925 verwendete[52] und die Gliederungsstruktur der Zählungen von 1925 zu grob war, um sie auf die feinere von 1933 umzuschreiben. Die Umarbeitung der Zahlen von 1933 geschah anhand der „Gegenüberstellung der Ordnung der Gewerbearten der Zählungen

48 So schied aufgrund neuer Vorschriften über die Veranlagung „eine erhebliche Zahl von Steuerpflichtigen“ aus der Lohnsteuerstatistik aus; Steuerabzug vom Arbeitslohn in den Jahren 1932 und 1934, S. 7. Für Arbeitnehmer mit einem Wochenlohn von weniger als 25 RM brauchte der Arbeitgeber dem Finanzamt keine Steuerdaten zu melden. Dies galt auch für Arbeitnehmer, deren gesamtes Einkommen zur Einkommensteuer veranlagt und dort statistisch erfaßt wurde. Außerdem änderte sich die Grenze zwischen Lohnsteuerabzug und Einkommensteuerveranlagung; ebd., S. 4 f.

49 Das Rohvermögen ist die Summe aller aktiven Vermögensbestandteile noch vor der Reduzierung um Schulden und sonstige Abzüge. Vermögensbestandteile sind landwirtschaftliches, gärtnerisches, forstliches, Grund-, gewerbliches Betriebs- und sonstiges Kapitalvermögen. Das gewerbliche Betriebsvermögen ist in der Statistik bereits als Reinvermögen ausgewiesen worden; Statistik der Vermögensteuerveranlagung 1928, S. 6. Es galt eine Freigrenze von 5 000 RM Vermögen, um Minderbemittelte von der Besteuerung auszuschließen. Zusätzlich gab es eine sozialpolitische Komponente auf der Basis des Jahreseinkommens, der Kinderzahl, des Alters der Steuerpflichtigen, der Erwerbsunfähigkeit oder -beschränkung. Die Steuerpflicht der Inländer war mit derjenigen für die Einkommensteuer identisch; Zarden: Vermögensteuer, S. 916 f.

50 Verzeichnis, S. 104–113.

51 Vgl. Anlage.

52 Berufszählung, Einführung, 1933, S. 30.

von 1933 und 1925".[53] Die neugeordneten Werte von 1933 gestatten, neben der Zählung von 1925, einen Vergleich mit den Statistiken der staatlichen Gewerbeaufsicht.

4.2.2 Quellen zur wirtschaftlichen Entwicklung

In der Konjunkturforschung werden im allgemeinen drei Arten von Indikatoren unterschieden[54]:

- Frühindikatoren wie die Anfragen der Kundschaft vor der Erteilung verbindlicher Bestellungen und die Auftragseingänge, welche die folgende industrielle Produktion und Ausführung von Dienstleistungen ankündigen.
- Präsensindikatoren sind „zur wirtschaftlichen Aktivität synchrone Zeitreihen"[55] wie die Nettoproduktion der Industrie.
- Spätindikatoren wie der Arbeitsmarkt, die den Konjunkturverlauf erst mit einer Zeitverzögerung widerspiegeln.

Für die Zeit der Weltwirtschaftskrise in Deutschland stehen im allgemeinen zahlreiche und gute Quellen über den Verlauf der Konjunkturindikatoren zur Verfügung. Allerdings bezieht sich diese Aussage nicht auf die Daten der Städte und Gemeinden. Was auf der Reichsebene selbstverständlich ist, entwickelt sich in der lokalbezogenen Konjunkturforschung zu einem weithin unlösbaren Unterfangen. Finanzielle und personelle Ausstattung sowie die Stellung des Statistischen Amts innerhalb der Stadtverwaltung bestimmten Qualität und Quantität der statistischen Veröffentlichungen. Dies spiegelte sich auch in der kleinen Gruppe der sechs rheinischen Großstädte wider. Während Düsseldorf und Köln über ein dichtes, vielseitiges und ausführliches Berichtswesen verfügten, blieb in Essen die Statistik und ihre Überlieferung rudimentär. Hingegen bemühten sich Duisburg-Hamborn und Wuppertal mit ihren Monats- bzw. Vierteljahrsberichten um die Fortsetzung der Veröffentlichungskonzepte ihrer Vorgängergemeinden vor der kommunalen Neugliederung. Der dafür auch in Gladbach-Rheydt vorhandene gute Wille stieß allerdings an die Grenzen einer vergleichsweise wenig differenzierten Stadtverwaltung. Die Trennung von Gladbach und Rheydt 1933 hob dann auch noch die Vergleichbarkeit mit vielen Vorjahreszahlen auf. Außerdem hinterließ die sich verschärfende Finanzkrise der Städte in einer Reduzierung der Erscheinungsweise und des Umfangs der statistischen Veröffentlichungen ihre Spuren.

Ein weiteres Problem lokal verfüg- und belegbarer Konjunkturindikatoren ist, daß sie größtenteils mehr oder weniger nachlaufenden Charakters sind. Für diese Spätindikatoren stehen vor allem die Statistiken aus den Verwaltungsgeschäften der Krankenkassen, Amtsgerichte, Bauaufsichten, Arbeits- und Gewerbeaufsichtsämter zur Verfügung. Dagegen ist die statistische Quellenlage für eine vergleichende Darstellung von Frühindikatoren völlig unzureichend. Die in den Zeitschriften der Industrie- und Handelskammern abgedruckten Stimmungs- und Branchenberichte für die Kammerbezirke lassen sich hierfür nur verbal

53 Gewerbliche Betriebszählung, Einführung, 1933, S. 42–51; vgl. Anlage. Vgl. dazu auch Stockmann/Willms-Herget: Erwerbsstatistik in Deutschland, S. 153.

54 Vgl. Assenmacher: Konjunkturtheorie, S. 405.

55 Ebd.

verwerten. Hinzu kommen die Überschneidungen der statistischen Bezirke nichtkommunaler Institutionen (Gewerbeaufsicht, Gerichte, Arbeits- und Finanzämter, Versorgungsunternehmen, Kammern) mit den Gemeindegrenzen. Für die Arbeitsverwaltung galt dies in besonderem Maß mit ihrer Verreichlichung 1927. So bleibt hier nur die statistische Krücke einer „Wirtschaftsregion" als einem Gebiet, das aus der Großstadt und dem angrenzenden Umland mit besonders intensiven wirtschaftlichen und sozialen Beziehungen bestand. Wegen seiner Kürze und der Konzentration historisch relevanter Ereignisse verlangt dazu der Untersuchungszeitraum zwischen 1929 und 1933 eine Mindestdichte der Zahlenreihen. Damit reichen Jahresdaten als statistisches Grundgerüst kaum aus. Doch ist die Zahl der Quellen für lokalbezogene Quartals- und Monatsdaten begrenzt oder erst nach einer intensiven Bearbeitung für Vergleiche nutzbar. Außerdem ist ein Teil von ihnen wegen einflußreicher, aber kaum faßbarer Faktoren nur schwer interpretierbar. Beispielsweise Schulferien, Sitzungstermine der Beschlußgremien und die Witterungsverhältnisse wirkten sich stark auf die örtliche Baustatistik aus. Die spezifische Organisation der laufenden Geschäfte der Amtsgerichte wie die Bereinigung der geführten Register am Jahresende oder die Insolvenzverfahren mit ihren unsicheren statistischen Übergängen zwischen Vergleichen, Konkursen und mangels Masse abgelehnten Konkursverfahren beeinträchtigen die Auswertung solcher Zahlen. Ebenso wirken sich die zahllosen Änderungen im System der sozialen Sicherung auf die äußerlich glatten Zahlenreihen der Arbeitsämter aus. Häufig wird aber auch die Zahl der Fälle je Monat oder Quartal auf der lokalen Ebene einfach zu klein, um Vergleiche zwischen den Städten und den Vorjahrszeiträumen ziehen und irreguläre Einflüsse ausschließen zu können.

Als Ersatz für die durchweg fehlenden vergleichbaren Daten über die lokale Industrieproduktion kann für die sechs rheinischen Großstädte auf die Statistiken der kommunalen Elektrizitätsversorgung zurückgegriffen werden. Für sie spricht, daß mit der Elektrifizierung der Wirtschaft und der privaten Haushalte nicht nur der Stromabsatz, sondern auch seine Reagibilität auf die Produktions- und Konjunkturentwicklung und damit seine Aussagekraft als Konjunkturindikator zunahm. Da der größte Teil der örtlichen Elektrizitätsversorgung in kommunalen Händen lag, ist die Quellenlage durch die Geschäftsberichte der städtischen Werke und der statistischen Berichte der Stadtverwaltungen zufriedenstellend. Als Vergleichsmaßstab für sie steht auf der Ebene des Reichs eine entsprechende Statistik zur Verfügung. Allerdings sollte eine Überinterpretation der Elektrizitätsstatistik vermieden werden, weil ihre Zahlenreihen stark vom Anteil der Großverbraucher[56] an der Wirtschaftsentwicklung abhängig sind. Über den Dienstleistungssektor sagen sie deshalb wenig aus. Eine weitere Einschränkung ihrer Interpretationsfähigkeit bringen die Abgrenzungen der Versorgungsgebiete aufgrund langfristiger Demarkationsverträge der Elektrizitätswirtschaft, die sich vielfach nicht an die kommunalen Grenzen hielten. Übergemeindliche Elektrizitätsunternehmen wie das RWE belieferten Teile der Stadtgebiete. Größere Selbsterzeuger wie Krupp in Essen konnten auf dem Weg der städtischen Statistiken nicht erfaßt werden. Eine Besonderheit der Elektrizitätsstatistik war ihre Unterscheidung zwischen Erzeugung/Bezug, Abgabe und Verbrauch. Das vorliegende Zahlenmaterial bot alle drei Varianten an. Mangels Alternativen mußte diese Vielfalt hingenommen werden. Vor dem Hintergrund jeweils entsprechender Zahlen für das Deutsche Reich lassen sich

56 Z. B. Eisen- und Stahlerzeugung, Metallverarbeitung, Elektroindustrie, Fahrzeugbau.

dennoch haltbare Aussagen treffen. Damit erfüllte die Elektrizitätsstatistik ihre zugedachte Rolle als Präsensindikator für die lokalen Wirtschaftskonjunkturen.

In diesem Zusammenhang leisten die Tätigkeitsberichte der Gewerbeaufsichtsbeamten an die Obergewerbe- und Regierungsräte bei den Regierungspräsidenten mit den Statistiken über ihre Aufsichtsbezirke einen wichtigen Beitrag für die Beschreibung der wirtschaftlichen und sozialen Entwicklung der sechs rheinischen Großstädte.[57] Ihre interkommunale Vergleichbarkeit sicherten die Ausführungsvorschriften des Preußischen Ministers für Handel und Gewerbe.[58] Während die Berichte der preußischen Gewerbeaufsichtsbeamten für die Regierungsbezirke und Provinzen gedruckt vorliegen, trifft dies nicht für die Bezirke der einzelnen Gewerbeaufsichtsämter zu. Aus diesem Grunde liegen bislang auch keine Veröffentlichungen für die fünf untersuchten Großstädte im Regierungsbezirk Düsseldorf vor. Nur die Stadt Köln druckte die sie betreffenden Statistiken der Gewerbeaufsicht in ihren Jahrbüchern ab.[59] Die für die übrigen fünf Städte vorhandene Lücke konnte durch andere Überlieferungen geschlossen werden.[60] Nach der Neuordnung 1930 deckten sich die Bezirke der Gewerbeaufsicht sogar mit den kommunalen Grenzen, was die Aussagekraft ihrer Zahlen erheblich verbessert. Die einzige Ausnahme bleibt Gladbach-Rheydt.[61]

Allerdings erfaßten die Berichte und Statistiken der Gewerbeaufsicht nur jene Gewerbezweige, die ihrer gesetzlichen Aufsicht unterstanden. Damit war der gesamte Steinkohlenbergbau, der von den Bergämtern beaufsichtigt wurde, ausgeschlossen. Auch entzog sich ein großer Teil der Kleinbetriebe des tertiären Sektors wegen seiner geringen Mechanisierung einer Erfassung durch die Gewerbeaufsicht. Damit lag der Schwerpunkt der Gewerbeaufsichtsstatistik bei den Groß- und Mittelbetrieben der Industrie und des Handwerks mit aufsichtspflichtigen Maschinen (Gewerbeabteilung B der Gewerblichen Betriebszählungen). Auch diese Tabellen sind somit nur Ausschnitte der örtlichen Wirtschaftsstrukturen. Aber in einem Vergleich mit den Gewerblichen Betriebszählungen weisen die Nachweise der Gewerbeaufsicht über die beschäftigten Arbeitnehmer für alle Städte sehr beachtliche Deckungsgrade auf und schließen einen großen Teil der Lücke zwischen den Zählungen von 1925 und 1933. Hinderlich war jedoch, daß die Statistiken, die bis einschließlich 1929 jährlich erstellt wurden, nach 1930 aus Kostengründen nur noch im zweijährigen Intervall zusammengetragen wurden. Die für sie ermittelten Jahreszahlen waren Mittelwerte zweier Stichtage.[62]

Für die statistische Darstellung des Ruhrbergbaus ergeben sich spezielle Probleme. Die geologische Lage und die betriebliche Organisation des Steinkohlenbergbaus prägten auch

57 Zur Organisation und Entwicklung der staatlichen Gewerbeaufsicht in der Weimarer Republik: Simons: Staatliche Gewerbeaufsicht, S. 327–337. Hoffmann: Gewerbe, S. 712–714.

58 Anleitungen für die Erstattung der Jahresberichte der Gewerbeaufsichtsbeamten des PrMfHuG für 1930 und 1932; HStAD Reg. Aachen 13008.

59 Statistisches Jahrbuch der Stadt Köln 19 (1930)-24 (1934).

60 Für die Städte im Regierungsbezirk Düsseldorf: HStAD Reg. D 34373, 34376 I, 34382, 34391. Der Bestand zählt zu den sogenannten „Kahnakten", die im Zweiten Weltkrieg schwere Wasserschäden erlitten und kaum bearbeitungsfähig sind.

61 Jahresbericht der Gewerbeaufsichtsbeamten 1929, S. 640 f., 1931 und 1932, S. 71–73; 1933 und 1934, S. 71–73.

62 VB MG 1929 und 1930, S. 65.

den Stil der Berichterstattung. Auf die Grenzen der Städte nahmen weder die Bezirkseinteilung der zuständigen Oberbergämter Bonn und Dortmund noch die Wirtschaftsverbände des Bergbaus Rücksicht. So bleibt das Datenmaterial für die beiden Montanstädte Duisburg-Hamborn und Essen lückenhaft. Doch konnten anhand des vom Verein für die bergbaulichen Interessen in Essen herausgegebenen Jahrbuchs für den Ruhrkohlenbezirk die Beschäftigten-, Produktions- und Maschinenzahlen der einzelnen Zechen nach den Ortsangaben zusammengestellt werden. Der Deckungsgrad dieser Zahlen über die beschäftigten Personen mit den auf den Gebietsstand vom 1. August 1929 umgerechneten Gewerblichen Betriebszählungen 1925 und 1933 ist hoch. Damit wird mit den Jahrbüchern für den Ruhrkohlenbezirk eine weitestgehende Erfassung des Bergbaus nach den kommunalen Grenzen möglich. Hierfür müssen jedoch mehrere Vorbedingungen beachtet werden. Während die Gewerbliche Betriebszählung im Juni 1933 stattfand, weist das Jahrbuch den Personalbestand wohl zum Jahresende aus. Neben der zwischenzeitlichen allgemeinen konjunkturellen Erholung im zweiten Halbjahr 1933 wirkten sich die saisonalen Schwankungen auf die Steinkohlenförderung und Beschäftigung aus, denn in der Heizperiode wurden mehr Arbeitskräfte im Bergbau beschäftigt als im Sommer.

4.2.3 Quellen zu den kommunalen Haushalten

4.2.3.1 Probleme der Vergleichbarkeit

Für die Beantwortung der Frage nach den Handlungsspielräumen der sechs rheinischen Großstädte ist die interkommunale Vergleichbarkeit ihrer Haushalts- und Finanzdaten unabdingbare Voraussetzung. Allerdings wird die Beantwortung dieser Frage durch die Probleme der kommunalen Statistik sehr erschwert. Hierzu gehören die äußerst heterogene Gliederung und die Genauigkeit der gedruckten Haushaltspläne der Städte.[63] Rebentisch stellt dazu allgemein fest: „Zwar liegt für die Städte reichliches, aber nicht immer verbindliches Material vor, eine alle Gemeinden und Gemeindeverbände erfassende Statistik wurde jedoch erst in der Folge der Wirtschaftskrise entwickelt. Die aus verschiedenen Quellen angebotenen Angaben bleiben meist fragmentarisch, sind selten in Übereinstimmung zu bringen und vermitteln nur ein mit Vorsicht zu betrachtendes Gesamtbild."[64] Diese Beurteilung trifft uneingeschränkt auch für die sechs rheinischen Großstädte zu, d. h. alle nachfolgend allgemein dargestellten Probleme traten auch dort auf.

Allein schon die unterschiedliche rechentechnische Behandlung desselben Problems machte häufig Haushaltspositionen unvergleichbar.[65] Außerdem hatte sich das Bruttoprinzip für die Haushaltsdarstellung offenbar nicht in allen Städten durchgesetzt. Teilweise verknüpften die Stadtkämmerer mit diesem Haushaltsgrundsatz ausgefeilte Kostenstellenrechnungen und zogen in reinen Verrechnungshaushalten die Ausgabenansätze stark zusammen.[66] Besonders extrem war dies in Duisburg-Hamborn der Fall. Die uneinheitliche

63 Hötte: Vereinheitlichung der Haushaltpläne, S. 162.

64 Rebentisch: Kommunalpolitik, Konjunktur und Arbeitsmarkt in der Endphase der Weimarer Republik, S. 119.

65 Hötte: Vereinheitlichung der Haushaltpläne, S. 163. Kirsten: Die städtischen Haushaltspläne, S. 538.

66 Kirsten: Die städtischen Haushaltspläne, S. 539. Totzek: Zur Vereinheitlichung der gemeindlichen Haushaltspläne, S. 223.

Abwicklung des umfänglichen Verrechnungsverkehrs zwischen den städtischen Anstalten und Ämtern stört ebenso die Vergleichbarkeit der kommunalen Haushaltspläne.[67] Mit der interkommunalen Vergleichbarkeit ist es vorbei, wenn die Haupt- bzw. Gesamthaushaltspläne nicht nur die reine Aggregation der Einzelpläne darstellen, sondern auch noch separate Buchungen enthalten, die in den Einzelplänen nicht vorhanden sind,[68] was insbesondere auf die Haushalte der Stadt Gladbach-Rheydt zutrifft.

Außerdem differenzierte die Haushaltspraxis die Einnahmearten nur unzulänglich, wodurch man sich vor kaum auflösbare Mischformen gestellt sieht.[69] Dies gilt beispielsweise für die Einnahmen der Gemeinden von Reich und Ländern.[70] Zu ihnen gehören auch die Einnahmen aus der freihändigen Vergabe von Finanzmitteln des Ausgleichsstocks für notleidende Gemeinden in Preußen. Diese Mischformen machen eine detaillierte Nachprüfung größtenteils unmöglich.[71] Hier kann man nur dem Deklarierten Glauben schenken. Unter den zeitgenössischen Statistikern galt der ganz verschiedene Sinn der Entnahmen aus planmäßigen Aufsammlungs- oder vorläufigen Aufspeicherungsfonds sogar als „unaustilgbar".[72] Selbst über die begriffliche Abgrenzung zwischen dem ordentlichen und dem außerordentlichen Haushalt schien nicht immer Klarheit zu herrschen. Überschneidungen waren zwangsläufig.[73]

Zu den wichtigen systematischen Problemen gehören die Personalausgaben, weil die Arbeiterlöhne überwiegend zu den Sach- und nicht zu den Personalkosten gerechnet wurden.[74] Schwierigkeiten bereitet auch die unterschiedliche Bewirtschaftung dieser Ausgabenart. Sie erfolgte entweder zentral oder in den Einzelplänen.[75] So besteht die Gefahr, daß die wichtige Grenze zwischen den Personal- und den Sachausgaben fließend bleibt.[76]

Des weiteren behindern die Unterschiede in der Ausweisung der städtischen Betriebe im Haushaltsplan einen exakten Vergleich der Beiträge der kommunalen Betriebe zu den Haushalten.[77] Dies trifft für die sechs rheinischen Großstädte insbesondere für die Verwaltungskostenbeiträge, Konzessionsabgaben und unabgerechneten Sachleistungen zu.

Die für die politische Auseinandersetzung in der Krise relevanten Haushaltssalden (Zuschuß-, Finanzbedarf) waren von dieser Begriffsvielfalt ebenfalls betroffen.[78] Sie wurden häufig nicht als Residualgrößen angesehen. Außerdem wird die direkte Gegenüberstellung von Haushalts- und volkswirtschaftlichen Daten durch die verschobenen Bezugszeiträume erschwert. Eine einfache Umschichtung oder Umrechnung von Vierteljahreswerten scheidet wegen des Haushaltsgebarens der Gebietskörperschaften aus. Die durch eine Umrechnung entstehenden Fehler wären wahrscheinlich größer als der Vorteil für die Interpretation.[79]

67 Hötte: Vereinheitlichung der Haushaltpläne, S. 164.
68 Kirsten: Die städtischen Haushaltspläne, S. 539.
69 Moll: Zur Klassifikation der ordentlichen öffentlichen Einnahmen, S. 499–516.
70 Stegemann: Die Steuereinnahmen der Gemeinden im Rechnungsjahr 1931, S. 131.
71 Ders.: Die Steuereinnahmen der Gemeinden im Rechnungsjahr 1932, S. 179.
72 Seutemann: Finanzübersicht nach der Rechnung 1931, S. 212.
73 Kirsten: Die städtischen Haushaltspläne, S. 539.
74 Hötte: Vereinheitlichung der Haushaltpläne, S. 165. Kirsten: Die städtischen Haushaltspläne, S. 539.
75 Kirsten: Die städtischen Haushaltspläne, S. 538.
76 Seutemann: Finanzübersicht nach der Rechnung 1930, S. 195.
77 Kirsten: Die städtischen Haushaltspläne, S. 539.
78 Ebd.
79 Witt: Finanzpolitik als Verfassungs- und Gesellschaftspolitik, S. 392.

Der kommunale Schuldendienst erweist sich als besonders komplex.[80] Die in den Finanzstatistiken enthaltenen Daten über die Neuverschuldung stellen nur einen Teil ihres Umfangs dar. Auch der getrennte Ausweis der Zinsen und Tilgungsbeträge erfolgte nur teilweise. Eine nachträgliche Auftrennung des Schuldendienstes hätte nur mit einer durchschnittlichen Verzinsung geschehen können, die aber nicht für jede einzelne Stadt ermittelbar ist.[81]

4.2.3.2 Zeitgenössische Bemühungen um eine Vereinheitlichung

Das Bedürfnis, die kommunalen Haushaltspläne zu vereinheitlichen, schlug sich in zahlreichen zeitgenössischen Publikationen nieder.[82] Ein konkretes Resultat gab es aber bis zur Großen Depression nicht. Danach beschleunigte sich der Vereinheitlichungsprozeß. Auftrieb erhielten diese Bemühungen durch die Reichsfinanzstatistik.[83] Zur Vereinheitlichung der kommunalen Haushalte trugen der Deutsche Städtetag und die Vereinigung der großstädtischen Finanzdezernenten bei. Sie wollten die Haushaltspläne wie die gesamte Kommunalpolitik für Außenstehende transparent und vergleichbar machen und mehr Verständnis für die Probleme der Gemeinden wecken.[84] Mit eigenen unverbindlichen Richtlinien für eine Systematik versuchten sie ab 1921, obligatorischen und engeren Vorschriften des Reichs und der Länder aus dem Wege zu gehen und Mißinterpretationen der Finanzdaten vorzubeugen.[85] Diese allgemeinen Grundsätze bedeuteten für die Gliederung des Haushalts, die Abgrenzung zwischen dem ordentlichen und dem außerordentlichen Haushalt sowie die Buchungen und Verrechnungen nur einen kleinen Fortschritt,[86] denn die Stadtkämmerer folgten weiterhin ihren Traditionen.[87] Die von der Reichsregierung in ihrem Programm vom 30. September 1930 beabsichtigte Anpassung der kommunalen Finanzwirtschaft an die vermeintlich ‚strengen Grundsätze des Reichs' verstärkten die Harmonisierungsarbeiten des Städtetags, die im Dezember 1931 ein neues Haushaltsplanmuster hervorbrachten, das detaillierter war als das bisherige.[88] Die RNotVO vom 14. Juni 1932[89] mit den Voraussetzungen für die Gewähr der Reichswohlfahrtshilfe und das sogenannte Popitz-Gutachten[90] verstärkten den Druck auf die Vereinheitlichung der Haus-

80 Kirsten: Die städtischen Haushaltspläne, S. 538.

81 Witt: Finanzpolitik als Verfassungs- und Gesellschaftspolitik, S. 389.

82 Mit einer umfänglichen Auswahlbibliographie zum Thema: Hettlage/Loschelder/Zschintzsch: Die Gemeindefinanzverordnung vom 2. November 1932, S. 320 f.

83 Ebd., S. 321.

84 Der Deutsche Städtetag, S. 27. Hötte: Vereinheitlichung der Haushaltspläne, S. 166. Kirsten: Die städtischen Haushaltspläne, S. 539 f.

85 Die Etatssorgen der Städte und Landkreise, S. 103. Hettlage/Loschelder/Zschintzsch: Gemeindefinanzverordnung vom 2. November 1932, S. 321.

86 Hötte: Vereinheitlichung der Haushaltspläne, S. 162 f.

87 Kirsten: Die städtischen Haushaltspläne, S. 538. Strathoff: Die neue Form der städtischen Haushaltspläne, S. 19.

88 Ebd. Hettlage: Das Haushaltsplanmuster des Deutschen Städtetages, S. 79. Städtisches Haushalts-, Kassen- und Rechnungswesen, S. 274.

89 RGBl. I 1932, S. 273.

90 Es unterstellte, daß die systematischen Unterschiede noch gute Verstecke für Unklarheiten böten: Popitz: Der Finanzausgleich, S. 13.

haltspläne.[91] Den Städten gelang es aber trotzdem noch bis 1932, alle Vereinheitlichungsbemühungen mit dem Hinweis auf das historisch Gewachsene und die Eigenarten der Stadtverwaltungen zu unterlaufen.[92] Auch hiervon waren die sechs rheinischen Großstädte nicht ausgenommen.

Erst die Preußische Gemeindefinanzverordnung vom 2. November 1932 mit ihrem Musterhaushalt für die Gemeinden,[93] die die von den kommunalen Spitzenverbänden aufgestellten Grundsätze verarbeitete,[94] beendete die Versuche einer freiwilligen Verständigung mit Zwang. Danach folgten verbindliche Definitionen des gemeindlichen Haushaltsrechts im gemeinsamen Erlaß der preußischen Minister des Innern und der Finanzen vom 31. Juli 1933 und das preußische Gemeindefinanzgesetz vom 15. Dezember 1933, um die Unterschiede der Haushaltsgliederungen der Städte zu beseitigen.[95] Aber sogar noch 1935, mehr als zwei Jahre nach dem Inkrafttreten der verbindlichen Systematikvorschriften, stieß der Versuch, die Finanzen der Städte vergleichend zu untersuchen, „auf die größten Schwierigkeiten",[96] was sich auch in den Haushalten der sechs rheinischen Großstädte widerspiegelt. Für bindende Vorschriften war dies ein schwaches Ergebnis.

Parallel zu den Bemühungen um eine Vereinheitlichung der kommunalen Haushaltssystematiken wurde versucht, genaues und statistisch vergleichbares Material für den Finanzausgleich im Reich zu erstellen.[97] Im Mittelpunkt standen dabei die Steuereinnahmen, der sogenannte Finanzbedarf (Summe aller Verwaltungsausgaben), der Zuschußbedarf (Teil der Gesamtausgaben, der nur durch Steuern und Erlöse aus dem Erwerbsvermögen gedeckt wird) und der Schuldenstand.[98] Vor allem am Umgang der Reichsfinanzstatistik mit den inneren Verrechnungen der öffentlichen Haushalte stieß sich die zeitgenössische Kritik.[99] Hier liegt auch heute noch für die historische Untersuchung der Finanzen ein neuralgischer Punkt. Ebenso problematisch waren die zeitlichen Abgrenzungen der Haushaltsbuchungen.[100] Auch scheiterte die Reichsfinanzstatistik letztlich, wie alle anderen zeitgenössischen Finanzerhebungen, an den systematischen Besonderheiten der Kommunalfinanzen. Trennten Reich und Länder im allgemeinen streng zwischen einem ordentlichen und einem außerordentlichen Haushalt, so galt das für die Gemeinden nicht,

91 Städtisches Haushalts-, Kassen- und Rechungswesen, S. 274.

92 Möhrlein: Die Problematik der Ausgabenentwicklung in den Großstädten, S. 72.

93 PrGS. 1932, S. 341–347. Mit den Vorschriften der Musterhaushaltsordnung für die Gemeinden und einem Kommentar: Hettlage/Loschelder/Zschintzsch: Gemeindefinanzverordnung vom 2. November 1932. Musterhaushaltsordnung als Anlage zur 1. Ausführungsanweisung zur Gemeindefinanzverordnung vom 16.12.1932; MBliV. 93 (1932), S. 1287.

94 Hettlage/Loschelder/Zschintzsch: Die Gemeindefinanzverordnung vom 2. November 1932, S. 322. Preußische Gemeindefinanzverordnung, S. 591.

95 PrGS. 1933, S. 442. Totzek: Zur Vereinheitlichung der gemeindlichen Haushaltspläne, S. 223.

96 Möhrlein: Die Problematik der Ausgabenentwicklung in den Großstädten, S. 74.

97 Unter dem Druck der Betroffenen und der Finanzkrise wurde die Finanzstatistik vereinfacht; Verordnung des Reichsministers der Finanzen über die Finanzstatistik vom 28.2.1931; RGBl. I 1931, S. 32. Geht auch auf die Vorläuferstatistiken ein: Kunz: Methoden und Ergebnisse der Reichsfinanzstatistik, S. 11–14. Meyer: Neugestaltung der Reichsfinanzstatistik, S. 594. Mischke: Zwecksetzungen der Finanzstatistik, S. 978. Tetzlaff: Zur Aufbereitung der kommunalen Reichsfinanzstatistik, S. 67.

98 Kunz: Methoden und Ergebnisse der Reichsfinanzstatistik, S. 24 f. Bemerkungen zur Reichsfinanzstatistik, S. 49. Mischke: Zwecksetzungen der Finanzstatistik, S. 980.

99 Mischke: Zwecksetzungen der Finanzstatistik, S. 980.

100 Ebd., S. 982.

weshalb die Reichsfinanzstatistik bei den Gemeinden wegen großer Zurechnungsprobleme auf diese Trennung verzichtete.[101] Mangels Differenzierung wurden auch keine Salden zwischen den Haupt- und Sonderrechnungen und den ordentlichen und außerordentlichen Haushalten ausgewiesen.[102] Hierdurch büßte die Reichsfinanzstatistik einen beträchtlichen Teil ihres Aussagewerts über die kommunale Finanzierung ein.

Schließlich gab es keine Lösung für die kommunalen Betriebe mit identischen Aufgaben, aber unterschiedlichen Rechtsformen.[103] Dies erschwerte die Untersuchung ihrer Beteiligung an der Finanzierung der städtischen Haushalte. Rebentisch zog trotz der Unstimmigkeiten der Zahlen des Reichs diese den in den Haushaltsentwürfen der Städte enthaltenen vor.[104] Doch ist dieser Weg für die sechs rheinischen Großstädte im Untersuchungszeitraum wegen der unvollständigen Quellen nicht möglich.

Analog zum Engagement des Städtetags für eine Vereinheitlichung des kommunalen Haushaltswesens bemühte sich die Redaktion des „Statistischen Jahrbuchs deutscher Städte“ bzw. des „Statistischen Jahrbuchs deutscher Gemeinden“ um die Publikation vergleichbarer Finanzzahlen der Städte. So bietet sich zuerst die Lektüre dieses Jahrbuches an, weil es durch seine Einzelangaben die Lücke, die in der Reichsfinanzstatistik durch die Aggregationen zu Gemeindegrößenklassen entstand, schließt.[105] Jedoch weist das Statistische Jahrbuch deutscher Städte bzw. Gemeinden bis einschließlich 1929/30 nur Soll-Zahlen aus, die für die Analyse der sich in der Krise schnell ändernden Finanzlage nur bedingt geeignet sind. Sogar für das zentrale Haushaltsjahr 1932/33 fehlen die Rechnungsergebnisse. Auch in diesen Jahrbüchern ließen sich systematische Schieflagen nicht ganz vermeiden. Die Vorbemerkungen zu den Tabellenübersichten erwähnen diese Probleme mit einem resignierenden Unterton der Überforderung. Aus diesem Grunde verzichtete das Jahrbuch für 1930 bei den Personalausgaben auf einen Nachweis für die Einzelpläne und begnügte sich mit deren Gesamtsumme.[106] Die unterschiedlichen periodischen Abgrenzungen des Gemeindesteuereingangs umging man für 1929 und 1930 mittels bereinigter monatlicher Einnahmemeldungen der Städte für die Reichsfinanzstatistik nach dem Kassenwirksamkeitsprinzip.[107] Alle anderen Maßstäbe erwiesen sich für die interkommunalen Vergleiche als unpraktikabel.[108]

Wie schwierig es auch für das Jahrbuch war, ein stimmiges Zuordnungskonzept für die Einnahmen durchzuhalten, zeigt sich am Beispiel der Reichswohlfahrtshilfen. Ihre aus Steuermitteln stammenden Teile wurden grundsätzlich unter den Steuereinnahmen verbucht, während die Städte sie großenteils als Verwaltungseinnahmen der Wohlfahrtsfürsorge auffaßten.[109] Speziell für fünf der sechs rheinischen Großstädte bereitete die kommunale Neuordnung im rheinisch-westfälischen Industriegebiet 1929 statistische Proble-

101 Kunz: Methoden und Ergebnisse der Reichsfinanzstatistik, S. 14. Tetzlaff: Zur Aufbereitung der kommunalen Reichsfinanzstatistik, S. 67.

102 Kunz: Methoden und Ergebnisse der Reichsfinanzstatistik, S. 15.

103 Vgl. ebd., S. 16.

104 Rebentisch: Kommunalpolitik, Konjunktur und Arbeitsmarkt in der Endphase der Weimarer Republik, S. 119.

105 Seutemann: Finanzübersicht nach der Rechnung 1930, S. 120.

106 Ebd., S. 196.

107 Stegemann: Die Steuereinnahmen der Gemeinden im Rechnungsjahr 1929, S. 360; 1930, S. 128.

108 Ders.: Die Steuereinnahmen der Gemeinden im Rechnungsjahr 1932, S. 178.

109 Ders.: Die Steuereinnahmen der Gemeinden im Rechnungsjahr 1931, S. 131.

me. Sie ließ sogar die vollständige Veröffentlichung der Finanzübersicht im Jahrbuch für das Jahr 1929/30 scheitern.[110]

4.3 Die Umarbeitung der städtischen Haushalte

Nach dem oben Dargestellten war für die vergleichende Untersuchung der sechs rheinischen Großstädte zu entscheiden, ob das vorliegende historische Zahlenmaterial, trotz aller Mängel, unmanipuliert miteinander verglichen werden kann oder ob es zuvor auf ein gemeinsames, vergleichsfähiges Niveau gebracht werden sollte.

Für die erste Alternative sprach ihre Einfachheit und der Erhalt einer Kette von Haushaltsdaten einer Stadt aufgrund ihrer gewachsenen Struktur, dagegen aber wegen der generell auftretenden starken systematischen Abweichungen die kaum mögliche Vergleichbarkeit mit den Haushalten anderer Städte. Andererseits sprachen für eine Umsystematisierung der Rechnungsergebnisse der Städte

- die dadurch erreichbare Herstellung interkommunal vergleichbarer Datensätze,
- der Versuch, anhand einer einheitlichen Systematik der Haushaltszahlen intertemporal vergleichbare Zahlen zu erstellen,
- die Erarbeitung einer Haushaltssystematik für die Umarbeitung historischer Haushalte für interkommunale Vergleiche,
- die Schließung der Lücke der statistischen Quellen für den Höhepunkt der Krise 1932 und
- die Überprüfung der Aussagekraft der historischen Haushalte, weshalb auch nur eine möglichst kleine Zahl von zusätzlichen Hilfsquellen zur Ergänzung der Haushaltsdaten eingesetzt werden sollte.

Allerdings mußten durch die Umstrukturierungsarbeit die Vorteile der ersten Alternative zu Nachteilen der zweiten werden. Über den Erfolg eines solchen Projekts entscheidet jedoch letztlich die Wahl des Zuordnungsschemas. Ein solches Schema muß in der Lage sein, jede historische Haushaltsstelle zu erfassen und exakt zuzuordnen, um neue systematische Fehler zu vermeiden. Dazu bedarf es eines entsprechenden Schlagwortkatalogs mit großer Gliederungs- und Gruppierungstiefe. Mit ihm sollen Einzelfallmodifizierungen von Haushaltsstellen auf ein Minimum begrenzt werden. Dies stellt hohe Anforderungen an die Flexibilität der einzusetzenden Zuordnungsinstrumente.

Dabei erwies sich jedoch die Verwendung zeitgenössischer Haushaltsgliederungen als schwierig, weil sie der notwendigen Gliederungstiefe entbehrten. Zumeist blieben sie auf der Ebene der Ämter oder der globalen Ausweisung von Ausgabenarten stecken. An ihnen wäre eine exakte Neuordnung der historischen Haushalte gescheitert, weil sie noch zu sehr der willkürlichen Verwaltungsorganisation der einzelnen Stadt ausgesetzt waren. Der noch am weitesten gediehene Vorschlag des Deutschen Städtetags von 1932,[111] der dazu noch eine gewisse Verbindlichkeit für seine Mitglieder besaß, überstand aus diesem Grunde die Erprobung ebenfalls nicht. Vor diesem Hintergrund wurde das gegenwärtig in Gebrauch befindliche Schema angewandt. Anstelle der Aufteilung der kommunalen Haushalte in einen ordentlichen und einen außerordentlichen tritt bei ihm eine

110 Ders.: Die Steuereinnahmen der Gemeinden im Rechnungsjahr 1929, S. 361.
111 Hettlage: Das Haushaltsplanmuster des Deutschen Städtetages, S. 79–82.

Trennung nach den Ausgabenarten in einen Verwaltungs- und einen Vermögenshaushalt. Ein nach den Aufgabenbereichen, unabhängig von der individuellen Verwaltungsorganisation, tief geordneter Gliederungsplan und ein exakt die Einnahmen- und Ausgabenarten ordnender Gruppierungsplan stehen für die Erstellung voll interkommunal vergleichbarer Haushalte zur Verfügung. Die Stärke dieser Systematik liegt in ihrem Dezimalsystem, mit dem die Ungereimtheiten einzelner Haushaltsstellen in den historischen Quellen wenigstens auf der nächsthöheren Ebene geglättet werden können. Dafür spricht ebenso das Vorhaben, generell die Tragfähigkeit der Übergänge zwischen der aktuellen Systematik und den überlieferten Haushalten und damit die Chancen für die Bildung langer Zahlenreihen trotz großer historischer Umbrüche zu testen. Der Nachteil dieses Modells liegt in der begrenzten Vergleichbarkeit seiner Ergebnisse mit der im Untersuchungszeitraum tonangebenden Reichsfinanzstatistik. Für den hier durchzuführenden Vergleich zwischen sechs rheinischen Großstädten ist allerdings diese Einschränkung weniger relevant.

Nach diesen Abwägungen fiel die Entscheidung für das moderne Schema der Kommunalhaushalte mit Zuordnungsvorschriften und Schlagwortkatalog.[112] Die Auswahl dieser Systematik wurde noch zusätzlich erleichtert durch die Praxis der kommunalen Finanzwirtschaft in der Krise, die sich letztlich nicht für die Herkunft ihrer Finanzmittel, sondern vielmehr für die tatsächlich eingehenden und zur Verfügung stehenden Summen interessierte. Für die Umsystematisierungsarbeit der Einnahmen wurde deshalb das Prinzip der allgemeinen Deckungsfähigkeit aller Einnahmen unabhängig von ihrer Herkunft unterstellt.

Durch die großenteils vorhandenen gedruckten Haushaltspläne ist die Datenlage für eine vergleichende Auswertung der Rechnungsergebnisse der sechs rheinischen Großstädte zufriedenstellend. Für das Jahr 1929/30 stören allerdings die für Gladbach-Rheydt und Wuppertal fehlenden Ist-Zahlen. Außerdem führt die Aufteilung von Gladbach-Rheydt in die Städte M. Gladbach und Rheydt zum zusätzlichen Ausfall der Rechnungsergebnisse für die Haushaltsjahre 1932/33 und 1933/34.

Während der Umsystematisierung der Haushalte der sechs rheinischen Großstädte stellten sich alle in der zeitgenössischen Literatur erwähnten Unstimmigkeiten von der einzelnen Haushaltsstelle bis zur Abgrenzung des Gesamthaushalts wie in einem Mikrokosmos ein. Hier bewährten sich die ausgewählten Hilfsmittel, insbesondere der Schlagwortkatalog. Die Zahl der Einzelfallmodifikationen für die Gliederungsübersichten hielt sich in den gewünschten engen Grenzen und damit auch der Einbau von Kunstzahlen, die nicht in den historischen Quellen nachweisbar sind. Dies ging allerdings nur auf Kosten der Gliederungstiefe des in den Tabellen dargestellten Zahlenmaterials. So mußte auf eine Präsentation der Ergebnisse unterhalb der Einzelpläne verzichtet werden. Gefährlicher als die offen auftretenden Unstimmigkeiten war die versteckt „schwimmende" Begrifflichkeit. Gleichbenanntes mußte noch lange nicht gleich sein. Dies ließ sich nur durch den Nachvollzug der verschiedenen Haushaltstechniken und Publikationsstile der Städte im Vergleich von Fall zu Fall feststellen.

Die einheitliche Anwendung des Haushaltsschemas auf die verschiedenen Haushalte führte zwangsläufig zu von den Quellen abweichenden Beträgen der Haushaltsabschlüsse, denn die Finanzierungssalden wurden zu Residualgrößen.

112 Vgl. Mengert/Kuhnert/Rehn: Kommunalhaushalt in Schlagworten.

Das angestrebte Ziel, neben den ordentlichen auch die außerordentlichen Haushalte der Städte darzustellen, scheiterte bereits im Ansatz. Die nicht nur geplanten, sondern auch tatsächlich ausgeführten Investitionen der Städte konnten nicht erfaßt werden. Die Quellen boten fast ausschließlich nur Planzahlen. Ihre systematischen Unterschiede waren noch erheblich größer als bei den ordentlichen Haushalten. Mangels Finanzierungs- und Realisierungschancen wurde teilweise überhaupt kein außerordentlicher Haushalt aufgestellt.[113] Dies läßt auch Zweifel an der Aussagekraft entsprechender Teile der zeitgenössischen amtlichen Statistik aufkommen. So konnte nur versucht werden, Unstimmigkeiten bei der Abgrenzung zwischen den ordentlichen und den außerordentlichen Haushalten zu beseitigen. Ähnliche Schwierigkeiten hält das kaum überschaubare Fondswesen der Städte für Erneuerungen, Neubauinvestitionen und Risiken in der Zukunft bereit, das außerhalb der Haushaltspläne stattfand. Ist-Zahlen über die Rücklagen ließen sich den Druckwerken nur bruchstückhaft entnehmen, weshalb ein auswertbarer Überblick über sie nicht einmal für eine einzige Stadt zustandekam.

Überraschend problemfrei und entgegen allen in der zeitgenössischen Literatur dargelegten Schwierigkeiten stellte sich die Angleichung der verschieden strukturierten Personalausgaben der Städte heraus. Sie konnten durchgehend geschlossen nach den heutigen Maßstäben zusammengestellt werden.

Wesentlich aufwendiger war dagegen die systematische Harmonisierung der in verschiedenen Rechtsformen geführten kommunalen Betriebe. Hier erfolgte neben ihrer Zuordnung zu den Einzelplänen 7 (öffentliche Einrichtungen) und 8 (wirtschaftliche Unternehmen) der Gliederungsübersichten auch eine Scheidung nach den Betriebszielen und der Rechnungslegung. So konnten die Beiträge der Versorgungs- und Verkehrsbetriebe und der städtischen Unternehmensbeteiligungen zu den Haushalten unabhängig von den individuellen Organisationsstrukturen ermittelt werden. Als „Rest", der allerdings recht groß war, blieben in den Gruppierungsübersichten „Sonstige Einnahmen" und „Sonstige Ausgaben" zurück, die vor allem aus den Geschäften der laufenden Verwaltung entstanden. Ihre weitergehende Differenzierung in der statistischen Darstellung erschien wegen der in ihnen enthaltenen Vielzahl von Kleinbeträgen und der Quellenlage nicht sinnvoll.

Entsprechend den Unterschieden der städtischen Haushalte erwies sich die Handhabung der inneren Verrechnungen zwischen den Haushaltsstellen als schwierig. Bei den Gliederungsübersichten der Ausgaben der Städte blieben die inneren Verrechnungen aus Gründen der Vergleichbarkeit zwischen den Aufgabenbereichen der kommunalen Verwaltungen erhalten, in den Gruppierungsübersichten wurden sie aber ganz herausgenommen, um die tatsächlichen Einnahmen- und Ausgabenverhältnisse in ihrer Gesamtheit vergleichbar darzulegen.

Abschließend kann nur festgestellt werden, daß wahrscheinlich eine noch so intensive Bearbeitung der Quellen nicht verhindern kann, daß versteckte Ungereimtheiten in den Ergebnissen enthalten sind. So sollte die Interpretation solcher Zahlen angemessen großzügig geschehen. Aber trotz aller Unzulänglichkeiten läßt sich zusammenfassen, daß die

113 Z.B. W: „Ein außerordentlicher Haushaltsplan mit Voranschlägen ist für 1930 nicht aufgestellt, weil der Umfang der auszuführenden Bauten und Anlagen wegen der ungünstigen Finanzlage und der erschwerten Arbeitsbeschaffung nicht vorausgesehen werden kann"; Haushaltsplan Wuppertal 1930, S. 195.

hier beispielhaft an den Etats der sechs rheinischen Großstädte während der Weltwirtschaftskrise angewandten Methoden und Hilfsmittel geeignet sind, stark differierende Haushaltspläne für interkommunale und intertemporale Vergleiche aufzubereiten. So können die in den Tabellen niedergelegten Haushaltsdaten als interkommunal vergleichbar angesehen werden und die Lücke der gedruckten Quellen für das Jahr 1932 schließen.

B DIE LOKALE WIRTSCHAFTS- UND SOZIALSTRUKTUR

Die lokale Wirtschafts- und Sozialstruktur ist das Ergebnis zumeist langfristiger demographischer und ökonomischer Prozesse. Sie ist für die Städte kurzfristig nicht veränderbar und stellt damit eine endogene Vorgabe für ihre politischen Handlungsspielräume in der Weltwirtschaftskrise dar. Zur lokalen Wirtschafts- und Sozialstruktur gehören die örtlich prägenden Wirtschaftsbranchen, Betriebsgrößen, Zusammensetzungen der Beschäftigungsverhältnisse und der Aufbau der Bevölkerung. Das Ausmaß dieser endogenen Einflußfaktoren für die Kommunalpolitiken der sechs rheinischen Großstädte soll im folgenden abgeschätzt werden. Hierzu werden ausgewählte wirtschaftliche, demographische und soziale Strukturelemente herangezogen, die einheitlich für alle sechs rheinischen Großstädte von der Reichsstatistik erfaßt wurden.

1 Die Wirtschaftsstruktur nach Sektoren und Branchen

In Duisburg-Hamborn und Essen bestimmten die Großbetriebe des Steinkohlenbergbaus und der Eisen- und Stahlerzeugung die Erwerbstätigkeit, wobei der Steinkohlenbergbau für die Beschäftigung in Essen erheblich wichtiger war als in Duisburg-Hamborn. Beide Branchen waren hochgradig miteinander verflochten, denn der größte Teil des Absatzes des Rheinisch-Westfälischen Kohlensyndikats war für die Erzgewinnung und die Eisen- und Metallindustrie im Inland bestimmt.[1] Die Ruhrkohle hatte ihre größte Bedeutung im Linksrheinischen mit fast 93 % Anteil an der Energieversorgung.[2] Immerhin gingen mehr als 25 % der Steinkohlenförderung in den Export, was unter den deutschen Kohlenrevieren den Spitzenplatz bedeutete.[3] Ausländische Hauptabnehmer waren die Niederlande und, für den Koks, Luxemburg.[4]

Neben dem Steinkohlenbergbau beherrschten in Duisburg-Hamborn und Essen die Eisen- und Stahlindustrie sowie der Maschinenbau die lokalen Arbeitsmärkte. Dabei konzentrierte sich die Produktion von Eisen und Stahl in Duisburg-Hamborn hauptsächlich auf sechs Großbetriebe mit zusammen über 15 000 und in Essen auf sogar nur zwei Unternehmen mit fast 19 000 Erwerbstätigen. In beiden Städten war die Eisen- und Stahlerzeugung 1929 stark exportorientiert mit mehr als 57 % in Duisburg-Hamborn und über einem Drittel in Essen und damit stark von der Weltkonjunktur abhängig.[5] Die Beschäftigung aller übrigen Wirtschaftsbranchen trat hinter dieser Dominanz zurück. Dies wirkte sich in den Anteilen der Erwerbspersonen insgesamt wie der erwerbstätigen Frauen an

1 Der Ruhrbergbau im Jahre 1929, S. 1000.
2 Glückauf 66 (1930), S. 1002.
3 Ebd. 67 (1931), S. 565; eigene Berechnungen.
4 Freie Ausfuhr des Rheinisch-Westfälischen Kohlensyndikats ohne Reparationslieferungen; ebd. 66 (1930), S. 1003; 67 (1931), S. 564; eigene Berechnungen.
5 Vgl. Tabelle 29. Umsatz, S. 150–155.

Tabelle 1

Berufszählungen 1925 und 1933
Erwerbsquoten %

	Zählung	Erwerbsquote	Frauenerwerbsquote	Frauenanteil an den Erwerbspersonen
D	1925 1933	48,0 47,5	25,3 26,2	27,1 28,8
DU	1925 1933	43,5 40,2	16,0 16,2	17,8 20,2
E	1925 1933	41,8 47,3	17,5 19,3	21,0 23,6
K	1925 1933	47,7 41,1	26,9 27,5	29,5 30,7
MG	1925 1933	48,6 48,0	32,1 31,1	34,6 33,6
W	1925 1933	50,5 48,5	31,0 29,2	32,5 31,9

Erwerbsquote = Anteil der Erwerbspersonen an der Wohnbevölkerung, Frauenerwerbsquote = Anteil der weiblichen Erwerbspersonen an der weiblichen Wohnbevölkerung; Frauenanteil Erwerbspersonen = Anteil der Frauen an der Summe der Erwerbspersonen. Berufszählung, Rheinprovinz, 1925, S. 86 f., 92 f., 98, 104 f., 110 f., 122. Berufszählung, Rheinprovinz, 1933, S. 41, 43, 47, 51, 55, 59. Volkszählung, Bevölkerung, Einführung, S. 338 f. Volkszählung, Bevölkerung, 1933, S. 134, 136; eigene Berechnungen.

der Wohnbevölkerung aus, die deutlich unter denen der übrigen rheinischen Großstädte lagen. Mangels Beschäftigungsmöglichkeiten arbeiteten hier mehr Frauen ausschließlich im Haushalt der Familie als in den übrigen Städten.[6]

Die metallverarbeitende Industrie behielt in den Dienstleistungsstädten Düsseldorf und Köln einen hohen Stellenwert für die Beschäftigung. Dies traf wegen der räumlichen Nähe zum Ruhrgebiet besonders auf Düsseldorf zu,[7] wo, im Unterschied zu den Ruhr-

6 Vgl. Tabelle 1. Quante: Frauenerwerb in Industriestädten, S. 2, 5.
7 Renard: Struktur- und Konjunkturtendenzen im Düsseldorfer Wirtschaftsraum, S. 21, 54, 104 f.

städten, Eisen und Stahl nach ihrer Gewinnung, zum Teil mit dem Maschinenbau kombiniert, weiterverarbeitet wurden. Zwei Drittel aller deutschen Stahlröhren wurden in Düsseldorf hergestellt.[8] Für Düsseldorf war dieser Industriezweig mit fast einem Drittel des in der Stadt erzielten Umsatzes eine tragende Säule.[9] Zwischen einem Viertel und einem Fünftel der beschäftigten Personen Düsseldorfs waren in der Eisen- und Stahlerzeugung tätig. In Köln waren es dagegen 1925 nur knapp 6% bzw. 1933 3% der Gewerbeabteilung Industrie und Handwerk,[10] wo gerade zwei Unternehmen mit zusammen 1943 Beschäftigten diese Gewerbegruppe repräsentierten.[11] Hervorragendes Kennzeichen für die zeitgenössische Eisen- und Stahlindustrie war ihre Zusammenfassung unter einem Dach. So wurde sie in Duisburg-Hamborn größtenteils zu den Vereinigten Stahlwerken AG zusammengeschlossen.[12] Dabei machte die nach dem Ersten Weltkrieg eingeleitete Spezialisierung der Produktionstandorte die dortige Wirtschaft konjunkturanfälliger als zuvor. In Essen beherrschte die Firma Krupp das lokale Geschehen. Dieses Großunternehmen vereinigte alle Produktionsebenen von der Energie- und Stahlerzeugung bis hin zum Maschinen- und Fahrzeugbau.[13] Dieser großbetrieblichen Struktur entsprach die der Erwerbspersonen, die sich deutlich von den übrigen Städten absetzte.[14] Dies zeigte sich bei den Selbständigen. Hier arbeiteten rund 12% der Erwerbstätigen als Selbständige, während es in den anderen vier Städten zwischen knapp 16 und 18% waren.[15]

Neben der Stahlverarbeitung bildete in Düsseldorf der Maschinen- und Fahrzeugbau ein zweites industrielles Standbein der Beschäftigung. Ähnliches galt für Köln. Doch existierten in Düsseldorf wesentlich mehr kleinere Betriebe als in Köln, wo zwei Großbetriebe mit insgesamt mehr als 2400 Arbeitnehmern den lokalen Maschinenbau prägten.[16] Diese renommierten Maschinenbaufirmen Kölns setzten rund 30%, die verwandten Motoren- und Drahtindustrien sogar 60% ihrer Erzeugnisse im Export ab.[17] Die Beziehungen Kölns ins Ausland führten auch zu wichtigen Kapitalbeteiligungen der westlichen Nachbarländer an der dortigen Industrie.[18]

In Düsseldorf wie in Köln hatte sich eine umsatzstarke chemische Industrie entwickelt, die 1929 in Düsseldorf 8,6 und in Köln 6,2% des gesamten Umsatzes im jeweiligen Stadtgebiet erreichte.[19] Dabei wurde der Umsatz der Düsseldorfer Chemie fast vollständig von der Firma Henkel erzielt.

8 Henning: Düsseldorf und seine Wirtschaft, S. 594. Jachmann: Düsseldorf, S. 38.
9 Vgl. Tabelle 29.
10 Über die lokale Industrie- und Handwerksstruktur in der langfristigen Entwicklung: Herrmann: Wirtschaftsgeschichte der Stadt Köln, S. 400–412.
11 Gewerbliche Betriebszählung, Nord- und Westdeutschland, 1933, S. 50.
12 Buchloh: Die nationalsozialistische Machtergreifung in Duisburg, S. 4.
13 Wiel: Wirtschaftsgeschichte des Ruhrgebietes, S. 309.
14 Vgl. Däbritz: Untersuchungen zur Struktur des rheinisch-westfälischen Industriebezirks 2, S. 1209–1217.
15 Vgl. Tabelle 20.
16 Gewerbliche Betriebszählung, Rheinprovinz, 1933, S. 28, 52; eigene Berechnungen.
17 Brandt: Die Auslandsverbindungen der Kölner Wirtschaft, S. 38. Vgl. Bremer: Kölns rechtsrheinische Großindustrie.
18 Brandt: Die Auslandsverbindungen der Kölner Wirtschaft, S. 36, 42.
19 Vgl. Tabelle 29.

In Gladbach-Rheydt[20] und Wuppertal dominierten das Textil- und das Bekleidungsgewerbe. Rund 60% der Arbeitskräfte arbeiteten in der Gladbach-Rheydter Textil- und Bekleidungserzeugung, in Wuppertal immerhin noch um 46%.[21] Dabei lag der Arbeiteranteil 1933 in Gladbach-Rheydt mit gut 53% der hauptberuflich Erwerbstätigen sogar höher als in den Ruhrgebietsstädten.[22] In Gladbach-Rheydt und Wuppertal war die Erwerbsquote der Frauen fast doppelt so hoch wie in den beiden Montanstädten an der Ruhr.[23] In Gladbach-Rheydt und Wuppertal wirkte es sich vorteilhaft für die Frauenbeschäftigung aus, daß die Textil- und Bekleidungsbranche den Frauen traditionell in großem Umfang Arbeitsplätze anbot. So waren unter den Beschäftigten in den Großbetrieben der Gladbacher Textilindustrie rund 45–50% Frauen. In Wuppertal gingen vor allem Frauen der Textil- und Bekleidungsherstellung in Heimarbeit nach, weshalb auch im Vergleich zu Gladbach-Rheydt die Zahl der Selbständigen in Wuppertal sehr hoch war.[24] Die niedrigen Löhne der Textilarbeiter zwangen die Frauen zur Berufstätigkeit für den Unterhalt der Familie, wobei sie sogar noch weniger verdienten als ihre männlichen Kollegen. Während nun die Produktpalette der Gladbacher Textilindustrie die Verarbeitung von Wolle und Baumwolle zu einfachen Kollektionen und in geringem Maße von Seide umfaßte, die im nahen Ruhrgebiet abgesetzt wurden, stellte die Wuppertaler Textilindustrie höherwertige modische Kleinerzeugnisse unter der Marke „Barmer Artikel"[25] her, die großenteils exportiert wurden. Dies erforderte eine umfangreiche Handelsorganisation.[26] Der großbetrieblichen Gladbacher Textilherstellung stand so die Wuppertaler Produktion in Klein- und Mittelbetrieben sowie in Heimarbeit gegenüber, deren Herstellung schwieriger zu mechanisieren war als die Massenproduktion in Gladbach-Rheydt. Dazu schützte das Markenzeichen „Barmer Artikel" vor scharfer Konkurrenz. Außerdem bestand in Wuppertal ein intaktes Verlagssystem.[27] Wenn das von der Textilherstellung abhängige Bekleidungsgewerbe und der darauf spezialisierte Maschinenbau mit einbezogen werden, dann war Gladbach-Rheydt unter den sechs rheinischen Städten am stärksten von der Industrie einer Wirtschaftsbranche abhängig.[28] Nur hier standen Umsatz und Beschäftigung des örtlichen Handels hinter der stärksten industriellen Gewerbegruppe.[29]

Dagegen hing die traditionelle bergische Metallwarenindustrie in Wuppertal nicht von der Textilkonjunktur ab und diversifizierte so die dortige Wirtschaftsstruktur.

Eine Spezialität Kölns unter den Industriezweigen war die Schokoladen- und Süßwarenherstellung. Sie erreichte 1929 einen beachtlichen Anteil von 13,6% am gewerblichen Umsatz in der Stadt.[30]

20 Vgl. Dreschhoff: Wirtschafts-Topographie.
21 Vgl. Quellenangaben zu Tabelle 21.
22 Vgl. Tabelle 20.
23 Vgl. allgemein: Quante: Frauenerwerb in Industriestädten.
24 Sartor: Wirtschaftsentwicklung und Arbeitsmarktpolitik, S. 29.
25 Kordeln, Quasten, bespannte Knöpfe, Litzen, maschinengeklöppelte Spitzen.
26 Sartor: Wirtschaftsentwicklung und Arbeitsmarktpolitik, S. 27–29. Wilhelm: Die Wuppertaler Textilindustrie, S. 32 f.
27 Gewerbliche Betriebszählung, Rheinprovinz, 1933, S. 40, 46 f. Sartor: Wirtschaftsentwicklung und Arbeitsmarktpolitik, S. 24. Wilhelm: Die Wuppertaler Textilindustrie, S. 35.
28 Vgl. Tabelle 21.
29 Vgl. Tabelle 29.
30 Vgl. Tabelle 29. Gewerbliche Betriebszählung, Rheinprovinz, 1933, S. 54.

Das Handwerk[31] war in allen Städten mittelständisch strukturiert. Kleinbetriebe mit einem Meister und einem oder zwei Gesellen prägten das Bild. Der bedeutendste Handwerkszweig war in allen Städten die Nahrungs- und Genußmittelherstellung. Im allgemeinen herrschte der Kleinstbetrieb vor. Viele Handwerksmeister mußten mit einem oder sogar ohne einen Gesellen auskommen.[32]

In den Montanstädten war das Baugewerbe wichtiger als in den übrigen Städten.[33] Dort waren seine Betriebe im Durchschnitt auch größer als in den übrigen Städten.[34] Es mußte zwischen den Zählungen 1925 und 1933 einen besonders krassen Bedeutungsverlust unter den Gewerken hinnehmen.

Der tertiäre Sektor der Wirtschaft wurde in den sechs rheinischen Großstädten entscheidend von Verkehr und Handel bestimmt. So hatte sich Köln zum Eisenbahnknotenpunkt Westdeutschlands entwickelt, weshalb sich hier ein umfängliches Lager- und Speditionsgewerbe sowie die dazu passende Verkehrsmittelindustrie ansiedelten. Allein Reichsbahn und -post beschäftigten in Köln fast 19 000 Arbeitnehmer.[35] Hingegen lag Düsseldorf etwas abseits von den großen Handelswegen. Aus diesem Grunde hatte die Stadt kein vergleichbar starkes Verkehrsgewerbe wie Köln.

Auch in den beiden Ruhrgebietsstädten erreichte der Dienstleistungsbereich einen beachtlichen Umfang. Besonders Duisburg-Hamborn konnte seine Lage an der Mündung der Ruhr in den Rhein nutzen und sich zum Verkehrszentrum für die Montanwirtschaft entwickeln.[36] Obwohl die Bahn der größte Arbeitgeber des Verkehrswesens in der Stadt war, bestimmte doch der dortige europaweit bedeutende Binnenhafen die Beschäftigungslage der gewerblichen Dienstleistungen.[37] Der Güterumschlag des Hafens bestand hauptsächlich aus Steinkohle, Eisenerz und Eisenwaren.

Abgesehen vom Hafen war jedoch der tertiäre Sektor in Duisburg-Hamborn, wie ansonsten im Industriebezirk, schwach entwickelt. Das galt gerade für den Handel.[38] In Essen entsprachen die Verhältnisse der großen Gruppen des tertiären Sektors in etwa denen Düsseldorfs und Kölns.[39] Dies unterstrich die wachsende Rolle Essens zu einem Oberzentrum des westlichen Ruhrgebiets.[40]

Auch Wuppertal profitierte von seiner verkehrsgünstigen Lage. An der Stadt führte eine Hauptverkehrsverbindung zwischen Rheinland und Westfalen vorbei. Außerdem war Wuppertal Sitz einer Reichsbahndirektion.[41] Daneben entstanden bedeutendere Einrichtungen des Geldverkehrs, die in Gladbach-Rheydt in diesem Ausmaß nicht vorhanden waren.

31 Vgl. Reininghaus: Entwicklung und Struktur des Handwerks.
32 Gewerbliche Betriebszählung, Rheinprovinz, 1933, S. 30, 54; eigene Berechnungen. Vgl. Lenger: Sozialgeschichte der deutschen Handwerker, S. 172, 174, 180 f.
33 Vgl. Tabelle 29.
34 Gewerbliche Betriebszählung, Rheinprovinz, 1933, S. 36; eigene Berechnungen.
35 Ebd., S. 52, 54. Herrmann: Wirtschaftsgeschichte der Stadt Köln, S. 438.
36 Zur Standortorientierung der Industrie: vgl. Brücher: Industriegeographie, S. 41–47.
37 Zweitgrößter Arbeitgeber war hier die Binnenschiffahrt, nicht, wie ansonsten üblich, die Post.
38 Vgl. Brücher: Industriegeographie, S. 149.
39 Gewerbliche Betriebszählung, Rheinprovinz, 1933, S. 36.
40 Vgl. Brücher: Industriegeographie, S. 149.
41 Sartor: Wirtschaftsentwicklung und Arbeitsmarktpolitik, S. 44.

Düsseldorf und Köln hatten sich zu bevorzugten Sitzen von Wirtschaftsverwaltungen und Verbänden entwickelt,[42] wofür die sogenannten „weichen Standortfaktoren" wie das gehobene Kulturangebot eine wichtige Rolle spielten.[43] Allerdings gab es zwischen den Städten unterschiedliche Ausrichtungen. Beherbergte Düsseldorf die Verwaltungen und Verbände der Eisen- und Stahlindustrie, so Köln die der Konsumgüterindustrie und des Handels.[44] Im Geldhandel standen das aufstrebende Düsseldorf und das traditionelle Zentrum Köln in scharfer Konkurrenz. Ähnliches galt für das prestigeträchtige Ausstellungswesen. Im Versicherungsgewerbe jedoch blieb Köln der erste Platz erhalten.[45] Der große tertiäre Sektor bot Frauen gute Chancen zu einer eigenen Erwerbstätigkeit, die sie auch in einem ähnlichen Umfang wie in den Textilstädten nutzten. Auch Beamte und Angestellte waren in den beiden Dienstleistungsstädten stärker als in den übrigen Städten beschäftigt.[46]

Für das Bergische Land war Wuppertal ein wichtiges Verwaltungs- und Dienstleistungszentrum.[47] Hier befand sich die Hauptverwaltung einer der größten deutschen Ersatzkrankenkassen. Allerdings stand Wuppertal in dieser oberzentralen Funktion deutlich hinter den Städten am Rhein zurück.

In Düsseldorf und Köln hatte sich der Handel durch seine Nähe zum rheinisch-westfälischen Industriezentrum zum herausragenden Wirtschaftsfaktor entwickelt.[48] 1929 erzielte die Kölner Wirtschaft sogar über die Hälfte ihrer Umsätze durch den Handel, in Düsseldorf waren es über 42 %,[49] womit beide Städte ein relativ ausgewogenes Verhältnis von Industrie und Handel besaßen.[50] Der Großhandel machte das Geschäft mit Metallerzeugnissen.[51] Großhandel und Verkehrsgewerbe waren in Köln viel stärker als in Düsseldorf auf den Außenhandel fixiert. Während sich aber der Kölner Außenhandel auf nichtkartellierte Metalle spezialisierte, waren es in Düsseldorf das kartellgebundene Roheisen und der Eisenschrott.[52] Im konsumnahen Bereich besaß der Textilgroßhandel Kölns eine führende Rolle.[53] Zusätzlich beherbergten beide Städte zahlreiche Vermittlungs- und Beratungsbüros.

42 1933 in D: 2 040 Personen in 27 Niederlassungen, in K: 3 027 Personen in 47 Niederlassungen; Gewerbliche Betriebszählung, Rheinprovinz, 1933, S. 30, 54.

43 Renard: Struktur- und Konjunkturtendenzen im Düsseldorfer Wirtschaftsraum, S. 55.

44 Die 1926 gegründeten Vereinigten Stahlwerke bestimmten Düsseldorf zum Konzernsitz. Die Röhrenverbände in Düsseldorf vertraten einen großen Teil der deutschen Röhrenhersteller; ebd., S. 66, 95, 105.

45 Henning: Düsseldorf und seine Wirtschaft, S. 584 f. Herrmann: Wirtschaftsgeschichte der Stadt Köln, S. 422 f., 427–438.

46 Vgl. Tabelle 20. Für K: vgl. auch Herrmann: Wirtschaftsgeschichte der Stadt Köln, S. 368–370.

47 Sartor: Wirtschaftsentwicklung und Arbeitsmarktpolitik, S. 29.

48 Renard: Struktur- und Konjunkturtendenzen im Düsseldorfer Wirtschaftsraum, S. 82. Brandt: Die Auslandsverbindungen der Kölner Wirtschaft, S. 47. Herrmann: Wirtschaftsgeschichte der Stadt Köln, S. 418–420.

49 Vgl. Tabelle 29.

50 Vgl. Renard: Struktur- und Konjunkturtendenzen im Düsseldorfer Wirtschaftsraum, S. 103. Zunkel: Die wirtschaftliche, soziale und finanzielle Entwicklung Kölns, S. 36.

51 Gewerbliche Betriebszählung, Rheinprovinz, 1933, S. 30, 54; eigene Berechnungen.

52 Brandt: Die Auslandsverbindungen der Kölner Wirtschaft, S. 30. Renard: Struktur- und Konjunkturtendenzen im Düsseldorfer Wirtschaftsraum, S. 82.

53 Herrmann: Wirtschaftsgeschichte der Stadt Köln, S. 420.

Die dargelegte Wirtschaftsstruktur der sechs rheinischen Großstädte wurde durch die Konjunkturkrise in großem Maße verändert,[54] insbesondere forcierte die Krise die Tertiärisierung der Beschäftigung in den Städten.[55] Dabei schwankte im allgemeinen die Beschäftigung der Arbeitskräfte stärker als der Besatz der Industrie- und Handwerksbetriebe, weil versucht wurde, durch Entlassungen die Kosten zu senken, ohne den Betrieb ganz stillzulegen. Insgesamt erwiesen sich die Arbeitsplätze in den mittleren Betrieben mit bis zu 50 Beschäftigten durchweg als krisenfester als jene in den großen.

Die Zahl der gewerblichen Kleinstbetriebe nahm während der Krise sogar noch zu, weil viele handwerklich begabte Erwerbslose mit einem geringen Einsatz materieller Mittel versuchten, sich durch Firmengründungen eine Existenz aufzubauen.[56] Das führte z. B. in Essen dazu, daß nach einem Rückgang der Gewerbebetriebe im Jahr 1931 um 131 ihre Zahl 1932 um netto 304 zunahm.[57] Im Bezirk des Gewerbeaufsichtsamts Duisburg sah es ähnlich aus. Hier gaben 1931 und 1932 565 Groß- und Mittelbetriebe auf. Doch standen ihnen im gleichen Zeitraum 728 neue Kleinstbetriebe gegenüber, die aber kaum einen positiven Beschäftigungseffekt hatten.[58]

Jedoch stellten die großen Firmen im einsetzenden wirtschaftlichen Aufschwung und durch die Beschäftigungsauflagen der nationalsozialistischen Reichsregierung ab der Mitte des Jahres 1933 stärker als die Klein- und Mittelbetriebe Arbeitskräfte ein. Damit konnten sie einen großen Teil ihrer Bedeutung für die lokale Erwerbstätigkeit in den Städten zurückgewinnen. Die Wirtschaftskrise wirkte sich aber auch auf die Erwerbstätigkeit der Geschlechter aus. Während die männlichen Arbeitskräfte in der Produktion entlassen wurden, blieben die Frauen als kaufmännische und Verwaltungsangestellte beschäftigt. Hierdurch nahm der Anteil der Frauen unter den Erwerbstätigen zu. Dabei waren die Arbeitsplätze der Frauen in den kleineren Betrieben sicherer als in den großen Unternehmen.

Im Vergleich der sechs rheinischen Großstädte wurde vor allem eine Sonderentwicklung der Beschäftigung in den beiden Textilstädten deutlich. Da die Textilindustrie bereits länger als die Produktions- und Investitionsgüterindustrie in der Krise steckte, war der Arbeitsplatzabbau weit fortgeschritten. Nun hatte sich die Beschäftigung von Industrie und Handwerk in diesen beiden Städten im Vergleich zu den übrigen auf einem äußerst niedrigen Niveau stabilisiert.

Ganz anders stellte sich die strukturelle Entwicklung des Steinkohlenbergbaus in Duisburg-Hamborn und Essen dar. Hier vollzog sich ein beachtlicher Wandel, der durch den Vergleich zwischen Duisburg-Hamborn und Essen besonders deutlich wird. Im Durchschnitt beschäftigten die Bergbaubetriebe in Duisburg-Hamborn rund ein Viertel mehr Arbeitskräfte als in Essen. Auch war die Produktivität je Beschäftigten in der Steinkohlenförderung in Duisburg-Hamborn wesentlich höher als in Essen.[59] Dies führte in der Wirtschaftskrise dazu, daß der Druck zur Konzentration der Produktion in Essen erheblich größer als in Duisburg-Hamborn war.[60] Jedoch ging die Zahl der Beschäftigten je Be-

54 Vgl. zu den folgenden Ausführungen die Tabellen 24–26.
55 Vgl. Tabelle 21.
56 Henning: Düsseldorf und seine Wirtschaft, S. 608. Zunkel: Die wirtschaftliche, soziale und finanzielle Entwicklung Kölns, S. 44.
57 Ohne Teil- und Ummeldungen; VB E 1932, S. 15.
58 Bericht GAA DU 1931/32; HStAD Reg. D 34384.
59 Vgl. Tabelle 35.
60 Vgl. Tabelle 23.

trieb in Duisburg-Hamborn stärker zurück, weil die hüttenabhängigen Zechen in größere Schwierigkeiten gerieten als die unabhängigen. Während damit Essen seine Position als Bergbaustadt in der Wirtschaftskrise behielt, verlor die Steinkohlenförderung in Duisburg-Hamborn im Rahmen des Deutschen Reichs und gegenüber den übrigen Ruhrgebietsstädten an Bedeutung.[61]

2 Die demographische Struktur

Die Wirtschaft der Städte beeinflußte mit ihrem Arbeitsplatzangebot die lokale demographische Struktur stark. Dies wird schon an den Anteilen der Geschlechter und der Familienstände an der Gesamtbevölkerung deutlich. In den Montanstädten Duisburg-Hamborn und Essen lag die Quote der Männer an der gesamten Wohnbevölkerung deutlich über jener der übrigen vier rheinischen Städte,[62] weil die dominierende Montanwirtschaft Männer bevorzugte[63] und außerdem die Altersgruppen bis 14 Jahre mit einem hohen Männeranteil verhältnismäßig stark vertreten waren.[64] In den übrigen Städten lagen die Verhältnisse anders. Der Dienstleistungssektor und die Textilindustrie stellten für die körperlich „leichteren" und niedrig bezahlten Tätigkeiten vorwiegend Frauen ein.[65] Dazu kam die gegenüber Männern höhere Lebenserwartung der Frauen.

In einem Vergleich der Altersstruktur der Bevölkerung in den Städten fällt auf, daß Duisburg-Hamborn, Essen und Gladbach-Rheydt eine relativ junge, hingegen Düsseldorf, Köln und insbesondere Wuppertal eine alte Einwohnerschaft hatten. Während 1933 in Wuppertal fast 10% der Einwohner, davon zwei Drittel Frauen, sich bereits im Rentenalter befanden, waren es in Duisburg-Hamborn gerade 5,2%. Die „Jugendlichkeit" der Ruhrgebietsstädte spiegelte sich auch in den außerordentlich hohen Geburts- und weit unterdurchschnittlichen Sterberaten wider.[66] Allerdings erhöhte sich insgesamt der Altersdurchschnitt durch den Rückgang der Geburten zwischen 1925 und 1933.[67] Die Altersgruppen zwischen 18 und 30 Jahren lösten sich vom elterlichen Haushalt und gründeten einen eigenen. Lag der Anteil dieser Personengruppe im allgemeinen bei ungefähr 23%, so fiel er in Gladbach-Rheydt mit 25,2% aus dem Rahmen.[68] Mehr als 50% der Bevölkerung waren in Duisburg-Hamborn, Essen und Gladbach-Rheydt ledig.[69] Ein Grund dafür war der dortige

61 Vgl. Jahrbuch für den Ruhrkohlenbezirk 32 (1934). StJbDR 54 (1935), S. 128; eigene Berechnungen. Die bergbauliche Gewinnung im niederrheinisch-westfälischen Bergbaubezirk im Jahre 1931; Glückauf 68 (1932), S. 475.

62 Vgl. Tabelle 2.

63 Däbritz: Untersuchungen zur Struktur des rheinisch-westfälischen Industriebezirks 1, S. 1148. Most: Die Finanzlage der Ruhrgebietsstädte, S. 12.

64 Vgl. Tabellen 2 und 3. Däbritz: Untersuchungen zur Struktur des rheinisch-westfälischen Industriebezirks 1, S. 1148. Volkszählung, Bevölkerung, Geschlecht, 1933, S. 154f.; eigene Berechnungen.

65 Vgl. Tabelle 2.

66 Däbritz: Untersuchungen zur Struktur des rheinisch-westfälischen Industriebezirks 1, S. 1147.

67 Vgl. Tabelle 3.

68 Ebd.

69 Volkszählung, Bevölkerung, Einführung, 1925, S. 386. Volkszählung, Ausländer, 1933, S. 13, 63; eigene Berechnungen. Däbritz: Untersuchungen zur Struktur des rheinisch-westfälischen Industriebezirks 1, S. 1148.

Tabelle 2

Volkszählungen 1925 und 1933
Anteile der Geschlechter an der Wohnbevölkerung %

1925

Geschlecht	D	DU	E	K	MG	W
weiblich	51,8	48,4	50,2	52,2	52,3	53,2
männlich	48,2	51,7	49,8	47,8	47,7	46,8

1933

Geschlecht	D	DU	E	K	MG	W
weiblich	52,2	50,0	50,6	52,5	51,9	53,0
männlich	47,8	50,0	49,4	47,5	48,1	47,0

Für 1925: D, E, MG: Gebietsstand vor dem 1.8.1929; DU = Duisburg + Hamborn, W = Barmen + Elberfeld, MG 1933: Gebietsstand nach dem 1.8.1933. Volkszählung, Bevölkerung, Einführung, 1925, S. 295. Volkszählung, Bevölkerung, Geschlecht, 1933, S. 98; eigene Berechnungen.

Kinderreichtum der Familien. Ziehen wir jene Altersgruppen der Bevölkerung zusammen, die das Arbeitspotential darstellten, so bewirkte das relativ hohe Durchschnittsalter der Bevölkerung in Düsseldorf, Köln und Wuppertal einen größeren Anteil der Erwerbsfähigen als in Duisburg-Hamborn, Essen und Gladbach-Rheydt.

Die Gefahr, hilfsbedürftig zu werden, hing für die Familien und Haushalte nicht nur von der Zahl der Verdienenden und ihres Gesamteinkommens, sondern auch von ihrer Größe ab. Im Durchschnitt der sechs Städte zählte jeder Privathaushalt zwischen drei und vier Mitglieder. Die größten Haushalte bestanden in Gladbach-Rheydt, knapp gefolgt von den Ruhrgebietsstädten.[70] Besonders deutlich werden die Unterschiede in einer Rangfolge der Haushaltsgrößen aller deutschen Großstädte. Nahm Gladbach-Rheydt den siebenten Platz der Spitze ein, so stand Wuppertal auf dem siebtletzten Platz.[71] Der Anteil der Ein-Person-Haushalte war in Wuppertal 1933 doppelt so hoch wie in Duisburg-Hamborn. Umgekehrt hatten in Wuppertal nur gut 1% der Haushalte acht und mehr Kindern, in Gladbach-Rheydt dagegen 3,7%.[72]

Beachtliche Unterschiede gab es auch bei der Vollständigkeit der Familien. In vier der sechs rheinischen Großstädte war die Quote der vollständigen Familien – in unterschied-

70 Vgl. Tabelle 27.
71 Volkszählung, Familien, Haushaltungen, 1933, S. 18.
72 Vgl. Tabelle 27.

Tabelle 3

Volkszählungen 1925 und 1933
Anteile der Altersklassen an der Wohnbevölkerung %

Alter Jahre	Zählung	D	DU	E	K	MG	W
< 6	1925 1933	8,9 7,1	13,0 10,1	11,3 8,7	9,9 7,4	11,2 8,7	9,1 6,6
6 - <14	1925 1933	11,4 11,2	13,6 15,5	13,4 14,2	10,8 12,0	12,9 13,6	9,9 11,6
14- <16	1925 1933	3,8 2,0	4,1 2,1	4,1 2,1	3,6 1,9	4,4 2,0	3,6 1,6
16- <18	1925 1933	4,1 2,2	4,5 2,1	4,5 2,3	4,1 2,1	4,9 2,5	4,2 1,8
18- <20	1925 1933	4,2 3,5	4,4 3,5	4,3 3,6	4,2 3,3	4,7 4,2	4,3 3,2
20- <25	1925 1933	10,5 9,3	11,6 9,2	10,6 9,5	10,5 9,4	10,8 10,6	10,7 9,1
25- <30	1925 1933	9,4 10,4	9,9 10,3	9,2 10,2	9,2 10,2	8,7 10,4	9,1 10,3
30- <40	1925 1933	16,9 18,2	14,9 18,2	15,3 17,6	16,2 17,9	13,8 16,3	15,7 17,5
40- <50	1925 1933	14,8 15,1	12,1 12,6	13,2 13,0	14,5 14,2	12,0 12,0	14,2 14,2
50- <60	1925 1933	9,3 12,0	7,4 9,7	8,7 10,6	9,6 12,0	8,6 10,1	10,4 12,4
60- <65	1925 1933	2,8 3,7	2,1 2,9	2,4 3,4	3,2 3,8	3,3 3,6	3,6 4,5
≥ 65	1925 1933	3,8 5,3	2,4 3,8	3,1 4,6	4,3 5,7	4,6 6,0	5,3 7,3

Für 1925: D, E, MG: Gebietsstand vor dem 1.8.1929; DU = Duisburg + Hamborn, W = Barmen + Elberfeld. Volkszählung, Bevölkerung, Einführung, 1925, S. 194–244, 338 f. Volkszählung, Bevölkerung, Geschlecht, 1933, S. 153–155; eigene Berechnungen.

lichem Ausmaß – niedriger und die der sogenannten „Familienreste"[73] höher als im Reichsdurchschnitt.[74] Im Kontrast dazu standen Duisburg-Hamborn und Essen. Fast 10 Prozentpunkte erreichte die Differenz beispielsweise zwischen Duisburg-Hamborn und Wuppertal.[75]

Schon innerhalb des kurzen Zeitraums zwischen 1925 und 1933 wird der langanhaltende Trend zu kleineren Haushalten deutlich. Die Zahl der Haushalte wuchs vor allem wegen des steigenden Durchschnittsalters fast dreieinhalbmal so schnell wie die Bevölkerung.[76] Außerdem verzichteten die wohlhabenden Haushalte auf die Beschäftigung von Hauspersonal,[77] und die nach Krieg und Krisen in der Zeit der „Goldenen Zwanziger" nachgeholten Haushaltsgründungen wurden nicht wieder aufgegeben.

Familien mit einer höheren beruflichen Qualifikation oder Stellung und Angestellte hatten im Vergleich mit Arbeitern und Hausangestellten weniger Kinder. Gerade diese Familien waren in den Dienstleistungs- und Verwaltungszentren Düsseldorf und Köln besonders stark vertreten.[78] Dagegen lebten in den Städten Duisburg-Hamborn, Essen und Gladbach-Rheydt vorwiegend Arbeiterfamilien.[79]

Die örtliche Wirtschaftsstruktur und die Nähe zur Grenze bewirkten unterschiedlich hohe Anteile der Ausländer an der Wohnbevölkerung der Großstädte. Zwischen 0,6 % der Bevölkerung in Wuppertal und 4,2 % in Duisburg-Hamborn gab es 1933 eine beträchtliche Spannweite zwischen den sechs rheinischen Großstädten.[80] Hierbei überwogen die Zuwanderungen von männlichen Arbeitskräften. Das Alter der Ausländer lag im Durchschnitt merklich unter dem der deutschen Bevölkerung, was auch zur Folge hatte, daß in den beiden Ruhrgebietsstädten die ausländischen Familien mehr Kinder im Kindergarten- und Schulalter hatten als die deutschen.[81] In vier der sechs Städte stellten die Niederländer die größte Gruppe unter den Ausländern, gefolgt von den Polen, die wohl großenteils aus ehemals deutschen Gebieten stammten.[82] Weil sie überwiegend nur deutsch (Niederländer 72,8 %, Polen über 65 %) sprachen, gab es für sie keine Integrationshürden.[83] Die ausländischen Erwerbspersonen fanden meistens eine Beschäftigung als Arbeiter in Industrie und Handwerk. Wegen der Grenznähe war Gladbach-Rheydt für viele niederländische Textilarbeiter besonders attraktiv.[84] Ebenso bot der große und vielseitige Dienstleistungssektor Kölns den Ausländern gute Chancen als Selbständige. Andererseits war die Montanindustrie in Duisburg-Hamborn durch ihre guten Löhne für Arbeiter interessant.

73 Hier wird ein Ausdruck der zeitgenössischen Statistik übernommen. Familienreste wurden als Familien mit einer verwitweten oder geschiedenen Person als Familienvorstand definiert; Volkszählung, Familien, Familien, 1933, S. 5.

74 Ebd.

75 Vgl. ebd., S. 83–88; eigene Berechnungen.

76 Volkszählung, Familien, Haushaltungen, 1933, S. 6.

77 Ebd., S. 9.

78 Vgl. Tabelle 28.

79 Vgl. Volkszählung, Familien, Familien, 1933, S. 83–88.

80 Vgl. Volkszählung, Bevölkerung, Einführung, 1925, S. 386. Volkszählung, Ausländer, 1933, S. 13, 63; eigene Berechnungen.

81 Volkszählung, Bevölkerung, Ausländer, 1933, S. 63.

82 Vgl. Volkszählung, Bevölkerung, Einführung, 1925, S. 386. Volkszählung, Ausländer, 1933, S. 13, 63; eigene Berechnungen. Für die Beschäftigung in den Ruhrkohlenzechen: Der Ruhrbergbau im Jahre 1930, S. 530. Vgl. Herrmann: Wirtschaftsgeschichte der Stadt Köln, S. 367.

83 Volkszählung, Bevölkerung, Ausländer, 1933, S. 28, 30, 34.

84 Ebd., S. 35.

3 Die Einkommens- und Vermögensstruktur[85]

Die Differenzen zwischen den lokalen Wirtschafts- und Sozialstrukturen der Städte spiegelten sich in den unterschiedlichen Einkommens- und Vermögensniveaus wider.[86] An der Spitze aller Einkommens- und Lohngruppen befanden sich dank guter Verdienstmöglichkeiten für hochqualifizierte Arbeitnehmer und Selbständige Düsseldorf und Köln. Ab einem Jahreseinkommen von 50 000 RM lag Düsseldorf sogar noch klar vor Köln. Bei den Jahreslöhnen der Arbeiter nahm Köln den ersten Platz ein. Dies stärkte dort die Ertragskraft der einkommens- und lohnabhängigen Steuern. Da im Bergbau und in der Eisen- und Stahlindustrie die Arbeiter gute Löhne erhielten, befanden sich Duisburg-Hamborn und Essen stets in der Mitte der Einkommensskala der sechs rheinischen Städte. Durch die Vergünstigungen für kinderreiche Familien gab es hier aber eine recht hohe Zahl von Unbesteuerten und Steuerbefreiten.[87]

Die unteren Einkommens- und Lohngruppen belegten im allgemeinen die sogenannten Textilstädte, wobei Gladbach-Rheydt noch schlechter gestellt war als Wuppertal und auf dem letzten Platz lag.[88] Dieses Ergebnis wurde besonders von den niedrig bezahlten Frauen in der vorherrschenden Textilindustrie beeinflußt, die mit ihrem Tarif erheblich unter denen ihrer männlichen Kollegen in der Montanwirtschaft an der Ruhr lagen. Im Unterschied dazu senkten in Wuppertal die vielen Hausgewerbebetriebe mit geringen Verdiensten den Durchschnitt der Einkommen. Der Anteil der Unbesteuerten und Steuerbefreiten blieb in beiden Städten durch den Zusatzverdienst der Frauen zu den Gesamteinkommen der Familien und, in Wuppertal, durch die kleinen Familien, relativ gering.[89]

Die Vermögensverteilung in den sechs rheinischen Großstädten entsprach jener der Einkommen. Wieder lagen die Dienstleistungszentren über, die Textilstadt Gladbach-Rheydt unter dem Städtedurchschnitt. Hier wich Wuppertal vom Schema der Dreiteilung ab. Die beiden Montanstädte befanden sich in der Mitte. Mit ungefähr 4% Anteil der Steuerpflichtigen an der Wohnbevölkerung gegenüber durchschnittlich gut 2,5% wird in den beiden Ruhrgebietsstädten eine bemerkenswert breite relativ vermögende Schicht erkennbar. In Wuppertal erreichte die Zahl der Steuerpflichtigen und der Umfang der Rohvermögen ein ähnliches Niveau wie in Düsseldorf und Köln.[90]

85 Die Vermögensstruktur in MG wird wegen ihres systematisch bedingten extremen Abweichens von den übrigen Städten nicht in den folgenden Vergleich einbezogen.

86 Für die folgende Darstellung vgl. Tabellen 32 und 33.

87 Vgl. Tabelle 34.

88 Steuerbelastete Arbeitnehmer waren abhängig Beschäftigte, von deren Einkommen mindestens einmal im Jahr Lohnsteuer abgezogen wurde, unabhängig davon, ob es die Freigrenze erreichte oder nicht; Der Steuerabzug vom Arbeitslohn in den Jahren 1932 und 1934, S. 5.

89 Vgl. Tabelle 34. Unbesteuerte Arbeitnehmer = Abhängig Beschäftigte, die bei keiner Lohnzahlung über der Freigrenze lagen und somit nicht dem Lohnsteuerabzug unterlagen. Steuerbefreite Arbeitnehmer = Abhängig Beschäftigte, welche die Freigrenze überschritten, aber wegen erhöhter Steuerfreibeträge, Familienermäßigungen oder Geringfügigkeit keine Lohnsteuer zahlten; Der Steuerabzug vom Arbeitslohn in den Jahren 1932 und 1934, S. 5.

90 Vgl. Tabelle 4.

Tabelle 4

Veranlagung natürlicher Personen zur Vermögensteuer 1928

	Steuer-pflich-tige	Einwohner in 1000	Anteil Steuer-pflicht. %	Anteil des Betriebs- am Reinvermögen %	Rohvermögen pro Steuer-pflichtigen
D	17533	442,5	4,0	12,6	59649
DU	10704	405,5	2,6	22,3	37547
E	11791	477,4	2,5	13,4	53515
K	28620	728,6	3,9	12,8	54211
MG	7150	160,4	4,5	22,0	37557
W	13583	362,9	3,7	19,6	53251

Anteil Steuerpflicht. = Anteil der Steuerpflichtigen an der Wohnbevölkerung. MG: Einwohnerzahl der mittleren Jahresbevölkerung Rheydt fehlt, deshalb Verwendung des Ergebnisses der Volkszählung am 16.6.1925 für M. Gladbach und Rheydt; Gebietsstände: D: vor dem 1.8.1929, DU = Duisburg + Hamborn; E: vor dem 1.8.1929, MG = M. Gladbach + Rheydt, W = Barmen + Elberfeld. Statistik der Vermögenssteuerveranlagung 1928, S. 102–104. StJbdtSt 25 (1930), S. 23. Volkszählung, Bevölkerung, Einführung, S. 166, 168.

4 Strukturelle Einflüsse auf den kommunalen Handlungsspielraum

Zusätzlich zur oben vorgenommenen Bildung von drei Vergleichsgruppen ist eine weitere Aufteilung der sechs rheinischen Großstädte möglich. Einerseits hing die wirtschaftliche, soziale und finanzielle Lage dreier Städte extrem stark von zwei Wirtschaftsbranchen ab (Duisburg-Hamborn, Essen und Gladbach-Rheydt). Diese Städte waren noch zusätzlich durch die dortigen großbetrieblichen Strukturen in besonderem Maße von den Entscheidungen einzelner Unternehmensleitungen betroffen.[91] Dabei scheint unter den Montanstädten die Beschäftigungsstruktur in Duisburg-Hamborn ausgewogener als in Essen gewesen zu sein. Doch waren die Handels- und Verkehrseinrichtungen in Duisburg-Hamborn entscheidend von der Konjunktur der Montanwirtschaft bestimmt. Somit gab es keinen entscheidenden qualitativen Unterschied zwischen den Wirtschaftsstrukturen der beiden Ruhrgebietsstädte. In beiden Montanstädten standen die Familien durch das relativ geringe Arbeitsplatzangebot für Frauen in der Gefahr, durch die plötzliche Erwerbslosigkeit eines Elternteils ihre gesamte Lebensgrundlage zu verlieren und die öffentliche Fürsorge in Anspruch nehmen zu müssen.

91 Petzina: Kommunale Finanzen und Handlungsspielräume in der Weltwirtschaftskrise, S. 235.

Andererseits wiesen drei Städte relativ stark differenzierte Branchenstrukturen und hohe Anteile des tertiären Sektors an der Zahl der Erwerbstätigen auf. Zu ihnen gehörten Düsseldorf, Köln und Wuppertal. Im Städtevergleich wird deutlich, daß Düsseldorf und Köln spürbare strukturelle Vorteile für größere kommunalpolitische Handlungsspielräume hatten, wobei unter diesen beiden Köln wiederum merklich besser als Düsseldorf dastand. Dies vergrößerte deren Handlungsspielraum für freiwillige Aktivitäten. Die demographischen Faktoren begünstigten insbesondere Düsseldorf. Mit einigem Abstand folgten vier Städte im Mittelfeld. In Gladbach-Rheydt traf man auf die vergleichsweise schwierigste Lage für die Kommunalpolitik. Zusätzlich nahm in Wuppertal und Gladbach-Rheydt der hohe Anteil der Rentnerinnen an der Bevölkerung die städtischen Finanzen in Anspruch, denn die Rentenbezüge der Frauen konnten oft nicht den Lebensunterhalt tragen und mußten durch eine städtische Unterstützung ergänzt werden. Duisburg-Hamborn spürte hingegen die finanziellen Folgen seiner außerordentlich jungen Bevölkerung im Schulwesen sowie in der Jugend-, Kinder- und Säuglingspflege.

Eine Entlastung nicht nur für die Familien, sondern auch für die Ausgaben der kommunalen Wohlfahrtsfürsorge war die umfangreiche Erwerbstätigkeit der Frauen für Gladbach-Rheydt. Dagegen bestand in den Ruhrgebietsstädten ein weit überdurchschnittlicher Anteil der Unbesteuerten.

C DIE WIRTSCHAFTLICHE ENTWICKLUNG

1 Die Konjunktur 1929–1932[1]

1.1 Die zeitliche Einteilung der Konjunktur[2]

1.1.1 Abwärtstrend bis Ende 1930

Anhand des Indikators Elektrizität zeigt sich für die sechs rheinischen Großstädte deutlich, daß die Konjunktur in der zweiten Hälfte 1929 spürbar nachließ.[3] Auch 1930 wies der Konjunkturindikator Elektrizität eindeutig nach unten. Im Sommer 1930 wie im Winter 1930/31 lagen die Stromwerte unter den jeweiligen Vorjahrszeiträumen. In Gladbach-Rheydt und Köln mit einflußreichen konsumnahen Wirtschaftsbranchen verlief der Rückgang der Wirtschaftsaktivitäten 1930 aber offenbar wesentlich milder als im Reichsdurchschnitt.[4] Dagegen folgten Düsseldorf und Essen mit ihren Großverbrauchern elektrischer Energie in der Eisen- und Stahlproduktion und im Maschinenbau erst einmal dem allgemeinen Trend im Deutschen Reich.[5]

1.1.2 Aufschwungepisode im Frühjahr 1931

Im ersten Halbjahr 1931 wurde der Rückgang der Konjunktur für einige Monate unterbrochen. Die Industrieproduktion nahm wieder zu.[6] Während sich im Deutschen Reich die Rückgangsraten der Stromabgabe der Elektrizitätswerke von Januar bis Juli 1931 fast kontinuierlich verringerten, stiegen sie in Düsseldorf, Köln und Essen quasi im Nachgang sogar noch an. Das folgende Wachstum blieb sowohl in Düsseldorf als auch in Essen hinter dem Reichsdurchschnitt zurück.[7] Insgesamt aber stabilisierte sich der Mitgliederbestand der Zwangskrankenkassen in Düsseldorf, Köln, Essen und Wuppertal. Dies signalisierte eine leichte konjunkturelle Erholung.[8]

1 Für die Darstellung der wirtschaftlichen Entwicklung in den Vorjahren vgl. Sartor: Wirtschaftsentwicklung und Arbeitsmarktpolitik, S. 85–108.
2 Vgl. Henning: Die zeitliche Einordnung, S. 135–173.
3 Ruhr und Rhein 11 (1930), S. 493.
4 Vgl. Graphiken 2 und 3.
5 Vgl. Graphiken 1 und 2.
6 Ruhr und Rhein 12 (1931), S. 325.
7 Vgl. Graphiken 1 und 2.
8 Vgl. Graphik 4.

Graphik 1

Stromabgabe bzw. -erzeugung der Elektrizitätswerke
in Duisburg-Hamborn und Essen
Saldo gegenüber dem Vorjahrsmonat %

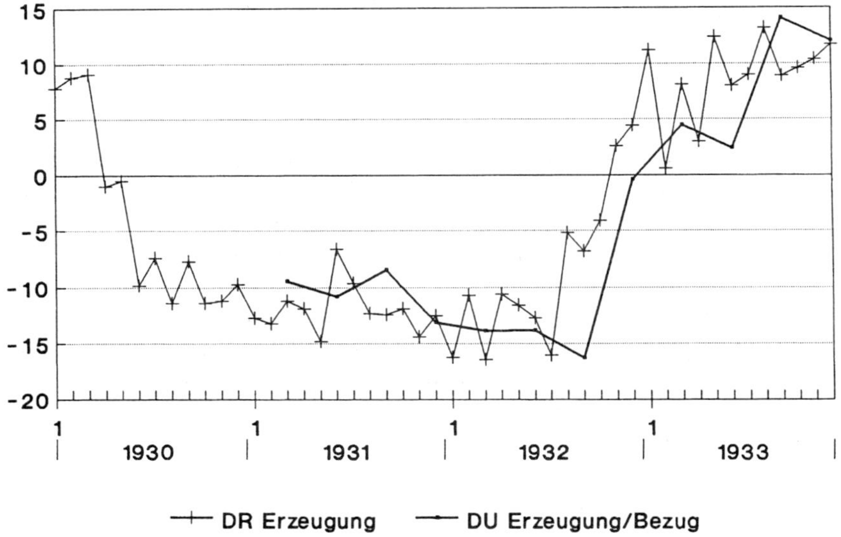

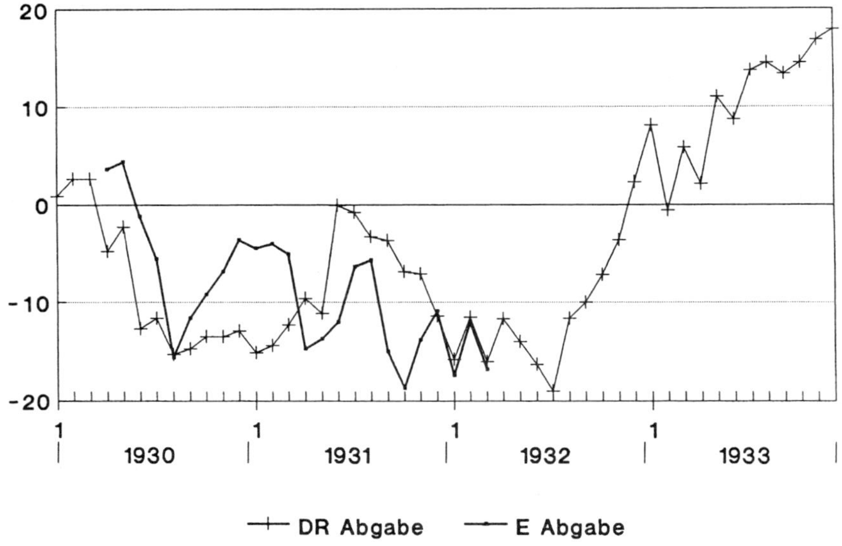

Statistischer Vierteljahresbericht der Stadt Duisburg-Hamborn 19 (1931)-21 (1933). Geschäftsbericht der Gas-, Wasser- und Elektrizitätswerke der Stadt Essen 1929/30, S. 25; 1930/31, S. 22; 1931/32, S. 21. Wirtschaft und Statistik 9 (1929)-14 (1934); eigene Berechnungen.

Graphik 2

Stromabgabe der städtischen Elektrizitätswerke in Düsseldorf und Köln
Saldo gegenüber dem Vorjahrsmonat %

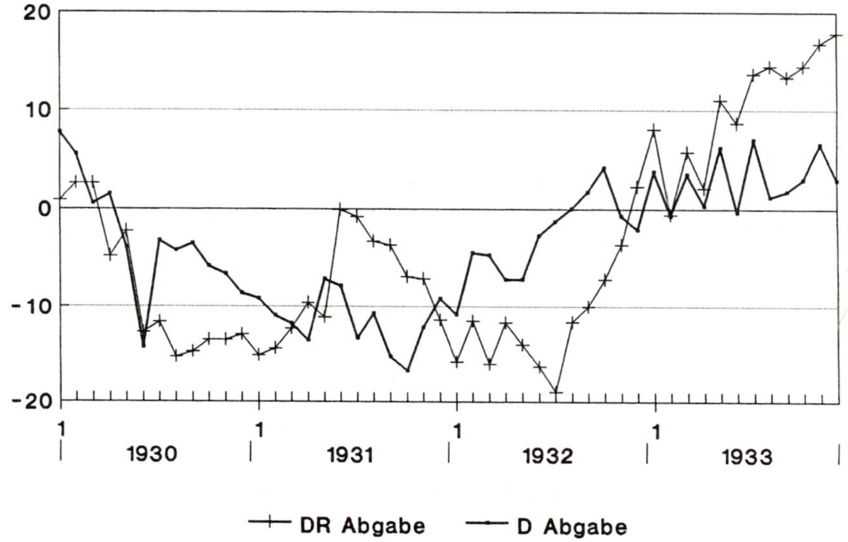

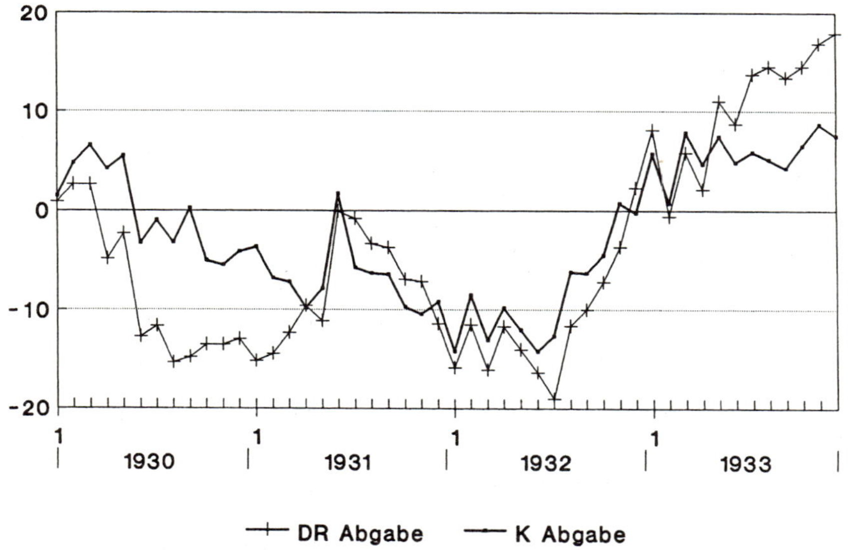

Jahresbericht des Statistischen Amts Düsseldorf 1929, S. 109; 26 (1930), S. 49; 27 (1931), S. 45; 28 (1932), S. 47; 29 (1933), S. 44. Monatsbericht des Statistischen und Wahlamtes der Stadt Köln 16 (1929)-20 (1933). Wirtschaft und Statistik 9 (1929)-14 (1934); eigene Berechnungen.

Graphik 3

Stromabgabe der Elektrizitätswerke in Gladbach-Rheydt und Wuppertal
Saldo gegenüber dem Vorjahrsmonat %

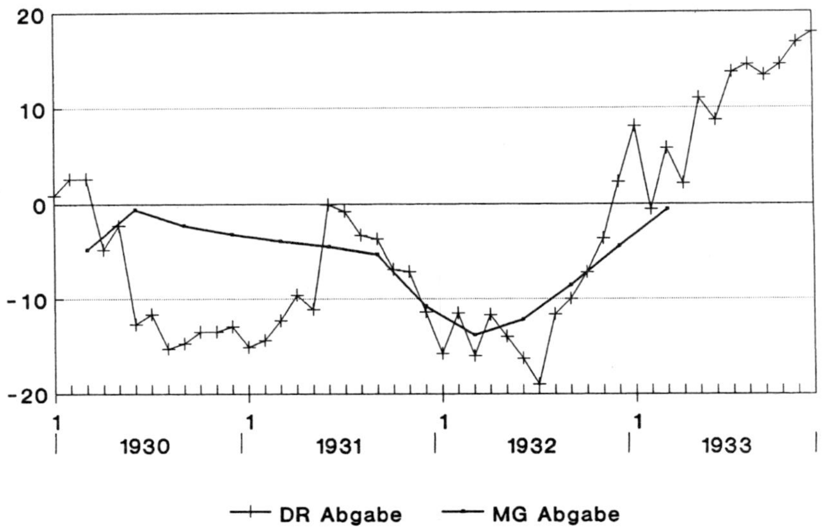

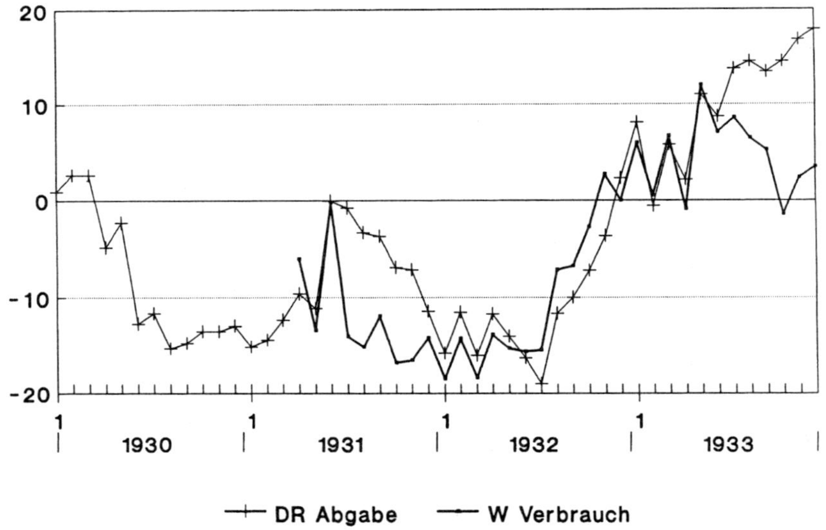

Statistische Vierteljahresberichte der Stadt Gladbach-Rheydt 1 (1930), Nr. 1, S. 8; 2 (1931), Nr. 1, S. 8; 3 (1932), Nr. 1, S. 7; 4 (1933), Nr. 1, S. 7. Wuppertaler Statistik Nr. 1–6, 8–10, 12–15. Wirtschaft und Statistik 9 (1929)-14 (1934); eigene Berechnungen.

Graphik 4

Mitgliederbestand der Zwangskrankenkassen 1930–1933
Anteil der Mitgliedschaft an der Wohnbevölkerung %

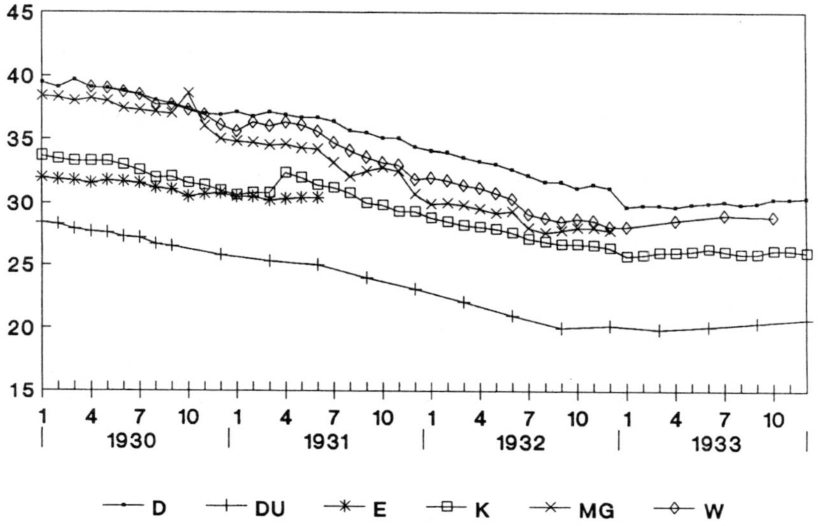

K ab April 1931: Höhere Zahlen durch die Aufnahme der Knappschaftskasse in die Statistik.
Jahresbericht des Statistischen Amts Düsseldorf 26 (1930)-29 (1933).
Statistischer Monatsbericht der Stadt Duisburg-Hamborn 18 (1930).
Statistischer Vierteljahresbericht der Stadt Duisburg-Hamborn 19 (1931)-21 (1933).
Statistischer Vierteljahresbericht der Stadt Essen 1930; 1931.
Monatsbericht des Statistischen und Wahlamtes der Stadt Köln 17 (1930)-20 (1933).
Statistischer Vierteljahresbericht der Stadt Gladbach-Rheydt 1 (1930)-4 (1933).
Wuppertaler Statistik Nr. 1–6, 8–10, 13; eigene Berechnungen.

1.1.3 Fortsetzung der Depression ab Sommer 1931

Die wesentlichen Konjunkturrisiken blieben bestehen. Der Kapitalmarkt bot keine Investitionsanreize, und die Exportaussichten der deutschen Industrie blieben angesichts der anhaltend unsicheren Lage und des Protektionismus' in der Weltwirtschaft schlecht.[9] So vernichtete die im Sommer 1931 heraufziehende Banken- und Kreditkrise die schwachen Frühjahrsansätze einer Besserung. Die Kapitalflucht setzte erneut in großem Umfang ein. Jetzt zeigte sich das ganze Ausmaß der Labilität der aufgenommenen kurzfristigen Auslandskredite.[10] So sahen sich die Reichsregierung und die Reichsbank zu einschneidenden Beschränkungen des Kapitalverkehrs und der Kreditgeschäfte gezwungen, weshalb die

9 Ruhr und Rhein 12 (1931), S. 324. VHzK 6 (1931/32), Teil A: H. 1, S. 33, 37, 43, 45–48, 64; H. 3, S. 49.
10 Henning: Die Liquidität der Banken in der Weimarer Republik, S. 71.

Reichsdiskont- und -lombardsätze bislang unbekannte Rekordstände erreichten.[11] Teilweise bereits seit Juli 1930 durch die Abzüge der Kreditoren geschwächt, gerieten nun die renommierten Geschäftsbanken in eine Kreditkrise.[12]

Ihre Schieflagen, deren Ursachen vor allem in der niedrigen Eigenkapitalausstattung und den notleidenden Krediten lagen, weckten schlechte Erinnerungen an die Hyperinflation und führten zu einem dramatischen Verlust des Vertrauens in die Währung und die Sicherheit der Einlagen.[13] Infolge dieser Kreditkrise brach auch das Aktivgeschäft der für die Kommunen wichtigen Landesbank der Rheinprovinz vollständig zusammen, und sie konnte bis 1933 keine neuen Hypotheken mehr ausgeben, was auch die Baukonjunktur traf.[14]

Die Aktienwerte sanken deutlich unter die 60%-Marke des Durchschnitts im Jahr 1929.[15] Im Vergleich zum Reichsdurchschnitt fiel der erneute Einbruch in Düsseldorf, Köln, Essen und Wuppertal sogar noch stärker aus.[16] Unter diesen Städten traf er vor allem Köln als Bankenzentrum Westdeutschlands. Es verlor seine Bedeutung als Emissionsplatz für Wertpapiere.[17] Die Auftragseingänge, Absatz und Rentabilität nahmen allgemein ab. Dazu kam die anhaltende politische Unsicherheit durch die Entlassung Brünings als Reichskanzler Ende Mai 1932, die von Investitionen auf Kredit abhielt.[18] Zusätzlich hatte sich bei sinkenden Umsätzen der Verdrängungskampf im Außenhandel bis ins Frühjahr 1932 verschärft.[19] So ging mit dem Rückgang der Nachfrage für Investitionsgüter auch die Beschäftigung in der Industrie sprunghaft zurück.[20]

Von diesem erneuten Konjunktureinbruch waren die Verbrauchsgüterindustrien zunächst weniger betroffen, weil sich die Nachfrage für Konsumgüter wie Textilien, Porzellan und Möbel aus Furcht vor einer aufkeimenden Inflation belebte und dazu Ersparnisse zugunsten des Konsums aufgelöst wurden.[21] Als dann diese Inflationsangst nachließ, mußte sich die Verbrauchsgüterindustrie der allgemeinen Depression beugen.[22] Nunmehr wuchsen wegen des Geldmangels für die Prämienzahlungen die Stornierungen von Lebensversicherungsverträgen. Das Verhältnis zwischen den Stornierungen und den Neuabschlüssen verschob sich zwischen 1929 und 1932 von 34,3: 100 auf 161,7: 100.[23] Vielfach wurden die Verträge aber nur unterbrochen oder beliehen, um die Kunden zu hal-

11 Ebd., S. 75.
12 Ebd., S. 57.
13 Henning: Düsseldorf und seine Wirtschaft, S. 619. Ders.: Die Liquidität der Banken in der Weimarer Republik, S. 45.
14 Bericht und Bilanzen der Landesbank der Rheinprovinz. 1931–1933, S. 8, 12, 18, 29.
15 Vgl. VHzK 6 (1931/32), Teil A, H. 2.
16 Vgl. Graphiken 1–3.
17 Herrmann: Wirtschaftsgeschichte der Stadt Köln, S. 429.
18 Bergisches Wirtschaftsblatt 3 (1932), S. 777. Ruhr und Rhein 12 (1931), S. 594; 13 (1932), S. 468. VB W 1929–1931, S. 3.
19 Ruhr und Rhein 13 (1932), S. 47, 468. VHzK 6 (1931/32), Teil A, H. 2, S. 35, 41, 49, 51; H. 3, S. 30, 32, 46f., 50; H. 4, S. 32, 39; 7 (1932/33), Teil A, H. 1, S. 33, 45. VB K 1932/33, S. 45. Schröter: Die deutsche Industrie auf dem Weltmarkt, S. 162. Vgl. Wagenführ: Die Bedeutung des Außenmarktes für die deutsche Industriewirtschaft.
20 Die Beschäftigung der Industrie von 1928 bis 1932, S. 21. VHzK 6 (1931/32), Teil A, H. 3, S. 32.
21 Die Beschäftigung der Industrie von 1928 bis 1932, S. 22. VHzK 6 (1931/32), Teil A: H. 3, S. 32, 36; H. 4, S. 49.
22 Die Beschäftigung der Industrie von 1928 bis 1932, S. 22. VB MG 1931, S. 58.
23 Zunkel: Die wirtschaftliche, soziale und finanzielle Entwicklung Kölns, S. 43.

ten.[24] In der Sparte der Feuer- und Gebäudeversicherungen, die eng mit der allgemeinen Wirtschaftslage verknüpft war, wurden eine sinkende Zahl von Neuabschlüssen und steigende Prämienrückstände des Gewerbes und der Hauseigentümer gemeldet.[25] Ein weiteres Signal des Konjunktureinbruchs war, daß in den ersten Monaten des Jahrs 1932 die Stromabgabe der Elektrizitätswerke klar die Monatswerte des Vorjahrs unterschritt.[26] Aber der wirtschaftliche Niedergang schien sich im ersten Halbjahr 1932 zu verlangsamen. Die Industrieproduktion nahm nur noch geringfügig ab. So weist der Elektrizitätsverbrauch im Deutschen Reich seine tiefsten Werte um die Jahresmitte 1932 auf.[27]

1.2 Ausgewählte Konjunkturindikatoren

1.2.1 Preise

Alle Wirtschaftsbranchen gerieten durch den Nachfragerückgang und die schwierige Position der deutschen Wirtschaft im internationalen Wettbewerb unter einen mehr oder weniger starken Preisdruck, der sich demotivierend auf die Investitionsbereitschaft auswirkte.[28] Im Steinkohlenbergbau schien mit der Verlängerung des Rheinisch-Westfälischen Kohlensyndikats bis 1942 eine stabile Grundlage für die Preiskalkulation geschaffen worden zu sein.[29] Dagegen verschlechterten internationaler Preisdruck und Auftragsrückgang die Erlöslage in der Eisen- und Stahlerzeugung ab August 1929 stetig.[30] Während dort die Kartellpreise noch gehalten werden konnten, gerieten die Preise der freien Eisenerzeugnisse ab Herbst 1929 unter einen schärfer werdenden Druck.[31] Diese Tendenz förderte die Reichsregierung noch durch administrative Maßnahmen zur Preisreduktion, die auch die Steinkohle des Kohlensyndikats trafen, deren Preise auf Wunsch der Reichsregierung um 9% gesenkt wurden.[32] Auch die Eisen- und Stahlindustrie konnte sich dieser Entwicklung nicht verschließen.[33] Der Konkurrenzkampf innerhalb des Kartells der Internationalen Rohstahlgemeinschaft, vor allem mit den Belgiern und Franzosen, führte seit Juli 1930 zur Aufgabe der Preis- und Mengenbeschränkungen. Nach nur einmonatigem Bestehen lösten sich sogar die internationalen Verkaufsverbände für Halbzeug und Formeisen wieder auf.[34] Ende 1930 und Anfang 1931 waren die Preise großenteils verlustbringend.[35] Aber auch die

24 WWZ 9 (1931), S. 189; 11 (1933), S. 196.
25 WWZ 11 (1933), S. 197.
26 Wirtschaft und Statistik 12 (1932); eigene Berechnungen.
27 Vgl. Graphiken 1–3.
28 Ruhr und Rhein 11 (1930), S. 53. VHzK 4 (1929/30), Teil A, H. 4, S. 8.
29 Vereinigte Stahlwerke: Bericht 1930/1931, S. 15.
30 Der Auftragsbestand Ende September 1930 erreichte nicht einmal mehr die Hälfte des Durchschnitts des Vorjahrs; Vereinigte Stahlwerke: Bericht 1928/1929, S. 18; Bericht 1929/1930, S. 11, 16.
31 Ruhr und Rhein 11 (1930), S. 60. WWZ 8 (1930), S. 32, 254, 440.
32 Glückauf 67 (1931), S. 566. Der Ruhrbergbau im Jahre 1930, in: ebd., S. 528. Ruhr und Rhein 11 (1930), S. 921; 12 (1931), S. 61. Vereinigte Stahlwerke: Bericht 1929/1930, S. 14.
33 Ruhr und Rhein 11 (1930), S. 923 f.
34 Ebd., S. 1350.
35 Ebd. 12 (1931), S. 64. Fried. Krupp: Jahresbericht 1930/1931, S. 8.

Preise im Maschinenbau und im Textil- und Bekleidungsgewerbe standen unter massivem deflatorischen Einfluß.[36]

Im immer schärfer werdenden Wettbewerb des Baugewerbes finanzierten viele der Angebote ab 1930 weder die anteiligen Abschreibungen noch den Aufwand für den Schuldendienst.[37] Seit Anfang 1930 waren die Preise für die freiwillig veräußerten unbebauten Grundstücke erheblich gesunken.[38] Unter Druck standen auch die Preise im Handel zwischen 1930 und 1932, wobei aber dieser Trend kurzzeitig von der Aufschwungepisode im März 1931 unterbrochen wurde.[39]

1.2.2 Kapitalmarkt, Kredite und Zinsen

Die durchschnittlichen Zinssätze auf dem Kapitalmarkt sanken von Mitte 1929 bis August 1930 von über 8,5 auf 4%, den niedrigsten Banksatz seit 1914. Aber die Kreditverbilligungen wurden nur zu Umschuldungen genutzt und stimulierten die Konjunktur nicht, weil die Sicherheit neuer Kredite in Frage stand.[40] Außerdem ließ die Stützung der Binnenkonjunktur durch ausländische Kredite aus demselben Grund nach.[41] Das Angebot auf den Kreditmärkten verknappte sich wieder und ließ die Zinssätze erneut steigen. Die Reichsbank unterstützte diesen Trend, um die hohen Gold- und Devisenabflüsse aus Deutschland zu stoppen.[42] So verstärkte sie den bereits im Gang befindlichen Abschwung der deutschen Wirtschaft noch.[43] Nur das angekündigte Zahlungsmoratorium des amerikanischen Präsidenten Hoover vermittelte der Wirtschaft einen realistischen Hoffnungsschimmer.[44]

1.2.3 Liquiditätsengpässe und Insolvenzen

Durch die nun entstehenden Liquiditätsengpässe gerieten immer mehr Firmen in Existenznot. Davon wurde das Baugewerbe unter allen Wirtschaftsbranchen am schwer-

36 Bericht GAA MG 1931/32; HStAD Reg. D 34381. Bericht GAA W-Elberfeld 1930; HStAD Reg. D 34378. Fried. Krupp: Jahresbericht 1929/1930; 1930/1931. Ruhr und Rhein 10 (1929), S. 1372; 12 (1931), S. 863. VB MG 1929 und 1930, S. 64. Wirtschaft und Verkehr 8 (1930), S. 268.

37 Ebd. VHzK 5 (1930/31), Teil B, H. 3, S. 23; 5 (1931), Teil B, H. 4, S. 24.

38 Vgl. Vierteljahrshefte zur StdDR 39 (1930), H. 4; 40 (1931), H. 4; 41 (1932), H. 4; 42 (1933), H. 4; 43 (1934), H. 4; eigene Berechnungen.
Die Preisbildung für die angebotenen städtisch bebauten Grundstücke ist in den Statistiken schwer erfaßbar, weil die Veräußerungen dieser Grundstücke in Form von geschlossenen Einheiten aus Gebäuden, Nebenanlagen und Grundstück im engeren Sinne erfolgten. Die individuelle Bausubstanz, der potentielle Sanierungs- und Modernisierungsaufwand, die Kostenverlagerung durch steuerliche Abschreibungsmöglichkeiten und die Gebäude- und Grundstücksnutzungen waren preisbildende Faktoren, die die vorliegenden Statistiken nicht erfassen.

39 Bergisches Wirtschaftsblatt 3 (1932), S. 397, 495, 587, 685. Ruhr und Rhein 11 (1930), S. 1359; 12 (1931), S. 71, 333, 870. Wirtschaft und Verkehr 9 (1931), S. 468.

40 Ruhr und Rhein 11 (1930), S. 493. VHzK 5 (1930/31), Teil A: H. 1, S. 6 f., 12; H. 2, S. 8, 64, 67.

41 VHzK 4 (1929/30), Teil A: H. 1, S. 9; H. 2, S. 6.

42 Ebd., H. 1, S. 8 f.

43 Ruhr und Rhein 10 (1929), S. 905 f. VHzK 4 (1929/30), Teil A, H. 1, S. 10. VB K 1929/30, S. 61.

44 Ruhr und Rhein 12 (1931), S. 860.

sten getroffen.[45] Durch die chronische Kapitalschwäche wurden die gegenseitigen Preisunterbietungen und die sich stetig verschlechternde Zahlungsmoral der Kommunen und Wohnungsbaugesellschaften zu einer ernsthaften Bedrohung für seinen Bestand.[46] Die verschärfte wirtschaftliche Lage hatte auch auf dem Immobilienmarkt Konsequenzen in der Gestalt vermehrter Veräußerungen und Zwangsversteigerungen.[47] Die Zwangsversteigerungen schnellten 1932 in die Höhe, weil Mietausfälle, Leerstände und Hypothekenzinsen die Hauseigentümer in die Liquiditätskrise führten. Besonders schwer traf es Duisburg-Hamborn und Wuppertal.[48] Die rheinischen Großstädte wurden nun in den Zwangsversteigerungsverfahren als Gläubigerinnen ihrer notleidend gewordenen Hauszinssteuerhypotheken unfreiwillige Erwerber der betroffenen Wohngebäude, um die Vermögensgrundlage der Darlehen zu sichern.[49]

Dazu gerieten viele private Haushalte durch Arbeitslosigkeit in Zahlungsverzug, weshalb die Käufe auf Kredit zunahmen und sich ihre Zahlungsweise mit dem sinkenden verfügbaren Einkommen verschlechterte.[50] Darunter litten unter anderem das Bekleidungs- und das Handelsgewerbe erheblich.[51] Mehrere Textilgroßhandelsbetriebe stellten ihre Zahlungen ein und brachten die Textil- und Bekleidungshersteller in Schwierigkeiten.[52] In Wuppertal brachen zwischen 1929 und 1931 vor allem die traditionellen Produzenten der Barmer Artikel zusammen.[53] Auch der Einzelhandel des Ruhrgebiets war bereits im zweiten Halbjahr 1930 in großem Maße an den Insolvenzen beteiligt, weil er nicht in der Lage war, die fixen Kosten dem starken Umsatzrückgang anzupassen.[54] So kam es in den Jahren 1930 und 1931 zu zahlreichen Ausverkäufen.[55] In Wuppertal wurden die Finanzprobleme des Lebensmitteleinzelhandels immer spürbarer. Er verschuldete sich verstärkt bei seinen Lieferanten, da die immer kleiner werdende Handelsspanne nicht mehr ausreichte.[56] Zusätzlich bereiteten dem Einzelhandel die Kreditkürzungen der Banken und Sparkassen und die vermehrten Forderungen der Kundschaft nach Stundungen große finanzielle Probleme.[57] Die zahlreichen Geschäftsaufgaben und Zahlungsschwierigkeiten sowie die starken Herabsetzungen der Versicherungssummen trafen auch die Feuerversiche-

45 WWZ 7 (1929), S. 20.

46 Ruhr und Rhein 11 (1930), S. 59; 12 (1931), S. 322. WWZ 8 (1930), S. 445; 9 (1931), S. 191. Wirtschaft und Verkehr 9 (1931), S. 9, 61, 277. VHzK 4 (1930), Teil B, H. 4, S. 28; 5 (1930), Teil B, H. 1, S. 23; 5 (1931), Teil B, H. 4, S. 24. Vgl. Die Entwicklung der Unternehmungen im Jahre 1932, S. 118. Vgl. Zunkel: Die wirtschaftliche, soziale und finanzielle Entwicklung Kölns, S. 42.

47 Vgl. Tabelle 37. VHzK 7 (1932), Teil B, H. 2, S. 94.

48 Ebd.

49 VB D 1933–1936, S. 348. VB DU 1930–1932 N, S. 183. VB E 1930, S. 18; 1931, S. 22–24. VB K 1929/30, S. 189; 1931/32, S. 153. VB W 1932, S. 90; 1933, S. 80.

50 Ruhr und Rhein 10 (1929), S. 479, 914, 1374; 11 (1930), S. 61, 932, 933, 1359; 12 (1931), S. 71, 333, 334, 603, 830, 870; 13 (1932), S. 267; 14 (1933), S. 264. VB MG 1929 und 1930, S. 21, 64; 1931, S. 21. VB W 1932, S. 17. Wirtschaft und Verkehr 8 (1930), S. 268, 318, 423, 527, 581; 9 (1931), S. 468, 632.

51 Vgl. Die Entwicklung der Unternehmungen im Jahre 1932.

52 Bericht Polizeipräsident MG an RP D vom 15.4.1930; HStAD Reg. D 30643, Bl. 97. Bergisches Wirtschaftsblatt 3 (1932), S. 494.

53 VB W 1929–1931, S. 4.

54 Ruhr und Rhein 11 (1930), S. 933; 12 (1931), S. 70.

55 Ebd. 12 (1931), S. 71, 333, 603.

56 Bergisches Wirtschaftsblatt 3 (1932), S. 495.

57 Wirtschaft und Verkehr 9 (1931), S. 412.

rungen, während sich der Zweig der Lebensversicherungen zumindest noch 1931 behaupten konnte.[58]

Von zweifelhaftem Einfluß auf die wirtschaftliche Entwicklung war die RNotVO vom 8. Dezember 1931. Sie senkte zwar die Zinsausgaben, schuf aber auch die Grundlage für eine schlechtere Zahlungsmoral der Schuldner. Damit entstanden für die Gläubiger neue Probleme, ihre Forderungen zu realisieren, die die Bereitschaft zur Hergabe neuer Kredite beeinträchtigten.[59]

Tabelle 5

Insolvenzverfahren

Verfahrensart		1929	1930	1931	1932	1933
Eröffnete und mangels Masse abgelehnte Konkursverfahren	D	111	145	201	164	82
	DU	62	82	80	50	28
	E	65	111	104	79	26
	K	172	223	275	180	158
	MG	28	41	51	31	16
	W	111	156	193	134	98
Begonnene Vergleichsverfahren	D	79	126	166	90	20
	DU	69	139	114	58	14
	E	29	65	78	46	12
	K	110	109	115	89	15
	MG	22	32	25	13	6
	W	66	125	148	72	17

Vierteljahrshefte zur StdDR 39 (1930), H. 2, S. 120; 40 (1931), H. 2, S. 22; 41 (1932), H. 2, S. 90; 42 (1933), H. 2, S. 129; 43 (1934), H. 2, S. 151; eigene Berechnungen.

Dies alles hinterließ deutliche Spuren in den Statistiken der Amtsgerichte. Schon 1930 nahm die Zahl der Vergleichsverfahren stark zu. In Düsseldorf, Essen und Wuppertal hatten sie sich 1931 gegenüber 1929 weit mehr als verdoppelt. Den vergleichsweise stärksten Anstieg der mangels Masse abgelehnten Konkurse unter den sechs Städten verzeichnete jedoch Gladbach-Rheydt.[60] Angetrieben von der Kreditkrise und der anschließenden

58 WWZ 9 (1931), S. 188.

59 Ruhr und Rhein 13 (1932), S. 47. VHzK 7 (1932/33), Teil A, H. 2, S. 95.

60 Vgl. Tabelle 5.

Hochzinspolitik der Reichsbank, erreichte die Konkurswelle ein Jahr später ihren Höhepunkt. Die Höchststände aller sechs Städte lagen über den jeweiligen Jahresergebnissen für das Deutsche Reich. In der Konsequenz sanken die Eintragungen in die Handelsregister der Amtsgerichte, wobei sich die Eintragungen von Einzelfirmen wegen der Gründungen von Kleinstexistenzen weniger stark als die der Kapitalgesellschaften verringerten.[61]

1.2.4 Stimmung und Perspektiven

Angesichts der unsicher scheinenden Zukunft verschlechterte sich im Laufe des Jahrs 1929 die Stimmung an den deutschen Wertpapierbörsen deutlich.[62] Unter anderem vertiefte der Börsenkrach im Oktober 1929 die Skepsis der Kapitalanleger. Gegen Ende 1929 kam im Vorstand der Vereinigten Stahlwerke erste Unsicherheit über die wirtschaftliche Zukunft auf, und im Eisengeschäft empfand man die Lage bereits als „sehr unbefriedigend".[63] Andererseits zog das Krupp-Direktorium in Essen noch Ende September 1929 eine ausgesprochen positive Bilanz, zumal man die Lücke im Inland durch die Bestellungen des Auslands teilweise schließen konnte.[64] Dagegen hatte sich im konsumnahen Textilhandel Gladbach-Rheydts Skepsis breit gemacht, die sich immer mehr verstärkte.[65] Ende 1929 und Anfang 1930 erfüllten sich jedoch die Hoffnungen, die sich in einem fünfmonatigen Zwischenhoch an den deutschen Aktienbörsen ausdrückten und mit der positiven Resonanz auf den Young-Plan zusammenhingen, nicht. Nunmehr setzte ein fast freier Fall der Aktienkurse bis Ende 1930 auf nur noch gut 60 % des Durchschnitts des ganzen Jahrs 1929 ein. So war die Stimmung erheblich schlechter als die Produktion.[66] Weiterhin stark verunsichert wurde die Wirtschaft durch die politische Instabilität des Reichs.[67] Aus diesem Grund vermieden viele Betriebe Produktionen und Bestellungen auf Vorrat und nahmen sie erst bei einem vorliegenden Auftrag auf.[68] Hingegen vermehrten sich die vorsorglich vorgenommenen Stillegungsanzeigen bei den staatlichen Gewerbeaufsichtsämtern, um die Produktion kurzfristig aufgeben zu können.[69] Immerhin gelang es der Regierung Brüning, mit einer Reihe einschneidender Maßnahmen in der Wirtschaft einen guten Eindruck ihrer Handlungsfähigkeit zu vermitteln. Die Skepsis verwandelte sich in vorsichtigen Optimismus, der den deutschen Aktienindex in den ersten vier Monaten 1931 ansteigen ließ.[70]

61 Vgl. zur Entwicklung während der Wirtschaftskrise z. B. Jahresbericht des Statistischen Amts der Stadt Düsseldorf 25 (1929), S. 158; 26 (1930), S. 75; 27 (1931), S. 68; 28 (1932), S. 69; 29 (1933), S. 65. Statistisches Jahrbuch der Stadt Köln (1929), S. 61; (1930), S. 22; (1931), S. 18; (1932), S. 19. Statistische Vierteljahresberichte der Stadt Gladbach-Rheydt 1 (1930), Nr. 1, S. 4; 2 (1931), Nr. 1, S. 5, Nr. 2, S. 5; 4 (1933), Nr. 1, S. 5; eigene Berechnungen.

62 Vgl. VHzK 4 (1929), Teil A, H. 1.

63 Vereinigte Stahlwerke: Bericht 1928/1929, S. 12. Ruhr und Rhein 10 (1929), S. 479.

64 Fried. Krupp: Jahresbericht 1928/1929, S. 10.

65 WWZ 7 (1929), S. 404. Ruhr und Rhein 11 (1930), S. 932; 12 (1931), S. 333.

66 Ruhr und Rhein 12 (1931), S. 63. WWZ 8 (1930), S. 622. Vgl. Wirtschaft und Statistik 9 (1929)-11 (1931).

67 Bergische Wirtschaftszeitung 3 (1932), S. 6, 209, 301.
Ruhr und Rhein 11 (1930), S. 61. WWZ 8 (1930), S. 245, 430, 431, 610. VB K 1930/31, S. 42. VHzK 5 (1930/31), Teil A: H. 2, S. 10 f.; H. 3, S. 43, 46 f., 51; H. 4, S. 39.

68 VB K 1930/31, S. 42.

69 Bericht GAA E 1930; HStAD Reg. D 34378.

70 Ruhr und Rhein 12 (1931), S. 324. VHzK 6 (1931/32), Teil A, H. 1, S. 31.

Jedoch trübten sich im Jahr 1931 die Aussichten und die Stimmung im Zusammenhang mit der Bankenkrise und der allgemein sinkenden Kaufkraft wieder stark ein. Entsprechend schlecht war das Klima bis zum Sommer 1932.[71]

1.3 Trends bedeutender Wirtschaftsbranchen[72]

1.3.1 Steinkohlenbergbau

Nach der Wirtschaftskrise 1925/26 erholte sich die Montanwirtschaft des Ruhrgebiets rasch und konnte die Produktion bei gleichzeitig kräftig gesteigerter Produktivität durch Rationalisierungs- und Konzentrationsmaßnahmen erheblich ausdehnen, um ihre internationale Wettbewerbsfähigkeit zu erhalten.[73] Zu ihnen gehörte seit 1926 die Stillegung zahlreicher Schachtanlagen oder deren Zusammenfassung zu neuen Einheiten.[74] So erreichten die Zechen der Vereinigten Stahlwerke, die zum Teil in Duisburg-Hamborn lagen, eine arbeitstägliche Förderung je Betriebseinheit von 3 000 t, die damit rund 600 t über dem Ruhrgebietsdurchschnitt lag.[75] Dazu wurden in den Kokereien und in der Gaswirtschaft veraltete Anlagen durch moderne ersetzt.[76]

Für den Steinkohlenbergbau an der Ruhr kam der Konjunktureinbruch vergleichsweise spät. Aber nachdem die Eisen- und Stahlerzeugung Ende 1929 nachließ, ging ab Anfang 1930 die Kohlenförderung stark zurück, weil der Brennstoffverkauf an die Schwerindustrie und in das Ausland stockte.[77] Durch die Entwertung des Pfunds wurde die britische Kohle sogar in großen Teilen Deutschlands konkurrenzfähig.[78] Aber auch mit den vorgenommenen Preissenkungen besserte sich die Absatzlage der Ruhrkohle nicht. Außerdem grassierte im Welthandel der Protektionismus, den die deutsche Seite mit Handelsbeschränkungen zugunsten des eigenen Bergbaus beantwortete.[79] Doch erst im Verlauf des Jahrs 1932 lie-

71 Humboldt-Deutzmotoren: Bericht über das Geschäftsjahr 1930/31. Bergisches Wirtschaftsblatt 3 (1932), S. 5 f., 111, 301, 396, 494, 587. Ruhr und Rhein 12 (1931), S. 597, 603, 870; 13 (1932), S. 47, 468, 689. WWZ 9 (1931), S. 174 f., 191. VHzK 5 (1931), Teil B, H. 4, S. 25.

72 Für die Auswahl der Branchen waren ihre Anteile an den Beschäftigten nach den Gewerblichen Betriebszählungen und ihre Bedeutung für die Zuordnung der sechs Großstädte in die Vergleichsgruppen entscheidend.

73 Vereinigte Stahlwerke: Bericht 1928/1929, S. 10, 13. James: Deutschland in der Weltwirtschaftskrise, S. 153. Kellenbenz: Wirtschafts- und Sozialentwicklung der nördlichen Rheinlande, S. 128. Sartor: Wirtschaftsentwicklung und Arbeitsmarktpolitik, S. 68 f., 92–94. Schlieper: 150 Jahre Ruhrgebiet, S. 118 f.

74 Fried. Krupp: Jahresbericht 1928/1929, S. 7; 1929/1930, S. 6. Vereinigte Stahlwerke: Bericht 1929/1930: Stillegung Zeche Germania, Ausbau Großschachtanlage Zollverein 12 und Zeche Friedrich Thyssen 2/5, S. 14. Gebhardt: Ruhrbergbau, S. 50.

75 Vereinigte Stahlwerke: Bericht 1928/1929, S. 13.

76 Fried. Krupp: Jahresbericht 1928/1929, S. 7. Vereinigte Stahlwerke: Bericht 1928/1929, S. 13 f. Produktion der Kohlen-, Eisen- und Hüttenindustrie im Jahre 1929, S. 3 f.

77 Ruhr und Rhein 11 (1930), S. 922, 1348; 12 (1931), S. 62, 325, 595; 13 (1932), S. 48, 468. Der Ruhrbergbau im Jahre 1930; in: Glückauf 67 (1931), S. 528. Kellenbenz: Wirtschafts- und Sozialentwicklung der nördlichen Rheinlande, S. 128. Vereinigte Stahlwerke: Bericht 1929/1930, S. 9, 12.

78 Ruhr und Rhein 12 (1931), S. 861.

79 Glückauf 67 (1931), S. 528. Ruhr und Rhein 13 (1932), S. 263, 683. Fried. Krupp: Jahresbericht 1931/1932, S. 6.

ßen die Einfuhren ausländischer Kohlen merklich nach.[80] Der Anteil der Industrie (ohne Versorgungsbetriebe) am Kohlenverbrauch nahm von 46,7% am Beginn der Krise 1929 auf 37,5% im Jahr 1932 ab.[81] Insgesamt verringerte sich der Kohlenverbrauch in Deutschland allein zwischen 1931 und 1932 um 9%.[82] Im Jahr 1932 erreichte die Steinkohlenförderung in Duisburg-Hamborn nur noch knapp 58 und in Essen gut 65% ihres Stands von 1929.[83] Die Kokshalden vergrößerten sich stark und blieben auf einem hohen Stand, obwohl die Kokserzeugung zwischen 1929 und 1932 in Duisburg-Hamborn um fast 58 und in Essen um 62,6% sank.[84] Was ursprünglich als Absatzstütze der Zechen gedacht war, erwies sich jetzt als zusätzliche Problemquelle für die Beschäftigung: Gegenüber den unabhängigen Zechen ergab sich 1930 in den Hüttenzechen der Vereinigten Stahlwerke ein um 15% stärkerer Rückgang der Beschäftigung.[85] Vor diesem Problem standen auch die Firma Krupp in Essen,[86] die zwischen Oktober 1930 und September 1931 über 7000 Bergleute entließ und 420000 Feierschichten einschaltete,[87] und die Vereinigten Stahlwerke, in deren Zechen die Zahl der Feierstunden binnen sechs Monaten 1930 um fast 94% sprunghaft zunahm.[88] In den Krupp-Zechen wurden während des Geschäftsjahrs 1931/1932 noch einmal 2800 Arbeiter entlassen, und es gab wesentlich mehr Feierschichten als je zuvor.[89] Dazu ging man immer stärker zur Drei-Tage-Woche über.[90] Die Vereinigten Stahlwerke und Krupp zogen mit Zusammenlegungen und vollständigen Betriebseinstellungen von Zechen die Konsequenzen daraus.[91] Doch setzten die Vereinigten Stahlwerke die Modernisierung ihrer Zechen fort.[92] In Duisburg-Hamborn wie in Essen wurde die Zahl der Koksöfen durch die Stillegung zumeist älterer Koksofenbatterien drastisch vermindert und durch eine geringere Zahl neuerer und modernerer ersetzt.[93] Der Bau einer Großförderanlage auf der Zeche Friedrich Thyssen 2/5 und der Umbau der Zeche Zollverein 12 der Vereinigten Stahlwerke konnten 1931 abgeschlossen werden.[94]

80 Ruhr und Rhein 11 (1930), S. 922, 1348; 12 (1931), S. 62, 325, 595, 861; 13 (1932), S. 47f., 468f.
81 Produktion der Kohlen-, Eisen- und Hüttenindustrie im Jahre 1932, S. 41.
82 Ebd.
83 Vgl. Tabelle 35.
84 Vgl. ebd. Produktion der Kohlen-, Eisen- und Hüttenindustrie im Jahre 1929, S. 3; 1932, S. 39f. Fried. Krupp: Jahresbericht 1929/1930, S. 6. Ruhr und Rhein 11 (1930), S. 922, 1348; 12 (1931), S. 325, 595, 861; 13 (1932), S. 48, 263.
85 Vereinigte Stahlwerke: Bericht 1929/1930, S. 12.
86 Vgl. Tabelle 36.
87 Fried. Krupp: Jahresbericht 1929/1930, S. 6; Jahresbericht 1930/1931, S. 6.
88 Vereinigte Stahlwerke: Bericht 1929/1930, S. 21.
89 Fried. Krupp: Jahresbericht 1931/1932, S. 6.
90 Ruhr und Rhein 13 (1932), S. 263.
91 Anfang Oktober 1930 Zusammenlegung der Krupp-Schachtanlage Amalie in Essen mit einer Nachbarzeche; Fried. Krupp: Jahresbericht 1930/1931, S. 6. Der Ruhrbergbau im Jahre 1930, in: Glückauf 67 (1931), S. 529. Einstellung der Förderung der Zechen im Geschäftsjahr 1930/31: Tremonia, Alma, Friedrich Thyssen 3/7; Vereinigte Stahlwerke: Bericht 1929/1930, S. 11, 13; 1930/1931, S. 14. Die bergbauliche Gewinnung im niederrheinisch-westfälischen Bergbaubezirk im Jahre 1931, in: Glückauf 68 (1932), S. 474.
92 Großschachtanlage Zollverein 22, Zechen Friedrich Thyssen und Minister Stein; Vereinigte Stahlwerke: Bericht 1929/1930, S. 18.
93 Fried. Krupp: Jahresbericht 1928/1929, S. 7. Vereinigte Stahlwerke: Bericht 1929/1930, S. 14, 19; 1930/1931, S. 14, 19.
94 Vereinigte Stahlwerke: Bericht 1930/1931, S. 19.

Über die Essener Zechen und Kohlennebenprodukte herstellenden Betriebsteile rollte in der Wirtschaftskrise eine Konzentrationswelle hinweg, um wettbewerbsfähig zu bleiben.[95] Sie befanden sich u.a. in der Hand der Gruppe Hamborn der Vereinigten Stahlwerke.[96] So wurden in Essen zwischen 1929 und September 1931 Schachtanlagen von fünf Zechen, hauptsächlich der Vereinigten Stahlwerke, zusammengelegt.[97] Die Talfahrt des Ruhrkohlenbergbaus setzte sich noch im dritten Vierteljahr 1932 fort, dann war der Tiefpunkt erreicht.[98] Zieht man eine Bilanz dieses wirtschaftlichen Niedergangs, so wird deutlich, daß sich die Beschäftigung im Steinkohlenbergbau in den Städten durchaus nicht einheitlich entwickelt hatte. Zwischen 1929 und 1932 hatte sich die Belegschaft der Zechen in Duisburg-Hamborn auf weniger als die Hälfte, in Essen aber „nur" auf gut 75% von 1929 verringert.[99]

1.3.2 Eisen- und Stahlindustrie

In der Eisen- und Stahlindustrie waren die Jahre vor dem Eintritt Deutschlands in die Wirtschaftskrise von einer Investitionswelle für Erweiterungs-, Rationalisierungs- und Modernisierungsmaßnahmen geprägt, die vom großen Optimismus über die Zukunft und vom internationalen Wettbewerb getragen wurde.[100] Auch die Konzern-, Kartell- und Syndikatsbildungen schritten voran, weil in ihnen Lösungsansätze für die schwierige internationale Wettbewerbslage gesehen wurden. Für diese Entwicklung stand der 1926 nach dem Vorbild des amerikanischen Stahlkonzerns „United Steel" geschaffene größte europäische Eisen- und Stahlkonzern, die Vereinigten Stahlwerke AG.[101] In diesem Konzern waren 40% der deutschen Stahlproduktion und 20% des Steinkohlenbergbaus zusammengefaßt worden.[102] Jedoch blieb die Grundlage für solche Vorhaben nur kurz erhalten, denn schon Ende 1927 machten sich die ersten Zeichen eines bevorstehenden Konjunkturabschwungs bemerkbar.[103] So erreichte der Beschäftigungsstand in der Produktionsgüterindustrie bereits in diesem Jahr seinen höchsten Stand.[104]

95 Vgl. Tabelle 23.
96 Gebhardt: Ruhrbergbau, S. 255.
97 Ebd.
98 Ruhr und Rhein 13 (1932), S. 263, 683. Kellenbenz: Wirtschafts- und Sozialentwicklung der nördlichen Rheinlande, S. 128, 152.
99 Vgl. Tabelle 23.
100 Beispiele: Ausbau und Modernisierung des Düsseldorfer Röhrenwerks der Vereinigten Stahlwerke, der Bau einer Stabeisenstraße auf der August-Thyssen-Hütte in Duisburg-Hamborn, der neue Roheisenmischer in der Hütte Ruhrort-Meiderich, die Grobblechstraße der Niederrheinischen Hütte in Duisburg-Hamborn; Vereinigte Stahlwerke: Bericht 1928/1929, S. 9, 19f.; 1929/1930, S. 19f.
Hochofenwerk in Essen-Borbeck; Fried. Krupp: Jahresbericht 1928/1929, S. 8.
Bericht GAA E 1929; HStAD Reg. D 34376 II. Sartor: Rationalisierung und Konzentration. Sartor: Wirtschaftsentwicklung und Arbeitsmarktpolitik, S. 69. Vgl. Schröter: Die deutsche Industrie auf dem Weltmarkt. Wagenführ: Die Bedeutung des Außenmarktes für die deutsche Industriewirtschaft.
101 Jachmann: Düsseldorf, S. 72–76. Sartor: Wirtschaftsentwicklung und Arbeitsmarktpolitik, S. 62. Schlieper: 150 Jahre Ruhrgebiet, S. 122. Vgl. auch Fack: Die deutschen Stahlkartelle.
102 Kellenbenz: Wirtschafts- und Sozialentwicklung der nördlichen Rheinlande, S. 128.
103 Die Beschäftigung der Industrie von 1928 bis 1932, S. 20.
104 Zunkel: Die wirtschaftliche, soziale und finanzielle Entwicklung Kölns, S. 39.

Im ersten Halbjahr 1929 bestimmte dann das Aufholen des Produktionsrückstands die Konjunktur an Rhein und Ruhr, der durch den starken Frost 1928/29 und den Ruhreisenstreit Ende 1928 entstanden war.[105] Die langanhaltende Tarifauseinandersetzung im Jahr 1928, die neben der Eisen- und Stahlindustrie auch den Maschinenbau betroffen hatte, konnte am 21. Dezember 1928 nur durch einen verbindlichen Schiedsspruch des Reichsarbeitsministers mit spürbaren Steigerungen der Lohnkosten beendet werden.[106] So war noch bis Ende 1929 die Lage der Montanwirtschaft an der Ruhr befriedigend.[107] Gestützt wurde die Produktionsgütererzeugung fast bis Ende 1929 vom Auslandsgeschäft.[108] Aber den 1929 verhältnismäßig hohen Produktionszahlen standen bereits sehr eingeschränkte Absatzmöglichkeiten im Inland gegenüber,[109] und der Zenit des Auftragsbestands war im Spätfrühjahr 1929 überschritten, weil die Sonderfaktoren wegfielen und die Konjunktur auf den Exportmärkten nachließ. Damit glich sich die bislang bessere wirtschaftliche Lage des Ruhrgebiets der allgemein schlechteren im Reich an.[110] So befanden sich unter den Stillegungen im Jahr 1929 bereits mehrere Betriebe der Eisen- und Stahlerzeugung.[111] Das Jahr 1930 stand dann voll im Zeichen einer außergewöhnlichen Absatzkrise.[112]

Mit der Abkühlung der Konjunktur im Ausland und dem Verfall des britischen Pfunds entstand für die Deutschen preis- und mengenmäßig eine scharfe ausländische Konkurrenz, deren Eisen bis in den Herbst 1932 hinein sogar im Inland, vorzugsweise im Linksrheinischen, angeboten wurde.[113] Die von den Eisen- und Stahlkartellen durch die Gründung der Internationalen Rohstahlgemeinschaft erhoffte Sicherheit trat nicht ein. Im Gegenteil entstanden schwere Konflikte zwischen den Produzenten, weil neben den konjunkturellen Absatzverlusten und den Überkapazitäten die nationalistische Industriepolitik die Absatzchancen einschränkte.[114]

Die Folgen dieser Entwicklung schlugen sich in Produktion und Beschäftigung nieder. Das am 30. September 1929 endende Geschäftsjahr schloß in den Eisen- und Stahlhütten der Vereinigten Stahlwerke mit einem Rückgang der Produktion von 7,5 % gegenüber dem

105 Der Ruhrbergbau im Jahre 1929, in: Glückauf 66 (1930), S. 969. Ruhr und Rhein 10 (1929), S. 469. VHzK 4 (1929/30), Teil A, H. 1, S. 6. WWZ 7 (1929), S. 16. Sartor: Wirtschaftsentwicklung und Arbeitsmarktpolitik, S. 103.

106 Bei Krupp zwischen Oktober 1928 und November 1929 um 5,5 % der Lohnsumme; Bericht GAA E 1929; HStAD Reg. D 34376 II. Sartor: Wirtschaftentwicklung und Arbeitsmarktpolitik, S. 100.

107 Polizeipräsident DU: Bericht über das 4. Quartal 1929; HStAD Reg. D 30640 a, Bl. 429. Polizeipräsident E: Bericht über das 4. Quartal 1929; HStAD Reg. D 30640 a, Bl. 397.
Der Ruhrbergbau im Jahre 1929, in: Glückauf 66 (1930), S. 969. WWZ 7 (1929), S. 16, 403. Sartor: Wirtschaftsentwicklung und Arbeitsmarktpolitik, S. 95 f.

108 Ruhr und Rhein 10 (1929), S. 469, 1365. Beschäftigung der Industrie von 1928 bis 1932, S. 21. VHzK 4 (1929/30), Teil A: H. 1, S. 7; H. 2, S. 8.

109 Ruhr und Rhein 10 (1929), S. 1365.

110 Ebd. 10 (1929), S. 472; 11 (1930), S. 53. VHzK 4 (1929/30), Teil A, H. 4, S. 7 f. Wessel: Kontinuität im Wandel, S. 203.

111 Vereinigte Stahlwerke: Bericht 1928/1929, S. 18. Bericht GAA E 1929; HStAD Reg. D 34376 II.

112 Ruhr und Rhein 11 (1930), S. 924, 1358. Vereinigte Stahlwerke: Bericht 1929/1930, S. 10; 1930/1931, S. 12.

113 Fried. Krupp: Jahresbericht 1931/1932, S. 8. Ruhr und Rhein 11 (1930), S. 1359; 12 (1931), S. 70, 326 f., 333; 13 (1932), S. 474, 688; 14 (1933), S. 48. WWZ 8 (1930), S. 254; 9 (1931), S. 184. Wirtschaft und Verkehr 9 (1931), S. 632.

114 Vereinigte Stahlwerke: Bericht 1928/1929, S. 12, 19; 1929/1930, S. 10. Schröter: Die deutsche Industrie auf dem Weltmarkt, S. 291, 294.

Vorjahr ab.[115] Die Stahlbetriebsteile der Kruppschen Gußstahlfabrik in Essen waren 1929 noch zu 70% der Kapazität ausgelastet,[116] das in diesem Frühjahr angeblasene Hochofenwerk Essen-Borbeck 1932 zu 40%.[117]

In diesen Abschwung fiel die Fertigstellung von bereits begonnenen Projekten zur Kapazitätserweiterung.[118] Mannesmann dehnte mit der Inbetriebnahme eines neuen modernen Hochofen- und Stahlwerks in Duisburg-Huckingen 1929 seine Kapazitäten sogar aus.[119] Die Niederrheinische Hütte erhielt im Geschäftsjahr 1930/31 eine kontinuierliche Drahtstraße und das Stahl- und Walzwerk Thyssen eine Kalibrier- und Muffenpresse.[120] Diese Anlagen wurden nun zu unrentierlichen Lasten.[121] Schon 1930 bestimmten Feierschichten, Entlassungen und Stillegungen das Bild in der Stahlverarbeitung Krupps.[122] In Duisburg-Hamborn arbeiteten am Ende des Jahres 1930 30% der Beschäftigten in der Schwerindustrie kurz.[123] Anfänglich versuchten viele Firmen aus sozialen Motiven und um bei einer einsetzenden Erholung mit qualifiziertem Personal bereit zu sein, statt mit Entlassungen durch eine längere Kurzarbeit die Beschäftigung der Krise anzupassen.[124] So arbeiteten in der Essener Gußstahlfabrik Krupps 1929/30 zwischen 74 und 87% der Arbeiter die volle tarifliche Arbeitszeit von 48 Stunden pro Woche, ein Geschäftsjahr später waren es nur noch zwischen 38 und 67%.[125] Dies ließ sich nicht durchhalten, so daß es zu Massenentlassungen kam. Die Vereinigten Stahlwerke entließen 1930 in der Duisburg-Hamborner August-Thyssen-Hütte 4037 der 14498, in Ruhrort-Meiderich 5444 der 12244 und in der Niederrheinischen Hütte 1287 der 3087 Arbeitnehmer.[126] Nachdem Anfang 1931 Versuche der Vereinigten Stahlwerke, die Löhne und Gehälter um 20% zu senken, an der Ablehnung durch die Gewerkschaften gescheitert waren, schlossen sie ihre Stahlhütte Ruhrort-Meiderich mit mehr als 6000 Arbeitern. Neun Hochöfen und fünf Walzstraßen modernster Technik, die erst zwei Jahre zuvor eingerichtet worden waren, wurden außer Betrieb gesetzt.[127] Für die staatliche Gewerbeaufsicht war klar, daß sich die Vereinigten Stahlwerke mit dem Aufbau großer Kapazitäten für die Massenproduktion verkalkuliert hatten und deshalb schon eine etwas geringere Auslastung die Rentabilität gefährdete.[128]

Im Vergleich zu den übrigen Stahlverarbeitern stand Mannesmann recht günstig da und wurde erst mit Verspätung von der Konjunkturkrise getroffen, weil die öffentlichen Gebietskörperschaften, die für das Unternehmen eine große Rolle spielten, am Beginn des Etatjahrs für die nächsten zwölf Monate Aufträge für Gas- und Wasserrohre erteilt

115 Vereinigte Stahlwerke: Bericht 1928/1929, S. 16.
116 Vgl. Tabelle 36. Fried. Krupp: Jahresbericht 1928/1929, S. 5f., 8.
117 Fried. Krupp: Jahresbericht: 1929/1930, S. 9; 1930/ 1931, S. 8; 1931/1932, S. 9.
118 Bericht GAA E 1929; HStAD Reg. D 34376 II. Vierteljahrshefte zur StdDR 39 (1930), H. 4, S. 4f. Wessel: Kontinuität im Wandel, S. 203.
119 Vgl. Kellenbenz: Wirtschafts- und Sozialentwicklung der nördlichen Rheinlande, S. 133f.
120 Vereinigte Stahlwerke: Bericht 1930/1931, S. 19.
121 Vgl. ebd. 1929/1930, S. 9.
122 Fried. Krupp: Jahresbericht 1929/1930, S. 9.
123 Bericht GAA DU 1930; HStAD Reg. D 34379. Jahresbericht der Gewerbeaufsichtsbeamten 1929, S. 453. Vereinigte Stahlwerke: Bericht 1930/1931, S. 11.
124 Bericht GAA E 1929; HStAD Reg. D 34376 II.
125 Zollitsch: Arbeiter, S. 91. Fried. Krupp: Jahresbericht 1931/1932, S. 9.
126 Bericht GAA DU 1930; HStAD Reg. D 34379.
127 Vereinigte Stahlwerke: Bericht 1930/1931, S. 11. Bericht GAA DU 1931/32; HStAD Reg. D 34384.
128 Bericht GAA DU 1931/32; HStAD Reg. D 34384.

hatten.[129] Ein kleiner Lichtblick waren die Aufträge der Sowjetunion an die Eisen- und Stahlhersteller, die weitergehende Stillegungen verhinderten.[130] Allein Mannesmann führte im Mai 1932 sowjetische Aufträge mit einem Wert von 21,8 Mio. RM aus oder hatte sie in Bearbeitung.[131] Diese ließen sich jedoch nur sehr schwierig refinanzieren und waren wegen der langen Zahlungsfristen mit einem hohen finanziellen Risiko behaftet.[132] Anfang 1931 beschäftigte die Düsseldorfer Röhrenherstellung der Vereinigten Stahlwerke 2400 Arbeiter und 312 Angestellte, am 1. Dezember 1932 waren es nur noch 1620 Arbeiter und 250 Angestellte.[133] Angesichts dieser unsicheren Aussichten disponierte man ab dem Sommer 1929 im Kölner und Düsseldorfer Eisengroßhandel sehr kurzfristig und zurückhaltend.[134] Die üblichen Lieferfristen entfielen wegen der überreichlichen Kapazitäten, und die Vorräte wuchsen.[135]

1.3.3 Häfen in Duisburg-Hamborn[136]

Wie ein Resonanzboden nahmen die Häfen in Duisburg-Hamborn die konjunkturelle Entwicklung der Montanwirtschaft an der Ruhr auf. So war das Jahr 1929 für die Duisburg-Ruhrorter Häfen mit einem durch die Kohlen-, Erz- und Eisentransporte gestiegenen Verkehrsaufkommen außerordentlich positiv.[137] Doch bot sich bereits 1930 ein im Vergleich zu 1929 vollkommen anderes Bild der Lage, weil der Konjunktureinbruch in der Montanwirtschaft auch für die Duisburger Häfen mit starken Einbußen verbunden war.[138] So gingen die Anfuhren der Eisenerze und die Abfuhren von Steinkohle und Koks in den Häfen steil zurück. 1932 wurde erstmalig sogar mehr Getreide für das Nahrungsmittelgewerbe herangefahren als Eisenerz.[139] Dazu verschärften die außergewöhnlich niedrigen Seefrachten und Bahntarife zugunsten der deutschen Nordseehäfen die Wettbewerbslage Duisburgs.[140] Gegenüber dem Hafen in Rotterdam erlitten die Duisburger Häfen einen spürbaren Bedeutungsverlust,[141] und die Eisen- und Stahlhütten nutzten immer mehr eigene Hafenanlagen für den Umschlag des Eisenerzes und den Ausbau des Kanalnetzes.[142] So

129 Wessel: Kontinuität im Wandel, S. 204.
130 Ruhr und Rhein 13 (1932), S. 474.
131 Wessel: Kontinuität im Wandel, S. 205.
132 Bericht GAA D 1931/32; HStAD Reg. D 34384. Ruhr und Rhein 12 (1931), S. 603. Wechselforderungen von Mannesmann an die Sowjetunion am 30.9.1933 in Höhe von 23,9 Mio. RM; Wessel: Kontinuität im Wandel, S. 205 f.
133 Bericht GAA D 1931/32; HStAD Reg. D 34384.
134 Ruhr und Rhein 10 (1929), S. 472, 1374. WWZ 7 (1929), S. 403; 8 (1930), S. 32. Wirtschaft und Verkehr 8 (1930), S. 526.
135 Ruhr und Rhein 11 (1930), S. 1359. Vereinigte Stahlwerke: Bericht 1929/1930, S. 17.
136 Vgl. Tabelle 6.
137 Geschäftsbericht Duisburg-Ruhrorter Häfen 1929, S. 4 f.
138 Ebd. 1930, S. 5.
139 Ebd. 1931, S. 5 f.
140 Ebd. 1930, S. 7; 1931, S. 7; 1932, S. 12, 15; 1933, S. 12. Vgl. Roden: Geschichte der Stadt Duisburg, S. 521.
141 Geschäftsbericht Duisburg-Ruhrorter Häfen 1931, S. 7.
142 Ebd. 1932, S. 15. Roden: Geschichte der Stadt Duisburg, S. 521.

stieß der konjunkturell bedingte Niedergang des Güterumschlags mitten in einen gleichzeitig stattfindenden tiefgreifenden Strukturwandel des Schiffs- und Hafenverkehrs zu Lasten Duisburg-Hamborns.[143]

Tabelle 6

Verkehrsentwicklung der Duisburg-Ruhrorter Häfen

Jahr	Gesamtverkehr (An- und Abfuhr) Index	Anteile der Hauptgüterarten %				Abfuhr Kohle und Koks Index	Eingegangene Schiffe Index
		Anfuhr			Abfuhr		
		Eisenerz	Eisenwaren	Getreide	Kohle		
1929	100	47,0	8,1	7,1	90,7	100	100
1930	84,5	51,7	5,3	8,6	90,4	81,0	91,5
1931	66,7	31,9	6,6	12,7	89,5	70,4	79,4
1932	48,0	14,2	7,9	15,6	90,4	50,3	66,6
1933	50,5	12,7	10,7	13,8	91,8	53,2	73,1

Geschäftsbericht Duisburg-Ruhrorter Häfen 1929, S. 6; 1930, S. 7; 1931, S. 6; 1932, S. 11; 1933, S. 11, Anhang: Verkehr der Hauptgüterarten; eigene Berechnungen.

1.3.4 Maschinenbau

Schon das Jahr 1928 war für den Maschinenbau durch eine uneinheitliche Entwicklung und eine Verlangsamung des konjunkturellen Aufschwungs gekennzeichnet. Während der Inlandsabsatz schrumpfte, hielten die Exporterfolge für deutsche Spezialmaschinen an. War der Verkauf von Maschinen für die Erweiterung der Produktion rückläufig, so der von rationalisierenden Maschinen zur Kostensenkung lebhaft. Gab es einerseits im Fahrzeugbau erhebliche Entlassungen, so andererseits im Spezialmaschinenbau Überbeschäftigung.[144] Doch insgesamt traf die Wirtschaftskrise den Maschinenbau später als die Eisen- und Stahlherstellung. Die Beschäftigungslage war deshalb 1930 verhältnismäßig günstig. Aber ab dem letzten Vierteljahr 1930 waren schließlich alle Gruppen des Maschinenbaus vom Konjunkturabschwung betroffen, weil sich die Lage der Montanwirtschaft im Inland und der bislang stabile Auslandsmarkt stark verschlechterten.[145]

143 Roden: Geschichte der Stadt Duisburg, S. 521.

144 Sartor: Wirtschaftsentwicklung und Arbeitsmarktpolitik, S. 98–100. VHzK 4 (1929), Teil B, H. 1, S. 16.

145 Fried. Krupp: Jahresbericht 1929/1930, S. 10. Ruhr und Rhein 12 (1931), S. 64. Schröter: Die deutsche

Immerhin mußte der größte Maschinenbauer in Duisburg-Hamborn wegen des dicken Auftragspolsters bis November 1930 keine Arbeitskräfte entlassen.[146]

Im Unterschied zum Maschinenbau im Ruhrgebiet konnte sich der Kölner schon 1929 dem einsetzenden Abwärtstrend nicht entziehen. Der Eingang von Aufträgen lag in Köln erheblich unter dem von 1928, wobei das Ausland den Rückgang im Inland während des ersten Halbjahrs 1929 noch teilweise ausglich.[147] Trotz der nun auch im Ausland zurückgehenden Konjunktur wuchs die Abhängigkeit vom Export durch die im Vergleich zum Inland immer noch bessere Lage auf den Auslandsmärkten bis auf 60% im ersten Halbjahr 1932 an.[148] Um so mehr wirkte sich der wachsende Protektionismus im Ausland aus.[149] Durch Rationalisierungsmaßnahmen versuchte man, die in der Fusion zwischen einem Schwermaschinenhersteller und einem Fahrzeugbauer 1930 steckenden Kostenvorteile für den Preiskampf mit dem Ausland zu nutzen. Von 1930 bis Mitte 1932 verringerten sich die Herstellungskosten tatsächlich um mehr als 40%.[150]

Im ersten Vierteljahr 1931 und 1932 erhielt die Maschinenbauindustrie einige größere Aufträge, u.a. aus der Sowjetunion.[151] Sie bewirkten jedoch keine ausreichende Beschäftigung, weshalb nur an drei Tagen in der Woche gearbeitet wurde und die Kölner Motorenindustrie im April 1931 nur zu 40–45% ausgelastet war.[152] So wurde versucht, die Beschäftigung von Arbeitskräften durch Entlassungen und Feierschichten an diese Lage anzupassen. Um aber die Belegschaft nicht noch stärker abbauen zu müssen, wurden sogar Aufträge unterhalb der Selbstkosten hereingenommen.[153] Die Auswirkungen der Kreditkrise des Sommers 1931 reichten bis weit in das Jahr 1932 hinein, weil die für den Maschinenbau typischen Großprojekte durch langfristige Kredite vorfinanziert wurden, deren Zinsen aber im zweiten Halbjahr 1931 eine für Investitionen prohibitive Höhe erreichten. So sank der Auftragseingang im März 1932 auf 34% desselben Vorjahrsmonats.[154] Trotz dieses Erfolgs war der Außenhandel mit Ländern sehr schwierig, deren Währungen sich gegenüber der Mark abwerteten, zumal der Druck auf die Preise erhalten blieb.[155] Eine Folge davon war, daß das am 30. Juni 1932 endende Geschäftsjahr der Motorenfabrik Köln-Deutz einen Verlust von rund 2,7 Mio. RM einbrachte.[156] Außerdem sank zwischen den Sommern 1931 und 1932 die Zahl der beschäftigten Arbeiter und Angestellten bei der Humboldt-Deutzmotoren AG in Köln von 6402 auf 4942, wobei diese überwiegend, statt regulär 48, nur noch 40 Stunden pro Woche arbeiteten.[157] Damit erreichte am Tiefpunkt

Industrie auf dem Weltmarkt, S. 76. VHzK 5 (1930), Teil B: H. 2, S. 24; H. 3, S. 19; 5 (1931), Teil B, H. 4, S. 19f.

146 Bericht GAA DU 1930; HStAD Reg. D 34379.

147 Motorenfabrik Deutz: Bericht über das Geschäftsjahr: 1928/29; 1929/30. WWZ 7 (1929), S. 6, 394; 8 (1930), S. 20–21. VHzK 4 (1929), Teil B, H. 3, S. 18.

148 Motorenfabrik Deutz: Bericht über das Geschäftsjahr 1928/29. Humboldt-Deutzmotoren: Bericht über das Geschäftsjahr 1931/32.

149 Humboldt-Deutzmotoren: Bericht über das Geschäftsjahr 1931/32.

150 Ebd. Schröter: Die deutsche Industrie auf dem Weltmarkt, S. 147.

151 Ruhr und Rhein 12 (1931), S. 327; 13 (1932), S. 470. WWZ 9 (1931), S. 174.

152 WWZ 9 (1931), S. 175.

153 Fried. Krupp: Jahresbericht 1930/1931, S. 10. Ruhr und Rhein 12 (1931), S. 597, 863; 13 (1932), S. 49.

154 Ruhr und Rhein 13 (1932), S. 264.

155 Ebd., S. 470.

156 Humboldt-Deutzmotoren: Bericht über das Geschäftsjahr 1931/32.

157 Ebd. 1930/31; 1931/32.

die Zahl der beim größten Kölner Maschinenbauer beschäftigten Arbeiter und Angestellten gerade 37% des Höchststands im Geschäftsjahr 1929/30.[158]

1.3.5 Baugewerbe

Bereits 1928 ging die industrielle Bauproduktion im Deutschen Reich zurück.[159] Die Baubeginne für Nichtwohngebäude, die überwiegend von den Investitionen der Industrie abhingen, sanken beträchtlich, während die der Wohngebäude, gestützt durch reichlich fließende öffentliche Finanzmittel, noch zunahmen.[160] Durch diese Förderpolitik entstanden Baukapazitäten, die in der folgenden Krise bald schwer auf dem Baugewerbe lasten sollten.[161] Das Jahr 1929 begann für die Bauwirtschaft mit einer so schlechten Witterung, daß zeitweilig alle Bauarbeiten ruhten. Aber auch die Konjunktur gab wegen der schwierigen Baufinanzierung immer mehr nach.[162]

Unter diesen Rahmenbedingungen begann Köln im Herbst 1929 am Schluß einer Serie kommunaler Großprojekte den Neubau der Universität.[163]

Mit dem jetzt einsetzenden Niedergang wuchs auch die Konkurrenz in der Bauwirtschaft und verschlechterte sich die Stimmung.[164] Die Geschäfte mit unbebauten Grundstücken gingen kräftig zurück.[165] Man beschränkte sich auf die Fertigstellung begonnener Neubauten. Ein Teil der Bauherren mußte sogar sie abbrechen.[166] Zusätzlich kürzten die Kommunen ihre Investitionen in Hoch- und Tiefbauten und legten sogar fast Fertiges still.[167] Hierbei setzte der Deutsche Städtetag mit seiner Empfehlung an die Mitgliedsstädte, die Bauprogramme für 1930 einzuschränken, einen besonders krisenverschärfenden Akzent.[168] Dazu versuchten Bahn und Post, nach dem Abschluß ihrer Ausschreibungsverfahren die Preise der Anbieter um 10% zu drücken.[169] Dem von den öffentlichen Aufträgen stark abhängigen Tiefbau ging es entsprechend schlecht.[170]

158 Ebd. 1932/33.
159 Die Baukosten und Investitionen in der Wohnungswirtschaft, S. 106.
160 Hogaust: Die Konjunkturentwicklung, S. 113–115.
161 Baukosten und Investitionen in der Wohnungswirtschaft, S. 110.
162 Ebd., S. 106. Berichte der Polizeipräsidenten an RP D über das 1. Quartal 1929; HStAD Reg. D 30640 a: D vom 17.4.1929; Bl. 86; DU vom 22.4.1929; Bl. 81; Barmen-Elberfeld vom 16.4.1929; Bl. 91; E vom 19.4.1929; Bl. 108; über das 2. Quartal 1929: E vom 18.7.1929; Bl. 243. Hogaust: Die Konjunkturentwicklung, S. 114. Ruhr und Rhein 10 (1929), S. 477, 912, 1371. VB DU 1929, S. 126. WWZ 7 (1929), S. 20.
163 VB K 1929/30, S. 105.
164 Ruhr und Rhein 10 (1929), S. 912, 1371.
165 Vgl. Tabelle 37. Bericht Polizeipräsident D über das 2. Quartal 1929 an RP D vom 23.7.1929; HStAD Reg. D 30640 a, Bl. 239. Ruhr und Rhein 10 (1929), S. 912, 1371. VB DU 1929, S. 126.
166 Bericht Polizeipräsident W an RP D vom 16.4.1929; 12.7.1929; HStAD Reg. D 30640 a, Bl. 91, 194. Ruhr und Rhein 10 (1929), S. 912; 11 (1930), S. 59.
167 Ruhr und Rhein 10 (1929), S. 912. WWZ 8 (1930), S. 259. VHzK 4 (1929), Teil B: H. 1, S. 28; H. 2, S. 29 f.; 5 (1930), Teil B, H. 2, S. 27.
168 VHzK 4 (1929), Teil B, H. 3, S. 29; 4 (1930), Teil B, H. 4, S. 28.
169 Ruhr und Rhein 11 (1930), S. 1356.
170 Ebd. 10 (1929), S. 1371.

Der Höhepunkt der Beschäftigung im Tiefbau war schon im Herbst 1929 überschritten und wurde nicht einmal zur Jahreswende 1933/34 wieder erreicht.[171] Entsprechend fast ohne Belebung blieb die Lage auf dem Baumarkt im ersten Vierteljahr 1930.[172]

In den größeren, industriell fertigenden Baubetrieben im Düsseldorfer Raum wurden deshalb im Juli 1930 nur noch 40% der Fertigungskapazität genutzt.[173] In dieser Region gingen allein im August 1931 die Bauanfragen um 20% zurück.[174] Die Auftragseingänge blieben spärlich. Immer mehr Baufirmen waren ohne jeden Auftrag.[175] Teilweise mußten die Baubetriebe bei der Ausführung trotz eingesparter Erstellungskosten und Arbeiterlöhnen starke Verluste hinnehmen, weil die erzielten Preise meistens 20% unter den Kosten lagen.[176] Der Wettbewerb blieb anhaltend hart.[177] Bei öffentlichen Ausschreibungen unterboten sich die Unternehmen gegenseitig.[178] Dabei bezogen sich die in den Ausschreibungen offerierten Aufträge der öffentlichen Hand und der Privatwirtschaft ausschließlich auf die notwendigsten Ersatzbauten und Bauerhaltungsmaßnahmen. Dazu führten die Städte zu ihrer Kostenentlastung einen Teil der anfallenden Straßen- und Tiefbauarbeiten mit eigenen Regiebetrieben oder mit Wohlfahrtserwerbslosen im Freiwilligen Arbeitsdienst aus. Hierüber gab es Mißmut bei der lokalen Wirtschaft und ihrer Vertretung, weil damit dem privaten Baugewerbe Aufträge entzogen wurden.[179] Die Bekämpfung der Kredit- und Bankenkrise des Sommers 1931 durch die Hochzinspolitik der Reichsbank spielte zusätzlich eine sehr unangenehme Rolle.[180] Den Schlußpunkt im öffentlichen Bauwesen setzte die Reichsregierung im Dezember 1931, die den Beginn von Neubauten für die öffentliche Verwaltung untersagte.[181] So wurden am Niederrhein und an der Ruhr im vierten Quartal 1931 nicht einmal mehr Baureparaturen durchgeführt.[182] Massive Stillegungen und Einschränkungen der Beschäftigung der Baubetriebe waren sicher nicht nur im Gladbacher Wirtschaftsraum die Folge.[183] So waren an Rhein und Ruhr im letzten Quartal 1931 rund 80% aller Bauhilfsarbeiter ohne Arbeit.[184]

Nur die ganz Großen und die Spezialisten der Baubranche verfügten über genügend gute Auslandskontakte, um die Wirtschaftskrise im Inland teilweise auszugleichen. Hierzu

171 Vgl. Graphik in VHzK 8 (1933), Teil B, H. 3, S. 168. Ruhr und Rhein 11 (1930), S. 59; 12 (1931), S. 868. Wirtschaft und Verkehr 9 (1931), S. 412. VHzK 4 (1930), Teil B, H. 4, S. 28.

172 Bericht GAA D 1930; HStAD Reg. D 30643, Bl. 48. Bericht GAA MG 1930; HStAD Reg. D 30643, Bl. 97. Berichte der Polizeipräsidenten über das 1. Quartal 1930 an RP D; HStAD Reg. D 30643: D vom 23.4.1930; Bl. 48; MG vom 15.4.1930; Bl. 97. Ruhr und Rhein 11 (1930), S. 500. Wirtschaft und Verkehr 8 (1930), S. 112, 164. VHzK 5 (1930), Teil B, H. 2, S. 27.

173 Wirtschaft und Verkehr 8 (1930), S. 372.

174 Ebd. 9 (1931), S. 467.

175 Ebd., S. 632.

176 Ruhr und Rhein 12 (1931), S. 332, 601. WWZ 9 (1931), S. 191. Wirtschaft und Verkehr 9 (1931), S. 61. Zunkel: Die wirtschaftliche, soziale und finanzielle Entwicklung Kölns, S. 42.

177 Wirtschaft und Verkehr 9 (1931), S. 61, 116. VHzK 5 (1931), Teil B, H. 4, S. 24; 6 (1931), Teil B, H. 2, S. 23; 6 (1932), Teil B, H. 4, S. 22.

178 Wirtschaft und Verkehr 9 (1931), S. 61, 116, 221, 632. VHzK 5 (1931), Teil B, H. 4, S. 24.

179 Ruhr und Rhein 13 (1932), S. 266, 687. WWZ 9 (1931), S. 191.

180 Wirtschaft und Verkehr 9 (1931), S. 61, 116, 364, 412, 467, 526f.

181 VHzK 5 (1931), Teil B, H. 4, S. 25; 7 (1932), Teil B, H. 1, S. 22.

182 Ruhr und Rhein 12 (1931), S. 868; 13 (1932), S. 51.
WWZ 9 (1931), S. 191. Wirtschaft und Verkehr 9 (1931), S. 61, 116, 364, 412, 467, 526f.

183 Bericht GAA MG 1931/32; HStAD Reg. D 34381.

184 Ruhr und Rhein 13 (1932), S. 51.

gehörte die Essener Hochtief AG, eines der größten deutschen Bauunternehmen.[185] Die insgesamt kritische Lage der Bauunternehmer löste sogar große Spannungen innerhalb der Verbände des Baugewerbes in Rheinland und Westfalen aus, die mit Mitgliederaustritten und Beitragsrückgängen endeten.[186]

Mit dem Beginn des Frühjahrs 1932 war der Tiefpunkt der Beschäftigung in der deutschen Bauwirtschaft erreicht, und die saisonale Komponente wurde im Frühjahr wieder erkennbar.[187] Im Unterschied hierzu blieb im ersten Halbjahr 1932 in der Düsseldorfer Bauwirtschaft, abgesehen von vereinzelten kleineren Aufträgen, offenbar noch jegliche Belebung aus.[188]

1.3.6 Wohnungswirtschaft

Eine von der übrigen Baubranche abweichende Entwicklung erfuhr der Wohnungsbau. Die Neubautätigkeit im Wohnungsbau hielt, gestützt durch einen anhaltenden Strom öffentlicher Finanzmittel aus dem zweckgebundenen Hauszinssteueraufkommen, noch zu einem Zeitpunkt an, als die übrige Wirtschaft bereits in die Abschwungphase eintrat. So kam in Düsseldorf die Bauwirtschaft im August 1929 mit der Ausführung des städtischen Wohnungsbauprogramms noch einmal in Schwung.[189] Im Schlußergebnis wurde in ganz Deutschland das Jahr 1929 sogar zum Höhepunkt der Fertigstellungen von Neubauwohnungen.[190] Die Bauwirtschaft blickte deshalb für den Wohnungsbau optimistisch in die Zukunft.[191] Im Herbst 1929 wirkte aber die schwieriger werdende Finanzierung auf dem Kapitalmarkt als scharfe Konjunkturbremse. Hypotheken wurden fast nur noch von den städtischen Sparkassen vergeben.[192] Der Wohnungsmarkt teilte sich nun in einen Mietermarkt mit einem Leerstand großer Wohnungen und Mietpreisdruck und in einen Vermietermarkt für kleine Wohnungen mit einem, trotz einer allgemein depressiven Preisentwicklung, konstanten Mietniveau auf.[193] Die hohen staatlichen Zuschüsse und Steuergutscheine für Instandsetzungen und Umbauten von Groß- in Kleinwohnungen in Höhe von 50% ab Herbst 1932 verstärkten einerseits den von den Vermietungsproblemen für Großwohnungen ausgelösten Trend zu Kleinwohnungen und führten andererseits zu einem Rekord der Umbautätigkeit seit dem Ersten Weltkrieg.[194] Der begrenzten

185 Geschäftsbericht Hochtief AG 1932; 1933.
186 Fünfzig Jahre Rheinisch-Westfälisches Baugewerbe, S. 20.
187 VHzK 8 (1933), Teil B, H. 3, S. 168 f.
188 Wirtschaft und Verkehr 10 (1932), S. 52, 102, 151, 198, 249, 298.
189 Bericht Polizeipräsident D an RP D über das 3. Quartal 1929 vom 2.11.1929; HStAD Reg. D 30640 a, Bl. 269.
190 Fey: Leistungen und Aufgaben im Deutschen Wohnungs- und Siedlungsbau, S. 13.
191 Die Baukosten und Investitionen in der Wohnungswirtschaft, S. 106. Ruhr und Rhein 10 (1929), S. 477. VHzK 4 (1929), Teil B, H. 1, S. 27.
192 Hogaust: Die Konjunkturentwicklung, S. 115.
193 VB DU 1931, S. 22. VB E 1932, S. 105. VB W 1929–1931, S. 117; 1933, S. 81. Fey: Leistungen und Aufgaben im Deutschen Wohnungs- und Siedlungsbau, S. 22. Lütge: Wohnungswirtschaft, S. 454. Preller: Sozialpolitik in der Weimarer Republik, S. 487. Ruck: Die öffentliche Wohnungsbaufinanzierung in der Weimarer Republik, S. 180. VHzK 6 (1932), Teil B, H. 4, S. 22.
194 Vgl. Zusammenstellung der Maßnahmen in: Kämper: Wohnungswirtschaft und Grundkredit, S. 135. Baukosten und Investitionen in der Wohnungswirtschaft, S. 105, 110. Wirtschaft und Verkehr 11

Rendite bei den Wohnungsvermietungen standen allerdings ertragreichere Alternativen auf dem Kapitalmarkt gegenüber. Als dann noch die öffentlichen Fördermittel drastisch eingeschränkt und die Zweckbindung eines Teils der Hauszinssteuer aufgehoben wurden, brach die Wohnungsbaukonjunktur zusammen.[195] Die Investitionen in den Wohnungsbau schrumpften dermaßen stark, daß 1931 und 1932 nicht einmal der Ersatzbedarf befriedigt wurde und damit der Wohnungsbestand kalkulatorisch eine Wertminderung erfuhr.[196] Wurde im zweiten Halbjahr 1930 in den Städten Düsseldorf, Köln und Wuppertal noch der Bau von deutlich über 250 Wohnungen je 100 000 Einwohnern begonnen, so verringerte sich die Zahl der Wohnungsbaubeginne in der ersten Hälfte 1932 in allen sechs Städten auf weit unter 100, in Duisburg-Hamborn auf ein Zehntel des Umfangs des ersten Halbjahrs 1930.[197] Außerdem verlagerte sich das Bauinteresse seit Ende 1930 mit Unterstützung durch die Reichsregierung[198] von den Mehrfamilienhäusern zu den Eigenheimen und einfachen Siedlungshäusern, was sich in einem Rückgang der Zahl der Wohnungen je Gebäude niederschlug.[199] Im Jahr 1931 erreichte, forciert durch die „Reichsgrundsätze für den Kleinwohnungsbau" vom 10. Januar 1931, der Bau von Kleinwohnungen seine größte Bedeutung.[200]

Vor allem der Anteil der Umbauten stieg in allen Städten sprunghaft an. Das Umbauinteresse war in den Städten mit einem vergleichsweise stärkeren tertiären Sektor und einer älteren Bevölkerung besonders ausgeprägt. Somit bestand in Gladbach-Rheydt, der Stadt mit den durchschnittlich größten Familien, das geringste Interesse an Umbauten. Der bereits vorhandene Bestand an Kleinwohnungen beeinflußte allerdings das Umbauverhalten nur wenig.[201] Hingegen wird deutlich, daß der in den Städten unterschiedlich starke Druck leerstehender unvermieteter Großwohnungen[202] auf die Hauseigentümer auch ein

(1933), S. 466, 509. VHzK 7 (1933), Teil B, H. 4, S. 239; 8 (1933), Teil B, H. 3, S. 169; 9 (1934), Teil B, H. 1, S. 25.

195 Vgl. Tabellen 11 und 12. Zu dieser Entwicklung des Wohnungsbaus wird hier beispielhaft auf eine umfängliche Literatur verwiesen: Baukosten und Investitionen in der Wohnungswirtschaft, S. 98. Beisiegel/Wölz: Die Finanzierung des Wohnungsbaues aus öffentlichen Mitteln, S. 30–50. Fey: Leistungen und Aufgaben im Deutschen Wohnungs- und Siedlungsbau, S. 12, 22. Hirtsiefer: Die Wohnungswirtschaft in Preußen, S. 347–438. Lütge: Wohnungswirtschaft, S. 453. Peters: Wohnungspolitik am Scheideweg, S. 78–80. Pfarr: Geschichte der Bauwirtschaft, S. 98. Preller: Sozialpolitik in der Weimarer Republik, S. 487. Ruck: Die öffentliche Wohnungsbaufinanzierung in der Weimarer Republik, S. 152, 179. Schulz: Kontinuitäten und Brüche in der Wohnungspolitik, S. 143–145. Witt: Inflation, Wohnungszwangswirtschaft und Hauszinssteuer, S. 396–399.

196 Baukosten und Investitionen in der Wohnungswirtschaft, S. 110.

197 Vgl. Tabelle 7.

198 Vgl. Übersicht in: Kämper: Wohnungswirtschaft und Grundkredit, S. 133–138. Zu den Intentionen des Programms zur Förderung der Stadtrandsiedlung für Erwerbslose in der 3. RNotVO vom 6.10.1931: Harlander: Arbeitslosigkeit und Wohnungsnot, S. 268–287. Peters: Wohnungspolitik am Scheideweg, S. 85 f. Preller: Sozialpolitik in der Weimarer Republik, S. 491 f. Stöcker: Die Entwicklungsphasen in der gemeinnützigen Wohnungswirtschaft, S. 154 f.

199 Vgl. Tabelle 38. VHzK 7 (1932), Teil B, H. 1, S. 23. Harlander: Kleinsiedlungspolitik, S. 123–139.

200 Fey: Leistungen und Aufgaben im Deutschen Wohnungs- und Siedlungsbau, S. 16.

201 Vgl. Vierteljahrshefte zur StdDR 39 (1930), H. 1, S. 50 f., H. 4, S. 36 f.; 40 (1931), H. 4, S. 73–75; 42 (1933), H. 1, S. 85 f.; 43 (1934), H. 1, S. 93–95.

202 Vgl. Quellenangaben zu Tabelle 7.

Tabelle 7

Baubeginne für Wohngebäude und Wohnungen in den Halbjahren 1930–1933

Halbjahr	D	DU	E	K	MG	W
Baubeginne Wohngebäude						
1.1930	272	335	k. A.	237	162	106
2.1930	328	149	k. A.	571	118	354
1.1931	148	81	132	184	43	79
2.1931	89	157	138	88	24	58
1.1932	124	59	52	264	103	35
1.1933	630	148	171	351	96	51
Baubeginne Wohnungen						
1.1930	612	900	k. A.	926	420	364
2.1930	1410	570	k. A.	2869	372	1149
1.1931	901	276	684	1130	173	303
2.1931	238	275	486	330	105	116
1.1932	213	91	162	386	187	156
1.1933	845	172	349	733	190	100
Baubeginne Wohnungen pro 100000 Einwohner						
1.1930	128	204	k. A.	125	210	88
2.1930	295	129	k. A.	389	186	277
1.1931	190	63	106	153	86	73
2.1931	50	63	75	51	52	28
1.1932	45	21	25	52	93	38
1.1933	169	39	53	97	93	24

k. A. = keine Angaben in den Quellen. 1. Halbjahr 1932: keine Zahlen. Städte und Statistik 24 (1930), S. 26, 96; 25 (1931), S. 162; 26 (1932), S. 64, 94. Gemeinden und Statistik 27 (1933), S. 88; eigene Berechnungen.

mehr oder weniger intensives Interesse an Umbaumaßnahmen auslöste. In den Städten mit den größten Leerständen, Düsseldorf, Köln und Wuppertal, war der Umbauanteil am Bruttozugang von Wohnungen am höchsten.[203]

Dabei konnten die intensiven Bemühungen um eine Verringerung des Aufwands für Neubauten durch Forschung und Normung, gesenkte Qualitäts- und Ausstattungsstandards für Neubauwohnungen und, in geringerem Ausmaß, eine Reduzierung der Wohnungsflächen und der Zahl der Wohnräume den Bauaufwand spürbar verringern. Die dadurch entstehenden Kleinstwohnungen gingen jedoch oft an den Bedürfnissen wohnungssuchender Familien vorbei.[204] Im Ergebnis sanken die Baukosten für eine Zweizimmerwohnung einschließlich des Erschließungsaufwands, durch die Deflation von Löhnen und Preisen verstärkt, im Durchschnitt der Großstädte zwischen 1929 und 1932 von 8410 RM um 26,5% auf 6180 RM.[205] Die Verkleinerung der Gebäudegrößen verhinderte jedoch eine noch stärkere Verringerung der Erstellungskosten pro Neubauwohnung.

1.3.7 Textil- und Bekleidungsgewerbe

Von der sinkenden Konjunktur war das Textil- und Bekleidungsgewerbe ab 1928 anfänglich stärker betroffen als die Herstellung von Produktionsgütern.[206] Angestoßen von der Lagerpolitik des Handels, der seine Überstände abbauen mußte, befand es sich mitten in einer Konjunktur- und Strukturkrise.[207] Diese Krise sollte sich, nur kurzzeitig im Jahr 1929 vom Auffüllen der leeren Lager unterbrochen, bis Ende 1932 fortsetzen.[208] Ein Hauptfaktor für die Schwierigkeiten dieses Gewerbes in Gladbach-Rheydt und Wuppertal seit der Mitte der zwanziger Jahre war das Auslandsgeschäft mit der Abwertung des britischen Pfunds, dem Protektionismus verschiedener Länder und dem deutschen Devisenmangel.[209] Dabei wirkte sich speziell für die Gladbacher Textilwirtschaft die extreme Abhängigkeit einzelner ihrer Teile vom Export sehr nachteilig aus.[210] Jahrelang eine Stütze der örtlichen Wirtschaft, zog sie nunmehr die Stadt tiefer in die Krise als der stockende Inlandsabsatz, weil die Bemühungen um eine Senkung der Kosten nicht ausreichten, um international

203 Vgl. Quellenangaben zu Tabelle 38.

204 Baukosten und Investitionen in der Wohnungswirtschaft, S. 102, 105. Preller: Sozialpolitik in der Weimarer Republik, S. 493. Saldern: Entstehungsbedingungen der Neubauviertel in den 20er Jahren, S. 34f.

205 Die Baukosten und Investitionen in der Wohnungswirtschaft, S. 100, 107; eigene Berechnungen.

206 Die Beschäftigung der Industrie von 1928 bis 1932, S. 21. Grünbaum: Die Welttextilkrise, S. 20. Sartor: Wirtschaftsentwicklung und Arbeitsmarktpolitik, S. 85f.

207 Grünbaum: Die Welttextilkrise, S. 20. Ruhr und Rhein 10 (1929), S. 469. Sartor: Wirtschaftsentwicklung und Arbeitsmarktpolitik, S. 85f., 101, 107.

208 Bericht GAA MG 1929; HStAD Reg. D 34375. Vierteljahresberichte des Polizeipräsidenten MG an RP D 1929; HStAD Reg. D 30640 a; 1930; HStAD Reg. D 30643. VB MG 1931, S. 58. Grünbaum: Die Welttextilkrise, S. 21.

209 Die Gladbach-Rheydter Textilindustrie litt besonders unter der Außenhandelspolitik Großbritanniens; VB MG 1931, S. 58. Bericht GAA MG 1929; HStAD Reg. D 34375; 1931/32; HStAD Reg. D 34381. Bergisches Wirtschaftsblatt 3 (1932), S. 209; 4 (1933), S. 91. Vgl. Grünbaum: Die Welttextilkrise, S. 21. Jahresberichte der Gewerbeaufsichtsbeamten 1929, S. 1.21. Sartor: Wirtschaftsentwicklung und Arbeitsmarktpolitik, S. 87. VB MG 1932–1933, S. 49.

210 Einzelne Betriebe der Baumwoll- und Wollindustrie exportierten in der Vergangenheit mehr als 80% ihrer Produktion; Bericht GAA MG 1929; HStAD Reg. D 34375. VB MG 1929 und 1930, S. 63.

wettbewerbsfähig zu sein.[211] Vielmehr ging das Ausland mit billigen Exporten, vor allem Garne, nach Deutschland in die Offensive.[212] Im Inland bereitete die stark geschwächte Kaufkraft der Bevölkerung des Ruhrgebiets der Gladbacher Textilindustrie große Absatzprobleme.[213]

Auch die Wuppertaler Hersteller für die Barmer Artikel und Konfektionen mußten bis weit in den Sommer 1932 hinein einen ständigen Auftragsrückgang hinnehmen.[214] Außerdem erteilten die Kunden der Gladbacher und Wuppertaler Textil- und Bekleidungsindustrien zwischen 1929 und 1932 vorzugsweise kurzfristige Aufträge zur sofortigen Lieferung, um die Kosten der Lagerhaltung und den Wertverlust durch den Preisverfall auf ein Minimum zu begrenzen. Da der durch seine Lager ausgleichende Großhandel in den Jahren der Weltwirtschaftskrise praktisch ausgeschaltet wurde, kam es zu abrupten Schwankungen der Nachfrage.[215] Die kurzen Fristen der hereinkommenden Aufträge lösten eine starke Fluktuation der Belegschaft in den Textilbetrieben aus.[216] Davon waren in Gladbach-Rheydt die Jugendlichen besonders betroffen, deren Anteil an den Beschäftigten im Textilgewerbe ständig sank.[217] Diese Lieferzeiten zwangen die Hersteller sogar zu zeitweiligen Überstunden. Die Textilarbeiter waren angesichts des sonst üblichen Beschäftigungsmangels gerne bereit, den Mehrverdienst aus diesen Überstunden mitzunehmen.[218]

Die Konsequenzen der Absatzkrise schlugen sich wiederum in der Auslastung der Produktionskapazitäten und der Beschäftigung der Arbeitskräfte nieder. So ruhte bereits 1929 rund ein Fünftel der Gladbacher Baumwollspindeln,[219] 1930 fast ein Viertel.[220] Diese Lage führte in Gladbach-Rheydt bei fast 80 % der Textilarbeiter zu Kurzarbeit von 30–40 Stun-

211 Bericht GAA MG 1930; HStAD Reg. D 34378. RP D an PrMfHuG 1930; HStAD Reg. D 34379. VB MG 1929 und 1930, S. 63. Apelt: Das Wirtschaftsleben in Gladbach-Rheydt, S. 135.

212 Bericht GAA MG 1929; HStAD Reg. D 34375.

213 Bericht GAA MG 1930; HStAD Reg. D 34378. Sartor: Wirtschaftsentwicklung und Arbeitsmarktpolitik, S. 87. Bericht Polizeipräsident M. Gladbach an RP D vom 15.10.1929; HStAD Reg. D 30640 a, Bl. 264. Apelt: Das Wirtschaftsleben in Gladbach-Rheydt, S. 137. Bergisches Wirtschaftsblatt 3 (1932), S. 302. Grünbaum: Die Welttextilkrise, S. 21. VB MG 1929 und 1930, S. 63; 1932–1933, S. 49.

214 Bergisches Wirtschaftsblatt 3 (1932), S. 209, 494, 586, 684.

215 Bericht GAA MG; HStAD Reg. D: 1929: 34375; 1930: 34378; 1931/32: 34381. Berichte der Polizeipräsidenten an RP D: M. Gladbach: vom 15.7.1929, 15.10.1929, 16.1.1930; HStAD Reg. D 30640 a, Bl. 203, 264, 518; Vom 9.7.1930; HStAD Reg. D 30643, Bl. 123; Barmen-Elberfeld bzw. W: 1929; HStAD Reg. D 30640 a; vom 11.4.1930; vom 20.10.1930; HStAD Reg. D 30643; Bl. 102, 240. RP D an PrMfHuG 1930; HStAD Reg. D 34379. Bergisches Wirtschaftsblatt 3 (1932), S. 112, 209, 302, 1033. Beschäftigung der Industrie von 1928 bis 1932, S. 21. Jahresberichte der Gewerbeaufsichtsbeamten 1929, S. 1.22; 1930, S. 454. VB MG 1929 und 1930, S. 63 f. VB W 1929–1931, S. 3.

216 Bericht GAA W-Barmen 1930; HStAD Reg. D 34379.

217 Bericht GAA MG 1930; HStAD Reg. D 34378.

218 Bericht GAA MG; HStAD Reg. D: 1929: 34375; 1930: 34378; 1931/32: 34381. Bericht Polizeipräsident Barmen-Elberfeld bzw. W an RP D: vom 11.4.1930; 20.10.1930; HStAD Reg. D 30643, Bl. 102, 240. Bericht Polizeipräsident M. Gladbach an den RP D: vom 15.7.1929; 15.10.1929; 16.1.1930; HStAD Reg. D 30640 a, Bl. 203, 264, 518; 9.7.1930; HStAD Reg. D 30643, Bl. 123. Apelt: Das Wirtschaftsleben in Gladbach-Rheydt, S. 136. Bergisches Wirtschaftsblatt 3 (1932), S. 112. Jahresberichte der Gewerbeaufsichtsbeamten 1929, S. 122; 1930, S. 454. VB MG 1929 und 1930, S. 63.

219 Bericht GAA MG 1929; HStAD Reg. D 34375.

220 Bericht GAA MG 1930; HStAD Reg. D 34378.

den bzw. drei Tagen pro Woche.[221] 1931 und 1932 gab es in den Baumwollspinnereien im Raum Gladbach-Rheydt sogar nur noch für zwei Tage pro Woche Arbeit.[222] Kurzarbeit gab es auch in der Seiden- und Kunstseidenindustrie Wuppertals im Frühjahr 1932, weil der Auftragseingang unzureichend war.[223] Die Mehrzahl der Wuppertaler Textilarbeiter arbeitete 1931 und 1932 40–48 Stunden wöchentlich.[224] Zeitgleich fand ein grundlegender Wandel der Beschäftigungsstruktur statt. Der immer stärkere Einsatz von Ringspinnmaschinen anstelle von Selfaktoren in den Baumwollspinnereien führte zu einem Austausch qualifizierter männlicher Arbeitskräfte durch niedriger bezahlte angelernte weibliche.[225]

Das in der Textil- und Bekleidungsbranche wichtige Hausgewerbe ging vor allem in Gladbach-Rheydt wegen der fortschreitenden Mechanisierung und der sich allgemein verschlechternden Geschäftslage stetig zurück.[226] In Gladbach-Rheydt und Umgebung verringerte sich deshalb die Zahl der beim Gewerbeaufsichtsamt gemeldeten Hausarbeiter zwischen 1930 und 1932 von 1161 auf 767.[227] Jedoch entstanden in den Jahren 1931 und 1932 zahlreiche kleinere Textilbetriebe, die sich offenbar weder an die geltenden Arbeitsbestimmungen noch an die Tarifverträge hielten und damit in der Lage waren, den Großen ernsthafte Konkurrenz zu machen.[228]

Im Unterschied zu Gladbach-Rheydt hatte das Wuppertaler Hausgewerbe noch eine bemerkenswerte lokale Bedeutung. Das Hausgewerbe konnte als Puffer für die Schwankungen der Textil- und Bekleidungsherstellung existieren.[229] Berücksichtigten die Auftraggeber noch 1929 zuerst ihre eigenen Betriebsarbeiter und ließen vom Hausgewerbe nur weniger lohnende und schwierig herzustellende Artikel produzieren, so gingen die Textilfabriken 1930 dazu über, die eigenen Arbeitnehmer zu entlassen und die Aufträge an Hausarbeiter zu vergeben, um das Geschäftsrisiko auf die Hausgewerbetreibenden zu verlagern oder die Kundenaufträge schneller als im eigenen Betrieb erledigen zu lassen, weil die Hausarbeiter nicht den gesetzlichen Arbeitszeitbeschränkungen unterlagen und unter Tarif bezahlt wurden.[230] Trotzdem hatten bereits 1930 in Wuppertal rund 60% der Hausarbeiter keine Beschäftigung.[231] Unter der schlechten Lage der Textilhersteller litten in

221 Bericht GAA MG 1930; HStAD Reg. D 34378. Bericht Polizeipräsident MG an RP D vom 16.1.1930; HStAD Reg. D 30640 a, Bl. 518; 15.10.1930; HStAD Reg. D 30643, Bl. 270. Jahresberichte der Gewerbeaufsichtsbeamten 1930, S. 453.

222 Bericht GAA MG 1931/32; HStAD Reg. D 34381.

223 Bergisches Wirtschaftsblatt 3 (1932), S. 397.

224 Bericht GAA W 1931/32; HStAD Reg. D 34384.

225 Bericht GAA MG 1931/32; HStAD Reg. D 34381. Vgl. Jahresberichte der Gewerbeaufsichtsbeamten 1930, S. 451.

226 Bericht GAA MG 1929; HStAD Reg. D 34375. Bericht GAA MG 1931/32; HStAD 34381. Bericht GAA Elberfeld 1929; HStAD Reg. D 34376 II. Sartor: Wirtschaftsentwicklung und Arbeitsmarktpolitik, S. 86f.

227 Bericht GAA MG 1931/32; HStAD Reg. D 34381.

228 Ebd.

229 Bericht GAA MG; HStAD Reg. D: 1929: 34375; 1931/32: HStAD Reg. D 34381. Bericht GAA W-Barmen 1930; HStAD Reg. D 34379.

230 Bericht GAA W-Elberfeld 1929; HStAD Reg. D 34376 II. Jahresberichte der Gewerbeaufsichtsbeamten 1930, S. 462.

231 Bericht GAA Wuppertal-Barmen 1930; HStAD Reg. D 34379. Jahresberichte der Gewerbeaufsichtsbeamten 1930, S. 462.

Wuppertal auch zahlreiche kleinere Lohnfärbereien, die nur 8–16 Wochenstunden arbeiteten.[232]

1.3.8 Handel und Konsum

Ab dem Frühjahr 1929 verschlechterte sich, von episodenhaften Aufhellungen abgesehen, der Absatz des Einzelhandels in Düsseldorf und an der Ruhr deutlich. Bereits 1930 lagen die Umsätze des Einzelhandels 10–30% unterhalb der im entsprechenden Vorjahrszeitraums erzielten.[233] Die absehbare und dann einsetzende Konjunkturabkühlung veranlaßte die Konsumenten zur Zurückhaltung.[234] Doch erfuhr Essen im Unterschied zu den übrigen Städten bis zum Herbst 1929 durch den Ausbau der Innenstadt und die Durchführung verschiedener Ausstellungen wie der Gruga („Große Ruhrländische Gartenbauausstellung") eine positive Sonderentwicklung des Konsums.[235]

Aber die wachsenden Kaufkraftverluste durch die Erwerbslosigkeit, Feierschichten und Entgeltsenkungen beherrschten langfristig überall sehr negativ den Einzelhandel und damit die Konsumgüterindustrie.[236] Es wurde nur das Notwendigste gekauft, und dann in fast allen Branchen des Einzelhandels mit der Dauer der Krise zunehmend, die einfachste Qualität zu niedrigsten Preisen. Höherwertiges blieb liegen.[237] Das galt besonders für den Handel mit Textilien und wirkte sich z. B. auf das Düsseldorfer Herrenkonfektionsgeschäft aus.[238] Der Textileinzelhandel bemühte sich deshalb um die Beschaffung qualitativ minderwertiger Waren.[239]

Auch der Lebensmittelhandel spürte dies. So wechselten die Kunden von der teueren Butter zur günstigeren Pflanzenmargarine.[240] Der deflatorische Trend der Einzelhandelspreise und die Preissenkungsaktionen der RNotVO vom 8. Dezember 1931 brachten keine Belebung der Nachfrage, sondern lösten vielmehr bei der Kundschaft die Erwartung aus, daß sie sich auch in der Zukunft fortsetzen würden und hielten sie deshalb von zusätzlichen Einkäufen ab.[241] So ging der Umsatz im Lebensmittelhandel an Rhein und Ruhr ab dem Spätsommer 1931 wert- und mengenmäßig zurück.[242] Selbst vom kleinen Aufschwung im Reich vor der Bankenkrise 1931, der aus der Befriedigung langgehegten An-

232 Bericht GAA W 1931/32; HStAD Reg. D 34384.
233 Ruhr und Rhein 11 (1930), S. 1359; 12 (1931), S. 70. Wirtschaft und Verkehr 8 (1930), S. 212.
234 Ruhr und Rhein 10 (1929), S. 479, 914, 1374; 11 (1930), S. 61, 932 f., 1359; 12 (1931), S. 333, 603, 870; 13 (1932), S. 267. Wirtschaft und Verkehr 8 (1930), S. 58, 164, 373.
235 Bericht GAA E 1929 an RP D; HStAD Reg. D 34376 II. VB E 1929, S. 2 f.
236 Ruhr und Rhein 10 (1929), S. 479; 11 (1930), S. 494, 932. Wirtschaft und Verkehr 8 (1930), S. 58, 268, 318, 475, 527, 580 f. VHzK 5 (1930/31), Teil A, H. 1, S. 11 f.; H. 4, S. 52.
237 Bergisches Wirtschaftsblatt 3 (1932), S. 113, 210, 302, 397, 495, 587. Ruhr und Rhein 10 (1929), S. 479, 1374; 11 (1930), S. 61, 932, 1359; 12 (1931), S. 71, 333, 603, 870; 13 (1932), S. 52, 267. Wirtschaft und Verkehr 8 (1930), S. 58, 112, 164, 318, 373, 527; 9 (1931), S. 10, 632; 10 (1932), S. 549.
238 Ruhr und Rhein 11 (1930), S. 933; 12 (1931), S. 71, 333 f., 604, 870; 13 (1932), S. 52, 474. Wirtschaft und Verkehr 8 (1930), S. 112, 164, 212, 268, 318, 373, 527; 9 (1931), S. 166, 221, 365, 412; 10 (1932), S. 52, 102 f., 151, 198.
239 Bergisches Wirtschaftsblatt 3 (1932), S. 587, 684, 778, 1033.
240 Ebd., S. 210, 397, 587.
241 Ebd., S. 5 f. Ruhr und Rhein 11 (1930), S. 1359; 12 (1931), S. 70 f., 333, 870; 13 (1932), S. 52. Wirtschaft und Verkehr 8 (1930), S. 58, 164, 212, 268, 318, 373, 527, 580 f.; 9 (1931), S. 9 f., 412; 10 (1932), S. 7.
242 Ruhr und Rhein 12 (1931), S. 870; 13 (1932), S. 52, 267.

schaffungsbedarfs entstanden war, profitierte der Handel an Rhein und Ruhr kaum.[243] Die durch die Bankenkrise ausgelösten Angstkäufe der Kundschaft, die teilweise ihre Sparkassenbücher wegen der angeblichen Inflationsgefahr in Zahlung gab, hielten nur kurz an.[244] Dabei war die Lage der Warenhäuser in Düsseldorf 1931 noch etwas besser als die des übrigen Einzelhandels.[245] Die Banken- und Kreditkrise im Sommer 1931 bestätigte schließlich die Kundschaft in ihrer grundsätzlichen Kaufzurückhaltung bis weit in das erste Halbjahr 1932 hinein.[246] So versuchte der Einzelhandel Anfang 1932, die Kundschaft durch die Gewährung von Preisnachlässen bis zu 50 % aus der Reserve zu locken.[247] Immerhin war der Umsatzrückgang in den Herbstmonaten 1932 in Düsseldorf nicht mehr so stark wie zuvor, doch noch war „eine nennenswerte Besserung nicht zu verspüren."[248]

2 Die Konjunkturwende und der Aufschwung ab Sommer 1932

2.1 Die allgemeinen Indikatoren

Ende August 1932 kam der allgemeine Abwärtstrend der Konjunktur zum Stillstand. Nach der Elektrizitätsstatistik lag auch in fünf rheinischen Städten der konjunkturelle Wendepunkt im Sommer 1932. In Düsseldorf stieg der Stromverbrauch sogar bereits zu einem Zeitpunkt, als er anderenorts noch fiel.[249] Von äußerst niedrigem Niveau ausgehend nahmen Auftragseingang, Mengenabsatz und Außenhandel zu. Dazu motivierte die Lösung des Reparationsproblems in Lausanne die Wirtschaft, was sich auf den Aktienmärkten in einem Umschwung ausdrückte. Die ersten Zeichen wirtschaftlicher Stabilisierung auf niedrigem Niveau veranlaßten die deutschen Börsen sogar zu einem Kurssprung in mehreren Wellen.[250] In diesem Optimismus hoffte man an Rhein und Ruhr auf eine weitere Anregung durch die Konjunkturprogramme der Reichsregierungen.[251] Die industrielle Produktion weitete sich aus und überwand sogar den Winter 1932/33 ohne Schwierigkeiten. Die Preisbaisse fand langsam ihr Ende.[252] In dieser Wende sah man die Folge der Deckung eines angestauten Bedarfs.[253] Nun übernahm die Produktions- und Investitionsgüterindustrie

243 Ebd. 12 (1931), S. 603. Wirtschaft und Verkehr 9 (1931), S. 221. VHzK 6 (1931/32), Teil A, H. 1, S. 31.

244 Ruhr und Rhein 12 (1931), S. 870. Wirtschaft und Verkehr 9 (1931), S. 412.

245 Wirtschaft und Verkehr 9 (1931), S. 278, 365, 632.

246 Bergisches Wirtschaftsblatt 3 (1932), S. 112, 210, 302, 397, 495, 587, 684, 778. Ruhr und Rhein 11 (1930), S. 932 f., 1359; 12 (1931), S. 333, 603, 870; 13 (1932), S. 52, 267, 474. Wirtschaft und Verkehr 9 (1931), S. 62; 10 (1932), S. 7, 52, 102, 151, 198, 403.

247 Bergisches Wirtschaftsblatt 3 (1932), S. 302, 397, 587. Wirtschaft und Verkehr 10 (1932), S. 103.

248 Wirtschaft und Verkehr 10 (1932), S. 505.

249 Vgl. Graphiken 1–3. VB K 1932/33, S. 63. VHzK 7 (1932/33), Teil A, H. 4, S. 215.

250 Ruhr und Rhein 13 (1932), S. 262; 14 (1933), S. 466. VHzK 7 (1932/33), Teil A, H. 2, S. 62, 88, 91, 109 f.; H. 4, S. 214.

251 Ruhr und Rhein 13 (1932), S. 683.

252 Bergisches Wirtschaftsblatt 3 (1932), S. 956, 1032; 4 (1933), S. 4. Däbritz: Der Konjunkturverlauf im Jahre 1932, S. 14–16. Ruhr und Rhein 13 (1932), S. 682; 14 (1933), S. 41. VB MG 1932–1933, S. 69 f.

253 Bergisches Wirtschaftsblatt 3 (1932), S. 956, 1032; 4 (1933), S. 4.

die Aufgabe des Konjunkturmotors.[254] So hinkten im Vergleich zu den Montanstädten die konsumnäheren Dienstleistungs- und Textilzentren bald dem einsetzenden allgemeinen Aufschwung hinterher.[255]

Schon diese ersten Zeichen einer wirtschaftlichen Besserung wirkten sich positiv auf die Beschäftigungslage in den sechs rheinischen Großstädten aus. Sie führten dazu, daß sich der Mitgliederbestand der Zwangskrankenkassen stabilisierte.[256] Das aufkommende Vertrauen in die Zukunft wurde aber von den außen- und innenpolitischen Unsicherheiten gedämpft.[257] Dies bekam auch die Montanindustrie im rheinisch-westfälischen Industriegebiet zu spüren, die sogar noch 1933 leicht rückläufige Erzanfuhren in den Häfen Duisburg-Hamborns hinnehmen mußte.[258] Die kleineren geldpolitischen Lockerungen der Reichsbank zeigten nur eine geringe Wirkung auf dem Kapitalmarkt, und die Schuldnerkrise blieb anhaltend aktuell.[259] Zusätzlich beschnitten die seit der Bankenkrise im Sommer 1931 eingetretenen Einlagenminderungen bei den Kreditinstituten stark die Spielräume für die Vergabe von Krediten. Außerdem saß der Schock über die nach der Bankenkrise ergriffenen nachteiligen Maßnahmen der Regierung bei den Gläubigern noch sehr tief.[260] Erst im Frühjahr 1933 trat auch hier eine Wende ein. Die restriktive Wirkung der Kreditmärkte ließ nach.[261] Aber weiterhin erwiesen sich die hohen Kosten für das in der Vergangenheit aufgenommene Fremdkapital als stärkstes Investitionshemmnis.[262]

Über störende innenpolitische Unsicherheiten, die kurze Amtsdauer der Reichskabinette und die hinderliche Außenhandelspolitik des Reichs klagte besonders der exportabhängige Maschinenbau.[263] Nach der Stabilisierung der nationalsozialistischen Herrschaft im März 1933 kehrte das Vertrauen der Wirtschaft in die Zukunft zurück, zumal das Kabinett Hitler nach der Reichstagswahl im März 1933 den Aufschwung mit wirtschaftspolitischen Interventionen und Arbeitsbeschaffungsmaßnahmen begleitete, die vor allem dem Baugewerbe und der Investitionsgüterindustrie zugute kamen. Außerdem zerstreuten die Erklärungen der nationalsozialistischen Regierung die Befürchtungen der Wirtschaft, daß mit dem Machtwechsel die bestehenden privatwirtschaftlichen Eigentumsverhältnisse angetastet werden könnten.[264] Doch für den Absatz im Ausland gab es neue Hindernisse

254 Ebd. 3 (1932), S. 868. Ruhr und Rhein 13 (1932), S. 468. VHzK 7 (1932/33), Teil A, H. 2, S. 88, 92, 97, 105; H. 4, S. 186, 188, 208, 212. Zunkel: Die wirtschaftliche, soziale und finanzielle Entwicklung Kölns, S. 41.

255 Vgl. Graphiken 1–3.

256 Vgl. Graphik 4.

257 Bergisches Wirtschaftsblatt 3 (1932), S. 956, 1032; 4 (1933), S. 4. VHzK 7 (1932/33), Teil A, H. 4, S. 217, 234, 258; 8 (1933), Teil A, H. 1, S. 6, 8 f.

258 Geschäftsbericht Duisburg-Ruhrorter Häfen 1933, S. 11.

259 Bergisches Wirtschaftsblatt 4 (1933), S. 90, 172. VHzK 7 (1932/33), Teil A, H. 2, S. 90, 93.

260 VHzK 7 (1932), Teil A, H. 3, S. 157–159; 7 (1932/33), Teil A, H. 2, S. 94.

261 VHzK 7 (1932/33), Teil A, H. 4, S. 186, 193 f.; 8 (1933), Teil A, H. 1, S. 8 f.

262 Ebd. 8 (1933), Teil A, H. 1, S. 8 f., 14.

263 Bergisches Wirtschaftsblatt 3 (1932), S. 174, 209, 397, 495, 684, 778, 869, 1033; 4 (1933), S. 174. Ruhr und Rhein 13 (1932), S. 262, 684, 688; 14 (1933), S. 41, 43, 255, 263. VHzK 7 (1932/33), Teil A, H. 2, S. 88; H. 3, S. 122 f.

264 Fried. Krupp: Jahresbericht 1932/1933, S. 7. Humboldt-Deutzmotoren: Bericht für das Geschäftsjahr 1932/33. Bergisches Wirtschaftsblatt 4 (1933), S. 266, 267, 751. Ruhr und Rhein 14 (1933), S. 256, 258, 262, 466, 473. WWZ 11 (1933), S. 193, 196, 379. VHzK 8 (1933), Teil A, H. 1, S. 8 f.; H. 2, S. 81. Zunkel: Die wirtschaftliche, soziale und finanzielle Entwicklung Kölns, S. 41.

durch Protektionismus und Boykottaufrufe gegen den Antisemitismus der neuen Regierung.[265] Schließlich verringerte der konjunkturelle Umschwung die Insolvenzgefahr in der Wirtschaft. Während die Amtsgerichte 1932 hauptsächlich nur noch für die „Nachhut" der Kreditkrise Konkurs- und Vergleichsverfahren einleiteten, sank 1933 die Zahl der mangels Masse abgelehnten Konkurse in allen Städten mehr oder weniger deutlich unter das Niveau von 1929. Dabei waren die Rückgänge in den beiden Montanstädten besonders stark.[266]

2.2 Die Entwicklung wichtiger Wirtschaftsbranchen

2.2.1 Steinkohlenbergbau

Mit den industriellen Großverbrauchern, vor allem der Eisen- und Stahlerzeugung, besserte sich die Lage im Ruhrkohlenbergbau ab der Jahreswende 1932/33.[267] In diesem Zusammenhang kam der seit dem Frühjahr 1930 anhaltende Rückgang der Koksproduktion in Deutschland im zweiten Halbjahr 1932 zum Stillstand.[268] So stieg die Beschäftigung in den Zechen schnell an.[269] Allein in den Krupp-Bergwerken nahm die Belegschaft in zwölf Monaten um 1600 Arbeitskräfte zu.[270] Dem Hoffnungsschimmer im Inland stand allerdings die zwischenzeitlich kritisch gewordene Situation im Ausland gegenüber.[271] Aber nicht nur die Kokserzeugung nahm zu, sondern auch die Herstellung des Kohlennebenerzeugnisses Rohteer. In diesem Fall konnte kaum die entstehende Nachfrage befriedigt werden, weil die Reichsregierung ein Straßenfinanzierungsprogramm auflegte und die öffentlichen Arbeitsbeschaffungsmaßnahmen ab Herbst 1932 Straßenteer benötigten.[272]

2.2.2 Eisen- und Stahlindustrie

Gegen Ende 1932 setzte sich die konjunkturelle Belebung in der eisen- und stahlerzeugenden Industrie durch,[273] wozu auch ein bevorstehender Auftrag der Reichsbahn anregte.[274] Für das Jahr 1932 war die Produktionsbilanz jedoch noch von der soeben zu Ende gegangenen Depression bestimmt und hatte mit nur noch 30% der Kapazität einen neuen Tiefstand erreicht. Die Ergebnisse für Rohstahl und Walzfertigerzeugnisse waren nicht wesentlich besser.[275]

265 Ruhr und Rhein 13 (1932), S. 682; 14 (1933), S. 41, 256, 466, 682. Schröter: Die deutsche Industrie auf dem Weltmarkt, S. 162.
266 Vgl. Tabelle 5.
267 Fried. Krupp: Jahresbericht 1932/1933, S. 7. Ruhr und Rhein 14 (1933), S. 42.
268 Produktion der Kohlen-, Eisen- und Hüttenindustrie im Jahre 1932, S. 39.
269 Ruhr und Rhein 14 (1933), S. 42.
270 Fried. Krupp: Jahresbericht 1932/1933, S. 7.
271 Ruhr und Rhein 14 (1933), S. 42.
272 Ebd., S. 42, 257, 467.
273 Produktion der Kohlen-, Eisen- und Hüttenindustrie im Jahre 1932, S. 42. Ruhr und Rhein 14 (1933), S. 48. Wirtschaft und Verkehr 10 (1932), S. 549; 11 (1933), S. 6.
274 Ruhr und Rhein 13 (1932), S. 688.
275 Produktion der Kohlen-, Eisen- und Hüttenindustrie im Jahre 1932, S. 42.

Während deshalb das Vertrauen in die wirtschaftliche Zukunft bereits um den Jahreswechsel 1932/33 wuchs, ließen die Anfragen auf eine weitere Belebung des Geschäfts hoffen.[276] Die Lage besserte sich 1933 für die Eisen- und Stahlerzeuger entscheidend durch die öffentlichen Arbeitsbeschaffungsmaßnahmen und die dadurch angeregte stärkere Investitionstätigkeit sowie eine Vielzahl kleinerer Aufträge.[277] Es konnte sogar die Hütte Ruhrort-Meiderich wieder in Betrieb genommen werden.[278] Auch die Zahlungszuverlässigkeit der Kunden besserte sich. Seit September schwächte sich aber der Bedarf wieder etwas ab. Nun wartete man besonders auf baldige Aufträge der Reichsbahn.[279] Dieser besseren Stimmung im Inland stand nun die schwierigere Lage im Ausland durch die Abwertungen des britischen Pfunds und des US-Dollars gegenüber.[280]

2.2.3 Maschinenbau

Bereits im Sommer 1932 regten sich die ersten Frühindikatoren für einen konjunkturellen Aufschwung des Maschinenbaus. Die Anfragen der Kunden nach den Bestellkonditionen vermehrten sich.[281] Durch das wachsende Vertrauen in die ökonomische Zukunft wandelten sich zahlreiche Anfragen aus dem Inland in verbindliche Aufträge um.[282] Dazu förderten Reichsbahnaufträge den Bau von Lokomotiven.[283] Im Kölner Raum nahm der Absatz während des ersten Halbjahrs 1933 zu, und die Zahl der Beschäftigten im Motorenbau vergrößerte sich stark, weil die Inlandsnachfrage nach kleineren und mittleren Motoren wuchs.[284] Allein in diesem Zeitraum stellte die Humboldt-Deutzmotoren AG über 2 000 neue Arbeitskräfte ein.[285] Für den Inlandsmarkt glaubte man an eine weitere Belebung in der zweiten Hälfte 1933.[286] Dagegen sah die Lage im Auslandsgeschäft mit großenteils unter den Selbstkosten liegenden Preisen durchwachsen aus.[287] Zölle, Währungsabwertungen und Preisunterbietungen machten das Auslandsgeschäft zu einem Hindernisrennen. In Köln zwang dies sogar zu erneuten Entlassungen.[288] Die trotz der schwierigen Lage auf dem Auslandsmarkt hereingeholten Aufträge sollten die vorhandene Belegschaft und die Kontakte mit der ausländischen Kundschaft erhalten.[289]

Die Kombination aus einem belebten Inlands- und einem schwierigen Auslandsmarkt ließ den Anteil des Auslands am Umsatz der Humboldt-Deutzmotoren AG von über 60 % im Geschäftsjahr 1931/32 auf weniger als 30 % im dritten Vierteljahr 1933 sinken.[290]

276 Ruhr und Rhein 14 (1933), S. 262. Wirtschaft und Verkehr 11 (1933), S. 6, 136.
277 Geschäftsbericht Duisburg-Ruhrorter Häfen 1933, S. 13. Ruhr und Rhein 14 (1933), S. 473, 688. Wirtschaft und Verkehr 11 (1933), S. 55, 206, 249, 293, 335, 379, 428, 466, 510; 12 (1934), S. 28.
278 Vereinigte Stahlwerke: Bericht 1933/1934, S. 12.
279 Ruhr und Rhein 14 (1933), S. 688.
280 WWZ 11 (1933), S. 377, 571.
281 Ruhr und Rhein 13 (1932), S. 684; 14 (1933), S. 43.
282 Ebd. 14 (1933), S. 258.
283 WWZ 11 (1933), S. 564.
284 Ebd., S. 183, 370. Humboldt-Deutzmotoren: Bericht über das Geschäftsjahr 1932/33.
285 Humboldt-Deutzmotoren: Bericht über das Geschäftsjahr 1932/33.
286 WWZ 11 (1933), S. 564.
287 Ruhr und Rhein 14 (1933), S. 469, 684. WWZ 11 (1933), S. 183, 370, 564.
288 WWZ 11 (1933), S. 370.
289 Ruhr und Rhein 14 (1933), S. 685.
290 Humboldt-Deutzmotoren: Bericht über das Geschäftsjahr 1932/33.

2.2.4 Baugewerbe und Wohnungswirtschaft

Der Aufschwung im Baugewerbe kündigte sich im ersten Quartal 1933 durch einen ungewöhnlich schwachen saisonalen Rückgang an, in Düsseldorf sogar mit einer leichten Vermehrung der Anfragen und Bestellungen.[291] Die öffentlich geförderten Stadtrandsiedlungen und Umbauten sowie die Arbeitsbeschaffungsmaßnahmen im Tiefbau, für die sich auch die rheinischen Großstädte engagierten, hatten zuvor den Boden für den Aufschwung bereitet.[292] Dadurch überschritt im Frühherbst 1933 die Beschäftigung im Tiefbau den Stand von 1930.[293] Doch blieb der öffentliche Hochbau ein Stiefkind des politischen Interesses, und das Verbot für öffentliche Neubauten galt immer noch.[294] Der Wettbewerb blieb hart.[295] Dazu gestaltete sich die Finanzierung schwierig, weil die Auftraggeber, auch öffentliche, häufig eine Beteiligung der Bauunternehmer an der Finanzierung verlangten.[296] Erst nach den Sommerferien 1933 wurde beispielsweise im Kammerbezirk Düsseldorf eine leichte Belebung sowohl im Wohnungsbau als auch bei den industriellen Bauunternehmen registriert.[297]

Mit der wirtschaftlichen Erholung 1933 nahmen die Zwangsversteigerungen von Grundstücken wieder ab, lagen aber meistens immer noch deutlich über den Werten von 1929.[298] Auch die Preise für unbebaute Grundstücke erholten sich nur zögerlich und in einem Teil der sechs rheinischen Großstädte. Die ordentlichen Geschäfte der Essener Hochtief AG nahmen deutlich zu, weshalb auch der Betriebsüberschuß des Unternehmens von rund 3,9 Mio. RM im Jahr 1932 auf 4,8 Mio. RM im Jahr 1933 stieg.[299] Damit konnte die Depression in einem großen Teil des Baugewerbes mit kräftiger Nachhilfe des Staats als überwunden gelten, während der Impuls für den gewerblichen Bau weiterhin ausblieb.[300]

2.2.5 Textil- und Bekleidungsgewerbe

Die Stimmung im heimischen Textil- und Bekleidungsgewerbe besserte sich ab Oktober 1932 zögerlich und wegen der politischen Instabilität mit großen Unsicherheiten.[301] Der Inlandsabsatz stabilisierte die Konjunktur auch hier.[302] Ab April 1933 konnten sich leb-

291 Ruhr und Rhein 14 (1933), S. 47. Wirtschaft und Verkehr 10 (1932), S. 505; 11 (1933), S. 55. VHzK 8 (1933), Teil B, H. 3, S. 168 f.

292 Vgl. Tabelle 7. VHzK 7 (1932), Teil B, H. 3, S. 164; 8 (1933), Teil B, H. 2, S. 93; H. 3, S. 168 f.

293 Ruhr und Rhein 14 (1933), S. 472, 687. WWZ 11 (1933), S. 381, 575. Wirtschaft und Verkehr 11 (1933), S. 335. VHzK 7 (1933), Teil B, H. 4, S. 239; 8 (1933), Teil B, H. 2, S. 94; H. 3, S. 168.

294 Ruhr und Rhein 14 (1933), S. 261, 472.

295 Ebd., S. 261, 472. WWZ 11 (1933), S. 199. Wirtschaft und Verkehr 10 (1932), S. 505.

296 WWZ 11 (1933), S. 381. Wirtschaft und Verkehr 11 (1933), S. 136, 249.

297 Wirtschaft und Verkehr 11 (1933), S. 378, 428.

298 Vgl. Tabelle 37.

299 Geschäftsbericht Hochtief AG 1932; 1933.

300 Ruhr und Rhein 14 (1933), S. 687. WWZ 11 (1933), S. 575. Wirtschaft und Verkehr 11 (1933), S. 205, 249, 293, 335.

301 Bergisches Wirtschaftsblatt 3 (1932), S. 956; 4 (1933), S. 91. VB MG 1932–1933, S. 70.

302 Bergisches Wirtschaftsblatt 4 (1933), S. 267.

hafte geschäftliche Auftriebskräfte durchsetzen.[303] Dabei profitierten die Textil- und Bekleidungshersteller bis zum Sommer 1933 von den Investitionen in Erstausstattungen von Uniformen, Abzeichen und Fahnen der Nationalsozialisten.[304] Darunter litt die Position des Konfektionsgewerbes.[305] Danach wurde das Inlandsgeschäft von den Lagerauffüllungen lebhaft angeregt.[306] Schließlich besserten sich ab Oktober 1933 auch die Chancen auf den Auslandsmärkten.[307] Der Aufwärtstrend setzte sich bei der Beschäftigung aber nur in kleinen Schritten durch.[308]

2.2.6 Handel und Konsum

Erstmalig im September 1932 kam der Rückgang des Einzelhandels an Rhein und Ruhr zum Stillstand.[309] Aber die Nachfrage der privaten Haushalte beschränkte sich wegen ihrer weiterhin extrem niedrigen verfügbaren Einkommen immer noch auf die preiswertesten Artikel geringer Qualität, die sich der Einzelhandel bemühte einzukaufen.[310] Der saisonbereinigte wertmäßige Umsatz verschlechterte sich immer noch bis weit in das Frühjahr 1933 hinein. Im Lebensmittelhandel lag der Umsatz des vierten Quartals 1932 um 15% niedriger als im Vorjahreszeitraum.[311] Doch wurde an der Ruhr und am linken Niederrhein auch wieder Konfektionsware mittlerer Qualität nachgefragt.[312] Erstmals nach mehreren Jahren erreichte im Januar 1933 in Wuppertal und Düsseldorf der mengenmäßige Umsatz in einem Saisonschlußverkauf das Vorjahresniveau. Ansonsten verlief das Textilgeschäft ab dem Frühjahr 1933 sehr uneinheitlich, tendenziell aber besser.[313] Die schwache Kaufkraft im Inland setzte allerdings Preiserhöhungen enge Grenzen.[314] Die Zahlungsweise der Kundschaft ließ immer noch sehr zu wünschen übrig.[315] Während sich das Geschäft des Einzelhandels an der Ruhr im Frühjahr 1933 spürbar belebte, was offenbar mit der besseren Lage des Steinkohlenbergbaus und der Schwerindustrie zusammenhing, blieb es in Düsseldorf schleppend.[316] Dagegen wurde das zweite Halbjahr 1933 schon wieder enttäuschend. Nachfrage bestand erneut im wesentlichen nur nach billigen Artikeln.[317] Erst

303 Ebd., S. 368, 455. Ruhr und Rhein 14 (1933), S. 473, 688. WWZ 11 (1933), S. 377.
304 Bergisches Wirtschaftsblatt 4 (1933), S. 368, 454 f. Ruhr und Rhein 14 (1933), S. 256, 473 f., 561, 682, 688. WWZ 11 (1933), S. 377.
305 Bergisches Wirtschaftsblatt 4 (1933), S. 173 f.
306 Ebd., S. 652 f., 751, 846.
307 Ebd., S. 945.
308 Ebd. 5 (1934), S. 5.
309 Ruhr und Rhein 13 (1932), S. 689.
310 Bergisches Wirtschaftsblatt 3 (1932), S. 778, 870, 1033; 4 (1933), S. 92, 174. Ruhr und Rhein 13 (1932), S. 689, 1033; 14 (1933), S. 48.
311 Ruhr und Rhein 14 (1933), S. 48.
312 Ebd.
313 Bergisches Wirtschaftsblatt 4 (1933), S. 92, 368, 455, 653, 751, 846, 946, 1047; 5 (1934), S. 5. Ruhr und Rhein 14 (1933), S. 473, 688. WWZ 11 (1933), S. 377, 571. Wirtschaft und Verkehr 11 (1933), S. 55, 94, 136, 206.
314 Ruhr und Rhein 14 (1933), S. 263, 688 f. WWZ 11 (1933), S. 377, 571. Wirtschaft und Verkehr 11 (1933), S. 55, 206.
315 Ruhr und Rhein 14 (1933), S. 263.
316 Ebd., S. 473. Wirtschaft und Verkehr 11 (1933), S. 94, 136, 206, 249, 293.
317 Ruhr und Rhein 14 (1933), S. 689. Wirtschaft und Verkehr 11 (1933), S. 336, 379, 428, 466 f., 510.

das Weihnachtsgeschäft im Dezember 1933 brachte dem Düsseldorfer Einzelhandel einen merkbaren Anstieg der Konsumentennachfrage, die durch die Abgabe von Bedarfsdeckungsgutscheinen und die Arbeitsbeschaffungsmaßnahmen beflügelt wurde.[318]

Große Schwierigkeiten hatte auch der Lebensmittelhandel, am einsetzenden Aufschwung teilzuhaben. Im Januar 1933 gaben die Preise für viele landwirtschaftliche Erzeugnisse, insbesondere für Butter, wieder nach.[319] Kaufzurückhaltung, Erwerb von billigen Artikeln und Preisdruck ließen die Umsätze auf ein bislang unbekannt tiefes Niveau sinken, auf dem sie noch in den ersten beiden Quartalen 1933 verharrten.[320] Selbst im zweiten Halbjahr 1933 empfand der Lebensmittelhandel seine Lage immer noch als schlecht, weil die schwache Kaufkraft der Bevölkerung die Nachfrage hemmte.[321]

3 Die Erträge 1929–1933 nach der Steuerstatistik

Die Veranlagungen der Körperschaftsteuer reagierten zwischen den Jahren 1929 und 1934 sensibel auf die Wirtschaftskrise und den anschließenden Aufschwung. In den Städten fielen von 1929 bis 1932 zwischen 37 und 43% der Steuerpflichtigen aus. Die Einkommen der Unternehmen gingen sogar noch stärker zurück. Hierbei zeigte sich die relative Widerstandsfähigkeit der Dienstleistungszentren im Vergleich zu den übrigen Städten.[322]

Der Niedergang der Wirtschaft verschob auch das Gewicht der Einkommensgruppen von oben nach unten. Als einzige Gruppe der Steuerpflichtigen nahm die unterste Klasse mit einem Jahreseinkommen von weniger als 8000 RM zu.[323] Hier sammelten sich jetzt neben den Kleinunternehmen die ökonomischen Absteiger der höheren Einkommensklassen. Dies galt beispielhaft für Essens größten Steuerzahler, die Firma Fried. Krupp, bei der hohe Verluste eintraten und die deshalb offenbar keine Steuern mehr bezahlte.[324] Damit fiel die Stütze des Steueraufkommens in Essen im Jahr 1932 aus.[325] Dank der immer noch guten Geschäftslage des Wasch-und Reinigungsmittelherstellers Henkel[326] hielten sich im selben Jahr in Düsseldorf die Einkommensrückgänge der mittleren und größeren Betriebe in Grenzen. Damit war die erst 1929 nach Düsseldorf eingemeindete Firma Henkel in der Krise mit fast 83% des Einkommens aller Körperschaftsteuerpflichtigen die wichtigste Beitragszahlerin zum lokalen Steueraufkommen. Aber auch in Duisburg-Hamborn und Wuppertal hing die Ertragskraft der Körperschaftsteuer 1932 maßgeblich von zwei bzw. einem Großunternehmen ab. So führte die Weltwirtschaftskrise drastisch die finanzielle Abhängigkeit der lokalen Steuerkraft von örtlich überragenden Unternehmen vor Augen. Doch änderte sich insgesamt an den großen Unterschieden der Einkommenskonzentrationen Körperschaftsteuerpflichtiger zwischen den Städten während der Krise kaum etwas. Hier wies Düsseldorf das höchste Konzentrationsmaß auf. Die Montanstädte und Köln

318 Wirtschaft und Verkehr 12 (1934), S. 28.
319 Bergisches Wirtschaftsblatt 4 (1933), S. 92.
320 Ebd., S. 174, 267, 368, 455, 561.
321 Ebd. 5 (1934), S. 5. Ruhr und Rhein 14 (1933), S. 689.
322 Vgl. Tabelle 30.
323 Vgl. Tabelle 31.
324 Jahrbuch für den Ruhrkohlenbezirk 32 (1934), S. 164.
325 Vgl. Tabelle 31.
326 Jachmann: Düsseldorf, S. 80–83.

lagen im Mittelfeld, die Textilstädte am Schluß.[327] Im Vergleich zwischen den Ergebnissen für die sechs rheinischen Großstädte im Jahr 1932 wird aber auch deutlich, daß die lokale Wirtschaftsstruktur die Dienstleistungszentren Düsseldorf und Köln begünstigte.[328]

Mit der Ende 1932 einsetzenden wirtschaftlichen Erholung gewannen die Großunternehmen langsam ihre alte Stärke zurück. Die Zahl der zur Körperschaftsteuer Veranlagten stieg wieder an.[329] Wachsende Anteile der höheren und Rückgänge der unteren Einkommensklassen signalisierten zusätzlich die bessere Ertragslage der Wirtschaft.[330] Aber selbst 1934 überschritten nur in zwei der sechs Städte die Unternehmenseinkommen die Ergebnisse von 1929.[331]

Die Weltwirtschaftskrise traf aber nicht nur die großen Firmen sehr hart, sondern auch die mittelständischen einkommensteuerpflichtigen Gewerbetreibenden, wofür der sinkende Anteil der steuerpflichtigen Einkünfte aus Gewerbebetrieben ein Indiz war.[332] Jedoch spielten hier die unterschiedlichen lokalen Wirtschaftsstrukturen keine signifikante Rolle. Im Verhältnis zu den Gewerbetreibenden war die wirtschaftliche Lage der freiberuflich Tätigen in der Krise günstiger und stabiler.[333] Im allgemeinen verbesserte sich die Einkommenslage mit der einsetzenden Erholung in den Städten nur langsam. Doch machte sich der Wirtschaftsaufschwung bereits 1933 durch einen deutlichen Anstieg des Anteils der gewerblichen Einkünfte gegenüber 1932 bemerkbar.[334]

327 Vgl. Tabelle 31.
328 Vgl. Tabelle 30.
329 Vgl. Tabellen 30 und 31.
330 Vgl. Tabelle 31.
331 Vgl. Tabelle 30.
332 Vgl. Einkommen- und Körperschaftsteuerveranlagung für 1929, S. 38. Einkommen- und Körperschaftsteuerveranlagungen für 1932 und 1933, S. 40 f.; eigene Berechnungen.
333 In der Statistik über die Veranlagung zur Einkommensteuer unter „Einkommen aus sonstiger selbständiger Berufstätigkeit" zusammengefaßt. Sonstige berufliche Tätigkeiten sind sogenannte freie Berufe (Wissenschaftler, Künstler, Schriftsteller, Ärzte, Rechtsanwälte, Architekten, Ingenieure); vgl. Zarden: Einkommensteuer, S. 420.
334 Einkommen- und Körperschaftsteuerveranlagung für 1929, S. 38. Einkommen- und Körperschaftsteuerveranlagungen für 1932 und 1933, S. 40 f.

4 Der Arbeitsmarkt 1929–1933[335]

Die Folgen der Wirtschaftskrise zeigten sich in besonders scharfer Form auf dem Arbeitsmarkt. In allen Städten verringerte sich der Beschäftigtenstand rasch, was sich auch in den schrumpfenden Mitgliederbeständen der gesetzlichen Krankenkassen niederschlug.[336]

Es entstanden „typische" Verläufe der örtlichen Arbeitsmärkte, die sich im wesentlichen den drei wirtschafts- und sozialstrukturellen Vergleichsgruppen der Städte zuordnen lassen. Dabei zeigten sich innerhalb der einzelnen Städtepaare signifikante Unterschiede. So fiel die Zunahme der Arbeitssuchenden in Düsseldorf stärker als in Köln aus, weil dort die Schwerindustrie eine größere Bedeutung für die Beschäftigungslage hatte als in der Nachbarstadt. Die großen Montanbetriebe in Duisburg-Hamborn waren von Entlassungen mehr betroffen als in Essen, wo es z.B. neben den beherrschenden Krupp-Werken noch eine Reihe mittelgroßer Betriebe und ein beachtenswertes Konsumgüter- und Dienstleistungsgewerbe gab, die nicht in einer völligen Abhängigkeit von der Montanwirtschaft standen. In Gladbach-Rheydt fiel der Anstieg der Arbeitssuchenden vergleichsweise niedrig aus, weil sich die Beschäftigungsprobleme durch die Textilkrise schon im Basisjahr 1929 voll entfaltet hatten. Von dieser frühen Branchenkrise war Wuppertal mit seiner gemischten Wirtschaft weniger betroffen, mußte aber jetzt den Konjunktureinbruch in den übrigen Wirtschaftszweigen verkraften. Außerdem wurde die Konkurrenzfähigkeit des in Wuppertal relativ wichtigen Hausgewerbes immer mehr in Frage gestellt, das in Gladbach-Rheydt diese Bedeutung nicht mehr besaß.[337]

Der Höchststand der Arbeitssuchenden war in Düsseldorf und Köln um den Jahreswechsel 1932/33 erreicht. Doch in den beiden Montanstädten und den Textilstädten setzte die Wende für die Arbeitssuchenden offenbar schon im Sommer 1932 ein. Die 1929 allgemein einsetzende Wirtschaftskrise traf zuerst die ungelernten Arbeitskräfte, dann die Facharbeiter der Eisen- und Stahlindustrie, des Baugewerbes und schließlich die Angestellten in den Verwaltungsberufen.[338] Unter allen gesuchten Arbeitsmöglichkeiten spielte in allen Städten die Nachfrage nach Tätigkeiten für Ungelernte eine maßgebliche Rolle. Allerdings sank der Anteil der Ungelernten unter den Arbeitssuchenden während der Krise, weil sich die Zahl der Erwerbslosen aus speziellen Berufen erst später als die der Ungelernten erhöhte. Dabei wurden die Arbeiter wegen ihrer kürzeren Kündigungsfristen schneller und stärker als die Angestellten und die Berufe des Produktionsgütergewerbes mehr als die der Konsumgüterbranche von der Konjunkturkrise erfaßt.[339]

Hinzu kam eine wachsende Fluktuation von Arbeitskräften. Ehemalige Stammarbeiter wurden offiziell entlassen und nur noch kurzfristig auf Abruf für die Erledigung eiliger

335 Im Mittelpunkt dieses Abschnitts stehen die Auswertung der Arbeitsamtsstatistik in den Mitteilungen zur Statistik des rheinischen Arbeitsmarktes 4 (1929)-8 (1933) und aus ihnen erstellte eigene Berechnungen, soweit nicht ausdrücklich anders vermerkt. Neben der Arbeitsvermittlung durch die Arbeitsämter bestanden private nichtgewerbsmäßige Arbeitsnachweise. Diese erreichten z.B. in Köln 1930 einen Anteil von ungefähr 20% der bei den staatlichen Arbeitsämtern gemeldeten Arbeitssuchenden. Die Zahlen der beiden Vermittlungen können wegen der Gefahr von Doppelzählungen nicht addiert werden; vgl. Mewes: Der Kölner Arbeitsmarkt, S.23. Mangels geeigneter Quellen muß auf die Darstellung der privaten Nachweise verzichtet werden.

336 Vgl. Graphik 4.

337 Vgl. Graphik 5.

338 Hüttenberger: Düsseldorf, S.413.

339 Mewes: Der Kölner Arbeitsmarkt, S.45.

Graphik 5

Arbeitsamtsstatistik
Arbeitssuchende im Arbeitsamtsbezirk 1929–1933
Index M 1929 = 100

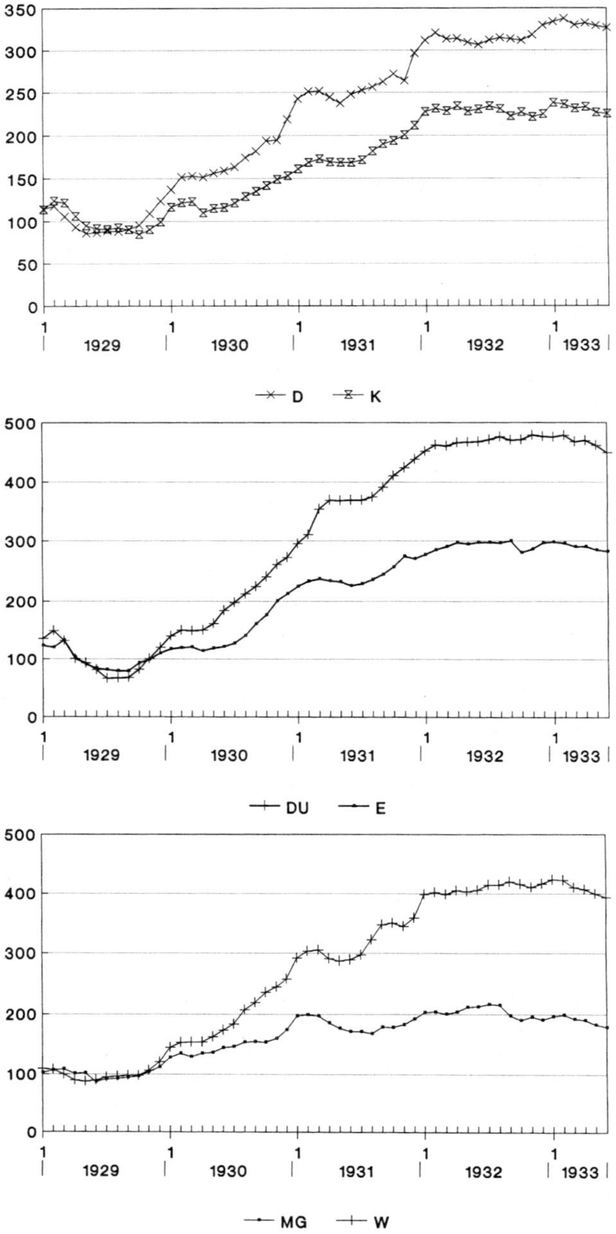

Index M 1929 = 100: Arithmetisches Mittel aus den Monatswerten des Jahres 1929; bis September 1932: Arbeitssuchende in der Monatsmitte, ab Oktober 1932: Arbeitssuchende am Monatsende. Mitteilungen zur Statistik des rheinischen Arbeitsmarktes 4 (1929)-8 (1933); eigene Berechnungen.

Aufträge eingestellt.[340] Außerdem lief in vielen Betrieben seit mehreren Jahren eine große Rationalisierungswelle.

Manch einer unter den Erwerbslosen versuchte eine selbständige Existenzgrundlage als Alternative zur Arbeitssuche beim Arbeitsamt aufzubauen. Vor allem arbeitslose handwerklich ausgebildete Industriearbeiter und andere Fachkräfte gründeten kleine Handwerks- und Handelsbetriebe mit geringer materieller Ausstattung.[341] Dies führte z.B. im Bezirk des Gewerbeaufsichtsamts Duisburg-Hamborn zu 728 neuen Kleinstbetrieben, die aber kaum einen positiven Beschäftigungseffekt hatten.[342]

Eine andere Alternative, eine neue Erwerbsgrundlage zu schaffen, war die Auswanderung. Das Interesse hierfür war groß. Allein in der Auswanderungsberatungsstelle Köln meldeten sich im Geschäftsjahr 1930/31 fast 6700 Personen, ein Jahr später, nachdem viele Länder Einwanderungsbeschränkungen erlassen hatten, immerhin noch rund 5000.[343] Die Mehrzahl der Auswanderungswilligen war zwischen 20 und 30 Jahre alt, ledig und weitgehend mittellos. Sie suchte eine neue Heimat vor allem in nord- und westeuropäischen Ländern.[344]

Ziehen wir eine Bilanz der extremen Erwerbslosigkeit auf der Grundlage der Zählung von Juni 1933. In dieser Erhebung bezeichneten sich in den sechs rheinischen Großstädten zwischen einem Viertel und einem Drittel der Erwerbspersonen als erwerbslos. Alle Städte litten unter den weit über dem Reichsdurchschnitt von 18,1% liegenden Erwerbslosenquoten. Dabei befand sich Gladbach-Rheydt unter den sechs rheinischen Großstädten in der äußerlich günstigsten Lage, die teilweise wohl eine Folge der Rückkehr vieler Frauen in das reine Hausfrauenleben war. Duisburg-Hamborn und Essen lagen hier deutlich darüber.[345]

4.1 Die Andrangzahl der Stellensuchenden je offene Stelle

Mit dem Verlauf der Wirtschaftskrise verschlechterte sich die Relation der Arbeitssuchenden zu den vom Arbeitsamt angebotenen offenen Stellen dramatisch. Zwar war das Verhältnis zwischen Arbeitssuchenden und offenen Stellen bereits im Januar 1930 ungünstig, aber am Tiefpunkt der Konjunktur spitzte sich die Lage weiter zu. So entfielen z.B. in Köln im Januar 1930 rund zwölf Bewerber auf eine offene Stelle, im Januar 1933 aber 101. Am ungünstigsten war die Lage auf dem Arbeitsmarkt für die Metall- und die Baubranche.[346]

Eine Sonderentwicklung erfuhr auch in diesem Fall das Gladbacher Textilzentrum: Die Krise auf dem Arbeitsmarkt erreichte bereits ein Jahr vor der allgemeinen konjunkturellen Wende ihren Höhepunkt. Im Januar 1932 war hier die Arbeitsplatzlage für die Männer extrem angespannt. Durchschnittlich 313 Bewerber interessierten sich für eine angebotene

340 Bericht GAA W-Barmen 1930; HStAD Reg. D 34379.
341 Henning: Düsseldorf und seine Wirtschaft, S. 608. Zunkel: Die wirtschaftliche, soziale und finanzielle Entwicklung Kölns, S. 44.
342 Bericht GAA DU 1931/32; HStAD Reg. D 34384.
343 VB K 1930/31, S. 45; 1931/32, S. 46.
344 Ebd.
345 Vgl. Tabelle 20.
346 Mewes: Der Kölner Arbeitsmarkt, S. 26.

Graphik 6

Arbeitsamtsstatistik
Andrangzahl 1929–1933

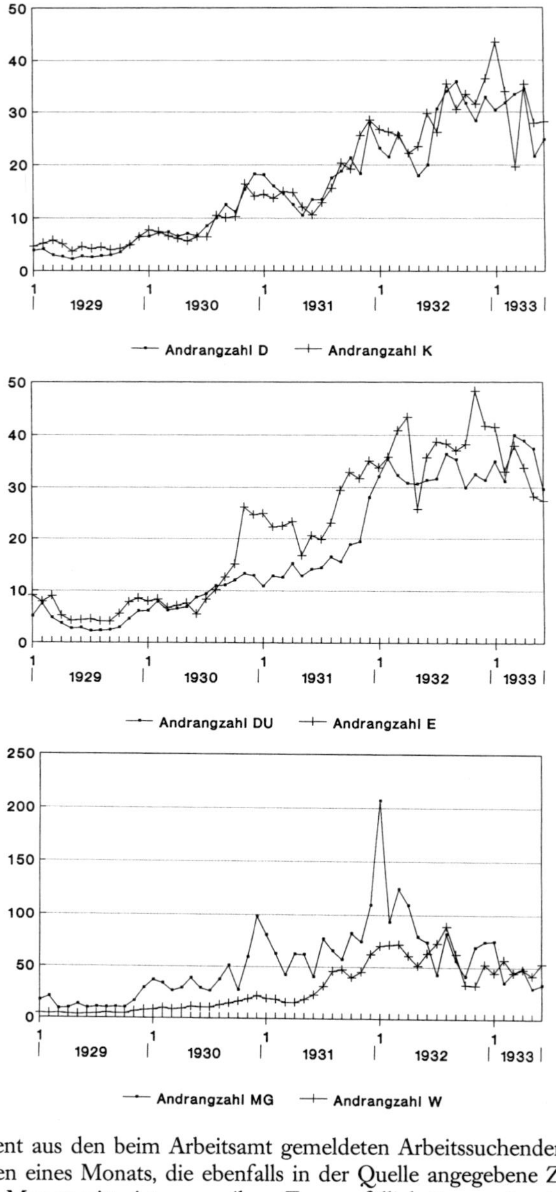

Andrangzahl = Quotient aus den beim Arbeitsamt gemeldeten Arbeitssuchenden in der Monatsmitte und den offenen Stellen eines Monats, die ebenfalls in der Quelle angegebene Zahl der offenen Stellen am Stichtag in der Monatsmitte ist wegen ihrer Tageszufälligkeit ungeeignet; bis September 1932: Arbeitssuchende in der Monatsmitte; ab Oktober 1932: Arbeitssuchende am Monatsende. Mitteilungen zur Statistik des rheinischen Arbeitsmarktes 4 (1929)-8 (1933); eigene Berechnungen.

Stelle. Bei den Frauen waren die Relationen im Gladbacher Raum mit 18: 1 zu demselben Zeitpunkt wesentlich günstiger.

Im Vergleich zwischen den Städten stellen sich ähnliche Verläufe der Andrangzahlen zwischen den Montan- und den Dienstleistungsstädten ein, allerdings war die Lage in den beiden Ruhrstädten durchweg ungünstiger als in Düsseldorf und Köln. Die Andrangzahl war in den Textilstädten besonders hoch, weil hier bereits erwerbstätige Frauen mit den Männern um offene Stellen konkurrierten und die Unterstützung der Arbeitslosenversicherung nur erhielten, wenn sie sich arbeitssuchend meldeten.[347]

4.2 Die Aufteilung des Arbeitsmarkts nach den Geschlechtern

Die Arbeitsmärkte in den sechs rheinischen Großstädten zerfielen in mehrere Teilmärkte. Besonders markant war die Teilung des Arbeitsmarkts in Geschlechter, die von der lokalen Wirtschaftstruktur abhing.[348] Generell war die Lage auf dem Arbeitsmarkt für Frauen deutlich entspannter als für Männer in den typischen Männerbranchen.[349] Im Unterschied zu den Männern waren die von den Frauen ausgeübten Tätigkeiten jedoch wesentlich weniger an die spezifischen lokalen Wirtschaftsverhältnisse gebunden. Außerdem wies die Arbeitslosigkeit unter den Frauen eine weit stärkere Bewegung auf als unter den Männern.[350]

Die größte Gruppe unter den arbeitslosen und arbeitssuchenden Frauen bildeten die Hausangestellten. Seit 1930 stieg, außer in Essen, die Nachfrage nach solchen Arbeitsplätzen. Sie war die Folge der Finanznot weiter Kreise der Bevölkerung, die bisher Hauspersonal beschäftigt hatten. Dazu erschien erfahrenen Hausfrauen die hauswirtschaftliche Arbeit in einem Privathaushalt leicht erlernbar, um den Gelderwerb ihrer Männer zu ergänzen. Gerade in den beiden Montanstädten sah man in der Hauswirtschaft eine Chance auf einem ansonsten männerorientierten Arbeitsmarkt. Nur in Gladbach-Rheydt und in Wuppertal spielten die Arbeitssuchenden der Hauswirtschaft keine Rolle, weil in diesen beiden Städten den Frauen andere attraktive frauenspezifische Arbeitsplätze im Textil- und Bekleidungsgewerbe zur Verfügung standen. In Wuppertal bot sich außerdem noch die Heimarbeit als Alternative an.

Für die ungelernten Arbeiterinnen in den beiden Textilstädten galt Ähnliches wie für die häuslichen Dienste. Das Interesse an Stellen für ungelernte Kräfte war sowohl in Wuppertal als auch in Gladbach-Rheydt vergleichsweise gering. Auch in Köln gab es unter anderem wegen der dortigen bedeutenden Bekleidungsindustrie offenbar entsprechende Alternativen.

Bei den weiblichen Angestellten in den kaufmännischen und Büroberufen entwickelte sich die Arbeitsmarktlage sehr unterschiedlich. Während in den Arbeitsamtsbezirken Duisburg und Essen die Nachfrage der Stellensuchenden mit diesen Berufsqualifikationen auf dem Arbeitsmarkt nur unterdurchschnittlich anstieg, vollzog sich in Düsseldorf, Köln und Wuppertal der entgegengesetzte Trend. Die Arbeitssuchenden dieser Berufe waren

347 Vgl. Graphik 6.
348 Vgl. Tabelle 19.
349 Mewes: Der Kölner Arbeitsmarkt, S. 26 f.
350 Ebd., S. 48.

vielfach auch deshalb schwer vermittelbar, weil sie mangelhaft ausgebildet waren.[351] In Gladbach-Rheydt blieb diese Berufsgruppe wegen der kleinen Zahl von Dienstleistungsbetrieben und Verwaltungen unbedeutend.

Außerdem verschob sich während der Wirtschaftskrise in einem Teil der sechs Städte das Verhältnis zwischen den Geschlechtern. Teure Stellen für männliche Fachkräfte wurden offenbar durch kostengünstigere Billiglohnplätze für angelernte Frauen ersetzt. Dazu war der Stellenabbau im Dienstleistungssektor mit seinem hohen Frauenanteil nicht so drastisch wie in der Produktionsgüterindustrie. So lag der Anteil der weiblichen Beschäftigten in den der Gewerbeaufsicht unterliegenden Groß- und Mittelbetrieben 1932 auf dem Höhepunkt der ökonomischen Krise in allen sechs rheinischen Städten über dem Stand von 1929.[352] In den Städten mit einer bedeutenden Schwerindustrie (Düsseldorf, Duisburg-Hamborn, Essen) nahm der Frauenanteil unter den Arbeitssuchenden auch deshalb zu, weil den Männern durch den Konjunktureinbruch in der Schwerindustrie die Einkommensquellen entzogen wurden. Nun waren die Frauen gezwungen, den Lebensunterhalt der Familien zu sichern.[353] Jetzt meldeten sich auch früher erwerbstätige Frauen als arbeitssuchend, um ihre Versicherungsansprüche zu realisieren.

In umgekehrter Richtung verlief die Entwicklung im Arbeitsamtsbezirk Gladbach-Rheydt. Hier war das Potential für die weibliche Erwerbstätigkeit schon weitgehend ausgeschöpft und damit kein Spielraum mehr für Zusatzverdienste vorhanden. Dabei hatte die Textilindustrie die Gelegenheit, die technische Rationalisierung auszunutzen und die besonders fachlich qualifizierten, aber teuren männlichen Arbeitskräfte durch angelernte weibliche mit niedrigeren Löhnen zu ersetzen. Im Unterschied dazu veränderten sich in Köln und Wuppertal die Anteile von Frauen und Männern unter den Arbeitssuchenden nur unwesentlich.

Mit Ausnahme von Gladbach-Rheydt stellten die un- und angelernten männlichen Arbeiter bis Ende 1932 das größte Kontingent unter den Arbeitssuchenden. Ihnen folgten in vier der sechs Arbeitsamtsbezirke die Arbeiter aus den Metall- und Maschinenbauberufen, die in allen Städten überdurchschnittlich stark von der Konjunkturkrise betroffen waren. Ihre Zahl der Arbeitssuchenden stieg in Duisburg-Hamborn bis auf das Sechsfache gegenüber 1929 an. Ähnlich dramatisch waren die Auswirkungen der Absatzkrise des Ruhrkohlenbergbaus auf die Arbeitsmarktlage in den beiden Montanstädten. Auf dem Höhepunkt der Kohlenkrise 1931/32 suchten sogar mehr Bergleute eine Beschäftigung als Metall- und Maschinenbauarbeiter. In Gladbach-Rheydt lösten die Berufe des Textilgewerbes die Arbeitssuchenden der Metall- und Maschinenbaubranche als stärkste Gruppe ab. Die Arbeitslosigkeit in den Berufen des Spinnstoffgewerbes lag in den beiden Textilstädten über dem Durchschnitt. Alle anderen Wirtschaftsbereiche hatten für die Beschäftigung keine größere Bedeutung. Dies galt selbst für die beiden Dienstleistungszentren am Rhein. In der Gesamtentwicklung der Zahlen der Arbeitssuchenden weisen alle sechs rheinischen Großstädte keine signifikanten Unterschiede auf, die sich auf ihre spezifischen Wirtschaftsstrukturen zurückführen lassen.

351 Bericht GAA D 1929; HStAD Reg. D 34376 II.

352 Zum relativen Anteil der Frauen an den Beschäftigten vgl. Tabelle 26; zum Frauenanteil an den Erwerbspersonen vgl. Tabelle 1.

353 Vgl. auch Tabelle 1. Mewes: Der Kölner Arbeitsmarkt, S. 49.

4.3 Die jugendlichen Erwerbslosen

Für die Jugendlichen entstand auf dem Arbeitsmarkt eine spezielle Situation. In der ersten Hälfte der Krise wuchs die Zahl der Jugendlichen unter 21 Jahren, die eine Arbeitslosenunterstützung bezogen, überdurchschnittlich. Ähnlich wie bei den männlichen Erwachsenen stammten die meisten arbeitssuchenden Jugendlichen aus der Metallbranche oder waren ungelernte Arbeiter.[354] Unter den Arbeitslosen befanden sich im Februar 1931 z. B. in Köln zu fast einem Viertel Jugendliche zwischen 14 und 21 Jahren.[355] Noch im letzten Vierteljahr 1930 wurden 57–59 % der arbeitssuchenden Jugendlichen von der Arbeitslosenversicherung unterstützt, während dies im Durchschnitt aller Arbeitssuchenden nur 36 % waren, weil die Jugendlichen nach ihrer Lehre eine Anwartschaft auf Unterstützung besaßen.[356] Nach den Einschränkungen der Leistungen der Arbeitslosenversicherung auf Ausnahmefälle im Jahr 1931 nahm ihr Anteil an den von ihr Unterstützten deutlich ab.[357] Diese Tendenzen ähnelten sich in allen sechs Arbeitsamtsbezirken der Städte. Auffallend ist aber, daß der Anteil der Jugendlichen in Düsseldorf und Wuppertal fast ständig hinter dem der übrigen Städte zurückblieb. Diese beiden Städte hatten auch das höchste Durchschnittsalter der Bevölkerung.

354 Ebd.
355 Ebd., S. 51.
356 Ebd., S. 55.
357 Nach den RNotVOen vom 5.6. und 6.10.1931 erhielten Jugendliche unter 21 Jahren eine Unterstützung der Arbeitslosenversicherung nur bei nachgewiesener Bedürftigkeit.

D DIE SOZIALE LAGE UND DIE KOMMUNALE SOZIALPOLITIK

1 Die Einkommen und Lebenshaltungskosten[1]

Die soziale Lage in den sechs rheinischen Großstädten hing nicht nur von der oben dargestellten Wirtschaftskonjunktur und Deflation ab.[2] Vielmehr trieb die Tarif- und Preispolitik im Untersuchungszeitraum diese für große Teile der städtischen Bevölkerung nachteilige Entwicklung ihrer sozialen Lebensbedingungen noch voran. Dies war auch das ausdrückliche Ziel der Eingriffe des Reichskabinetts Brüning in die Tarif- und Preisautonomie der Wirtschaft.[3] Mit diesen Maßnahmen war beabsichtigt, den Lebensstandard allgemein um 10–15% zu senken.[4] Hierzu gehörten die Kürzungen bei den Beamten, mit denen die Reichsregierung hoffte, indirekt auch auf die privatwirtschaftlichen Löhne und Gehälter einwirken zu können.[5] Außerdem bestimmte die RNotVO vom 8. Dezember 1931, daß ab Januar 1932 für alle Entgelte in den laufenden Tarifverträgen der Stand vom Januar 1927 maßgebend sein sollte.[6] Die Lohnsenkungspolitik Brünings wurde von der Nachfolgeregierung Papen fortgesetzt. Vor allem strebte sie durch die Verordnungen vom 4.[7] und 5. September 1932[8] eine Bezahlung der Arbeitskräfte weit unter den Tariflöhnen an. Diese Bestimmungen erzeugten aber in den Betrieben erheblichen Unmut, weshalb die anfänglich auf einen gesellschaftspolitischen Konsens setzende Regierung Schleicher sie am 14. Dezember 1932 aufhob.[9]

Die Wirtschaftspolitik des Reichs im Rücken, konnten auch die Arbeitgeber eine Senkung ihrer Produktionskosten durch die Kürzung von Löhnen und Gehältern in Angriff nehmen. Dabei war der Neuabschluß des Rahmentarifs über die Arbeitsverhältnisse in der rheinisch-westfälischen Eisen- und Stahlindustrie (Arbeit Nord-West) durch den Oeynhausener Schiedsspruch vom 26. Mai 1930 in der gesamten Wirtschaft wegweisend für die folgenden Jahre. Er ermöglichte den Arbeitgebern, nach Absprache die Gesamtlohnsumme für Akkordarbeiter um 7,5% zu kürzen.[10] Eine sehr ähnliche Tarifpolitik betrieb der Zechenverband für den Ruhrbergbau.[11] Sie unterschied zwischen Arbeitern und

1 Hier soll nur ein knapper Abriß geboten werden, dessen Inhalt in einem engen Zusammenhang mit der finanziellen Entwicklung der Städte steht.

2 Zur Entwicklung der Lebenshaltungskosten während der Wirtschaftskrise sind für die Städte durchgehende Monatszahlenreihen vorhanden: Monatsbericht des Statistischen und Wahlamtes der Stadt Köln 16 (1929)-20 (1933). Statistischer Vierteljahresbericht der Stadt Duisburg-Hamborn 19 (1931), Nr. 4, S. 65; 21 (1933), Nr. 4, S. 60. Statistische Jahresübersichten der Stadt Essen 1930–1934, S. 34. Wuppertaler Statistik Nr. 1–6, 8–10, 12–15.

3 Erster Teil RNotVO vom 8.12.1931; RGBl. I 1931, S. 699.

4 Reichsminister Stegerwald; ohne Orts- und Datumsangabe zitiert in Preller: Sozialpolitik in der Weimarer Republik, S. 396.

5 Ebd., S. 410.

6 Kapitel I Sechster Teil RNotVO vom 8.12.1931; RGBl. I 1931, S. 699.

7 Zweiter Teil RNotVO vom 4.9.1932; RGBl. I 1932, S. 425.

8 RNotVO vom 5.9.1932; RGBl. I 1932, S. 433.

9 RNotVO vom 14.12.1932; RGBl. I 1932, S. 545. Preller: Sozialpolitik in der Weimarer Republik, S. 417.

10 Bericht GAA D 1930; HStAD Reg. D 34379. Preller: Sozialpolitik in der Weimarer Republik, S. 397, 409. Zollitsch: Arbeiter, S. 100.

11 Vgl. Trischler: Steiger im deutschen Bergbau, S. 285–289. Tschirbs: Tarifpolitik im Ruhrbergbau.

Angestellten nur so weit, wie das Tarifrecht differenzierte, und hier besaßen bei der Entlassung von Personal die Angestellten gegenüber den Arbeitern größere Vorteile.[12]

Neben der Tarifpolitik bedeutete der Einbruch der Beschäftigung durch die Konjunkturkrise eine erhebliche Verschlechterung der sozialen Lage der Bevölkerung. Feierschichten und Kurzarbeit in der Eisen- und Stahlindustrie führten zu massiven Einkommenseinbußen.[13] So reduzierte sich die Zahl der geleisteten Arbeitsstunden beispielsweise bei den Düsseldorfer Röhrenwerken 1931 und 1932 um fast die Hälfte.[14] Da zugleich der durchschnittliche Stundenlohn der Arbeiter um ungefähr 20% sank, fiel das Monatseinkommen der Belegschaft der Düsseldorfer Röhrenwerke insgesamt um schätzungsweise 42%.[15] Dabei hielten sich die Wochenverdienste auf Zeitlohnbasis im allgemeinen besser als die für Akkordarbeit,[16] weil sie unabhängig von der zurückgehenden Produktion gezahlt wurden. Durch die Schwankungen der tatsächlichen Arbeitszeit konnte z.B. das Bruttomonatseinkommen eines Gußhauers im Schmiedepreßwerk Krupps von Januar 1932 und April 1933 zwischen 125 und 206 RM liegen.[17] Ähnlich sah die Lage in den Steinkohlenzechen an der Ruhr aus. Unter Einschluß der Feierschichten sank das durchschnittliche Jahreseinkommen eines Hauers von 1929 bis 1932 um knapp ein Drittel. Aufgrund der zwischen den einzelnen Schachtanlagen differierenden Beschäftigung erhielt ein Hauer im März 1932 einen Monatslohn zwischen 106 und 176 RM.[18] Angesichts dieser Größenordnung nahm sich die Befreiung der Untertagearbeiter im Bergbau von den Beiträgen zur Arbeitslosenversicherung in Höhe von 3,75% durch die Regierung Brüning am 30. September 1931 sehr bescheiden aus.[19]

Auch das Textil- und Bekleidungsgewerbe stand in den Jahren 1931 und 1932 ganz im Zeichen eines massiven Abbaus der tarifmäßigen Löhne und Gehälter. Für die Angestellten der Textilindustrie betrugen die Kürzungen fast 14 und für die des Bekleidungsgewerbes rund 21%. Die Arbeiterschaft erlitt Lohneinbußen von fast 21% in der Textilindustrie und durchschnittlich 18,5% im Bekleidungsgewerbe.[20]

Die Lage der lohnsteuerpflichtigen Arbeitnehmer spiegelt sich in der Steuerstatistik wider. In allen Städten sank der Anteil der Lohnsteuerpflichtigen, bei denen überhaupt noch irgendwelche Steuerabzüge vorgenommen wurden, 1932 steil auf die Hälfte ab. Das führte dazu, daß sich z.B. in Essen die Gemeinschaft der Unbesteuerten und Steuerbefreiten auf fast zwei Drittel aller Lohnsteuerpflichtigen vergrößerte.[21] Im Vergleich zum Jahr 1932 war der Lohnsteuerabzug für das Jahr 1934 maßgeblich von der positiven Konjunkturbewegung bestimmt.[22] Dabei erlebte Düsseldorf einen besonders kräftigen Zuwachs der steuerzahlungsfähigen Arbeitnehmer. Diese Stadt war auch die einzige, in der 1934 wieder

12 Vgl. Trischler: Steiger im deutschen Bergbau, S. 290. Über die Lage der Angestellten im allgemeinen: Speier: Die Angestellten vor dem Nationalsozialismus.

13 Bericht GAA DU 1930; HStAD Reg. D 34379.

14 Bericht GAA D 1931/32; HStAD Reg. D 34384.

15 Ebd.

16 1928–1931: Zeitlohn: -24,2%, Akkordlohn: -31,1%; Hauptergebnisse der zweiten amtlichen Lohnerhebung in der eisen- und stahlerzeugenden Industrie, S. 376. Zollitsch: Arbeiter, S. 90.

17 Ebd., S. 93.

18 Ebd., S. 100.

19 Ebd.

20 Bericht GAA MG 1931/32; HStAD Reg. D 34381.

21 Vgl. Tabelle 34.

22 Vgl. Tabellen 33 und 34.

mehr als die Hälfte der Steuerpflichtigen zur Gruppe der Steuerbelasteten gehörte. Ansonsten blieben selbst 1934 die Leistungen der Lohnsteuerpflichtigen immer noch weit hinter den Ergebnissen des Vorkrisenjahrs 1928 zurück.[23]

Im Verlauf des Jahrs 1932 verlangsamte sich die Deflation, um im März 1933 zum Stillstand zu kommen. Der allgemeine Lebenshaltungskostenindex lag schließlich rund ein Viertel unter dem Stand von 1929.[24] Jedoch sank der Lebensstandard, weil die deflatorische Entwicklung der Lebenshaltungskosten mit der Geschwindigkeit der Lohn- und Gehaltssenkungen nicht Schritt hielt.[25] Erhöhungen von Steuern und Sozialabgaben ließen die verfügbaren Einkommen der privaten Haushalte zusätzlich schrumpfen.[26]

Außerdem war die Entwicklung der Preise sehr unterschiedlich. Während die Preise für Ernährung und Bekleidung bereits 1930 ihren Höhepunkt überschritten hatten, nahmen die Aufwendungen für die Wohnung (Miete, Nebenkosten, Heizung und Beleuchtung) bis 1931 sogar noch zu.[27] Die fälligen Mietzahlungen konnten deshalb kaum noch geleistet werden, wodurch erhebliche Mietrückstände entstanden.[28] Zwar senkte die Reichsregierung per RNotVO vom 8. Dezember 1931 die Altbaumieten um 10% der Friedensmiete,[29] doch blieben die Mieten der Neubauwohnungen weiterhin kaum finanzierbar.[30] Dies führte zu einer wachsenden Nachfrage nach Kleinwohnungen, während die oft nicht mehr zeitgemäß ausgestatteten Großwohnungen leer standen.[31] Außerdem nahm die Obdachlosigkeit ständig zu.[32] So waren beim Wohnungs- und Mieteinigungsamt der Stadt Köln am 31. März 1930 22351 Wohnungssuchende gemeldet, was etwa 3% der Bevölkerung entsprach.[33] In Gladbach-Rheydt erreichte die Zahl der als „dringlich vorgemerkten Wohnungssuchenden" am 1. März 1931 rund 1,4% der Bevölkerung, die vorwiegend Wohnungen mit einem oder zwei Wohnräumen nachfragten.[34] Aus dieser Not heraus entstanden auch „geregelte" und „wilde" Siedlungen.[35] Die Zahl der Zwangsräumungen stieg, wie z. B.

23 Vgl. Tabelle 34.
24 Reichsindex für die Lebenshaltung 1913/14, umbasiert auf den arithmetischen Mittelwert der Monate 1929. Wirtschaft und Statistik 9 (1929)-14 (1934).
25 Preller: Sozialpolitik in der Weimarer Republik, S. 410. Zollitsch: Arbeiter, S. 91.
26 Preller: Sozialpolitik in der Weimarer Republik, S. 396 f. Heindl: Die Haushalte, S. 268–270.
27 Preisindex für die Lebenshaltung 1928=100 eines fünfköpfigen Arbeiterhaushaltes; Petzina/Abelshauser/Faust: Sozialgeschichtliches Arbeitsbuch, S. 107. Vgl. auch Saalfeld: Die Mieten und Wohnungsausgaben der privaten Haushalte.
28 VB E 1930, S. 20. VB MG 1931, S. 64. Schulz: Kontinuitäten und Brüche in der Wohnungspolitik, S. 148. VHzK 6 (1931/32), Teil B, H. 4, S. 23.
29 Peters: Wohnungspolitik am Scheideweg, S. 69. VHzK 6 (1931/32), Teil B, H. 4, S. 23.
30 VB E 1932, S. 105. Preller: Sozialpolitik in der Weimarer Republik, S. 484.
31 VB D 1931/32, S. 108. VB DU 1929, S. 188; 1930–1932 N, S. 182; 1931, S. 22. VB E 1932, S. 105. VB K 1930/31, S. 152; 1931/32, S. 150; 1933/34, S. 49. VB W 1929–1931, S. 117; 1932, S. 80; 1933, S. 81. Fey: Leistungen und Aufgaben im Deutschen Wohnungs- und Siedlungsbau, S. 22. Lütge: Wohnungswirtschaft, S. 454. Preller: Sozialpolitik in der Weimarer Republik, S. 487. Ruck: Die öffentliche Wohnungsbaufinanzierung in der Weimarer Republik, S. 180. Zunkel: Die wirtschaftliche, soziale und finanzielle Lage Kölns, S. 57 f.
32 VB DU 1930–1932 N, S. 185; 1932, S. 54; 1933, S. 166. VB E 1929, S. 75; 1931, S. 94, 115. VB K 1929/30, S. 142.
33 VB K 1929/30, S. 186.
34 VB MG 1929 und 1930, S. 33.
35 Z. B. in D: Hüttenberger: Düsseldorf, S. 393.

in Wuppertal, trotz der städtischen Mietbeihilfen stark an.[36] Unter den Zwangsgeräumten waren immer mehr verarmte Selbständige, kaufmännische Angestellte und sonstige Mittelstandsangehörige.[37] Mangels geeigneter Alternativen wurden die Exmittierten häufig wieder in ihre bisherigen Wohnungen zwangseingewiesen.[38] Die einzige Alternative zur Zwangsräumung war oft nur der rechtzeitige freiwillige Umzug.[39] So nahmen die Umzüge innerhalb der Städte zu. Dabei war das Ausmaß dieser Umzüge sehr unterschiedlich. Während Düsseldorf die relativ höchste Umzugsrate aufwies, war sie in Gladbach-Rheydt mit einer eher ländlichen bzw. kleinstädtischen Baudichte und zahlreichen Eigenheimen am niedrigsten.[40] Dazu war die Bereitschaft zum Wohnungswechsel in den Städten mit einem höheren Dienstleistungsanteil an der Beschäftigung tendenziell größer als in den Städten mit einer großen Industriearbeiterschaft, welche sich stärker an ihr Wohnumfeld gebunden fühlte. Außerdem verlangte der Schichtbetrieb in den Montanbetrieben eine fast permanente und schnelle Verfügbarkeit in günstig gelegenen Werkswohnungen.

Tabelle 8

Umzüge innerhalb der Stadtgebiete der Großstädte pro 1000 Einwohner

	1929	1930	1931	1932	1933	1934
D	134,0	157,9	202,9	269,3	251,7	193,6
DU	k. A.	126,1	172,7	213,7	198,8	153,7
E	k. A.	141,0	152,2	177,3	175,6	139,8
K	168,3	174,7	180,9	221,7	230,0	228,2
MG	k. A.	66,3	74,3	34,8	42,1	32,1
W	k. A.	93,8	166,1	212,2	213,1	178,1

k. A. = keine Angabe in der Quelle. StJbdtSt 26 (1931), S. 10, 90, 551, 558; 27 (1932), S. 384, 395f.; 28 (1933), S. 527, 536f. StJbdtG 29 (1934), S. 478, 489f.; 30 (1935), S. 375, 385f.; eigene Berechnungen.

36 VB E 1929, S. 75. VB W 1929–1931, S. 28.

37 VB K 1931/32, S. 117.

38 VB E 1930, S. 115; 1932, S. 106. VB MG 1929 und 1930, S. 32. VB W 1929–1931, S. 28.

39 Fey: Leistungen und Aufgaben im Deutschen Wohnungs- und Siedlungsbau, S. 22. VHzK 6 (1932), Teil B, H. 4, S. 23; 7 (1932), Teil B, H. 2, S. 94.

40 Vgl. Tabelle 8. Vgl. auch Bade: Arbeitsmarkt, Bevölkerung und Wanderung. Lenger/Langewiesche: Räumliche Mobilität.

2 Die öffentlichen Unterstützungsleistungen

2.1 Die Arbeitslosenversicherung[41]

Für die soziale Lage noch viel einschneidender als die Einkommenskürzungen am Arbeitsplatz war der Verlust der Beschäftigung. Dadurch gerieten viele bislang gut Verdienende in einen steilen Fall bis an den Rand des Existenzminimums.[42] Im günstigsten Fall stand für diese Erwerbslosen ein dreistufiges System der sozialen Sicherung bereit. Es unterstützte nach verschiedenen Maßstäben die Arbeitslosen und ihre Familien.

In der ersten Stufe hatten nach dem Versicherungsprinzip die arbeitslosen, aber arbeitsfähigen und -willigen Versicherten durch ihre früheren Beiträge Ansprüche auf Leistungen der Arbeitslosenversicherung.[43] Voraussetzung dafür war, daß sie sich regelmäßig beim Arbeitsamt als Stellensuchende meldeten. Dazu mußte der Arbeitslose zuvor innerhalb der letzten zwei Jahre wenigstens 52 Wochen in einem versicherungspflichtigen Beschäftigungsverhältnis als Arbeitnehmer gestanden haben. Der Anspruch auf Arbeitslosenunterstützung durfte aber noch nicht erschöpft sein. Die Unterstützung wurde im Regelfall für 26 Wochen geleistet, in Ausnahmefällen besonders schwieriger Arbeitsmarktlagen 39 Wochen.[44] Mit der RNotVO vom 6. Oktober 1931 wurde die Dauer dieser Unterstützung auf nur noch 20 Wochen verkürzt.[45] Für die späteren Unterstützungen war die Anwartschaftszeit jedoch bereits nach einer 26 Wochen dauernden Beschäftigung binnen eines Jahres erfüllt. Die Höhe der Unterstützung orientierte sich am Arbeitsentgelt der letzten sechs Monate vor der Arbeitslosigkeit und der Zahl der Familienangehörigen.[46] Infolge der Wirtschaftskrise in den sechs rheinischen Großstädten wurde die die Zahl der Arbeitslosen prägende saisonale Komponente von der konjunkturellen überlagert. Während noch im Sommer 1930 im Deutschen Reich die Zahl der Arbeitslosen saisonal zurückging, verharrte sie in den rheinischen Großstädten, mit Ausnahme von Gladbach-Rheydt, auf einem hohen Niveau. Bereits im folgenden Winter 1930/31 wurden in der Arbeitslosenversicherung die meisten Hauptunterstützungsempfänger der gesamten Wirtschaftskrise gezählt. Unter den sechs rheinischen Großstädten erreichte ihre Zahl in Essen den höchsten Stand.[47] Nun nahm der Anteil der Langzeitarbeitslosen, die wegen des Überschreitens der Unterstützungsdauer ausschieden, auf 60% aller Ausgesteuerten zu,[48] und die Zahl der Hauptunterstützungsempfänger fiel ab dem Frühjahr 1931 steil ab.[49] Damit verlor die

41 Die Darstellung beschränkt sich auf die Grundzüge der öffentlichen Unterstützung der Erwerbslosen. Einen Überblick über das gesamte institutionelle System der sozialen Sicherung in der Weimarer Republik bietet z. B. Berg: Arbeits- und Sozialverwaltung. Vgl. auch Bogs: Die Sozialversicherung in der Weimarer Demokratie. Preller: Sozialpolitik in der Weimarer Republik.

42 Sachße/Tennstedt: Der Wohlfahrtsstaat im Nationalsozialismus, S. 90.

43 Berg: Arbeits- und Sozialverwaltung, S. 230.

44 Dritter Abschnitt Gesetz über Arbeitsvermittlung und Arbeitslosenversicherung (AVAVG), Bekanntmachung der Fassung vom 12.10.1929; RGBl. I 1929, S. 162. Heindl: Die Haushalte, S. 119.

45 Zweiter Teil RNotVO vom 6.10.1931; RGBl. I 1931, S. 537.

46 Dritter Abschnitt Gesetz über Arbeitsvermittlung und Arbeitslosenversicherung (AVAVG), Bekanntmachung der Fassung vom 12.10.1929; RGBl. I 1929, S. 162.

47 Vgl. Graphik 7.

48 Vgl. Tabelle 40.

49 Vgl. Graphik 7.

Graphik 7

Arbeitslosenversicherung
Anteile der Hauptunterstützungsempfänger an der Wohnbevölkerung des Arbeitsamtsbezirks 1929–1933 %

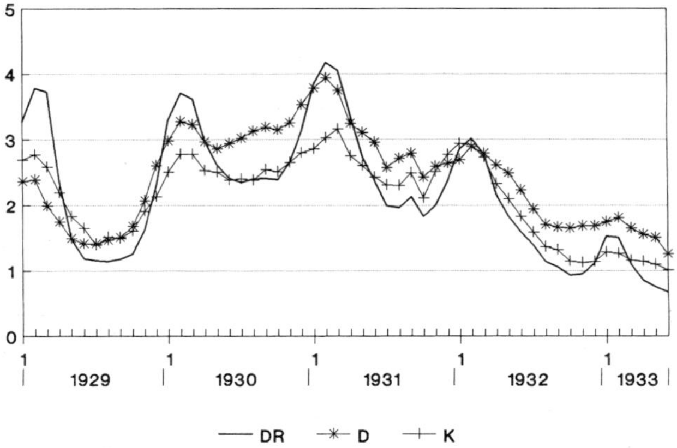

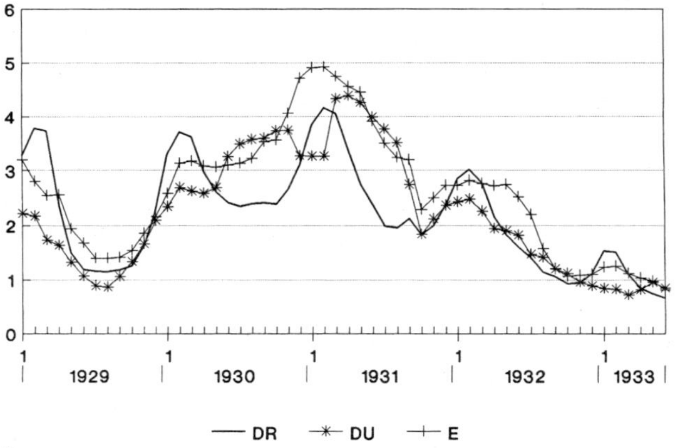

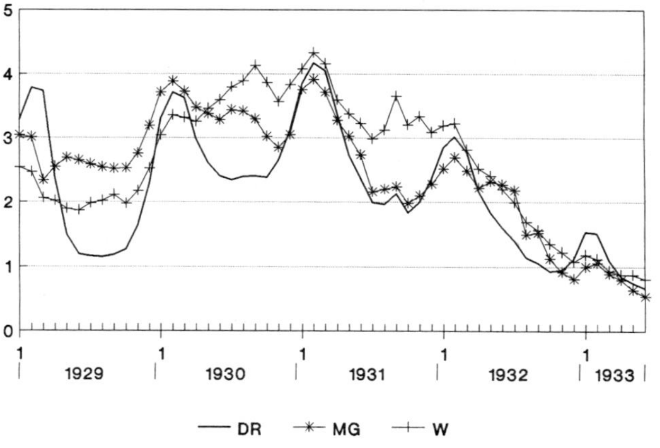

Ohne Notstandsarbeiter und arbeitsunfähige Kranke. Mitteilungen zur Statistik des rheinischen Arbeitsmarktes 4 (1929)-8 (1933).

Arbeitslosenversicherung immer mehr ihre Rolle im System der sozialen Sicherung der Erwerbslosen.

Zahl und Kreis der in der Arbeitslosenversicherung Unterstützten orientierten sich stark an den Wirtschaftsstrukturen der Städte. Gab es sowohl in der Gruppe der Dienstleistungszentren als auch in der Gruppe der Montanstädte ähnliche Verläufe der Arbeitslosenzahlen, wichen die Kurven zwischen den beiden Textilstädten Gladbach-Rheydt und Wuppertal voneinander ab. Hier beeinflußten die deutlich unterschiedlichen Betriebsgrößen, die Anteile des Dienstleistungssektors und des metallverarbeitenden Gewerbes sowie die Spezialisierung des Textil- und Bekleidungsgewerbes die Lage. Im Unterschied zu Wuppertal verlief die Entwicklung der Unterstützungszahlen in Gladbach-Rheydt eher entsprechend der fortschreitenden Textilkrise.[50]

2.2 Die Krisenfürsorge

Nach Ablauf der Arbeitslosenunterstützung konnten in der zweiten Stufe bedürftige, arbeitswillige und -fähige Arbeitslose eine Krisenunterstützung beziehen. Des weiteren erhielten Erwerbslose, die die Mindestanwartschaft auf Arbeitslosenunterstützung nicht erfüllten, aber ursprünglich wenigstens 13 Wochen innerhalb des letzten Jahres in einem Beschäftigungsverhältnis gestanden hatten, eine solche Unterstützung. Grundsätzlich von der Krisenfürsorge ausgeschlossen waren alle Saisonarbeiter und jugendlichen Arbeitskräfte unter 21 Jahren, die aus der öffentlichen Unterstützung hinausgedrängt und bis zur Neuordnung der Krisenfürsorge am 11. Oktober 1931 auf ihre familiären Unterhaltsansprüche verwiesen wurden.[51] Die allgemeine Bezugsdauer für eine Krisenunterstützung wurde auf 39 Wochen, die für Arbeitskräfte, die älter als 40 Jahre waren, auf 52 Wochen begrenzt.[52] Die Unterstützungsdauer wurde bis 1930 erhöht. Während der Krise reduzierte man jedoch die Bezugsdauer wieder.[53]

Zeitversetzt zur Arbeitslosenversicherung setzte ein Wandel der Struktur der Unterstützten der Krisenfürsorge ein. Einer vergleichsweise ruhigen Phase bis zum Herbst 1930 folgte, mit Ausnahme Duisburg-Hamborns, eine deutliche Nettozunahme der Krisenunterstützten im Winter 1930/31. Im Frühjahr 1931 beruhigte sich die Lage in der Krisenfürsorge kurzzeitig, um sich dann in der zweiten Hälfte 1931 dramatisch zuzuspitzen. In allen sechs rheinischen Großstädten nahm die Zahl der Krisenunterstützten deutlich schneller zu als im Deutschen Reich als ganzem, wobei hiervon die beiden Montanstädte besonders betroffen waren.[54]

50 Ebd.
51 Dudek: Erziehung durch Arbeit, S. 101–103.
52 Erl. d. RAM vom 29.6.1929; RABl. I, N. F., 9 (1929), S. 161.
53 AVAVG; RGBl. I 1929, S. 176. Heindl: Die Haushalte, S. 119.
54 Vgl. Graphik 8.

Graphik 8

Krisenunterstützung
Anteile der Hauptunterstützungsempfänger an der Wohnbevölkerung des Arbeitsamtsbezirks 1929–1933 %

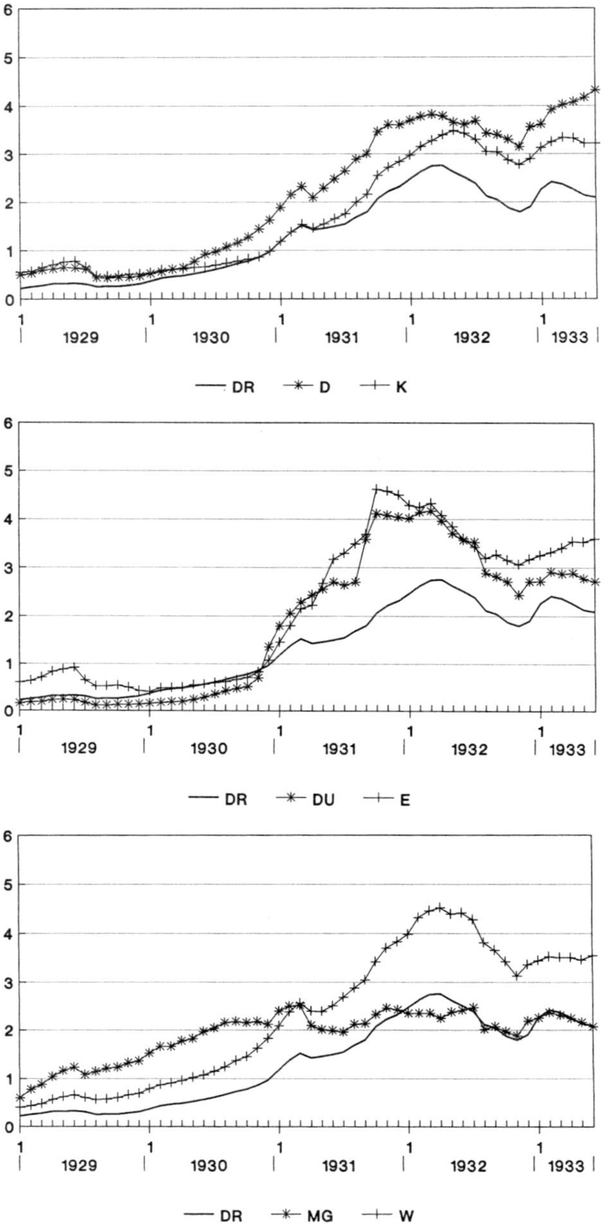

Ohne Notstandsarbeiter, Arbeiter im Freiwilligen Arbeitsdienst und arbeitsunfähige Kranke. Mitteilungen zur Statistik des rheinischen Arbeitsmarktes 4 (1929)-8 (1933); eigene Berechnungen.

Im nächsten Zeitabschnitt zwischen Herbst 1931 und Frühjahr 1932 fand in allen Städten die stärkste Fluktuation in der Krisenfürsorge statt, weil vielfach die Höchstdauer sowohl für die Arbeitslosenversicherung als auch für die Krisenfürsorge überschritten wurde und kurzfristig angebotene Tätigkeiten höchstens für neue Ansprüche auf Leistungen der Krisenfürsorge reichten. In den beiden Montanstädten Duisburg-Hamborn und Essen stiegen die Anteile der aus der Krisenfürsorge Ausgesteuerten durch die immer länger werdende Erwerbslosigkeit im Winter 1931/32 auf die negativen Rekordstände von 71 und 74% der abgehenden Unterstützten.[55] 1932 verließen dann mehr Erwerbslose die Krisenfürsorge als hinzukamen. Den beiden Montanstädten folgten die Textilstädte und schließlich die beiden Dienstleistungszentren am Rhein. Die Aussteuerungen betrafen vor allem Jüngere, über 60% der Ausgesteuerten waren unter 30 Jahre alt.[56] Erst der Beschluß der Reichsregierung vom November 1932, die Aussteuerung von Krisenunterstützten in die kommunale Wohlfahrt zu unterbinden, setzte diesem Trend ein Ende.[57] Die trotzdem noch mögliche Aussteuerung aus der Arbeitslosenversicherung in die Krisenfürsorge führte zu einer weiteren Zunahme der Krisenunterstützten am Jahresanfang 1933.

Die im Laufe der Krise vorgenommenen scharfen Einschnitte in die Leistungen der Arbeitslosenversicherung und Krisenfürsorge drückten diese dann großenteils unter das Existenzminimum. Selbst unter Einrechnung von Winterzuschlägen blieb die Höhe der Krisenunterstützung häufig unter den Richtsätzen der kommunalen offenen Wohlfahrtsfürsorge. Zugleich schrumpften die Chancen für die erfolgreiche Vermittlung einer neuen Arbeitsstelle auf ein Minimum. Dadurch war es für viele Wohlfahrtserwerbslose nicht mehr interessant, sich regelmäßig bei den Arbeitsämtern als Arbeitssuchende zu melden.[58]

2.3 Die offene Wohlfahrtsfürsorge

Hielt die Arbeitslosigkeit sogar über die Bezugsdauer der Krisenunterstützung hinaus an, so konnten die Erwerbslosen nur nach einer strengen Prüfung ihrer Bedürftigkeit von der kommunalen Wohlfahrtsfürsorge eine Unterstützung erhalten.[59] Für die Prüfung der Bedürftigkeit wurde dem lebensnotwendigen Bedarf das Nettoeinkommen der gesamten Familie gegenübergestellt.[60] Die Dauer dieser Unterstützung war nicht begrenzt, denn ihr Ziel war es, als „letzte Rettung", unabhängig von den Ursachen der Bedürftigkeit das Exi-

55 Vgl. Tabelle 40.
56 Mewes: Das Schicksal der ausgesteuerten Erwerbslosen, S. 632.
57 Erl. d. RAM vom 7.11.1932; RABl. I, N. F., 12 (1932), S. 231.
58 Dudek: Erziehung durch Arbeit, S. 103.
59 Rechtliche Grundlage: Reichsverordnung über die wirtschaftliche Fürsorge vom 13.2.1924; RGBl. I 1924, S. 100. Zahlreiche Änderungen während der Wirtschaftskrise: Kapitel VII und VIII Fünfter Teil RNotVO vom 5.6.1931; RGBl. I 1931, S. 279. Kapitel V Fünfter Teil RNotVO vom 8.12.1931; RGBl. I 1931, S. 699. Kapitel I Erster Teil RNotVO vom 14.6.1932; RGBl. I 1932, S. 273. RNotVO vom 19.10.1932; RGBl. I 1932, S. 500. Das Recht der öffentlichen Fürsorge.
60 Cuno: Die Richtsätze der öffentlichen Fürsorge, S. 21, 90.

stenzminimum, zu sichern.[61] Hierin unterschied sie sich grundsätzlich von der Unterstützung der Arbeitslosenversicherung nach den Beitragsleistungen der Vergangenheit.[62]

Mit den Richtsätzen für die monatliche Barunterstützung sollten möglichst die laufenden Bedürfnisse abgedeckt werden.[63] Dennoch waren noch zusätzliche Leistungen der Wohlfahrtsämter erforderlich, um die Unterstützung der individuellen Notlage anzupassen. Zu den wichtigsten Nebenleistungen der offenen Wohlfahrtsfürsorge der Städte gehörten die Mietbeihilfen, um Zwangsräumungen aus Wohnungen zu vermeiden.[64] Die Leistungsbedingungen für Mietbeihilfen differierten, im Unterschied zu den Hauptunterstützungssätzen der kommunalen Wohlfahrtsfürsorge, auch noch auf dem Höhepunkt der Wirtschafts- und Finanzkrise 1932 erheblich. Außerdem gewährten die Städte Sonderleistungen wie Heizbrennstoffe und Kleidung.[65] Die laufend geleisteten Barunterstützungen der allgemeinen offenen Wohlfahrtsfürsorge deckten in den Jahren 1930 bis 1932 mit 49–54% des Nettolohneinkommens stets nur einen Bruchteil des gewohnten früheren Lebensstandards ab.[66] Gerade diese Unterstützungssätze der öffentlichen Fürsorge wurden dauernd gekürzt. Aber noch wesentlich stärker fielen die Streichungen der Nebenleistungen aus. Zusätzlich wirkten sich die strengen Bedürftigkeitsprüfungen der Wohlfahrtsämter nachteilig für die Unterstützten aus.[67]

Auch die sogenannte gehobene Fürsorge war von Kürzungen betroffen. Standen am Beginn der Krise den Kriegsbeschädigten und -hinterbliebenen, Klein- und Sozialrentnern noch höhere Leistungen aus der gehobenen Fürsorge zu,[68] so wurden die Fürsorgesätze später wiederholt abgesenkt. Dies führte dazu, daß die Einkommen der Sozial- und Kleinrentner auf das Niveau der allgemeinen Fürsorge sanken. So verringerte sich 1932 die Kaufkraft der Unterstützungen spürbar stärker als der Index der Lebenshaltungskosten. Angesichts der niedrigen Richtsätze der Wohlfahrtsfürsorge mußte Gladbachs Oberbürgermeister 1932 einräumen: „Was gezahlt wird, ist zu wenig zum Leben und zuviel zum Sterben."[69]

Außer den Unterstützten gab es sogar noch eine große Zahl weiterer Bedürftiger, die nicht einmal in den Genuß öffentlicher Leistungen kamen, weil sie sich scheuten, Wohl-

61 Rohrmoser: Arbeitslosenhilfe und Gemeinde, S. 29. Neben der Erwerbslosenunterstützung gab es Kriegs- und Schwerbehindertenfürsorge, Klein- und Sozialrentner-, Minderjährigen- und Wochenfürsorge. Berg: Arbeits- und Sozialverwaltung, S. 231. Die öffentliche Fürsorge, S. 7.

62 Die Hilfsbedürftigkeitsprüfung, S. 21 f.

63 Richtlinien der Fürsorgeverbände von Rheinland und Westfalen für die Bemessung der Leistungen der öffentlichen Fürsorge vom Februar 1933; LAB 142/1 StB 525 a. Empfehlung des Vorstandes des RhSt, Sitzung 25.4.1931; LAB 142/1 StA 301/I. Cuno: Die Richtsätze der öffentlichen Fürsorge, S. 15–17, 65, 74, 84. Die Hilfsbedürftigkeitsprüfung, S. 22.

64 Z. B. in Düsseldorf um 50% zwischen März 1931 und 1932; VB D 1931/32, S. 32. VB E 1930, S. 84. VB K 1929/30, S. 142; 1930/31, S. 153. VB W 1929–1931, S. 99; 1933, S. 66.

65 Richtlinien der Fürsorgeverbände von Rheinland und Westfalen für die Bemessung der Leistungen der öffentlichen Fürsorge vom Februar 1933; LAB 142/1 StB 525 a. Cuno: Die Richtsätze der öffentlichen Fürsorge, S. 36. Die Hilfsbedürftigkeitsprüfung, S. 22.

66 Berechnung der Wohlfahrtsunterstützung bezogen auf ein Ehepaar mit zwei Kindern; vgl. Tabelle 45. Basis für die Berechnung ist das „wirkliche Lohneinkommen" von Kuczynski: Die Geschichte der Lage der Arbeiter in Deutschland, S. 332.

67 Vgl. Tabelle 67.

68 Zu Details vgl. Cuno: Die Richtsätze der öffentlichen Fürsorge, S. 44–52.

69 OB Handschumacher, Stv MG, Sitzung 21.9.1932; StAMG 1 b 3/57 Bd. 2, S. 28.

fahrtsunterstützung zu beantragen.[70] Der Wandel der Erwerbslosenhilfe vom übergangsweisen materiellen Schutz beim Verlust des Arbeitsplatzes im Einzelfall durch die Arbeitslosenversicherung zur kommunalen Massensozialfürsorge war unübersehbar. Außerdem mußten ohne Umwege über die Arbeitslosen- und Krisenunterstützung die kurzzeitig Beschäftigten und insolventen Selbständigen die kommunale Wohlfahrt in Anspruch nehmen.[71] Dies wird auch daran deutlich, daß in allen Städten zwischen 1929 und der zweiten Hälfte des Jahres 1932, nur kurz unterbrochen während der Erholung im ersten Halbjahr 1931, der Anteil der Wohlfahrtsunterstützten an den Arbeitssuchenden von bis zu 20% auf 40–60% zunahm. Unter den sechs rheinischen Großstädten war mit der höchsten Rate die Lage in Duisburg-Hamborn mit großem Abstand am prekärsten.[72]

Bis zum zweiten Halbjahr 1932 stieg in allen sechs rheinischen Großstädten der Anteil der von der kommunalen Wohlfahrtsfürsorge bar Unterstützten an der Wohnbevölkerung steil, aber äußerst unterschiedlich schnell an. Diese Differenzen werden in einem Vergleich zwischen Duisburg-Hamborn und Düsseldorf besonders sichtbar. Von einer ähnlichen Ausgangslage im ersten Quartal 1930 wie die anderen Städte startend, erreichte dieser Anteil in Duisburg-Hamborn mit 21% seinen höchsten Stand und lag damit mehr als doppelt so hoch wie in Düsseldorf. In den übrigen Städte waren es zwischen 10 und 15%.[73] Am 1. April 1933 bezog in Duisburg-Hamborn sogar über 42% der Einwohnerschaft öffentliche Unterstützungen,[74] hingegen in Köln zum 31. März 1933 „nur" rund 31%.[75] Dabei wurde die Zahl der Wohlfahrtserwerbslosen durch einschränkende gesetzliche Bestimmungen über die Definition dieses Personenkreises und seine Bedürftigkeitsmerkmale künstlich verkleinert.[76]

3 Ernährung, Gesundheit und Familien

Durch die langanhaltende Erwerbslosigkeit und die um sich greifende Armut in den Städten verschlechterte sich die Ernährungslage und körperliche Verfassung vieler Familien

70 Hüttenberger: Düsseldorf, S. 413.

71 Vgl. Mewes: Der Kölner Arbeitsmarkt, S. 36.

72 Mitteilungen zur Statistik des rheinischen Arbeitsmarktes 4 (1929)-8 (1933).

73 Anteil der laufend bar Unterstützten an der Wohnbevölkerung = (Laufend bar unterstützte Parteien x Durchschnittsgröße einer bar unterstützten Partei am 31.12.1932): Mittlere Jahresbevölkerung. Die Zahl der mitunterstützten Familienangehörigen war zwischen März 1929 und September 1932 von der Reichsfürsorgestatistik nicht erhoben worden; Die öffentliche Fürsorge im Deutschen Reich in den Rechnungsjahren 1927 bis 1931, S. 17. Städte und Statistik, Beilage zur Zeitschrift „Der Städtetag", 24 (1930)-27 (1933). Gemeinden und Statistik, Beilage zur Zeitschrift „Der Gemeindetag", 27 (1933)-28 (1934); eigene Berechnungen.

74 VB DU 1933, S. 136.

75 VB K 1932/33, S. 111.

76 Von den Arbeitsämtern durften nur noch arbeitsfähige und -willige, unfreiwillig Arbeitslose, die vorher Arbeitnehmer waren und das 60. Lebensjahr noch nicht vollendet hatten und unter der dauernden Aufsicht des Arbeitsamtes standen, unterstützt werden. Voraussetzung für die Anerkennung als Wohlfahrtserwerbsloser war zusätzlich, daß die von den Fürsorgeverbänden bewilligte Unterstützung wenigstens ein Drittel des Richtsatzes der allgemeinen Fürsorge erreichte; Die öffentliche Fürsorge, S. 13 f.

Graphik 9

Wohlfahrtserwerbslose
Anteile der unterstützten Parteien an der Wohnbevölkerung 1930–1933 %

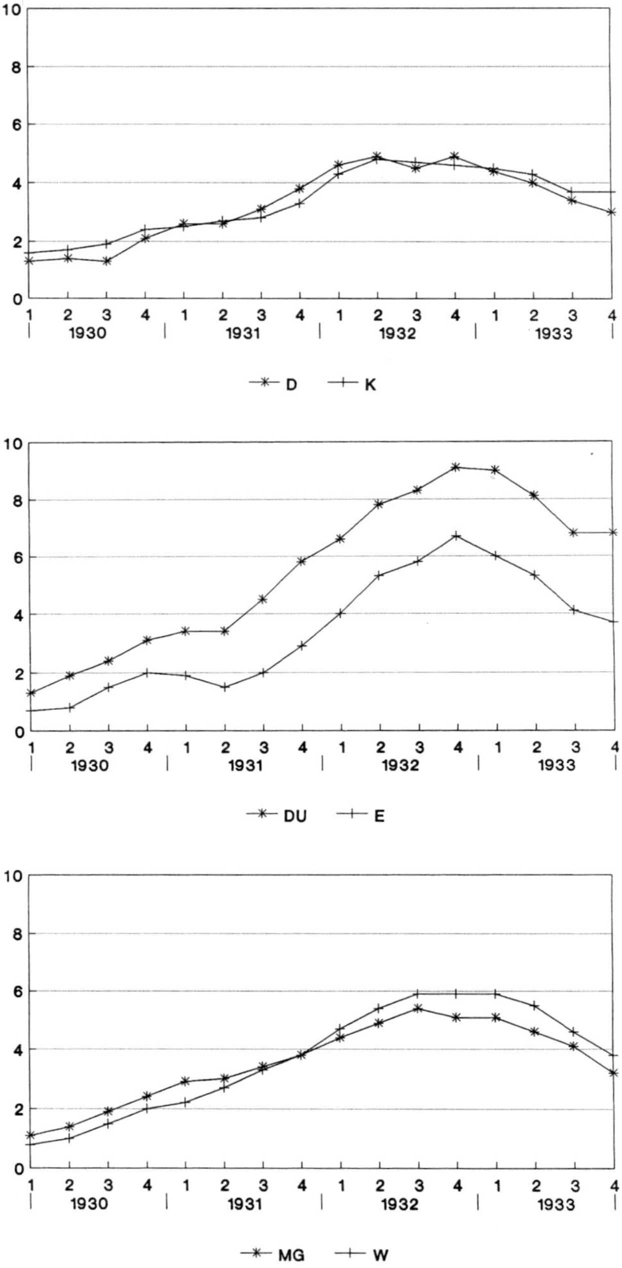

Städte und Statistik 24 (1930)-27 (1933). Gemeinden und Statistik 27 (1933)-28 (1934); eigene Berechnungen.

nachhaltig. Blutarmut und aufgeschwemmte Gesichter waren dafür untrügliche Zeichen.[77] Hunger trieb viele zu Forst-, Feld- und Wilddiebstählen.[78] Außerdem mangelte es an wärmerer Kleidung und Betten.[79] Es stellten sich auch Nachlässigkeiten in der Hygiene ein. Hieraus entstand eine größere Anfälligkeit für Krankheiten, die zum Teil sogar den Tod zur Folge hatten.[80] Diese Not gefährdete auch den Zusammenhalt der Familien, wovon Kinder und Jugendliche besonders betroffen waren. Sie mußten wegen der zahlreichen Scheidungen von der städtischen Fürsorge betreut werden und ihre Unterhaltsansprüche gerichtlich durchsetzen.[81] Aber auch die Bereitschaft, sich persönlich zu binden, ließ angesichts der vollkommen unsicheren wirtschaftlichen und politischen Lage stark nach. So sank die Zahl der Eheschließungen in allen Städten deutlich um bis zu fast 22 % (Duisburg-Hamborn).[82]

Tabelle 9

Eheschließungen pro 1000 Einwohner

	1929	1930	1931	1932	1933	1934
D	10,8	10,1	9,3	9,1	11,2	12,9
DU	11,1	10,0	9,2	8,7	11,3	11,1
E	10,1	10,0	9,1	8,8	11,0	12,0
K	10,6	9,9	8,8	9,1	10,5	12,4
MG	10,4	9,4	8,5	8,5	11,1	13,3
W	9,8	9,1	8,3	8,2	10,0	11,7

StJbdtSt 26 (1931), S. 5, 12 f., 547, 553; 27 (1932), S. 384, 390; 28 (1933), S. 527, 530 f. StJbdtG 29 (1934), S. 478, 480 f., 483; 30 (1935), S. 375, 378; eigene Berechnungen.

77 VB MG 1929 und 1930, S. 74; 1931, S. 64, 113; 1932–1933, S. 54–55. VB W 1929–1931, S. 89. Lüdtke: Hunger in der Großen Depression, S. 149.

78 VB W 1932, S. 15. Einen eindrucksvollen Überblick gibt Lüdtke: Hunger in der Großen Depression, S. 145–176.

79 VB MG 1931, S. 64; 1932–1933, S. 54.

80 VB MG 1932–1933, S. 56. VB W 1929–1931, S. 89. Vinschen: Kleine Geschichte der Stadt Duisburg, S. 302.

81 VB MG 1931, S. 67 f.; 1932–1933, S. 57.

82 Vgl. Tabelle 9.

4 Das Sparen und die Verschuldung der privaten Haushalte

4.1 Das Sparverhalten

Die Unsicherheit über die wirtschaftliche Zukunft und der sinkende Lebensstandard, vor allem des Mittelstandes und der Arbeiterschaft, wirkten sich einerseits auf das Sparverhalten, aber andererseits auch auf die Aufnahme von Pfandkrediten bei den städtischen Leihhäusern aus.

Das Sparen, das in Zeiten wirtschaftlicher Stabilität eine planmäßige Vermögensbildung war, verwandelte sich nun während der Weltwirtschaftskrise in ein Angstsparen für die Risiken der nahen Zukunft.[83] Andererseits wurde vielfach versucht, den einsetzenden Ausfall von verfügbarem Einkommen durch die Auflösung von Sparguthaben wenigstens teilweise auszugleichen.[84] Hinzu kam eine instabile innen- und außenpolitische Lage sowie eine aufkommende Inflationsangst, die bei den Sparern Sorgen um ihr Vermögen auslöste.[85] Bis zum Herbst 1930 sanken bei den Sparkonten die Salden von Ein- und Auszahlungen langsam, aber stetig. Ab dem Jahreswechsel 1930/31 regten nun die günstiger gewordenen wirtschaftlichen Aussichten zur Zuversicht und zu einer erhöhten Geldanlage an.[86] Jedoch kam es auch im ersten Halbjahr 1931 in Essen, Köln und Wuppertal aus Inflationsfurcht mehrfach zu vorübergehenden größeren Abhebungen.[87] Alle Hoffnungen auf eine bessere wirtschaftliche Zukunft wurden jäh durch die Bankenkrise im Sommer 1931 zerstört. Panikartig wurden die Sparkonten geräumt, um das Geld zu sichern.[88] Die Sparkassen waren gezwungen, die Rückzahlungen von Spareinlagen in Kleinbeträgen bis zu 20 RM zu stückeln, um ihre Kassen zahlungsfähig zu erhalten.[89] Die Liquiditätsprobleme der von den rheinischen Sparkassen getragenen Landesbank der Rheinprovinz vermehrten die Sorgen der Sparer zusätzlich.[90] Trotz alledem meinten die Stadtsparkassen am Ende des Jahrs 1931, immer noch das volle Vertrauen ihrer Kundschaft zu besitzen.[91] Aber der Eingriff der Reichsregierung in die freie Zinsbildung des Kapitalmarktes mittels einer verordneten Senkung der Schuldzinsen durch die RNotVO vom 8. Dezember 1931 bestärkte die latente Furcht vor weiteren staatlichen Reglementierungen des Geld- und Kapitalverkehrs und förderte das Horten von Barbeständen.[92] Nach der Überwindung der

83 SSK E: Geschäftsbericht 1930, S. 5. SSK K: Geschäftsbericht 1930, S. 3. SSK W: Geschäftsbericht 1932, S. 4. Vgl. Wulf: Die Mittelschichten.

84 SSK E: Geschäftsbericht 1930, S. 5. SSK K: Geschäftsbericht 1930, S. 3. VB K 1930/31, S. 68.

85 Haas: Stadt-Sparkasse Düsseldorf, S. 202. SSK MG: Geschäftsbericht 1929. SSK K: Geschäftsbericht: 1929, S. 3 f.; 1930, S. 3. SSK W: Geschäftsbericht: 1929; 1930, S. 3.

86 Vgl. Graphik 10.

87 Vgl. ebd. Haas: Stadt-Sparkasse Düsseldorf, S. 202. SSK DU: Geschäftsbericht 1931. SSK E: Geschäftsbericht 1931, S. 3. SSK K: Geschäftsbericht 1931, S. 3 f. SSK W: Geschäftsbericht 1931, S. 3.

88 Vgl. Graphik 10. Haas: Stadt-Sparkasse Düsseldorf, S. 203. SSK DU: Geschäftsbericht 1931. SSK E: Geschäftsbericht 1931, S. 3. SSK K: Geschäftsbericht 1931, S. 3. SSK MG: Geschäftsbericht 1931. SSK W: Geschäftsbericht 1931, S. 3.

89 Haas: Stadt-Sparkasse Düsseldorf, S. 203. SSK K: Geschäftsbericht 1931, S. 4. SSK W: Geschäftsbericht 1931, S. 3.

90 Vgl. Bericht und Bilanzen der Landesbank der Rheinprovinz 1931–1933. Haas: Stadt-Sparkasse Düsseldorf, S. 203.

91 SSK E: Geschäftsbericht 1931, S. 3. SSK W: Geschäftsbericht 1931, S. 4.

92 SSK K: Geschäftsbericht 1932, S. 3.

Graphik 10

Entwicklung der Spareinlagen 1929–1933
Saldo gegenüber dem Vormonat %

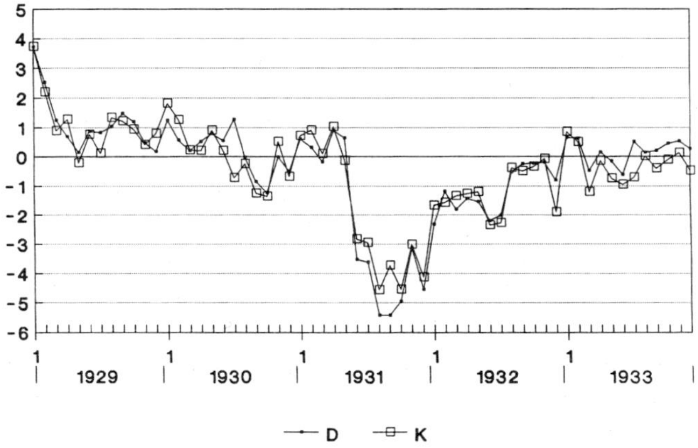

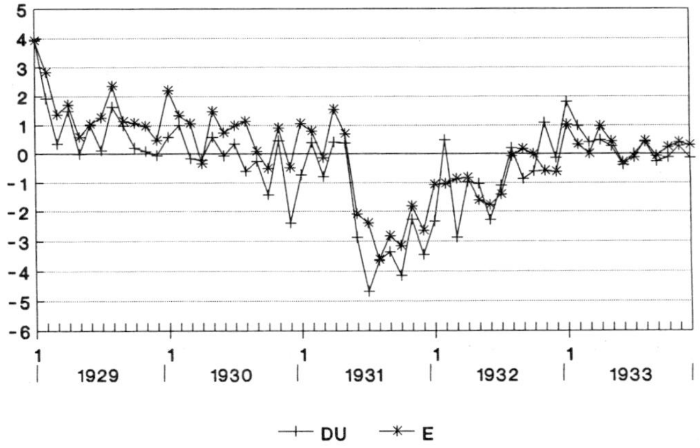

Für alle Städte außer K: bis Juli 1929 Gebietsstand vor dem 1.8.1929, ab August 1929 Gebietsstand 1.8.1929. Für alle Städte: Salden ohne Zinszahlungen am Jahresende, Abwicklung der Aufwertungsguthaben und bilanztechnischer Buchungen. Jahresbericht des Statistischen Amts Düsseldorf 1929, S. 145; 26 (1930), S. 65; 27 (1931), S. 60f.; 28 (1932), S. 62f.; 29 (1933), S. 58; 30 (1934), S. 58. SSK DU: Geschäftsbericht 1930; 1931; 1932; 1933. SSK E: Geschäftsbericht 1933, S. 13f. SSK K: Geschäftsbericht 1929, S. 14, 20; 1930, S. 14; 1931, S. 14; 1932, S. 14; 1933, S. 12; eigene Berechnungen.

Bankenkrise kehrte das Vertrauen in die Banken und Sparkassen allmählich zurück, und im Verlauf des Jahrs 1932 verlangsamten sich die Abhebungen der Kundschaft, teils, weil es nichts mehr abzuheben gab, teils wegen des wieder zunehmenden Vertrauens in Politik und Wirtschaft. Schließlich wuchsen die Spareinlagen 1933 wieder, doch die Überschüsse der Ein- über die Auszahlungen von 1929 konnten 1933 nur mühsam erreicht werden,[93] weil sich der einsetzende Aufschwung kaum positiv auf die Einkommenslage auswirkte.

4.2 Die Hypotheken und Pfandkredite

Der Kreis der Bevölkerung, der gezwungen war, sein Vermögen aufzulösen oder zu verpfänden, wurde während der Wirtschaftskrise stetig größer.[94] Immer mehr Kunden der Sparkassen belasteten ihren Grundbesitz, um ihre akute Geldnot zu lindern, statt die aufgenommenen Kredite für den Erhalt oder die Wertsteigerung der Immobilie einzusetzen.[95] Verarmte Kreise des Mittelstands, die ansonsten nicht zur Stammkundschaft der Leihhäuser gehörten, wurden zur Aufnahme von Pfandkrediten bei den städtischen Leihhäusern gezwungen.[96] Sie gaben jetzt großenteils Schmuckpfänder für einen Kredit mit Zinssätzen zwischen 18 und 36 % pro Jahr her.[97] So nahm bis 1931 die Zahl der Pfänder in den städtischen Leihhäusern, besonders in den Dienstleistungsstädten, stark zu.[98] Doch bereitete der durch die deflatorische Preisentwicklung eintretende Wertverlust hoch beleihbarer Güter zusätzliche Schwierigkeiten, einen ausreichend großen Pfandkredit zu erhalten.[99] Es konnten häufig nur noch Kleinstbeträge für die immer geringwertigeren Pfänder ausgezahlt werden.[100] Aus diesem Grund sanken die Darlehensbeträge pro Pfand in den Jahren 1930 bis 1932 stetig. Bald stieg die Zahl der Pfänder an, die mangels verfügbaren Gelds nicht ausgelöst werden konnten.[101] So sahen sich nach dem Ablauf des Kredits viele Mittelstandsfamilien gezwungen, ihre als Pfänder hergegebenen Familienerbstücke versteigern zu lassen.[102] 1932 waren viele Erwerbslose nicht einmal mehr in der Lage, ihre versetzte Bekleidung wieder auszulösen.[103]

93 Vgl. Graphik 10. SSK DU: Geschäftsbericht 1932. SSK E: Geschäftsbericht 1932, S. 5; 1933, S. 7. SSK K: Geschäftsbericht 1932, S. 3 f; 1933, S. 4 f. SSK MG: Geschäftsbericht 1932. SSK W: Geschäftsbericht 1932, S. 3; 1933, S. 3.

94 SSK DU: Geschäftsbericht 1932. SSK K: Geschäftsbericht 1932, S. 4.

95 SSK DU: Geschäftsbericht: 1931; 1932; 1933. SSK K: Geschäftsbericht: 1930; 1932, S. 6. SSK MG: Geschäftsbericht 1932. SSK W: Geschäftsbericht: 1930, S. 14; 1933, S. 11.

96 Außer MG besaßen die fünf übrigen Städte kommunale Leihhäuser. Vgl. für die folgenden Ausführungen die Tabelle 10.

97 VB DU 1933, S. 101. VB E 1929, S. 39 f.; 1930, S. 61; 1931, S. 53. VB K 1929/30, S. 82 f.; 1930/31, S. 68; 1932/33, S. 72. VB W 1929–1931, S. 58; 1932, S. 37.

98 Jahresbericht des Statistischen Amts Düsseldorf 25 (1929), S. 146; 26 (1930), S. 66; 27 (1931), S. 61; 28 (1932), S. 63; 29 (1933), S. 59. Monatsbericht des Statistischen und Wahlamtes der Stadt Köln 16 (1929), S. 418; 17 (1930), S. 366; 18 (1931), S. 162; 19 (1932), S. 152; 20 (1933), S. 146. VB DU 1929, S. 100; 1930–1932 N, S. 119; 1933, S. 101. VB E 1930, S. 61; 1931, S. 52; 1932, S. 60. VB W: 1929–1931, S. 59; 1932, S. 37; 1933, S. 36. Wuppertaler Statistik, Nr. 2, S. 26; eigene Berechnungen.

99 VB DU 1930–1932 N, S. 119 f.

100 Ebd. VB E 1931, S. 52. VB K 1932/33, S. 72. VB W 1929–1931, S. 58 f.

101 VB E 1931, S. 52. VB K 1929/30, S. 84; 1930/31, S. 69; 1932/33, S. 73. VB W 1929–1931, S. 58; 1932, S. 37, 1933, S. 36.

102 VB DU 1930–1932 N, S. 120; 1932, S. 38.

103 VB W 1932, S. 37.

Tabelle 10

Darlehen der städtischen Leihhäuser

	1929	1930	1931	1932	1933
D	14,92	17,46	14,61	13,39	12,74
DU	12,71	10,96	9,54	8,66	7,31
E	17,28	15,82	14,08	11,74	11,12
K	18,51	17,77	15,52	14,74	15,32
W	11,63	12,15	10,60	10,25	8,62

MG: Keine Angaben über städtisches Leihhaus vorhanden. W 1929: Stand 1.8.1929. Anlagen zur Chronik der Stadt Essen für das Jahr 1933, StdA E Fd 4, Bl. 64. Jahresbericht des Statistischen Amts Düsseldorf 25 (1929), S.146; 26 (1930), S.66; 27 (1931), S.61; 28 (1932), S.63; 29 (1933), S.59. Monatsbericht des Statistischen und Wahlamtes der Stadt Köln 16 (1929), S.418; 17 (1930), S.366; 18 (1931), S.162; 19 (1932), S.152; 20 (1933), S.146. VB DU 1929, S.100; 1930–1932 N, S.119; 1933, S.101. VB E 1930, S.61; 1931, S.52; 1932, S.60. VB W 1929–1931, S.59; 1932, S.37; 1933, S.36. Wuppertaler Statistik Nr.2, S.26; eigene Berechnungen.

5 Die kommunale Sozialpolitik

5.1 Die offene Wohlfahrtsfürsorge

5.1.1 Unterstützungssätze

Noch in den Jahren 1929 und 1930 versuchten die Städte, ihre verhältnismäßig großzügige Sozialpolitik aufrechtzuerhalten. Dies war so lange möglich, wie sich die Wirtschaftskrise noch nicht in den städtischen Haushalten niederschlug.[104] Jedoch ließ sich diese Politik mit dem Einbruch der kommunalen Einnahmen nicht mehr lange fortsetzen. Nun standen sie auch unter dem Druck der preußischen Kommunalaufsicht und des Reichs, ihre Aufwendungen für die Wohlfahrtsfürsorge einzuschränken. Damit sollte die Gefahr erforderlicher staatlicher Zuweisungen vermindert werden. Das Hauptaugenmerk der Politik galt dabei

104 Vgl. Tabelle 60.

der Senkung der laufenden Barunterstützung.[105] Als sich aber trotz aller Sparmaßnahmen die finanzielle Lage der Städte so verschärfte, daß sie quasi handlungsunfähig wurden, wollten ihre Oberbürgermeister die laufenden Barunterstützungen zeitweilig sogar stärker kürzen, als es der preußischen Regierung politisch opportun erschien.[106]

Zugleich mußten sich die Hauptverwaltungsbeamten den innerstädtischen Auseinandersetzungen um ihre Sozialpolitik stellen. In den Stadtverordnetenversammlungen versuchten die Parteien des linken Spektrums, zusätzliche Leistungen für die Unterstützungsempfänger durchzusetzen. Auf der politischen Gegenseite wurden Anträge für Globalkürzungen in den Wohlfahrtsetats gestellt, die die Stadtverwaltungen ablehnen mußten, wenn sie nicht in die Gefahr geraten wollten, gegen gesetzliche Verpflichtungen zu verstoßen.[107]

Um ihren sozialpolitischen Kurs durchzuhalten, konnten sie sich auf den Druck der Staatsaufsicht berufen, der verordneten Haushaltskonsolidierung Vorrang einzuräumen.[108] Die Oberbürgermeister versuchten, diesem innerstädtischen und externen Druck auf ihre Wohlfahrtspolitik durch einheitliches Vorgehen standzuhalten.[109] Das Ergebnis waren nach mehreren Senkungen ab 1931 vollkommen einheitliche Richtsätze der Städte auf niedrigstem Niveau.[110] Weitere Möglichkeiten, in der Wohlfahrtsfürsorge das Einsparpotential zu realisieren, boten die Geschäfte der laufenden Verwaltung wie die schärfere Prüfung der Bedürftigkeit des Antragstellers mittels einer restriktiveren Auslegung der Gesetze und Verordnungen, die genauere Ermittlung und Anrechnung des vorhandenen Resteinkommens, das Kürzen einmaliger Beihilfen und die Ersetzung der Geld- durch Sachleistungen.[111] Dabei bemühte man sich, daß der Unterstützungsbetrag der allgemeinen Fürsorge einschließlich ihrer Nebenleistungen 80% des Nettolohns eines ungelernten Arbeiters der örtlich am stärksten vertretenen Arbeitnehmergruppen nicht überstieg.[112] Ein Überschrei-

105 Niederschriften über die Kommunaldezernenten-Besprechung beim OP der Rheinprovinz vom 21.5.1930 und vom 16.10.1930; HStAD Reg. D 51285.

106 Formeller Beschluß; Niederschrift über die Sitzung des Vorstands des RhSt am 17.3.1932; LAB 142/1 StA 301 I.

107 So z. B. BM Reuter in der Sitzung der Stv D vom 16.3.1929 gegen einen 1,5-Mio.-RM-Kürzungsantrag der Wirtschaftspartei und einen 1-Mio.-Kürzungsantrag der DVP; StenoVB D 1929, S. 117.

108 BM Reuter, Stv D, Sitzung 29.4.1930; StenoVB D 1930, S. 196. OB Adenauer, Stv K, Sitzung 14.4.1930; StenoVB K 1930, S. 107. Es kündigten ein Eingreifen der Staatsaufsicht bei zu starken Abweichungen nach oben an: Beigeordneter Kliewer, Stv MG, Sitzung 23.10.1929; StAMG 1 b 3/54, S. 13. Beigeordneter Landwehr, Stv W, Sitzung 9.4.1931; StenoVB W 1931, S. 223. OB Jarres, Stv DU, Sitzung 16.12.1930; StADU 1/18, Bl. 108 f.

109 Niederschrift über die Sitzung des Vorstands des RhSt am 28.9.1931; LAB 142/1 StA 301 I. Bericht Mulerts vor dem Vorstand des PrSt vom 2.10.1931; LAB 142/1 StA 744. Rundschreiben Mulerts vom 9.8.1932; LAB 142/1 StB 4721. Niederschrift über die Sitzung der Konferenz der Verwaltungsleiter im RWI am 10.10.1932; StADU 102, 1219.

110 Vgl. Tabelle 41.

111 Entsprechend dem Grundsatz der kommunalen Spitzenverbände: „Nicht die tabellenmäßige Höhe der Richtsätze, sondern die Art ihrer Anwendung ist das Entscheidende in der Fürsorge"; Die Hilfsbedürftigkeitsprüfung, S. 22. Mewes: Der Kölner Arbeitsmarkt, S. 37. Sachße/Tennstedt: Der Wohlfahrtsstaat im Nationalsozialismus, S. 90. Beispielhaft: VB K 1932/33, S. 47. Verwaltungskonferenz MG, Sitzung 14.10.1930; StAMG 1 b 4/25.

112 StK DU Besserer an RP D am 23.5.1931; HStAD Reg. D 55340. Beschluß des Vorstands des RhSt, Sitzung 25.4.1931; LAB 142/1 StA 301/I. Richtlinien der Fürsorgeverbände von Rheinland und Westfalen für die Bemessung der Leistungen der öffentlichen Fürsorge vom Februar 1933; LAB 142/1 StB 525 a.

ten dieser Obergrenze durch die Zuschläge für kinderreiche Familien wurde grundsätzlich als kritisch angesehen, weil damit die Motivation für die Aufnahme geregelter Arbeit genommen werde.[113] Als dann das Reich 1932 die Leistungen der Arbeitslosenversicherung und der Krisenfürsorge herabsetzte, lagen die Wohlfahrtsunterstützungen doch über den übrigen beiden Leistungsarten. Die betroffenen Städte zahlten jetzt Zusatzunterstützungen vorzugsweise an die Bezieher von Arbeitslosen- und Krisenunterstützungen mit mehreren Kindern.[114] Entsprechendes galt auch für die Entlohnung von Unterstützungsempfängern in den Arbeitsbeschaffungsmaßnahmen der Arbeitsfürsorge.[115] Der bisherige Durchschnitt der Richtsätze für die kommunale Wohlfahrtsunterstützung wurde immer mehr zum Höchstbetrag.[116] Über diese Entwicklung resignierten auch Oberbürgermeister, die sich durch Sachzwänge jedes eigenen Gestaltungsspielraums in der Sozialpolitik beraubt sahen.[117]

5.1.2 Naturalleistungen[118]

Die von der offenen Wohlfahrtsfürsorge Unterstützten erhielten bei besonderer Bedürftigkeit zusätzlich zu den Barleistungen Naturalien. Ihre Hilfen verstärkten die Städte und privaten Spender regelmäßig vor den Wintermonaten. Das Rheinisch-Westfälische Kohlensyndikat, das Rheinische Braunkohlensyndikat und die Kohlenhändler stellten verbilligtes Heizmaterial zur Verfügung.[119] In Duisburg-Hamborn und Wuppertal handelte es sich um die zum Teil kostenlose, zum Teil stark subventionierte Verteilung von Kohlen und Nahrungsmitteln.[120] Im Gegensatz dazu hielt man sich in Essen mit Verbilligungen zurück. Essen zahlte statt der Sachlieferungen von November 1932 bis März 1933 einen monatlichen Heizkostenzuschlag von 3 RM.[121] Köln und Duisburg-Hamborn boten kinderreichen Familien Bekleidung, Möbel und Hausrat an, die großenteils aus den städtischen Wohlfahrtslagern stammten.[122] Solche Projekte waren aber umstritten. Eine ähnliche Einrichtung mußte in Essen geschlossen werden, weil der Handel darin eine unerwünschte Konkurrenz sah.[123]

113 Niederschrift über die Sitzung des Vorstands des RhSt am 25.4.1931; LAB 142/1 StA 301 I. Cuno: Die Richtsätze der öffentlichen Fürsorge, S. 53.
114 Die Gemeindefinanzen in der Wirtschaftskrise, S. 12.
115 Niederschrift über die Kommunaldezernentenbesprechung beim OP der Rheinprovinz am 16.10.1930; HStAD Reg. D 51285.
116 Z. B. DU: StK DU an RP D, Schreiben vom 23.5.1931; HStAD Reg. D 55340. Empfehlung des Vorstands des RhSt, Niederschrift Sitzung 25.4.1931; LAB 142/1 StA 301 I. Wiederholt: BM Reuter, D; Niederschrift über die Sitzung der Konferenz der Verwaltungsleiter im RWI am 10.10.1932; StADU 102, 1219. Sachße/Tennstedt: Der Wohlfahrtsstaat im Nationalsozialismus, S. 90. Vgl. Tabelle 45.
117 Z. B. OB Handschumacher, Stv MG, Sitzung 15.6.1931; StAMG 1 b 3/57 Bd. 2, S. 23.
118 Die Darstellung beschränkt sich auf die Leistungen für die Unterstützungsbezieher im Rahmen der offenen Wohlfahrtsfürsorge, zu deren Kreis auch die Wohlfahrtserwerbslosen zählten. Kriegs-, Jugend-, Gesundheitsfürsorge und geschlossene Wohlfahrtspflege werden nicht behandelt.
119 VB DU 1932, S. 58 f. VB E 1931, S. 74; 1932, S. 87. VB K 1932/33, S. 114, 123; 1933/34, S. 52. VB W 1929–1931, S. 87; 1932, S. 49, 57.
120 VB DU 1929, S. 200; 1930–1932 N, S. 158; 1932, S. 59. VB W 1929–1931, S. 87.
121 VB E 1932, S. 79, 87.
122 VB DU 1929, S. 200, 203 f.; 1930–1932 N, S. 161; 1932, S. 61. VB K 1933/34, S. 52, 54.
123 Vgl. VB E 1930, S. 101.

Die Reichsregierung unterstützte solche Sachlieferungen der Städte an Hilfsbedürftige. Bedarfsgutscheine für Kleider, Schuhe und Wäsche wurden mit hohem Verwaltungsaufwand über die Wohlfahrtsämter verteilt, Frischfleisch und Kohlen subventioniert.[124] Ab 1933 gewährte die Reichsregierung jeden bzw. jeden zweiten Monat Gutscheine für preisermäßigte Haushaltsmargarine, Butter, Speiseöl, Wurst und Käse. Der Anteil der Gutscheinbezieher an der Wohnbevölkerung erreichte beispielsweise in Düsseldorf fast ein Drittel.[125]

Weil jedoch die Familien, die Wohlfahrtsunterstützungen bezogen, vielfach nicht in der Lage waren, den besonderen Aufwand für die Ernährung schwangerer Frauen aufzubringen, sprangen die städtischen Wohlfahrtsämter mit ihren mehrfach je Woche ausgeteilten Milch- und Kakaorationen ein. Auch Kleinkinder, Kranke und ältere Menschen konnten diese Rationen beziehen. Außerdem gab es Speisungen für Schulkinder mit Milch, Kakao und einem Gebäckstück.[126] An solchen Speisungen nahmen in Essen im Durchschnitt 1931 rund 10000 Schüler, in Köln 1932/33 7600 Schüler teil.[127] Zusätzlich organisierten die Städte mehr oder weniger umfangreiche Volksspeisungen mit warmen Mahlzeiten für alle Bedürftigen zu unterschiedlich stark herabgesetzten Preisen. In Duisburg-Hamborn gab es 1929 14 Stellen, im März 1933 48 Stellen, die das Mittagessen für 0,40, später sogar nur für 0,20 RM pro Portion abgaben. Die Stadt zahlte dafür an die Lieferanten zwischen 0,35 und 0,45 RM.[128] Köln bereitete in 57 Küchen 1932 und 1933 eine dicke Suppe für die Bedürftigen zu, die die Stadt je Portion nur 0,13 RM kostete.[129] Sie mußte deshalb, im Unterschied zu Duisburg-Hamborn, das Essen kaum subventionieren.[130] Allerdings ließ sich der anfängliche Umfang der Speisungen finanziell nicht aufrechterhalten. So mußte Duisburg-Hamborn ab 1930 das warme Mittagessen auf Alleinstehende ohne einen eigenen Haushalt beschränken.[131]

5.1.3 „Notgemeinschaften“

Die städtischen Verwaltungen waren nicht mehr in der Lage, allein das Existenzminimum der immer größer werdenden Zahl der Bedürftigen zu sichern. Wegen des Geldmangels schränkten die Städte nicht nur die laufenden Bar-, sondern auch ihre Zusatzleistungen ein.[132] Mit Appellen an das soziale Mitgefühl und für solidarisches Handeln wurde vor allem 1931 versucht, breit angelegte sogenannte „Notgemeinschaften“ der örtlichen Wohlfahrts-, Frauen- und Wirtschaftsorganisationen zu gründen.[133] Unter der Leitung der

124 VB DU 1932, S. 59; 1930–1932 N, S. 158. VB E 1932, S. 80. VB K 1932/33, S. 114. VB W 1929–1931, S. 87; 1932, S. 57.
125 VB D 1933–1936, S. 258 f.
126 Z. B. VB DU 1929, S. 200, 202 f., 224; 1932, S. 61; 1930–1932 N, S. 160, 179. VB E 1930, S. 89; 1931, S. 70. VB W 1929–1931, S. 92; 1932, S. 70, 72; 1933, S. 61.
127 VB E 1931, S. 70.
128 VB DU 1929, S. 208; 1930–1932 N, S. 165; 1932, S. 65.
129 VB K 1932/33, S. 114.
130 Ebd., S. 121.
131 VB DU 1930–1932 N, S. 165; 1933, S. 141.
132 VB K 1932/33, S. 114. VB W 1929–1931, S. 86; 1932, S. 49.
133 Vgl. VB K 1932/33, S. 121 f.

Oberbürgermeister und Sozialdezernenten ergänzten oder ersetzten sie kommunale Leistungen.[134] Spenden bildeten das finanzielle Rückgrat der Notgemeinschaften. Sie wurden vorwiegend akquiriert durch Verbilligungs- und Gratisgutscheine der gewerblichen Wirtschaft, Büchsen- und Straßensammlungen sowie die Vermittlung von Mittagstischen.[135]

Für die Notgemeinschaften wurden in der Regel bei den städtischen Wohlfahrtsdezernaten Geschäftsstellen eingerichtet.[136] Ein Haupt- oder Geschäftsführungsausschuß aus den Vertretern der beteiligten Organisationen bündelte unter städtischem Vorsitz für die gesamte Stadt die Arbeit der privaten Träger und Spender. Die Durchführung lag bei einem Arbeitsausschuß.[137] Die innere Organisation der Notgemeinschaften gliederte sich in eine fachliche mit Unterausschüssen und eine räumliche mit Ortsausschüssen in den Fürsorgebezirken oder Stadtteilen. Sie sollte gerechte, der individuellen Bedürftigkeit angepaßte Hilfeleistungen garantieren.[138] Die Verteilung der Naturalien führten die freien Wohlfahrtsverbände durch.[139] Angeboten wurden verbilligtes Essen, Bekleidung, Wäsche und Hausrat.[140] Außerdem nutzten in Köln täglich 10 000 Besucher die geheizten Tagesräume der Wohlfahrtsverbände.[141] Gelegentlich gab es dort auch Beschäftigungskurse und Arbeitsmöglichkeiten für Erwerbslose.[142] Die Jugendverbände boten der erwerbslosen Jugend spezielle Veranstaltungen an. In Essen betreuten sie 1931 in berufsqualifizierenden Kursen, Sport- und Unterhaltungsveranstaltungen 11 000 Jugendliche.[143] Die Notgemeinschaften entwickelten sich zu finanziell durchaus relevanten Entlastungsfaktoren für die kommunale Wohlfahrtsfürsorge, die die Städte mit Zuschüssen anerkannten.[144] In dieser Form konnten die Zusatzhilfen der privaten und der öffentlichen Fürsorge an Bedürftige aber nur bis zum Frühjahr 1933 organisiert werden. Danach ordneten die Nationalsozialisten im Zuge ihrer Machtübernahme 1933 die bislang gleichberechtigte Zusammenarbeit der Wohlfahrtsverbände der Nationalsozialistischen Volkswohlfahrt unter.[145]

5.2 Die Beschäftigungsmaßnahmen[146]

In den Städten wurden zahlreiche Arbeitsbeschaffungsprojekte durchgeführt, deren öffentlich erklärtes Ziel zwar die Verringerung der Erwerbslosigkeit war, die aber vielfach

134 Vgl. VB E 1931, S. 31, 73. VB W 1929–1931, S. 86; 1932, S. 57. Zur Organisation der Winterhilfe durch die Spitzenverbände der freien Wohlfahrtspflege im allgemeinen: Tennstedt: Wohltat und Interesse, S. 170–177.
135 VB E 1930, S. 92; 1931, S. 73, 82. VB W 1932, S. 49, 55, 57.
136 VB E 1931, S. 73.
137 VB K 1931/32, S. 120 f.
138 VB DU 1931, S. 31. VB E 1931, S. 73.
139 VB DU 1931, S. 31; 1932, S. 67.
140 VB E 1931, S. 74; 1932, S. 94. VB K 1931/32, S. 121. VB W 1929–1931, S. 86 f.
141 VB K 1932/33, S. 122.
142 Ebd. 1931/32, S. 121.
143 VB E 1931, S. 69.
144 VB DU 1932, S. 59.
145 VB DU 1932, S. 67; 1933, S. 149. VB E 1932, S. 87. Tennstedt: Wohltat und Interesse, S. 177–180.
146 Die Ausführungen beschränken sich auf die Arbeitsbeschaffungsmaßnahmen für arbeitsfähige Erwerbslose.

wohl vorrangig der Entlastung der kommunalen Haushalte dienten. Diese Projekte standen auf verschiedenen rechtlichen Grundlagen, die ihre Organisation erschwerten. Hierzu zählten die Pflichtarbeit für die Unterstützten der kommunalen Fürsorge, die Fürsorge- und Notstandsarbeit, der Freiwillige Arbeitsdienst und die Sondermaßnahmen für Jugendliche.

5.2.1 Pflichtarbeit für Wohlfahrtsunterstützte

Bei der Pflichtarbeit für die Bezieher kommunaler Wohlfahrtsunterstützung handelte es sich nicht um eine Arbeitsbeschaffungsmaßnahme im engeren Sinne, sondern sie diente „hauptsächlich der Prüfung der Arbeitswilligkeit“ [147] und damit auch des Leistungsbezugs. Rechtliche Grundlagen der Pflichtarbeit der offenen Wohlfahrtsfürsorge waren Grundsätze des Reichs und die Reichsfürsorgeverordnung.[148] Danach konnten die Städte die weiteren Unterstützungsleistungen von der Übernahme der per Verwaltungsakt angeordneten Pflichtarbeit abhängig machen, die das Wohlfahrtsamt organisierte.[149] Im Verlauf der Wirtschaftskrise wurde hiervon Gebrauch gemacht, um vermeintliche oder tatsächliche Schwarzarbeiter und Arbeitsunwillige vom Bezug der kommunalen Wohlfahrtsunterstützung auszuschließen. Dies gelang auch in begrenztem Maße. So konnte z.B. in Essen 1930 einem Fünftel und in Duisburg-Hamborn 1932 einem Zehntel der Wohlfahrtserwerbslosen die Unterstützung gestrichen werden.[150] Die Pflichtarbeit verfolgte auch pädagogische Ziele. Dem Pflichtbeschäftigten sollte der mit der Arbeit verbundene Lebenssinn und seine fortdauernde Befähigung zu nützlicher Arbeit vermittelt werden.[151] Erwerbslose unter 21 Jahren wurden bevorzugt zur Pflichtarbeit herangezogen, weil sie durch ihre Arbeitslosigkeit besonders gefährdet schienen. Außerdem konnte die Krisenunterstützung und der Bezug von Arbeitslosenunterstützung durch Jugendliche unter 21 Jahren von der Übernahme einer Pflichtarbeit aufgrund des Gesetzes über Arbeitsvermittlung und Arbeitslosenversicherung[152] abhängig gemacht werden.

Die wöchentliche Arbeitszeit der Pflichtarbeiter betrug mit 24 bis 36 Stunden nur einen Bruchteil der tariflichen.[153] Für diese Arbeit gab es grundsätzlich keine adäquaten Zusatzleistungen. Die Beschäftigten erhielten im allgemeinen nur eine warme Mittagsmahlzeit und einen eher symbolischen Arbeitszuschlag zu ihren Unterstützungsbezügen.[154] Doch war diese kärgliche Zusatzentlohnung für zahlreiche Wohlfahrtserwerbslose immer noch so attraktiv, daß sie sich in ihrer Not freiwillig zur Pflichtarbeit meldeten und die städtische

147 Mewes: Der Kölner Arbeitsmarkt, S. 65.
148 Vom 13.2. und 27.3.1924; RGBl. I 1924, S. 100, 379. Vgl. Schmidt: Die Arbeitsfürsorge der Gemeinden, S. 18–20.
149 Schmidt: Die Arbeitsfürsorge der Gemeinden, S. 91.
150 VB DU 1932, S. 62. VB E 1930, S. 79.
151 VB DU 1929, S. 202.
152 Bekanntmachung der Fassung vom 12.10.1929; RGBl. I 1930, S. 162. Dudek: Erziehung durch Arbeit, S. 100.
153 Vgl. Mewes: Der Kölner Arbeitsmarkt, S. 65.
154 Z. B. in DU pro Woche 1932 2,50 RM, 1933 Senkung auf 1,20 RM; VB DU 1932, S. 62. Nach der 6. Kalenderwoche je Arbeitswoche Zuschlag von 4 RM; VB K 1932/33, S. 116.

Verwaltung in Duisburg-Hamborn den Zuschlag senkte, um solche Interessenten fernzuhalten.[155]

5.2.2 Fürsorge- bzw. Notstandsarbeit

Diese Beschäftigungsmaßnahme basierte auf der Reichsfürsorgeverordnung und den Reichsgrundsätzen über Voraussetzung, Art und Maß der öffentlichen Fürsorge von 1924 sowie Bestimmungen der Reichsanstalt.[156] Sie wurde vom Wohlfahrtsamt im Einvernehmen mit dem örtlichen Arbeitsamt durchgeführt. Die Arbeitsfürsorge der Städte umfaßte alle Maßnahmen zur Schaffung von Beschäftigungsgelegenheiten für arbeitsfähige Langzeitarbeitslose, die nach ihrer Aussteuerung aus der Arbeitslosen- und Krisenunterstützung Leistungen der gemeindlichen Fürsorge bezogen. Außerdem mußte jeder Teilnehmer an der Fürsorgearbeit bedürftig im Sinne des Wohlfahrtsfürsorgerechts sein.[157] Dabei wurde die Arbeitsfürsorge in eine sogenannte wertschaffende für Versicherte der Arbeitslosenversicherung mit Anwartschaften auf Unterstützungsleistungen und in Maßnahmen für die übrigen hilfsbedürftigen erwerbslosen Unterstützungsbezieher der allgemeinen Fürsorge aufgrund der Reichsgrundsätze aufgeteilt.[158] Aus der sogenannten produktiven Erwerbslosenfürsorge entstand die Notstandsarbeit. Deren Projekte sollten arbeitsintensiv sein, dauerhafte Werte schaffen, die Arbeitskraft der darin Beschäftigten erhalten und deren Vermittlungschancen auf dem regulären Arbeitsmarkt verbessern.[159] Hierfür wurden Männer mit Familien gegenüber Frauen bevorzugt. Für die Finanzierung dieser Arbeiten wurden langfristige Darlehen von Reich und Land vergeben, wobei das Land dieselbe Darlehenssumme bereitstellen mußte wie das Reich.[160] Ab August 1930 übernahm die Deutsche Gesellschaft für öffentliche Arbeiten (Öffa) die Darlehensvergabe für die Notstandsarbeiten.[161]

Nach dem Abschluß eines freien Arbeitsvertrags aufgrund des Tarifrechts wurden die Arbeitskräfte in selbständigen Betrieben oder in Verwaltungen eingesetzt. Des weiteren konnten Wohlfahrtserwerbslose bei gewerblichen Bauunternehmern beschäftigt werden, wofür die Arbeitgeber einen Zuschuß erhielten.[162] Ihre Entlohnung lehnte sich im allgemeinen an den Gemeindearbeitertarif an, lag jedoch in der Regel 10% darunter, womit sie kaum höher war als die Unterstützungssätze der öffentlichen sozialen Sicherung.[163] Für Tiefbauanlagen erhielten die Fürsorgearbeiter den höheren Tiefbauarbeitertarif. Die

155 VB DU 1932, S. 62; 1930–1932 N, S. 167.
156 Vom 13.2. und 27.3.1924; RGBl. I 1924, S. 100, 379. Vgl. Schmidt: Die Arbeitsfürsorge der Gemeinden, S. 18–20.
157 Schmidt: Die Arbeitsfürsorge der Gemeinden, S. 33.
158 Link: Arbeitsfürsorge, S. 53.
159 Vgl. ebd., S. 52.
160 Richtlinien für die Gewährung von Darlehen der Öffa vom 13.6.1931; RABl. I, N.F., 11 (1931), S. 136. VB D 1933–1936, S. 305. VB E 1929, S. 72; 1932, S. 104.
161 Wolffsohn: Industrie und Handwerk, S. 51.
162 VB E 1931, S. 97.
163 Vgl. Mewes: Der Kölner Arbeitsmarkt, S. 65. VB D 1931/32, S. 30. VB E 1930, S. 80. VB K 1930/31, S. 44. VB MG 1931, S. 86. Wolffsohn: Industrie und Handwerk, S. 50.

Beschäftigung in der Notstandsarbeit war sozialversicherungspflichtig, um neue Anwartschaften auf Unterstützung durch die Arbeitslosenversicherung zu erwerben.[164] Jeder Erwerbslose sollte in der Arbeitsfürsorge grundsätzlich drei bis sechs Monate, in der Notstandsarbeit drei Monate im Jahr beschäftigt werden.[165] Nach der Erfüllung dieser Beschäftigungsdauer wurden die Erwerbslosen entlassen, damit neue Arbeitslose nachrücken konnten. Die Arbeitszeit orientierte sich am üblichen tariflichen Umfang, wobei noch eine soziale Komponente zugunsten der Arbeiter mit Familien eingebaut wurde. Bis Anfang 1932 waren die Notstandsarbeiter im allgemeinen die volle Regelarbeitszeit von 48 Stunden pro Woche beschäftigt. Danach sank die Arbeitszeit auf 40 Stunden pro Woche, wenn dafür mehr Arbeitskräfte eingestellt werden konnten.[166] Doch setzten die Notstandsarbeiten finanzielle Mittel voraus, die in der Regel nur durch eine zusätzliche Verschuldung aufgebracht werden konnten. Als den Städten die Kosten für Notstands- und Fürsorgearbeiten nicht mehr tragbar erschienen, wurden sie zeitweilig unterbrochen oder rasch eingeschränkt.[167] Statt dessen weiteten die Städte zum Teil kurzfristig die vermeintlich günstigere Pflichtarbeit der Wohlfahrtsunterstützungsempfänger aus,[168] was genau im Gegensatz zum Votum von sachverständiger Seite stand.[169]

5.2.3 Freiwilliger Arbeitsdienst

Wie die bestehenden öffentlichen Beschäftigungsmaßnahmen sollte der Arbeitsdienst eine sinnvolle Übergangsbeschäftigung bieten und den Erhalt von persönlicher Ordnung und Pflichtbewußtsein gewährleisten.[170] Mit der RNotVO vom 5.Juni 1931[171] wurde der Freiwillige Arbeitsdienst in das Arbeitslosenversicherungsgesetz (AVAG) integriert. Für ihn erhielt die Reichsanstalt die Zuständigkeit.

In der ersten Phase konnten nur Unterstützte der Arbeitslosenversicherung oder der Krisenfürsorge im Freiwilligen Arbeitsdienst arbeiten.[172] Dadurch wurde das ursprüngliche Ziel, Jugendliche und Langzeitarbeitslose anzusprechen, nicht erreicht, weil diese im weiteren Verlauf der Wirtschaftskrise von den Leistungen der Arbeitslosenversicherung ausgeschlossen, auf die Unterhaltszahlungen der Familien verwiesen oder von der kommunalen Wohlfahrtsfürsorge versorgt wurden.[173] So gelang es dem Arbeitsdienst in seinem ersten Jahr innerhalb der Organisation der Reichsanstalt nicht, eine zahlenmäßige Bedeutung für die Beschäftigung zu erreichen. Erst die Reform des Arbeitsdienstes durch das Reichskabinett Papen vergrößerte den Kreis der Zugangsberechtigten und verbesserte die

164 VB D 1931/32, S. 30. Dudek: Erziehung durch Arbeit, S. 101.

165 VB K 1929/30, S. 136. Wolffsohn: Industrie und Handwerk, S. 51.

166 Erl. d. Präsidenten der Reichsanstalt für Arbeitsvermittlung und Arbeitslosenversicherung vom 5.1.1932; RABl. I, N. F., 12 (1932), S. 16.

167 VB E 1930, S. 79; 1932, S. 104. VB K 1930/31, S. 12; 1931/32, S. 113; 1932/33, S. 115.

168 VB E 1931, S. 66. VB K 1930/31, S. 116; 1933/34, S. 49.

169 Karl Schmidt, Stadtrat in München, weist nach, daß die Pflichtarbeit für die Städte teurer war als die Fürsorgearbeit und votiert gegen jede Pflichtarbeit; Schmidt: Die Arbeitsfürsorge der Gemeinden, S. 92.

170 Funcke: Handbuch für den Freiwilligen Arbeitsdienst, S. 5.

171 Kapitel I Dritter Teil; RGBl. I 1931, S. 279.

172 VO über die Förderung des freiwilligen Arbeitsdienstes vom 23.7.1931; RGBl. I 1931, S. 398.

173 Dudek: Erziehung durch Arbeit, S. 172.

Förderbedingungen so, daß sich der Arbeitsdienst rasch ausdehnen konnte.[174] Nunmehr wurden auch Jugendliche unter 25 Jahre angesprochen. Der Schwerpunkt der Arbeitsdienstwilligen verlagerte sich dadurch von den Unterstützten der Arbeitslosenversicherung auf die der offenen Wohlfahrtsfürsorge.[175] Die Förderdauer verlängerte sich von 20 auf 40 Wochen.[176]

Mit mehr als der Hälfte aller Maßnahmen waren die Gemeinden und Landkreise die größten Träger des Arbeitsdienstes.[177] Sie wurden verpflichtet, ihre Einrichtungen für Veranstaltungen des Arbeitsdienstes kostenfrei zur Verfügung zu stellen. Dabei gab es zwischen dem Präsidenten der Reichsanstalt für Arbeitsvermittlung und Arbeitslosenversicherung und den Kommunen bald größere Streitigkeiten über die Durchführung dieser Arbeitsbeschaffungsmaßnahme. Während die Kommunen die Organisation des Arbeitsdienstes in sogenannten offenen Arbeitslagern bevorzugten und auf eine Einbindung der Projekte in ihre Beschäftigungsmaßnahmen drängten, verfolgte der Präsident der Reichsanstalt zielstrebig den Aufbau geschlossener Arbeitslager parallel zu den Vorhaben der Gemeinden.[178] Dieser Streit schien aber weniger eine Auseinandersetzung über den beschäftigungswirksamsten Weg als um Kompetenzen zu sein. Obwohl der Arbeitsdienst ausdrücklich als freiwillige Maßnahme gedacht war,[179] mißbrauchten die Gemeinden ihn für einen finanziell motivierten Teilnahmezwang und machten häufig ihre Unterstützungsleistungen von einer Beschäftigung beim Freiwilligen Arbeitsdienst abhängig. Damit konnten sie ihre Unterstützungen mit Zuschüssen des Reichs für Unterkunft, Verpflegung und Taschengeld des Arbeitsdienstes finanzieren.[180]

5.2.4 Sondermaßnahmen für Jugendliche

Für die besonders gefährdet scheinenden arbeitslosen Jugendlichen organisierten die örtlichen Vereine und Wohlfahrtsverbände Schulungskurse für Jugendleiter, handwerkliche Lehrgänge und Unterhaltungsaktionen.[181] Für sie wurden auch die Arbeitsmöglichkeiten vermehrt.[182] Das Gesetz über den Freiwilligen Arbeitsdienst vom 23. Juli 1931 führte eine neue Möglichkeit der Beschäftigung erwerbsloser Jugendlicher ein. Sie sollten nach ihrem

174 RNotVO vom 16.7.1932; RGBl. I 1932, S. 352. Ausführungsbestimmungen vom 2.8.1932; RGBl. I 1932, S. 392. Benz: Vom Freiwilligen Arbeitsdienst zur Arbeitsdienstpflicht, S. 525. Dudek: Erziehung durch Arbeit, S. 173, 178.

175 Vgl. Dudek: Erziehung durch Arbeit, S. 183.

176 Ebd., S. 180f.

177 Ebd., S. 175.

178 Nach seiner Ansicht wurden die Zwecke des Freiwilligen Arbeitsdienstes in offenen Arbeitslagern schlechter als in geschlossenen erreicht. Für 1933 war sein Ziel die Reduktion der offenen Arbeitslager zugunsten der geschlossenen auf ein Drittel der Dienstwilligen; Erl. d. Reichskommissars für den freiwilligen Arbeitsdienst vom 23.11.1932; RABl. I, N. F., 12 (1932), S. 272f.

179 Erl. d. Präsidenten der Reichsanstalt für Arbeitsvermittlung und Arbeitslosenversicherung vom 29.7.1931; RABl. I, N. F., 11 (1931), S. 180.

180 Dudek: Erziehung durch Arbeit, S. 178, 184.

181 VB DU 1931, S. 33. VB K 1931/32, S. 129; 1932/33, S. 47. VB MG 1932–1933, S. 61. VB W 1929–1931, S. 107.

182 VB K 1929/30, S. 138; 1931/32, S. 114.

Ausschluß aus der öffentlichen Unterstützung gegen ein kleines Entgelt eine zeitlich begrenzte Arbeit im Freiwilligen Arbeitsdienst erhalten.[183] Mit der Verordnung vom 31. Juli 1932 wurde die Altersgrenze der hierunter Erfaßten auf 25 Jahre heraufgesetzt.

Der politische Druck durch die soziale Not veranlaßte die Reichsregierung und den Reichspräsidenten zu Weihnachten 1932, mit dem Notwerk noch eine weitere Hilfseinrichtung für die jugendlichen Erwerbslosen zu schaffen. Dieses Notwerk diente vor allem der Nachbetreuung der durch den Freiwilligen Arbeitsdienst gegangenen Jugendlichen und den Nichtorganisierten. Es sollte ihre berufliche Qualifikation durch täglich zwei Unterrichtsstunden verbessern, ihnen eine geregelte Gemeinschaftsverpflegung gewähren und sie durch sportliche und geistige Veranstaltungen beschäftigen.[184] Dabei war diese Maßnahme nicht neu. Bereits 1930 hatte die Reichsanstalt über das Arbeitsamt im Rahmen der „Winterhilfe für Jugendliche“ der Stadt Köln ein sehr ähnliches Konzept finanziert, das 3 406 Jugendliche bis zu 21 Jahren erfaßt hatte.[185]

5.2.5 Arbeitsgebiete

Die Tätigkeitsbereiche aller öffentlich initiierten Beschäftigungsprojekte ähnelten sich.[186] Im Vordergrund standen manuelle Arbeiten, die mit größeren körperlichen Anstrengungen verbunden waren. Da unter der Arbeiterschaft sehr verschiedene Berufe und Kenntnisse vertreten waren, welche meistens nichts mit den anstehenden Aufgaben zu tun hatten, kamen für einen kurzfristigen Beschäftigungseffekt nur allgemein einfach erlernbare Aufgaben, vorwiegend Bauarbeiten, in Betracht. Auf den Einsatz von Maschinen wurde vielfach bewußt verzichtet, um die Arbeitsmöglichkeiten zu vermehren. So boten sich verschiedene öffentlich geförderte bzw. organisierte Tiefbauaufgaben an: Deich-, Straßen-, Wege- und Kanalisationsbauten, Sport-, Spiel-, Friedhofs- und Gartenanlagen sowie Arbeiten im Fuhrpark. In Düsseldorf wurde sogar am Rheinstadion gebaut und der Flugplatz erweitert,[187] und der Kölner Grüngürtel konnte mit Pflichtarbeitern ausgedehnt werden.[188] Duisburg-Hamborn ließ in den Jahren 1930 und 1931 die Wedau-Regattastrecke durch Arbeitskräfte aus der Wohlfahrtsfürsorge anlegen.[189] In geringerem Umfang setzten die Stadtverwaltungen aus dem Kreis der erwerbslosen Unterstützungsbezieher Kräfte für einfachere Bürotätigkeiten in Ämtern ein, die von der durch die Krise entstandenen Mehrarbeit betroffen waren.[190] Für die fünf im Regierungsbezirk Düsseldorf gelegenen Städte

183 Ebd. 1931/32, S. 45; 1932/33, S. 115.

184 Gründung am 24.12.1932. Erl. d. Präsidenten der Reichsanstalt für Arbeitsvermittlung und Arbeitslosenversicherung vom 24.12.1932; RABl. I, N.F., 12 (1932), S. 278 f. Benz: Vom Freiwilligen Arbeitsdienst zur Arbeitsdienstpflicht, S. 325. Dudek: Erziehung durch Arbeit, S. 186 f.

185 VB K 1930/31, S. 44.

186 Dudek: Erziehung durch Arbeit, S. 175.

187 Hüttenberger: Düsseldorf, S. 413.

188 VB K 1932/33, S. 160; 1933/34, S. 108.

189 VB DU 1930–1932 N, S. 83.

190 Hüttenberger: Düsseldorf, S. 413. Mewes: Der Kölner Arbeitsmarkt, S. 65 f. VB D 1931/32, S. 72, 104; 1933–1936, S. 306. VB DU 1932, S. 28, 61; 1930–1932 N, S. 83, 166; 1933, S. 62, 143 f. VB E 1930, S. 110; 1931, S. 61, 90; 1932, S. 32, 104. VB K 1929/30, S. 14; 1930/31, S. 116; 1931/32, S. 45, 154; 1932/33, S. 115 f., 159; 1933/34, S. 108. VB MG 1931, S. 85, 89. VB W 1929–31, S. 34.

zeigt eine Aufstellung der Kommunalaufsicht des Regierungspräsidenten über die genehmigten Darlehen der Deutschen Gesellschaft für öffentliche Arbeiten (Öffa) Umfang und Einsatzgebiet der Notstandsprojekte. Der größte Teil der Maßnahmen befaßte sich mit der Erneuerung und dem Ausbau von Verkehrsanlagen. In erheblich kleinerem Umfang wurden Wasserbauprojekte finanziert. So konnten bei Wuppertal mit der Unterstützung von Notstandsdarlehen eine Talsperre vergrößert und die Niers in Gladbach-Rheydt kanalisiert werden. 50% der hier Beschäftigten waren Erwerbslose, die eine kommunale Wohlfahrtsunterstützung bezogen.[191]

5.2.6 Umfang und Auswirkungen

Während der Wirtschaftskrise änderten sich die Anteile der einzelnen Maßnahmen an der gesamten öffentlich initiierten Beschäftigung mehrfach. Hierbei spielten offenbar nicht nur die gesetzlichen Änderungen durch die Reichsregierungen eine Rolle, sondern auch differierende Arbeits- und Finanzpolitiken der sechs rheinischen Städte. Diese machten in einem mehr oder weniger großen Umfang von der Möglichkeit der Pflichtarbeit nach dem Reichsfürsorgerecht Gebrauch, wobei gewisse Beschäftigungseffekte vorhanden waren.

Die höchsten Zahlen wurden bereits im zweiten bzw. dritten Quartal 1930 in Düsseldorf mit 6311 und in Duisburg-Hamborn mit 1684 Pflichtarbeitern erreicht. In den vier anderen Städten lagen die Höchststände zwischen dem ersten und dritten Vierteljahr 1932.[192] Im Verlauf der Wirtschaftskrise war jedoch Gladbach-Rheydt die Stadt, die am konsequentesten die Wohlfahrtsunterstützten zur Pflichtarbeit heranzog und weitestgehend auf eigene Initiativen in der Fürsorgearbeit verzichtete.[193] Umgekehrt schien auf dem Höhepunkt der Krise in drei Städten kein großes Interesse zu bestehen, die Unterstützungsempfänger zur Arbeit zu verpflichten (Düsseldorf, Duisburg-Hamborn, Essen). Zwei dieser drei Städte, Düsseldorf und Essen, legten vielmehr ihren Schwerpunkt auf die Fürsorgearbeit.[194] Unter den sechs rheinischen Großstädten organisierten in den Haushaltsjahren 1930 bis 1932 Düsseldorf die relativ größte und Essen mit über 6500 Beschäftigten die absolut größte Fürsorgearbeit. Sie setzten offensichtlich stark auf eine strategische Beseitigung der Arbeitslosigkeit.[195]

Nach anfänglich aufwendigen Arbeitsbeschaffungsmaßnahmen[196] verzichteten wegen ihrer Finanznot einzelne Städte bald auf die strategischen Vorteile einer aktiven Beschäfti-

191 HStAD Reg. D 55758. VB MG 1931, S. 85.
192 Vgl. Tabelle 42.
193 VB MG 1931, S. 60.
194 Vgl. Tabelle 43. Wie stark die Politik auf den Umfang der Pflichtarbeit Einfluß nahm, zeigte sich nach der Machtübernahme der Nationalsozialisten. Wurde beispielsweise in Düsseldorf 1932 nur 1% der Bezieher städtischer Wohlfahrtsunterstützung zur Pflichtarbeit herangezogen, stieg dieser Anteil 1933 schon auf 18% und ein Jahr später auf fast zwei Drittel; VB D 1933–1936, S. 30, 144.
195 Vgl. Tabellen 42 und 43. VB D 1931/32, S. 91.
196 Z. B. wurde im Oktober 1930 in W ein Arbeitsbeschaffungsprogramm für 1200 Fürsorgearbeiter und die verheirateten Pflichtarbeiter beschlossen. Die Kosten beliefen sich für die letzten sechs Monate des Haushaltsjahrs 1930/31 auf über 1 Mio. RM; VB W 1929–1931, S. 79.

gungspolitik zugunsten kurzfristiger Einsparungen und verringerten die Zahl der Teilnehmer stark.[197]

Die finanzielle Notlage zwang die Stadt Köln, im Dezember 1931 sogar jegliche Notstandsarbeit einzustellen.[198] Im Unterschied zu allen anderen Städten erreichte die Zahl der vom Arbeitsamt geförderten Notstandsarbeiter in Essen im Juli 1932 mit über 1200 einen neuen Höhepunkt.[199] Selbst diese „Rekordzahl", die weder in Essen noch anderenorts zwischen Herbst 1929 und Juni 1933 noch einmal erreicht wurde, brachte keine entscheidende Entspannung der Arbeitsmarktlage. Von den ungefähr 11700 Unterstützten der Arbeitslosenversicherung befanden sich im Juli 1932 gerade 2,3% in Notstandsprojekten, von den 20890 Krisenunterstützten immerhin noch 4,6%.[200] Dagegen setzte Köln 1931 durchschnittlich nur 0,9% der unterstützten Erwerbslosen als Notstandsarbeiter ein.[201]

Die Städte sahen, daß sie Einsparungseffekte erzielen konnten, wenn sie statt der regulär tariflich entlohnten Arbeitskräfte vermehrt Pflichtarbeiter einsetzten. Pflicht- und Notstandsarbeiter waren fest in ihren Personaleinsätzen berücksichtigt, ohne die die Unterhaltungsaufgaben ihrer Garten-, Friedhofs-, Straßen- und Kanalbauverwaltungen nicht planmäßig erfüllbar gewesen wären.[202] In Düsseldorf wurden in der Garten- und Friedhofsverwaltung sogar drei reguläre Arbeitsstellen abgebaut, während auf den Friedhöfen eine große Zahl von Wohlfahrtserwerbslosen beschäftigt war.[203]

Als eine leere Drohung erwies sich die Pflichtarbeit für die Bezieher von Krisenfürsorge und für arbeitslose Jugendliche unter 21 Jahren. Von kaum nennenswerten Einzelfällen abgesehen, wurden diese beiden Gruppen kaum zu Pflichtarbeiten herangezogen.[204] Offenbar hatten sich die Arbeitsverwaltungen damit abgefunden, nicht ernsthaft den Arbeitswillen ihrer Klientel prüfen zu können. Die höchste Zahl der Pflichtarbeiter eines Arbeitsamts gab es im Bezirk Duisburg, wo im Juli 1929 144 Unterstützte der Krisenfürsorge einberufen worden waren. Im übrigen aber lag die Zahl der Verpflichteten weit unter 100. Nur in Wuppertal waren Pflichtarbeiter des Arbeitsamts fast kontinuierlich beschäftigt.

Der Freiwillige Arbeitsdienst konnte erst in der Spätphase der Krise einen genügend großen Personenkreis ansprechen. Dies zeigt sich z.B. in Köln, wo am 1. April 1932 gerade 124 Arbeitsdienstwillige organisiert waren, was schätzungsweise 0,3% der Empfänger von Arbeitslosen- und Krisenunterstützungen entsprach. Erst im Oktober 1932, nach der Reform des Freiwilligen Arbeitsdienstes, waren es 3475, davon 848 Frauen,[205] wobei er mit ungefähr 10% seine größte Ausdehnung erreichte. Der folgende Rückgang wurde vor allem auf die Überführung der offenen in geschlossene Arbeitslager an der Peripherie der Stadt zurückgeführt.[206] Die durch den Arbeitsdienst eingetretene Entlastung des örtlichen

197 Vgl. Tabellen 42 und 43. VB K 1931/32, S. 45. Dudek: Erziehung durch Arbeit, S. 101. Wolffsohn: Industrie und Handwerk, S. 51.
198 Mewes: Der Kölner Arbeitsmarkt, S. 66.
199 Mitteilungen zur Statistik des rheinischen Arbeitsmarktes 6 (1931)-7 (1932).
200 Ebd. 7 (1932), Nr. 8.
201 Mewes: Der Kölner Arbeitsmarkt, S. 67.
202 VB D 1931/32, S. 72. Umkehrschluß aus: VB E 1930, S. 69.
203 VB D 1931/32, S. 73.
204 Mitteilungen zur Statistik des rheinischen Arbeitsmarktes 4 (1929)-8 (1933).
205 VB K 1932/33, S. 47.
206 Ebd., S. 48.

Arbeitsmarktes ging großenteils wieder verloren, weil die Städte aus finanziellen Gründen nunmehr im Gegenzug ihre Notstands- und Fürsorgearbeiten drastisch einschränkten.[207]

5.3 Die Wohnungsbauförderung und Wohnungsfürsorge

Die Städte engagierten sich mit hohem finanziellen Einsatz in der Wohnungsbauförderung, vor allem mit dem zweckgebundenen Teil des Hauszinssteueraufkommens, um dem herrschenden großen Wohnungsmangel beizukommen.[208] In den Städten wurden die Fördermittel breit auf mehr als vier Fünftel aller neuerstellten Wohnungen verteilt, indem Baukreditzinsen und Baukosten subventioniert und Wohnungen in eigener Trägerschaft errichtet wurden.[209] Zusätzlich spielten die Sparkassen durch die Vergabe günstiger Kredite für den Wohnungsbau stets eine wichtige Rolle.[210]

Bis zum Zusammenbruch des Hauszinssteuersystems wurde in den meisten Großstädten der Bau von großen Mietshäusern durch gemeinnützige Baugesellschaften bevorzugt.[211] Sowohl in Duisburg-Hamborn als auch in Köln waren es gemischtwirtschaftliche Unternehmen mit städtischen Mehrheitsbeteiligungen. Bis zum Ende des Haushaltsjahrs 1931/32 errichteten die Wohnungsbauunternehmen die ganz überwiegende Zahl aller Wohnungen.[212] Hingegen vernachlässigten die Kommunen die Baugenossenschaften als Bauträger, weil das Genossenschaftsrecht einem hohen öffentlichen Kapitaleinsatz keine adäquate Einflußnahme auf die Geschäftspolitik gestattete. Die Städte kauften sich deshalb lieber in bestehende Kapitalbaugesellschaften ein oder gründeten solche, wie beispielsweise schon 1913 Köln die „Gemeinnützige Aktiengesellschaft für Wohnungsbau in Köln" (GAG).[213] Mit dem Ausfall der bisherigen Wohnungsbauförderung sank aber auch die Bedeutung der gemeinnützigen Wohnungsbaugesellschaften für die Wohnungspolitik der sechs rheinischen Großstädte.[214] Düsseldorf und Gladbach-Rheydt fanden andere Lösungen als Köln. Sie organisierten entweder den Wohnungsbau für Bedürftige in städtischer Regie oder förderten die privaten Bauherren finanziell.[215] Gladbach-Rheydt leistete für dringliche Fälle einen Instandsetzungszuschuß an finanzschwache Hauseigentümer.[216]

207 Ebd.
208 Kämper: Wohnungswirtschaft und Grundkredit, S. 129. Ruck: Die öffentliche Wohnungsbaufinanzierung in der Weimarer Republik, S. 163, 169; eigene Berechnungen.
209 Vgl. als Beispiel die detaillierte Aufstellung in: VB E 1931, S. 92. Fey: Leistungen und Aufgaben im Deutschen Wohnungs- und Siedlungsbau, S. 12 f.
210 Hirtsiefer: Die Wohnungswirtschaft in Preußen, S. 412.
211 Eickmeier: Der genossenschaftliche Wohnungsbau, S. 164. Fey: Leistungen und Aufgaben im Deutschen Wohnungs- und Siedlungsbau, S. 16. Kämper: Wohnungswirtschaft und Grundkredit, S. 164. Peters: Wohnungspolitik am Scheideweg, S. 94. Schulz: Kontinuitäten und Brüche in der Wohnungspolitik, S. 145. Stöcker: Die Entwicklungsphasen in der gemeinnützigen Wohnungswirtschaft, S. 148–203.
212 VB DU 1929, S. 195. VB E 1930, S. 17; 1931, S. 21; 1932, S. 23.
213 Eickmeier: Der genossenschaftliche Wohnungsbau, S. 164, 176–183. Wohnreform in Köln, S. 46–48.
214 Vgl. VB E 1932, S. 23. Fey: Leistungen und Aufgaben im Deutschen Wohnungs- und Siedlungsbau, S. 23.
215 VB MG 1929 und 1930, S. 92.
216 Ebd., S. 33.

Die Entbindung der Hauszinssteuer von der Förderung des Wohnungsbaus zugunsten des allgemeinen Finanzbedarfs und ihre Senkung um 20% im Haushaltsjahr 1932/33 führten zu einem raschen Zusammenbruch der Neubautätigkeit. Dies bedeutete eine unabsehbare Fortsetzung des herrschenden Wohnungsmangels.[217] Dazu war der größte Teil des Hauszinssteueraufkommens durch frühere Vorgriffe, d. h. Zwischenkredite, bereits verbraucht worden. Der wachsende finanzielle Druck auf die Städte bewirkte eine Kürzung der bisherigen freiwilligen Förderung.[218] Eine weitere Verschuldung der Städte für den Wohnungsbau kam nicht mehr in Betracht.[219] Somit sahen sich die Städte gezwungen, sowohl die Vergabe von Hauszinssteuerdarlehen wie auch die Übernahme eigener Bürgschaften einzustellen.[220] Die entstehende Lücke konnten die städtischen Sparkassen kaum schließen, weil der Umfang ihrer Neukredite vom Zuwachs ihrer Spareinlagen abhing und genau diese zeitweilig sogar schrumpften. Außerdem wurde das Ausleihkontingent der Sparkassen im Anschluß an die Kreditkrise im Sommer 1931 beschränkt.[221] Die Grenze für die Kreditvergabe ergab sich aus der Mustersatzung der preußischen öffentlichen Sparkassen, nach der im allgemeinen 40%, bei Kleinwohnungsneubauten 60% der Bau- und Bodenerwerbskosten mittels einer erststelligen Hypothek beliehen werden konnten. Die Überschreitung dieser Beleihungsgrenzen erforderte die Übernahme einer Bürgschaft durch die Gemeinde,[222] und zu solchen Bürgschaften waren die Städte angesichts ihrer äußerst angespannten Haushaltslage im weiteren Krisenverlauf kaum noch bereit.[223] Zumal sie wegen der Finanzierung ihrer Wohnungsbaupolitik über Schuldenaufnahme von den Kommunalaufsichtsbehörden mit Skepsis beobachtet wurden. So waren spätestens vom zweiten Halbjahr 1931 an die Stadtsparkassen Essen, Köln und Wuppertal nicht mehr in der Lage, Bauhypotheken zu vergeben.[224] In Gladbach-Rheydt konnten statt 381 Hypotheken mit einer Summe von rund 2,6 Mio. RM 1929 im Jahr 1931 nur noch 13 Hypotheken im Wert von 93 000 RM vergeben werden.[225]

Schließlich machten die extremen Zinssätze nach der Kreditkrise Ende 1931 jede öffentliche Förderung unmöglich.[226] Es blieben im wesentlichen nur noch die Rückflüsse

217 VB E 1932, S. 36. VHzK 6 (1931/32), Teil B, H. 4, S. 22. Preller: Sozialpolitik in der Weimarer Republik, S. 488. Ruck: Die öffentliche Wohnungsbaufinanzierung in der Weimarer Republik, S. 179. Schulz: Kontinuitäten und Brüche in der Wohnungspolitik, S. 143, 146. Witt: Inflation, Wohnungszwangswirtschaft und Hauszinssteuer, S. 398 f.

218 VB K 1930/31, S. 153. Baukosten und Investitionen in der Wohnungswirtschaft, S. 98, 106.

219 Ruck: Die öffentliche Wohnungsbaufinanzierung in der Weimarer Republik, S. 165.

220 VB DU 1933, S. 163.

221 RNotVO vom 6.10.1931; RGBl. I 1931, S. 554. SSK K: Geschäftsbericht 1930, S. 6. Kämper: Wohnungswirtschaft und Grundkredit, S. 148.

222 RdErl. d. PrMdI vom 10.2.1928, zitiert in: Hirtsiefer: Die Wohnungswirtschaft in Preußen, S. 412. Kämper: Wohnungswirtschaft und Grundkredit, S. 148.

223 Peters: Wohnungspolitik am Scheideweg, S. 120.

224 In K Anteil am Volumen der Spareinlagen über 68%: SSK K: Geschäftsbericht 1931, S. 6; 1932, S. 5. SSK E: Geschäftsbericht 1929, S. 8; 1930, S. 8; 1931, S. 8. SSK W: Geschäftsbericht 1932, S. 6; 1933, S. 6.

225 SSK MG: Geschäftsbericht 1929; 1931.

226 VB DU 1931/32, S. 98 f.; 1930–1932 N, S. 184. VB E 1929, S. 73. VB K 1929/30, S. 187. Fey: Leistungen und Aufgaben im Deutschen Wohnungs- und Siedlungsbau, S. 23.

aus den Hauszinssteuerhypotheken, die zweckgebunden wieder für den Wohnungsbau Verwendung fanden, und spezielle Förderprogramme. So sank der vom Ertrag der Haus-

Tabelle 11

Öffentlich geförderte neuerstellte Wohnungen 1929–1. Halbjahr 1933

Wohnungen	Jahr	D	DU	E	K	MG	W
Gesamtzahl	1929	2424	3338	2896	5581	969	2248
	1930	3230	3243	3414	5083	646	1489
	1931	2109	1403	2440	3976	807	1464
	1932	669	389	1155	1627	236	267
	1933	655	29	395	598	112	42
Öffentlich gefördert	1929	1921	2619	2518	5346	784	2196
	1930	2818	1821	2867	4676	532	1443
	1931	1852	753	2135	3719	687	1354
	1932	385	23	993	836	94	187
	1933	336	0	341	282	78	10

Wohnungen pro 1000 Einwohner

Jahr	D	DU	E	K	MG	W
1930	5,90	4,13	4,43	6,33	2,66	3,47
1931	3,91	1,71	3,30	5,03	3,42	3,28
1932	0,82	0,05	1,53	1,13	0,47	0,45
1933	0,67	0	0,52	0,37	0,38	0,02

D, E, MG: Januar bis Juli 1929 Gebietsstand vor dem 1.8.1929. DU = Duisburg + Hamborn, W = Barmen + Elberfeld. Auer: Wohnungsbau 23 (1929)-26 (1932). Staedtler: Wohnungsbau 26 (1932)-27 (1933); eigene Berechnungen.

zinssteuer verwendete Anteil für den Wohnungsbau von 48% im Haushaltsjahr 1930/31 auf 0% 1932/33.[227]

Die Folgen dieser Beschränkungen für die Wohnungsbauförderung in den sechs rheinischen Großstädten waren dramatisch. Versuchte Duisburg-Hamborn noch 1930, den

Tabelle 12

Aufgewendete öffentliche Mittel für den Neubau von Wohnungen

Haushaltsjahr	D	DU	E	K	MG	W
	1000 RM					
1929/30	12380	11059	10174	16571	3107	11467
1930/31	10622	6918	10163	9072	1927	10573
1931/32	4486	1772	2453	9879	1130	6646
1932/33	373	33	2462	1289	195	542
1933/34	k. A.	234	1361	350	198	142
	RM pro Einwohner					
1929/30	28	25	16	22	16	28
1930/31	22	16	16	12	10	25
1931/32	9	4	4	13	6	16
1932/33	1	0	4	2	1	1
1933/34	k. A.	1	2	0	1	0

RM pro Einwohner: auf ganze Zahlen gerundet. k. A. = keine Angaben in den Quellen. 1929/30–1932/33: Mittel für den Neubau von Wohnungen, 1933/34: Mittel für den Neubau von Wohnungen in Wohngebäuden. StJbdtSt 26 (1931), S. 83–85; 27 (1932), S. 43; 28 (1933), S. 375. StJbdtG 29 (1934), S. 316; 30 (1935), S. 438–440; eigene Berechnungen.

227 Vgl. auch Anteil der Hauszinssteuer an den Einnahmen: Tabelle 94. Ruck: Die öffentliche Wohnungsbaufinanzierung in der Weimarer Republik, S. 179.

Konjunkturrückgang im Wohnungsneubau durch die Übernahme von Bürgschaften bis zu 80% der Gestehungskosten aufzufangen, so finanzierte die Stadt 1931 keine Wohnungen mehr.[228] Ähnlich war es in den übrigen Städten, wo nur noch die staatlichen Fördermittel ohne einen kommunalen Beitrag verteilt wurden.[229] Während Duisburg-Hamborn den Anteil der geförderten an der Gesamtzahl der Neubauwohnungen schnell auf Null abbaute, behielt Essen die Quote der geförderten Bauprojekte bei. Alle anderen Städte senkten den Anteil geförderter Wohnungen aber deutlich.[230] Auch der Förderbetrag pro Wohnung war sehr unterschiedlich. So wurde in Wuppertal 1929 die doppelte Summe pro Wohneinheit wie in Köln geleistet. 1930 erhöhte Wuppertal diesen Betrag sogar noch, während alle anderen Städte offenbar kräftige Einsparungen vornahmen. Der große Schnitt in die Förderung kam im Haushaltsjahr 1932/33. In Duisburg-Hamborn blieb nur noch ein symbolischer Betrag übrig, der sich wahrscheinlich aus den Bauförderungen des Reichs und Preußens sowie den Rückflüssen aus den Hauszinssteuerhypotheken zusammensetzte.[231] Mangels Hauszinssteuermitteln legte Düsseldorf 1931/32 gar kein städtisches Wohnungsbauprogramm mehr auf.[232] Wuppertal gab das Modell der kommunalen Wohnungsbauförderung auf und überließ ab 1931/32 den privaten und gemischtwirtschaftlichen Trägern die Erstellung von Wohnraum.[233] Symptomatisch für die Lage war die Auflösung des Wohnungsbauamtes in Essen im Jahr 1932.[234] Die Zahl der öffentlich geförderten Wohnungen sprach eine deutliche Sprache. Eine wirksame kommunale Förderung außerhalb staatlicher Programme fand 1933 kaum mehr statt.[235] Die Effekte der in der Wirtschaftskrise neu aufgelegten Wohnungsbauprogramme wie die Reichsbürgschaften für zweitstellige Hypotheken ab 1931 reichten bei weitem nicht an die der alten Hauszinssteuerfinanzierung heran. Außerdem nutzten die Städte das Reichsprogramm zur Förderung der Stadtrandsiedlungen für Erwerbslose von 1931, um unter anderem auch das sich schnell ausbreitende wilde Siedeln in der Landschaft zu kanalisieren.[236] Sie halfen, wie in Düsseldorf, mit, durch die Übernahme von Planung und Baubetreuung sowie die Abgabe preisgünstigen Baugrunds, die Baukosten für die Siedlerstellen niedrig zu halten.[237] Das Interesse an Kleinsiedlerstellen schien außerordentlich groß zu sein. Für 1933 lagen der Kölner Wohnungsbaugesellschaft GAG mehr als 3000 unberücksichtigte Siedleranträge vor.[238] Die Hypothek wurde dadurch zum Kleindarlehen. Diese Kredite erreichten beispielsweise in Duisburg-Hamborn zwischen 1931 und 1933 einen Anteil von über 51% aller Hypothekendarlehensverträge, aber nur 11% der Darlehensbeträge.[239] Erst als sich um die Jahres-

228 VB DU 1931, S. 23. Ruhr und Rhein 11 (1930), S. 501.
229 VB E 1932, S. 108. VB K 1931/32, S. 152. VB W 1929–1931, S. 133; 1932, S. 91.
230 Vgl. Tabelle 11.
231 Vgl. Tabellen 11 und 12.
232 VB D 1931/32, S. 98.
233 Vgl. hierzu Statistik im StJbdtSt 26 (1931), S. 74 f.; 27 (1932), S. 34 f.; 28 (1933), S. 362.
234 VB E 1932, S. 36.
235 Vgl. Tabelle 11.
236 Beispiele für Stadtrandsiedlungen: D: Golzheimer Heide, Tannenhof; VB D 1931/32, S. 98; 1933–1936, S. 318. MG: Kamphausener Höhe, Odenkirchen, Dahlener Heide, Am Wehresbäumchen, Bothenbäumchen; VB MG 1932/33, S. 71. Harlander/Hater/Meiers: Arbeitslosigkeit und Wohnungsnot, S. 276.
237 Bereitstellung von Grundstücken: VB MG 1932/33, S. 71. VB W 1933, S. 80. Harlander/Hater/Meiers: Arbeitslosigkeit und Wohnungsnot, S. 278.
238 VB K 1932/33, S. 158.
239 SSK DU: Geschäftsbericht 1931; 1932; 1933; eigene Berechnungen.

wende 1932/33 die wirtschaftliche Lage langsam erholte und die Spareinlagen wieder zunahmen, konnten die Sparkassen wieder an den normalen Immobiliarkredit denken, auch wenn das Kreditvolumen noch weit hinter dem ersten Krisenjahr 1929 zurücklag und die Bauwirtschaft wenig anregte.[240]

240 Vgl. Graphik 10.

E DIE EXTERNE POLITISCHE EINFLUSSNAHME AUF DIE STÄDTE

Neben den strukturellen und konjunkturellen Faktoren wurde der politische Handlungsspielraum der sechs rheinischen Großstädte in den letzten Jahren der Weimarer Republik mit wachsender Intensität durch externe politische Einflußnahme eingeschränkt. Vor allem wirkte sich die Politik der Reichs- und der preußischen Staatsregierung für die Städte nachteilig aus. Deutliche Zeichen dieser Entwicklung lassen sich aber bereits in den ersten Jahren der Weimarer Republik erkennen, wie beispielsweise in der Ausgestaltung der Finanzbeziehungen zwischen Reich, Ländern und Gemeinden zugunsten des Reichsfiskus.[1] Gegen diese Zentralisierung der politischen Macht zu Lasten der Gemeinden und Gemeindeverbände formierten sich die kommunalen Spitzenverbände. Unter ihnen waren der Deutsche und der Preußische Städtetag für die sechs rheinischen Großstädte von entscheidender Bedeutung.

1 Die Kommunalaufsicht

1.1 Die rechtlichen Grundlagen und ihre Entwicklung

Zu den grundlegenden Unterschieden kommunaler Politik im Vergleich zu der des Reichs und der Länder gehörte ihre Organisation als Selbstverwaltung im Rahmen der Gesetze und unter einer staatlichen Aufsicht. Das Recht der Selbstverwaltung wurde als eine vom Staat abgeleitete Gewalt beschrieben, deren Rahmen der Staat gesetzlich vorgab.[2] Im allgemeinen wird die Selbstverwaltung der Städte definiert als „öffentliche Verwaltung durch unterstaatliche Träger im eigenen Namen als selbständige, nicht der Weisung unterworfene Wahrnehmung eigener öffentlicher Angelegenheiten".[3] Dabei gestaltet sich der kommunale Handlungsspielraum nach dem Kommunalverfassungsrecht durch eine gestufte Verteilung der Kompetenzen zwischen den Städten einerseits und ihrer Staatsaufsicht andererseits. Mehr oder weniger große Gestaltungsmöglichkeiten hatten die Städte bei der Wahrnehmung der freiwilligen und der Pflichtaufgaben der Selbstverwaltung, wobei unter diesen beiden Aufgaben die größere kommunale Freiheit bei den freiwilligen lag. In

1 Löser: Die Stellung der Gemeinden im heutigen Staat, S. 13. Neben dem Steuersystem war die 1925 mit Zustimmung der Länder beim Reichsfinanzministerium errichtete Beratungsstelle für Auslandsanleihen einschneidend für die Kommunalfinanzen, deren Empfehlungen zwischenzeitlich zu bindenden Entscheidungen über die kommunalen Anleiheanträge wurden; Hofmann: Städtetag und Verfassungsordnung, S. 117.

2 Das Eingriffsrecht des Staats wirkte sich beispielsweise bei der Festsetzung der Richtsätze für Wohlfahrtunterstützungen aus, die mit der PrVO zur Ergänzung der sozialen Leistungen vom 19.10.1932 von einem Selbstverwaltungsrecht in eine Auftragsangelegenheit des Staats umgewandelt wurde. Cuno: Die Richtsätze der öffentlichen Fürsorge, S. 21. Jeserich: Kommunalverwaltung und Kommunalpolitik, S. 488. Leyden: Staatskommissare, S. 28. Ders.: Wandlungen im Gemeinderecht, S. 316 f. Ders.: Die Zukunft der Selbstverwaltung, S. 448. Peters: Grenzen der kommunalen Selbstverwaltung in Preußen, S. 116. Selbstverwaltungsaufgaben der Kommunen, S. 366. Stier-Somlo: Handbuch des kommunalen Verfassungsrechts in Preußen, S. 363. Ders.: Selbstverwaltung und Staatsaufsicht, S. 434–436.

3 Selbstverwaltung, S. 363. Leyden: Das Problem der Großgemeinde, S. 42. Brauweiler: Artikel 127.

diesen Bereichen unterstanden sie, abgesehen von der Rechnungsprüfung, nur der Rechtsaufsicht des Staats.[4] Die dritte Aufgabenart, die sogenannte Auftragsverwaltung, reduzierte sich auf die reine Ausführung konkreter staatlicher Anweisungen ohne einen kommunalen Entscheidungsspielraum.[5] Die Grundlage der Selbstverwaltung für die sechs Großstädte war noch immer die Rheinische Städteordnung vom 15. Mai 1856.[6]

Die Staffelung kommunaler Zuständigkeiten stand im umgekehrten Verhältnis zu der der Aufsichtsbehörden von der Rechtsaufsicht bis zur detaillierten Einzelanweisung.

Hauptaufgabe dieser Aufsicht war es, in der kommunalen Selbstverwaltung die staatlichen Interessen zu sichern und auf die Einhaltung der Rechtsvorschriften durch die Kommunen zu achten.[7] Für die Staatsaufsicht über die kreisfreien Städte waren die Regierungspräsidenten in erster und die Oberpräsidenten in zweiter Instanz und schließlich der Innenminister zuständig.[8] Dabei wirkte der Bezirksausschuß beim Regierungspräsidenten als Vertretung der örtlichen Selbstverwaltung durch Kollegialbeschlüsse an einer Reihe von Entscheidungen des Regierungspräsidenten mit (z. B. Polizeiverordnungen, Genehmigung der Aufnahme von Anleihen) und fungierte als Verwaltungsgericht.[9] Auf der Provinzialebene war der Provinzialrat für Beschlußsachen und Beschwerden gegen die Entscheidungen der Bezirksausschüsse zuständig.[10]

Die scheinbar so klare Kompetenzverteilung im Rahmen der kommunalen Selbstverwaltung war bei ihrer näheren Betrachtung keinesfalls so eindeutig. Zwar garantierten Weimars Reichs- und Preußens Landesverfassung die Existenz demokratischer Gemeinden,[11] aber der materielle Wert dieser Garantien für die Städte blieb zweifelhaft, weil umstritten.[12] Zusätzliche Unsicherheit schuf das Fehlen einer neueren schriftlichen Beschreibung

4 Selbstverwaltung, S. 363. Selbstverwaltungsaufgaben der Kommunen, S. 365.

5 Vgl. Gramsch: Der preußische Staat. Verwaltungsorganisation, S. 132. Kleinsorg: Die Staatsaufsicht über Stadtgemeinden, S. 130.

6 PrGS. 1856, S. 406. Eine Dokumentation der rechtlichen Entwicklung der Kommunalverfassung bietet: Quellen zum modernen Gemeindeverfassungsrecht in Deutschland.

7 Vgl. Fachinger: Das staatliche Aufsichtsrecht, S. 22. Peters: Grenzen der kommunalen Selbstverwaltung in Preußen, S. 218. Hütteroth: Begriff und Wesen der Selbstverwaltung, S. 61. Weitere Autoren: vgl. Fachinger, ebd.

8 § 7 Zuständigkeitsgesetz vom 1.8.1883; PrGS. 1883, S. 237. Bitter: Kommunalaufsicht, S. 1025. Stier-Somlo: Selbstverwaltung und Staatsaufsicht, S. 440.

9 Jesse: Bezirksausschüsse, S. 288 f. Taschenbuch für die Gemeinde-, Stadt-, Kreistags- und Provinzial-Landtags-Verordneten in Preußen, S. 68 f.

10 Als zeitgenössische juristische Einführung: Boldt: Stadtverfassung. Frotscher: Organisation der Reichsverwaltung, S. 124 f.

11 Art. 17 und 127 Weimarer Reichsverfassung; Die deutschen Verfassungen, S. 73, 99. Art. 70 Verfassungsurkunde für den Preußischen Staat; Bitter: Selbstverwaltung, S. 603.

12 Vgl. die Schlußfolgerung der herrschenden juristischen Meinung wie von Anschütz, die dem Art. 127 einen rein formalen Charakter zuschrieben; Brauweiler: Artikel 127, S. 202. Brauweiler selbst sieht es anders; ebd., S. 204.
Vgl. Hofmann: Preußische Stadtverordnetenversammlungen, S. 33. Zum gegenteiligen Ergebnis kommt: Schmitt: Freiheitsrechte und institutionelle Garantien der Reichsverfassung, S. 4–9. Er sah in Art. 127 eine Bindung des Staats an das Selbstverwaltungsrecht der Gemeinden ohne innere Aushöhlung, aber keine Garantie von Einzelrechten und Gebietsständen: Urteil des Staatsgerichtshofs für das Deutsche Reich vom 10. und 11.12.1929, S. 22*. Vgl. Rebentisch: Die Selbstverwaltung in der Weimarer Zeit, S. 87.

der Kommunalaufsicht in Preußens Städterecht.[13] An einer solchen Selbstbindung hatte die preußischen Regierung naheliegenderweise kein Interesse, zumal sie in dieser Position vom Preußischen Oberverwaltungsgericht und von den einschlägigen juristischen Kommentaren unterstützt wurde.[14] Vor allem der bis 1932 amtierende Leiter der Kommunalabteilung im Preußischen Innenministerium, Victor von Leyden, lehnte, in Übereinstimmung mit seinen Vorgesetzten,[15] eine Beschränkung der Kompetenzen der Staatsaufsicht zugunsten einer größeren Rechtssicherheit für die Gemeinden ab. Statt dessen griff man auf verschiedene Gesetze der Monarchie bis zu einer sehr dehnbaren und umstrittenen Bestimmung des preußischen Allgemeinen Landrechts von 1794 zurück.[16] Weiterhin sollte die Staatsaufsicht in der Lage sein, jederzeit eine gegen die Landesinteressen laufende Kommunalpolitik zu unterbinden, wie z.B. durch die Einsetzung von Staatskommissaren.[17] In diesem Zusammenhang sei die Staatsaufsicht nach Leydens Ansicht sogar berechtigt, sich vorsorglich für das Finanzgebaren der Gemeinden zu interessieren, um deren Bedürftigkeit zu Lasten des Staates zu vermeiden. Ohnehin sei es für ihn mit der Selbstverwaltung einer Gemeinde vorbei, wenn sie eine Staatsbeihilfe beantrage und ihre Finanzen Gegenstand der staatlichen Fürsorge würden.[18] Genau hier setzte wegen der in dieser Lage enthaltenen Unberechenbarkeit und des Potentials möglicher Beschränkungen der Selbstverwaltung die juristische und kommunale Kritik an der preußischen Politik gegenüber den

13 Kleinsorg: Die Staatsaufsicht über Stadtgemeinden, S. 130. Leyden: Preußische Verwaltungsreform, S. 26. Preuss: Staatsaufsicht, S. 808 f. Stier-Somlo: Handbuch des kommunalen Verfassungsrechts in Preußen, S. 364. Ders.: Selbstverwaltung und Staatsaufsicht, S. 439.

14 Urteil des Preußischen Oberverwaltungsgerichts vom 29.11.1927, in: Entscheidungen des Preußischen Oberverwaltungsgerichts, Bd. 83, S. 101, 103. Urteil des Preußischen Oberverwaltungsgerichts vom 31.5. 1932, in: ebd., Bd. 89, S. 94, 96, 100. Kleinsorg: Die Staatsaufsicht über Stadtgemeinden, S. 131. Preuss: Staatsaufsicht, S. 808 f. Stier-Somlo: Handbuch des kommunalen Verfassungsrechts in Preußen, S. 365.

15 Vor allem Grzesinski; Hofmann: Städtetag und Verfassungsordnung, S. 113 f.

16 Eine neuere Einführung und Dokumentation bietet: Allgemeines Landrecht für die Preußischen Staaten von 1794.
§ 191 II. Teil 6. Titel Allgemeines Landrecht für die Preußischen Staaten: „Wird nur durch Mißbräuche und Mängel der innern Verfassungen die Erreichung des Zweckes gehindert, oder Nachtheil für das gemeine Wohl hervorgebracht: so ist der Staat nur befugt, zur Abschaffung der Mißbräuche, und Wiederherstellung der guten Ordnung, zweckmäßige Mittel vorzukehren"; zitiert nach: ebd., S. 438.
Rheinische Städteordnung vom 15.5.1856; PrGS. 1856, S. 406. Disziplinargesetz vom 21.7.1852; PrGS. 1852, S. 465.
Landesverwaltungsgesetz vom 30.7.1883; PrGS. 1883, S. 195. Zuständigkeitsgesetz vom 1.8.1883; PrGS. 1883, S. 237. Kommunalabgabengesetz vom 14.7.1893; PrGS. 1893, S. 152. Gesetz über die Anstellung und Versorgung der Kommunalbeamten (Kommunalbeamtengesetz) vom 30.7.1899; PrGS. 1899, S. 141. Kleinsorg: Die Staatsaufsicht über Stadtgemeinden, S. 130. Stier-Somlo: Handbuch des kommunalen Verfassungsrechts in Preußen, S. 368, 372. Leyden: Die Kommissarbestellung als Mittel der Staatsaufsicht, S. 63. Dagegen: Peters: Grenzen der kommunalen Selbstverwaltung in Preußen, S. 223. Haus: Staatskommissare und Selbstverwaltung, S. 97.

17 Leyden: Preußische Verwaltungsreform, S. 27. Unterstützt Leyden: Maß: Die Selbstverwaltung in Deutschland, S. 15. Gegen Leyden: z. B. Dierkes: Kommentar der westlichen Städteordnungen Preußens, S. 29. Vgl. Haus: Staatskommissare und Selbstverwaltung, S. 97.

18 Leyden: Warum mußten die Staatskommissare kommen?, S. 1. Ders.: Die Kommissarbestellung als Mittel der Staatsaufsicht, S. 52.

Städten an.[19] Während der Staats- und Wirtschaftskrise bestätigten sich die in der Kritik geäußerten Befürchtungen. So wurde massiv zugunsten der Verwaltungsorgane in die Grundlagen dieser Kommunalverfassung eingegriffen und damit das Herrschaftsrecht des Staats gegenüber der kommunalen Selbstverwaltung durchgesetzt. Alle anstehenden Entscheidungen über Sparmaßnahmen und den Haushaltsausgleich im weitesten Sinne wurden den Gemeindevertretungen entzogen.[20] Hierauf berief sich beispielsweise der Oberbürgermeister in Gladbach-Rheydt, als er den Beschluß der dortigen Stadtverordnetenversammlung vom 4. Mai 1932, die Gemeindesteuern zu senken, aufhob und die bisherigen Steuersätze beibehielt.[21]

Im Unterschied zur Verteilung der Kompetenzen zwischen den Städten und der Staatsaufsicht waren die Eingriffsmittel der Kommunalaufsicht selbst weitgehend unumstritten. Gegenüber den sechs rheinischen Großstädten nutzte die Staatsaufsicht jedoch nicht alle ihr zur Verfügung stehenden Möglichkeiten.[22] Im einzelnen zählten zu den Eingriffsmöglichkeiten in aufsteigendem Grad der mit ihnen verbundenen Einschränkung des kommunalen Handlungsspielraums:[23]

1. Auf die unverbindliche Erteilung von Ratschlägen[24] waren die Großstädte dank ihrer ausgebauten Fachverwaltungen und des Informationswesens des Deutschen Städtetags relativ wenig angewiesen.

2. Die Einsichtnahme in die Gemeindeverwaltung einschließlich einer Geschäfts- und Kassenrevision. Damit gab es eine schnelle Informationsmöglichkeit der Staatsaufsicht, unabhängig von den Berichten der Gemeinden auf dem Dienstwege an die Aufsichtsbehörde.[25] Hierauf konnten sich die Prüfungen der Staatsbeamten stützen, als die rheinischen Großstädte Beihilfen des Staates zur Finanzierung ihrer Haushalte beantragten.

3. Die aufsichtliche Bestätigung von Gemeindesatzungen, haushalts- und vermögenswirksamen Gemeindebeschlüssen[26] und der Ernennung von leitenden Gemeindebeamten nach einer weitreichenden Rechts- und Zweckmäßigkeitsprüfung.[27] Von dieser Eingriffs-

19 Bühler: Die Selbstverwaltungskörper, S. 703. Fülberth: Konzeption und Praxis sozialdemokratischer Kommunalpolitik, S. 101. Maß: Die Selbstverwaltung in Deutschland, S. 16. Maull: Die Staatsaufsicht, S. 6.

20 PrVO zur Durchführung der Verordnung des Reichspräsidenten vom 24. August 1931 (Reichsgesetzbl. I S. 453) und des § 7 Abs. 2 im Kapitel I des Zweiten Teiles der Verordnung des Reichspräsidenten vom 5. Juni 1931 (Reichsgesetzbl. I S. 279) vom 12.9.1931; PrGS. 1931, S. 179. RdErl. d. PrMdI und PrFM vom 16.9.1931; MBliV. 92 (1931), Sp. 897, 903.

21 OB MG an RP D vom 5.7.1932; HStAD Reg. D 55305.

22 Pathe: Das Kommunalaufsichtsnotrecht, S. 103.

23 Systematik nach Peters: Grenzen der kommunalen Selbstverwaltung in Preußen, S. 233. Vgl. auch Bitter: Kommunalaufsicht, S. 1026–1029.

24 Bitter: Kommunalaufsicht, S. 1025.

25 Ebd., S. 1026.

26 Z. B. kommunale Abgaben einschließlich der Einführung neuer Steuern, Finanz-, Vermögens- und Schuldenverwaltung, Veräußerungen von Immobilien, Sparkassenwesen, Besoldungen, Anstellungsgrundsätze für das städtische Personal.

27 Bitter: Kommunalaufsicht, S. 1027 f. Boldt: Stadtverfassung, S. 79 f. Frankenberg: Die Grenzen der Gemeindeaufsicht, Sp. 21. Gramsch: Der preußische Staat. Verwaltungsorganisation, S. 130 f. Kleinsorg: Die Staatsaufsicht über Stadtgemeinden, S. 130. Leyden: Probleme und Möglichkeiten eines preußischen Finanzausgleichs, S. 29. Maull: Die Staatsaufsicht, S. 33 f. Peters: Grenzen der kommunalen Selbstverwaltung in Preußen, S. 229. Preuss: Staatsaufsicht, S. 809, 813. Stier-Somlo: Handbuch des kommunalen Verfassungsrechts in Preußen, S. 365–369.

möglichkeit machte die Staatsaufsicht bei den kommunalen Abgaben- und Verschuldungsbeschlüssen Gebrauch. Doch schränkte diese aufsichtliche Genehmigungspflicht die Expansion der kommunalen Verschuldung nicht wesentlich ein, was die fachliche Qualität ihrer Kontrolle in Frage stellte.

4. Die aufsichtliche Anweisung an den Bürgermeister, Beschlüsse der Stadtverordnetenversammlung zu beanstanden, die rechtswidrig waren oder im Widerspruch zu allgemeinen staatlichen Interessen standen.[28] Dieses Mittel wurde beispielsweise in Duisburg-Hamborn eingesetzt, als während der Haushaltsberatungen die dortige Stadtverordnetenversammlung geringere als die von der Stadtverwaltung vorgeschlagenen Kanalbenutzungs- und Müllabfuhrgebühren beschloß.[29]

5. Eigene Zwangsmaßnahmen der Aufsichtsbehörde durch Anordnung, Zwangsmittel, Disziplinarmaßnahmen oder Ersatzhandeln des Staats anstelle der Gemeinde ohne eine Beteiligung der Gemeindeorgane, um die Pflichten der Gemeinde zu erfüllen, wie die Abführung der Staatssteuern oder eine solide Haushalts- und Schuldenwirtschaft.[30] Hierzu gehörte bei fehlenden Beschlüssen der Gemeinde die ersatzweise Entscheidung über die Erhebung neuer Steuern und über kommunale Besoldungen.[31] Die zu Kommissaren ernannten Staatsbeamten waren sowohl für die Ausführung der Einzelaufträge der Regierungspräsidenten zur Zwangsetatisierung einnahmenverbessernder oder ausgabenmindernder Maßnahmen als auch für die laufenden Geschäfte in einem längeren Zeitraum einsetzbar. Sie führten in allen sechs rheinischen Großstädten nach der RNotVO vom 26. Juli 1930 von Ende 1930 bis Anfang 1931 die Gemeindebier-, Gemeindegetränke- und Bürgersteuer ein.[32] Diesen Einsatz von Staatskommissaren interpretierte Leyden als das Ergebnis schwindender Selbstverantwortung und von Pflichtverletzungen der Kommunen durch ihre Weigerung, die unpopulären, aber unvermeidlichen Steuererhöhungen und Kürzungen der Sozialleistungen durchzusetzen, obwohl der Zusammenbruch ihrer Finanzen unmittelbar bevorstehe.[33] Die hiermit begründeten prompten Reaktionen der Kommu-

28 Vgl. Bitter: Kommunalaufsicht, S. 1026.

29 StADU 100 A, 1/18, Bl. 164.

30 § 3 Zweiter Teil Kapitel IX RNotVO vom 5.6.1931 fixierte reichsrechtlich die Vollmacht der Länder für Zwangs- und Ersatzmaßnahmen gegen die Gemeinden; RGBl. I 1931, S. 279. § 29 PrVO zur Vereinfachung und Verbilligung der Verwaltung vom 3.9.1932; PrGS. 1932, S. 283. § 19 Zuständigkeitsgesetz vom 1.8.1883; PrGS. 1883, S. 237. Bitter: Kommunalaufsicht, S. 1025 f. Boldt: Stadtverfassung, S. 117–119. Kleinsorg: Die Staatsaufsicht über Stadtgemeinden, S. 131. Leyden: Staatskommissare, S. 28. Pankoke: Öffentliche Verwaltung, S. 16. Pernice: Die Zwangsetatisierung im preußischen Verwaltungsrecht, S. 13. Urteil des Preußischen Oberverwaltungsgerichts vom 31.3.1933, in: Entscheidungen des Preußischen Oberverwaltungsgerichts, Bd. 90, S. 221.

31 § 3 Artikel I Gesetz zur Durchführung der Gemeindebiersteuer, Gemeindegetränkesteuer und Bürgersteuer sowie zur Abänderung des Kreis- und Provinzialabgabengesetzes vom 28.11.1930; PrGS. 1930, S. 284. PrVO zur Durchführung der Verordnung des Reichspräsidenten vom 24. August 1931 (Reichsgesetzbl. I S. 453) und des § 7 Abs. 2 im Kapitel I des Zweiten Teiles der Verordnung des Reichspräsidenten vom 5.6.1931 (Reichsgesetzbl. I S. 279) vom 12.9.1931; PrGS. 1931, S. 179.

32 Dierkes: Kommentar der westlichen Städteordnungen Preußens, S. 27. Haus: Staatskommissare und Selbstverwaltung, S. 97. Jeserich: Kommunalverwaltung und Kommunalpolitik, S. 519. Leyden: Die Kommissarbestellung als Mittel der Staatsaufsicht, S. 55. Ders.: Warum mußten die Staatskommissare kommen?, S. 1. Matthes: Die Zulässigkeit der Bestellung eines Kommissars, S. 33. Das Problem der Staatskommissare, S. 126.

33 Leyden: Kommunalfinanzen, Sp. 686. Ders.: Staatskommissare, S. 27. Klagen der Kommunaldezernenten bei den Regierungspräsidenten über die schleppenden Kürzungen kommunaler Sozialleistun-

nalaufsicht veranlaßten die Städte aber auch, das Einschreiten der Aufsichtsbeamten einfach abzuwarten, statt die politische Verantwortung für diese fremdbestimmten Entscheidungen zu übernehmen. Unter allen Aufsichtsmaßnahmen war bis dahin der ausgiebige Einsatz von Staatskommissaren am umstrittensten.[34] Jedoch ermöglichte eine großzügige Interpretation der RNotVO vom 5. Juni 1931 ihren praktisch unbegrenzten Einsatz und räumte jeden juristischen Zweifel aus.[35]

Mit der RNotVO vom 24. August 1931[36] wurde zudem den Landesregierungen eine Generalvollmacht für Verordnungen „zur Verhütung einer ungesunden Ausgabenwirtschaft der Gemeinden" ausgestellt,[37] darunter die für die Gemeinden einschneidenden zwei preußischen Sparverordnungen.[38] Mit ihrer Verordnung vom 3. September 1932 räumte die preußische Staatsregierung der Kommunalaufsicht sogar eine noch weitreichendere Vollmacht für Eingriffe in die kommunale Finanzhoheit ein.[39] Mit ihr wurden die Regierungspräsidenten ermächtigt, notfalls an den Gemeindeorganen vorbei die Richtsätze der Wohlfahrtsfürsorge festzusetzen und die Bewilligung der Anträge der Städte auf staatliche Sonderbeihilfen von vorherigen Senkungen der Richtsätze abhängig zu machen.[40] Griff die Aufsicht sowohl in die Einnahmen wie in die Ausgaben des städtischen Haushalts ein, dann sah selbst Leyden dies mit Recht als eine „vollständige Präfektur"[41] und damit eine Aufhebung der kommunalen Selbstverwaltung an. Mindestens genauso wirkungsvoll wie der Einsatz der Staatskommissare war die Vielzahl von Auflagen für die Vergabe von Finanzmitteln zur Durchsetzung des politischen Willens gegenüber den Städten, wie beispielsweise die Gewährung einer Beihilfe.[42]

gen; Niederschriften über die Kommunaldezernenten-Besprechung mit dem OP der Rheinprovinz am 21.3.1930 und 16.10.1930; HStAD Reg. D 51285.

34 Den Einsatz der Staatskommissare befürwortend: Leyden: Staatskommissare, S. 27. Ablehnend: Stier-Somlo: Der Staatskommissar zur Verwaltung der Stadt Berlin, S. 782–784. Weitere zeitgenössische Kommentare in: Berger: Die Bestellung von Staatskommissaren. Vgl. Haus: Staatskommissare und Selbstverwaltung, S. 97. Jeserich: Die kommunale Selbstverwaltung im nationalsozialistischen Staat, S. 276.

35 Maull: Die Staatsaufsicht, S. 109. Matthes: Die Zulässigkeit der Bestellung eines Kommissars, S. 35. Heinrich: Die Gemeinden und die Preußische Notverordnung, S. 446.

36 RGBl. I 1931, S. 453.

37 Brüning in einem Aktenvermerk vom 10.8.1931, zitiert nach: Rebentisch: Kommunalpolitik, Konjunktur und Arbeitsmarkt in der Endphase der Weimarer Republik, S. 124 f. Huber: Die Weimarer Reichsverfassung, S. 748. Pathe: Das Kommunalaufsichtsnotrecht, S. 105.

38 PrVO zur Durchführung der Verordnung des Reichspräsidenten vom 24. August 1931 (Reichsgesetzbl. I S. 453) und des §7 Abs. 2 im Kapitel I des zweiten Teils der Verordnung des Reichspräsidenten vom 5. Juni 1931 (Reichsgesetzbl. I S. 279) vom 12.9.1931; PrGS. 1931, S. 179, (sogenannte „1. Sparverordnung"). 2. Sparverordnung vom 23.12.1931; PrGS. 1931, S. 293. Huber: Die Weimarer Reichsverfassung, S. 748, 761.

39 §46 Abs. 1 PrVO zur Vereinfachung und Verbilligung der Verwaltung vom 3.9.1932; PrGS. 1932, S. 292.

40 Niederschrift über die Besprechung der Kommunaldezernenten der Regierungspräsidenten mit dem Oberpräsidenten der Rheinprovinz in Koblenz vom 3.10.1931; HStAD Reg. D 51126, Bl. 135. Allgemein: Sachße/Tennstedt: Wohlfahrtsstaat im Nationalsozialismus, S. 89.

41 Leyden: Warum mußten die Staatskommissare kommen?, S. 1.

42 Surén: Die letzten Änderungen des kommunalen Finanzrechts, S. 91.

6. Die Auflösung von Gemeindeorganen stand der Staatsaufsicht als schwerster Eingriff in die Selbstverwaltung zur Verfügung.[43] Diese Maßnahme kam gegenüber den sechs rheinischen Großstädten allerdings nicht zum Einsatz.

Neben der preußischen Kommunalaufsicht nahm auch das Reich immer stärker Einfluß auf die Städte und Gemeinden.[44] Die Quelle dieser Gängelungspolitik war der schlechte Ruf der Städte bei den Reichsbehörden und -politikern.[45] Die Rechenschaftspflicht der Kommunen über ihre Finanzlage bot den Ansatz für eine Aufsicht des Reichs über die Kommunalpolitik.[46] Dazu schöpfte die RNotVO vom 5.Juni 1931 die Gesetzgebungskompetenz des Reichs für die Wohlfahrtsfürsorge großzügig aus.[47] Die Länder verloren an das Reich das Recht, Voraussetzung, Art und Maß der Fürsorge festzulegen. Durch seine detaillierten Vorschriften nahm das Reich den Ländern ihren bisherigen Gestaltungsspielraum und wirkte direkt auf die Wohlfahrtspolitik der Städte ein.[48] So wurde die Gewährung von Reichszuweisungen für die Deckung der Wohlfahrtslasten nach dieser RNotVO davon abhängig gemacht, daß die kommunale Wohlfahrtsfürsorge „das Maß des Angemessenen und des Erforderlichen“ nicht überschritt.[49] Die Entscheidung über das Angemessene und Erforderliche lag bei der Kommunalaufsicht.[50] Es entstand de facto eine unmittelbare Parallelaufsicht des Reichs.[51]

1.2 Die Praxis der Kommunalaufsicht: Sonderprüfungen der städtischen Finanzen und Umsetzung der Notverordnungen in den Städten

Wie sich die gesetzgeberischen und administrativen Eingriffe in die Handlungsspielräume der sechs rheinischen Großstädte auf dem Wege der Kommunalaufsicht konkret auswirkten, zeigt sich beispielhaft an der Verteilung von Liquiditätsbeihilfen der preußischen Staatsregierung in den Jahren 1931 und 1932. Auf diese Beihilfen waren die Städte in der sich verschärfenden kommunalen Finanzkrise angewiesen, um die Zahlungen von Wohlfahrtsunterstützungen, Löhnen und Gehältern ihrer Bediensteten leisten sowie die unaufschiebbaren rechtlichen Verpflichtungen zu erfüllen. Die Städte konnten sie bei der Kommunalaufsicht des Regierungspräsidenten beantragen. Der Bewilligung dieser Beihilfen gingen regelmäßig eingehende und kritische Prüfungen ihrer Dringlichkeit und Begründungen voraus. Gestellte oder kurz bevorstehende Anträge auf Bewilligung einer Staatsbeihilfe mit ernsthaften Erfolgsaussichten waren deshalb in vier der sechs rheinischen

43 § 86 Rheinische Städteordnung vom 15.5.1856; PrGS. 1856, S. 406. Bitter: Kommunalaufsicht, S. 1026. Kleinsorg: Die Staatsaufsicht über Stadtgemeinden, S. 132.
44 Maull: Die Staatsaufsicht, S. 109.
45 Rebentisch: Kommunalpolitik, Konjunktur und Arbeitsmarkt in der Endphase der Weimarer Republik, S. 107–111, 124.
46 Bühler: Die Selbstverwaltungskörper, S. 698.
47 Art. 9 Nr. 1 Weimarer Verfassung; Die deutschen Verfassungen, S. 71.
48 Berg: Arbeits- und Sozialverwaltung, S. 231.
49 § 2 Abs. 1 Nr. 3 c Vierter Teil Kapitel I Art. 2 RNotVO vom 5.6.1931; RGBl. I 1931, S. 279. Rebentisch: Kommunalpolitik, Konjunktur und Arbeitsmarkt in der Endphase der Weimarer Republik, S. 126.
50 Sachße/Tennstedt: Der Wohlfahrtsstaat im Nationalsozialismus, S. 88.
51 Leyden reagierte darauf wegen seiner konkurrierenden Aufsichtskompetenzen besonders empfindlich; Leyden: Wandlungen im Gemeinderecht, S. 315 f. Köttgen: Die Krise der kommunalen Selbstverwaltung, S. 4 f.

Großstädte Anlaß für die Prüfungen der städtischen Finanzlage durch die Staatsaufsicht vor Ort.[52] Diese geschahen zusätzlich zu den routinemäßigen Kontrollen der städtischen Haushalte anläßlich der Genehmigung von kommunalen Steuerbeschlüssen. Grundlagen solcher Prüfungen waren umfangreiche und zeitaufwendig zu beantwortende Erhebungsbogen über alle finanziell relevanten Daten, die den Stand der Haushaltspläne aktualisierten.[53] Die in diesem Verfahren festgestellten Ergebnisse und Beurteilungen schlugen sich in ausführlichen Gutachten der staatlichen Prüfbeamten über alle Bereiche der Kommunalverwaltung nieder. Mit diesen Analysen erhielt die preußische Staatsaufsicht einen tiefen Einblick in die Kommunalpolitiken der rheinischen Großstädte. Die aufgrund dieser Gutachten ausgesprochenen Bewilligungen von Finanzbeihilfen waren mit Bedingungen für Einsparungen verknüpft. Diese Auflagen fielen nun ganz im Gegensatz zur Meinung des Leiters der Kommunalabteilung im preußischen Innenministerium, Leyden, im Dezember 1930 aus, als er noch die Ansicht vertrat, daß in den Haushalten der Städte keine erheblichen Einsparungen mehr möglich seien.[54] Aber nicht nur die Kommunalaufsicht, sondern auch ein Teil der Oberbürgermeister war sehr an einer Begutachtung der eigenen Verwaltungen interessiert, um sich die Notwendigkeit der großenteils unpopulären Sparmaßnahmen für die innerstädtischen Auseinandersetzungen bescheinigen zu lassen. Die Empfehlungen der Gutachter stärkten zwar einerseits den Oberbürgermeistern den Rücken, die sich nunmehr auf eine höhere externe Autorität berufen konnten, forderten aber andererseits ihren Widerspruch heraus. Sicherlich vom Bedürfnis geprägt, ihre offengelegte Politik rechtfertigen zu müssen, zeigten die Verwaltungschefs zugleich die Grenzen der Einsichtsfähigkeit der Staatsaufsichtsbeamten auf, die der Individualität jeder Stadt nicht immer ausreichend Rechnung trugen. Dies war in Anbetracht der sehr kurzen Dauer der Prüfungen vor Ort von zwei Tagen bis zu einer Woche nicht erstaunlich. Letztlich blieb jedoch allen Oberbürgermeistern, die auf staatliche Beihilfen angewiesen waren, nichts anderes übrig, als sich den Auflagen der Gutachter für die Staatsbeihilfen zu beugen. Ihnen nahmen die Beamten der Kommunalaufsicht mit ihren Sanktionsmöglichkeiten und Kenntnissen aus den regelmäßigen Vergleichen mit anderen Städten sowie die einschlägigen Ministerialerlasse das Heft des Handelns aus der Hand.[55]

Im Falle Düsseldorfs trifft man auf eine besondere Situation. Die Stadt erhielt dank ihrer vergleichsweise guten Liquiditätslage keine Staatsbeihilfe, und ein zaghafter Versuch von

52 Vgl. mehrere Anträge OB MG an den RP D und den PrMdI; HStAD Reg. D 55305, 55307. Aktenvermerk RP D vom 9.7.1931; HStAD Reg. D 55471.

53 RdErl. d. PrMdI, PrFM und PrMfV vom 26.6.1931; MBliV. 92 (1931), Sp. 652. Inhalt der Fragebogen: Besoldungsordnungen, Altersversorgung, Personalstand, Arbeitszeit, Nebenvergütungen, Einstellungs- und Beförderungssperren; Wohlfahrtsunterstützungen und -unterstützte, Fürsorge- und Pflichtarbeit; Schüler-, Klassen- und Lehrerzahlen, Unterrichtsbedarf nach Schultypen, freiwilliger Unterricht, Vertretungen; Kassenlage einschließlich Einnahmen durch Vorschüsse aus besonderen Fonds, aber keine aufgenommenen Kassenkredite, Rücklagen, Einnahmen und Ausgaben im Monats-Soll und -Ist (Steuern, Gebühren, Beiträge); Betriebe, Unternehmen und vor allem Sparkasse; vgl. Beihilfeantrag Wuppertal; HStAD Reg. D 42688.

54 Vermerk über eine Besprechung hoher Beamter mit Vertretern des Städtetags im Reichsfinanzministerium am 15.12.1930; LAB 142/1 StB 3766.

55 OB DU an RP D vom 23.5.1931 und 5.6.1931; RP D an PrMdI vom 17.6.1931; HStAD Reg. D 55434. RP D an PrMdI vom 23.9.1931; HStAD Reg. D 55307. HStAD Reg. D 55432.

Oberbürgermeister Lehr für eine einmalige Staatsbeihilfe am Ende des Jahrs 1931 scheiterte bereits im Ansatz.[56]

Die Prüfungen der Staatsbeamten vor Ort fanden zu verschiedenen Zeitpunkten in unterschiedlichem Umfang statt, jedoch vier der fünf in den rheinischen Großstädten durchgeführten noch vor der preußischen Sparverordnung vom 12. September 1931[57], in der viele der zuvor gemachten Prüfungsauflagen aufgegriffen wurden. Drei der fünf Sonderprüfungen konnten sich auf die für die Kommunen einschneidende RNotVO vom 5. Juni 1931[58] berufen, die der Aufsicht der Länder eine Generalvollmacht für alle Maßnahmen zum Ausgleich der kommunalen Haushalte erteilte.[59]

Die erste Prüfung geschah in Duisburg-Hamborn vom 23. bis 28. Februar 1931[60] auf Bitte von Oberbürgermeister Jarres durch den Beamten in der Kommunalabteilung des Innenministeriums, Tapolski.[61] Gerade nur zwei Tage (3. und 4. Juli 1931) Zeit nahmen sich die Beamten des Innenministeriums, Krauthausen und Storck, für ihre Prüfung der Stadtverwaltung in Gladbach-Rheydt. Ihr Ausgangspunkt war der soeben von den dortigen Stadtverordneten verabschiedete Haushalt für 1931.[62] In Wuppertal begutachtete der Regierungsrat beim Regierungspräsidenten in Düsseldorf, Westphal, auf Antrag des Oberbürgermeisters 1931 kurz hintereinander zweimal die städtischen Finanzen. Die erste Prüfung beschränkte sich auf den Wohlfahrtsetat und fand am 6. Juli 1931 vor Ort statt.[63] In der zweiten Untersuchung am 24. Juli und 7. August 1931 wurde der gesamte städtische Haushalt eingehend untersucht.[64] Unter den geprüften fünf Städten war Essen die einzige, welche erst nach den beiden preußischen Sparverordnungen des Jahrs 1931 einer Sonderprüfung unterzogen wurde. Die späte Prüfung Ende Juli 1932 durch Regierungsrat Westphal traf damit auf eine gegenüber 1931 stark veränderte Haushaltslage. Viele der Vorschläge in den Gutachten des Jahrs 1931 waren deshalb in Essen nicht mehr relevant bzw. konnte der Oberbürgermeister als bereits realisiert melden, weil der Druck der Finanzkrise und der zwischenzeitlich ergangenen weiteren Rechtsvorschriften für Konsolidierungsmaßnahmen gesorgt hatte. Sparerfolge hatte die Stadt hauptsächlich bei ihrem Personal und bei den Schulen erzielt.[65] Außerdem lag wegen der vorsichtigen Schätzung des Aufwands für die unterstützungsbedürftigen Erwerbslosen das Rechnungsergebnis im Sozialetat sogar noch rund 2 Mio. RM unter dem Plan für 1931. So stufte Westphal die

56 Somit fehlt es auch an einem entsprechenden Gutachten. OB D an RP D vom 19.11.1931; RP D an OB D vom 27.12.1931; HStAD Reg. D 55488.

57 PrGS. 1931, S. 200.

58 RGBl. I 1931, S. 279.

59 § 3 Zweiter Teil Kapitel IX; RGBl. I 1931, S. 292.

60 RP D an PrMdI vom 24.9.1931; HStAD Reg. D 55472.

61 HStAD Reg. D 55472. Für DU liegt im HStAD nur ein vollständiges Gutachten vor, das anonymisiert worden ist. Seine örtliche Zuordnung ist eindeutig möglich durch Übereinstimmungen mit anderen Quellen des HStAD: Datum mit Reg. D 55472 (Aufstellung der Prüfungsdaten in Bericht des RP D an PrMdI vom 24.9.1931); Sollfehlbetrag mit Reg. D 55434 (OB DU an RP D vom 23.5.1931, Vermerk RP D vom 24.9.1931); Textausschnitt mit Reg. D 51352, Bl. 117–118 (statt „X" setzt Ausschnitt "Duisburg", statt „gez. Namen" setzt Ausschnitt „gez. Tapolski"); Tapolski ist Gutachter nach OB DU an RP D vom 5.6.1931; Reg. D 55434.

62 OB MG an PrMdI vom 28.6.1931; HStAD Reg. D 55307. Ebd. 55470.

63 Ebd. 55471.

64 Ebd. 55442. RP D an PrMdI vom 24.9.1931; ebd. 55472.

65 Ebd. 55432.

Möglichkeit, das immer noch vorhandene übergroße Haushaltsdefizit durch weitere Ausgabenkürzungen zu verringern, „als nicht mehr besonders erheblich“ ein.[66] Trotzdem enthielt sein Gutachten für die Stadt immer noch eine Reihe sehr umstrittener Sanierungsauflagen.

Wie in Duisburg-Hamborn, so fand auch in Köln die Untersuchung der Finanzpolitik der Stadt auf Initiative des Oberbürgermeisters statt, obwohl diese, im Unterschied zu den übrigen geprüften, weder einen Beihilfeantrag gestellt noch angekündigt hatte. Zwei Beamte der Kommunalabteilung des preußischen Innenministers, Krauthausen und Tapolski, suchten in der Zeit vom 24. März bis zum 1. April 1931 die Stadtverwaltung auf.[67] Zuvor war in Köln vom 27. bis 29. November 1930 eine Nachprüfung der öffentlichen Fürsorge auf Veranlassung des Kölner Regierungspräsidenten durchgeführt worden, die sich vor allem auf die relativ hohen Richtsätze für Wohlfahrtsunterstützungen konzentrierte.[68] Die beiden Staatsbeamten trafen auf einen für das Jahr 1931 ausgeglichenen Haushaltsplan. Dies veranlaßte sie offenbar, ihre Beurteilungsmaßstäbe großzügiger anzulegen als im Falle beantragter Staatsbeihilfen.[69]

Die in ihren Berichten enthaltenen Empfehlungen der Kommunalaufsichtsbeamten zielten auf die Ausgabenseite fast aller Einzelpläne der Haushalte ab.[70] Nur die öffentliche Sicherheit und Ordnung blieb durchweg von Sparauflagen verschont. Die Kürzungsvorschläge konzentrierten sich auf die Schulen, die Sozialfürsorge und das Bauwesen. Unter den Ausgabearten standen die Personalausgaben aller Fachbereiche im Mittelpunkt des Interesses. In diesen wurden offenbar die größten Sparpotentiale angenommen.

Bei den Personalausgaben kam es den Gutachtern vor allem darauf an, daß die durch die kommunale Neuordnung 1929 geschaffenen Rationalisierungsmöglichkeiten in den Verwaltungen der Städte Duisburg-Hamborn, Essen, Gladbach-Rheydt und Wuppertal möglichst rasch und konsequent genutzt wurden. Unter anderem sollten Schulen, Sozial- und Gesundheitseinrichtungen geschlossen oder zusammengelegt werden.[71] Allerdings war dieser Ratschlag für die Oberbürgermeister ebensowenig neu wie eine empfohlene Einstellungs- und Beförderungssperre für das städtische Personal.[72] Die dabei von den Gutachtern optimistisch geäußerte Höhe der einsparbaren Beträge stieß bei den Oberbürgermeistern auf skeptischen Widerspruch.[73]

66 Ebd.

67 GStAB Rep. 77, 444 a, 2, 7, Bl. 44, 73.

68 PrMdI Abschrift eines Vermerks über die von Ministerialrat Wittelshöfer vorgenommene Nachprüfung vom 9.12.1930; GStAB Rep. 77, 444 a, 2, 7, Bl. 29.

69 GStAB Rep. 77, 444 a, 2, 7, Bl. 79.

70 RdErl. d. PrMdI und PrFM vom 27.3.1931; MBliV. 92 (1931), Sp. 301. RdErl. d. PrMdI und PrFM vom 16.9.1931; ebd., Sp. 896. Allerdings soll hier nur auf die über das Tagesgeschehen hinausreichenden Ergebnisse der Prüfungsberichte eingegangen werden.

71 HStAD Reg. D 55442, 55307.

72 OB DU an RP D vom 5.6.1931; HStAD Reg. D 55434. GStAB Rep. 77, 444 a, 2, 7, Bl. 82. HStAD Reg. D 55442, 55472. RdErl. d. PrMdI und PrFM vom 27.3.1931; MBliV. 92 (1931), Sp. 302. RdErl. d. PrMdI und PrFM vom 16.9.1931; MBliV. 92 (1931), Sp. 896. VB E 1929/30, S. 9; 1931, S. 5; 1932, S. 5. VB K 1929/30, S. 9. VB MG 1929 und 1930, S. 10; 1931, S. 9, 15; 1932–1933, S. 12. VB W 1929–1931, S. 14. Auch ohne Sonderprüfung der Staatsaufsicht: OB D an RP D vom 29.4.1931; HStAD Reg. D 55433.

73 OB MG an RP D vom 14.9.1931; HStAD Reg. D 55307. Ebd. 32937 a.

Die staatlichen Prüfbeamten drängten naheliegenderweise darauf, daß die durch die Verordnungen des Reichspräsidenten und der preußischen Staatsregierung gebotenen Gehalts-, Lohn- und Ruhegeldsenkungen sowie eine Anpassung der Anstellungsbedingungen an die schlechteren der Staatsbediensteten durchgeführt wurden.[74] Außerdem sollte für die Fürsorgearbeiter in den Städten die Entlohnung vom hohen Gemeindearbeiter- auf den wesentlich niedrigeren Tiefbauarbeitertarif umgestellt oder ihre Löhne entsprechend gekürzt werden.[75]

So richtete sich das besondere Augenmerk der Prüfer auf die Löhne der städtischen Arbeiter in Köln, die selbst im Vergleich zu den benachbarten Großstädten als überhöht galten.[76] Dazu sollte mit einer Verschiebung der Beschäftigungsverhältnisse von den Dauer- zu den Tarifangestellten die Personalbewirtschaftung flexibler und kostengünstiger gestaltet werden.[77]

Auch die vorgeschlagenen Kürzungen der offiziellen Arbeitszeit um 10–15% pro Woche ohne einen Ausgleich der damit verbundenen Einkommensverluste der Beschäftigten hatten zuerst eine Senkung der Ausgaben, aber ebenso auch die Vermeidung von Entlassungen wegen der Rationalisierungsmaßnahmen in den Verwaltungen zum Ziel.[78] Für Köln empfahlen die Prüfer sogar die Neueinstellung von 880 Wohlfahrtserwerbslosen, wenn gleichzeitig die Arbeitszeit der städtischen Arbeiter um 4 Stunden gekürzt werden könnte.[79]

Unter den verschiedenen Fachbereichen der Kommunalverwaltungen war das Bauwesen von den Ausgabenkürzungen überdurchschnittlich stark betroffen. So wurde beispielsweise die Unterhaltung der öffentlichen Anlagen und Straßen für die Aufsichtsbeamten eine aufschiebbare Ausgabe. Weniger wichtige Wege sollten statt repariert einfach gesperrt und Warnschilder aufgestellt werden. Dies sah man in Gladbach-Rheydt, im Gegensatz zu Duisburg-Hamborn und Essen, wo diese Ersatzmaßnahmen längst eingesetzt wurden, als eine vollkommen unpraktikable Lösung an.[80] Der Kritik der Beamten der Kommunalaufsicht waren auch größere Vorhaben ausgesetzt wie der Neubau des Duisburger Hauptbahnhofs und mehrere Maßnahmen in Wuppertal sowie die Wohnungsbauförderung. Hier wurde regelmäßig die Stillegung der Baustellen verlangt.[81]

74 GStAB Rep. 77, 444a, 2, 7, Bl. 83f. Vgl. auch Tapolski: Kommunale Sparmöglichkeiten, S. 96–99. RNotVO vom 5.6.1931; RGBl. I 1931, S. 279. VO zur Durchführung der Verordnung des Reichspräsidenten von 24. August 1931 (Reichsgesetzbl. I S. 453) und des § 7 Abs. 2 im Kapitel I des Zweiten Teiles der Verordnung des Reichspräsidenten vom 5. Juni 1931 (Reichsgesetzbl. I S. 279) vom 12.9.1931; PrGS. 1931, S. 179. RdErl. d. PrMdI und PrFM vom 16.9.1931; MBliV. 92 (1931), Sp. 896, 899f.

75 GStAB Rep. 77, 444a, 2, 7, Bl. 58. HStAD Reg. D 55442, 55471.

76 GStAB Rep. 77, 444a, 2, 7, Bl. 86–88.

77 Ebd., Bl. 84.

78 HStAD Reg. D 55472. Bei ausgeglichenem Haushalt Kölns zum Zeitpunkt der Prüfung: Keine Einsparungen durch größere Entlassungen; GStAB Rep. 77, 444a, 2, 7, Bl. 79, 85. Vgl. auch Tapolski: Kommunale Sparmöglichkeiten, S. 99. RdErl. d. PrMdI und PrFM vom 27.3.1931; MBliV. 92 (1931), Sp. 302. RdErl. d. PrMdI und PrFM vom 16.9.1931; MBliV. 92 (1931), Sp. 900.

79 GStAB Rep. 77, 444a, 2, 7, Bl. 90.

80 Ebd., Bl. 105–106. OB DU an RP D vom 23.5.1931; HStAD Reg. D 55434. OB E an RP D vom 15.10.1932; HStAD Reg. D 55432. OB MG an RP D vom 14.9.1931; HStAD Reg. D 55307. RdErl. d. PrMdI und PrFM vom 27.3.1931; MBliV. 92 (1932), Sp. 303. Vgl. auch Vorschläge bei Tapolski: Kommunale Sparmöglichkeiten, S. 106.

81 HStAD Reg. D 55442, 55434, 55472. GStAB Rep. 77, 444a, 2, 7, Bl. 97.

Der ganzen Aufmerksamkeit der Staatsaufsicht konnten sich die Ausgaben für die Wohlfahrtsfürsorge sicher sein, die das größte Gewicht von allen Einzelplänen hatten, unter diesen wiederum die Unterstützungsleistungen. Gingen nach Ansicht der Kommunalaufsicht die Richtsätze für die städtischen Wohlfahrtsunterstützungen über „das Notwendige" hinaus, führte dies grundsätzlich zum Entzug staatlicher Beihilfen.[82] Das Hauptargument dafür waren die zwischenzeitlich gesunkenen Lebenshaltungskosten.[83] Dazu sollten die verschieden hohen Unterstützungen durch die Senkung der höheren auf das Niveau der niedrigsten aneinander angepaßt werden, um Wanderungen der Unterstützungsbedürftigen zu unterbinden.[84] Doch dort, wo die Richtsätze erst kurz vor ihrer Prüfung gesenkt worden waren, wollten die Gutachter nicht auf deren erneute Herabsetzung drängen, wohl aber auf eine noch schärfere Bedürftigkeitsprüfung als bisher.[85] Mit z.B. 20% in Essen schätzte der dortige Gutachter das darin noch schlummernde Einsparpotential sehr hoch ein.[86] Für diese Forderungen konnte sich die Kommunalaufsicht auf eine Empfehlung des Deutschen Städtetags berufen, den durchschnittlichen Aufwand für Wohlfahrtsunterstützte auf 700 RM jährlich zu begrenzen.[87] Dem Argument hielt die Stadt Duisburg-Hamborn einen einschlägigen Erlaß des Innenministers entgegen, der diesen Höchstaufwand für Städte, die Staatsbeihilfen bezogen, auf 790 RM festlegte.[88]

Von allen Sozialleistungen stießen die radikalen Kürzungsauflagen der Staatsaufsicht bei den Zusatzunterstützungen auf den stärksten Widerstand der Städte. Besonders problematisch war dabei die Empfehlung für Duisburg-Hamborn, Zusatzleistungen für die Bezieher von Arbeitslosen- und Krisenunterstützung grundsätzlich abzulehnen, da diese Sache des Reichs sei.[89] Diese Auflagen der Staatsaufsicht wurden als Vorwürfe unrechtmäßiger Verschwendung verstanden und lösten heftige, moralisch eingefärbte Proteste der Oberbürgermeister aus. Nach ihrer Ansicht waren die Städte verpflichtet, allen ihren bedürftigen Bürgern gleichmäßig das „Existenzminimum" zu sichern.[90] Symptomatisch für die Intensität und den Stil des Vorgehens der Staatsaufsicht bei der kommunalen Wohlfahrtsfürsorge war Wuppertal mit bislang vergleichsweise großzügigen Leistungen. Hier erwartete man ganz entschiedene Einschränkungen. Insgesamt ließen sich nach den Berechnungen des Gutachtens die Bar- und Sachausgaben der offenen Wohlfahrtsfürsorge um rund 1,6 Mio. RM verringern.[91] Die Gegenrede des Wuppertaler Oberbürgermeisters fruchtete nichts.[92] Die Stadt mußte nachgeben: „Die Vorverhandlungen über die Stellung eines Staats-Beihilfe-Antrages haben dazu geführt, dass die in Wuppertal noch übernormal hohen Richtsätze zum 1. August 1931 auf das von der Wohlfahrtsdezernentenvereinigung empfohlene

82 Niederschrift über die Sitzung des Vorstands des RhSt am 25.4.1931; LAB 142/1 StA 301 I.

83 Vgl. RdErl. d. PrMdI und PrFM vom 27.3.1931; MBliV. 92 (1931), Sp. 302, und vom 16.9.1931; MBliV. 92 (1931), Sp. 902.

84 Tapolski: Kommunale Sparmöglichkeiten, S. 103.

85 HStAD Reg. D 55307, 55432.

86 Ebd. 55432.

87 Ebd. 55307, 55472. GStAB Rep. 77, 444 a, 2, 7, Bl. 55.

88 Erl. d. PrMdI vom 15.5.1931, in: OB DU an RP D vom 23.5.1931; HStAD Reg. D 55434.

89 HStAD Reg. D 55472.

90 OB E an RP D vom 15.10.1932; HStAD Reg. D 55432. OB MG an RP D vom 14.9.1931; HStAD Reg. D 55307. Beschränkt später die Kürzungen bis auf das Existenzminimum: RdErl. d. PrMdI und PrFM vom 16.9.1931; MBliV. 92 (1931), Sp. 901.

91 HStAD Reg. D 55442, 55471.

92 Ebd. 32937 a.

Mass gesenkt worden sind."[93] Nach einer Weisung des Düsseldorfer Regierungspräsidenten Bergemann an die Stadt Wuppertal vom 12. September 1931 sollten die „Anregungen" Westphals möglichst schnell umgesetzt und über ihre Auswirkungen binnen drei Monaten Bericht erstattet werden.[94]

Schließlich hegten die Staatsgutachter mehrfach erhebliche Zweifel an der Effizienz der Organisation und den Kosten der kommunalen Beschäftigungsmaßnahmen in den Städten und verlangten grundlegende Änderungen bis hin zu ihrer Einstellung.[95] Hingegen empfahlen sie für Köln wärmstens eine Ausweitung der Fürsorgearbeit, die dort im Städtevergleich zurückgeblieben sei, um einen Teil der Unterstützungskosten durch eine Mindestbeschäftigung auf die Arbeitslosenversicherung zurückzuverlagern.[96]

Die speziell auf das Schulwesen abgestellten Empfehlungen der Staatsgutachter liefen darauf hinaus, die Kosten durch eine spürbare Verschlechterung des Unterrichtsangebots radikal zu senken: Klassenstärken von 50 Schülern und höhere Pflichtstundenzahlen für die Lehrer, Entlassungen von Honorarlehrkräften, Senkung der Unterrichtsstundenzahlen pro Woche, Zusammenlegungen und Schließungen von Bildungseinrichtungen und ein erhöhtes Schulgeld.[97] Die Forderung nach einem Personalabbau in den Volksschulen fußte in Duisburg-Hamborn sogar auf der extrem hohen Zahl des ersten Kriegsjahres 1914 von 54 Schülern pro Klasse.[98] Wie in anderen Fällen, so fruchtete auch hier der Widerspruch des betroffenen Oberbürgermeisters nichts.[99] Die Staatsaufsicht blieb bei ihrer Erwartung eines Abbaus von 100 Lehrerstellen und der Kündigung einer größeren Zahl von weiteren Lehrkräften, von deren Erfüllung künftige Staatsbeihilfen abhängig sein sollten.[100] In Essen wiederum löste die verordnete Reduktion der Unterrichtsstunden heftige Proteste der Eltern aus, die ebenfalls ohne Erfolg blieben.[101] Dort wurden nun alle Lehrvertretungen entlassen und sämtliche bisher beschäftigten Studienassessoren und fest angestellten Lehrer entbehrlich.[102] Ähnliche Sparmaßnahmen ergriff man auch in Gladbach-Rheydt und Wuppertal.[103]

Diese Maßnahmen, die mit der weitgehenden Beseitigung einer eigenständigen kommunalen Schulpolitik einhergingen, verfolgten nicht nur eine finanz-, sondern auch eine bildungspolitische Absicht.[104] Auf dieser Linie lag die Forderung Westphals für eine Reduktion des Angebots höherer Schulen in Wuppertal.[105] Andererseits wurde für die weiter-

93 Ebd. 55471.
94 Ebd. 55442.
95 Ebd. 32937 a, 55307, 55472. Gefordert wird ein niedrigerer Vergütungstarif und eine geringere Wochenstundenzahl der Fürsorgearbeiter in: RdErl. d. PrMdI und PrFM vom 27.3.1931; MBliV. 92 (1931), Sp. 303.
96 GStAB Rep. 77, 444 a, 2, 7, Bl. 60–63.
97 HStAD Reg. D 55442, 55472. RdErl. d. PrMdI und PrFM vom 27.3.1931; MBliV. 92 (1931), Sp. 302, und vom 16.9.1931; MBliV. 92 (1931), Sp. 900–901.
98 OB DU an RP D vom 5.6.1931; HStAD Reg. D 55434. Ebd. 55472.
99 OB DU an RP D vom 23.5.1931; HStAD Reg. D 55434.
100 Vermerk RP D vom 13.7.1931 über eine Besprechung mit den zuständigen städtischen Dezernenten; HStAD Reg. D 55434.
101 VB E 1931, S. 99–101.
102 Ebd., S. 98, 101.
103 VB MG 1929 und 1930, S. 39–42. VB W 1929–1931, S. 60–64.
104 Übt heftige Kritik an der Expansion des Schul- und Bildungswesens, vor allem am Besuch höherer Schulen: Tapolski: Kommunale Sparmöglichkeiten, S. 99–102.
105 HStAD Reg. D 55442.

führenden Schulen ein Schulgeld bezahlt, das eine Begründung dafür war, die Finanzausstattung und das Unterrichtsangebot der höheren Schulen weniger stark als bei den Volksschulen zu beschneiden.[106]

Bei der Überprüfung der Einnahmeseite der Haushalte konzentrierten sich die Aufsichtsbeamten auf die höchstmögliche zulässige Ausschöpfung der Einnahmepotentiale der Städte. Durchweg wurde deshalb auf eine rasche Einführung und angemessene Höhe der durch die Notverordnungen des Reichspräsidenten eingeführten Steuern sowie die Erhebung kostendeckender Gebühren der städtischen Regiebetriebe gedrängt.[107] In Gladbach-Rheydt und Wuppertal betrachteten die Prüfer mögliche, aber noch nicht fest zugesagte staatliche Zuweisungen als sichere Einnahmen.[108] Gelegentlich entdeckten die Staatsbeamten „Hoffnungseinnahmen“ der Städte, denen jegliche realistische Grundlage fehlte.[109]

Eine ausgiebige Debatte entstand über die Erträge und die mögliche Liquidierung des städtischen Vermögens zwischen den Aufsichtsbeamten und den städtischen Verwaltungen, aber auch innerhalb der staatlichen Kommunalaufsicht. Während Westphal in seinem Gutachten erwartete, daß Essen eine kurzfristige Maximierung der Abführungen der städtischen Betriebe an den Haushalt unter Inkaufnahme von sich langfristig auswirkenden Substanzverlusten durch willkürlich herabgesetzte Abschreibungen erreichte,[110] erinnerte sein Kollege Tapolski die Stadt Duisburg-Hamborn an ausreichende Abschreibungssätze.[111] Außerdem wurde über die zu erwartenden Überschüsse der städtischen Sparkassen nach der Bankenkrise im Sommer 1931 gestritten.[112] Aber der Zwiespalt war nicht nur vor Ort spürbar, wo derselbe Prüfer einerseits städtisches Vermögen (z. B. Aktiv-Hypotheken, Darlehen, Restkaufpreise, Grundbesitz) und Teile der Betriebe zur Haushaltsfinanzierung veräußert sehen wollte, andererseits auch verständnisvoll auf die dagegenstehenden geringen Chancen sah, in der akuten Wirtschaftskrise solche Verkäufe zu adäquaten Preisen durchführen zu können.[113] Die ambivalente Haltung machte sich ebenso im Berliner Innenministerium bemerkbar, als über den Verkauf von RWE-Aktien als Vorbedin-

106 Ein eindrückliches Beispiel auch ohne Sonderprüfung der Staatsaufsicht ist D: in etwa unveränderte Klassenfrequenz an mittleren und höheren Schulen, hingegen deutliche Erhöhung an den Volksschulen zwischen Oktober 1930 und Oktober 1933 von fast 35 auf 43; 1933 wurden im Vergleich zu 1930 12 % mehr Volksschüler von fast 10 % weniger Lehrern unterrichtet; Jahresbericht des Statistischen Amts Düsseldorf 26 (1930), S. 72 f.; 27 (1931), S. 65 f.; 28 (1932), S. 66 f.; 29 (1933), S. 61–63; eigene Berechnungen.

107 Vgl. detaillierte Gegendarstellung über die städtischen Bäder: OB MG an RP D vom 14.9.1931; HStAD Reg. D 55307. Ebd. 55472. GStAB Rep. 77, 444 a, 2, 7, Bl. 95. RdErl. d. PrMdI und PrFM vom 27.3.1931; MBliV. 92 (1931), Sp. 304, und vom 16.9.1931; MBliV. 92 (1931), Sp. 895. Vgl. Tapolski: Kommunale Sparmöglichkeiten, S. 105.

108 HStAD Reg. D 55307, 55442.

109 Z. B. W: Höhe der erwarteten Gewinnabführungen der städtischen Betriebe; HStAD Reg. D 55442.

110 Ebd. 55432. Dieser Vorschlag war die extreme, aber konsequente Fortsetzung von Leydens Behauptung, daß es Aufgabe der städtischen Betriebe sei, den Kommunalhaushalt durch ihre Überschüsse zu finanzieren; Leyden: Wandlungen im Gemeinderecht, S. 335.

111 HStAD Reg. D 55472. Bleibt hier auffallend unpräzise: RdErl. d. PrMdI und PrFM vom 27.3.1931; MBliV. 92 (1931), Sp. 304.

112 HStAD Reg. D 32937 a, 55307.

113 GStAB Rep. 77, 444 a, 2, 7, Bl. 100. HStAD Reg. D 32937 a, 55432, 55472.

gung für die Bewilligung einer Staatsbeihilfe kontrovers diskutiert wurde.[114] Hier schritten der Ressortchef und der Leiter der Kommunalabteilung ein, weil nach ihrer Ansicht die kommunale Versorgungswirtschaft zu erhalten sei. Sie habe die besondere Aufgabe, den lebensnotwendigen Bedarf der Allgemeinheit zu befriedigen. Aus diesem Grunde käme ihre Privatisierung grundsätzlich nicht in Betracht.[115]

Besonders stark konzentrierten sich die gegensätzlichen finanziellen Interessen der Städte und des preußischen Staats in den Schlußberechnungen der Fehlbeträge und der notwendigen staatlichen Liquiditätsbeihilfen. Um die Staatsbeihilfen in Grenzen zu halten, wurden die von den Stadtverwaltungen ermittelten Fehlbeträge von den Staatsbeamten massiv heruntergerechnet. Dafür war die Aufstellung des Aufsichtsbeamten Tapolski für Duisburg-Hamborn beispielhaft: Geschätzter Kassenfehlbetrag Ende März 1931: 17,3 Mio. RM, abzüglich der Rückzahlung fälliger Kassenkredite von 12,3 Mio. RM, da für eine Staatsbeihilfe nicht anrechenbar, der Verlegung von Ausgaben dieses Monats in Höhe von 2,1 Mio. RM auf einen späteren Termin sowie einen möglichen neuen Gewährsträgerkredit der Sparkasse von maximal 3,5 Mio. RM. Daraus ergab sich für den Monat März 1931 ein Fehlbetrag von 0 RM. Sein Ergebnis: Die Stadt könne noch ohne staatliche Hilfe das Ende des Monats März erreichen, dann aber müßten Reich und Land einspringen. Er begrüßte deshalb die Bewilligung von 2 Mio. RM Beihilfe im März.[116]

Eine weitere Reduzierung des städtischen Beihilfebedarfs für die Zukunft wäre nach der Meinung der Aufsichtsbeamten noch durch die Aufnahme weiterer Kredite bei der eigenen Sparkasse möglich gewesen.[117] Doch über diese Auflage gab es erhebliche Meinungsverschiedenheiten mit den Oberbürgermeistern. In Duisburg-Hamborn glaubte man sich nicht nur im Recht, sondern auch im Einvernehmen mit der Sparkassenaufsicht des Regierungspräsidenten und dem Leiter der Kommunalabteilung des Innenministeriums, als man dieses Ansinnen der Prüfer zurückwies, zumal der Höchstbetrag für Gewährsträgerkredite der Sparkasse ohnehin bereits überschritten war.[118] Die Reaktion in Gladbach-Rheydt war ähnlich.[119]

Obwohl die Beamten der Kommunalaufsicht im allgemeinen für ihre Prüfungen qualifiziert waren, gab es auch Fehleinschätzungen. Hierfür ist der Fall der Stadt Köln ein prägnantes Beispiel. Noch wenige Monate vor dem Zusammenbruch der städtischen Finanzen beurteilten die Gutachter den vorgelegten Kölner Haushaltsplan für 1931 als „einen ausgezeichneten Erfolg", weil er „selbst ausgeglichen und ohne Eingreifen von Aufsichtswegen

114 OB E Bracht wendet sich als Vorsitzender der Kommunalen Gruppe im RWE energisch gegen einen Aktienverkauf und verlangt eine einheitliche Haltung im Ministerium: OB E an RP D vom 3.9.1931; HStAD Reg. D 55437.

115 Der Innenminister hält freie Verkäufe von kommunalen RWE-Aktien für unerwünscht; Vermerk RP D vom 17.9.1931 über eine Besprechung im Ministerium am 14.9.1931; HStAD Reg. D 55437. Leyden: Wandlungen im Gemeinderecht, S. 335. Leyden: Kommunale Wirtschaftsbetriebe, S. 27 f.

116 HStAD Reg. D 55472.

117 DU: ebd.

118 OB DU an RP D vom 5.6.1931 auf den Erl. d. PrMdI vom 8.5.1931 über eine Staatsbeihilfe in Höhe von 500 000 RM, der diese Forderung zur Bedingung für ihre Gewährung machte; HStAD Reg. D 55434. Die Haltung der Stadt DU unterstützt, weil sonst die Liquidität gefährdet und keine entscheidende Besserung der städtischen Finanzlage zu erwarten sei: RP D an PrMdI vom 17.6.1931; ebd.

119 OB MG an RP D vom 13.5.1931; HStAD Reg. D 55307. OB MG an PrMdI vom 28.6.1931; ebd.

verabschiedet" worden sei.[120] Angesichts der bereits seit längerem geläufigen Etatprobleme Kölns war dies ein erstaunliches Ergebnis der städtischen Haushaltskosmetik. Immerhin sahen die Gutachter auch das spezielle Kölner Risiko in der Höhe der Schulden, ihrer kurzfristigen Fälligkeiten und den eingegangenen Kreditkonditionen.[121] Dies sollte sich nur wenige Monate später offen und dramatisch zeigen.[122] Außerdem enthielt der Etat in der Gestalt einer kritisch angemerkten, kaum realisierbaren globalen Ausgabenkürzung der Wohlfahrtsunterstützungen von 1,1 Mio. RM einen beachtlichen Risikofaktor.[123]

Zusammenfassend wird deutlich, welch erfolgreiches Mittel der Staatsaufsicht die Begutachtung der Städte anläßlich der Gewährung von Liquiditätsbeihilfen war, um die Machtverteilung innerhalb der Verfassung der kommunalen Selbstverwaltung zugunsten des Staats zu verschieben. Dabei wurde die Gelegenheit genutzt, über das finanziell zwingend Notwendige hinaus auch dort detailliert in die Kommunalverwaltungen einzugreifen, wo die Politik der Städte nicht den Vorstellungen der Staatsaufsicht und der Regierungen des Reichs und Preußens entsprach. Der größte Teil der dagegen gerichteten Verteidigungsversuche der betroffenen Oberbürgermeister blieb erfolglos, so daß sie diese massiven Beschneidungen der Handlungsspielräume der Städte gegenüber dem Staat hinnehmen mußten.

2 Der Städtetag und die kommunalen Vereinigungen

2.1 Die Organisation des Städtetags

Von den neuen kommunalpolitischen Herausforderungen durch die Weltwirtschafts- und Staatskrise angetrieben, wurde der Deutsche Städtetag als kommunaler Spitzenverband fast aller Groß- und Mittelstädte des Deutschen Reichs bzw. Preußens ein Zentrum der kommunalpolitischen Kontakte mit großem Gewicht für die Mitgliedsstädte. Unter ihnen befanden sich alle sechs rheinischen Großstädte. Der Mitgliederbestand des Städtetags blieb während der Krisenjahre stabil, obwohl der Städtetag bis 1933 ein freiwilliger Zusammenschluß war und nur global die städtischen Interessen vertreten konnte.[124] Der Hauptgrund dafür lag in der Bedeutung des Städtetags für die konkrete Kommunalpolitik durch seine umfangreichen Dienstleistungen, den Erfahrungsaustausch und die Durchsetzungskraft der Verbandsführung. Die Geschäftsführung in Berlin galt als die bestinformierte kommunalpolitische Stelle im Reich[125] und war, wie die der Regionalorganisationen des

120 GStAB Rep. 77, 444 a, 2, 7, Bl. 108.

121 Ebd.

122 Persönliche Vorlage eines Beihilfeantrags der Stadt durch den Finanzdezernenten wegen fälliger Zins- und Tilgungsraten: RP K an PrMdI vom 26.8.1931; GStAB Rep. 77, 444 a, 2, 7, Bl. 143 f. Begründung des im Monat September 1931 entstehenden Fehlbetrags mit Schuldendienstleistungen: OB K an PrMdI vom 5.9.1931; GStAB Rep. 77, 444 a, 2, 7, Bl. 147.

123 K nahm einen Rückgang der Wohlfahrtserwerbslosen oder Reichs- und Staatsbeihilfen für die Finanzierung seines überdurchschnittlichen Fürsorgeaufwands an. GStAB Rep. 77, 444 a, 2, 7, Bl. 55 f.

124 Mitte 1931: Meyer: Deutscher und Preußischer Städtetag, S. 38. Hofmann: Zwischen Rathaus und Reichskanzlei, S. 214.

125 Ziebill: Geschichte des Deutschen Städtetages, S. 41.

Verbands, durch die Zusammenführung der einzelnen Nachrichten aus den Mitgliedsstädten in der Lage, die Einhaltung gemeinsam gefaßter Beschlüsse zu kontrollieren. Für das Rheinland fand die interkommunale Abstimmung der Politik im Vorstand des Rheinischen Städtetags statt.

Die mit Abstand wichtigsten ehrenamtlichen Funktionäre des Städtetags waren die Oberbürgermeister. Stadtverordnete bildeten schon satzungsmäßig nur eine Minderheit.[126] So blieben ihre Voten ohne Auswirkungen auf die Verbandspolitik.[127] Mit erstaunlicher Energie bemühten sich die kommunalen Hauptverwaltungschefs um Mitgliedschaften in den Verbandsgremien, denen eine Relevanz für die eigene Politik unterstellt wurde.[128] Maßstab für die Besetzung der Verbandsorgane war der Proporz der Regionen und der Gemeindegrößen, weniger die Zugehörigkeit zu einer politischen Partei. Dies führte zu übergroßen Gremien. Dem Vorstand des Preußischen Städtetags gehörten 43 und dem des Deutschen Städtetags 48 Mitglieder an.[129] Die Geschäftsführung lag deshalb bei den kleineren sogenannten Engeren Vorständen. Aus dem Rheinland waren 1929 alle Oberbürgermeister der Städte mit 200 000 und mehr Einwohnern sowohl im Vorstand des Rheinischen als auch des Preußischen und, bis auf Wuppertal, im Vorstand des Deutschen Städtetags vertreten. Senior war Adenauer, Köln, der seit 1917 dem preußischen Vorstand angehörte.[130] Einem Teil der rheinischen Oberbürgermeister (u. a. Adenauer, Köln, Bracht, Essen, Jarres, Duisburg-Hamborn) gelang es sogar, durch die Kumulation verschiedener Ämter inner- und außerhalb des Verbands politische Handlungsspielräume zu vergrößern, die anderen fehlten. Daneben spielte der Kölner Beigeordnete Suth als Vorsitzender der Vereinigung der kommunalen Finanzdezernenten eine einflußreiche Rolle, da er und Jarres die tonangebenden Finanz- und Wirtschaftsexperten der rheinischen Städte waren.[131]

Die zentrale Figur des Städtetags war sein hauptamtlicher Geschäftsführer, der neben den ehrenamtlichen Vorständen weitreichende Kompetenzen besaß. Mit Sondervollmachten und dem Titel eines Präsidenten des Deutschen Städtetags ausgestattet, nahm Oskar Mulert von 1926 bis 1933 dieses Amt wahr und wurde in diesen Jahren zum maßgeblichen Gestalter des Verbands.[132] Er übernahm die Sitzungsleitung möglichst aller Verbandsgremien und konnte seine Geschäftsstelle sogar während der Weltwirtschaftskrise

126 Nach §7 der Satzung des DSt vom 18.9.1926 setzte sich der Vorstand aus 36 gewählten, davon maximal 12 Stadtverordneten, und zusätzlich 12 durch den Vorstand kooptierten Mitgliedern sowie dem Geschäftsführer und seinem Stellvertreter zusammen; StADU 102, 519.

127 Z. B. Notbeschlußrecht der Gemeindevorstände, Gehälter. Hofmann: Zwischen Rathaus und Reichskanzlei, S. 211.

128 So z. B. im Finanzausschuß des DSt; LAB 142/1 StA 182.

129 Stand: 20.9.1929; Niederschrift über die Sitzung des Vorstands des PrSt am 26.9.1929; StADU 102, 520.

130 Listen über die Vorstandsmitglieder des DSt und des PrSt, Stand: 20.9.1929; StADU 102, 520.

131 Suth: Mitglied des Kreditausschusses des PrSt; Schreiben des PrSt an den PrMdI vom 28.2.1930; GStAB Rep. 77, 479, 226, 39, 1; Delegierter des rheinischen Kreditausschusses; Niederschrift über die Zusammenkunft der Vertreter der Kreditausschüsse der Landes- und Provinzialstädtetage am 13.11.1930; StADU 150, 20; Geschäftsführer des Prüfungsverbands der rheinischen Städte, Geschäftsstelle Köln; StADU 150, 27. Jarres und Suth Mitglieder des Kreditausschusses des DSt; GStAB Rep. 77, 479, 226, 39, 1, Bl. 15; Jarres Vorsitzender und Suth Mitglied des Verwaltungsausschusses der Westdeutschen Prüfungsgemeinschaft; StADU, 150, 27; Jarres und Suth Mitglieder des Aufsichtsrats der Wibera; StADU 102, 805.

132 Jeserich: Oskar Mulert, S. 393 f.

ausbauen.[133] Ein Motiv dafür lag in der sehr heterogenen Mitgliedschaft des Städtetages, die ein aufwendiges und langwieriges internes Entscheidungsverfahren erforderte. Einmal Beschlossenes wurde deshalb lange durchgehalten. Dabei folgten die Oberbürgermeister Mulerts Politik.[134] Offene Auseinandersetzungen wie über die Ernennungen von Staatskommissaren durch die preußische Regierung waren offenbar selten.[135]

Die bisherige Rolle des Verbands endete im Jahr 1933 nach der nationalsozialistischen Machtübernahme, mit der in Preußen planmäßig die kommunale Selbstverwaltung vor Ort ausgehöhlt und gleichzeitig die Auflösung der bisherigen kommunalen Spitzenverbände und ihre Zwangsvereinigung zum Deutschen Gemeindetag im Mai 1933 betrieben wurden.[136] Dazu war zuvor massiver persönlicher Druck auf die amtierenden Oberbürgermeister ausgeübt worden.[137] Von einer eigenständigen Interessenvertretung konnte nicht mehr die Rede sein, obwohl die meisten Beigeordneten und Fachreferenten der alten Verbände in den neuen übernommen wurden.[138]

2.2 Die kommunalen Fachvereinigungen

Nicht nur der Städtetag stand für den Austausch, die Zusammenarbeit und die Vertretung großstädtischer Interessen zur Verfügung, sondern auch ein rund um den Städtetag als Spitzenverband entstandener Kranz von Satellitenvereinigungen, der das vielseitige Feld kommunaler Aufgaben widerspiegelte und von Verwaltungsbeamten bestimmt wurde.[139] Dabei arbeiteten die Fachdezernentenvereinigungen den Vorständen des Städtetags mit fachbezogenen Empfehlungen zu. Die Federführung für die kommunalen Kontakte und die Festlegung der politischen Generallinie verblieb jedoch beim Städtetag.[140] Die Grundlagen für diese Aufgabenteilung bildeten entsprechende Vereinbarungen wie die zwischen der Vereinigung der Finanzdezernenten der größeren Städte und dem Städtetag von 1926.[141]

133 Hofmann: Städtetag und Verfassungsordnung, S. 52 f., 63.

134 Mulert beklagt sich am 25.6.1929 über mangelnde Initiativkraft der Vorstandsmitglieder des PrSt; LAB 200, 2955, 12, Bl. 19. Stillschweigende Zustimmung üblich: G. P. Bronisch: Erinnerungen an den Deutschen Städtetag; LAB 200, 2955, 15, Bl. 8 f.

135 Sitzung des Vorstands des PrSt am 7.2.1931; LAB 142/1 StA 75.

136 Niederschrift über die Sitzung des Engeren Vorstands des DSt und des PrSt am 17.3.1933; StADU 192, 499. Schreiben Mulerts an die Mitglieder des DSt vom 30.3.1933; StADU 102, 500. Vereinheitlichung der kommunalen Spitzenverbände, S. 237. Ziebill: Geschichte des Deutschen Städtetages, S. 60–65. Die Aenderungen des Kommunalrechts seit dem 30. Januar 1933, S. 559. Jeserich: Die Gemeinde im nationalsozialistischen Staat, S. 310. Köttgen: Die Neuordnung der kommunalen Selbstverwaltung, S. 546. Eine ausführliche Darstellung bietet: Hofmann: Städtetag und Verfassungsordnung, S. 123–130.

137 Hofmann: Städtetag und Verfassungsordnung, S. 124.

138 Ziebill: Geschichte des Deutschen Städtetages, S. 64.

139 Vgl. Liste der Vereinigungen und Verbände, die von der Konferenz der Verwaltungsleiter im RWI als notwendig und zweckmäßig anerkannt worden sind; Niederschrift über die Sitzung der Verwaltungsleiter-Konferenz im RWI am 24.4.1929; StADU 102, 1219.

140 Hofmann: Städtetag und Verfassungsordnung, S. 55.

141 Niederschriften über die Sitzungen der Engeren Vorstände des DSt und des PrSt am 22.9.1932 und 2.2.1933; StADU 102, 499. Hofmann: Städtetag und Verfassungsordnung, S. 55.

Unter den zahlreichen Zusammenschlüssen waren die Vereinigungen der Finanz- und Wohlfahrtsdezernenten und die Vereinigung der Städte, Landkreise und Gemeinden im RWI mit ihrer Konferenz der Verwaltungsleiter die wichtigsten. Ähnlich wie beim Städtetag, so drängten auch hier die bisher nicht den Gremien Angehörenden erfolgreich auf Aufnahme, was ein untrügliches Zeichen für ihre Bedeutung vor Ort war.[142]

Dazu wurde an Rhein und Ruhr noch stärker als beim Städtetag auf eine gleichmäßige Verteilung der Ämter auf die Mitgliedsstädte geachtet, um der Vormachtstellung einer Stadt vorzubeugen.[143] Aufgabe der Verwaltungsleiter-Konferenz war die Abstimmung der Kommunalpolitik im Ruhrgebiet unter dem Vorsitz des Essener Bürger- bzw. Oberbürgermeisters. Ihre Ergebnisse setzten die Oberbürgermeister vor Ort um.[144] Zu einem ungewöhnlichen Schritt entschloß sich die Konferenz angesichts der Lage der teilnehmenden Städte im März 1932, um ihren finanziellen Interessen Nachdruck zu verleihen. Die Oberbürgermeister waren nicht mehr bereit, die städtischen Haushalte für das Haushaltsjahr 1932/33 noch vor den Wahlen zum Preußischen Landtag am 24. April 1932 und damit erst nach dem Beginn des Haushaltsjahrs am 1. April 1932 und einer Gesetzgebung des Landtags zugunsten der Städte verabschieden zu lassen. So verstießen sie bewußt gegen geltendes Haushaltsrecht.[145] Dazu verlangten die Verwaltungschefs im Herbst 1932 eine Änderung des Verteilungsschlüssels für die Reichswohlfahrtshilfe zugunsten der Großstädte und die vollständige Finanzierung der Erwerbslosigkeit durch das Reich.[146]

Wie hoch der von diesen kommunalpolitischen Zusammenschlüssen erreichte Grad der Vergemeinschaftung der großstädtischen Kommunalpolitiken in Rheinland und Westfalen war, zeigt die detaillierte Regelung der Büroorganisation und der Entwurf eines Organisationsplans für alle großstädtischen Verwaltungen vom Oktober 1932. Diesen Plan erstellte eine Arbeitsgemeinschaft der Verwaltungsdirektoren des Ruhrgebiets unter dem Vorsitz der Stadtverwaltung Dortmund, der auch die Städte Düsseldorf, Duisburg-Hamborn, Essen und Wuppertal angehörten.[147]

2.3 Die Zusammenarbeit der kommunalen Spitzenverbände

Erreichte dieses in jeder Hinsicht vielschichtige und umfängliche Organisationsgeflecht kommunaler Interessen für die Politikformulierung und -umsetzung eine beachtliche Qua-

142 Niederschrift über die Sitzung der Verwaltungsleiter-Konferenz im RWI am 16.3.1932; StADU 102, 1219.

143 So z. B. DU: Vorsitz und Geschäftsstelle des RhSt, E: Vorsitz und Geschäftsstelle der Verwaltungsleiter-Konferenz, Dortmund: Vorsitz der Arbeitsgemeinschaft der Verwaltungsdirektoren, Geschäftsstelle des Arbeitgeberverbands rheinisch-westfälischer Gemeinden, K: Vorsitz der Vereinigung der Finanzdezernenten, Geschäftsstelle des Prüfungsverbands rheinischer Städte.

144 So z. B. nachdrückliches Schreiben des Vorsitzenden der Konferenz, OB Bracht, E, an die Mitglieder, den Beschlüssen der letzten Konferenz zu folgen, vom 27.5.1929; StADU 102, 1219.

145 Niederschrift über die Sitzung der Verwaltungsleiter-Konferenz im RWI am 16.3.1932; StADU 102, 1219.

146 Niederschrift über die Sitzung der Verwaltungsleiter-Konferenz im RWI am 19.10.1932; StADU 102, 1219.

147 Vgl. Niederschriften über die Sitzungen der Arbeitsgemeinschaft der Verwaltungsdirektoren der Großstädte des rheinisch-westfälischen Industriegebietes; StADU 102, 656. Hier speziell: am 14.10.1932; StADU 102, 656.

lität, so bedurfte eine effektive Durchsetzung der großstädtischen Interessen gegenüber Reich und Preußen einer Vorabstimmung mit den übrigen kommunalen Interessenverbänden. Es galt, den kommunalen Forderungen mehr Gehör zu verschaffen und gemeinsam dem äußeren Druck standzuhalten. So bündelten die kommunalen Spitzenverbände mit einiger Mühe 1931 ihre Aktivitäten in einer formlosen Arbeitsgemeinschaft, deren wichtigste Einrichtung die Besprechungen der Verbandsgeschäftsführer waren.[148] Diesem Kreis gelang Anfang Dezember 1931 der Entwurf eines Forderungskataloges aller kommunalen Spitzenverbände an den Reichsfinanzminister zur Entlastung der Kommunalfinanzen.[149] Trotzdem waren die Beziehungen zwischen den Spitzen der Verbände von häufigen Mißstimmungen getrübt.[150] Diese ergaben sich aus unabgestimmten Einzelaktionen aufgrund kaum überbrückbarer Interessengegensätze, wie bei der Verteilung der staatlichen Zuweisungen an die Gemeinden und Gemeindeverbände, und aus den unterschiedlichen Zusammensetzungen der Mitgliedschaften und der Mitgliederpotentiale der Verbände.[151] Dazu fürchteten die übrigen Spitzenverbände mit Recht die Vorherrschaft des wohlorganisierten „großen Bruders" Städtetag.[152] Das Bemühen um ein eigenes Profil blieb dementsprechend ausgeprägt.[153]

Auch unter dem Eindruck der Qualität dieser Zusammenarbeit baute der Städtetag ein eigenständiges Netz zahlloser Beziehungen zu Politik und Bürokratie auf.[154] Symptomatisch dafür war die mehrfache Teilnahme von Ministern und ihrer Vertreter an den Sitzungen der Städtetagsgremien.[155] Neben schriftlichen Eingaben an die Regierungen des Reichs und Preußens, die nach Mulerts Erfahrungen als Leiter der Kommunalabteilung im Preußischen Innenministerium wenig einbrachten,[156] gewannen persönliche Besprechungen, gesellschaftliche Veranstaltungen und Einladungen an die Regierungsvertreter[157] zunehmende Bedeutung im schärfer werdenden Kampf der Interessen um die Aufmerksamkeit der staatlichen Exekutivorgane.[158] Dazu setzte der Städtetag auf das Konzept eines Fachverbands, der den staatlichen Bürokratien mit seinem kommunalen Spezialwissen als

148 So z.B. Allgemeine Grundsätze für das Haushalts-, Kassen- und Rechnungswesen der deutschen Städte. Aufgestellt im Mai 1932; LAB 142/1 StB 4721. Vorbericht mit Anlagen zur Sitzung des Wohlfahrtsausschusses des DSt am 16.9.1932; LAB 142/1 StB 527 und 142/1 StA 729. Sitzung des Vorstands der Vereinigung der Finanzdezernenten größerer deutscher Städte am 30.7.1932; LAB 142/1 StB 552. Ziebill: Geschichte des Deutschen Städtetages, S. 280.

149 Die Finanzlage der deutschen Gemeinden und Gemeindeverbände. LAB 142/1 StB 2197/II.

150 Erwähnenswert ist der solistische Vorstoß des Deutschen Landkreistags im Reichswirtschaftsrat auf Kosten des DSt; Notiz Mulerts über die Besprechung der Geschäftsführer der kommunalen Spitzenverbände am 14.11.1930; LAB 200, 2955, 13, Bl. 164.

151 Ziebill: Geschichte des Deutschen Städtetages, S. 278, 280.

152 So über das Verfahren für das „Sanierungsprogramm des Deutschen Städtetages vom 17.8.1931", als der Präsident des Deutschen Landgemeindetags am 24.8.1931 über die fehlende vorherige Absprache klagte und am 31.8.1931 Mulert recht barsch darauf reagierte; LAB 142/1 StA 109.

153 G. P. Bronisch: Erinnerungen an den Deutschen Staedtetag; LAB 200, 2955, 15, Bl. 12.

154 So war Mulert 1930 Mitglied in 122 Beiräten, Ausschüssen, Vereinen usw., zumeist wegen seines Amts beim Städtetag; Ziebill: Geschichte des Deutschen Städtetages, S. 55. Vgl. Hofmann: Städtetag und Verfassungsordnung, S. 118.

155 Ziebill: Geschichte des Deutschen Städtetages, S. 54.

156 Hofmann: Städtetag und Verfassungsordnung, S. 55.

157 Z. B. die Sitzung des Ausschusses für Verfassungs- und Verwaltungsreform des DSt am 17.10.1932 mit dem Ministerialdirektor für Kommunalangelegenheiten des PrMdI, Surén; LAB 142/1 StA 11. Hofmann: Städtetag und Verfassungsordnung, S. 60.

158 Hofmann: Städtetag und Verfassungsordnung, S. 50.

sachlich notwendiges Korrektiv diente.[159] Diese Strategie wurde durch seine Forderung nach einer gegenüber den Wirtschaftsverbänden privilegierten Beteiligung am Gesetzgebungsverfahren ergänzt, die er mit der besonderen Stellung der Gemeinden als grundsätzlich allgemein zuständige Exekutivträger im Staat begründete.[160] Es gelang, zwischen den Verbands- und Regierungsvertretern eine Verhandlungsatmosphäre zu schaffen, in der die Kommunen nicht mehr als Bittsteller, sondern als gleichberechtigte Gesprächspartner auftraten. Dabei baten die Vertreter der Regierungen Mulert gelegentlich um Rat und Einflußnahme zu ihren Gunsten.[161]

2.4 Der Einfluß auf die Gesetzgebung Preußens

Dieses Verhältnis des Städtetags zur preußischen Regierung beruhte vor allem auf Mulerts Kontakten zur dortigen Exekutive, die ihm augenscheinlich einen größeren Gestaltungsspielraum als im Reich gaben.[162] Hier traf Mulert stets seinesgleichen wie den von ihm vorgeschlagenen Nachfolger im Amt des Leiters der Kommunalabteilung, Victor von Leyden.[163] Dagegen wechselte das Verhältnis Mulerts zu den Ministern mit den Amtsinhabern. So brachte Grzesinskis restriktive Haltung gegenüber den Gemeinden rasch Reibungen mit dem Städtetag,[164] auf deren Höhepunkt im Jahr 1929 es Mulert auf eine Machtprobe mit dem Innenminister über das die Gemeinden stark belastende Polizeikostengesetz ankommen ließ und er dazu die ihm nahestehenden Oberbürgermeister im Staatsrat unter der Präsidentschaft Adenauers einsetzte.[165] Wenig glücklich war Mulert über Grzesinskis Nachfolger Waentig, obwohl dieser sein gutes Verhältnis zum Städtetag herausstellte.[166] Mulert setzte ihn unter Druck, als der Städtetag nicht an der Überarbeitung der Richtlinien für das kommunale Schuldenwesen beteiligt worden war.[167] Waentig gab nach.[168]

159 Mulert: Grundsätzliche Fragen der Kommunalpolitik, Sp. 1108.

160 Niederschrift über die Sitzung der Engeren Vorstände des DSt und des PrSt am 6.2.1931; LAB 142/1 StB 3765.

161 Ministerialdirektor von Leyden, PrMdI, bat Mulert um einen Appell an alle Verbandsmitglieder, ihre Zahlungsverpflichtungen gegenüber dem Staat pünktlich zu erfüllen, weil ein Ministerialerlaß als „Regieren vom ‚Grünen Tisch'" aufgefaßt würde und deshalb wenig Autorität besäße; GStAB Rep. 77, 479, 226, 44, 1. Der RP D unterstützte eine Eingabe des DSt an das Reichsfinanzministerium vom 30.7.1931, weil die Gemeinden ohne Überbrückungskredite ihren Schuldendienst nicht erfüllen könnten; Schreiben an den PrMdI vom 18.9.1931; GStAB Rep. 77, 479, 226, 42, 1. Hofmann: Städtetag und Verfassungsordnung, S. 60.

162 Z. B. die Zusammenarbeit Mulert-Severing und Erfolg bei der Installierung der kommunalen Kreditausschüsse. Upmeier: Außerparlamentarische Entscheidungsträger, S. 221.

163 Jeserich: Oskar Mulert, S. 393.

164 Notiz Mulert über eine Besprechung am 13.2.1930: Die übrigen Teilnehmer zeigten mehr Verständnis für die Gemeinden als Grzesinski; LAB 200, 2955, 13, Bl. 6.

165 Notiz Mulert über eine Besprechung mit Grzesinski am 1.7.1929; LAB 200, 2955, 12, Bl. 23. Hofmann: Zwischen Rathaus und Reichskanzlei, S. 212.

166 Waentig: „Dieses Vertrauensverhältnis, das wir schätzen und pflegen, trat besonders klar hervor, als Sie Ihren Präsidenten in der Person des Leiters der Kommunalabteilung meines Ministeriums wählten"; Achter Deutscher Städtetag, S. 43.

167 Scharfer Ton in Schreiben Mulerts an Waentig vom 5.7.1930 und vom 23.8.1930; GStAB Rep. 77, 479, 226 c, 1, Bl. 133–136, 203–205.

168 GStAB Rep. 77, 479, 226 c, 1, Bl. 208.

Mit Severing als Innenminister hatte Mulert ab 1930 endlich einen ihm nahestehenden Ansprechpartner,[169] wenn sich auch nun nicht immer der gewünschte Erfolg einstellte. Bereits im Herbst 1930 wurde der Städtetag mit der Absicht, die Befugnisse der Oberbürgermeister bei einem Versagen der Gemeindevertretungen zu erweitern, durch von Leyden im Innenministerium unterstützt,[170] stieß aber im Landtag, nach Mulerts zutreffender Einschätzung, aus Furcht vor einem Machtzuwachs der Oberbürgermeister, auf massiven Widerstand.[171] Die Regelung des Finanzausgleichs in Preußen 1931 wurde ebenfalls ein Fehlschlag für den Städtetag, weil zwar wieder das Innenministerium, nicht aber die Mehrheit des Landtags auf seine Wünsche einging.[172] Erneut wurde der Städtetag das Opfer von Mulerts einseitig auf die Bürokratie gerichteter Lobbyarbeit.[173] Bezeichnenderweise entsprach erst die von der preußischen Regierung ohne die Einschaltung des Landtags erlassene Sparverordnung vom 12. September 1931[174] den Vorstellungen des Städtetags.[175]

Nach dem Staatsstreich Papens gegen Preußen im Sommer 1932 nahm der Einfluß des Städtetags sogar noch zu. Maßgeblich gestaltete der Städtetag den Erlaß des Preußischen Finanzministers vom 20. August 1932 mit, der den von der Kommunalaufsicht eingesetzten Staatskommissaren auferlegte, auf die Zahlungen der Gemeinden für Löhne, Gehälter und Wohlfahrtsunterstützungen Rücksicht zu nehmen. Für die zahlungsgefährdeten Gemeinden konnte die Staatsaufsicht Sonderzuschüsse beim Innenminister beantragen. Diese Gemeinden durften im Einvernehmen mit der Aufsichtsbehörde eingegangene Staatssteuern zurückhalten.[176]

Der Städtetag bestimmte auch den Inhalt der Preußischen Gemeindefinanzverordnung mit und konnte das ungünstige Reichsrecht teilweise abmildern.[177] Seine Vorstellungen für eine Regelung der vorläufigen Haushaltsführung fanden ebenso Aufnahme in die Gemeindefinanzverordnung vom 2. November 1932[178] wie in eine Musterordnung der kommunalen Haushalte.[179] Das Verbot, über ausgabenwirksame Anträge ohne ausreichende und realisierbare Deckung in den Gemeindevertretungen zu diskutieren,[180] kam den Verwaltungschefs sicher nicht ungelegen. Dagegen konnte die weitgehende Mitsprache der Aufsichtsbehörde bei den kommunalen Stellenplänen nicht verhindert werden, aber mit dem Erreichten konnte man zufrieden sein.[181] Diese Ergebnisse der Lobbytätigkeit des Städtetages wirkten sich stark auf jeden einzelnen Haushalt der sechs rheinischen Großstädte

169 Jeserich: Oskar Mulert, S. 391. Druck auf von Leyden: Notiz Mulert über eine Besprechung mit von Leyden am 14.11.1930 zu den geplanten Finanzgesetzen; LAB 200, 2955, 13, Bl. 164 f.
170 Preußische Gemeindefinanzverordnung, S. 590.
171 Notiz Mulert am 3.11.1930; LAB 200, 2955, 13, Bl. 136.
172 Das Problem der Staatskommissare, S. 126 f.
173 Vgl. allgemein Upmeier: Außerparlamentarische Entscheidungsträger, S. 220–235.
174 PrGS., 1931, S. 179.
175 Preußische Gemeindefinanzverordnung, S. 590.
176 Bestellung von Staatskommissaren für Gemeinden, S. 426.
177 Preußische Gemeindefinanzverordnung, S. 590. Surén: Gemeindefinanzverordnung und Stellenplanverordnung, S. 9 f.
178 PrGS. 1932, S. 341.
179 Preußische Gemeindefinanzverordnung, S. 591. Hettlage/Loschelder/Zschintzsch: Die Gemeindefinanzverordnung vom 2. November 1932, S. 322.
180 § 9 Preußische Gemeindefinanzverordnung vom 2.11.1932; PrGS. 1932, S. 341.
181 Vgl. Preußische Gemeindefinanzverordnung, S. 592.

aus. Andererseits blieben im Zusammenhang mit der Staatsaufsicht über die kommunale Selbstverwaltung und bei der Aufteilung der Finanzmittel zwischen dem preußischen Staat und den Großstädten zwangsläufig konkurrierende Interessenlagen bestehen. Hier gab es einen so scharfen Wettbewerb, daß die Städtetagsspitze ernsthaft die Übertragung der Kompetenzen für den kommunalen Finanzausgleich auf das Reich diskutierte.[182] Zu den Streitpunkten gehörten vor allem die pauschalen Kürzungen der Steuerüberweisungen für die Gesamtheit der Kommunen in Höhe der Summe ihrer Rückstände gegenüber Reich und Staat im Jahr 1932. Sie betrachtete Mulert mit Unterstützung der Oberbürgermeister als „Kollektivhaftung der preussischen Gemeinden für die Steuerrückstände einzelner Gemeinden."[183] Auch die Preußische Verordnung zur Vereinfachung und Verbilligung der Verwaltung vom 3. September 1932[184] kommentierte der Städtetag bissig, weil sie den Staatskommissaren die „rücksichtslose Eintreibung der Staatssteuern" ermögliche.[185] Unbeliebt waren auch die zentralen Sonderbeihilfen des Staats, die als staatliche Gängelungsmittel angesehen wurden.[186] Schließlich wußte Preußens Staatsaufsicht auch, Schwächen kommunaler Geschlossenheit für Sparmaßnahmen für sich zu nutzen.[187] Ihre Auflagen ähnelten geschickterweise so sehr den Vorschlägen des Städtetags, daß sie mit diesen fast austauschbar und damit für den kommunalen Spitzenverband kaum angreifbar waren.[188]

Außerdem wurde die Staatsaufsicht der Regierungspräsidenten vom Städtetag als unnötige Einmischung in die kommunalen Angelegenheiten empfunden. Ihre Beschränkung auf eine reine Rechtsaufsicht mißlang jedoch.[189] Andererseits begrüßte man die rückwirkende Legalisierung der Entscheidungen der Staatskommissare im Sommer 1931 durch das Reich.[190]

2.5 Die schwierigen Beziehungen zum Reich

Im Unterschied zum Verhältnis des Städtetags zu Preußen waren die Beziehungen zur Reichsregierung wegen der gegenüber den Städten verschärften Gesetzgebung des Reichs

182 Der Deutsche Städtetag, S. 45. Brief Mulerts an Reichsfinanzminister Dietrich vom 18.4.1932 nach den Beschlüssen des Vorstands des DSt vom 15. und 16.4.1932; LAB 142/1 StB 2197/II. Mulert: Läßt das Reich die Gemeinden im Stich?, S. 223. Mulert: Die Linie der Finanzpolitik, S. 59 f.

183 Mulert in der Sitzung des Vorstands des PrSt am 24.9.1932; LAB 142/1 StA 774. Verordnung zur Verlängerung und Änderung des Preußischen Ausführungsgesetzes zum Finanzausgleichsgesetz für das Rechnungsjahr 1932 usw. -Änderungsverordnung 1932 –, Artikel I, Nr. 4; PrGS. 1932, S. 161.

184 § 29; PrGS. 1932, S. 288.

185 Mulert; Sitzung des Vorstands des PrSt am 24.9.1932; LAB 142/1 StA 774.

186 Ebd.

187 So z. B. Differenzen zwischen den Wohlfahrtssätzen des Städtetags, DU und MG; Gutachten über die Finanzlage der Stadt MG vom 21.7.1931; HStAD Reg. D 55307.

188 Vgl. z. B. das Gutachten der Kommunalaufsicht Düsseldorf über die Finanzlage der Stadt MG vom 21.7.1931; HStAD Reg. D 55307; mit: Haushaltssanierung 1931. Vorschläge des DSt; LAB 142/1 StA 530/I; Rundschreiben des DSt vom 15.12.1930; LAB 142/1 StB 4721.

189 Sitzung des Vorstands des PrSt am 25.6.1929; Notiz Mulert; LAB 200, 2955, 12, Bl. 19. Preußische Gemeindefinanzverordnung, S. 590. Sitzungen des Vorstands des DSt am 9.2.1929 und 7.2.1931; Der Städtetag 23 (1929), Sp. 144–146; LAB 142/1 StA 75. Mulert: Die Linie der Finanzpolitik, S. 59 f. Ders.: Unsere Forderungen, S. 115. Löser: Staat und Selbstverwaltung, S. 324–326.

190 LAB 142/1 StB 3691.

zwar äußerst intensiv, aber nicht gut.[191] Dies lag vor allem an den Problemen Brünings und seiner Minister, ein tragfähiges Verhältnis zu den Kommunen zu finden.[192] Die Notverordnungspolitik, die verbalen Angriffe auf die Städte, vor allem auf ihre Anleihen- und Ausgabenpolitik, sowie die anhaltende Tatenlosigkeit der Reichsregierung hinsichtlich der Erwerbslosenfürsorge der Städte weckten Mißtrauen und Kritik.[193] Die Beziehungen besserten sich immerhin vorübergehend, als Brüning die Gemeinden für seine Sanierungspläne brauchte und sich im Frühjahr 1931 die Sparpolitik der Städte in seinem Sinne positiv auswirkte.[194] Jedoch prallten in der Sache die Interessengegensätze zwischen Reich und Städten weiterhin heftig aufeinander.[195] Als mit der RNotVO vom 5. August 1931[196] de facto eine intensive Reichsaufsicht eingeführt und die Refinanzierung der Gemeinden über ihre eigenen Sparkassen untersagt wurden, schlug die vorübergehend positive Einstellung der Städte gegenüber der Reichsregierung wieder um.[197] Der Städtetag protestierte heftig gegen diese Verordnung, zumal er offenbar bewußt entgegen Brünings Zusagen von Ende Januar 1931 nicht beteiligt und Mulerts Eitelkeit verletzt worden war.[198]

Die Bemühungen der Städte beim Reich um eine Unterstützung brachten für 1931 nur eine Reichshilfe von 140 Mio. RM ein. Dem Finanzausschuß des Deutschen Städtetags reichte dies nicht aus. Er erwartete noch mehr Druck der Verbandsleitung auf die Reichsregierung.[199] Ziemlich ambivalent blieben die Konsequenzen der nun folgenden kommunalpolitischen Maßnahmen des Reichs. Die Regelung der kommunalen Umschuldung in der RNotVO vom 6. Oktober 1931[200] konnte der Städtetag auf seine Initiative zurückfüh-

191 Hofmann: Städtetag und Verfassungsordnung, S. 50. Rebentisch: Kommunalpolitik, Konjunktur und Arbeitsmarkt in der Endphase der Weimarer Republik, S. 107. Ziebill: Geschichte des Deutschen Städtetages, S. 333.

192 Reichsfinanzminister Dietrich erklärte anfänglich Kontakte zu den kommunalen Spitzenverbänden für unerwünscht; Rebentisch: Kommunalpolitik, Konjunktur und Arbeitsmarkt in der Endphase der Weimarer Republik, S. 126. Hofmann: Zwischen Rathaus und Reichskanzlei, S. 268.

193 Brief Mulerts an Reichsfinanzminister Dietrich vom 18.4.1932; LAB 142/1 StB 2197/II. Elsas: Wohlfahrtserwerbslose und Gemeindefinanzen, S. 55. Mulert: Läßt das Reich die Gemeinden im Stich?, S. 222. Ders.: Geordnete Gemeindefinanzen, S. 522. Ders.: Nüchterne Kommunalpolitik, S. 54. Ders.: Die Linie der Finanzpolitik, S. 59. Ders.: Der Anfang ist gemacht, S. 313. Der Deutsche Städtetag, S. 43. Hofmann: Städtetag und Verfassungsordnung, S. 112, 121. Jeserich: Oskar Mulert, S. 394.

194 Schreiben des Reichskanzlers an den DSt vom 30.1.1931; Niederschrift über die Sitzung der Engeren Vorstände des DSt und des PrSt am 6.2.1931; LAB 142/1 StB 3765. Rebentisch: Kommunalpolitik, Konjunktur und Arbeitsmarkt in der Endphase der Weimarer Republik, S. 128 f.

195 Zur RNotVO vom 5.6.1931; RGBl. I 1931, S. 279–314: „unzureichend", „rücksichtslos": Mulert in der Sitzung des Vorstands des PrSt am 8.9.1931; LAB 142/1 StA 774. Mulert: Notverordnung und Städte, S. 298. Generalvollmacht der Länder durch die „Dietramzeller Notverordnung"; RGBl. I 1931, S. 453. Mulert: Staatliche Verfassungs- und Verwaltungsreform, S. 9.

196 RGBl. I 1931, S. 429.

197 Rebentisch: Kommunalpolitik, Konjunktur und Arbeitsmarkt in der Endphase der Weimarer Republik, S. 129.

198 Schreiben des Vorstands des DSt an Reichskanzler, die Reichsminister für Finanzen und Wirtschaft; LAB 142/1 StB 3613. Anfang 1931 empfahl Reichskanzler Brüning den Reichsministerien eine frühzeitige Beteiligung der kommunalen Spitzenverbände an der Gesetzgebung; Ziebill: Geschichte des Deutschen Städtetages, S. 55. Rebentisch: Kommunalpolitik, Konjunktur und Arbeitsmarkt in der Endphase der Weimarer Republik, S. 129.

199 LAB 142/1 StB 2197/II.

200 3. Teil Kapitel II; RGBl. I 1931, S. 537.

ren.[201] Doch war ihr Erfolg bescheiden. Die RNotVO vom 14. Juni 1932[202] hatte die für die Städte unangenehme Konsequenz von Zusatzunterstützungen für Erwerbslose, deren baldige Abschaffung die Finanzdezernenten forderten.[203] Mulert sah dagegen diese Notverordnung wegen der Unterstützung des Reichs für die Gemeindefinanzen positiv.[204] Erst nach Brünings Entlassung aus dem Amt des Reichskanzlers besserte sich das Klima zwischen der Reichsregierung und dem Spitzenverband der Großstädte etwas.[205]

Seine Interessenpolitik intensivierte der Städtetag durch eine professionelle Propaganda.[206] Mit dramatischen Worten wurde versucht, die Öffentlichkeit für die eigenen Ziele zu mobilisieren und Druck auf die politischen Entscheidungsträger auszuüben.[207] Hauptthemen waren die kommunale Finanzkrise, das System der Erwerbslosenfürsorge und die kritischen Einstellungen von Reichs- und Landesregierungen gegenüber den Gemeinden und ihre nachteiligen Folgen.[208] Die sich wegen ihrer Not ausweitende Finanzanarchie der Gemeinden mußte andererseits mit der Erfüllung der dringendsten Aufgaben wie der Zahlung von Wohlfahrtsunterstützungen, Löhnen und Gehältern verteidigt werden.[209]

2.6 Die Konsolidierung der Gemeindehaushalte und Schulden

Zur Unterstützung ihrer Interessenvertretung gegenüber dem Reich und Preußen versuchte die Geschäftsführung des Städtetags recht erfolgreich, durch Initiativen zur kommunalen Finanzpolitik gegenüber den Mitgliedern das Heft in der Hand zu behalten, um die Städte vor Eingriffen in ihre Selbstverwaltung abzuschirmen. Dieses Ziel verfolgte sie mit dem Ausgleich der Kommunalhaushalte durch einen freiwilligen Aufgabenabbau.[210] Welcher Verwaltungschef mochte sich einem aus diesem Anlaß an ihn gerichteten persönlichen Solidaritätsappell verschließen?[211] Zusätzlich bedurfte es aber auch einer völli-

201 Soll man den Dingen ihren Lauf lassen?, S. 524.
202 RGBl. I 1932, S. 273.
203 Sitzung des Vorstands der Vereinigung der Finanzdezernenten größerer Städte am 30.7.1932; LAB 142/1 StB 552.
204 Dieses Urteil dürfte sich auf die gegenüber der RNotVO vom 5.6.1931 um ein Mehrfaches erhöhte Reichswohlfahrtsbeihilfe beziehen.
205 Hofmann: Städtetag und Verfassungsordnung, S. 121.
206 Ziebill: Geschichte des Deutschen Städtetages, S. 271–273.
207 Besonders drastisch Jarres: In letzter Stunde, S. 101–103. Mulert: Unsere Forderungen, S. 113, 116. Soll man den Dingen ihren Lauf lassen?, S. 525 f.
208 Mulert in der Sitzung des DSt am 24.9.1932; LAB 142/1 StA 774. Brief Mulerts an Dietrich vom 18.4.1932; LAB 142/1 StB 2197/II. Elsas: Wohlfahrtserwerbslose und Gemeindefinanzen, S. 54. Jarres: In letzter Stunde, S. 102 f. Brief an Brüning vom 7.11.1932, veröffentlicht in Auszügen: Mulert: Geordnete Gemeindefinanzen, S. 521. Ders.: 25 Jahre Deutscher Städtetag, S. 38. Ders.: Notverordnung und Städte, S. 298. Ders.: Nüchterne Kommunalpolitik, S. 54. Soll man den Dingen ihren Lauf lassen?, S. 524.
209 Verteidigte Beispiele: Nichtabführung von Steuern an Reich und Länder, Nichtzahlung von fälligen Zinsen und Rechnungen; Mulert: Nüchterne Kommunalpolitik, S. 53.
210 Rundschreiben Mulerts vom 15.12.1931; LAB 142/1 StB 4721. Mulert: Konsolidierung des Kommunalkredits, Sp. 1371–1373. Ders.: Die Linie der Finanzpolitik, S. 58. Der Deutsche Städtetag, S. 30. Meyer-Lülmann: Aufgaben der kommunalen Kreditausschüsse, S. 394. Die Verantwortung der Reichsregierung, S. 271. Ziebill: Geschichte des Deutschen Städtetages, S. 258.
211 Schreiben des Vorstands des DSt an seine Mitglieder vom 5.11.1929; LAB 142/1 StB 4721.

gen Kehrtwende Mulerts und seiner Kollegen weg von der bisherigen Ausgabenpolitik.[212] Außerdem bereitete das schlechte finanzpolitische Image der Verbandsmitglieder nach ihren früher großzügigen Ausgaben erhebliche Probleme. Die Finanzierung der Leistungen an die Wohlfahrtserwerbslosen sollte zwar immer noch Vorrang vor anderen Aufgaben haben, was aber tatsächlich wenig bedeutete.[213] Nun gab es konkrete, später wiederholte und verschärfte Sparvorschläge, deren Umsetzung eindringlich nahegelegt wurde:

- Stellenabbau, Gehaltskürzungen, Versetzungen innerhalb der Verwaltung, Einstellungs- und Beförderungssperren,
- Einstellung des Wohnungsbaus und der Straßenunterhaltung,
- Abschaffung der gehobenen Fürsorge, Streichung von Zusatzunterstützungen, Reduktion der Fürsorge- und Notstandsarbeiten, individuelle Bedürftigkeitsprüfung, Senkung der Richtsätze der Wohlfahrtsfürsorge wegen gesunkener Löhne und Lebenshaltungskosten,
- kaufmännische Führung und Kostendeckungsprinzip der städtischen Betriebe.[214]

Als das Selbsthilfeprogramm des Städtetags bald nicht mehr für den Ausgleich der städtischen Haushalte ausreichte, verlangte der Verband die Finanzierung der voraussichtlichen kommunalen Fehlbeträge für 1931 mit 400 Mio. RM durch Reich und Staat.[215] Für diesen Appell erwies sich die bisherige Selbsthilfepropaganda des Städtetags als nachteilig.[216] Dennoch durfte sich der Städtetag der Anerkennung seiner Sparpolitik als einer konstruktiven Unterstützung der Reichs- und Landesregierungen sicher sein, was zugleich die Position der Verbandsleitung gegenüber den Mitgliedern stärkte,[217] mochte auch die Verbandsspitze ihr Sparkonzept nach außen hin nur als einen „Gesamtrahmen" sehen.[218] Vielmehr wurden artikulierte Sonderinteressen Opfer der angestrebten und erreichten äußeren Geschlossenheit.[219] Zusätzlich förderte massiver Druck der Reichsregierung, der dieses Mal die Unterstützung Mulerts fand, die Gründung der Wirtschaftsberatung Deutscher Städte AG (Wibera) im Dezember 1930, deren Aufgabe die Revision der kommunalen

212 Schreiben Mulerts an den Wirtschaftsausschuß des DSt vom 7.7.1928; StADU 102, 483.

213 Rundschreiben des Vorstands des DSt an die Mitglieder vom 5.11.1929; LAB 142/1 StB 4721. Haushaltssanierung 1931; LAB 142/1 StA 530/I.

214 Richtlinien für die ärztliche Versorgung der Hilfsbedürftigen, aufgestellt vom Wohlfahrtsausschuß des DSt im Juni 1930; Rundschreiben vom 24.7.1930, 15.12.1930, 7.5.1931 und 27.8.1931; LAB, 142/1 StB 4721. Anfang 1931: Selbsthilfe der Städte. September 1931: Das Finanz- und Wirtschaftsprogramm. Haushaltssanierung 1931, Vorschläge des DSt; LAB 142/1 StA 530/I. Zahnärztliche Versorgung der Hilfsbedürftigen, Rundschreiben vom 8.4.1932; LAB 142/1 StB 4721. Zur Individualisierung der Wohlfahrtsunterstützung, Rundschreiben vom 4.2.1933; LAB 142/1 StB 4721. Außerdem eine große Zahl weiterer, sehr detaillierter Richtlinien.

215 Das Finanz- und Wirtschaftsprogramm, S. 405.

216 Preußens Minister verwiesen Anfang 1931 die Gemeinden auf die Selbsthilfe, als diese staatliche Unterstützung einforderten; Jarres: In letzter Stunde, S. 101.

217 Reichsfinanzminister Dietrich empfahl das Sparprogramm des Deutschen Städtetags; Schreiben an die Landesregierungen vom 27.8.1931; GStAB Rep. 77, 479, 226, 45, 1, Bl. 1–5. Mulert: Staatliche Verfassungs- und Verwaltungsreform, S. 5.

218 Das Finanz- und Wirtschaftsprogramm, S. 406.

219 Januar 1931: „Diese Ersparnisvorschläge und Rationalisierungspläne ... sollen die Voraussetzungen sein für die Verhandlungen mit Reich und Ländern. Sie sind auch die Voraussetzungen für unsere Forderungen an das Reich und die Länder"; Selbsthilfe der Städte, S. 4. Hofmann: Städtetag und Verfassungsordnung, S. 118.

Betriebe sein sollte. An dieser Gesellschaft sicherte sich der Deutsche Städtetag den Einfluß durch eine Mehrheitsbeteiligung.[220] Hierdurch sollte ein an die Privatwirtschaft angelehntes Prüfungswesen für die kommunalen Betriebe entstehen, was dem Verständnis der Öffentlichkeit näher kam als die bisherige interne Rechnungsprüfung im Rahmen der Haushaltswirtschaft der Städte.

Ebenfalls in die Richtung einer Konsolidierung der Kommunalfinanzen zielte die Umschuldungsaktion des Städtetags mit dem Verband öffentlicher Kreditanstalten und dem Deutschen Sparkassen- und Giroverband durch Sammelanleihen, mit der zugleich eine Ausdehnung der Kompetenzen der Beratungsstelle für Auslandsanleihen beim Reichsfinanzministerium verhindert werden sollte.[221] Hierfür forderte die Verbandsführung die Solidarität aller Mitglieder, gab im November 1929 entsprechende Richtlinien heraus und mahnte ständig zu größerer Zurückhaltung bei Neuemissionen und zum Abbau der kurzfristigen Verschuldung.[222] Allerdings gestaltete sich die Durchführung dieser Umschuldungsaktion wegen der angespannten Marktlage und der zögerlichen Haltung der Sparkassen schwierig.[223] Die ursprünglich nur kurzzeitig geplante Maßnahme schleppte sich hin und war im Herbst 1932 immer noch nicht abgeschlossen.[224] Eine Reihe rheinischer Städte, insbesondere Köln, geriet dadurch in erhebliche finanzielle Schwierigkeiten.

Stand schon die kommunale Finanzpolitik im allgemeinen im Mittelpunkt lautstarker öffentlicher Kritik, so galt dies in besonderem Maße für die Aufnahme von Anleihen durch die größeren deutschen Städte im Ausland seit der Währungsstabilisierung, weil sie angeblich die Währung gefährdete, obwohl sie nur 10% der deutschen Verschuldung im Ausland erreichte.[225] Mochte dieses Argument auch kaum haltbar sein, so reichte es immerhin aus, um Anfang 1925 eine sogenannte Beratungsstelle für die Aufnahme von Auslandsanleihen beim Reichsfinanzminister als Hürde einzurichten.[226] Ihre Politik stand

220 Reformprogramm der Reichsregierung vom 30.9.1930: Ankündigung schärferer Nachprüfungen der kommunalen Finanzpolitik, Nachweis einer funktionierenden unabhängigen Revisionsorganisation der Kommunen bis zum 31.1.1931; Rundschreiben Mulerts an die Mitglieder des DSt vom 2.1.1931; StADU 102, 805. Meyer: Deutscher und Preußischer Städtetag, S. 39. Niederschrift über die Sitzung des Engeren Vorstands des DSt und des PrSt am 7.11.1930; StADU 102, 489. Geschäftsbericht der Wibera für die Zeit 17.12.1930–31.12.1931; StADU 102, 805.

221 Beschluß des Vorstands des DSt zur Umwandlung kurzfristiger kommunaler Schulden in langfristige mit Hilfe des Deutschen Sparkassen- und Giroverbands im Oktober 1929; Der Deutsche Städtetag, S. 29. Schreiben des DSt an alle Mitglieder: vom 27.11.1929; LAB 142/1 StB 4721; vom 16.6.1930; GStAB Rep. 77, 479, 226, 38, 1, Bl. 264–266. Hettlage: Die kurzfristige Verschuldung, S. 748 f. Mulert: Sinn und Form der Selbstverwaltung, Sp. 1237. Hofmann: Städtetag und Verfassungsordnung, S. 117.

222 Grundsätze über den Kommunalkredit im Schreiben Mulerts an die Mitglieder des DSt vom 5.11.1929; LAB 142/1 StB 4721. Rundschreiben des Vorstands des DSt an seine Mitglieder vom 16.7.1929, 5.11.1929, 27.11.1929, 17.4.1930, 16.6.1930, 29.6.1930 und 23.11.1930; LAB 142/1 StB 4721. Meyer-Lülmann: Aufgaben der kommunalen Kreditausschüsse, S. 394.

223 Niederschrift über eine Besprechung des kommunalen Anleihewesens am 17.6.1930; HStAD Reg. D 51408, Bl. 225. Von den 197 rheinischen Sparkassen unterstützten im Mai 1930 163 die Aktion, das Finanzvolumen betrug nur 12 Mio. RM; StADU 150, 20.

224 Verlängerung der Frist 31.5.1930 bis zum 31.12.1930; Beschluß des Vorstands des DSt vom 2.6.1930; GStAB Rep. 77, 479, 226, 28, 1, Bl. 266. Niederschrift über die Sitzung der Engeren Vorstände des DSt und des PrSt am 22.9.1932; StADU 102, 499. Meyer: Deutscher und Preußischer Städtetag, S. 39.

225 Besonders scharf gegen kommunale Anleihen: Reichsbankpräsident Schacht; Upmeier: Schachts Kampf gegen die kommunalen Auslandsanleihen, S. 160–171.

226 Vgl. Dietrich-Troeltsch: Die Errichtung der Beratungsstelle, S. 174–186. Ders.: Auf der Suche nach neuen Deckungsgrundsätzen, S. 171. Ziebill: Geschichte des Deutschen Städtetages, S. 257.

von Anfang an unter der Dauerkritik der kommunalen Spitzenverbände, die gerade im versperrten Zugang zum Auslandsmarkt für langfristige Anleihen die Ursache für die Überschuldung der Gemeinden mit kurzfristigen Inlandskrediten sahen.[227] Das vernichtende Urteil von Sachverständigen über die Arbeit der Beratungsstelle war deshalb höchst willkommen.[228] Doch die parallelen Bemühungen des Städtetags, die Handhabung der Anleiheemissionen der größeren Städte mit denen des Reichs und der Länder gleichzustellen, scheiterten.[229]

Als dann das Mandat der Beratungsstelle sogar noch auf die Inlandskredite ausgedehnt werden sollte, brach bei den Kommunen ein Sturm der Entrüstung los, und der Städtetag setzte alle Hebel in Bewegung, um diese Absichten zu vereiteln.[230] Als Alternative zu dieser Beratungsstelle schlug der Städtetag selbstorganisierte kommunale Kreditausschüsse vor.[231] Hierauf ging Preußens Innenminister Severing ein.[232] Mit dem nun anstehenden Aufbau dieser Kreditausschüsse verband Mulert seine ganze persönliche Autorität und drängte die Vorsitzenden der Provinzialstädtetage zu ihrer schnellstmöglichen Einrichtung.[233] Nicht einmal zwei Monate nach der Konstituierung des Kreditausschusses des Rheinischen Städtetags im Februar 1930 in Düsseldorf forderte er einen ersten Zwischenbericht an.[234] Ebenso entsprangen die folgende Bildung eines gemeinsamen Kreditausschusses aller kommunalen Spitzenverbände und die Mitwirkung der Oberpräsidenten der Provinzen Mulerts Konzept eines engmaschigen Netzes von Beziehungen zwischen den Kommunen und dem Staat einschließlich der Teilnahme von Regierungsvertretern an den Sitzungen der Kreditausschüsse. Im Rheinland setzte sich der Kreditausschuß aus erfahrenen aktiven und pensionierten kommunalen Wahlbeamten zusammen.[235]

227 Dietrich-Troeltsch: Die Errichtung der Beratungsstelle, S. 183. Die Selbstverwaltung als Grundbau des Staates. Upmeier: Schachts Kampf gegen die kommunalen Auslandsanleihen. Ziebill: Geschichte des Deutschen Städtetages, S. 257.

228 Hirsch: Das Urteil über die ‚Beratungsstelle'.

229 Dietrich-Troeltsch: Die Errichtung der Beratungsstelle, S. 182. Meyer: Deutscher und Preußischer Städtetag, S. 39.

230 Einmütigkeit in der Sache, Differenzen in der Taktik: Notiz Mulert über die Sitzung des Engeren Vorstands des DSt am 23.10.1930; LAB 200, 2955, 13, Bl. 116.

231 Notiz Mulerts über die Sitzungen des Engeren Vorstands des DSt am 1.12.1929 und am 22.10.1930; LAB 200, 2955, 12, Bl. 93 und 200, 2955, 13, Bl. 108. Schreiben des Vorstands des PrSt an den PrMdI vom 24.12.1929; GStAB Rep. 77, 479, 226, 38, 1, Bl. 62–66. Vgl. Dietrich-Troeltsch: Die Deckungsgrundsätze für die Schuldaufnahme der Gemeinden, S. 188.

232 Die Inhalte des Schreibens des Vorstands des PrSt an den PrMdI vom 24.12.1929; StADU 150, 20, und des RdErl. d. PrMdI und PrFM vom 14.2.1930; MBliV. 91 (1930), S. 115–122, sind fast identisch. Mulert bedankt sich bei Severing; Notiz Mulerts über die Besprechung mit Severing am 10.11.1930; LAB 200, 2955, 13, Bl. 148. Hettlage: Die kurzfristige Verschuldung, S. 749. Kommunale Kreditausschüsse in Preußen, S. 110.

233 Rundschreiben Mulerts am 24.12.1929 an die Vorsitzenden der Provinzialstädtetage: Organisation „spätestens Anfang Januar"; StADU 150, 20.

234 Schreiben Mulerts an die Vorsitzenden der Provinzialstädtetage vom 24.3.1930; StADU 150, 20.

235 Niederschrift über die gemeinsame Besprechung der Kreditausschüsse der rheinischen kommunalen Spitzenverbände am 7.5.1930; StADU 150, 20. Rundschreiben Mulerts an die Provinzialverbände des DSt vom 24.12.1929; StADU 150, 20. Kreditausschuß des DSt am 8.2.1930 und Zusendung der Niederschrift über die Besprechung der Kreditausschüsse am 25.6.1930 an Ministerialdirektor von Leyden, PrMdI; GStAB Rep. 77, 479, 226, 39, 1, Bl. 3, 15. Schreiben Mulerts an den PrMdI vom 23.3.1931; GStAB Rep. 77, 2025, 12, 5, Bl. 205. Severings Antwort an Mulert vom 30.5.1931; GStAB

Die Zuständigkeiten der Kreditausschüsse richteten sich nach Höhe und Art der Schulden. Die Anträge der rheinischen Städte für Schuldscheindarlehen bis zu einer Höhe von 5 Mio. RM bearbeitete der rheinische Kreditausschuß. Größere Kredite und Inhaberanleihen für den nichtöffentlichen Markt begutachtete der Kreditausschuß des Preußischen Städtetags, während sich der Kreditausschuß des Deutschen Städtetags mit den beabsichtigten Anleiheemissionen für den öffentlichen Kapitalmarkt befaßte.[236] Alle Kreditausschüsse waren durch Mehrfachmitgliedschaften miteinander verbunden. Für die Arbeit der Kreditausschüsse bildeten die zwischen Reich, Ländern und kommunalen Spitzenverbänden vereinbarten „Richtlinien für das kommunale Schuldenwesen" die Grundlage.[237] Außerdem legten die Kreditausschüsse bei ihren Zusammenkünften in Berlin noch weitere, strenge Beurteilungsmaßstäbe für ihre Gutachten fest.[238] Für das Rheinland gab es gemeinsame Vorgaben aller kommunalen Verbände. Zur Begutachtung erwartete der rheinische Kreditausschuß dieselben Unterlagen wie die Kommunalaufsicht.[239]

Beurteilungsmaßstab für die Kreditanträge war ihre „Anleihefähigkeit", d. h. die geplante Maßnahme war dringlich und konnte nicht mit Mitteln des ordentlichen Haushalts finanziert werden. Außerdem mußten die Bedingungen des Darlehens für die Stadt tragfähig sein.[240] Für den Kreditausschuß waren Verwendungszwecke wie der Ankauf der neuen Aktien der RWE zur Sicherung des kommunalen Einflusses und der Wasserbau unterstützenswerte Verwendungen solcher Schuldenaufnahmen. Grundsätzlich abgelehnt wurde die Finanzierung des ordentlichen Haushalts, insbesondere seiner Fehlbeträge,[241] von Wohnungsbau und Grundstückskäufen, Sporteinrichtungen und Jugendheimen. Es sollte aber individuell über die Finanzierung von Haushaltsdefiziten, Schul-, Krankenhaus- und Wegebauprojekten sowie die Fertigstellungen begonnener Projekte entschieden werden.[242] Geprüft wurden nur Kredite, die die Schulden einer Stadt erhöhten, nicht aber formale

Rep. 77, 2025, 12, 5, Bl. 211–212. Notizen Mulerts am 2.12.1929 und am 10.11.1930; LAB 200, 2955, 12, Bl. 13, 94, 148.
Mitglieder des rheinischen Kreditausschusses: OB i. R. Gielen, Köln; OB i. R. Lembke, Mülheim (Ruhr); OB Russell, Koblenz; die Beigeordneten und Finanzdezernenten Besserer, Duisburg-Hamborn, und Suth, Köln; stellvertretene Mitglieder: BM Breuer, Essen; OB Hartmann, Remscheid; OB i. R. Havenstein, Mülheim (Ruhr); Beigeordneter und Finanzdezernent Odenkirchen, Düsseldorf; BM Servais, Aachen; Niederschrift über die Sitzung des Vorstands des RhSt am 21.6.1930; LAB 142/1 StA 301 I.

236 Schreiben des PrMdI an den PrSt vom 21.5.1931; GStAB Rep. 77, 479, 226, 38, 1.

237 Schreiben Mulerts an die Mitglieder vom 10.12.1930; LAB 142/1 StB 4721. Meyer-Lülmann: Kommunalkreditgesetz, S. 104. Die Richtlinien erlangten in ihrer Fassung vom 3.12.1930 Gesetzeskraft durch die RNotVO vom 6.10.1931; vgl. Dietrich-Troeltsch: Die Deckungsgrundsätze für die Schuldaufnahme der Gemeinden, S. 187.

238 Niederschriften über die Zusammenkünfte der Vertreter der Kreditausschüsse der Landes- und Provinzialstädtetage am 25.6.1930 und 13.11.1930; StADU 150, 20. Notiz Mulerts am 13.11.1930; LAB 200, 2955, 13, Bl. 161. Schreiben des DSt vom 3.7.1930 und vom 23.11.1930; LAB 142/1 StB 4721. Meyer-Lülmann: Aufgaben der kommunalen Kreditausschüsse; S. 395.

239 Niederschrift über die Sitzung des Vorstands des RhSt am 21.6.1930; LAB 142/1 StA 301 I. Tätigkeitsbericht Kreditausschuß des RhSt Mai 1930 bis Mitte Februar 1933; HStAD Reg. D 55376.

240 Tätigkeitsbericht Kreditausschuß des RhSt Mai 1930 bis Mitte Februar 1933; HStAD Reg. D 55376.

241 Hier änderte der Kreditausschuß später seine Haltung durch drei Befürwortungen; Tätigkeitsbericht des Kreditausschusses des RhSt für die Zeit von Mai 1930 bis Mitte Februar 1933; HStAD Reg. D 55376.

242 Niederschrift über die gemeinsame Besprechung der Kreditausschüsse der rheinischen kommunalen Spitzenverbände am 7.5.1930; StADU 150, 20. Ebd. 130, 3.

Verlängerungen alter Darlehen und Umschuldungen. Außerdem bedurften Kassen- und Betriebskredite, Stundungen und Sicherungen für Grundstücke keiner Begutachtung, weil sie nicht durch die Aufsichtsbehörde genehmigt werden mußten.[243] Hier gab es aber offensichtlich zahlreiche Mißverständnisse der kommunalen Antragsteller, zumal der Kreditausschuß auf ausdrücklichen Wunsch der Aufsichtsbehörden in Einzelfällen doch Stellung zu Verlängerungsanträgen nahm.[244]

Die sechs untersuchten rheinischen Großstädte stellten an den rheinischen Kreditausschuß insgesamt 41 der 126 Anträge für Neukredite mit einem Gesamtumfang von 51,3 Mio. RM. In 32 von 34 Stellungnahmen befürwortete der Ausschuß ihre Anträge.[245] Bereits vorliegende Zuschußzusagen des Reichs und Preußens waren für die Zustimmung des Ausschusses förderlich.[246]

Ab 1931 beherrschte Kölns Finanznot die Sitzungen des Kreditausschusses. Seine 14 Anträge erreichten eine Summe von insgesamt 39,2 Mio. RM. Der Umfang eines einzigen dieser Anträge überschritt oft die Summe, die eine der übrigen Städte für den gesamten Zeitraum von 1930 bis 1933 beantragt hatte. Dennoch wurden alle Anträge Kölns vom Kreditausschuß unterstützt.[247] Ebenfalls aus Köln kamen fast sämtliche eingereichten Verlängerungsanträge für laufende Kredite. Diese befürwortete der Kreditausschuß durchweg mit der Begründung, daß sie die Schulden der Stadt nicht erhöhten.[248] Zusätzlich wurden die fälligen alten Großkredite durch mehrere neue mittelgroße Darlehen mit bis an die Begutachtungsgrenze des rheinischen Kreditausschusses heranreichenden Beträgen umgeschuldet. So mußten sie nicht den Kreditausschüssen in Berlin vorgelegt werden, in denen das preußische Innenministerium und das Reich Einfluß auf die Entscheidungen über sie nehmen konnten.

Nach fast 1 1/2 Jahren allseitig als erfolgreich beurteilter Tätigkeit[249] wurden die Kompetenzen der Kreditausschüsse auf den ausdrücklichen Wunsch der kommunalen Spitzenverbände, beim Städtetag aber erst nach längeren internen Auseinandersetzungen, um die Übernahmen von Bürgschaften durch die Städte erweitert.[250] Die sechs rheinischen Städte

243 Erlasse d. PrMdI und PrFM: vom 14. 2.1930; StADU 150, 20, und vom 7.5.1930; GStAB Rep. 77, 479, 226, 11. Beschlüsse des Kreditausschusses des RhSt vom 7.5.1930; HStAD Reg. D 55376. StADU 150, 20.

244 Tätigkeitsbericht des Kreditausschusses des RhSt für die Zeit vom Mai 1930 bis Mitte Februar 1933; HStAD Reg. D 55376.

245 StADU 150, 20.

246 Ebd. 130, 3.

247 Ebd. 150, 20.

248 Ebd.

249 In einer Umfrage des PrMdI im Herbst 1931 äußerten sich der OP der Rheinprovinz und die RP D und K positiv über die Kreditausschüsse wegen ihrer fachlichen Kompetenz, der reibungslosen Zusammenarbeit und des Entlastungseffekts für die Kommunalaufsicht; GStAB Rep. 77, 479, 226, 40, Bl. 75, 77, 78. Notiz Mulerts am 13.11.1930; LAB 200, 2955, 13, Bl. 161. Meyer-Lülmann: Aufgaben der kommunalen Kreditausschüsse, S. 394 f. Der Deutsche Städtetag, S. 30.
Niederschrift über die Zusammenkunft der Vertreter der Kreditausschüsse der Landes- und Provinzialstädtetage am 13.11.1930; StADU 150, 20.

250 Gemeinsames Schreiben von Preußischem Landkreistag, Reichsstädtebund, Verband der preußischen Landgemeinden und Landgemeindetag West an den PrMdI vom 17.8.1931; GStAB Rep. 77, 479, 226, 38, 1, Bl. 314. Zur Besprechung beim PrMdI am 18.5.1931 gab es noch keine endgültige Stellungnahme des PrSt; GStAB Rep. 77: 479, 226, 38, 1, Bl. 308 f. und 479, 226 c, 3. Vermerk PrMdI 22.9.1931: Vorläufig keine Beteiligung des PrSt; GStAB Rep. 77, 479, 226, 38, 1, Bl. 315.

stellten hierzu acht Anträge mit insgesamt 925 600 RM,[251] die somit eine erheblich geringere Bedeutung erlangten, als es der vorherige langanhaltende Streit um die Ausschußkompetenzen vermuten ließ. Immerhin lehnten die kommunalen Gutachter rund zwei Drittel der Antragssumme ihrer Kollegen wegen voraussichtlicher Überforderung ab.[252] Diese Arbeit der kommunalen Kreditausschüsse fand jedoch trotz der einhellig positiven Resonanz ein baldiges Ende. Mit der Übernahme der politischen Macht durch die Nationalsozialisten stießen sie auf deren völliges Unverständnis, weshalb sie Ende 1933 abgeschafft wurden.[253]

2.7 Die Rolle des Städtetags in der Wohlfahrtspolitik

Auf der Ausgabenseite versuchten die Kommunalpolitiker, unter der Regie des Städtetags die finanzielle Sprengwirkung der wachsenden Wohlfahrtsausgaben zu verringern und politische Geschlossenheit gegenüber der bis ins Detail städtischer Verwaltung eingreifenden Staatsaufsicht zu erreichen.[254] Entsprechende Empfehlungen aus Berlin setzte der Vorstand des Rheinischen Städtetags unter dem Vorsitz des Oberbürgermeisters von Duisburg-Hamborn, Jarres, um.[255] Vor dessen Entscheidungen hatten die Fachdezernenten-Vereinigungen detaillierte Beschlüsse ausgearbeitet, mit denen sich dann auch noch die „Verwaltungsleiter-Konferenz des Rheinisch-Westfälischen Industriebezirks" beschäftigt hatte. Den Mitgliedsstädten wurde anschließend nahegelegt, diese Beschlüsse möglichst genau umzusetzen.

So begann die Senkung der Wohlfahrtssätze im März 1931 mit den Vorschlägen der „Vereinigung der Vorsitzenden der Rheinischen Wohlfahrts- und Jugendämter" und der Verwaltungsleiter-Konferenz an den Rheinischen Städtetag, ab 1. Mai 1931 die Wohlfahrtsrichtsätze an die sinkenden Löhne und Lebenshaltungskosten anzupassen.[256] Diese Richtsätze wurden dabei offenbar als Höchstsätze verstanden, um einen Abstand von

Der Vorstand des PrSt wehrte sich gegen zusätzliche Kompetenzen, zugleich haben Vorstand und Kreditausschuß des RhSt die gegenteilige Meinung, Kehrtwende des Vorstands des PrSt am 5.12.1931; Niederschrift Sitzung des Vorstands des RhSt am 19.2.1932; LAB 142/1 StA 301/I. Mit seinem Schreiben an den PrMdI vom 13.5.1932 tritt der PrSt der Kompetenzerweiterung der Kreditausschüsse bei; GStAB Rep. 77, 479, 226, 38, 1, Bl. 333. RdErl. d. PrMdI und d. PrFM vom 16.6.1932; MBliV. 93 (1932), Sp. 611.

251 StADU 150, 20.

252 StADU 130, 3 und 150, 20.

253 Der Bericht des Oberpräsidenten der Rheinprovinz an den PrMdI vom 3.9.1933 stellt unzutreffende Behauptungen über die Kreditausschüsse auf und fordert ihre Abschaffung; GStAB Rep. 77, 479, 226, 38, 1, Bl. 353 f. Schreiben des Reichsfinanzministers an die Landesregierungen vom 12.12.1933; GStAB Rep. 77, 479, 226, 38, 1, Bl. 361 f.

254 Niederschrift über die Sitzung des Vorstands des RhSt am 28.9.1931; LAB 142/1 StA 301 I. Bericht Mulerts an den Vorstand des PrSt vom 2.10.1931; LAB 142/1 StA 744. Rundschreiben Mulerts vom 9.8.1932; LAB 142/1 StB 4721.

255 Konkrete Maßnahmen enthält: Schreiben Mulerts an die Mitglieder „Vorschläge für Sparmaßnahmen im Wohlfahrtswesen" vom 15.12.1930; StADU 102, 517. Niederschriften über die Sitzungen des Vorstands des RhSt am 25.4.1931 und am 28.9.1931; LAB 142/1 StA 301 I.

256 Je Monat: Alleinstehende und Haushaltsvorstand: 40 RM; Ehepaare: 60 RM, Zuschlag für das erste Kind unter 14 Jahren: 14 RM; Niederschrift über die Sitzung des Vorstands des RhSt am 25.4.1931; LAB 142/1 StA 301 I.
OB Bracht: Senkung der Wohlfahrtsunterstützungen um 5–6 % entsprechend der Lebenshaltungs-

20% zum Lohn ungelernter Arbeiter zu erhalten, der die Bereitschaft zur Annahme einer angebotenen Arbeit steigern sollte.[257] Dazu empfahl die Verwaltungsleiter-Konferenz eine Verschärfung der Bedürftigkeitsprüfung und unterstrich die alleinige Entscheidungskompetenz der Oberbürgermeister ohne die Einschaltung der Stadtverordnetenversammlungen.[258]

Der Vorstand des Rheinischen Städtetags schloß sich dieser Haltung an, und Jarres erwartete von den Mitgliedern eine baldige positive Rückmeldung.[259] Bis auf das anfänglich zögernde Wuppertal befanden sich alle rheinischen Städte auf dem Kurs dieser Unterstützungspolitik.[260] Eine weitere Senkungsrunde für die Wohlfahrtsunterstützungen sollte nach dem Erlaß der Preußischen Sparverordnung[261] im September 1931 durchgeführt werden.[262] Wieder regten sich in Wuppertal Bedenken, dessen Oberbürgermeister Friedrich eine erneute Senkung der Richtsätze kurz nach der letzten als unmöglich betrachtete. Doch setzte sich Jarres mit seinem Vorschlag für die Senkung der Richtsätze im Vorstand des Rheinischen Städtetags durch.[263] Das Ergebnis dieser Politik waren vollkommen einheitliche Richtsätze der Städte sowohl in der allgemeinen als auch in der gehobenen Fürsorge ab dem 1. November 1931.[264] Trotzdem war die Gefahr der plötzlichen willkürlichen Änderung durch eine einzelne Kommune nicht gebannt, wie der Kölner Versuch, im Alleingang die Unterstützungsrichtsätze zu reduzieren, zeigte.[265] Dagegen intervenierte nun der für die Wohlfahrtsfürsorge im Rheinland federführende Düsseldorfer Regierungspräsident im Februar 1932 beim Rheinischen Städtetag. Er drohte, bevollmächtigt von den preußischen Ministern des Innern und für Wohlfahrt, abweichenden Bezirksfürsorgeverbänden

kosten; Niederschrift über die Sitzung der Konferenz der Verwaltungsleiter am 10.10.1932; StADU 102, 1219.

257 Niederschrift über die Sitzung des Vorstands des RhSt am 25.4.1931; LAB 142/1 StA 301 I. Wiederholt: BM Reuter, D; Niederschrift über die Sitzung der Konferenz der Verwaltungsleiter im RWI am 10.10.1932; StADU 102, 1219.

258 Niederschrift über die Sitzung des Vorstands des RhSt am 25.4.1931; LAB 142/1 StA 301 I.

259 Ebd.

260 Niederschrift über die Sitzung des Vorstands des RhSt am 18.7.1931; LAB 142/1 StA 301/I.

261 Vom 12.9.1931; PrGS. 1931, S. 179. Zur Durchführung: RdErl. d. PrMdI und d. PrFM vom 16.9.1931; MBliV. 92 (1931), Sp. 901 f: Die Richtsätze nach dem Stand vom 1.7.1930 sollten um die Rate des zwischen März 1929 und August 1931 gesunkenen Lebenshaltungsindex verringert werden, wobei die allgemeine Untergrenze ihr Stand vom 1.9.1926 war. Diese Bestimmungen wurden großenteils falsch verstanden und zu schematisch angewendet; vgl. RdErl. d. PrMfV vom 21.11.1931; HStAD Reg. D 55435.

262 Pro Monat: Alleinstehende und Familienvorstand: 36 RM, Ehepaar: 54 RM, je Kind: 14 RM; Niederschrift über die Sitzung des Vorstands des RhSt am 28.9.1931; LAB 142/1 StA 301 I.

263 Niederschrift über die Sitzung des Vorstands des RhSt am 28.9.1931; LAB 142/1 StA 301 I.

264 RP D vom 23.12.1931 an die Bezirksfürsorgeverbände; HStAD Reg. D 55435.

265 Verlangt deshalb Berichterstattung vor geplanten Änderungen: RP D vom 23.12.1931 an die Bezirksfürsorgeverbände; HStAD Reg. D 55435. Vollversammlung der Vereinigung der Vorsitzenden der Rheinischen Wohlfahrts- und Jugendämter am 5.3.1931; LAB 142/1 StA 301/I. Beschluß des Vorstands des RhSt, Sitzung 25.4.1931; LAB 142/1 StA 301/I. Appell des PrSt an seine Mitglieder zur Einheit in der Wohlfahrtsfürsorge am 2.10.1931; LAB 142/1 StA 774. Empfehlung der Vereinigungen der Finanz- und Wohlfahrtsdezernenten, gemeinsame Sitzung 30.1.1932; LAB 142/1 StA 301/I. Beschluß des Vorstands des RhSt, Sitzung 19.2.1932; LAB 142/1 StA 301/I. Beirat für die Angleichung der Fürsorgeleistungen im RWI, Sitzung 12.5.1932; HStAD Reg. D 55435. Vollversammlung des RhSt am 14.7.1932; HStAD Reg. D 55435. Vorläufige Richtlinien des DSt an die Mitglieder vom 9.8.1932; LAB 142/1 StB 4721.

mit dem Entzug des Rechts auf Festsetzung der Wohlfahrtsrichtsätze, um eine Einigung mit der Provinz Westfalen nicht zu gefährden.[266] Jarres schloß sich ihm um der Einheitlichkeit willen an. Adenauer lenkte ein. Die Senkung mußte vom geplanten 1. März auf den 1. April 1932 verschoben werden.[267] Doch hielt die wiederhergestellte Ruhe unter dem rasch wachsenden finanziellen Druck auf die Städte nicht lange an, denn zwischenzeitlich eröffneten die Finanz- und Sozialdezernenten eine neue Debattenrunde für eine weitere Senkung der Wohlfahrtsrichtsätze.[268] Dieses Mal hatte man aber den Bogen überspannt. Noch kurz vor der entscheidenden Sitzung des Vorstands des Rheinischen Städtetags leistete der Düsseldorfer Regierungspräsident entschiedenen Widerstand, weil die Lebenshaltungskosten nicht im Ausmaß der beabsichtigten Herabsetzung gesunken wären. Er verlangte, wenigstens die Richtsätze von 34 RM pro Monat für Haushaltsvorstände und Alleinstehende und 17 RM für erwachsene Familienangehörige zu belassen.[269] Damit war die Politik der Oberbürgermeister am Ende angelangt. Nur noch auf dem Nebenfeld der Kohlenbeihilfe war eine Ausgabensenkung durch Streichungen möglich.[270]

Auf einheitliches Vorgehen wurde auch bei der kommunalen Zusatzleistung der Winterhilfe 1932/33 großer Wert gelegt.[271] Hierin stimmten die Oberbürgermeister mit den rheinischen und westfälischen Regierungspräsidenten überein. Generelle Sonderbeihilfen sollten für den Winter 1932/33 unterbleiben. Als Zusatzunterstützung ließ man maximal zwei Zentner Steinkohlen zu,[272] was noch unter der Vorgabe des Düsseldorfer Regierungspräsidenten blieb.[273]

Die Wohlfahrtsdezernenten-Vereinigung gab allerdings die bisherige politische Richtung nicht auf und konzentrierte ihre Forderungen auf die Abschaffung der gehobenen Fürsorge zum 1. September 1932. Hierfür erhielt Jarres vom Vorstand des Rheinischen Städtetags das Mandat, mit der Berliner Städtetagsführung und dem Regierungspräsidenten in Düsseldorf zu verhandeln.[274] Letztlich konnte das hinter dieser Initiative steckende finanzielle Ziel durch eine Verringerung der Richtsätze der gehobenen auf das Niveau der allgemeinen Fürsorge tatsächlich erreicht werden. Ließ sich im Großen nichts mehr bewegen, so entstanden jetzt zwischen den Städten Streitigkeiten über die Nebenleistungen der

266 RP D an den RhSt vom 17.2.1932; Niederschrift über die Sitzung des Vorstands des RhSt am 19.2.1932; LAB 142/1 StA 301 I. RP D an die OB vom 29.1.1932 nach Ermächtigung des PrMdI und des PrMfV durch § 1 Teil 5 Kapitel 5 RNotVO vom 8.12.1931; HStAD Reg. D 55435. Niederschrift über die Sitzung des Vorstands des RhSt am 19.2.1932; LAB 142/1 StA 301 I.

267 Niederschrift über die Sitzung des Vorstands des RhSt am 19.2.1932; LAB 142/1 StA 301 I.

268 Ebd.

269 RP D an den RhSt vom 15.3.1932; Görlinger: Erlaß des Ministers gestern bei den Regierungspräsidenten eingegangen; Niederschrift über die Sitzung des Vorstands des RhSt am 17.3.1932; LAB 142/1 StA 301 I.

270 Formeller Beschluß; Niederschrift über die Sitzung des Vorstands des RhSt am 17.3.1932; LAB 142/1 StA 301 I.

271 Niederschrift über die Sitzung der Konferenz der Verwaltungsleiter im RWI am 10.10.1932; StADU 102, 1219.

272 Ebd.

273 Verfügung RP D vom 16.10.1932 an alle OB und Landräte des Bezirks: 15 Zentner verbilligte Kohlen für die Zeit vom 1.11.1932 bis 31.12.1933, die sogar in die Anträge für Staatsbeihilfe einbezogen werden konnten; HStAD Reg. D 55433.

274 Niederschrift über die Sitzung des Vorstands des RhSt am 12.8.1932; LAB 142/1 StA 301/I.

kommunalen Fürsorge. Das Bemühen um ihre Vereinheitlichung scheiterte.[275] Erst nach langen Vorarbeiten und kräftigem Nachdruck der rheinisch-westfälischen Regierungspräsidenten, deren Geduld nach zahlreichen Verhandlungen seit Oktober 1931 zu Ende ging, verständigten sich die Wohlfahrtsdezernenten auf detaillierte Ausführungsrichtlinien für die Handhabung der offenen Wohlfahrtsfürsorge ab Februar 1933.[276]

275 Aufzeichnung über die Konferenz des RP D mit den Bürgermeistern und Landräten am 1.10.1931; HStAD Reg. D 55472.

276 „Richtlinien der Fürsorgeverbände von Rheinland und Westfalen für die Bemessung der Leistungen der öffentlichen Fürsorge“ vom Februar 1933; LAB 142/1 StB 525 a. Niederschrift über die Sitzung des Vorstands des RhSt am 12.8.1932; LAB 142/1 StA 301 I. Ein im Mai 1932 aus Vertretern der Regierungspräsidenten und Kommunen zusammengesetzter „Beirat für die Angleichung der Fürsorgeleistungen im rheinisch-westfälischen Industriegebiet“ beim federführenden RP D litt unter den starken interkommunalen Meinungsverschiedenheiten, weshalb sich die Regierungspräsidenten auf eine gemeinsame Vereinbarung über ihr Vorgehen bei den Richtsätzen verständigten: für Erwachsene mit eigenem Haushalt 34; Ehepaare 51, Kinder unter 16 Jahre 12–13 und über 16 Jahre 13–17 RM. Die Unterstützung sollte im allgemeinen 90 % des Einkommens eines Hilfsarbeiters in den örtlich stärksten Beschäftigtengruppen nicht überschreiten; Niederschrift der Verhandlungen über die Angleichung der Fürsorgeleistungen im RWI in Düsseldorf am 13.9.1932; HStAD Reg. D 55435.

F DIE FINANZEN UND DIE FINANZPOLITIK DER STÄDTE

1 Die Einnahmen und die Einnahmenpolitik

1.1 Die Steuereinnahmen[1]

1.1.1 Abhängigkeit von der lokalen Wirtschaftsstruktur am Beginn der Wirtschaftskrise

Die Finanzen der sechs rheinischen Großstädte hingen in großem Maße von den lokalen Wirtschafts- und Sozialstrukturen ab. Wie groß die Unterschiede der lokalen strukturellen Verhältnisse zwischen den Städten waren und wie sie sich auf die städtischen Haushalte auswirkten, zeigt sich an der Verteilung der Steuerkraft, die 1929/30 genau die für diese Untersuchung gebildeten Städtepaare widerspiegelt: Die Dienstleistungszentren Düsseldorf und Köln standen an der Spitze, in deutlichem Abstand folgten im Mittelfeld die beiden Montanstädte Duisburg-Hamborn und Essen und am Schluß die Textilstädte Wuppertal und Gladbach-Rheydt.[2] Zu den Gesamteinnahmen der städtischen Haushalte trugen die Einnahmen aus Steuern in Düsseldorf und Köln dennoch am wenigsten zum Gesamthaushalt bei. Hingegen waren Duisburg-Hamborn und Essen in wesentlich stärkerem Maße auf gleichmäßig fließende Steuereinnahmen angewiesen.[3]

Der Anteil der Gemeindesteuern an der Summe der Steuereinnahmen, der hauptsächlich aus den Realsteuern bestand, lag über 50%. Einzige Ausnahme war Wuppertal. Dabei läßt sich ein bemerkenswerter Zusammenhang zwischen dem Gemeinde- und Gewerbesteueranteil einerseits und dem lokalen großindustriellen Besatz andererseits erkennen.[4] So hatte die Gewerbesteuer in Duisburg-Hamborn, Essen und Gladbach-Rheydt das größte Gewicht. Dahinter folgten Düsseldorf und Köln. Im Vergleich zu Gladbach-Rheydt trug das umfangreiche Wuppertaler Hausgewerbe für die Bekleidungs- und Textilienherstellung kaum etwas zum Realsteuerertrag bei, weshalb auch der Gemeinde- und Gewerbesteueranteil am gesamten Steueraufkommen in Wuppertal sehr niedrig war.[5]

Während die Ertragskraft des örtlichen steuerpflichtigen Gewerbes bei den Gemeindesteuern den Ausschlag gab, waren es bei den Reichsüberweisungssteuern die demographische und die Einkommensstruktur. Hieraus ergab sich einerseits eine Gruppe der ertragsstarken Städte mit Düsseldorf, Köln und Wuppertal, in welchen eine ältere Bevölkerung wohnte, und andererseits eine Gruppe der Schwachen mit Duisburg-Hamborn, Essen und Gladbach-Rheydt, deren Bevölkerung im Durchschnitt vergleichsweise jung war.[6]

1 Aus quantitativen Gründen beschränkt sich diese Darstellung auf Einnahmen aus jenen Steuern, die einen Anteil von mindestens 10% der gesamten Steuereinnahmen erreichten oder durch die Notverordnungen des Reichspräsidenten eingeführt wurden.
2 Vgl. Tabelle 60.
3 Vgl. Tabelle 50.
4 Vgl. Tabelle 61.
5 Ebd.
6 Vgl. Tabelle 60.

1.1.2 Gesetzgebung[7]

Die Höhe und die Entwicklung der Steuereinnahmen der sechs rheinischen Großstädte während der Weltwirtschaftskrise hing jedoch nicht nur von den lokalen strukturellen Verhältnissen, sondern maßgeblich von der Steuerpolitik des Reichs und Preußens ab, die sich in einer entsprechenden Gesetzgebung ausdrückte. Ihre Gesetzgebung war hauptsächlich von vier Motiven bestimmt:

1. die Sicherung der eigenen Haushaltslage,
2. die Entlastung der Wirtschaft und Verlagerung der Steuerlast auf die gesamte Bevölkerung aus konjunkturpolitischen Gründen,
3. die Schaffung von Ersatzeinnahmen für die Zwangssteuersenkungen und
4. die Ausschaltung von steuerpolitischen Kompetenzen der Kommunen.

Neue Steuern wurden eingeführt und Ersatzzuweisungen für die verordneten Steuersenkungen geleistet. Hierzu zählte die RNotVO vom 26.Juli 1930[8], mit der die Gemeinden verpflichtet wurden, vor einer Heraufsetzung ihrer Hebesätze der Realsteuern über den Stand vom 1. August 1930 hinaus die Gemeindebier- und die Bürgersteuer zu erheben. Die neue Bürgersteuer wurde als eine Kopfsteuer für alle natürlichen Personen über 20 Jahren ausgestaltet. Die Mindeststeuerbeträge waren nach dem persönlichen Einkommen gestaffelt und lagen zwischen 6 und 1 000 RM.[9] Bei außergewöhnlich hohen Wohlfahrtsausgaben konnte auch noch eine kommunale Getränkesteuer erhoben werden. Dieser Tatbestand traf auf die rheinischen Großstädte zu. Die Getränkesteuer betrug 10% des Einzelhandelspreises und wurde auf alle Getränke erhoben, die an Ort und Stelle verkauft und verzehrt werden sollten.

Mit der RNotVO vom 1. Dezember 1930 beschnitt die Reichsregierung erneut das Hebesatzrecht der Gemeinden für die Realsteuern. Ab dem 1. April 1931 sollten die Hebesätze nicht höher sein als am 31. Dezember 1930, wobei sie für die Grundsteuer um 10% und für die Gewerbesteuer um 20% auf das Niveau des durchschnittlichen Landeshebesatzes gesenkt wurden.[10] Die Realsteuersperre blieb für 1932/33 bestehen. Damit wurde der seit 1926 anhaltende Trend zu Erhöhungen der Realsteuerhebesätze gestoppt.[11] Über ihn klagten Wirtschaft und Politik,[12] weil die langfristige Verlagerung der kommunalen Steuereinnahmen von den sinkenden Reichsteuerüberweisungen und den indirekten Steuern zu einer immer stärker angespannten Gewerbesteuer geführt hatte.[13] Doch durch diese Erhöhungssperre wandelte sich der Charakter der Realsteuern für die Kommunalhaushalte von selbstbestimmbaren und beweglichen Finanzierungsteilen zu erstarrten vorgegebenen

7 Die Darstellung beschränkt sich auf einen Überblick über die Gesetzgebung. Zu Einzelheiten vgl. Erläuterungen in Heindl: Die Haushalte, S. 263–297.

8 RGBl. I 1930, S. 311.

9 Die Erhebung der Bürgersteuer war zunächst nur für das Haushaltsjahr 1930/31 vorgesehen und wurde für die folgenden Haushaltsjahre verlängert durch die RNotVO vom 1.12. 1930; RGBl. I 1930, S. 517, die RNotVO vom 6.10.1931; RGBl. I 1931, S. 537, und die RNotVO vom 4.9.1932; RGBl. I 1932, S. 425. Heindl: Die Haushalte, S. 267.

10 RNotVO vom 1.12.1930; RGBl. I 1930, S. 517.

11 Die Entwicklung der Realsteuerzuschläge, S. 114.

12 Z. B. Laß: Die Rückwirkung der Reichs- und Landesgesetzgebung, S. 61. Herker: Der Steuerhaushalt, S. 451.

13 Herker: Der Steuerhaushalt, S. 451.

Blocks, die, ähnlich wie die Überweisungsteuern und Zuweisungen, von der politischen Opportunität für das Reich und die Länder sowie von der Konjunktur abhingen.[14]

Diese Senkungsaktion galt allerdings nicht für Gemeinden, deren Hebesätze bereits unter dem Landesdurchschnitt lagen. Dies traf auf Düsseldorf zu. Sein Hebesatz war unter dem als Durchschnittssatz der Gewerbeertragsteuer in Preußen am 31. Dezember 1930 festgestellten von 540 %.[15] Des weiteren ordnete die RNotVO vom 1. Dezember 1930 die Bedingungen für die Erhebung der Notverordnungsteuern neu. Nunmehr wurden die Gemeinden verpflichtet, eine Bürger- und eine Gemeindebiersteuer einzuführen, wenn die Realbesteuerung höher als im Rechnungsjahr 1929/30 war und über dem Landesdurchschnitt lag. Richtwerte bestimmten die Grenzen, ab denen aufwärts Gemeindebier- und Bürgersteuer eingeführt werden mußten: Gewerbesteuer nach dem Ertrag 500 %, Grundsteuer 290 %.[16] Die Gemeindebiersteuer konnte gegenüber der RNotVO vom 26. Juli 1930 verdoppelt und zur Bürgersteuer ab dem 1. Januar 1931 ein Zuschlag erhoben werden. Die dann folgende staatsaufsichtliche Genehmigung der Realsteuersätze wurde von einer vorherigen eingehenden Zweckprüfung der Ausgabenseite des Gemeindehaushalts abhängig gemacht.[17] Allerdings vollzog sich bei der Gemeindebiersteuer bald eine politische Kehrtwende. Ihre Steuersätze wurden aufgrund der RNotVO vom 19. März 1932 zum 22. desselben Monats um 40 % gesenkt,[18] ihre Erhöhung für das Haushaltsjahr 1932/33 ausgeschlossen.[19]

Die einzige Besserung der Erträge aus der Gewerbesteuer brachte in Preußen ab 1930 die Einbeziehung der Freien Berufe in die Steuerpflicht, deren Gewerbeertrag bei über 6000 RM pro Jahr lag. Allerdings blieb es den Städten verwehrt, dieses Aufkommen als Mehreinnahme zu verbuchen. Vielmehr sollte hiervon die gewerbesteuerpflichtige Wirtschaft durch eine gleichhohe allgemeine Senkung der Hebesätze profitieren.[20]

Auch die ergiebige und für den kommunalen Wohnungsbau bedeutende Hauszinssteuer wurde zum Objekt der Wirtschaftspolitik der Reichsregierung. In ihrer RNotVO vom 1. Dezember 1930 kürzte sie den für den Wohnungsbau gebundenen Anteil des Hauszinssteuerertrags drastisch.[21] Der frei gewordene Betrag sollte der allgemeinen Deckung des Haushalts zugeführt werden. Mit der RNotVO vom 6. Oktober 1931[22] wurden schließlich auch noch die gebundenen Überreste der Hauszinssteuereinnahmen Opfer des steil steigenden allgemeinen Finanzbedarfs der Kommunen. Dazu senkte die Reichsregierung zur Entlastung der Eigentümer bebauter Grundstücke und der Mieter die Hauszinssteuer ab dem 1. April 1932 um 20 %.[23]

14 Heindl: Die Haushalte, S. 183. Voigt: Untersuchungen zum Finanzsystem der deutschen gemeindlichen Selbstverwaltung, S. 94.
15 PrVO zur Durchführung der Realsteuersenkung vom 26.3. 1931; PrGS. 1931, S. 37.
16 Ebd.
17 RdErl. d. PrMdI und PrFM vom 27.3.1931; MBliV. 92 (1931), Sp. 301.
18 VB MG 1932–1933, S. 29.
19 RGBl. I 1932, S. 135.
20 Gesetz über die Regelung der Gewerbesteuer für das Rechnungsjahr 1930 vom 17.4.1930; PrGS. 1930, S. 93 f.
21 Zweite Sparverordnung vom 23.12.1931; PrGS. 1931, S. 300.
22 RGBl. I 1931, S. 537.
23 RNotVO vom 6.10.1931; RGBl. I 1931, S. 537.

1.1.3 Kommunale Steuerpolitik

1.1.3.1 Vergleich der Belastungen durch Realsteuern[24]

Zwischen den sechs rheinischen Großstädten gab es nicht nur erhebliche strukturelle Unterschiede, die sich auf die Haushalte auswirkten, sondern auch steuerpolitische Differenzen. Sie drückten sich in voneinander abweichenden Hebesätzen für die Realsteuern aus und belegen eine bemerkenswerte Sonderrolle Düsseldorfs gegenüber den übrigen Vergleichsstädten. Die Stadt setzte sich durch ihre niedrigen Hebesätze deutlich vom Rest ab. Während der Landesdurchschnitt der Hebesätze für die Gewerbesteuer nach dem Ertrag 1930 in Preußen bei rund 530% lag[25] und die übrigen Vergleichsstädte diesen Wert mit Hebesätzen zwischen 600 und 650% deutlich überschritten, blieb er in Düsseldorf bei 455%. Ähnlich verhielt es sich mit der Grundsteuer für die nichtlandwirtschaftlich bebauten Grundstücke.[26] Im Vergleich zu den übrigen Städten entlastete diese Steuerpolitik die Düsseldorfer Wirtschaft um ungefähr 20–25%. Zugleich bedeutete sie einen Einnahmeverzicht der Stadt in Höhe von schätzungsweise 4 Mio. RM.[27] Offenbar unterstützte der Düsseldorfer Regierungspräsident diese Steuerpolitik, indem er nicht auf einer Anhebung der Hebesätze bis zum Landesdurchschnitt bestand, um das ausgewiesene Haushaltsdefizit abzubauen. Ausschlaggebend dafür war, daß Düsseldorf keine Staatsbeihilfe erhielt.[28] Dagegen hatte das mit Düsseldorf konkurrierende Dienstleistungszentrum Köln noch vor dem Ablauf des Jahres 1930 die Hebesätze in Erwartung der Realsteuersperre für das Haushaltsjahr 1931/32 erhöht.[29] In dieselbe Richtung ging Gladbach-Rheydt, das bis zum Inkrafttreten der Realsteuersperre unter den sechs rheinischen Großstädten die höchsten Sätze für die Grund- und Gewerbesteuern erhob. Dies führte bei der Grundsteuer zu einer um 10% höheren steuerlichen Belastung der Grundeigentümer im Vergleich zu den übrigen Städten.

1.1.3.2 Steuerpolitische Auseinandersetzungen

Angesichts der durch die Steuerpolitik der Reichsregierung unbeweglich gewordenen Realsteuern verlagerten sich die finanzpolitischen Debatten in den Städten vor allem auf die per Notverordnungen des Reichspräsidenten eingeführten neuen Gemeindesteuern. Dabei hatten die Oberbürgermeister in allen Städten große Schwierigkeiten, die verbindlichen Vorschriften zur kommunalen Steuerpolitik durchzusetzen, weil die Wahltermine dicht

24 Vgl. dazu Jochmann: Realsteuerzuschläge und Wirtschaftsstruktur, S. 13*-17*.
25 Beitrag zum interlokalen Steuerbelastungsvergleich, S. 121.
26 Vgl. Tabelle 13.
27 Berechnungsformel für den Einnahmeverzicht Düsseldorfs: Verzicht = (Abweichung des Hebesatzes Düsseldorf vom Durchschnitt aller sechs Städte: Hebesatz Düsseldorf) x kassenwirksame Steuereinnahme pro Einwohner x Bevölkerung Düsseldorf am 1. Januar. Zur Vereinfachung und wegen fehlender statistischer Quellen wurde für die Schätzung der Grundsteuer der Hebesatz für nichtlandwirtschaftliche Grundstücke und für die Gewerbesteuer der Hebesatz für die allgemeine Gewerbesteuer nach dem Ertrag verwendet.
28 RP D an den OP der Rheinprovinz vom 24.7.1933; HStAD Reg. D 32228.
29 Die Entwicklung der Realsteuerzuschläge, S. 114.

Tabelle 13

Hebesätze, Aufkommensanteile und Belastungsunterschiede der Realsteuern 1930/31–1933/34

Hebesätze %

H.-Jahr	D		DU		E		K		MG		W	
	GR	GEW	GR	GEW	GR	GEW	GR	GEW	GR	GEW	GR	GEW
1930/31	225	455	300	650	325	610	325	600	370	650	325	600
1931/32	225	455	300	540	325	540	325	540	370	540	325	540
1932/33	225	455	300	540	325	540	325	540	370	540	325	540
1933/34	225	455	300	540	325	540	325	540	370	540	325	540

Aufkommensanteile der einzelnen Steuer am Gesamtbetrag %

H.-Jahr	GR	GEW	GR	GEW	GR	GEW	GR	GEW	GR	GEW	GR	GEW
1930/31	36,4	63,6	34,0	66,0	33,4	66,6	41,8	58,2	37,7	62,3	34,4	65,6
1931/32	41,4	58,6	40,7	59,3	42,6	57,4	48,9	51,1	53,6	46,4	48,8	51,2
1932/33	51,9	48,1	56,3	43,7	49,5	50,5	57,6	42,4	56,2	43,8	57,1	42,9
1933/34	49,5	50,5	60,9	39,1	49,1	50,9	59,5	40,5	62,8	37,2	61,9	38,1

Belastungsunterschiede durch die Realsteuern %

Steuer	H.-Jahr	D	DU	E	K	MG	W
Gewer-be-steuer	1930/31	-14,9	+ 6,2	+ 1,8	+ 0,6	+ 5,9	+ 0,7
	1931/32	- 7,9	+ 1,6	+ 1,5	+ 1,4	+ 1,3	+ 1,4
	1932/33	- 6,5	+ 1,2	+ 1,4	+ 1,1	+ 1,2	+ 1,2
	1933/34	- 6,8	+ 1,1	+ 1,4	+ 1,1	+ 1,0	+ 1,0
Grund-steuer	1930/31	-10,1	- 1,3	+ 1,4	+ 1,8	+ 7,0	+ 1,5
	1931/32	-11,5	- 1,5	+ 1,8	+ 2,1	+10,0	+ 2,1
	1932/33	-14,4	- 2,1	+ 2,1	+ 2,5	+10,5	+ 2,5
	1933/34	-13,8	- 2,3	+ 2,1	+ 2,6	+11,7	+ 2,7

+ = überdurchschnittlich, – = unterdurchschnittlich. Für die Hebesätze: GR = Grundsteuer für bebaute nicht landwirtschaftlich usw. genutzte Grundstücke, GEW = Allgemeine Gewerbesteuer vom Ertrag, H.-Jahr = Haushaltsjahr. Durchschnittshebesatz der sechs Städte: GR 1930/31–1933/34: 311,7; GEW 1930/31: 594,2, 1931/32–1933/34: 525,8. Für die Aufkommensanteile: GR = Grundsteuern, GEW = Gewerbesteuern. Belastungsunterschied = ([Hebesatz der Stadt – Durchschnittshebesatz aller 6 Städte] x Aufkommensanteil der einzelnen Steuer am Gesamtbetrag der Realsteuereinnahmen): Durchschnittshebesatz. StJbdtSt 27 (1932), S. 135, 356; 28 (1933), S. 138. StJbdtG 29 (1934), S. 188, 364; 30 (1935), S. 229. Städte und Statistik 27 (1933), S. 50*; eigene Berechnungen.

aufeinander folgten und die Parteien in den Stadtverordnetenversammlungen keine unpopulären Steuerbeschlüsse wie etwa die Einführung der Notverordnungssteuern wagten. So beschloß die Stadtverordnetenversammlung in Gladbach-Rheydt am 29. Oktober 1930 zwar, die Biersteuer mit erhöhten Sätzen sowie die Getränkesteuer und am 30. desselben Monats die Bürgersteuer zu den für Preußen geltenden Mindestsätzen einzuführen, aber die Einnahmen aus diesen Steuern reichten nicht aus. Doch sperrten sich die Kommunalpolitiker gegen eine weitere Steuererhöhung. Der daraufhin für Gladbach-Rheydt eingesetzte Staatskommissar erhöhte am 30. Dezember 1930 kurzerhand die Biersteuer auf das Doppelte des bisherigen Satzes, die Gemeindegrundsteuer von 250 auf 370 % und die Gewerbeertragsteuer von 625 auf 650 %.[30]

In Wuppertal stimmten in der Stadtverordnetenversammlung am 31. Oktober 1930 nur der Oberbürgermeister und zwei Mitglieder der Wirtschaftspartei der Einführung der Bürgersteuer zu.[31] Am 19. Dezember 1930 lehnten die Stadtverordneten auch noch die von der Stadtverwaltung geforderten Erhöhungen der Bier- und Gewerbesteuern ab. Daraufhin setzte die Staatsaufsicht auf Initiative des Oberbürgermeisters die Steuersätze anstelle der Gemeindevertretung fest. Die Biersteuer wurde verdoppelt und die Gewerbesteuer erhöht. Allerdings blieb der Regierungspräsident mit den Hebesätzen für die Grund- und Gewerbebesteuerung unter den Vorschlägen der Verwaltung und führte statt dessen die Getränkesteuer ein.[32] Anläßlich der Verabschiedung des Haushalts 1932 versuchte die Wuppertaler Stadtverordnetenversammlung, die Steuerhebesätze für das Jahr 1931 beizubehalten. Dies stand wiederum im Gegensatz zur Politik von Stadtverwaltung und Kommunalaufsicht, worauf die letztere deutlich höhere Sätze für die Lohnsummen- und für die Bürgersteuer festlegte.[33]

In Düsseldorf mußte die Kommunalaufsicht die Bürgersteuer am 6. Mai 1931 mit 300 % des Landesdurchschnitts in Preußen anstelle der Stadtvertretung festsetzen, weil diese auf Antrag des Zentrums am 30. März 1931 nur 200 % des Landessatzes der Bürgersteuer beschlossen hatte.[34] Die Getränkesteuer lehnte die Düsseldorfer Stadtvertretung sogar ganz ab.[35] Auch in Essen konnte ihre Einführung am 27. November 1930 wie ihre Verlängerung im Januar 1932 gegen die Stadtverordneten nur durch den Zwang des Regierungspräsidenten erreicht werden.[36] In Duisburg-Hamborn war davon die Verdoppelung der Biersteuer ab dem 1. Februar 1931 betroffen.[37]

Ein ungewohntes Bild bot sich in Köln bei der Nachtragserhebung der Realsteuern im Dezember 1930. Der kräftigen Steuererhöhung der Stadtverordneten gab der Regierungspräsident nur teilweise statt.[38] Auch hier konnte die unpopuläre Bürgersteuer nur mit Hilfe der Staatsaufsicht Ende November 1930 durchgesetzt werden.[39]

30 VB MG 1929 und 1930, S. 37 f.
31 Stv W, Sitzung vom 31.10.1930; StenoVB W, 1930, S. 552.
32 VB W 1929–1931, S. 129.
33 VB W 1932, S. 89.
34 VB D 1931/32, S. 11. Stv D, Sitzung vom 30.3.1931; StenoVB D 1931, S. 151.
35 Sitzung vom 28.10.1930; StenoVB D 1930, S. 377.
36 VB E 1930, S. 37 f.; 1932, S. 16.
37 VB DU 1930–1932 N, S. 71.
38 VB K 1930/31, S. 165.
39 Ebd., S. 167.

1.1.4 Entwicklung der Steuereinnahmen

Auf die Entwicklung der städtischen Steuereinnahmen wirkten sich sowohl die Politik des Reichs wie die wirtschaftliche Entwicklung sehr negativ aus. Steuerschulden mußten gestundet und niedergeschlagen oder ihre Tilgung in Raten akzeptiert werden, um Betriebe und Arbeitsplätze nicht zu gefährden.[40] Die dadurch entstehenden Forderungsreste wuchsen an, wobei auch noch mit ihrem vollständigen Ausfall gerechnet werden mußte.[41] Zurückgehende Veranlagungsergebnisse reduzierten die Ergiebigkeit der Besteuerung noch mehr, was unter anderem die Ursache in sinkenden Einkommen der Lohnempfänger hatte, die unter die Steuerfreigrenze fielen.[42] Der Progressionstarif bei den Lohn- und Einkommensteuern, der in Zeiten der Hochkonjunktur die Steuererträge überproportional steigen ließ, wirkte sich jetzt verstärkend negativ aus.[43] Allein die Anhebung der Besteuerungsgrenze für die Gewerbesteuer nach dem Ertrag von 1200 auf 1500 RM und die Freistellung von 6000 RM der Lohnsumme verursachten z.B. in Essen einen Einnahmeausfall im Haushaltsjahr 1929/30 in Höhe von rund 600000 RM.[44]

Der finanzielle Schaden der zwangsweisen Senkung der kleinen Gemeindebiersteuer um 40% betrug beispielsweise in Wuppertal nach Schätzungen der Stadt für das Jahr 1932 rund 350000 RM und für 1933 375000 RM.[45] Dementsprechend hoch waren die Einnahmeverluste durch die zwangsweisen Senkungen der Hebesätze für die Gewerbe- und Grundsteuern in fünf der sechs Städte um 20 bzw. 10% anzusetzen. Doch konnten die parallel zu den Steuersenkungen geschaffenen Ersatzquellen wahrscheinlich den größten Teil der verordneten Einnahmeausfälle kompensieren.[46] Immerhin blieben in den Dienstleistungs- und Textilstädten die kassenwirksamen Einnahmen aus den Gemeindesteuern je Einwohner stabil, obwohl unter den mit den Notverordnungen des Reichspräsidenten eingeführten Steuern die Bürgersteuer die einzige wirklich relevante war und ihr Entlastungseffekt wegen ihrer Zahlungstermine erst spät eintrat.[47] Im Unterschied zu den Gemeindesteuern wurden die Reichsteuerüberweisungen zu Rinnsalen.[48] Die Gemeindeanteile an ihnen sanken nicht nur konjunkturbedingt. Vielmehr erklärte sich ein großer Teil ihrer Ausfälle aus den von der Kommunalaufsicht vorgenommenen Aufrechnungen ihrer Beträge gegen die rückständigen Gemeindeablieferungen von vereinnahmten Staatssteuern und sonstigen öffentlich-rechtlichen Abgaben (Gemeindeanteil für die Krisenfürsorge, Provinzialumlage, Zweckverbandsumlagen usw.).[49] Diese Einnahmekürzungen geschahen ohne Rücksicht auf die individuellen Verhältnisse nach einem Verteilungsschlüssel für alle Gemeinden, weshalb sich die bislang pünktlich zahlenden dem Verhalten der säumigen Gemeinden anschlossen.[50] Im Ergebnis wuchs der Anteil der Gemeindesteuern an den gesamten kassenwirksamen Steuereinnahmen zwischen 1929/30 und 1932/33 von 44,0–55,7

40 VB MG 1929 und 1930, S. 35; 1931, S. 36.
41 Die Gemeindefinanzen in der Wirtschaftskrise, S. 16. VB W 1929–1931, S. 131; 1932, S. 88.
42 Die Gemeindefinanzen in der Wirtschaftskrise, S. 12.
43 Roehl: Große Depression und Stagflation, S. 97.
44 VB E 1930, S. 35 f.
45 VB W 1932, S. 89; 1933, S. 78.
46 Zur Höhe der Ersatzquellen vgl. Tabelle 63.
47 VB E 1931, S. 17.
48 Vgl. Tabellen 60 und 61.
49 HStAD Reg. D 32228.
50 Materialsammlung Paul Klein, in: HAStK Abt. 901, 51, Bl. 37.

auf 75,2–83,3 %.[51] Somit wurden die Gemeindesteuern, allen voran die Realsteuern, trotz ihrer Beschneidungen in der Wirtschaftskrise zur Stütze der kommunalen Steuereinnahmen.[52] Ein wesentlicher Faktor dafür war, daß der Rückgang der an sich konjunkturempfindlichen Gewerbesteuererträge in drei der sechs rheinischen Großstädte im Rahmen der übrigen Einnahmen blieb. Dazu trug sicherlich die zusätzliche Erfassung der Freien Berufe seit dem 1. April 1930 bei, von der die beiden Dienstleistungsstädte Düsseldorf und Köln besonders profitiert haben dürften. Auch im eher klein- und mittelbetrieblich strukturierten Wuppertal hielt sich der Bedeutungsverlust der Gewerbesteuer in engen Grenzen. Anders war die Lage in den beiden Ruhrgebietsstädten. Sie erreichten durch die Sonderkonjunktur der Montanwirtschaft nach dem Ruhreisenstreit 1928 im Jahr 1930 den Höchststand der Einnahmen aus der Gewerbeertragsteuer.[53] Dann zeigte sich, daß die Großbetriebe der Montanwirtschaft die Gewerbesteuereinnahmen massiv gefährdeten. Sie, die bis zur Depression stets zur Steuer veranlagt wurden, fielen nun durch hohe Verluste für die Gewerbesteuereinnahmen aus. Mit einer Verringerung des Gewerbesteueranteils an den gesamten kassenwirksamen Steuereinnahmen von 40,5 % (1929/30) auf 22,6 % im Rechnungsjahr 1933/34 war Duisburg-Hamborn vom Konjunktureinbruch dieser Wirtschaftsbranche am stärksten betroffen.[54] Blieben dort noch 1930 rund 17 % der Gewerbesteuerpflichtigen steuerfrei, so waren es auf dem Höhepunkt der Krise 1932 48,5 %.[55] Zahlreiche gewerbliche Kleinbetriebe fielen von vornherein mangels eines ausreichenden Geschäftsumfangs unter die Freigrenze und leisteten so keinen Beitrag zu den städtischen Einnahmen. Dies zeigte sich in Düsseldorf, Köln und Wuppertal. So brachten auch die während der Krise steigenden Gewerbeanmeldungen vieler Erwerbsloser zum Aufbau einer neuen Existenz den Städten keine entscheidenden Vorteile.[56] Des weiteren schmälerten die Entlassungen von Arbeitnehmern, die Lohnsenkungen und die Verringerung der Arbeitszeit die Grundlagen für die Lohnsummensteuer.

Die Grundsteuer wurde nun sogar, vollkommen ungewöhnlich für die großstädtischen Zentren der Industrie und Dienstleistungen im Rheinland, noch vor der Gewerbesteuer zur stärksten Gemeindesteuerquelle. Dazu trug nicht nur die Verdoppelung der Abgaben für die bebauten Grundstücke ohne eine landwirtschaftliche Nutzung in Preußen ab Januar 1930 bei.[57] Maßgeblich dafür waren vielmehr ihre weitgehende Unempfindlichkeit gegenüber Konjunkturschwankungen und ihre Berechnung auf der Grundlage der Grundstücksbewertungen von 1917/19.[58] Jedoch traten auch bei der Grundsteuer große Probleme der Leistungsfähigkeit der Steuerschuldner auf.[59] Weitere Einnahmeausfälle entstanden durch die vom Reich verordnete steuerliche Entlastung der Haus- und Grundbesitzer bei der Hauszinssteuer.[60] So gestaltete sich die Planung der Steuereinnahmen für die Stadtkäm-

51 Vgl. Tabelle 61.
52 Berolzheimer: Die Preussischen Realsteuern in der Krise, S. 89*.
53 Most: Die Finanzlage der Ruhrgebietsstädte, S. 82.
54 Vgl. Tabelle 61.
55 VB DU 1931, S. 6; 1933, S. 52.
56 Z. B. in E; VB E 1932, S. 14 f.
57 Roehl: Große Depression und Stagflation, S. 99.
58 Berolzheimer: Die Preussischen Realsteuern in der Krise, S. 85*.
59 VB MG 1931, S. 36; 1932–1933, S. 29.
60 Vgl. Die Gemeindefinanzen in der Wirtschaftskrise, S. 68.

merer schwierig.[61] Waren in fünf der sechs Städte die Voranschläge für das Haushaltsjahr 1930/31 zu optimistisch, so unterschritten in allen Städten die Ist-Ergebnisse der Steuereinnahmen für das Jahr 1931/32 die Vorausberechnungen deutlich.[62] Mit diesem Ausmaß der Einbrüche hatten die kommunalen Finanzpolitiker bei der Etataufstellung nicht gerechnet. Sie wurden Opfer der allgemein langwierigen Prozedur zur Aufstellung der öffentlichen Haushalte. Für das folgende Haushaltsjahr 1932/33 wurde nun wesentlich vorsichtiger geplant. Das Ausmaß der Fehleinschätzungen verringerte sich dadurch deutlich. Düsseldorf war zu skeptisch gewesen und konnte sogar den Fehlbetrag in seinem Haushalt senken.[63] Auf der Grundlage des katastrophalen Steuereingangs im Jahr 1931/32 wurden auch die Haushalte für 1933/34, mit Ausnahme von Köln, pessimistischer aufgestellt, als der Ist-Eingang schließlich war. So lagen die Rechnungsergebnisse für dieses Haushaltsjahr bis zu fast 30% günstiger als angenommen.[64]

Die für den Anfang der Wirtschaftskrise festgestellten steuerwirksamen Strukturunterschiede wirkten sich auch im weiteren Verlauf der Konjunktur aus. Dies wird bei einem Vergleich der Steuerkraftverluste Kölns mit denen Düsseldorfs besonders deutlich. Unter den sechs rheinischen Großstädten konnte Köln die besten Rechnungsergebnisse verbuchen.[65] Dagegen mußte Düsseldorf wegen seines größeren Anteils der Großindustrie an der örtlichen Wirtschaft zwischen 1930/31 und 1932/33 höhere Einbußen seiner Steuerkraft als Köln hinnehmen.[66]

Bereinigt man die kommunalen Steuereinnahmen von der deflatorischen Entwicklung des Geldwerts während der Wirtschaftskrise, so wird erkennbar, daß die Städte noch im Haushaltsjahr 1930/31 in der Lage waren, die Kaufkraft ihrer gesamten Steuereinnahmen mehr oder weniger stark zu erhöhen. Dies war das Ergebnis ihrer späten Reaktion auf die konjunkturelle Krise. Ein Jahr später aber fiel die Kaufkraft der Steuereinnahmen in den Montan- und Textilstädten weit unter das Niveau von 1929/30. Nur Düsseldorf und Köln konnten die Kaufkraft der Rechnungsergebnisse halten. Danach waren auch diese Städte vom Verfall ihrer Steuererträge betroffen.

1.2 Die Zuweisungen und Zuschüsse

Geradezu gegenläufig zum Zusammenbruch der Steuereinnahmen wuchs die Bedeutung der Zuweisungen und Zuschüsse aus den öffentlichen Haushalten Dritter für die Finanzen der sechs rheinischen Großstädte. Diese Zuweisungen und Zuschüsse waren einerseits

61 Alle folgenden Zahlen stammen, soweit nicht anders angegeben, aus den Haushaltsplänen der Städte. Der Stand der Planzahlen (Soll) war in den Haushaltsplänen nicht sicher feststellbar. Er hing u. a. von den Beschlüssen der Stadtverordnetenversammlungen ab, die vielfach noch nicht einmal zum Beginn des Haushaltsjahrs am 1.4. gefaßt worden waren. Dennoch soll anhand eines groben Vergleichs zwischen den Planzahlen und den Rechnungsergebnissen versucht werden, einen Eindruck von der Kalkulierbarkeit der Steuereinnahmen und der städtischen Haushaltspolitik zu vermitteln.

62 Bei diesen Angaben ist allerdings die deflatorische Entwicklung des Geldwerts zwischen dem Zeitpunkt der Etataufstellung und der Rechnungslegung zu beachten.

63 Vgl. Tabellen 44–49.

64 Vgl. Tabelle 59.

65 Vgl. Tabellen 44–49.

66 Vgl. Tabellen 44 und 47.

Bestandteile eines vertikalen Finanzausgleichs zwischen den Staats- und Verwaltungsebenen, andererseits erfüllten sie die Funktion eines Steuerungsmittels zwischen den Gemeinden und Gemeindeverbänden. Ihre definitorische Abgrenzung gegenüber den anderen kommunalen Einnahmen verschwamm jedoch in dem stark wuchernden Finanzverbund, durch den alle Gebietskörperschaften aufs engste miteinander verknüpft waren. Zu seiner Unübersichtlichkeit leistete die in diesen Jahren gesteigerte Produktion von finanzpolitischen Gesetzen, Verordnungen und Erlassen mit ihrer Vielzahl von Begründungen und voneinander abweichenden Verteilungsmaßstäben einen großen Beitrag.

1.2.1 Beschulungsgelder der Landesschul- und Landesmittelschulkassen

Die landesweite Verteilung der kommunalen Schullasten gehörte zu den schon vor dem Eintritt in die Wirtschaftskrise bestehenden Ausgleichsverfahren in Preußen. Dazu wurden die Besoldungs- und Pensionsaufwendungen für die Lehrer an den Volks- und Mittelschulen in einer Landesschul- und einer Landesmittelschulkasse gebündelt.[67] An diese beiden Kassen leisteten die kommunalen Schulträger Beiträge, die gewöhnlich in ihren Haushalten unter den Personalausgaben verbucht wurden. Einen Teil dieser Aufwendungen trug der Staat durch Zuschüsse an die Schulkassen. Im Gegenzug erhielten die Schulträger schlüsselmäßige Zuweisungen in der Gestalt von Beschulungsgeldern. Durch sie wurde für die Volksschulen eine fast vollständige Finanzierung angestrebt. Dieses Finanzierungssystem wurde mit Wirkung vom 1. April 1932 zugunsten einer Bezahlung des Lehrpersonals durch den preußischen Staat aufgehoben.[68] Einerseits entfielen nun diese Beschulungsgelder,[69] andererseits sanken aber zwischen 1931/32 und 1932/33 die in den Haushaltsplänen ausgewiesenen Personalausgaben der Städte für die Lehrer an den öffentlichen Schulen deutlich.[70] Dagegen gab es für die Mittelschulen lediglich einen kleinen Zuschußbetrag pro Schüler. Zu diesen Einheitssätzen traten der Wohnungsgeldzuschuß, der örtliche Sonderzuschlag und die Stellenzulagen.

1.2.2 Ersatzleistungen für Steuersenkungen

Mit ihrer RNotVO vom 1. Dezember 1930 erzwang die Reichsregierung eine Senkung der Grundsteuer um 10 % und der Gewerbesteuer um 20 %.[71] Als Ausgleich für die daraus entstehenden Einnahmeausfälle hob sie für die Hälfte des Wohnungsbauanteils der Hauszins-

67 Rechtsgrundlagen: Gesetz über die Dienstbezüge der Lehrer und Lehrerinnen an den öffentlichen Volksschulen (Volksschullehrer-Besoldungsgesetz-VBG) vom 1.5.1928; PrGS. 1928, S. 125. Gesetz über die Dienstbezüge der Lehrer und Lehrerinnen an den öffentlichen nichtstaatlichen mittleren Schulen (Mittelschullehrer-Besoldungsgesetz-MBG) vom 30.4.1928; PrGS. 1928, S. 149.
Vgl. dazu auch Finanzausgleich II, S. 22–25. Lichtenstein: Die Finanzwirtschaft der deutschen Großstädte, S. 29 f. Orth: Untersuchungen über die Finanzverhältnisse der preußischen Groß- und Mittelstädte, S. 71–73.

68 Aufgrund Kapitel III PrVO zur Ergänzung der Ersten und Zweiten Sparverordnung vom 14.3.1932; PrGS. 1932, S. 123.

69 Vgl. Die Gemeindefinanzen in der Wirtschaftskrise, S. 51.

70 Vgl. Tabelle 56.

71 § 4 Abs. 1 Vierter Teil Kapitel I; RGBl. I 1930, S. 517.

steuereinnahmen die Zweckbindung ab dem Haushaltsjahr 1931/32 auf, was immerhin die Disponierbarkeit dieser Einnahmen erleichterte. Außerdem erhielten die Gemeinden eine Entschädigung, die dem Ausfall durch die Steuersenkung entsprechen sollte. Doch fielen diese Zahlungen pro Einwohner nach mehreren Modifizierungen und Vorabzügen für die sechs rheinischen Großstädte sehr unterschiedlich aus und dürften kaum den tatsächlichen Verhältnissen entsprochen haben.[72] So erhielt Düsseldorf aus dieser Finanzquelle im ersten Jahr der gesenkten Realsteuern 1931/32 nur 0,46 RM je Einwohner, während es in Duisburg-Hamborn 5,86 RM waren. Die übrigen Städte lagen zwischen diesen beiden Extremfällen.[73]

Als Ersatz für die mit der RNotVO vom 19. März 1932 durchgesetzte Senkung der Gemeindebiersteuer für drei der vier Sorten um 20% stand 1932 allen Gemeinden mit mehr als 5000 Einwohnern eine Einmalzahlung von zusammen 24 Mio. RM aus den Haushaltsmitteln des Reichs zu. Verteilungsmaßstab war hier das örtliche Aufkommen der Gemeindebiersteuer in der Zeit zwischen dem 1. Oktober und 31. Dezember 1931, das um die verordneten Kürzungen verringert wurde.[74] Mit weniger als 1 RM pro Einwohner trug die Entschädigung für diese Steuersenkung kaum zur Finanzierung der Städte im Rechnungsjahr 1932/33 bei.[75]

1.2.3 Reichswohlfahrtshilfe

Die finanzielle Krise der Städte, die aus den steil steigenden Ausgaben für die Erwerbslosen und dem Einbruch der Steuereinnahmen erwuchs, konnte vom Reichskabinett Brüning, trotz seiner äußerst skeptischen Haltung gegenüber den Kommunen, nicht mehr länger ignoriert werden, weil in ihr ein immer größer werdendes Gefahrenpotential für die Stabilität des Reichs steckte. Vor diesem Hintergrund entschloß sich die Reichsregierung in einem ersten halbherzigen Schritt zur Unterstützung der Kommunen, ohne aber eine grundlegende Reform des dreistufigen Systems der sozialen Sicherung für Erwerbslose vorzunehmen, die zwangsläufig zu einer dauerhaften Verschlechterung der bislang günstigen finanziellen Position des Reichs geführt hätte. Mit der RNotVO vom 5. Juni 1931[76] wurde den Landkreisen und kreisfreien Städten eine Gesamtsumme von 60 Mio. RM als Reichswohlfahrtshilfe zur Verfügung gestellt. Die Verteilung dieses Betrags erfolgte nach der Zahl der Einwohner und Wohlfahrtserwerbslosen im Verhältnis zum Reichsdurchschnitt der Kreise und Städte in der Einwohnergrößenklasse des Empfängers. Die Vergabe dieser Zuweisung wurde allerdings von Bedingungen an die kommunale Haushaltsführung wie die volle Ausnutzung aller kommunalen Steuern, die Begrenzung der Richtsätze für die Wohlfahrtsunterstützung und der sonstigen Ausgaben sowie die regelmäßige unabhängige Prüfung der Haushaltsrechnungen abhängig gemacht. Damit griff man in einem viel größeren Umfang in die Finanzautonomie der Kommunen ein als dies für die Sicherung einer zweckentsprechenden Verwendung der Reichswohlfahrtshilfe erforderlich gewesen

72 § 6 Abs. 1 und 3 Vierter Teil Kapitel I RNotVO vom 1.12.1930; RGBl. I 1930, S. 517.
73 In den Haushaltsplänen der Städte ausgewiesene Ist-Zahlen; eigene Berechnungen.
74 §§ 3–5 RNotVO vom 19.3.1932; RGBl. I 1932, S. 135.
75 Zahl errechnet aus den Haushaltsplänen der Städte.
76 Artikel 1 und 2 Vierter Teil Kapitel II; RGBl. I 1931, S. 279.

wäre. Insbesondere wurde auf diesem Wege den Gemeinden ihre Kompetenz für die örtliche Sozialfürsorge massiv beschnitten.[77]

Bereits vier Monate nach der Einführung der Reichswohlfahrtshilfe mußte die Reichsregierung erkennen, daß ihre bisherige Finanzhilfe vollkommen unzureichend gewesen war. So wurde der Betrag aus den Haushaltsmitteln des Reichs um 90 auf nunmehr 150 Mio. RM heraufgesetzt. Neben dieser schlüsselmäßig zu verteilenden Masse wurden weitere 80 Mio. RM für besondere Fälle zur Verfügung gestellt.[78] Zusätzlich zur Reichswohlfahrtshilfe sollten die Kommunen die Einsparungen der Länder aus den vorgeschriebenen Kürzungen der Gehälter im Öffentlichen Dienst erhalten. Dazu setzte die preußische Regierung die RNotVO vom 5.Juni 1931 um und schüttete ab dem 1.Juli 1931 einen großen Teil ihrer Einsparungen bei den Personalausgaben in Höhe von 50 Mio. RM mittels Kopfbeträgen nach Einwohnergrößenklassen an die Gemeinden und Gemeindeverbände aus.[79] Diese Vorschrift wurde schon zum 9.Oktober 1931 durch eine Ausschüttung von Finanzmitteln des zentralen Ausgleichsfonds in garantiert gleicher Höhe ersetzt.[80]

Für das Haushaltsjahr 1932/33 wurden nach der RNotVO vom 14.Juni 1932 672 Mio. RM Reichswohlfahrtshilfe bereitgestellt. Gegenüber dem bisherigen Verfahren war ihr Empfang an zusätzliche Bedingungen wie die Existenz örtlicher Haushalts-, Kassen- und Rechnungsordnungen geknüpft.[81] Das angewandte zweistufige Verfahren für die Berechnung der relevanten Zahlen der Wohlfahrtserwerbslosen[82] führte durch die unterschiedliche Entwicklung der Erwerbslosenzahlen zu schwankenden Zuweisungsbeträgen pro Wohlfahrtserwerbslosen.[83] Bereits eine – nur relativ! – verbesserte Lage einer Kommune bei der Krisen- und Wohlfahrtsfürsorge im Vergleich zu den übrigen führte dabei zu einer unkalkulierbaren Verschlechterung ihrer Position im Verteilungskampf innerhalb ihrer Größenklasse. So war der Wohlfahrtserwerbslose in Duisburg-Hamborn im Oktober 1932 mehr als 2 1/2-mal wertvoller als der Kölner. Dies führte dazu, daß die Stadt Köln im Oktober über 700 000, im November fast 443 000 und im Dezember 1932 rund 538 000 RM weniger erhielt als ihr bei einer Anwendung des Maßstabs für Duisburg-Hamborn zugestanden hätten.[84] Danach ebneten sich die Proportionen etwas ein. So konnte es nicht ausbleiben, daß sich der Kölner Oberbürgermeister mit einigem Recht bei der Führung des Städtetags über diesen Finanzausgleich beklagte.[85] Auch die benachteiligte Stadt Düssel-

77 Sachße/Tennstedt: Der Wohlfahrtsstaat im Nationalsozialismus, S. 87, 90.

78 Erster Teil Kapitel IV RNotVO vom 6.10.1931; RGBl. I 1931, S. 537.

79 §2 PrVO zur Erleichterung der Wohlfahrtslasten der Gemeinden und Gemeindeverbände vom 30.6.1931; PrGS. 1931, S. 120. RdErl. d. PrMdI, PrFM und PrMfV vom 26.6.1931; MBliV. 92 (1931), Sp. 652. Geschätzte Gesamtbeträge nach den obigen Berechnungsvorschriften in Mio. RM: D: 1,4; DU: 1,6; E: 1,3; K: 1,9; MG: 0,7; W: 1,0; eigene Berechnungen.

80 PrVO betreffend Erleichterung der Wohlfahrtslasten der Gemeinden und Gemeindeverbände vom 9.10.1931; PrGS. 1931, S. 219. RdErl. d. PrMdI, PrFM und PrMfV vom 14.10.1931; MBliV. 92 (1931), Sp. 1040.

81 Kapitel I Zweiter Teil RNotVO vom 14.6.1932; RGBl. I 1932, S. 273.

82 Zuerst Zuordnung der Kommune zu einer Einwohnergrößenklasse und danach Ermittlung der relativen Belastung der Kommune durch Wohlfahrtserwerbslose im Vergleich zu den übrigen in der Einwohnergrößenklasse.

83 Kritisch-detailliert, auch wegen der zweifelhaften Modellrechnungen der Reichsregierung: Delius: Die Wohlfahrtshilfe des Reichs.

84 Vgl. Tabelle 62.

85 OB K an DSt vom 12.11.1932; LAB 142/1 StB 1425.

dorf empfand das Verteilungsverfahren als ungerecht.[86] Außerdem waren die Städte von der Aufrechnung der Reichswohlfahrtshilfe mit rückständigen Zahlungen betroffen.[87]

1.2.4 Zuweisungen aus Mitteln des zentralen Ausgleichsfonds in Preußen[88]

Aber nicht nur die Haushalte der Städte als Ganzes unterlagen einem grundlegenden Wandel. Auch innerhalb einer einzelnen Einnahmeart fanden erhebliche Veränderungen statt. Dies wird bei den Zuweisungen und Zuschüssen deutlich. Immer mehr Beträge für die Städte und Gemeinden flossen nicht direkt, sondern über einen zentralen Ausgleichsfonds des Landes an die Städte und Gemeinden.[89] Da allerdings die Verteilung der Finanzmittel des Ausgleichsfonds in großem Maße dem Ermessen der Staatsregierung unterlag, bedeutete dies für die Kommunen einen erheblichen Verlust an Kalkulierbarkeit und Entscheidungskompetenz.[90] Trotzdem behauptete der von der Kommunalaufsicht des Innenministeriums eingesetzte Finanzprüfer Tapolski, daß das in Preußen praktizierte Dotationsverfahren für die Gemeindezuschüsse nach Einzelprüfungen das günstigste Verfahren und im Endergebnis billiger als die Gewährung zahlenmäßig fester Beträge sei.[91] Mag man die Richtigkeit seiner Behauptung für die Staatskasse unterstellen, so darf doch stark bezweifelt werden, ob dieses Verteilungsverfahren wirklich für einen angemessenen Ausgleich zwischen den Gemeinden und ihren sehr unterschiedlich hohen Zusatzbelastungen durch die Wirtschaftskrise sorgte.

1.2.4.1 Aufkommen des Finanzteils der Hauszinssteuer

Zusätzlich zu den obigen Finanzmitteln konnten besonders bedürftige Gemeinden und Gemeindeverbände in Preußen Zuweisungen aus dem zentralen Ausgleichsfonds erhalten. Dieser Ausgleichsfonds finanzierte sich aufgrund von §39 des Preußischen Ausführungsgesetzes zum Finanzausgleichsgesetz durch den Finanzteil des Hauszinssteueraufkommens. Der prozentuale Anteil des Ausgleichsfonds am Finanzteil der Hauszinssteuer, der vor seiner Verteilung nach dem örtlichen Aufkommen und der Bevölkerungszahl abgezweigt wurde, lag bei 8%. Von diesem Anteil sollte ein Viertel den kreisfreien Städten und Landkreisen, die durch ihre Fürsorge für Flüchtlinge aus den ehemals deutschen Gebieten besonders belastet waren bzw. in den Grenzprovinzen lagen, und drei Viertel

86 VB D 1933, S. 249.

87 OB Lehr beklagt sich über den Abzug rückständiger Beiträge der Stadt zur Krisenfürsorge von der schlüsselmäßig verteilten Reichswohlfahrtshilfe; OB D an RP D vom 6.3.1933; HStAD Reg. D 55433.

88 Art und Umfang der zentralisierten Ausgleichsmittel regelten die RNotVOen: vom 1.12.1930; RGBl. I 1930, S. 517; vom 5.6.1931; RGBl. I 1931, S. 279; vom 6.10.1931; RGBl. I 1931, S. 537; vom 14.6.1932; RGBl. I 1932, S. 273; vom 4.9.1932; RGBl. I 1932, S. 425.

89 Der Anteil der Finanzmasse des Ausgleichsfonds am Ende der Weimarer Republik wurde auf bis zu 65% des Ertrags der preußischen Gemeinden und Gemeindeverbände an der Einkommen- und der Körperschaftsteuer geschätzt; Voigt: Untersuchungen zum Finanzsystem der deutschen gemeindlichen Selbstverwaltung, S. 127.

90 Ebd.

91 Tapolski: Kommunale Sparmöglichkeiten, S. 95 f.

den kreisfreien Städten und Landkreisen mit einer überdurchschnittlichen Zahl von Wohlfahrtserwerbslosen zufließen. Diese Zuweisungen vergaben die Minister des Innern, der Finanzen und für Volkswohlfahrt gemeinsam freihändig.[92] Mit dem Beginn des Haushaltsjahres 1932/33 wurden 65% des Aufkommens des Finanzteils der Hauszinssteuer der freihändigen Vergabe zugeführt. Zusätzlich berücksichtigte man noch die Entschädigungen für die Einnahmeausfälle durch die Realsteuersperre im Jahr 1932.[93]

1.2.4.2 Überschüsse aus der Realsteuersenkungsentschädigung

Eine weitere Finanzquelle des Ausgleichsfonds waren die Ersatzleistungen für die durch die RNotVO vom 1. Dezember 1930[94] angeordneten Realsteuersenkungen, die die Senkungsverluste der Gemeinden überstiegen. Mit diesen Mitteln aus dem Ausgleichsfonds sollten neben den Wohlfahrtslasten auch die vom Aufkommensrückgang der Realsteuern besonders betroffenen Gemeinden unterstützt werden.[95] Sie erreichten in Preußen 1931 eine Höhe von schätzungsweise 70 Mio. RM.[96]

1.2.4.3 Zentralisierter Teil der Reichswohlfahrtshilfe

Ein zusätzliches Gewicht erhielt der Ausgleichsfonds für die Kommunalfinanzen, als das Reich den Ländern im Juni 1932 gestattete, bis zu 10% der auf die Landkreise und kreisfreien Städte entfallenen Beträge der Reichswohlfahrtshilfe nicht direkt auszuzahlen, sondern einem Fonds zugunsten der besonders unter der Arbeitslosigkeit leidenden Gemeinden zuzuführen.[97] Von der Ermächtigung des Reichs machte die preußische Regierung in vollem Umfang Gebrauch.[98] Knapp drei Monate später wurde der zentralisierte Anteil der Reichswohlfahrtshilfe auf 20% erhöht.[99]

92 §39 Bekanntmachung des Preußischen Ausführungsgesetzes zum Finanzausgleichsgesetz vom 30.10.1923 in der Fassung vom 14.5.1927; PrGS. 1927, S. 63. §39 Bekanntmachung der Fassung dieses Gesetzes vom 31.7.1930; PrGS. 1930, S. 249. Artikel I Nr. 7 Änderungsgesetz 1931 vom 24.3.1931; PrGS. 1931, S. 25.

93 Artikel I Nr. 7 Verordnung zur Verlängerung und Änderung des PrAusführungsgesetzes zum Finanzausgleichsgesetz für das Rechnungsjahr 1932 vom 8.4.1932-Änderungsverordnung 1932-; PrGS. 1932, S. 161. Neue Berechnungen durch Artikel III PrVO zur Sicherung des Haushalts vom 8.6.1932; PrGS. 1932, S. 199. Formale Änderungen durch §13 PrVO zur Durchführung dringender Finanzmaßnahmen vom 18.3.1933; PrGS. 1933, S. 51.

94 RGBl. I 1930, S. 517.

95 §11 Vierter Teil Kapitel I RNotVO vom 1.12.1930; RGBl. I 1930, S. 517.

96 Auswirkungen der Notverordnung vom 5.6.1931 auf die Gemeinden; LAB 142/1 StB 3691.

97 §10 Abs. 2 Zweiter Teil Kapitel I Artikel 1 RNotVO vom 14.6.1932; RGBl. I 1932, S. 273.

98 RdErl. d. PrMdI, PrFM und PrMfV vom 22.8.1932; MBliV. 93 (1932), Sp. 846.

99 §1 Vierter Teil Kapitel I Artikel 1 RNotVO vom 4.9.1932; RGBl. I 1932, S. 425.

1.2.4.4 Einmalige Sonderbeihilfe 1933

Schließlich stellte der preußische Innenminister den Städten und Kreisen des Regierungsbezirks Düsseldorf über den dortigen Regierungspräsidenten eine einmalige Sonderbeihilfe von insgesamt 1 Mio. RM zur Verfügung. Mit diesem Betrag konnten die Empfänger nach einer Einzelfallprüfung der Kommunalaufsicht Zahlungsverpflichtungen erfüllen, die nicht zum sogenannten A-Bedarf (Löhne, Gehälter, Wohlfahrtsunterstützungen) gerechnet wurden. Daneben waren die pünktliche Abführung des örtlichen Staatssteueraufkommens an die Staatskasse und der bisherige Bezug von Beihilfen aus den zentralen Finanzmitteln Preußens Voraussetzungen für ihre Bewilligung.[100] Durch diese Sonderbeihilfe ließen sich vor allem Rückstände der Städte gegenüber Handwerkern und Gewerbetreibenden beseitigen und deren Lage verbessern. Damit war diese finanzielle Unterstützung der Kommunen aus der Sicht des Düsseldorfer Regierungspräsidenten so erfolgreich, daß sie nach seiner Ansicht wiederholt werden sollte. Dies wurde jedoch in Berlin mangels Geld abgelehnt.[101]

1.2.4.5 Bewilligungsverfahren

Das Bewilligungsverfahren für diese aus sehr verschiedenen Quellen zusammenfließenden Mittel des Ausgleichsfonds war in mehrfacher Hinsicht unbefriedigend. Zu einer unübersichtlichen Angelegenheit wurde es durch die sich mehrfach ändernden Bestimmungen über den Umfang und die Voraussetzungen für die Mittelvergabe, zumal die Angaben der Bescheide der Aufsichtsbehörden über die Herkunft der Finanzmittel in der Regel global blieben. Ihre Entscheidungsfindung durch die Berechnung fiktiver Fehlbeträge war für die Städte nur schwer nachvollziehbar.[102] Die Bewilligungen der Ausgleichsmittel konnten von vorherigen eingehenden Prüfungen der Kassenlage vor Ort und Erfüllung von Auflagen abhängig gemacht werden.[103] Die Ausschüttung der Staatsbeihilfen erfolgte über die Regierungspräsidenten, bei denen die Städte auch ihre Beihilfeanträge stellen mußten.[104] Die Höhe der Bewilligung hing von der Differenz zwischen der Summe der kassenwirksamen Einnahmen eines Monats und dem sogenannten A-Bedarf im selben Zeitraum ab.[105] Der ermittelte Fehlbetrag sollte in der Regel als monatliche Beihilfe gewährt werden. Die Bearbeitung eines Antrags konnte zwischen fünf Tage und sechs Wochen in Anspruch nehmen.[106] Angesichts dieser Zeitspanne darf bezweifelt werden, ob die Finanzmittel stets zum erforderlichen Zeitpunkt eintrafen. Dabei waren die Chancen für den vollen Erfolg eines Beihilfeantrags gering, weil die Staatsaufsicht alle Möglichkeiten zur Kürzung

100 PrMdI an RP D vom 22.2.1933; HStAD Reg. D 55306. RP D an PrMdI vom 22.5.1933; ebd.

101 RP D an PrMdI vom 22.5.1933; HStAD Reg. D 55306. PrMdI an RP D vom 29.6.1933; ebd.

102 Vgl. z. B. StK Hahn: Die Finanzen der Stadt Essen, S. 68.

103 Voigt: Untersuchungen zum Finanzsystem der deutschen gemeindlichen Selbstverwaltung, S. 127.

104 RdErl. d. PrMdI, PrFM und PrMfV vom 26.6.1931; MBliV. 92 (1931), Sp. 652.

105 Vgl. Hahn: Die Finanzen der Stadt Essen, S. 69.

106 Die Überlieferung hat erhebliche Lücken, und ihre Vollständigkeit ist wegen der Aktenführung unsicher. Die dichteste Dokumentation der Staatsbeihilfen liegt für MG und W vor. Diese und die folgenden Bemerkungen beziehen sich deshalb auf die Auswertung dieser Städte. HStAD Reg. D 31623; 32937 a; 42688; 55433; 55198; 55250; 55254; 55305; 55307; 55386; 55387; 55471. GStAB Rep. 77, 3546 b, 1, 1.

des angemeldeten Finanzbedarfs ausschöpfte. Erhielt beispielsweise Gladbach-Rheydt im Haushaltsjahr 1931/32 noch verhältnismäßig großzügig Bewilligungen, so wurde 1932/33 ungefähr jeder zweite seiner Anträge vollständig abgelehnt. Für die übrigen wurden nur Summen von 45 000–60 000 RM ausgeschüttet, die nicht entscheidend zur Entspannung der städtischen Haushaltslage beitrugen. Umgekehrt verhielt es sich in Wuppertal, wo nach einer Reihe von Ablehnungen im Haushaltsjahr 1931/32 im Jahr 1932/33 fast jeder der monatlich gestellten Anträge zwischen 100 000 und 360 000 RM Beihilfe einbrachte. So konnte von einer für die Städte kalkulierbaren Stetigkeit der Bewilligungen kaum die Rede sein. Außerdem wurde vom nicht durch eigene Einnahmen gedeckten monatlichen A-Bedarf nur ein Teil durch eine Staatsbeihilfe abgedeckt. Im ersten Halbjahr 1933 lag ihr Anteil zwischen 40 und 50 % des A-Bedarfs. Im Vorhalbjahr war der Anteil der bewilligten Beihilfebeträge am A-Bedarf noch niedriger und schwankte erheblich stärker.

Die für die Staatsbeihilfe ermittelten Beträge entsprachen nicht den tatsächlich ausgezahlten Summen. Von ihnen wurden vorab immer wieder große Teile für die zwangsweisen Abführungen von rückständigen Staatssteuern und Provinzialumlagen abgezogen. So erreichten nach einer detaillierten Aufstellung für den Monat Dezember 1932 die effektiv ausgezahlten Finanzmittel in Essen nur 9 statt der bewilligten 51,4 % und in Wuppertal nur 53,4 statt der bewilligten 62,7 % des ungedeckten A-Bedarfs.[107]

Auch nach der nationalsozialistischen Machtübernahme 1933 setzten die rheinischen Großstädte die Serie ihrer Beihilfeanträge fort. Bis Ende 1933 stellten sowohl Duisburg-Hamborn als auch Wuppertal jeden Monat einen Antrag, Essen setzte wahrscheinlich nur einen Monat aus. Hingegen beantragte Gladbach-Rheydt zum letzten Mal im Juli 1933 Staatsbeihilfe, und Düsseldorf hatte mit keinem Antrag Erfolg.[108]

Welche extremen Formen der Wettlauf der Städte um die Finanzmittel des zentralen Ausgleichsfonds annehmen konnte, zeigt sich am Beispiel der Stadt Köln. Köln war nicht nur wie die übrigen Städte durch die wachsende Zahl der Wohlfahrtserwerbslosen, sondern auch noch durch die extrem hoch angehäuften Schulden und deren ungünstige Fälligkeiten unterstützungsbedürftig geworden. Wissend, daß die staatlichen Beihilfen nicht für die Finanzierung des Schuldendienstes bewilligt wurden, setzte der Kölner Oberbürgermeister Adenauer dennoch auf die Dringlichkeit seiner Beihilfeanträge und die Gefahr eines bevorstehenden, die Kreditwürdigkeit der gesamten öffentlichen Hand in Frage stellenden Eklats auf dem Kapitalmarkt. Dazu wurden bei den Berliner Ministerien alle Register der Einflußnahme gezogen. So legte nur vier Tage vor der Fälligkeit von 1,7 Mio. RM Schuldendienstleistungen am 1. September 1931 Adenauers Finanzdezernent Suth dem Kölner Regierungspräsidenten persönlich einen Antrag auf den Tisch, mit dem er 1 Mio. RM Staatsbeihilfe für die Befriedigung der ausländischen Gläubiger der Stadt forderte. Unter dem Eindruck dieser Umstände sah sich der Regierungspräsident genötigt, trotz fehlender vorgeschriebener Unterlagen, diesen Antrag zu befürworten.[109] Dazu

107 Erhebung aus den Berechnungen, Bewilligungen und Kürzungen der Staatsbeihilfen für die Stadt- und Landkreise des Regierungsbezirks Düsseldorf für die Jahre 1932 und 1933 -ohne Erstellungsdaten-; HStAD Reg. D 55446.

108 Auswertung einer Sammlung, deren Vollständigkeit wahrscheinlich ist, in: HStAD Reg. D 55361, Teil 1 und 2.

109 OB K an den PrMdI durch den RP K vom 26.8.1931 und RP K an den PrMdI vom selben Tag; GStAB Rep. 77, 444 a, 2, 7, Bl. 143 f.

Abb. 1
Dr. Johannes Handschuhmacher, Oberbürgermeister der Stadt Mönchengladbach 1930-1933

Abb. 2
Karl Jarres, Oberbürgermeister der Stadt Duisburg-Hamborn 1914-1923, 1925-1933

Abb. 3
Julius Friedrich, Oberbürgermeister der Stadt Wuppertal 1931-1937

Abb. 4
Robert Lehr, Oberbürgermeister der Stadt Düsseldorf 1924-1933

Abb. 5
Dr. Franz Bracht, Oberbürgermeister der Stadt Essen 1924-1932

Abb. 6
Dr. Konrad Adenauer, Oberbürgermeister der Stadt Köln 1917-1933

Abb. 7 Karl Bergemann, Regierungspräsident Düsseldorf 1924-1933

Abb. 8 Hans Elfgen, Regierungspräsident Köln 1926-1933

Abb. 9
Oskar Mulert, Geschäftsführender Präsident des Deutschen Städtetages 1926-1933

unterstrich Adenauer selbst, am Kölner Regierungspräsidenten vorbei, beim Innenminister mit dramatischen Worten und Zahlen die Notwendigkeit staatlicher Unterstützung für Köln.[110] Bereits einen Monat später wiederholte sich der Vorgang. Dieses Mal ging es um Zahlungsrückstände (Zinsen, Provinzialumlage und andere Verbindlichkeiten) in Höhe von fast 12,5 Mio. RM per 30. September 1931. Erneut fand Adenauer die Unterstützung des Kölner Regierungspräsidenten, nicht aber die der kritischen Kommunalabteilung des Innenministers, welche sein Begehren kurz und bündig mit dem Satz konterte: „Für die genannten Zwecke gar nicht möglich".[111]

Als im Januar 1933 der Kölner Finanzdezernent, parallel zum gerade anstehenden Abschluß eines Vertrags über ein Darlehen Preußens zugunsten der Stadt Köln in Höhe von 3 Mio. RM,[112] den Versuch unternahm, durch persönliche Einflußnahme in den Berliner Ministerien eine weitere Beihilfe des Reichs oder Preußens für die Bedienung der städtischen Auslandsschulden zu erlangen, wurde er von den gegenüber der Stadt Köln skeptisch eingestellten Ministerialbeamten umgehend zurückgewiesen. Vielmehr brachte die erneute Nötigung der Stadt nur noch einen Gegenangriff des preußischen Finanzministers wegen der eigenmächtigen Zurückhaltung von Staatssteuerablieferungen ein.[113] Außerdem erwartete man in Berlin endlich ein energischeres Vorgehen des Kölner Regierungspräsidenten gegenüber der Stadt und deren permanenter Nichtbeachtung einschlägiger Ministerialerlasse.[114]

1.2.5 Entwicklung der Zuweisungen und Zuschüsse

In allen sechs rheinischen Großstädten nahmen die Zuweisungen und Zuschüsse im Laufe der Wirtschafts- und Finanzkrise stark zu, allerdings in sehr unterschiedlichen Ausmaßen. Verdoppelten sie sich pro Einwohner in Düsseldorf und überschritten sie erst 1932/33 das Niveau Duisburg-Hamborns im Jahr 1929/30, so stiegen sie in Duisburg-Hamborn auf das 5,5fache von 1929/30 und erreichten 1933/34 einen Anteil von rund einem Drittel an den Gesamteinnahmen. Wuppertal erfuhr eine ähnliche Entwicklung seiner Zuweisungen und erhielt schließlich im Haushaltsjahr 1933/34 unter allen sechs rheinischen Großstädten den zweithöchsten Betrag pro Einwohner.[115] Die Hauptquellen der Zuweisungen wandelten sich. Noch 1929 und 1930 waren die Beschulungsgelder für die Volks- und

110 OB K an PrMdI vom 5.9.1931; ebd., Bl. 147.

111 OB K an RP K vom 7.10.1931 und RP K an PrMdI vom 15.10.1931, Randnotiz am Bericht des RP K; ebd., Bl. 169 f.

112 Vgl. PrFM an RP K vom 7.1.1933; ebd., Bl. 258–263.

113 OB K an PrMdI vom 9.1.1933 und PrFM an den PrMdI vom 28.1.1933; Gesprächsvermerk PrMdI; ebd., Bl. 289 f. Ablehnung eines Beihilfeantrags am 24.2.1933; HAStK Abt. 901, 51, Bl. 41.

114 Anläßlich des Abschlusses eines Darlehensvertrags zwischen Preußen und Köln: „Wir ersuchen daher ergebenst, die gesamte Finanzgebarung der Stadt Köln einer besonders eingehenden fortlaufenden Kontrolle zu unterziehen"; PrFM an RP K vom 7.1.1933; GStAB Rep. 77, 444 a, 2, 7, Bl. 259 f. Auf den Bericht des RP K vom 1.12.1932 über Auslandskredite Kölns und eine Staatsbeihilfe: „Ich ersuche, dem Oberbürgermeister der Stadt Köln, der für die Nichtbeachtung der gegebenen Anweisungen in erster Linie die Verantwortung trug, das Erforderliche in meinem Namen zu eröffnen"; PrMdI an RP K vom 11.4.1933; ebd., Bl. 297.

115 Vgl. Tabellen 44–49.

Mittelschulen aus den Landesschul- und Landesmittelschulkassen die mit Abstand stärksten Einnahmequellen der Städte. Diese fielen zum Beginn des Haushaltsjahres 1932/33 fort und damit auch der bislang größte Teil der Zuweisungen. Doch ab dem Haushaltsjahr 1931/32 wurden die Reichswohlfahrts- und Staatsbeihilfen bald nach ihrer Einführung zu den wichtigsten Zuweisungen. Die Entlastungswirkung der Reichswohlfahrtshilfe hielt sich für die sechs rheinischen Städte im Jahr 1931/32 noch in engen Grenzen. Wie vergleichsweise gering selbst der Betrag der Reichswohlfahrtshilfe von nun 230 Mio. RM nach der RNotVO vom 6. Oktober 1931 immer noch war, wird daran deutlich, daß nach den Quartalsergebnissen der gemeindlichen Fürsorge, die vom Deutschen Städtetag herausgegeben wurden, allein die sechs rheinischen Großstädte im Haushaltsjahr 1931/32 zusammen mehr als 100 Mio. RM für Unterstützungen ausgaben, die fast ausschließlich den Erwerbslosen zugute kamen.[116]

Erst im Folgejahr bewirkte das stark vergrößerte Volumen der Reichwohlfahrtshilfe eine spürbare Unterstützung der Städte, mit dem ein sprunghafter Anstieg der Zuweisungssummen in den Haushalten der Städte von 1931/32 auf 1932/33 einherging.[117] Ohne Berücksichtigung der Arbeitsfürsorge deckte die Reichswohlfahrtshilfe 1932/33 mit schätzungsweise 51 % der Unterstützungsleistungen der offenen Fürsorge in Duisburg-Hamborn mit Abstand den größten Anteil ab. Ansonsten aber erreichte der Finanzierungsanteil der Reichswohlfahrtshilfe nicht einmal ein Drittel, und unter Einbeziehung des Aufwandes für die Arbeitsfürsorge lagen alle sechs rheinischen Städte deutlich unter dem Finanzierungsdurchschnitt in Preußen von etwa 45 %.[118]

Außer Düsseldorf erhielten alle rheinischen Großstädte Staatsbeihilfen. Im Haushaltsjahr 1932/33 nahm auch diese Zuweisung deutlich zu, allerdings fiel sie geringer aus als die des Reichs.[119] Eine größere finanzielle Bedeutung für drei der sechs Großstädte erlangten die Entschädigungen für die Steuersenkungen ab dem Haushaltsjahr 1931/32. Ihr Anteil an der Summe der Zuweisungen und Zuschüsse nahm jedoch wegen der Reichswohlfahrtshilfe ab.[120]

Im Vergleich zu den Beträgen dieser Zuweisungen waren die übrigen ohne größere Bedeutung.

116 Ohne Berücksichtigung der Ausgaben für die Arbeitsfürsorge. Städte und Statistik, Beilage zur Zeitschrift „Der Städtetag“ 25 (1931), S. 148*; 26 (1932), S. 4*, 52*, 70*; eigene Berechnungen.

117 Vgl. Tabellen 44–49. Artikel 1 Abs. 1 Zweiter Teil Kapitel I RNotVO vom 14.6.1932; RGBl. I 1932, S. 273. Die Gemeindefinanzen in der Wirtschaftskrise, S. 51.

118 Städte und Statistik, Beilage der Zeitschrift „Der Städtetag“ 25 (1931), S. 148*; 26 (1932), S. 4*, 52*, 70*; eigene Berechnungen. Die Gemeindefinanzen in der Wirtschaftskrise, S. 61.

119 HStAD Reg. D 32228.

120 Vgl. Tabelle 63.

1.3 Die Einnahmen aus städtischen Unternehmen und Beteiligungen[121]

Wirtschaftliche Aktivitäten hatten für die Städte schon länger eine große finanzielle Bedeutung. Sie stellten damit einen Teil der von ihnen zu erbringenden Infrastrukturleistungen für die Bürger sicher. Zusätzlich zogen die Städte aus diesen Aktivitäten beträchtliche Erträge für ihre Haushalte. Vor allem nach den Einschränkungen ihrer steuerpolitischen Kompetenzen waren die Erwerbseinkünfte eine der wenigen Einnahmearten, die die Gemeinden noch weitgehend selbst bestimmten. Hierin und weniger im Volumen lag die eigentliche Bedeutung für den kommunalpolitischen Handlungsspielraum. Dementsprechend förderten die Kommunen nach dem Ersten Weltkrieg ihre Kommunalwirtschaft[122] und verwalteten sie mit dem Ziel einer Maximierung der Ertragsüberschüsse.[123] Dies bezeichneten die Interessenverbände der Wirtschaft polemisch als „kalte Sozialisierung".[124]

Jedoch waren die Chancen, von dieser Einnahmeart zu profitieren, sehr ungleich verteilt und damit auch die finanzpolitischen Gestaltungsmöglichkeiten. Die Bedeutung dieser Einnahmeart war in den Ruhrstädten nicht nur im Vergleich mit den Dienstleistungszentren am Rhein, sondern auch mit den übrigen preußischen Großstädten extrem gering, weil sie nur über ein kleines Kapitalvermögen verfügten. Die dort überragende Bedeutung privater und überörtlicher Versorgungsunternehmen entlastete zwar die kommunalen Haushalte von Investitionsausgaben, schränkte aber auch die aus der Kommunalwirtschaft erzielbaren Erträge erheblich ein.[125] Außerdem konnten sich die in Duisburg-Hamborn und Essen vorherrschenden Großbetriebe der Montanwirtschaft selbst mit Gas, Wasser und Elektrizität versorgen, was die Absatzchancen der dortigen städtischen Werke drastisch schmälerte.[126] In Essen versorgte der dort ansässige Stromkonzern RWE aufgrund langfristiger Lieferverträge mit der Gemeinde große Teile des Stadtgebiets. Außerdem war

121 Einnahmen aus Unternehmen und Beteiligungen = positiver Saldo aus Gewinnabführungen, Konzessionsabgaben usw. und Verlustabdeckungen durch die städtischen Haushalte. Fast alle Quellen über die Gewinnabführungen von Unternehmen enthalten nichttrennbar auch für den städtischen Haushalt kostenlos erbrachte Dienstleistungen und Lieferungen sowie Konzessionsabgaben. Konzessionsabgaben sind zwar haushaltsrechtlich Entgelte von Versorgungs- und Verkehrsbetrieben an die Kommunen für ihre wirtschaftliche Nutzung öffentlicher Verkehrsflächen; vgl. Schmidt-Jortzig/Makswit: Handbuch des kommunalen Finanz- und Haushaltsrechts, S. 83. Befinden sich aber diese Betriebe in der Hand der dortigen Kommune, dann haben diese Abgaben für die Gemeindehaushalte die Eigenschaft von Mindestausschüttungen von Gewinnen. Die Städte sahen es offensichtlich ähnlich. Gewinnausschüttungen der Sparkassen an ihre Gewährsträger lassen sich, obwohl in deren Geschäftsberichten ausgewiesen, nur sporadisch in den Haushaltsplänen der Städte feststellen. Der größte Teil der Jahresüberschüsse floß offenbar in die Sicherheitsrücklagen der Kreditinstitute oder wurde für gemeinnützige Zwecke an Dritte ausgeschüttet. Nach § 14 Abs. 3 der PrVO über die Sparkassen sowie die Giroverbände und kommunalen Kreditinstitute vom 20.7.1932 aufgrund der RNotVO vom 6.10.1931 war eine Verwendung von Jahresüberschüssen zu Zwecken des Gewährsträgers, die über den dort eng begrenzten Rahmen hinausging, unzulässig; PrGS. 1932, S. 241. Deshalb wurden aus Gründen der Vergleichbarkeit die Sparkassenüberschüsse in den Haushaltsplänen hier nicht berücksichtigt, die, soweit ermittelbar, ohnehin in keinem Fall eine relevante Höhe erreichten.
Zur Entwicklung und Bedeutung der kommunalen Unternehmen für die Städte vgl. das reichhaltige Literaturverzeichnis in: Ambrosius: Die öffentliche Wirtschaft in der Weimarer Republik, S. 270–301.

122 Jeserich: Die Bedeutung der Betriebsüberschüsse, S. 208.

123 Rebentisch: Die Selbstverwaltung in der Weimarer Zeit, S. 95.

124 Ebd., S. 97. Böhret: Aktionen gegen die „kalte Sozialisierung" 1926–1930.

125 Most: Die Finanzlage der Ruhrgebietsstädte, S. 66 f.

126 Vgl. ebd.

die größte Firma am Ort, Friedr. Krupp, Selbsterzeuger von Gas, Wasser und Strom. Dementsprechend erreichten die städtischen Werke 1929/30 gerade gut 4% der Stromerzeugung der Firma Krupp.[127]

Mit den Erträgen aus ihren Unternehmen und Beteiligungen versuchten die Städte, während der Wirtschafts- und Finanzkrise wenigstens einen Teil ihrer wachsenden Haushaltsfehlbeträge abzudecken.[128] Ihre dadurch noch zunehmende fiskalpolitische Bedeutung führte diese Unternehmen in eine größere Abhängigkeit von der aktuellen Haushaltslage ihrer kommunalen Eigentümer als bisher.[129] Zugleich aber unterlagen sie in vollem Umfang den Auswirkungen der heraufziehenden wirtschaftlichen Depression. Nun sanken tendenziell auch die Überschüsse der Gas-, Wasser- und Elektrizitätswerke bzw. stiegen die Defizite der kommunalen Verkehrsunternehmen. Unter der wachsenden Erwerbslosigkeit, dem verringerten Berufsverkehr und der Absatzkrise litt die Nachfrage im Personen- und Güterverkehr.[130] Die Zahl der beförderten Personen schrumpfte bei den städtischen Straßenbahnen in Gladbach-Rheydt zwischen Ende 1929 und dem Tiefpunkt im Herbst 1932 um zwei Fünftel und bei den Bahnen und Bussen in Duisburg-Hamborn zwischen 1930 und 1933 um über 43 %.[131] Dagegen ließ sich der Aufwand für den Unterhalt von Anlagen und Fahrzeugen bei weitem nicht im selben Ausmaß wie der Rückgang der Güter- und Personenbeförderung senken. In Köln kürzte man deshalb das Verkehrsangebot.[132] Gelang es Essen, Wuppertal und Gladbach-Rheydt trotzdem noch, von ihren Verkehrsbetrieben einen kleinen Finanzierungsbeitrag zum städtischen Haushalt zu erhalten, und Duisburg-Hamborn, kein Defizit entstehen zu lassen, war Köln von allen sechs rheinischen Großstädten in der schwierigsten Lage.[133] Die Stadt mußte aus ihrem Haushalt einen jährlichen Verlust der Straßenbahnen und Busse zwischen 1,3 und 1,8 Mio. RM abdecken, weil dem Gewinn der Köln-Bonner Eisenbahnen hohe Verluste der übrigen Güter- und Personenverkehrsbetriebe mit städtischer Beteiligung gegenüberstanden.[134] Einen Teil der Verluste der städtischen Straßenbahnen konnte die Stadt Köln nur durch die Auflösung angesammelter Betriebsrücklagen auffangen.[135] Im Gütertransport brachte die eingeschränkte Produktion der Industrie und des Kohlenbergbaus die Köln-Frechen-Benzelrather Eisenbahn, die sich im Eigentum der Stadt Köln befand, und die Anschlußbahn Wanheim der Stadt Duisburg-Hamborn in erhebliche Schwierigkeiten.[136] Nur Düsseldorf konnte, mit Ausnahme des Jahrs 1931/32, durch die Konzessionsabgabe der Rheinischen Bahngesellschaft AG von einem Verkehrsunternehmen eine nennenswerte Unterstützung für den städtischen Haushalt in Höhe von 1,5 bis 3,3 Mio. RM erhalten.

127 Geschäftsbericht Gas-, Wasser- und Elektrizitätswerke der Stadt Essen 1929/30, S. 7, 25.

128 Heindl: Die Haushalte, S. 171.

129 Ambrosius: Die öffentliche Wirtschaft in der Weimarer Republik, S. 146, 180.

130 Jahresbericht des Statistischen Amts Düsseldorf 26 (1930), S. 35; 27 (1931), S. 33; 29 (1933), S. 34. VB DU 1932, S. 31. VB K 1931/32, S. 54; 1932/33, S. 60 f. VB MG 1929 und 1930, S. 104; 1931, S. 91, 93; 1932–1933, S. 79, 81. VB W 1929–1931, S. 48. Wuppertaler Statistik Nr. 1, S. 26; Nr. 2, S. 29; Nr. 11, S. 16; Nr. 16, S. 23.

131 Statistische Vierteljahresberichte der Stadt Gladbach-Rheydt 1 (1930), Nr. 1, S. 4; 4 (1933), Nr. 2, S. 3. VB DU 1930–1932 N, S. 101; 1933, S. 81; eigene Berechnungen.

132 VB K 1932/33, S. 56, 60 f.

133 Vgl. Tabelle 64.

134 VB K 1930/31, S. 52, 54; 1931/32, S. 55, 57; 1932/33, S. 59 f.; 1933/34, S. 113 f., 117.

135 VB K 1930/31, S. 52; 1931/32, S. 55.

136 VB DU 1930–1932 N, S. 118. VB K 1930/31, S. 54; 1931/32, S. 57; 1932/33, S. 59; 1933/34, S. 117.

Durch die sich abschwächende Konjunktur setzten die städtischen Gas-, Wasser- und Elektrizitätsbetriebe vom Haushaltsjahr 1930/31 an immer weniger Produkte ab, obwohl die Zahl der Strom- und Gasverbraucher weiter zunahm. So wirkte sich in Duisburg-Hamborn vor allem die Stillegung der Hütte Duisburg-Meiderich der Vereinigten Stahlwerke AG am 21. Februar 1931 nachteilig auf die Absatzlage der dortigen Stadtwerke aus.[137] Bald hinterließ der Absatzrückgang Spuren bei der Erweiterung der Versorgungsnetze. So verlangsamte sich der Ausbau in Gladbach-Rheydt bis zum völligen Stillstand.[138] Erst 1933 erholte sich die Wirtschaft in den Städten und damit auch die Absatzlage der Stadtwerke.[139]

Trotz der konjunkturellen Auswirkungen trugen von allen städtischen Unternehmen und Beteiligungen die Gas-, Wasser- und Elektrizitätswerke mit großem Abstand am meisten zur Finanzierung der städtischen Haushalte bei.[140] Dies machen auch die Volumina der Abführungen an die Haushalte deutlich. Lieferten die Kölner Betriebe und Beteiligungen während der Krise, mit Ausnahme des Jahrs 1932, stets über 20 Mio. RM und die Düsseldorfer über 12,5 Mio. RM pro Jahr ab, so waren es in Essen und Duisburg-Hamborn nur zwischen 3,6 und 6,5 Mio. RM.[141] Der sich öffnenden Schere zwischen dem Geschäftsrückgang und den zum Teil willkürlich festgesetzten Ablieferungen an die städtischen Haushalte versuchten die Versorgungsbetriebe durch höhere Preise entgegenzuwirken. So zogen in den Jahren 1929 und 1930 die kommunalen Tarife merklich an.[142] Tatsächlich konnten die Stadtwerke auf diesem Wege die finanziellen Folgen des Absatzrückgangs teilweise ausgleichen. Aber ab 1931 mußten sie sowohl drastische mengenmäßige als auch finanzielle Einbußen hinnehmen.[143] Immerhin gelang es den Düsseldorfer Stadtwerken noch im August 1931, eine kräftige Wasserpreiserhöhung um fast 32 % von 0,19 auf 0,25 RM je Kubikmeter „zwecks Beschaffung weiterer Mittel für die Unterstützung der Wohlfahrtserwerbslosen"[144] durchzusetzen. Allerdings traten die durch sie erhofften Mehreinnahmen nicht in vollem Umfang ein, weil die privaten Haushalte ihren Verbrauch nun noch stärker einschränkten.[145] Dazu gerieten die kommunalen Tarife unter politischen Druck. Insbesondere die mit der RNotVO vom 8. Dezember 1931[146] erlassenen Vorschriften über Preissenkungen und die Eingriffe des Reichskommissars für Preisüberwachung beseitigten einen großen Teil des bis dahin vorhandenen kommunalen Gestaltungsspiel-

137 VB DU 1930–1932 N, S. 105.

138 VB MG 1929 und 1930, S. 110 f.; 1931, S. 93 f.; 1932–1933, S. 82.

139 Für den Elektrizitätsverbrauch bzw. die Stromabgabe vgl. die Graphiken 1–3. Geschäftsbericht. Gas-, Wasser- und Elektrizitäts-Werke Düsseldorf 1931/32, [S. 2]. VB DU 1930–1932 N, S. 107 f.; 1933, S. 89. Geschäftsbericht Gas-, Wasser- und Elektrizitätswerke der Stadt Essen 1930/31, S. 3; 1931/32, S. 3; 1932/33, S. 3; 1933/34, S. 4. VB K 1929/30, S. 74; 1930/31, S. 60; 1931/32, S. 62; 1932/33, S. 63; 1933/34, S. 112. VB MG 1929 und 1930, S. 109, 111; 1931, S. 93–95; 1932 und 1933, S. 81.

140 Vgl. Heindl: Die Haushalte, S. 172.

141 Vgl. Tabelle 64.

142 Ambrosius: Die öffentliche Wirtschaft in der Weimarer Republik, S. 143–147. Lichtenstein: Die Finanzwirtschaft der deutschen Großstädte, S. 83 f.

143 Vgl. Most: Die Finanzlage der Ruhrgebietsstädte, S. 69.

144 Geschäftsbericht Gas-, Wasser- und Elektritäts-Werke Düsseldorf 1931, S. 2.

145 Ebd. 1932, S. 2.

146 RNotVO vom 8.12.1931; RGBl. I 1931, S. 699.

raums.[147] Die Preise mußten selbst dort reduziert werden, wo schon zuvor große Defizite entstanden waren.[148] Um trotzdem die vielfach überhöhten Anforderungen der Stadtkämmerer für die städtischen Haushalte zu erfüllen, waren die willkürliche Herabsetzung des Abschreibungsbedarfs, die Streichung von Erneuerungsinvestitionen sowie die Auflösung von Betriebsrücklagen probate Mittel.[149] Damit waren Abschreibungen immer weniger ein Äquivalent für die technischen und wirtschaftlichen Substanzverluste. So sank bei den Düsseldorfer Stadtwerken binnen zwei Jahren der Abschreibungssatz um mehr als 50 %.[150] In diesem Punkt war Essen ein Extremfall, wo zwischen 1929 und 1931 der Umfang der Abschreibungen um 93 % von fast 1,2 Mio. RM auf knapp 80 000 RM schrumpfte.[151]

Außerdem belasteten die Städte ihre Versorgungs- und Verkehrsbetriebe mit einer Reihe zusätzlicher Abgaben wie der Stellung einer unentgeltlichen Straßenbeleuchtung und der Leistung von Straßenbenutzungs- und Konzessionsabgaben sowie mit Verwaltungskostenbeiträgen.[152] Hierin war Düsseldorf besonders konsequent. Sogar eventuelle künftige Einsparungen der städtischen Werke aus den Lohn- und Gehaltsabsenkungen mußten im voraus an den Düsseldorfer Stadthaushalt abgeführt werden.[153] Zusätzlich mutete man den dortigen Stadtwerken schon 1929 trotz eines noch einmal erhöhten Absatzes einen Bilanzverlust von rund 1,3 Mio. RM zu. Er war auf die um 1,75 Mio RM höheren Abführungen an den Stadthaushalt zurückzuführen.[154] Für das Haushaltsjahr 1933/34 wurde dieser Finanzierungstrick noch einmal angewendet.[155] Das noch so intensive Schröpfen der kommunalen Unternehmen durch die Kämmerer stabilisierte zwar ihre Finanzleistungen an die städtischen Haushalte und konnte den Rückgang der Erträge um zwei Jahre aufschieben, jedoch Schwankungen nicht verhindern. Immerhin schützte die weitgehende rechtliche Selbständigkeit die kommunalen Versorgungs- und Verkehrsbetriebe vor noch größeren Einflußnahmen der Kämmereien während der Wirtschafts- und Finanzkrise.[156]

147 VO über die Befugnisse des Reichskommissars für Preisüberwachung vom 8.12.1931; RGBl. I 1931, S. 747. Vgl. z. B. VB K 1931/32, S. 62 f.; 1932/33, S. 55. VB DU 1930–1932 N, S. 107. VB MG 1929 und 1930, S. 109, 111; 1931, S. 93–97; 1932–1933, S. 79, 81 a, 82. VB W 1932, S. 26, 28, 30 f.; 1933, S. 29.

148 Z. B. Fahrpreissenkung bei den städtischen Verkehrsbetrieben im Februar 1932; VB K 1932/33, S. 55.

149 Vgl. z. B. Geschäftsbericht Gas-, Wasser- und Elektrizitäts-Werke Düsseldorf 1931, S. 5. Geschäftsbericht Gas-, Wasser- und Elektrizitätswerke der Stadt Essen 1931/32, S. 4; 1932/ 33, S. 3 f. VB K 1933/34, S. 113 f. VB MG 1931, S. 93; 1932–1933, S. 81 a. Ambrosius: Die öffentliche Wirtschaft in der Weimarer Republik, S. 151 f., 154, 159.

150 Geschäftsbericht Gas-, Wasser- und Elektrizitäts-Werke Düsseldorf 1931, S. 5; 1932, S. 5; 1933, S. 9.

151 Geschäftsbericht Gas-, Wasser- und Elektrizitätswerke der Stadt Essen 1929/30, S. 4; 1931/32, S. 3; eigene Berechnungen.

152 In D wurden kostenlos für mehr als 1 Mio. RM Energie für die öffentliche Beleuchtung und Wasser geliefert; Geschäftsbericht Gas-, Wasser- und Elektrizitäts-Werke Düsseldorf 1931, S. 4; 1932, S. 4; 1933, S. 9. Ambrosius: Die öffentliche Wirtschaft in der Weimarer Republik, S. 143.

153 Geschäftsbericht Gas-, Wasser- und Elektrizitätswerke Düsseldorf 1931, S. 5.

154 Ebd. 1929, S. 3.

155 Ebd. 1933, S. 2.

156 Ambrosius: Die öffentliche Wirtschaft in der Weimarer Republik, S. 159.

1.4 Die Schuldendienstleistungen von Dritten[157]

Die Rückflüsse aus dem Schuldendienst von Dritten hingen vom Umfang der in den vergangenen Jahren vergebenen Darlehen ab. Ein großer Teil dieser Einnahmen stammte aus der kommunalen Förderung des Wohnungsbaus durch Darlehen an Private und Baugesellschaften mit Mitteln des zweckgebundenen Teils der Hauszinssteuer. Dazu hatten die Kommunen in finanziell besseren Zeiten ihrem Personal Arbeitgeberdarlehen gewährt. So entstand eine Art revolvierender Fonds, der bei einer stabilen Finanzlage automatisch für einen Mindestumfang der kommunalen Wohnungsbauförderung sorgen konnte. Da aber zahlreiche private Kreditnehmer durch eigene Einkommenseinbußen aufgrund von Mietausfällen in Zahlungsschwierigkeiten gegenüber der Stadt gerieten und ihnen die Raten gestundet wurden sowie die Zinsen nach der Bankenkrise 1931 begrenzt worden waren, ließen die Schuldendienstleistungen Dritter nach.[158] Nun wirkte es sich aus, daß die Städte bis weit in den Konjunkturabschwung hinein versucht hatten, die geringen privaten Bauinvestitionen durch die Vergabe eigener Darlehen anzuregen. Außerdem nahmen die Städte Kredite auf, die sie an ihre städtischen Unternehmen weiterreichten,[159] weil sie wegen ihres Ansehens bessere Konditionen erzielten als ihre Betriebe. Für diese Kredite mußten die Betriebe die Schuldendienstleistungen an die städtischen Haushalte übernehmen. Hier gab es erhebliche Differenzen zwischen den Kommunen.[160] Köln überragte in dieser Hinsicht mit einer Vielzahl von ineinander verschachtelten Einrichtungen und Beteiligungen alle anderen fünf rheinischen Großstädte bei weitem. Die niedrigsten Pro-Kopf-Einnahmen in diesem Bereich erzielten die beiden Montanstädte Duisburg-Hamborn und Essen, weil in ihren Gebieten der Werkswohnungsbau der Großunternehmen eine herausragende Rolle spielte.[161] Erhielten Düsseldorf, Köln und Wuppertal hierdurch 10 RM pro Einwohner und mehr, bezog Essen nur 4–5 RM.[162] Alle anderen Kreditforderungen der Städte trugen nur wenig zu den Schuldendiensteinnahmen bei. Durch die langfristig angelegten Darlehen blieb die Summe der Schuldendienstleistungen im Vergleich zu den übrigen Einnahmen stabil.

1.5 Die sonstigen Einnahmen

Hinter dem gewichtigen Block der „sonstigen Einnahmen" steht eine Summe verschiedener Einnahmearten. Diese Einnahmen entstanden hauptsächlich aus dem laufenden Verwaltungsgeschäft und für die Finanzierung der Leistungen der Regiebetriebe. Hierzu zählten u. a. die Gebühren der „Öffentliche Einrichtungen" des Einzelplans 7, die Kultureinrichtungen und Bäder sowie der Ersatz von Sozialleistungen der Gemeinde durch Dritte

157 Aus Gründen der Vergleichbarkeit generell ohne Sparkassen, die 1931 von den städtischen Haushalten abgeschottet wurden. K: ohne Darlehen des städtischen Leihhauses, da buchungstechnisch uneinheitlich mit der Sparkasse verbunden sowie fehlende Angaben für 1931/32 und 1932/33.

158 Vgl. Tabellen 44–49. VB W 1929–1931, S. 125.

159 Maßstab ist hier die in den Haushaltsplänen der Städte ausgewiesene Gewinnabführungspflicht der Betriebe bzw. die Verlustabdeckungspflicht der städtischen Haushalte.

160 Vgl. hierzu die Soll-Zins- und Tilgungspläne der städtischen Schuldenverwaltungen in den Haushaltsplänen.

161 Vgl. Tabellen 44–49.

162 Ebd.

wie die Erstattungen der Zahlungen der Städte für die Zusatz- und Kriegsrenten durch das Reich und die Vermietung und Verpachtung städtischen Grundeigentums. Unter diesen „sonstigen Einnahmen“ erreichten die Abgaben der Grundeigentümer für die Müllabfuhr, die Straßenreinigung und die Kanalbenutzung insgesamt zwischen 8 (Wuppertal 1930) und 18% (Köln 1932) der „sonstigen Einnahmen“. Der mit ihnen verbundene Zahlungszwang ohne Ausweichmöglichkeit sorgte für ihr relativ stetiges Aufkommen und ihren steigenden Anteil an den Einnahmen der Städte. Ein besonderes Gewicht hatten die Krankenhäuser. Sie waren mit 17% außergewöhnlich stark an den sonstigen Einnahmen beteiligt.

Dennoch mußten die Städte auch bei den „sonstigen Einnahmen“ spürbare Einbußen hinnehmen. Zwar bemühten sich die städtischen Verwaltungen verstärkt um die Eintreibung öffentlich-rechtlicher Forderungen, gerieten aber damit nach anfänglichen Erfolgen wegen der sich verschlechternden Zahlungsfähigkeit der Schuldner ins Stocken. Dadurch mußten sie einen Teil ihrer Forderungen stunden oder sogar niederschlagen. Außerdem gingen die mit Gebühren verbundenen konjunkturabhängigen Verwaltungsgeschäfte wie die Erteilung von Baugenehmigungen durch die Bauaufsicht zurück. Entbehrlich scheinende Einrichtungen wurden weniger nachgefragt, weshalb z.B. die städtischen Bäder einen Rückgang ihrer Einnahmen feststellen mußten.[163] Auch die Belegung der Krankenhäuser nahm aus wirtschaftlichen Gründen ab.[164] Ähnliches galt für die Schulgelder der weiterführenden Schulen. Eltern nahmen, mit Ausnahme von Düsseldorf, aus Kostengründen ihre Kinder von solchen Schulen, oder ihre Kinder wurden wegen der Nichtbezahlung des Schulgelds zwangsweise vom Schulunterricht ausgeschlossen und auf die Mittel- oder Volksschulen verwiesen. Die vorhergesagten schlechten beruflichen Aussichten für Akademiker trieben sie zusätzlich zu diesem schwerwiegenden Schritt. Dagegen nahmen durch die steigende Schülerzahl an den Mittelschulen die Schulgeldeinnahmen zu.[165]

Außerdem erfuhr die Erhebung von Schulgeldern für den Besuch höherer Schulen eine einschränkende Regelung durch das Preußische Schulgeldgesetz vom 18. Juli 1930.[166] Damit wurde zum 1. Juli 1930 ihre bislang freie, nach den örtlichen Bedürfnissen angemessene Festsetzung aufgrund des Kommunalabgabengesetzes aus dem Jahr 1893[167] zugunsten einer Begrenzung auf höchstens ein Drittel der Kosten aufgehoben, die ein Schüler einer öffentlichen höheren Schule im Landesdurchschnitt verursachte. Dieser Kostensatz wurde vom Preußischen Minister für Wissenschaft, Kunst und Volksbildung jährlich festgelegt.[168] Außerdem verpflichtete dieses Gesetz ohne Rücksicht auf die tatsächlichen Bedürfnisse die Städte, 25% ihrer Schulgeldeinnahmen für soziale Vergünstigungen zu verwenden.[169] Die neuen Regelungen führten z.B. in Essen dazu, daß nur noch etwa ein Drittel der Kosten durch die Schulgeldeinnahme gedeckt wurden gegenüber bis zu 50% in der Vorkriegszeit.[170] Hier trat ab dem Haushaltsjahr 1933/34 mit der Senkung des Anteils

163 VB E 1930, S. 106. VB MG 1931, S. 113.
164 VB MG 1932–1933, S. 63.
165 VB W 1932, S. 38; 1933, S. 37.
166 Gesetz über das Schulgeld an den öffentlichen höheren Schulen (Schulgeldgesetz); PrGS. 1930, S. 202.
167 § 4 Abs. 4 Satz 2 vom 14.7.1893; PrGS. 1893, S. 152.
168 § 2 Abs. 1 und 2; ebd.
169 § 3; ebd.
170 VB E 1930, S. 124.

für soziale Vergünstigungen auf 15% der Schulgeldeinnahmen auf Kosten Minderbemittelter eine kleine finanzielle Erleichterung für die kommunalen Schulträger ein.[171]

Nicht nur der Nachfragerückgang ließ in den meisten Städten die „sonstigen Verwaltungseinnahmen" schrumpfen. Die kommunalen Gebühren und Tarife gerieten unter verstärkten deflatorischen und politischen Druck. Aus denselben Gründen sanken die Einnahmen der Städte aus Vermietung und Verpachtung im Haushaltsjahr 1932/33 gegenüber dem Vorjahr. Insbesondere die mit der RNotVO vom 8. Dezember 1931[172] erlassenen Vorschriften über Preissenkungen von 10% im Haushaltsjahr 1932/33 gegenüber dem Vorjahr und die Eingriffe des Reichskommissars für Preisüberwachung beseitigten die bis dahin noch vorhandenen kommunalen Gestaltungsmöglichkeiten.[173] Häufig gingen die Nachlässe noch über diese Vorgabe hinaus, wie z.B. die Reduktion der Standgelder für Kirmessen und Jahrmärkte in Gladbach-Rheydt um 25%, die Gebühren der Schlacht- und Viehhöfe in Düsseldorf um 10–15% oder die Müllabfuhrgebühr in Essen um 12,5%.[174] Zuvor schon waren die Pflegesätze der Krankenhäuser und die Benutzungsgebühren der Grundeigentümer verringert worden.[175]

So war es die Vielzahl kleinerer und mittlerer Einnahmearten, die zu den großen Summen der „sonstigen Einnahmen" zusammenfloß. Ihr Umfang zeigt an, daß die Städte und Gemeinden, im Unterschied zu Reich und Ländern, von einer ausgeprägten Mischfinanzierung ihrer Aufgaben lebten, bei der die Steuern und Zuweisungen nur einen Teil ihrer gesamten Einnahmen ausmachten.

171 § 19 PrVO zur Durchführung dringender Finanzmaßnahmen vom 18.3.1933; PrGS. 1933, S. 51.

172 RGBl. I 1931, S. 699.

173 VO über die Befugnisse des Reichskommissars für Preisüberwachung vom 8.12.1931; RGBl. I 1931, S. 747.
Vgl. z. B. VB K 1931/32, S. 62f.; 1932/33, S. 55. VB MG 1929 und 1930, S. 109, 111; 1931, S. 93–97; 1932–1933, S. 79, 81 a, 82. VB W 1932, S. 26, 28, 30f.; 1933, S. 29.

174 VB D 1931/32, S. 16. VB E 1932, S. 16f. VB MG 1932–1933, S. 22. VB W 1932, S. 22.

175 VB MG 1931, S. 71f. VB W 1929–1931, S. 35.

2 Die Ausgaben und die Ausgabenpolitik

2.1 Die Personalausgaben

2.1.1 Personalstrukturen[176]

Die sechs rheinischen Großstädte traten mit stark unterschiedlichen Personalständen ihrer Verwaltungen in die Weltwirtschaftskrise ein. Die Zusammensetzungen des Personals differierten ebenso beträchtlich wie die Größe der städtischen Mitarbeiterschaft. Während nach dem Stand vom 1. Juli 1928 in Düsseldorf auf 1 000 Einwohner mehr als elf Beschäftigte der Gemeindeverwaltung fielen, waren es in den drei Städten mit größeren Zusammenschlüssen städtischer Verwaltungen (Duisburg-Hamborn, Gladbach-Rheydt, Wuppertal) nur acht bis neun. Dabei wiesen die Anteile der Anstellungsverhältnisse der Beschäftigten eine so große Spannweite auf,[177] daß sie kaum mit strukturellen Einflußfaktoren erklärt werden können. Vielmehr waren diese personellen Verhältnisse Konsequenzen willkürlicher Entscheidungen, die sich langfristig auswirkten. So hielt sich Düsseldorf bei der Übernahme in das Beamtenverhältnis auf Lebenszeit zurück und nutzte statt dessen die Möglichkeit zeitlich befristeter bzw. kündbarer Anstellungen. Dadurch hatten die Angestellten in Düsseldorf das größte Gewicht unter allen Stadtverwaltungen. Dagegen machte nur Köln ausgiebig von der Möglichkeit Gebrauch, Saisonarbeitskräfte einzustellen.[178] Unter den eingemeindeten Städten hatten Hamborn und Elberfeld mit über

176 Die hier ausgewerteten Daten zur Personalstruktur am 1.7.1928 dürften wahrscheinlich nicht grundlegend vom Zeitpunkt der kommunalen Neugliederung am 1.8.1929 abweichen.
Die Personalerhebung des Deutschen Städtetags zum 1.7.1928 ist nach den Kenntnissen des Verfassers die einzige publizierte, die einen Städtevergleich kurz vor und im Untersuchungszeitraum erlaubt. Trotzdem wird in der Quelle zur Vorsicht bei Vergleichen gemahnt, denn für die Erfassung des Personalstands ergaben sich eine Reihe von Schwierigkeiten. Zwar wurde zwischen der sogenannten Kämmerei- und der Betriebsverwaltung unterschieden, aber ein Teil des Personals der Betriebsverwaltungen wurde wegen Beschaffungsproblemen nicht erfaßt, wenn es Gesellschaften angehörte. Die Angaben der Quelle über die Betriebsverwaltungen stellten nach ihrem Eingeständnis nur einen Bruchteil des tatsächlichen Personalbestands dar, weshalb der Verfasser auf ihre Auswertung verzichtete. Im Schulwesen wurden die Lehrer nicht berücksichtigt. Das künstlerische Personal der Theater war nur ausnahmsweise enthalten. Noch problematischer als die Erfassung von Beamten und Angestellten war die der Arbeiter. Es gab keine einheitliche Handhabung (z. B. Notstandsarbeiter). Schoppen: Das Personal der städtischen Verwaltungen, S. 449–463.
Mindestens genauso schwierig ist eine vollständige Zusammenstellung der Personalstände zu einer vergleichbaren Datensammlung aufgrund der Verwaltungsberichte der Städte. Auf 1 000 Einwohner umgerechnete Ergebnisse einer Probeerhebung aus diesen Quellen zeigten krasse Differenzen zwischen den Städten ähnlicher Größe, Wirtschafts- und Sozialstruktur, die großenteils eine Folge der oben dargestellten Probleme sind. In den Quellen enthaltene Umrechnungen von Teilzeit- und vorübergehend Beschäftigten lassen sich nicht nachvollziehen. So muß in dieser Arbeit auf eine tabellarische Darstellung verzichtet werden.

177 Vgl. Tabelle 14. Schoppen: Das Personal der städtischen Verwaltungen, S. 456.

178 Saisonarbeitskräfte = Arbeitnehmer mit einer Tätigkeit von höchstens sechs Monaten Dauer; Schoppen: Das Personal der städtischen Verwaltungen, S. 457. StJbdtSt 24 (1929), S. 464–479; eigene Berechnungen.

einem Drittel der Mitarbeiterschaft einen extrem hohen Anteil von Beamten auf Lebenszeit beschäftigt, was sich auf die Zusammensetzungen des Personals in Duisburg-Hamborn und Wuppertal auswirkte. Mit einem Anteil bis zu 53,5% aller Beschäftigten erreichten aber die Arbeiter den höchsten Anteil in den städtischen Verwaltungen.

Recht willkürlich scheint auch die Beschäftigung von Frauen zu gewesen zu sein. Hier lagen Düsseldorf und Wuppertal gegenüber dem Rest mit einem knappen Viertel aller Mitarbeiter weit vorn und Köln an letzter Stelle. In der Hauptsache fanden die Frauen in ihren traditionellen Betätigungsfeldern Gesundheitswesen und Wohlfahrtspflege einen Arbeitsplatz.[179] Diese Fachbereiche beschäftigten mit einem Anteil von mindestens einem Viertel, in Düsseldorf sogar von fast 40%, das meiste städtische Personal.[180] Dabei waren die beiden betroffenen Einzelpläne 4 und 5, beispielsweise in Düsseldorf und Essen, häufig verwaltungsmäßig eng verbunden. Die unterschiedlichen Zahlenverhältnisse zwischen haupt- und nebenamtlichen Kräften legen die stark differierenden Konzepte der Städte in der Fürsorgearbeit offen. Während bei der Zahl der hauptamtlichen Kräfte je 1000 Einwohner Köln klar an der Spitze stand, engagierte sich in Wuppertal die relativ größte ehrenamtliche Mitarbeiterschaft für soziale Belange. Wie wenig dafür die lokale Wirtschafts- und Sozialstruktur in den Städten eine Rolle spielte, macht das Zahlenverhältnis zwischen Haupt- und Ehrenamtlichen in den beiden Textil- und Bekleidungsstädten deutlich. In Wuppertal lag es bei 1: 4,7 und in Gladbach-Rheydt aber nur bei 1: 1,7.[181] Ebenfalls beachtliche Differenzen ergeben sich bei den Anteilen der Allgemeinen, Finanz- und Bauverwaltung. Auch das Ressort Kultur und Wissenschaft, weitgehend eine freiwillige Aufgabe der kommunalen Selbstverwaltung, benötigte einen sehr unterschiedlichen Personalumfang.

2.1.2 Personalpolitik während der Krise

Alle sechs rheinischen Großstädte bauten während der Depression in ihren Verwaltungen Personal ab und versuchten, ihre Personalstruktur kostengünstiger zu gestalten. Hierfür wurden ein allgemeiner Einstellungs- und Beförderungsstopp erlassen und die allgemeine wöchentliche Arbeitszeit ohne einen Lohnersatz abgesenkt. Zusätzlich erwarteten die Oberbürgermeister von ihren städtischen Beschäftigten bis zu sechs Überstunden pro Woche ohne jeglichen Anspruch auf Vergütung.[182]

Mittels einer vorzeitigen Versetzung in den Ruhestand versuchten viele Städte außerdem, die personellen Überbesetzungen, die nicht nur durch die Eingemeindungen 1929, sondern auch durch eine Ausweitung der kommunalen Aufgaben seit dem Ersten Weltkrieg entstanden waren, zu reduzieren. Aus diesem Grund bot man den Beamten und Angestellten an, ab dem vollendeten 58. und den Arbeitern, ab dem 60. Lebensjahr auf ihren

179 StJbdtSt 24 (1929), S. 464–479; eigene Berechnungen.
180 Vgl. Tabelle 65.
181 Vgl. Tabelle 15.
182 OB D an RP D vom 29.4.1931; HStAD Reg. D 55433. VB E 1930, S. 9.

Tabelle 14

Anteile der Anstellungsverhältnisse an der Gesamtzahl der Beschäftigten in den städtischen Kämmereiverwaltungen am 1.7.1928 %

Stadt	Beamte auf Lebenszeit	Sonstige Beamte	Angestellte	Arbeiter
D	10,6	16,8	28,8	43,9
DU	15,7	16,3	19,7	48,3
E	13,9	14,3	18,3	53,5
K		42,6		50,4
MG	16,0	20,1	13,1	50,8
W	23,8	12,8	18,0	45,4

Die Addition der Werte der Anstellungsverhältnisse ergibt nicht 100%, weil die vorübergehend Beschäftigten nicht in diesen Zahlen enthalten sind. DU = Duisburg + Hamborn, MG = M.Gladbach + Rheydt, W = Barmen + Elberfeld. Kämmereiverwaltung = Gesamtheit der Verwaltungszweige, die nicht selbständige Betriebe und Unternehmungen sind und vorwiegend öffentlich-rechtlichen (hoheitlichen) oder gemeinnützigen Zwecken dienen; vgl. Hettlage/Loschelder/Zschintzsch: Gemeindefinanzverordnung vom 2.November 1932, S.295. K: In der Quelle nur eine zusammengefaßte Zahl für Beamte und Angestellte enthalten. Beamte auf Lebenszeit = planmäßige Beamte ohne beamtenrechtliche Einschränkungen. Sonstige Beamte = planmäßige Beamte auf Zeit, Beamte mit Kündigungsrecht, außerplanmäßige Beamte, Beamtenanwärter. StJbdtSt 24 (1929), S.464–479; eigene Berechnungen.

Antrag hin sich in den Ruhestand versetzen zu lassen.[183] Durch den dann möglichen Wegfall der freigewordenen Stellen und die Rentenbezüge, die niedriger als die vollen Löhne und Gehälter waren, konnten erhebliche Einsparungen erzielt werden. So wurden in Essen zum 1.Februar 1932 24 Mitglieder des städtischen Orchesters in den Ruhestand versetzt, von den freigewordenen Stellen aber nur 13 wieder besetzt.[184] Infolgedessen stieg in allen Städten die Zahl der städtischen Pensionäre und Rentner an. Von der Möglichkeit der Frühpensionierung machte Wuppertal in besonders starkem Maße Gebrauch. Die Stadt hatte am 31.Dezember 1931 430 Ruhegehaltsempfänger[185], während das deutlich größere Essen nur 362 und Köln wiederum eine schätzungsweise viermal so hohe Zahl wie Essen auswies[186]. Dazu trieben die Städte die Automatisierung und Rationalisierung ihrer Ver-

183 VB E 1929, S. 9. VB W 1929–1931, S. 14. Abschnitt IV Teil I Einführungsgesetz zu dem Gesetz über die kommunale Neugliederung des rheinisch-westfälischen Industriegebiets vom 29.7.1929; PrGS., 1929, S. 137.

184 VB E 1931, S. 6.

185 VB W 1929–1931, S. 15.

186 VB E 1931, S. 89. VB K 1930/31, S. 11.

Tabelle 15

Personal der städtischen Sozialverwaltungen am 1.4.1931

	Hauptamtlich		Ehrenamtlich		Gesamt		Verhältnis
	absolut	pro 1000 Einw.	absolut	pro 1000 Einw.	absolut	pro 1000 Einw.	E : H
D	326	0,7	1398	3,0	1724	3,6	4,3
DU	314	0,7	1207	2,7	1521	3,4	3,8
E	577	0,9	1613	2,5	2190	3,4	2,8
K	851	1,2	2732	3,7	3583	4,8	3,2
MG	133	0,7	220	1,1	353	1,8	1,7
W	398	1,0	1853	4,5	2251	5,5	4,7

E = Ehrenamtliches Personal, Einw. = Einwohner, H = Hauptamtliches Personal. Einbezogen wurden: Wohlfahrtsfürsorge, Jugend, Gesundheit ohne Krankenhäuser. Helbling: Die Organisation der kommunalen Wohlfahrtspflege im Jahre 1931, S. 40*; eigene Berechnungen.

waltungen voran.[187] Zusätzlich versuchte Düsseldorf, Arbeiten statt von teuren regulären Kräften durch Hilfsangestellte mit kleinen Gehältern und schlechtem Kündigungsschutz ausführen zu lassen, wodurch sich deren Zahl von 466 im Jahr 1930 auf 900 im Jahr 1933 fast verdoppelte.[188]

Die Personalausgaben konnten auch dadurch gesenkt werden, daß in Teilen der städtischen Verwaltungen kostengünstig Wohlfahrtserwerbslose arbeiteten.[189] Im Haushaltsjahr 1929/30 waren im Essener Gartenamt durchschnittlich 2000 Wohlfahrtsarbeiter beschäftigt,[190] 1931 zwischen 1700 und 3000. Diesen standen als ständige Mitarbeiter nur 61 Beamte und Angestellte und durchschnittlich 290 Gärtner, Arbeiter und Wärter gegenüber.[191] Aus Kostengründen war Essen nicht einmal mehr bereit, die Ausbildungsangebote für den Verwaltungsnachwuchs aufrechtzuerhalten.[192]

Bereits 1929 waren Arbeiter der städtischen Bahnen in Köln anderen Einrichtungen der Stadt zugewiesen worden.[193] In Essen mußte kündbares Personal für die Arbeitssicherheit der verbeamteten Kollegen bezahlen und wurde großenteils entlassen.[194] Ähnliches ereignete sich in den Düsseldorfer Schulen, wo die Zahl der Schulleiterstellen und

187 VB K 1929/30, S. 9. VB MG 1931, S. 9–11; 1932–1933, S. 9.
188 Jahresbericht des Statistischen Amts Düsseldorf 25 (1929), S. 131; 26 (1930), S. 61; 27 (1931), S. 56; 28 (1932), S. 58; 29 (1933), S. 55.
189 So z. B. VB E 1932, S. 5.
190 Ebd., S. 44.
191 Ebd. 1931, S. 58.
192 Ebd. 1930, S. 10; 1931, S. 5; 1932, S. 6.
193 VB K 1929/30, S. 13.
194 VB E 1930, S. 10.

der auf Lebenszeit verbeamteten Lehrer der höheren Schulen bis 1933 nur im Rahmen des natürlichen Abgangs gesenkt wurde, sich aber die Arbeitsmöglichkeiten für Jung- und Hilfslehrer drastisch von 120 im Jahr 1929 auf 15 1932 verschlechterten.[195]

Die beiden Dienstleistungszentren sahen vor allem im Erhalt ihrer Kultur- und Sozialeinrichtungen eine wichtige Investition in die Zukunft. Auch konnte der einmal erreichte Umfang solcher Einrichtungen nicht beliebig verkleinert werden, ohne auf arbeitsrechtliche Hindernisse zu stoßen und den künstlerischen Stand über die Krisenzeit hinaus zu gefährden.[196] Selbst in Duisburg-Hamborn waren dies Argumente, um, statt die Theater zu schließen, die bestehende Kooperation mit Bochum fortzusetzen.[197] Hierauf nahmen die übrigen Städte weniger Rücksicht. Unter den sechs rheinischen Großstädten betrieben Gladbach-Rheydt und Wuppertal durch Privatisierung die schärfste Sparpolitik im Kulturhaushalt. Sie übertrugen ihre Theater jeweils einer GmbH. Während Gladbach-Rheydt an einer solchen Gesellschaft mit einer Stammeinlage von 20000 RM beteiligt war, lehnte Wuppertal sogar diese ab. Solche Maßnahmen ließen den Personalanteil an den Kulturausgaben sinken.[198]

Teilweise waren die Maßnahmen im Bauwesen nicht weniger drastisch. Dort wurden die Stellenstreichungen und Versetzungen, vor allem im Hochbauamt, mit den Kürzungen städtischer und privater Bauinvestitionen begründet.[199] Dieses Personal war nun großenteils in der überlasteten Wohlfahrtsverwaltung, in den Sparkassen und Steuerämtern beschäftigt, deren Geschäftsumfang im Verlauf der Krise wuchs.[200] So gelang es der Stadt Gladbach-Rheydt, beim technischen Personal nach dem Städtezusammenschluß fast die Hälfte der bei ihren Rechtsvorgängerinnen bestehenden Betriebsleiter- und mehr als ein Drittel der einfach qualifizierten Stellen einzusparen.[201]

Andererseits nötigte die enorme zusätzliche Arbeitsbelastung der städtischen Sozialeinrichtungen durch die Massenarbeitslosigkeit die Stadt Düsseldorf bis 1931, sogar neues Personal für die Fürsorge und Pflege einzustellen. So waren 1933 dort mehr Frauen angestellt als im Haushaltsjahr der kommunalen Neuordnung 1929. Insgesamt aber sank die Zahl der Beamten- und Angestelltenstellen etwas stärker als die der Arbeiter, welche sich zwischen Anfang 1930 und 1932 nur um 4% verringerte,[202] weil offenbar die Stadtverwaltung eine Flexibilisierung der Personalstruktur erreichen wollte. Unter der Arbeiterschaft betrafen die Stellenstreichungen die Bereiche „Öffentliche Sicherheit und Ordnung“, „Wirtschaftliche Unternehmen und Sondervermögen“ sowie abgeschwächt Kultur

195 Jahresbericht des Statistischen Amts Düsseldorf 25 (1929), S. 131; 26 (1930), S. 61; 27 (1931), S. 56; 28 (1932), S. 58; 29 (1933), S. 55.

196 D: Summe aus Orchestermitgliedern, künstlerischem Personal des vereinigten Stadttheaters und Theaterangestellten 1930: 238; 1932: 208. Jahresbericht des Statistischen Amts Düsseldorf 25 (1929), S. 131; 26 (1930), S. 61; 27 (1931), S. 56; 28 (1932), S. 58; 29 (1933), S. 55.

197 VB DU 1930–1932 N, S. 146.

198 Vgl. Tabelle 56. VB MG 1931, S. 55; 1932–1933, S. 46 f. VB W 1932, S. 43 f.

199 VB W 1929–1931, S. 14.

200 Z. B. gelang es in W, das Personal in den Bau- und Planungsämtern innerhalb des Haushaltsjahrs 1930/31 um 30% zu verringern; HStAD Reg. D 55442. Für K im Gutachten empfohlen; GStAB Rep. 77, 444 a, 2, 7, Bl. 104. VB E 1930, S. 10; 1931, S. 6; 1932, S. 5. OB MG an RP D vom 14.9.1931; HStAD Reg. D 55307.

201 VB MG 1929 und 1930, S. 10; 1931, S. 9, 15; 1932–1933, S. 12.

202 Jahresbericht des Statistischen Amts Düsseldorf 26 (1930), S. 62; 28 (1932), S. 59; eigene Berechnung.

und Wissenschaft am stärksten.[203] Im Ergebnis konnte Düsseldorf die durch die Eingemeindungen der Ortsteile Benrath und Kaiserswerth 1929 um 282 Beamte und Angestellte vergrößerte Mitarbeiterschaft bis zum Beginn des Haushaltsjahrs 1932/33 weitgehend abbauen.[204] In Duisburg-Hamborn wurden zwischen den Rechnungsjahren 1930/31 und 1932/33 194 Stellen gestrichen.[205]

Besonders harte Konsequenzen hatte die Sparpolitik in Wuppertal. Die durch die Vereinigung zweier Großstädte und mehrerer kleiner Gemeinden geschaffene Stadt, in der am 1. August 1929 2663 Beamte und Angestellte sowie 2632 Arbeiter ihre Arbeit aufnahmen[206], beschäftigte am Jahresende 1932 nur noch 1904 Beamte und Angestellte und 2105 Arbeiter.[207] Dies bedeutete gleichzeitig einen Abbau von mehr als 24% der Arbeitskräfte und einen einschneidenden Wandel der Personalstruktur zugunsten der Arbeiter, die nunmehr einen Anteil von 52,5% des städtischen Personals statt 49,7% im Jahr 1929 erreichten. Damit hatte Wuppertal unter allen von der kommunalen Neuordnung betroffenen Großstädten die größten Stellenkürzungen durchgeführt. In Gladbach-Rheydt wurde das Personal zwischen Ende 1929/30 und 1932/33 um über 10% verringert, wobei relativ mehr Angestellten- und Beamtenstellen gestrichen wurden als Arbeitsplätze für Arbeiter.[208] In Köln sank die Zahl der planmäßigen Beamten- und Angestelltenstellen zwischen 1929 und 1932 um über 9%. Außerdem wurden offenbar Vollzeitarbeiter durch Teilzeitkräfte ersetzt.[209]

Diesen Erfolgen der Sparpolitik standen tiefe Einschnitte in die Einkommen des städtischen Personals gegenüber. Allein aus allen Konsequenzen der Reichsnotverordnungen vom 5. Juni und vom 8. Dezember 1931 sowie der preußischen Verordnung vom 12. September 1931 errechnete Köln für seine Beamten und Angestellten einen Einkommensverlust bis zu 29%.[210] Für die Arbeiter bedeuteten die Kürzungsmaßnahmen im selben Zeitraum eine Lohnsenkung von insgesamt 22,5%.[211] Als dann aber ab dem Frühjahr 1933 die Nationalsozialisten in den Rathäusern die Kommunalpolitik bestimmten, nutzten sie vielfach die Gelegenheit, sogenannte „Alte Kämpfer" ihrer Partei mit städtischen Anstellungen zu versorgen.[212] Die Zahl der Hilfsangestellten mit kleinen Gehältern machte aus diesem Grund in Düsseldorf 1933 einen besonders großen Sprung.[213]

203 Ebd. 26 (1930), S. 62; 27 (1931), S. 57; 28 (1932), S. 59; 29 (1933), S. 54; eigene Berechnungen.
204 Ebd. 25 (1929), S. 132; 28 (1932), S. 58.
205 VB DU 1930–1932 N, S. 24.
206 Ohne Schulhausmeister, Straßenbahnen und Anstalten. VB W 1929–1931, S. 14f.
207 VB W 1932, S. 7.
208 VB MG 1929 und 1930, S. 15f.; 1932–1933, S. 12f.; eigene Berechnungen.
209 VB K 1932/32, S. 6; eigene Berechnung.
210 VB K 1931/32, S. 8. Vgl. dazu auch: Frerich/Frey: Handbuch der Geschichte der Sozialpolitik in Deutschland, S. 228.
211 VB D 1931/32, S. 90.
212 Ebd. 1933–1936, S. 46. VB W 1933, S. 10.
213 Jahresbericht des Statistischen Amts Düsseldorf 29 (1933), S. 55.

2.1.3 Entwicklung der Personalausgaben[214]

Die Entwicklung der Personalkosten war für die Gemeinden kalkulierbarer als die der Steuereinnahmen und Zuweisungen. Im Unterschied zur Steuerpolitik des Reichs, die zum Nachteil der Städte und Gemeinden massiv in die Gestaltungskompetenzen eingriff, unterstützten Gesetzgebung und Staatsaufsicht mit kräftigen Lohn- und Gehaltskürzungen, der Anpassung der kommunalen an die niedrigeren staatlichen Besoldungen und scharfen Auflagen die Konsolidierung der kommunalen Personalkosten. So schätzte beispielsweise die Stadtverwaltung Essen die finanziellen Erleichterungen für den Haushalt 1932/33 gegenüber dem Vorjahr allein durch die Gehaltssenkungen der Notverordnungen des Reichs auf rund 3 Mio. RM.[215] Vergleicht man die wirtschaftsstrukturellen Verhältnisse der Städte mit ihren Personalaufwendungen, so zeigt sich, daß die Städte mit einem hohen Anteil von Handel und Dienstleistungen unter den Gewerbetreibenden tendenziell überdurchschnittliche Personalausgaben auswiesen.[216] Die Städte setzten aber bei den Personalausgaben durchaus unterschiedliche Schwerpunkte in ihren Aufgabenbereichen. Der Personalaufwand für die Allgemeine und Finanzverwaltung war in Düsseldorf und Köln deutlich höher als in den übrigen Städten.[217] Während Düsseldorf, Duisburg-Hamborn und Köln in ähnlich großem Umfang Personal für Kultur und Weiterbildung finanzierten, wich Essen davon deutlich ab. In den Sozialverwaltungen blieben die Personalausgaben konstant oder nahmen durch die zusätzlichen Beschäftigten zu. Köln konnte einen großen Sparerfolg bei den Personalausgaben der Regiebetriebe verbuchen. Die höchsten Aufwendungen für das Personal verlangte das Schulwesen. 1932/33 lagen seine Anteile an der Summe aller Personalaufwendungen zwischen 28,3 % in Köln und 40,2 % in Essen.[218] Dabei war der Anteil der Schulen an den gesamten Personalausgaben in Duisburg-Hamborn, Essen, Gladbach-Rheydt und Wuppertal spürbar höher als in Düsseldorf und Köln, doch egalisierten sich diese Unterschiede nach den Pro-Kopf-Ergebnissen vollständig.[219]

Im allgemeinen fielen die Rückgänge der Personalausgaben sogar stärker aus, als von den verordneten Gehaltskürzungen und analogen tarifvertraglichen Senkungen der Löhne verursacht. Dies war das Resultat der zusätzlichen Sparmaßnahmen der Kommunen.[220] In der zahlenmäßigen Konsequenz lagen die Rechnungsergebnisse der Personalausgaben unter ihren Haushaltsvoranschlägen. Nur in ihrer sehr optimistischen Reaktion auf die unerwartet positive Entwicklung der Personalaufwendungen im Jahr 1931/32 veranschlagten die Finanzdezernenten Düsseldorfs und Essens für 1932/33 diese Ausgaben viel zu niedrig. Hingegen wurden in Wuppertal die Personalausgaben bis 1933/34 zu hoch eingeschätzt. Der zeitliche Schwerpunkt der Sparbemühungen im Personalwesen lag im Haushaltsjahr 1931/32. Ein Jahr später wirkte sich die Kombination von verordneten und frei-

214 Es soll hier nur auf die Auswirkungen der Sparpolitik auf die Personalausgaben der Städte eingegangen werden. Diese Auswirkungen wurden maßgeblich von der Politik des Reichs und Preußens beeinflußt. Hier kann auf die allgemeinen Darstellungen dieser Politik im Überblick verwiesen werden: Frerich/Frey: Handbuch der Sozialpolitik in Deutschland; Preller: Sozialpolitik in der Weimarer Republik.

215 VB E 1931, S. 7.

216 Vgl. Tabellen 44–49.

217 Vgl. Tabelle 56.

218 Vgl. Tabellen 53–55.

219 Vgl. Tabellen 53–56.

220 Heindl: Die Haushalte, S. 225.

willigen Maßnahmen voll aus.[221] Zugleich aber war man mit ihnen vielfach an der untersten Grenze des Zulässigen angelangt. Unter den sechs rheinischen Großstädten konnte Köln seine gesamten Personalaufwendungen am stärksten verringern. Doch sanken damit seine Personalkosten gerade auf das Niveau der Städte Duisburg-Hamborn, Essen und Wuppertal vor den Sparmaßnahmen ab 1929/30.[222]

2.2 Die Umlagen

Die sechs rheinischen Großstädte wurden zu teilweise recht hohen Umlagen herangezogen. Die Umlagen stellten vor allem Beiträge der Gemeinden für die Finanzierung der Polizei und an übergeordnete öffentlich-rechtliche kommunale Zusammenschlüsse (u.a. Provinzialverband der Rheinprovinz, Siedlungsverband Ruhrkohlenbezirk) dar.[223] Sie wurden nach einem bestimmten Schlüssel erhoben und waren Bestandteile eines Finanzausgleichs der umlageberechtigten Körperschaft mit ihren Mitgliedern und der Mitglieder untereinander für Aufgaben, die die Körperschaft für die Mitglieder wahrnahm. Für die sechs rheinischen Großstädte waren die Umlagen des Provinzialverbands und zu den Kosten der staatlichen Polizei die mit großem Abstand bedeutendsten.

2.2.1 Provinzialumlage[224]

Als höherer Kommunalverband nahm die Rheinprovinz Aufgaben wahr, mit deren Erfüllung ihre Zwangsmitglieder, die Landkreise und kreisfreien Städte, fachlich, organisatorisch oder finanziell überfordert gewesen wären. Außerdem übernahm sie Teile staatlicher Auftragsverwaltung. Zu den Tätigkeitsbereichen der Provinz gehörten die überörtliche allgemeine Fürsorge, die Anstalts- und Jugendfürsorge, die Wirtschafts- und Landwirtschaftsförderung, die Kulturpflege, das Verkehrswesen, insbesondere der Bau und die Verwaltung von Straßen, die Beteiligung an der Siedlungsförderung sowie der Schutz und Ausbau von Gewässern.[225] Die Höhe der Provinzialumlage, zu der alle kreisfreien Städte und Landkreise herangezogen wurden, hing zur Hälfte ab von den Überweisungen aus den Reichseinkommen- und -körperschaftsteuereinnahmen sowie den Landessätzen der Bürgersteuer und den staatlich veranlagten Grundbeträgen der Realsteuern. Die an den Provinzialverband abzuführende ordentliche Umlage betrug am Einnahmeanteil der Gemeinden an der Reichseinkommen- und der Reichskörperschaftsteuer 5,25%, von den Realsteuern nach ihrem Soll-Aufkommen 9,79% und von der Hälfte der Bürgersteuer

221 Vgl. Tabelle 59.
222 Keine vergleichbaren Daten für MG verfügbar. Vgl. Tabellen 44–49.
223 Vgl. zum Begriff und zur Problematik der Umlagen z.B. Schmidt-Jortzig/Makswit: Handbuch des kommunalen Finanz- und Haushaltsrechts, S.59, Randnummer 155. Peffekoven: Finanzausgleich I, S.620.
224 Zum Recht der Provinzen als höhere Kommunalverbände vgl. Stier-Somlo: Handbuch des kommunalen Verfassungsrechts in Preußen, S.584–622. Zur Geschichte und Organisation der Provinz als höherer Kommunalverband vgl. Romeyk: Verwaltungs- und Behördengeschichte der Rheinprovinz, S.283–310.
225 Behr: Provinzialverwaltung, S.326.

9,75 %.[226] Außerdem erhielten die Provinzen für den Straßenbau Erträge aus der Kraftfahrzeugsteuer. Weitere Belastungen entstanden den Städten aus der finanziellen Schieflage der Landesbank der Rheinprovinz im Sommer 1931. Diese führte nicht nur zu einer prekären Situation der bei ihr verschuldeten Kommunen, sondern auch noch zu zusätzlichen Ausgaben durch die Refinanzierung der Nachschüsse für die Landesbank über einen Zuschlag zur Provinzialumlage bei den Landkreisen und kreisfreien Städten.[227] Zusätzlich verlangte der krisenbedingte Rückgang der Steuererträge nach einer Kompensation. Die hierfür notwendige Nachtragsumlage war politisch sehr umstritten. Zwar konnte der Provinziallandtag die Erhebung einer Nachtragsumlage verzögern, ihre Einführung jedoch aufgrund einer Anordnung des Oberpräsidenten nicht verhindern.[228] Der Anteil der Provinzialumlage wurde für alle drei Steuern um jeweils 6,72 Prozentpunkte heraufgesetzt. So entstand für die sechs rheinischen Großstädte gerade vor dem Hintergrund des Tiefstands ihrer Einnahmen und der explodierenden Sozialausgaben ein schmerzlicher Zusatzaufwand, der durch eine weitere Neuverschuldung oder eine Erhöhung der Bürgersteuer[229] abgedeckt werden mußte. Doch wurde offenbar versucht, die Zahlung dieser Nachtragsumlage hinauszuschieben.[230]

2.2.2 Umlage des Siedlungsverbands Ruhrkohlenbezirk[231]

Duisburg-Hamborn und Essen mußten, im Unterschied zu den übrigen rheinischen Großstädten, als Zwangsmitglieder eine zusätzliche Umlage an den Siedlungsverband Ruhrkohlenbezirk abführen. Hauptaufgaben des Siedlungsverbands waren die Koordination der vielfältigen kommunalen Bauleit- und Flächenplanungen, die Sicherung von Freiflächen, die Baustoffbewirtschaftung sowie die Förderung von Kleinbahnen. Später traten die Planung und der Bau von Straßen im Rahmen der produktiven Erwerbslosenfürsorge und der Umweltschutz hinzu.[232] Die an den Siedlungsverband abzuführende Umlage setzte sich aus der allgemeinen Verbandsumlage und der Sonderumlage für den Straßenbau zusammen.[233] Die ab dem Haushaltsjahr 1933/34 eintretende Ermäßigung der Umlage beruhte auf dem Rückgang der Gewerbe- und Überweisungssteuern, die neben der Bürger- und Grundvermögensteuer den Maßstab für die Berechnung des Beitrags bildeten.[234]

226 Bericht des Provinzialausschusses 1929/1930, S. 6; 1930/31, S. 8.
227 Anlagen zu den Sitzungsprotokollen; Nr. 2, S. 5, in: Verhandlungen des Rheinischen Provinziallandtages. 79. Provinziallandtag. Eine ausführliche Darstellung dazu bietet Fischer: Die Landesbank der Rheinprovinz, S. 366–372.
228 Vorbericht zum Haushaltsplan der Provinzialverwaltung der Rheinprovinz für das Rechnungsjahr 1. April 1932 bis 31. März 1933; Anlagen zu den Sitzungsprotokollen, Nr. 2, S. 5, in: Verhandlungen des Rheinischen Provinziallandtages. 79. Provinziallandtag. Die Beschlußfassung über die Nachtragsumlage wird aufgeschoben; Stenographischer Bericht über die 4. Sitzung am 29.4.1932, S. 98; ebd.
229 Z. B. VB MG 1931, S. 35.
230 Dies fällt insbesondere bei D und W auf.
231 Zur Geschichte und Organisation des Siedlungsverbands vgl. Romeyk: Verwaltungs- und Behördengeschichte der Rheinprovinz, S. 349–360.
232 Pricha: Kommunalverband Ruhrgebiet, S. 226.
233 Stadtgemeinde Essen. Erläuterungen zum Haushaltsplan 1930, S. 18.
234 Ebd. 1933, S. 21.

2.2.3 Sonstige Umlagen

Die Gemeinden mit staatlicher Polizei wurden zur Kostenumlage herangezogen.[235] Der von den Gemeinden mit staatlicher Polizeiverwaltung zu leistende Beitrag wurde mit einer bestimmten Summe festgesetzt und auf die Gemeinden umgelegt. Dies geschah zur einen Hälfte nach der Maßgabe derjenigen Beträge, die aus dem reinen Gemeindeanteil an der Einkommen- und der Körperschaftsteuer nach den reichsrechtlichen Rechnungsanteilen für das vergangene Rechnungsjahr bestanden, und zur anderen Hälfte nach der Bevölkerungszahl.[236] Diese Gemeindebeiträge wurden durch die zuständigen preußischen Minister festgesetzt. Auf die Festlegungen hatten die Gemeinden keinen Einfluß.[237]

Nur eine geringe finanzielle Bedeutung für die Städte hatten die Umlagebeträge für die kommunalen Wasserverbände. Zu diesen Verbänden mußten offenbar nur Essen (Ruhrverband) und Gladbach-Rheydt (Niersverband) Beiträge entrichten.[238]

Auch wenn die Umlagen mit durchschnittlich 5–7 RM pro Einwohner verhältnismäßig gering erscheinen, handelte es sich doch um finanzielle Belastungen der sechs rheinischen Großstädte mit Millionenbeträgen, denen man sich nur durch bewußte Verspätungen bei der Erfüllung der Zahlungspflichten kurzzeitig entziehen konnte.

2.3 Die Ausgaben für den Schuldendienst an Dritte

Der Aufwand der Städte für Zins- und Tilgungszahlungen an die Gläubiger hing von der Höhe, der Struktur der Laufzeiten und den Zinssätzen ihrer Schulden ab. Hier gab es ganz erhebliche Unterschiede zwischen den sechs rheinischen Großstädten. Besonders kraß fielen die Differenzen zwischen den beiden Montanstädten Duisburg-Hamborn und Essen aus. Die Schuldendienstausgaben je Einwohner waren in Duisburg-Hamborn doppelt so hoch wie in Essen. In allen Städten stiegen bis zum Haushaltsjahr 1931/32 die Aufwendungen ständig an, weil die hohe kurzfristige Verschuldung mit großen Zinslasten verbunden war.[239] Dies wurde in der Kreditkrise 1931 schlagartig deutlich. So geriet das Jahr 1931 zum Höhepunkt der Haushaltsbelastung durch Schuldendienstausgaben. Nur in Wuppertal lagen diese Ausgaben 1933 noch etwas über jenen für das Jahr 1931.[240] Der Zinsdeckel der RNotVO vom 8. Dezember 1931[241] und die sinkenden Effektivzinsen auf dem Kapitalmarkt wirkten sich ab dem Beginn des Haushalts 1932/33 positiv auf die kommunalen

235 Zu den Umlagen der Städte für die Finanzierung der Personalkosten der Polizei zählen auch die Beiträge zum kommunalen Polizeilastenausgleich. Diese Umlage basierte auf dem preußischen Polizeikostengesetz vom 2.8.1929, PrGS. 1929, S. 162, das ab dem 1.4.1930 gültig war. Sie wurde mit dem Polizeiverwaltungsgesetz vom 1.6.1931 ab 1.10.1931 neu geordnet und gemäß dem Polizeikostengesetz vom 2.8.1929, PrGS. 1929, S. 162, bereits vorab durch eine Kürzung der Reichssteuerüberweisungen einbehalten. Die Überlieferung dieser Umlagebeträge ist in den Haushaltsplänen sehr lückenhaft. Aus Gründen der Vereinheitlichung wurden die in den Quellen enthaltenen separaten Nachweise vorab von den Steuereinnahmen subtrahiert.

236 Finanzausgleich II, S. 18.

237 VB W 1929–1931, S. 26.

238 Soweit in den Haushaltsplänen der Städte ausgewiesen.

239 Die Gemeindefinanzen in der Wirtschaftskrise, S. 12.

240 Vgl. Tabellen 44–49, 51.

241 RGBl. I 1931, S. 699.

Haushalte aus.[242] Zugleich setzten Städte wie Köln ihre Zins- und Tilgungsraten mangels Finanzmitteln aus.[243] Nunmehr sanken die kommunalen Schuldendienstleistungen, mit Ausnahme Wuppertals, mehr oder weniger stark.[244]

2.4 Die sonstigen Ausgaben

2.4.1 Globale Sparmaßnahmen und Ausgabenentwicklung

Der größte und im Laufe der Krise unkalkulierbarste Teil der kommunalen Ausgaben wurden die sogenannten „sonstigen Ausgaben". In dieser Ausgabenart wurden Aufwendungen zusammengefaßt, die regelmäßig wiederkehrten und den Geschäften der laufenden Verwaltung zugerechnet werden konnten. Hierzu gehörten sowohl die Unterstützungsleistungen der kommunalen Wohlfahrtsfürsorge als auch die Sachausgaben im engeren Sinn wie beispielsweise für den Bürobedarf. In beiden Fällen bemühten sich die sechs rheinischen Großstädte um eine möglichst zügige und kräftige Senkung. Sie wurde mit globalen Kürzungen der Sachausgaben versucht. So begann der Oberbürgermeister in Gladbach-Rheydt bereits im Juli 1930, die Zwölftelung der geplanten Ausgaben und die Kürzung aller Sachausgaben um 20 % in seiner Verwaltung durchzusetzen. Außerdem bedurften alle Aufträge über 300 RM, später sogar schon über 100 RM, der besonderen Genehmigung durch den Oberbürgermeister.[245] Essen sperrte gleich zu Beginn des Haushalts 1931/32 20–25 % aller von der Stadt beeinflußbaren laufenden und den größten Teil der einmaligen Ausgaben. Diese Anordnungen mußten weiter verschärft werden.[246] Ähnliche Regelungen wurden auch in den anderen Städten getroffen. Im Endergebnis gelang es tatsächlich dreien der sechs rheinischen Großstädte, trotz der steigenden Anforderungen der Wohlfahrtsetats die sonstigen Ausgaben je Einwohner bis zum Ende 1932/33 zu reduzieren. Hingegen war dies Duisburg-Hamborn und Essen wegen ihrer extremen Wohlfahrtslasten nicht möglich.[247]

2.4.2 Verteilung der Ausgaben auf die Einzelpläne[248]

Die Auswirkungen der Sparmaßnahmen der Städte und die krisenbedingten Anforderungen beeinflußten die kommunalen Aufgabenbereiche in unterschiedliche Richtungen. Die Ausgaben der allgemeinen Verwaltung, der Stadtverordnetenversammlungen und der zentralen Einrichtungen für das städtische Personal verringerten sich, mit Ausnahme Kölns, ab dem Haushaltsjahr 1931/32 spürbar. Ein Grund lag darin, daß die Stadtverordneten zu

242 Die Gemeindefinanzen in der Wirtschaftskrise, S. 12. Heindl: Die Haushalte, S. 191, 227. Öffentlicher Kredit und Wirtschaftskrise, S. 36.

243 Vgl. Die Finanzwirtschaft der öffentlichen Verwaltung, S. 16.

244 Vgl. Tabellen 44–49, 51.

245 VB MG 1929 und 1930, S. 34 f.

246 VB E 1931, S. 11.

247 Vgl. Tabellen 44–49.

248 Vgl. für die folgende Darstellung die Tabellen 53–58.

immer weniger Sitzungen einberufen wurden und statt ihrer die Verwaltungschefs die erforderlichen Beschlüsse faßten.[249] Außerdem wurden über das Stadtgebiet verteilte Dienststellen zusammengelegt und gemietete gegen eigene Räume getauscht. Schließlich konnte das Kassen- und Zahlungswesen stark normiert und zentralisiert werden.[250] Anders als Köln konnten die fünf Großstädte im Regierungsbezirk Düsseldorf zusätzlich noch das durch die kommunale Neuordnung 1929 entstandene Rationalisierungspotential nutzen.

Für die öffentliche Ordnung, die Feuerwehr und die Rettungsdienste konnten die Ausgaben nur in Essen verringert werden. In allen anderen Städten gab es dagegen sichtlich große Probleme, die Ausgaben dieses Einzelplans im Griff zu halten. Die bereits 1929/30 sehr niedrigen Ausgaben für die Sachausstattung der Schulen in Düsseldorf, Duisburg-Hamborn und Wuppertal ließen sich in den folgenden Krisenjahren nicht mehr wesentlich senken. Im Unterschied dazu griffen Essen und Köln massiv in die Schuletats ein und gaben schließlich ab 1932/33 mit weniger als der Hälfte der Sachausgaben von 1929/30 pro Einwohner ungefähr so viel für ihre Schulen aus wie Duisburg-Hamborn.

Auch die Sachausgaben für Kultur blieben nicht von der allgemeinen Kürzungspolitik verschont. In Duisburg-Hamborn, Essen und Wuppertal wurden sie ab 1931/32 auf das Notwendigste abgesenkt. Gladbach-Rheydt war am konsequentesten: Für solche Ausgaben stand praktisch nichts mehr zur Verfügung, was vor allem auf die Privatisierung des Theaters zurückzuführen war. Die Städte Düsseldorf und Köln mußten auch während der Finanzkrise den gehobenen städtischen Kultureinrichtungen einen höheren Betrag zugestehen, wenn sie diese nicht schließen wollten.

Im Bereich der Bauverwaltung nahmen die Städte die schärfsten Einschnitte unter allen kommunalen Sachausgaben vor. So gab man dafür beispielsweise in Düsseldorf 1929/30 51, ab 1932/33 nur noch 16 RM je Einwohner aus. Ähnlich sahen die Kürzungen für die Bauunterhaltung, Straßenbeleuchtung, Bauaufsicht und Wohnungsbauförderung in allen anderen Städten aus. Hierdurch verlor das städtische Bauwesen stark an Bedeutung. Noch viel stärker waren die Auswirkungen der Kürzungen bei den außerordentlichen Haushalten. Da seit der Kreditkrise im Sommer 1931 kaum noch langfristige Mittel erhältlich waren, blieben die meisten der in den außerordentlichen Haushalten veranschlagten Bauprojekte unausgeführt.[251] Schon in den Vorjahren war die Mittelbeschaffung so schwierig, daß begonnene Bauten vorübergehend stillgelegt werden mußten.[252] Die dann doch in Angriff genommenen Maßnahmen waren einer scharfen Kritik der Beamten der Staatsaufsicht ausgesetzt.

Als Dienstleistungszentren unterhielten Köln und Düsseldorf ein Gesundheitswesen, das einen wesentlich höheren Aufwand verlangte als das der Ruhrgebietsstädte. So gab Köln in diesem Aufgabenbereich einen doppelt so hohen Betrag pro Einwohner aus wie Duisburg-Hamborn. Ursache war eine gehobene medizinische Versorgung, die mit hochschulmäßigen Ausbildungseinrichtungen verbunden war. Dagegen betreuten in den beiden Montanstädten Duisburg-Hamborn und Essen die Einrichtungen der bergmännischen Knappschaft einen großen Teil der Bevölkerung, was den städtischen Aufwand senkte.

249 Vgl. z.B. die Aufstellung im VB DU 1930–1932 N, S.20.
250 VB K 1930/31, S.8.
251 VB MG 1931, S.35. VB W 1932, S.85.
252 VB MG 1929 und 1930, S.35.

Obwohl angesichts der Vielzahl beteiligter Kostenverursacher von den Ärzten und Apotheken bis zu den Krankenhäusern Kürzungen schwierig durchzusetzen waren, gelang es den Städten auch hier, die entstehenden Sachausgaben etwas überdurchschnittlich zu senken.[253]

Hingegen bewegten sich die Reduzierungen der Sachausgaben der gebührenrechnenden Einrichtungen in einem vergleichsweise engen Rahmen, weil Kanalisation, Friedhöfe, Schlacht- und Viehhöfe unabhängig von der wirtschaftlichen Lage bereitgehalten werden mußten und sich deren fixe Betriebskosten nicht vermindern ließen. Doch setzten sich ganz deutlich die beiden Dienstleistungszentren Düsseldorf und Köln von den übrigen Großstädten ab. Dazu veranstalteten diese beiden Städte Ausstellungen und Messen, wobei Köln klar vor Düsseldorf lag. Für den Wettbewerb untereinander stellten sie auch in der Krise ein Veranstaltungsgelände und Personal bereit.[254]

2.4.3 Ausgaben für die soziale Sicherung

Den mit Abstand größten Anteil an den sonstigen Ausgaben der sechs rheinischen Großstädte hatten die Ausgaben für den Einzelplan „Soziale Sicherung“. Sie erreichten in den Haushaltsjahren 1932/33 und 1933/34 Anteile an den gesamten Sachausgaben von 44,9 % in Köln bis 65,7 % in Duisburg-Hamborn. Von diesen Sachausgaben des Einzelplans „Soziale Sicherung“, die in der Regel über 90 % der Gesamtausgaben dieses Einzelplans in Anspruch nahmen,[255] mußte der größte Teil für die laufenden Barunterstützungen an die Bedürftigen verwendet werden. Damit wurden sie zu den ausschlaggebenden Einflußfaktoren für die Finanzpolitik der sechs rheinischen Großstädte.

Dabei stellten sich bereits im Jahr 1929/30 recht unterschiedliche finanzielle Lagen der Städte für die soziale Sicherung ein. Hier befand sich Köln mit großem Abstand vor den übrigen Kommunen. Vor allem der Sachaufwand einschließlich der Unterstützungsleistungen war in Köln deutlich höher als in Düsseldorf, Duisburg-Hamborn und Essen.[256] Diese finanziellen Verhältnisse zwischen den Städten entsprachen nicht den Anteilen der Wohlfahrts- und Krisenunterstützten an der Wohnbevölkerung.[257] Somit fand der Mehraufwand Kölns eine Erklärung nur in einer wesentlich kostenträchtigeren Sozialfürsorge. Da sich aber die in Köln festgelegten Richtsätze für die kommunalen Unterstützungsleistungen im Rahmen der übrigen Städte bewegten, lagen die Quellen für die Mehrausgaben offensichtlich in der Organisation, der Personalausstattung und den großzügigen Bewilligungen der Kölner Sozialverwaltung.[258]

Die Auswirkungen des Konjunktureinbruchs auf den Arbeitsmarkt erfaßten die städtischen Wohlfahrtsausgaben wegen des dreistufigen Fürsorgesystems aus Arbeitslosen-, Krisen- und Wohlfahrtsunterstützung erst mit einiger Zeitverzögerung, dann aber um so heftiger, weil sich mit der zunehmenden Dauer der Erwerbslosigkeit die Wohlfahrtslasten

253 Vgl. Tabelle 57.
254 Vgl. Tabellen 53–57.
255 Vgl. Tabellen 53–55.
256 Vgl. Tabelle 57.
257 Vgl. Graphiken 8 und 9.
258 Vgl. Tabellen 15 und 66.

vom Reich auf die Gemeinden verlagerten.[259] Dies bewirkte größere Verschiebungen der Zusammensetzung der Unterstützten zugunsten der stark zunehmenden Wohlfahrtserwerbslosen und der von den Senkungen der Leistungen der Arbeitslosenversicherung und Krisenfürsorge Betroffenen. Sie ließen die Aufwendungen der Städte für den Einzelplan „Soziale Sicherung“, mit Ausnahme von Köln, das schon mit relativ hohen Ausgaben in die Krise ging, rasch wachsen. Unter allen Städten befand man sich in Duisburg-Hamborn durch ihren steilen Anstieg auf dem höchsten Stand.[260] Die dortige Stadtverwaltung schätzte, daß sie für das Rechnungsjahr 1932/33 mindestens 75% des Gesamtaufwands für Arbeitslose tragen mußte, Arbeitslosenversicherung und Reich aber weniger als 25%.[261] Dabei nahm z.B. das städtische Wohlfahrtsamt in Köln nur 48% der aus der Arbeitslosen- oder Krisenunterstützung Entlassenen in die Wohlfahrtsfürsorge auf.[262] Auf diese Verhältnisse reagierte die Reichsregierung erst nach dem Erreichen des Konjunkturtiefpunkts. Der Erlaß des Reichsarbeitsministers vom 7. November 1932 verlängerte die Dauer der Krisenunterstützung für alle Bezieher ab dem 28. desselben Monats zunächst bis Ende März 1933. Diese zeitliche Begrenzung wurde am 15. März 1933 aufgehoben. Doch kam diese Maßnahme zu spät, um die kommunalen Sozialausgaben in der Depression zu konsolidieren.[263] Im Unterschied zu den Erwerbslosen spielte die sogenannte gehobene Fürsorge[264] der Kriegsbeschädigten, Sozial- und Kleinrentner für den steilen Anstieg der Sozialausgaben keine Rolle, weil der Kreis der Unterstützten durch die demographische Entwicklung ständig schrumpfte.

Den Ausgabenanstieg versuchten die Städte zusätzlich zu den verordneten mit eigenen Sparmaßnahmen zu bremsen. Jedoch gelang dies den sechs rheinischen Großstädten unterschiedlich schnell. Unter ihnen betrieb Wuppertal die konsequenteste Sparpolitik im Sozialhaushalt. Noch im ersten Vierteljahr 1930 wurden hier mit 172 RM pro Partei die höchsten laufenden Barunterstützungen geleistet, im selben Zeitraum 1932 waren es mit 102 RM die niedrigsten. Ein ähnliches Ergebnis erzielte Essen.[265] Dennoch konnte diese Sparpolitik die Summe der Mehrausgaben nur bremsen, nicht stoppen.[266] Im Unterschied zu Wuppertal stiegen in Köln und Gladbach-Rheydt die Kosten für die laufenden Barunterstützungen sogar noch im ersten Halbjahr 1931 deutlich schneller an als die Zahl der Unterstützungsbedürftigen, während die Sparmaßnahmen in den übrigen Städten bereits ihre Wirkung entfalteten.[267] Erst danach gelang es auch diesen beiden Städten, mit radikalen Kürzungen und dem Engagement von Privatpersonen und Verbänden der freien Wohlfahrtspflege die Gesamtsumme der Sachausgaben dieses Einzelplans zu begrenzen. Hierzu zählten die naturalen und monetären Nebenleistungen. Durch die hauptsächlich im Jahr 1931 erfolgte Einrichtung der lokalen „Nothilfen“, an der die örtlichen Wohlfahrtsverbände und die Wirtschaft beteiligt waren, erfuhren die kommunalen Haushalte eine finanzielle Entlastung. Insgesamt nahm der Anteil der laufenden Barunterstützungen an

259 Vgl. Graphiken 8 und 9.
260 Vgl. Tabellen 53–58, 67.
261 VB DU 1932, S. 57.
262 Mewes: Das Schicksal der ausgesteuerten Erwerbslosen, S. 632.
263 VB DU 1932, S. 57.
264 Aufgrund der Reichsfürsorgeverordnung vom 13.2.1924; RGBl. I 1924, S. 100.
265 Vgl. Tabelle 66.
266 Vgl. Tabellen 53–58.
267 Vgl. Tabelle 67.

den Sachausgaben der „Sozialen Sicherung" binnen dreier Haushaltsjahre von 43–58% im Haushaltsjahr 1930/31 auf 60–69% 1932/33 zu.

Neben der vollständigen Übernahme der Unterstützungskosten für die Wohlfahrtserwerbslosen mußten die Kommunen das Gemeindefünftel des Aufwands für die Krisenfürsorge und die Zusatzleistungen an Unterstützte der Arbeitslosenversicherung und Krisenfürsorge aufbringen, deren Bezüge unter die Richtsätze der offenen Wohlfahrtsfürsorge fielen. Dazu kamen Verschlechterungen der Krisenfürsorge zu Lasten der Gemeinden durch die RNotVO vom 5. Juni 1931. Die Folge davon war ein sprunghafter Anstieg des Aufwands für die Krisenfürsorge im Haushaltsjahr 1931/32 in Duisburg-Hamborn, Essen und Gladbach-Rheydt von 1–2 RM pro Einwohner auf durchschnittlich 5 RM, was in Duisburg-Hamborn einen Ausgabenanstieg von 660 000 auf 2,4 Mio. RM und in Essen von rund 1 auf 3,5 Mio. RM bedeutete.[268] Dieser Anstieg verteilte sich nach Schätzungen der Kommunalaufsicht Düsseldorf zu rund 30% auf die Neuregelung der Krisenfürsorge durch die RNotVO vom 5. Juni 1931 und zu 70% auf die gestiegene Zahl der Unterstützungsempfänger.[269]

Eng mit der sozialen Sicherung Bedürftiger verknüpft waren die Ausgaben für deren Gesundheitsfürsorge. Sie wurden zu einer weiteren großen Quelle finanzieller Belastungen der Städte. Die durch die Notverordnungen verfügten Kürzungen und die spätere Einstellung der Mehrleistungen der Krankenkassen für sozial Schwache führten dazu, daß die städtischen Wohlfahrtsämter die Kosten für die Krankenversorgung vielfach übernehmen mußten, weil die Versicherten nicht mehr in der Lage waren, ihre Angehörigen zu unterstützen.[270] Die gleiche Konsequenz trat für die städtischen Wohlfahrtsämter ein, wenn Erwerbslose krank wurden, die nicht mehr einer Krankenversicherung angehörten.[271] Hiergegen ergriffen die Städte Sparmaßnahmen. Die Finanzierung von Zahnersatz[272], die Pflegesätze und die Dauer der Krankenhausaufenthalte wurden auf das unabwendbar notwendige Maß beschränkt sowie die Prüfung der Hilfsbedürftigkeit stark verschärft. Dadurch wurde zwar ein Teil des durch die größere Zahl der Bedürftigen erhöhten Aufwands aufgefangen,[273] aber es gelang nur bedingt, die Entwicklung der Ausgaben für die Gesundheitsfürsorge zu stabilisieren.[274] Diese verharrten weiterhin auf einem hohen Niveau, denn die Zahl der Hilfsbedürftigen nahm trotz aller Einschränkungen ebenso zu wie die sozial bedingten Krankheiten. Außerdem gestaltete sich die Kürzung der Pflegesätze recht schwierig. In Duisburg-Hamborn, Gladbach-Rheydt und Wuppertal konnten keine Einspareffekte erzielt werden, in Essen und Düsseldorf nur bis einschließlich 1930 bzw. 1931. So belasteten die Erstattungen von Arzt- und Pflegehonoraren sowie die medizinischen Sachaufwendungen die städtischen Haushalte beträchtlich. Sie betrugen z. B. in Düsseldorf und Wuppertal zusammen weit über eine, in Duisburg-Hamborn bis zu 1,6 Mio.

268 Haushaltspläne der Städte. Rechnungsergebnisse 1931/32.
269 HStAD Reg. D 55442.
270 VB K 1931/32, S. 112.
271 Vgl. Tabellen 53–58.
272 So leistete D bis 1933 grundsätzlich keinen Beitrag mehr für Zahnersatz, was anschließend zu großem Nachholbedarf führte; VB D 1933–1936, S. 251.
273 Vgl. z. B. VB K 1930/31, S. 115.
274 Vgl. Tabellen 53–58.

RM pro Jahr.[275] Doch gelang es Düsseldorf, wenigstens die Kosten für die Aufenthalte in Krankenhäusern, Sozial- und Heileinrichtungen nach einem massiven Anstieg der Ausgaben von 4,8 1929/30 auf 5,9 Mio. RM 1930/31 im Haushaltsjahr 1933/34 um 1,5 Mio. RM zu kürzen. In Duisburg-Hamborn, Essen und Köln zeigten die Sparmaßnahmen nur eine vorübergehende Wirkung. Trotz aller Sparbemühungen waren sie in Köln 1933 mit mehr als 7 Mio. RM, in Duisburg-Hamborn und Essen mit mehr als 3,6 bzw. 5 Mio. RM höher als am Beginn der Krise im Haushaltsjahr 1929/30,[276] und dies vor dem Hintergrund einer deflatorischen Preis- und Einkommensentwicklung. Die meisten der städtischen Sparaktionen im Sozialbereich entfalteten offenbar erst mittelfristig ihre finanziellen Auswirkungen. Zwischen dem Spätsommer 1932 und dem Frühjahr 1933 trat ihr maximaler Effekt ein. In Konsequenz dieser Finanzpolitik vergrößerten sich nun in Essen und Wuppertal im Vergleich zu den übrigen Städten die Abstände zwischen dem Anstieg der Gesamtkosten und dem der unterstützten Parteien am stärksten.[277] Aber die durchschnittlichen Gesamtfürsorgekosten für die Wohlfahrtserwerbslosen lagen am konjunkturellen Tiefpunkt im Juli 1932 trotz aller Angleichungen der laufenden Barunterstützungen und der Unterstützungsbedingungen noch immer merklich auseinander, weil sie entscheidend von der örtlichen Größe der unterstützten Parteien abhingen. Egalisiert man sie mittels der Durchschnittsgröße der Parteien, so lag die relative Spannweite der jährlichen Gesamtfürsorgekosten je Wohlfahrtsunterstütztenpartei zwischen den niedrigsten in Düsseldorf und den höchsten in Gladbach-Rheydt bei rund 16%.[278] Hier wirkte sich auch die nichtabgestimmte Handhabung der Nebenleistungen und der Unterstützungsbedingungen aus. Mit diesen anfänglich überraschend hohen finanziellen Anforderungen der Sozial- und Gesundheitsfürsorge wurden die Städte erst nach einer Übergangszeit fertig. Zuerst bedeutete der Einbruch auf dem Arbeitsmarkt im zweiten Halbjahr des Haushalts 1930/31 für alle Städte ein finanzielles Fiasko. Die tatsächlichen Ausgaben des Einzelplans 4 „Soziale Sicherung" überschritten die Planzahlen, welche noch aus den Rechnungsergebnissen des letzten Aufschwungs abgeleitet worden waren, um bis zu einem Drittel (Duisburg-Hamborn). Darauf reagierten die Finanzplanungen der sechs rheinischen Großstädte schnell durch massive Sicherheitszuschläge für das Haushaltsjahr 1931/32. So traf der weitere Abschwung auf dem Arbeitsmarkt keine der sechs Großstädte unvorbereitet, auch wenn damit die Haushaltsfinanzierung nicht gesichert war. Außerdem blieben die tatsächlichen Ausgaben, obwohl die Zahl der Hilfsbedürftigen zunahm, hinter den Voranschlägen zurück, weil die Unterstützungssätze und Nebenleistungen mehrfach gesenkt wurden. Beachtlich war, daß trotz des Ausmaßes ihrer Betroffenheit durch die steigende Zahl der Unterstützungsbedürftigen vom zweiten Halbjahr 1931 bis zum Frühjahr 1933 den beiden Ruhrgebietsstädten die exaktesten Haushaltsplanungen aller sechs rheinischen Großstädte gelangen. Während Köln und Wuppertal die Verschlechterung knapp einkalkulierten, trafen die negativen Prognosen der beiden Ruhrstädte und Düsseldorfs nicht im befürchteten Ausmaß ein. In Gladbach-Rheydt wiederum verbreitete der Anstieg der Sozialausgaben des Haushalts 1929/30 im folgenden Jahr offenbar eine sehr pessimistische Stimmung.[279]

275 Rechnungsergebnisse; Haushaltspläne der Städte.
276 Ebd.
277 Vgl. Tabelle 67.
278 HStAD Reg. D 55435; eigene Berechnungen.
279 Vgl. Tabelle 59.

3 Die städtische Verschuldung und Schuldenpolitik[280]

3.1 Die Verschuldung der Städte bis 1931

Die rheinischen Großstädte gehörten zu den Gewinnern der Hyperinflation nach dem Ersten Weltkrieg. Vor allem Köln hatte durch Adenauers besonders umfangreiche Investitionen von der Inflation profitiert.[281] Nun blieb als Folge der Währungsreform von den alten Verbindlichkeiten nur noch ein Bruchteil übrig.[282] Dies erlaubte den Städten, auf fast „jungfräulicher" Grundlage durch Schuldenaufnahmen im In- und Ausland bis 1929 eine expansive Investitionspolitik zu finanzieren. Mit ihr sollte ein Teil der anfallenden Investitionskosten auf die nächsten Generationen verlagert werden, weil auch sie den Profit aus diesen Maßnahmen zögen.[283]

Die auf dem Kapitalmarkt aufgenommenen Beträge dienten dem Ausbau der städtischen Versorgungseinrichtungen und dem Wohnungsbau, um den durch den Krieg gewachsenen Nachholbedarf an Wohnraum zu befriedigen.[284] Unter den Infrastrukturausgaben wurde die Elektrizitätsversorgung bevorzugt.[285] Köln verwendete die aufgenommenen Kredite auch für die Erweiterung der Hafenkapazitäten, die Messe und den Verkehr.[286] Begründet wurden diese Großinvestitionen damit, daß sie die Voraussetzungen für eine langfristig positive wirtschaftliche und steuerliche Entwicklung schüfen.[287] Für die Finanzierung dieser Bauvorhaben fand Adenauer sogar die Unterstützung des Kölner Regierungspräsidenten.[288]

In Duisburg-Hamborn setzte man jeweils 20–25% des seit 1924 aufgenommenen Fremdkapitals für den Wohnungs-, Straßen- und Kanalbau sowie für die städtischen Verkehrs- und Versorgungsunternehmen ein.[289] Zum Umbau des Duisburger Hauptbahnhofs wurden 5 Mio. RM einer Anleihe von 1928 verwendet,[290] des weiteren ein langfristiger Kredit von 9 Mio. RM im September 1929 für den Bau mehrerer Volksschulgebäude.[291] Ein beachtliches finanzielles Risiko gingen alle Städte mit ihren Vorgriffen auf die künftigen Einnahmen aus dem Hauszinssteueraufkommen ein. Als sich die Reichsregierung vom bisherigen System der Wohnungsbauförderung über die Hauszinssteuer abwendete, verwandelte sich das in den kommunalen Vorgriffen auf künftige Hauszinssteuereinnahmen

280 Der Vergleich zwischen den Städten wird durch die Überlieferung Kölns gestört, die stark von der für die Großstädte im Regierungsbezirk D abweicht.

281 Vgl. Henning: Finanzpolitische Vorstellungen und Maßnahmen Konrad Adenauers, S. 129f. Zunkel: Von der Hyperinflation zur Stabilisierung, S. 219–252.

282 Die öffentliche Verschuldung, S. 229.

283 Ebd., S. 295. Henning: Finanzpolitische Vorstellungen und Maßnahmen Konrad Adenauers, S. 136.

284 Die öffentliche Verschuldung, S. 251. Für die Verwendung der an die Kommunen herausgegebenen Kredite vgl. Bericht der Generaldirektoren der Landesbank 1929, S. 22; 1930, S. 18. Vgl. James: The Reichsbank, S. 262. Vgl. Dietrich-Troeltsch: Kommunalkredit, S. 295f.

285 Die öffentliche Verschuldung, S. 253.

286 Zunkel: Die wirtschaftliche, soziale und finanzielle Entwicklung Kölns, S. 67.

287 Henning: Finanzpolitische Vorstellungen und Maßnahmen Konrad Adenauers, S. 129, 133f.

288 Ebd., S. 131.

289 VB DU 1929, S. 41f.; eigene Berechnungen.

290 Ebd., S. 42.

291 Ebd., S. 43.

steckende Risiko in eine akute Krise.[292] Mittels kurzfristiger Zwischenfinanzierungen für vergebene Wohnungsbauhypotheken versuchten sie, den unergiebigen Kapitalmarkt für langfristige Darlehen zu umgehen. Ein weiterer Teil kurzfristiger Finanzierungen diente dem Erhalt der Liquidität der städtischen Kassen.[293] Daneben hatten sich die Städte als Vermittlerinnen von Krediten an private Wohnungsbauinvestoren betätigt. Sie hatten hierfür Sicherheiten, vorzugsweise Bürgschaften, gestellt, was nun ihre Spielräume für neue Kredite beschnitt, zumal diese Kredite häufig nur zweitrangig im Grundbuch gesichert waren.[294] Als sich die Liquiditätsprobleme der Hauseigentümer verschärften und diese die Baukredite nicht mehr bedienten, wurden die Städte aus ihren Bürgschaften in Anspruch genommen.[295]

Mit der Finanzierung ihrer Projekte im Ausland erschlossen sich die Städte eine noch vor dem Ersten Weltkrieg unbekannte Quelle.[296] Dabei konnte unter den sechs rheinischen Großstädten Köln wegen seiner Größe und seines Rufs am leichtesten den internationalen Kapitalmarkt in Anspruch nehmen. Der Stadt gelang dies trotz der 1925 beim Reichsfinanzministerium eingerichteten kritischen Beratungsstelle für die Aufnahme von Auslandsanleihen.[297] So hatten Ende September 1932 die Auslandsschulden Kölns einen beachtlichen Umfang von rund 84 Mio. RM erreicht.[298] Die übrigen Städte blieben weit unterhalb dieser Summe und bevorzugten eine Teilhabe an den Erträgen der in den USA und den Niederlanden aufgelegten kommunalen Sammelanleihen.[299] Außerdem kauften die ausländischen Anleger Inlandsanleihen der Städte.[300]

Im Inland traten vier der sechs Städte mit langfristigen Inhaberanleihen in die Depression ein, die ab 1926 aufgelegt worden waren. Dagegen hatte Köln 1926 und 1929 die Finanzierung durch Schatzanweisungen gewählt.[301] Mit überwiegend drei Jahren erreichten alle Papiere nur eine kurze Laufzeit. Dies war sicherlich zum einen „weitgehend Folge einer absoluten Unmöglichkeit langfristiger Kreditnahme gewesen",[302] zum anderen aber des Nachgebens gegenüber aufgestauten Begehrlichkeiten nach Jahren auferlegter Enthaltsamkeit. Unter den fünf untersuchten Städten im Regierungsbezirk Düsseldorf nahm Gladbach-Rheydt den höchsten Betrag je Einwohner an kurzfristigen Krediten auf.[303] Am Ende des Haushaltsjahrs 1929/30 lag die Gesamtverschuldung der Stadt Köln mit 559 RM pro Kopf bereits mit großem Abstand vor der der übrigen Städte, wo sie zwischen 132 und 351

292 Delius: Die Finanzierung der Wohnungsbautätigkeit, S. 188. Die öffentliche Verschuldung, S. 250. Dietrich-Troeltsch: Kommunalkredit, S. 282, 290.
293 Vgl. Tabelle 68. Die öffentliche Verschuldung, S. 271 f.
294 Delius: Die Finanzierung der Wohnungsbautätigkeit, S. 180–182. Die öffentliche Verschuldung, S. 232, 284.
295 Ebd., S. 259. Für die sechs rheinischen Großstädte können keine sicheren Angaben gemacht werden.
296 Jursch: Die Entwicklung des in- und ausländischen deutschen Kommunalkredits, S. 137. Die öffentliche Verschuldung, S. 229.
297 Jursch: Die Entwicklung des in- und ausländischen deutschen Kommunalkredits, S. 141.
298 Öffentlicher Kredit und Wirtschaftskrise, S. 134; eigene Berechnung.
299 Vgl. allgemein: Die öffentliche Verschuldung, S. 296. Voigt: Untersuchungen zum Finanzsystem der deutschen gemeindlichen Selbstverwaltung, S. 137.
300 Marder/Rabnow: Die Inhaberanleihen, Nr. 11, S. 113.
301 Die öffentliche Verschuldung, S. 192–195, 198 f., 231. Marder/Rabnow: Die Inhaberanleihen, Nr. 11, S. 113, 116; Nr. 12, S. 126–128. Norden: Schwebende Schulden, S. 587.
302 Neumark: Der öffentliche Haushalt, S. 586. Norden: Schwebende Schulden, S. 588.
303 Vgl. Tabelle 71.

RM betrug.[304] Dies zwang Köln zur Aufgabe der bisherigen expansiven Verschuldungspolitik.

Aus der Diskrepanz zwischen den wachsenden Ausgaben, den stark behinderten Möglichkeiten ihrer langfristigen Finanzierung auf dem unergiebigen inländischen Kapitalmarkt und dem für die Kommunen von der Beratungsstelle für die Aufnahme von Auslandsanleihen abgeschnürten Auslandsmarkt entstanden für die Städte große Finanzierungsprobleme.[305] Hiervon ausgenommen waren die aus Reichs- und Staatsmitteln geförderten Notstandsarbeiten, für die die Deutsche Gesellschaft für öffentliche Arbeiten AG (Öffa) zweckgebundene Darlehen vergab.[306] Als Ausweg aus diesem Dilemma wählten die Städte die Aufnahme von kurzfristigen Darlehen und Kassenkrediten, kamen damit aber nicht an der Geldpolitik der Reichsbank vorbei.[307] Vielmehr scheiterten am durch diese Geldpolitik verursachten unergiebigen und teuren Kapitalmarkt kommunale Investitionsvorhaben, was insbesondere die Baukonjunktur negativ beeinflußte. So mußte Duisburg-Hamborn seine Straßen- und Kanalbauprojekte stark drosseln und die Hochbaumaßnahmen nach ihrer Eindeckung stillegen.[308] Konnten aber, wie in Essen und Wuppertal, langfristige Darlehen aufgenommen werden, so wurden sie für die Ablösung kurzfristiger Zwischenkredite eingesetzt.[309] Auch die Städte selbst trugen zur baldigen Schieflage ihrer Verschuldung bei. Man zog es vor, die mehr oder weniger dringlichen Investitionen mit kurzfristigen Krediten statt durch Steuererhöhungen zu finanzieren oder sie zu verschieben.

In diesem Zusammenhang entwickelten sich die Kassenkredite schon bis 1929 zu einem besonderen Fall.[310] Zur Sicherung der Liquidität der Kasse in der Zeit zwischen der fälligen Ausgabe und einer erst später eingehenden ordentlichen Einnahme gedacht, war für den Kassenkredit als sogenannte „schwebende Schuld“ eine aufsichtliche Genehmigung nicht erforderlich, da er keine Erhöhung des Schuldenstands mit sich brächte und durch später eingehende ordentliche Einnahmen abgedeckt würde. Er sei deshalb unbedenklich.[311] Seine Höhe sollte nur in einem „natürlichen Verhältnis zum Kassengeschäft der einzelnen Gemeinde stehen“.[312] Genau aber dieses Finanzierungsinstrument nutzte ein Teil der Stadtkämmerer für eine schnelle kurzfristige Vorfinanzierung von außerordentlichen Ausgaben, Hauszinssteuerdarlehen und für laufende Ausgaben. Die Kommunal-

304 Vgl. Tabelle 73.

305 Bericht der Generaldirektoren der Landesbank 1929, S. 20. Dietrich-Troeltsch: Kommunalkredit, S. 161. James: The Reichsbank, S. 268–271. Die öffentliche Verschuldung, S. 230 f. Öffentlicher Kredit und Wirtschaftskrise, S. 29.

306 HStAD Reg. D 55758. So z. B. VB MG 1929 und 1930, S. 35; 1931, S. 35.

307 Jursch: Die Entwicklung des in- und ausländischen deutschen Kommunalkredits, S. 141.

308 VB DU 1929, S. 45.

309 Dazu u. a. Aufnahme eines 10-Mio.-RM-Schuldscheindarlehns; OB E an RP D vom 24.7.1930; HStAD Reg. D 31396. VB W 1929–1931, S. 124.

310 Öffentlicher Kredit und Wirtschaftskrise, S. 28. Voigt: Untersuchungen zum Finanzsystem der deutschen gemeindlichen Selbstverwaltung, S. 137.

311 § 1 Abs. 2 Gesetz über die Aufnahme von Anleihen und Darlehen sowie die Übernahme von Bürgschaften und Verpflichtungen aus Gewährverträgen und von anderen Sicherheiten durch Gemeinden und Gemeindeverbände vom 29.5.1931; PrGS. 1931, S. 73. Vgl. Boldt: Stadtverfassung, S. 144. Die öffentliche Verschuldung, S. 245. Maß: Kommunalpolitik, S. 141. Norden: Schwebende Schulden, S. 588. Voigt: Untersuchungen zum Finanzsystem der deutschen gemeindlichen Selbstverwaltung, S. 137. Dietrich-Troeltsch: Die Deckungsgrundsätze für die Schuldaufnahme der Gemeinden, S. 189.

312 Boldt: Stadtverfassung, S. 144. Öffentlicher Kredit und Wirtschaftskrise, S. 28.

aufsicht tolerierte dies mindestens bis zum Frühjahr 1931.[313] So finanzierte Ausgaben wurden nicht verhindert, sondern nur mit der Auflage verbunden, diese Kredite binnen einer bestimmten Frist in ein langfristiges Darlehen umzuwandeln. Diese Vorgabe war aber angesichts des zeitweilig stark angespannten Kapitalmarkts kaum einhaltbar, weshalb die Kommunalaufsicht Fristverlängerungen ohne weiteres zugestand.[314] Die für die Kontrolle der kommunalen Schuldenpolitik eingesetzten Beurteilungsmaßstäbe stellten sich damit in der sich zuspitzenden Krise als vollkommen ungeeignet heraus.[315] So war zwar die Staatsaufsicht über den finanziellen Zustand der rheinischen Großstädte gut informiert, aber kaum in der Lage, ihren Einsichten rechtzeitige Konsequenzen folgen zu lassen.[316] Dabei wurde sie möglicherweise auch durch die Aufgabe der alten Deckungsgrundsätze während der Inflationszeit und die anschließende Suche nach neuen Maßstäben für die Kommunalverschuldung verunsichert.[317] Bereits in ihrem Geschäftsbericht für 1929 sah sich die Landesbank der Rheinprovinz zu einer Warnung vor den Folgen dieser Politik veranlaßt.[318] Diese Probleme konkretisierten sich dann in den zwischen Reich und Ländern vereinbarten Richtlinien über die kommunale Schuldenaufnahme vom 3. Dezember 1930.[319]

Für die nun folgenden Krisenjahre dürfte das Schulden- und Haushaltsgebaren der Stadt Wuppertal durchaus typisch für einen Teil der rheinischen Städte gewesen sein, als ihre ordentlichen Einnahmen zusammenbrachen und die Sozialausgaben in die Höhe schnellten. Mit ihren hohen Kassenkrediten finanzierte die Stadt nun die Ausgaben für Löhne und Gehälter des städtischen Personals sowie einen Teil der Wohlfahrtsunterstützungen.[320] Noch in den letzten Wochen des Jahrs 1932 nutzte Wuppertal die etwas flüssigere Lage des Geldmarkts zur Aufnahme von weiteren Kassenkrediten in Höhe von 1,3 Mio. RM gegen eine Verpfändung von Wertpapieren, um unter anderem die Staatssteuern pünktlich abliefern zu können.[321]

313 Umkehrschluß aus Abschnitt D Nr. 6 RdErl. d. PrMdI und PrFM vom 27.3.1931: Aus Kostengründen soll die Finanzierung von außerordentlichen Ausgaben durch Kassenkredite vermieden werden. Aber kein Verbot dieser Finanzierungsweise; MBliV. 92 (1931), Sp. 289.

314 Beispiel W: Aufnahme eines kurzfristigen Kredits von 6,5 Mio. RM für die Erweiterung des städtischen Wasserwerks durch den Bezirksausschuß beim RP D genehmigt. Die Umwandlungsfrist 1.1.1930 kann nicht eingehalten werden; Kommissarischer BM Barmen-Elberfeld vom 21.11.1929 an RP D; Die Verlängerung der Umwandlungsfrist bis zum 1.1.1931 wird genehmigt; Bezirksausschuß 1. Abteilung vom 16.1.1930 an den kommissarischen BM in Elberfeld; HStAD Reg. D 31782. Probleme auch in MG: VB MG 1929 und 1930, S. 35.

315 Die Richtlinien für das Schuldenwesen der Gemeinden vom 3.12.1930 hielten an den bisherigen Grundsätzen fest: Anleihen sollten nur für den „außerordentlichen Bedarf" aufgenommen werden; Dietrich-Troeltsch: Die Deckungsgrundsätze für die Schuldaufnahme der Gemeinden, S. 192.

316 Der OP der Rheinprovinz verlangte von den Regierungspräsidenten eine schärfere Bekämpfung der kommunalen Kassenkredite; Niederschrift über die Besprechung der Kommunaldezernenten der Regierungspräsidenten am 16.10.1930; HStAD Reg. D 51285.

317 Dietrich-Troeltsch: Auf der Suche nach neuen Deckungsgrundsätzen, S. 171.

318 Bericht der Generaldirektoren der Landesbank 1929, S. 20. Die öffentliche Verschuldung, S. 229 f., 345.

319 Z. B. wurden die Begriffe „Anleihen", „Darlehen" und „Kredite" gleichwertig nebeneinander verwendet; Dietrich-Troeltsch: Die Deckungsgrundsätze für die Schuldaufnahme der Gemeinden, S. 189. § 3 Gesetz über die Aufnahme von Anleihen und Darlehen sowie die Übernahme von Bürgschaften und Verpflichtungen aus Gewährverträgen und von anderen Sicherheiten durch Gemeinden und Gemeindeverbände vom 29.5.1931; PrGS. 1931, S. 73. DSt an alle Mitglieder vom 10.12.1930; LAB 142/1 StB 4721.

320 VB W 1929–1931, S. 124.

321 Ebd. 1932, S. 86.

3.2 Die Finanzierung über Sparkassen und Landesbank[322]

Schon organisatorisch lag es für die Großstädte nahe, sich ihrer eigenen Sparkassen als Kreditquellen zu bedienen, die bis zur RNotVO vom 5. August 1931[323] voll in die Stadtverwaltung integriert waren.[324] Welchem Druck die städtischen Sparkassen seitens der Stadtkämmerer infolge dieser engen Verknüpfung bereits vor der Kreditkrise im Sommer 1931 ausgesetzt waren, läßt sich am Beispiel Essens erkennen. Im Vergleich zu den übrigen fünf rheinischen Großstädten bezog Essen den mit Abstand größten Anteil der aufgenommenen städtischen Kredite von der eigenen Sparkasse. Trotzdem reklamierte Essens Stadtkämmerer Hahn im März 1931 bis zu 25% des gesamten Einlagenbestands der Sparkasse für den städtischen Haushalt. Gegen dieses Vorhaben wehrte sich der geschäftsführende Sparkassendirektor mit dem Hinweis auf die Freiwilligkeit der Kredithergabe durch sein Institut. Auch Hahns Vorschlag eines Tausches von durch die Sparkasse erworbenen Wertpapieren ihres Gewährsträgers gegen solche einer anderen Stadt gleicher Bonität, fand bei der Sparkassenführung keine Zustimmung, weil es sich dabei nur um einen Buchungstrick handelte, mit dem die Grenze für Gewährsträgerkredite auch bei einer weiteren Schuldenaufnahme der Stadt formal eingehalten werden sollte.[325] Genau diese starke Abhängigkeit der Sparkassen von der Kommunalpolitik zu beseitigen und ihre Liquidität nach der Bankenkrise zu sichern, waren Ziele der Notverordnungspolitik im Sommer 1931.[326] Hierzu gehörte auch eine formale Verselbständigung des Sparkassenbetriebs von der städtischen Verwaltung. Den Städten wurde der weitere Zugriff auf ihre Sparkassen für Kredite und die Verwendung ihrer Jahresüberschüsse beschnitten. Jedoch behielten die Städte als Gewährsträger im aufsichtsführenden „Vorstand" einen entscheidenden Einfluß auf das Geschäftsgebaren der Sparkassen,[327] und die zuständigen städtischen Dezernenten blieben Vorsitzende ihrer Aufsichtsorgane.[328] Auch die Strukturen der städtischen Gläubiger änderten sich nicht entscheidend.[329]

Für Kommunalkredite, die den Rahmen einer einzelnen Sparkasse überschritten, stand die Landesbank der Rheinprovinz als regionale Zentralbank der Sparkassen zur Verfügung. Die Landesbank engagierte sich für alle sechs rheinischen Großstädte mit Krediten

322 Vgl. die ausführliche Darstellung der kommunalen Refinanzierung, der Schwierigkeiten und Sanierung der Landesbank in Fischer: Die Landesbank der Rheinprovinz, S. 263–446. Wolfgang: Kritische Darstellung der Kreditbeschaffungstechnik, S. 781–820.

323 RGBl. I 1931, S. 429.

324 Dietrich-Troeltsch: Kommunalkredit, S. 363.

325 StK Hahn an Sparkassendirektor vom 24.3.1931 und Sparkassendirektor an BM Schaefer vom 24.3.1931; SSKE 1930 Geschäftsentwicklung.

326 Ermächtigung der Reichsregierung zur Neuordnung der Sparkassenorganisation: RNotVO vom 5.8.1931; RGBl. I 1931, S. 429.

327 Fünfter Teil Kapitel I Artikel 1 RNotVO vom 6.10.1931; RGBl. I 1931, S. 537. PrVO über die Sparkassen sowie die kommunalen Giroverbände und kommunalen Kreditinstitute vom 20.7.1932; PrGS. 1932, S. 241. Die Gemeindefinanzen in der Wirtschaftskrise, S. 13. Öffentlicher Kredit und Wirtschaftskrise, S. 20. Heindl: Die Haushalte, S. 176.

328 Z. B. SSK E: Geschäftsbericht 1929, S. 9; 1930, S. 9; 1931, S. 10; 1932, S. 11; 1933, S. 20. SSK K: Geschäftsbericht 1929, S. 2; 1930, S. 2; 1931, S. 2; 1932, S. 2. Kleinertz/Pabst: Die Kölner Beigeordneten 1906–1933, S. 633, 640. Beispiel D: OB formal Vorsitzender, sein Stellvertreter und Sitzungsleiter Beigeordneter Odenkirchen; Haas: Stadt-Sparkasse Düsseldorf, S. 179, 369.

329 Die Finanzwirtschaft der öffentlichen Verwaltung, S. 312. Dietrich-Troeltsch: Kommunalkredit, S. 236.

in einem außerordentlichen Umfang, der für sie im Zusammenhang mit der kommunalen Finanzkrise zu einer schweren Last werden sollte.[330] Die Gemeinden und Gemeindeverbände profitierten dabei von den Einlagen ihrer Sparkassen bei der Landesbank, die ihr die Gewährung zusätzlicher Kommunalkredite erlaubte. Darüber hinaus waren die Städte an den Erträgen der Sammelanleihen der Sparkassen- und Giroorganisation beteiligt.[331] Durch diese Kreditbeschaffung innerhalb der Sparkassen- und Giroorganisation wurden die Städte in großem Maße zu finanziellen Selbstversorgern, denen schließlich sogar noch ein Teil der erzielten Vermittlergewinne aus dem Aktivgeschäft der Sparkassen- und Giroorganisation zufloß.[332] Städten mit größeren Finanzplätzen (Düsseldorf, Essen, Köln, Wuppertal) stand als Alternative zur Landesbank das örtliche private Bankgewerbe zur Verfügung. Kölns Oberbürgermeister Adenauer nutzte diese Möglichkeit aufgrund seiner guten persönlichen Beziehungen zur Finanzwelt und zur jüdischen Gemeinde[333], darunter zum jüdischen Bankhaus Levy und zur Deutschen Bank.[334] Die Stadt war unter anderen bei diesen Banken am 1. September 1931 mit Krediten von rund 18 bzw. 39 Mio. RM verschuldet, die maximal drei Monate liefen. Diese Kredite wurden großenteils mit Wechseln gesichert,[335] was die städtische Politik unter einen permanent starken Handlungsdruck brachte.

3.3 Die offene Schuldenkrise ab 1931

Zweifelsohne verschärfte die am 13. Juli 1931 mit der Zahlungsunfähigkeit der Darmstädter und Nationalbank ausgelöste Banken- und Kreditkrise die Verschuldungsprobleme der Städte. Ausschließliche Ursache für das Versagen der Kommunen bei ihrem Schuldendienst war diese Krise nicht, denn alle sechs rheinischen Großstädte gerieten deutlich vor der Schließung der Banken- und Börsenschalter durch die Reichsregierung ab dem 14. Juli 1931 in Liquiditätsengpässe und hatten zum Teil Probleme, die fälligen Kredite bei ihren Gläubigern prolongieren zu lassen.[336] Doch den Warnungen des Düsseldorfer Regierungspräsidenten im April 1931 an die Oberbürgermeister vor Liquiditätsengpässen in der Sparkassen- und Giroorganisation folgten offenbar keine Konsequenzen.[337] Die nun eintretende und rasch wachsende Vertrauenskrise traf die rheinischen Großstädte schwer. Die bislang problemlosen und unbegrenzten Verlängerungen der kurzfristigen Kredite, durch die ein „Bodensatz“ mit finanzwirtschaftlich langfristigen Eigenschaften entstanden war,

330 Vgl. Tabelle 70. Fischer: Die Landesbank der Rheinprovinz, S. 317. Bericht und Bilanzen der Landesbank der Rheinprovinz 1931–1933, S. 7. Die Finanzwirtschaft der öffentlichen Verwaltung, S. 312. James: The Reichsbank, S. 267.

331 Jursch: Die Entwicklung des in- und ausländischen deutschen Kommunalkredits, S. 137.

332 Die öffentliche Verschuldung, S. 235.

333 Schwarz: Adenauer, S. 327.

334 Vgl. die allgemeine Darstellung: Die öffentliche Verschuldung, S. 344.

335 GStAB Rep. 77, 479, 226, 45, Bl. 327–329; eigene Berechnungen.

336 Vgl. Tabelle 72.

337 Vermerk über die Konferenz der kommunalen Hauptverwaltungsbeamten beim RP D am 14.4.1931; HStAD Reg. D 51142. Zu den Risiken vgl. Bericht und Bilanzen der Landesbank der Rheinprovinz 1931–1933, S. 3.

wurden nunmehr von den Kreditgebern, vor allen anderen von der um ihr eigenes Überleben kämpfenden Landesbank, gekündigt bzw. nicht mehr verlängert.[338] Das Aktivgeschäft der Landesbank mit den Städten kam fast vollkommen zum Erliegen, zumal die RNotVO vom 5. August 1931 die Hergabe neuer Kommunalkredite durch die öffentlich-rechtlichen Kreditinstitute unterband.[339] Dies brachte die bisher eingespielte kommunale Schuldenpolitik ins Wanken. In die gleiche Zeit fiel die Fälligkeit des größten Teils der seit der Währungsstabilisierung aufgenommenen Schulden mit festen Fristen von fünf und mehr Jahren.[340] Als nun die Landesbank versuchte, ihre wegen der schleppenden Schuldendienstleistungen der Kommunen auflaufenden Forderungen auf dem Wege der Staatsaufsicht einzutreiben, verweigerte diese ihre tatkräftige Unterstützung. Vielmehr stellte sich der Düsseldorfer Regierungspräsident nachdrücklich auf die Seite der Kommunen.[341] Zu sehr befürchtete er bei einer bevorzugten Behandlung einzelner Gläubiger unhaltbare Zustände für den öffentlichen Kredit. Auch mußte die anfänglich beabsichtigte Einbehaltung von Steuerüberweisungen an die Städte zugunsten der Landesbank mangels deren regulärer Einnahmen für die dringendsten Ausgaben aufgegeben werden.[342] So sammelten bei der Landesbank vier der fünf untersuchten Städte im Regierungsbezirk Düsseldorf bis zum Juli 1933 Schuldendienstrückstände von rund 15 Mio. RM an, die größtenteils aus fälligen Zinszahlungen bestanden.[343] Nur Düsseldorf hob sich davon ab, weil es noch in der Lage war, den Verpflichtungen aus seinen Schulden einigermaßen nachzukommen. Mit einer Verschuldung bei der Landesbank in Höhe von 94 Mio. RM lieferte Köln bereits im Juli 1931 den Kritikern kommunaler Politik gute Argumente.[344] Die Stadt zeigte, die Staatsaufsicht im Rücken und ihr Durchsetzungspotential richtig einschätzend, selbst dann noch

338 Zur finanzwirtschaftlichen Handhabung: OB K an RP K vom 19.4.1930; GStAB Rep. 77, 444 a, 2, 6, Bl. 257. Vgl. zur ‚Schockwirkung' der Kündigungen: StK E Hahn an RP D vom 18.9.1931; HStAD Reg. D 55432. Bericht und Bilanzen der Landesbank der Rheinprovinz 1931–1933, S. 3. Die öffentliche Verschuldung, S. 232, 244, 271. Zum 31.7.1931 waren den fünf Großstädten im Regierungsbezirk D 12,8 Mio. RM gekündigt bzw. als Juli-Fälligkeit nicht verlängert worden. Davon war MG mit 5,8 Mio. RM am stärksten betroffen; HStAD Reg. D 55376. Schildert die dramatische Lage Essens mit dringendem Antrag auf einen Vorschuß des Staats von 900 000 RM und Kritik an der verordneten Verselbständigung der Sparkassen: „Es ist mir nicht gelungen, anstelle der Sparkasse eine Privatbank einzuschalten und von ihr einen Kassenvorschuss zu erhalten“: StK Hahn, E, an RP D vom 18.9.1931; HStAD Reg. D 55432. Bericht und Bilanzen der Landesbank der Rheinprovinz 1931–1933, S. 13.

339 Bericht und Bilanzen der Landesbank der Rheinprovinz 1931–1933, S. 8, 13.

340 Die öffentliche Verschuldung, S. 244.

341 Fischer: Die Landesbank der Rheinprovinz, S. 413.

342 So z. B. DU und W: OB W verweigert wegen der Finanzlage jegliche Leistung an die Landesbank, obwohl die Landesbank Druck ausübt. Die Landesbank will sich damit nicht abfinden; Landesbank der Rheinprovinz an RP D vom 7.11.1931; HStAD Reg. D 55468. Landesbank an OB DU vom 11.1.1932 und 19.1.1932; HStAD Reg. D 55302, Bl. 5–7. Die unfreundliche Antwort des OB DU vom 22.1.1932 wirft der Landesbank mangelndes Verständnis für die kommunale Finanzkrise vor. Die Ablieferung der Staatssteuereinnahmen hat Vorrang. Zinszahlungen für die Darlehen werden nachrangig geleistet; HStAD Reg. D 55302, Bl. 13 f. Er verweigert die Rückzahlung eines gekündigten Kredits; OB DU an Landesbank der Rheinprovinz vom 4.1.1932, 8.4.1932 und 23.4.1932; HStAD Reg. D 55302, Bl. 2, 20 f. Bericht und Bilanzen der Landesbank der Rheinprovinz 1931–1933, S. 4, 8. Niederschrift über die Besprechung der Kommunaldezernenten der Regierungen im Oberpräsidium Koblenz am 14.1.1932; HStAD Reg. D 51126, Bl. 173 f.

343 Forderungsaufstellung der Landesbank der Rheinprovinz zum 17.7.1933; HStAD Reg. D 55469, Bl. 103–105.

344 James: The Reichsbank, S. 267.

keine besondere Eile, ihren Zahlungsverpflichtungen gegenüber der Landesbank nachzukommen, als sich ihre Finanzlage entspannte. Mit dieser Taktik versuchte sie, eine günstige Ausgangsposition für die 1933 anstehende Umschuldung zu erlangen.[345]

Nachdem die bisherigen freiwilligen Umschuldungen nur einen sehr mäßigen Erfolg gebracht hatten, war seit dem Ausbruch der Bankenkrise im Juli 1931 jede Stadt auf sich selbst gestellt, ihre Schuldenkrise in den Griff zu bekommen. Beachtlich war, daß es Duisburg-Hamborn unter seinen besonders widrigen Rahmenbedingungen sogar noch 1931 gelang, seine fälligen Kredite zu prolongieren.[346] Wuppertal konnte im Laufe der Jahre 1932 und 1933 bei vielen Gläubigern langfristiger Darlehen immerhin eine Aussetzung der Tilgungen erreichen.[347] Um den Verlust verpfändeter Wertpapiere zu vermeiden, bediente Wuppertal die kurz- und mittelfristigen Kredite unter Zurückstellung anderer dringlicher Verpflichtungen.[348]

Zwar trug Essen dank einer günstigen Finanzierung durch seine Sparkasse zum Reichsbankdiskontsatz und einer zurückhaltenden Verschuldungspolitik während der Kreditkrise 1931 die augenscheinlich leichteste Zinslast aller sechs rheinischen Großstädte,[349] doch erfüllte Essen seine Zahlungsverpflichtungen schon bald nur noch stockend mit Hilfe des örtlichen Bankenplatzes.[350] Ende Oktober 1932 wurde in Gladbach-Rheydt der Zins- und Tilgungsdienst einer in den Niederlanden plazierten Anleihe fällig, den die Stadt nicht aus eigenen Mitteln erfüllen konnte. Für ihre Bedienung konnte die Stadt mit Hilfe ihrer Sparkasse illegal das dort liegende Guthaben eines Dritten vorübergehend in Anspruch nehmen und einen Monat später mit einem eingehenden Gemeindesteueranteil an die Sparkasse zurückzahlen.[351]

Außerordentlich prekär wurde die Liquiditätslage Kölns. Der Termin für die am 1. Oktober 1932 fällige Tilgung eines Teils der 1929 emittierten Schatzanweisungen in Höhe von 40 Mio. RM wurde zum faktischen Offenbarungseid der Stadt. Die zu leistende Summe wurde auf Anordnung des Regierungspräsidenten bis zum Jahresende gestundet. Dazu mußten zwei Gläubigerversammlungen einberufen werden. Ab dem 1. Februar 1933 sollte nunmehr eine Teilrückzahlung von 10% geleistet und der Rest zu den bisherigen Zinsbedingungen bis zum 30. September 1934 verlängert werden.[352]

Auch nach der Bewältigung der akuten Krise 1931 blieb die kommunale Verschuldung eine Quelle anhaltender finanzpolitischer Unruhe.[353] Hier erwies sich neben der Struktur der Laufzeiten die hohe Verzinsung der Schulden als eine massive Belastung für die Städte. Nun wirkte sich die expansive Schuldenpolitik der Kommunen während eines angespannten Kreditmarkts und einer rückläufigen Konjunktur sehr nachteilig für ihren Hand-

345 HAStK 901, 51, Bl. 44.
346 Anmerkungen im Nachweis zum 1.9.1931 für DU; GStAB Rep. 77, 479, 226, 45, 1, Bl. 138 f.
347 VB W 1932, S. 86; 1933, S. 77.
348 Ebd. 1932, S. 86.
349 Ohne Aufwertungsdarlehen, weil ein Teil der Quellen keine Aufwertungsdarlehen auflistet. Ebd., Bl. 132–135, 138–149, 166–168, 224–238, 327–330, 434–439; eigene Berechnungen.
350 VB E 1931, S. 10.
351 PrMdI an RP D vom 31.10.1931; OB MG an RP D vom 8.11.1932; RP D an PrMdI vom 12.11.1932; HStAD Reg. D 55305.
352 VB K 1932/33, S. 169. Öffentlicher Kredit und Wirtschaftskrise, S. 192–199. Marder/Rabnow: Die Inhaberanleihen, Nr. 12, S. 127. Vgl. dazu auch: Die Finanzwirtschaft der öffentlichen Verwaltung, S. 304.
353 Die Finanzwirtschaft der öffentlichen Verwaltung, S. 313.

lungsspielraum aus.[354] Dazu verlangte der Kapitalmarkt einen steigenden Risikozuschlag für Kommunalkredite im Vergleich zu seinen Angeboten an den Staat, weil er der kommunalen Finanzpolitik vor dem Hintergrund ihrer unzulänglichen Umschuldungsversuche skeptisch gegenüberstand. Damit glich sich ihre Verzinsung fast jener für Industriekredite an.[355] Die preußische Kommunalaufsicht beobachtete mit Sorge die von den Gemeinden ausgehandelten Kreditkonditionen. Im März 1929 wurden die Regierungspräsidenten von den preußischen Ministern des Innern und für Finanzen ermahnt, daß die Bezirksausschüsse nur Inhaberschuldverschreibungen und Schuldscheindarlehen mit einem Nominalzins von maximal 8% bewilligen sollten,[356] was immerhin einer Effektivverzinsung von fast 9% entsprach.[357] Kurzfristige Kredite waren aber ausdrücklich nicht von der Höchstzinsgrenze betroffen,[358] womit wiederum das eigentliche Problem der kommunalen Zahlungskrise nicht angegangen wurde. So mußte sich der preußische Innenminister schon im Herbst 1929 der Lage auf dem Kapitalmarkt fügen, und die wichtigen Schuldscheindarlehen wurden aus seinem Höchstzinserlaß herausgenommen. Als langfristige Darlehen sollten sie nun effektiv 9,5%, als kurzfristige Kredite 10,5% nicht überschreiten.[359] Alle diese halbherzigen Gegenmaßnahmen blieben weitgehend wirkungslos. Auch die zwischen dem Reich und den Ländern mit Beteiligung der kommunalen Spitzenverbände vereinbarten Richtlinien für das kommunale Schuldenwesen vom 3. Dezember 1930, die die RNotVO vom 6. Oktober 1931[360] übernahm, halfen nicht weiter. Obwohl sie genau alle In- und Auslandskredite, Bürgschaften, Gewährverträge und Bestellungen von Sicherheiten erfaßten, beschrieben sie für die effektive Verzinsung nur eine allgemeine Höchstgrenze, die vom Marktgeschehen abhängen sollte,[361] und boten deshalb der Kommunalaufsicht nur für Extremfälle eine Handhabe.

Die zum 1. September 1931 erstellten Übersichten über die kurzfristig fälligen Schulden zeigen deshalb deutlich die Schwere der kommunalen Zinslast und große Unterschiede zwischen den Verzinsungen der kurzfristig fälligen Kredite, aber auch die Folgen einer mangelhaften Finanzkontrolle der Staatsaufsicht.[362] Von allen untersuchten rheinischen Großstädten trug Köln die schwerste Zinslast. Letztlich brachte die Bedeutung des Finanzplatzes Köln der Stadt keinen finanziellen Vorteil. Sie mußte für mehr als ein Viertel der kurzfristig fälligen Schulden 15% Zinsen pro Jahr zahlen. Bereits im Frühjahr 1930 räumte Adenauer ein, daß Kölns hoher Anteil kurzfristiger Kredite an seiner gesamten Verschuldung, der mit fast 3% über dem Durchschnitt verzinst wurde, den Haushalt erheblich belaste.[363] Kaum weniger problematisch waren die Kontokorrentkredite der Stadt

354 Die Gemeindefinanzen in der Wirtschaftskrise, S. 18. Die öffentliche Verschuldung, S. 242. Öffentlicher Kredit und Wirtschaftskrise, S. 36. Dietrich-Troeltsch: Kommunalkredit, S. 244.
355 Döring: Kreditmärkte und Zinssätze, S. 395. Öffentlicher Kredit und Wirtschaftskrise, S. 22.
356 RdErl. d. PrMdI und PrFM an die Ober- und Regierungspräsidenten vom 11.3.1929; HStAD Reg. D 51407, Bl. 206.
357 RP D an alle OB und BM vom 18.4.1929; ebd., Bl. 209.
358 RP D an alle Landräte, BM und OB vom 10.8.1929; ebd., Bl. 227.
359 Erl. d. PrMdI an alle Ober- und Regierungspräsidenten vom 12.10.1929; ebd., Bl. 233.
360 RGBl. I 1931, S. 537. Dietrich-Troeltsch: Die Deckungsgrundsätze für die Schuldaufnahme der Gemeinden, S. 186 f.
361 Dietrich-Troeltsch: Die Deckungsgrundsätze für die Schuldaufnahme der Gemeinden, S. 189, 192.
362 GStAB Rep. 77, 479, 226, 45, 1, Bl. 132–135, 138–149, 166–168, 224–238, 327–330, 434–439.
363 OB K an RP K vom 19.4.1930; GStAB Rep. 77, 444 a, 2, 6, Bl. 259.

Wuppertal.[364] Die durch die restriktive Geldpolitik der Reichsbank sprunghaft zunehmende Zinslast stellte auch die Zahlungsfähigkeit Gladbach-Rheydts in Frage. Auf dem Höhepunkt der Zinssätze Anfang August 1931 mußte Gladbach-Rheydt für über ein Viertel der innerhalb von zwei Jahren fälligen Kredite mit einer Verzinsung von 23 % rechnen.[365]

Die durch die RNotVO vom 8. Dezember 1931 mögliche Entlastung mit ihrer erzwungenen Senkung der Nominalverzinsung auf 6 % konnte den rheinischen Großstädten nur langfristig helfen, ihr kurzfristiger Effekt war mit schätzungsweise 0,25 % sehr begrenzt.[366] Auch nach der Wiedereröffnung der Börsen 1932 änderte sich kaum etwas an der Struktur der kommunalen Verschuldung. Während auf dem Geldmarkt nach der Wiederaufnahme des Zahlungsverkehrs noch 1931 die Zinsen ihr extrem hohes Niveau verließen, lagen die Renditen auf dem Kapitalmarkt im April 1932 für eine 6 %-Anleihe mit mehr als 11 % immer noch deutlich über dem Niveau von 8 % vor der Bankenkrise.[367] Danach nahm die Zinslast der Städte durch das anhaltende Sinken der Zinssätze ab.[368]

3.4 Die Zahlungsrückstände

Mit den durch den unbefriedigten Bedarf an ordentlichen Einnahmen und Überbrückungskrediten entstehenden Liquiditätsengpässen der Stadtkassen wuchsen auch die offenen Rechnungen der Wirtschaft für Lieferungen und Leistungen an die Kommunen wie z. B. Strom und Kohlen.[369] Sie wirkten sich lähmend auf die örtliche Wirtschaft aus. Nach dem Abzug der Gegenforderungen war Köln am 1. April 1933 mit 2,3 Mio. RM im Rückstand.[370] Dagegen blieben in den fünf Großstädten im Regierungsbezirk Düsseldorf die Beträge vergleichsweise unbedeutend. Sowohl Düsseldorf als auch Duisburg-Hamborn mußten per 31. März 1933 keine Zahlungsrückstände dieser Art ausweisen, die seit mindestens einem halben Jahr bestanden oder gestundet worden waren.[371]

Das Mittel des Zahlungsverzugs setzten die Städte auch für die fälligen Überweisungen der Staatssteuern und anderer öffentlich-rechtlicher Abgaben als eine Art „Zwangsanleihe beim preußischen Staat“[372] ein, um ihren ungedeckten dringenden Bedarf zu finanzieren.[373] Per 31. Dezember schuldete Essen 1931 1,9 und 1932 rund 20 Mio. RM Staatssteuern.[374] Auch Wuppertal befand sich an diesem Stichtag 1932 mit einer Summe von 14,7 Mio. RM im Rückstand bei den Ablieferungen der Staatssteuereinnahmen, Beiträgen zu den Polizeikosten, Schuldendienstleistungen, Erstattungen der Anstaltspflegekosten und der

364 SSK W: Geschäftsbericht 1931, S. 7.
365 GStAB Rep. 77, 479, 226, 45, 1, Bl. 224–237; eigene Berechnungen. VB der Reichsbank 1931, S. 18. VB MG 1929 und 1930, S. 35; 1931, S. 35.
366 RGBl. I 1931, S. 702. Öffentlicher Kredit und Wirtschaftskrise, S. 37.
367 Öffentlicher Kredit und Wirtschaftskrise, S. 14.
368 Dietrich-Troeltsch: Kommunalkredit, S. 254.
369 Vermerk über die Regierungs- und Kommunaldezernenten-Konferenz im Oberpräsidium am 27.7.1931; HStAD Reg. D 51126, Bl. 123 f. Öffentlicher Kredit und Wirtschaftskrise, S. 21.
370 Sammlung Paul Klein; HAStK Abt. 901, 51, Bl. 43–45.
371 Vgl. Tabelle 71.
372 Hahn: Die Finanzen der Stadt Essen, S. 69.
373 VB E 1932, S. 11. Dietrich-Troeltsch: Kommunalkredit, S. 313–315.
374 Hahn: Die Finanzen der Stadt Essen, S. 69.

Begleichung von Rechnungen.[375] Es dauerte aber lange, bis die Staatsaufsicht gegenüber diesen bewußten Pflichtverletzungen der Städte eine pragmatischere Haltung einnahm. Noch im August 1932 bestanden die preußischen Minister des Innern und der Finanzen auf der sofortigen Ablieferung der Staatssteuereinnahmen durch die Gemeinden.[376] Doch selbst nach Ansicht der Aufsichtsbeamten der rheinischen Regierungspräsidenten brachte diese Aufrechnung der Staatssteuerrückstände mit den Reichssteuerüberweisungen an die Gemeinden nur noch eine Verschärfung der kommunalen Zahlungskrise.[377] Nun zwangen die faktische Illiquidität der Städte und die Leere des zentralen Ausgleichsfonds die Staatsregierung, von ihrem längst unrealistisch gewordenen Standpunkt abzugehen und eine Nutzung des örtlichen Staatssteueraufkommens durch die Gemeinden ohne eine Aufrechnung mit ihren Rückständen zuzulassen. Die aufgelaufenen Rückstände an Steuern und sonstigen öffentlichen Abgaben der Gemeinden wurden gestundet.[378] Aber noch im Februar 1933 gab es große Probleme mit wiederholten Aufrechnungsversuchen der Kommunalaufsicht.[379] Außerdem bemühte sich die Aufsicht, die Forderungen des Staates durch eine Zweckbindung der eingehenden Reichssteuerüberweisungen zu sichern.[380]

Alle diese von Reich und Staat vorgenommenen Stützungsaktionen hatten allerdings einen Nachteil: Sie waren keine endgültigen Lösungen, sondern erhöhten die nicht planmäßig bewirtschafteten Schulden der Städte.[381] Als der Düsseldorfer Regierungspräsident im Sommer 1933 eine Bilanz über die rückständigen Zahlungsverpflichtungen zog, mußte er feststellen, daß sich alle fünf Städte seines Bezirks mehr oder weniger intensiv der für Dritte eingenommenen öffentlichen Abgaben bedient hatten. Hierunter litt neben dem Staat der Provinzialverband der Rheinprovinz am stärksten. Ihm schuldeten die Städte sechs- und siebenstellige Beträge der erhobenen Verbandsumlage und für die speziellen Anstaltspflegekosten.[382] Staat und öffentliche Körperschaften waren damit zu Hauptgläubigern der Städte geworden. Betrachten wir die Zahlungsrückstände der Städte des Regierungsbezirks Düsseldorf pro Einwohner im Vergleich, dann lag Duisburg-Hamborn an der Spitze. Es wurde aber noch deutlich übertroffen von Köln. Die relativ gute finanzielle Position Düsseldorfs zeigt sich auch hier am geringsten aller rückständigen Beträge.[383]

375 VB W 1929–1931, S. 124; 1932, S. 86.

376 RdErl. d. PrMdI und PrFM vom 22.8.1932; MBliV. 93 (1932), Sp. 843.

377 Vermerk über die Regierungs- und Kommunaldezernenten-Konferenz im Oberpräsidium am 27.7.1931; HStAD Reg. D 51126, Bl. 123 f.

378 Erl. d. PrMdI und PrFM an RP D vom 22.9.1932; HStAD Reg. D 55432. OB D an RP D vom 6.3.1933 und 23.5.1933; HStAD Reg. D 55433.

379 OB DU an RP D vom 20.2.1933; HStAD Reg. D 55434. Eine Antwort des RP D an Jarres gab es nicht mehr, weil Jarres mittlerweile beurlaubt worden war; Vermerk RP D, Westphal, vom 8.5.1933; HStAD Reg. D 55434.

380 Wie z. B. bei E: RP D an den PrMdI vom 13.12.1932 und Erl. d. PrMdI und PrFM an RP D vom 30.1.1933; HStAD Reg. D 55432.

381 Die Finanzwirtschaft der öffentlichen Verwaltung, S. 313.

382 Aufstellung des Landeshauptmanns der Rheinprovinz vom 8.8.1933 an den RP D; HStAD Reg. D 55446.

383 Vgl. Tabellen 70–71.

3.5 Der Rückgriff auf Betriebe und Sondervermögen

Schließlich griffen die Städte wegen ihres akuten Geldmangels auf ihre Betriebe und Sondervermögen zurück. Düsseldorf war sicherlich kein Einzelfall, als es weitestmöglich alle allgemeinen und speziellen Rücklagen, die Betriebsmittel der städtischen Unternehmen, die Erneuerungsrücklagen der Regiebetriebe, die Stiftungen und Versorgungskassen plünderte, um sie als Kassenkredite oder Sicherungsinstrumente einzusetzen.[384] Nach anfänglichen rechtlichen Bedenken tat dies auch Köln am 6. Dezember 1932 mit dem ihm anvertrauten Stiftungsvermögen und ließ sich für seine Zahlungsverpflichtungen im laufenden Monat fast 2,2 Mio. RM von seiner Sparkasse auf die Stadthauptkasse übertragen.[385]

3.6 Die Umschuldungsaktionen 1929–1933

Der rasche Fortschritt der Verschuldung zu immer kürzeren Laufzeiten und hohen Zinssätzen gefährdete die Liquidität der Kommunen im besonderen und den öffentlichen Kredit im allgemeinen. Der Handlungsbedarf war offensichtlich, wenn nicht den Kritikern der kommunalen Finanzpolitik weitere Argumente für Einschnitte in die Selbstverwaltung geliefert werden sollten. Aus diesem Grund organisierte der Deutsche Städtetag Ende Oktober 1929 zusammen mit dem Verband öffentlicher Kreditanstalten und dem Deutschen Sparkassen- und Giroverband eine Umschuldungsaktion. Mit ihr sollte auch eine Ausdehnung der Kompetenzen der unbeliebten Beratungsstelle für Auslandsanleihen beim Reichsfinanzministerium abgewehrt werden.[386] Die Verbandsführung gab dazu im November 1929 grundsätzliche Hinweise heraus[387] und mahnte mehrfach zur Zurückhaltung bei Emissionen und zum Abbau der kurzfristigen Verschuldung.[388] Für diese Umschuldung sollten die Sparkassen bis zu 50 % des Zuwachses ihrer Spareinlagen gegen einen lombardfähigen Schuldschein an die Landesbank abtreten. In umgekehrter Richtung vergab dann die Landesbank Darlehen an die Gemeinden gegen Schuldscheine mit einem Effektivzinssatz von 8,89 %.[389] Im Vergleich zur aktuellen Verzinsung kurzfristiger Kredite waren diese Umschuldungskonditionen günstig, andererseits konnten die Kämmerer

384 HStAD Reg. D 32228.

385 Materialsammlung Paul Klein, in: HAStK Abt. 901, 51, Bl. 47.

386 Beschluß des Vorstands des DSt zur Umwandlung kurzfristiger kommunaler Schulden in langfristige mit Hilfe des Deutschen Sparkassen- und Giroverbands im Oktober 1929; Der Deutsche Städtetag, S. 29. Schreiben des DSt an alle Mitglieder vom 27.11.1929; LAB 142/1 StB 4721.
Schreiben des Vorstands des DSt an alle Mitglieder vom 16.6.1930; GStAB Rep. 77, 479, 226, 38, 1, Bl. 264–266.
Hettlage: Die kurzfristige Verschuldung, S. 748 f. Mulert: Sinn und Form der Selbstverwaltung, Sp. 1237. Hofmann: Städtetag und Verfassungsordnung, S. 117.

387 Grundsätze über den Kommunalkredit im Schreiben Mulerts an die Mitglieder vom 5.11.1929; LAB 142/1 StB 4721. Übernahme von Auszügen aus einem Rundschreiben des Deutschen Sparkassen- und Giroverbands an die Direktoren der Girozentralen und Landesbanken im Schreiben des DSt an seine Mitglieder vom 27.11.1929; LAB 142/1 StB 4721.

388 Rundschreiben des Vorstands des DSt vom 16.7.1929, 5.11.1929, 17.4.1930, 16.6.1930, 29.6.1930 und 23.11.1930; LAB 142/1 StB 4721. Meyer-Lülmann: Aufgaben der kommunalen Kreditausschüsse, S. 394.

389 Bericht der Generaldirektoren der Landesbank 1929, S. 20 f.

der Großstädte auf baldige Zinssenkungen spekulieren und die Umschuldung hinausschieben. Außerdem wurde wegen der angespannten Lage des Kapitalmarkts, der zögerlichen Haltung der Sparkassen und vor allem des abnehmenden Wachstums und späteren Rückgangs der Spareinlagen diese Umschuldungsaktion gebremst.[390] Immerhin konnte die Landesbank der Rheinprovinz bis Ende 1930 gut 30% der kurzfristigen kommunalen Verschuldung in eine langfristige umwandeln.[391] Mit dieser Aktion wurde keine dauerhafte Kehrtwende der Schuldenstruktur erreicht. Die Lage auf dem Kreditsektor blieb angespannt. Den durch die Umschuldung gerade gewonnenen Spielraum nutzten die Städte dazu, um neue kurzlaufende Kredite aufzunehmen. Hierdurch wurde ein Teil des positiven Effekts der Umschuldung aufgehoben und das Vertrauen in die Sparkassen und die Kreditwürdigkeit Deutschlands gefährdet.[392] Somit traf die Feststellung des Städtetags in seiner Festschrift 1930, daß sich die Städte am Geld- und Kapitalmarkt zurückhielten, nur sehr bedingt zu.[393]

Einen neuen Anlauf für eine Umschuldungsaktion unternahm die Reichsregierung mit der RNotVO vom 6. Oktober 1931[394]. Sie zog mit ihr Konsequenzen aus der Kreditkrise des Sommers und richtete zur Organisation der Umschuldung eine Koordinationsstelle beim Reichsfinanzministerium ein. Die kurzfristige Verschuldung sollte jetzt durch länger laufende Schuldverschreibungen ersetzt werden. Die bei den Ländern einzurichtenden Umschuldungsfonds bezogen ihre Mittel aus einem Teil des Aufkommens des Geldwertausgleichs für bebaute Grundstücke. Dieser zweite Versuch einer Gemeindeumschuldung blieb wegen der stark divergierenden Interessen der Betroffenen, des fehlenden Zwangs zur Einigung und der Kapitalmarktlage ebenfalls unvollendet.[395]

Eine wirklich umfassende Umschuldung der Kommunen gelang erst mit dem Gemeindeumschuldungsgesetz vom 21. September 1933,[396] welches auf alle Beteiligte einen so starken Druck ausübte, daß dies einer Zwangskonversion der kurz- in langfristige Schulden gleich kam. Diese Umschuldung schloß auch die rückständigen Staatssteuerablieferungen, Zinszahlungen der umschuldungsfähigen Forderungen und die gekündigten langfristigen Anleihen ein. Für ihre Forderungen erhielten die Gläubiger langfristige Schuldverschreibungen des Umschuldungsverbands der Gemeinden. Diese Umschuldungsaktion war zugleich mit einem grundsätzlichen Verbot neuer Schuldenaufnahmen verbunden.

Der Zeitpunkt für die Umschuldung der Städte und Gemeinden war günstig gewählt. Geld- und Kapitalmarkt entspannten sich, was sich in sinkenden Zinsen ausdrückte, und

390 Niederschrift über eine Besprechung des kommunalen Anleihewesens am 17.6.1930; HStAD Reg. D 51408, Bl. 225. Von 197 rheinischen Sparkassen hatten im Mai 1930 erst 163 die Aktion unterstützt, das Finanzvolumen betrug nur 12 Mio. RM; StADU 150, 20. Bericht der Generaldirektoren der Landesbank 1929, S. 21. James: The Reichsbank, S. 267.

391 Bericht der Generaldirektoren der Landesbank 1930, S. 18.

392 Vortrag von Leydens vor der Konferenz der Ober- und Regierungspräsidenten am 9.10.1930; HStAD Reg. D 51408, Bl. 287. Sah in neuen kurzfristigen Krediten eine Gefährdung der Konsolidierung: Erl. d. PrMdI vom 25.2.1931; HStAD Reg. D 51408, Bl. 305. James: The Reichsbank, S. 266f. Meyer: Deutscher und Preußischer Städtetag, S. 39.

393 Der Deutsche Städtetag, S. 30.

394 3. Teil Kapitel II; RGBl. I 1931, S. 537.

395 VB MG 1931, S. 36. VB W 1932, S. 86. Vgl. Materialsammlung Paul Klein, in: HAStK Abt. 901, 51, Bl. 48–51.

396 RGBl. I 1933, S. 647.

allmählich kam ein wirtschaftlicher Aufschwung in Gang. Die Neukapitalbildung bei Versicherungen und Sparkassen nahm im Rechnungsjahr 1933/34 wieder zu.[397] Das Vorhaben gelang, was sich in einer deutlichen Umkehr der Verschuldung von kurz- zu langfristigen Laufzeiten ausdrückte.[398]

3.7 Die Schuldenstruktur am Ende des Haushaltsjahrs 1932/33[399]

Betrachten wir abschließend die Schuldenstrukturen der Städte am Ende des Haushaltsjahrs 1932/33, so waren sie äußerst verschieden. Unter den fünf Großstädten im Regierungsbezirk Düsseldorf lag Wuppertals Pro-Kopf-Gesamtverschuldung an der Spitze und die Essens am Ende der Reihe. Dies war entscheidend auf die Neuverschuldung seit der Währungsstabilisierung zurückzuführen. Die Verschuldung im Ausland spielte für alle fünf Großstädte im Regierungsbezirk Düsseldorf keine entscheidende Rolle. Wie notwendig die bald anstehende staatlich verordnete Umschuldungsaktion war, machen die Anteile der kurzfristigen Verschuldungen der Städte deutlich. Sie betrugen zwischen 14 (Wuppertal) und 44% (Gladbach-Rheydt) der Gesamtverschuldung. Mit 125 RM je Einwohner hatte Gladbach-Rheydt die größte Last kurzfristiger Schulden zu tragen. Hingegen lag in Wuppertal der Schwerpunkt der Neuverschuldung bei den langfristigen Anleihen. Unter den Zahlungsrückständen gab es kaum Verpflichtungen aus Lieferungen und Leistungen.[400]

4 Der Strukturwandel der städtischen Haushalte[401]

Ziehen wir eine Bilanz der kommunalen Haushaltspolitik, dann wird deutlich, wie stark der Verlauf der Wirtschafts- und Finanzkrise auf die Struktur der Haushalte der rheinischen Großstädte einwirkte. Zuerst zeigte sich dies an den Steuereinnahmen, die zeitverzögert zurückgingen. Dazu kamen die Beschränkungen der Realsteuern, die sich ab 1931 in Ertragsverlusten für die Städte niederschlugen. Von der Konjunktur waren die Ruhrstädte mit ihrer großbetrieblichen Montanwirtschaft besonders betroffen, wo die Steueranteile an den Gesamteinnahmen am stärksten zurückgingen, während sich die Rückgänge in den Dienstleistungszentren in vergleichsweise engen Grenzen hielten.

In allen Städten nahm die Bedeutung der Zuweisungen und Zuschüsse vom Reich und von Preußen stark zu. Sie ersetzten einen großen Teil der Ausfälle von Steuereinnahmen. Für Düsseldorf fielen die Einnahmen aus Zuweisungen und Zuschüssen am niedrigsten aus und übernahmen dort keine entscheidende Rolle für die Haushaltsfinanzierung. Genau umgekehrt war die Lage in Duisburg-Hamborn, wo sich der Anteil dieser Einnahmeart immer mehr dem der Steuern näherte. 1933 bezog Duisburg-Hamborn jede dritte

397 Die Finanzwirtschaft der öffentlichen Verwaltung, S. 306.

398 Vgl. Entwicklung in StJbdtSt 27 (1932), S. 426–428; 28 (1933), S. 541; 29 (1934), S. 389. Nicht berücksichtigt ist hier die „schwebende Schuld". Die Finanzwirtschaft der öffentlichen Verwaltung, S. 313.

399 Mangels einer vergleichbaren Übersicht kann K nicht in die Darstellung einbezogen werden.

400 Vgl. Tabellen 71–72.

401 Für die nachfolgende Darstellung vgl. die Tabellen 44–58. Auf die Darstellung von MG wurde mangels einer ausreichend langen Datenkette verzichtet.

Reichsmark durch Zuweisungen und Zuschüsse aus öffentlichen Haushalten nach einer dramatischen Entwicklung seiner Finanzlage, in der sich diese Einnahmen mehr als verfünffacht hatten. Aber auch in den anderen Städten vervielfachten sich diese Einnahmen. Im Unterschied zu den Steuern erwiesen sich die Ablieferungen der Verkehrs- und Versorgungsbetriebe und die Erträge aus den Beteiligungen trotz der verordneten Tarifsenkungen als recht robust. Ihr Rückgang ab 1931 war, bis auf Wuppertal, vergleichsweise gering. Das Gewicht dieser Einnahmen war aber entsprechend des Umfangs der wirtschaftlichen Aktivitäten extrem unterschiedlich. Es war in Düsseldorf und Köln mehr als doppelt so groß wie in den übrigen Städten.

Eine nur geringe, aber stabile Einnahme bezogen die sechs rheinischen Städte aus den Schuldendienstleistungen Dritter. Neben den beiden Dienstleistungszentren profitierte Wuppertal von den Rückflüssen der seit der Währungsreform vergebenen Kredite wesentlich mehr als die beiden Städte an der Ruhr.

Die aus mehreren verschiedenartigen Quellen zusammenfließenden sonstigen Einnahmen wurden insgesamt trotz der Gebührensenkungen eine Stütze der Gemeindehaushalte. Sie trugen mit mindestens einem Viertel zur Finanzierung der Ausgaben bei. Ihre Schwankungen bewegten sich im Durchschnitt aller Einnahmen.

Auf der Ausgabenseite der Haushalte entwickelte sich der Anteil der Personalausgaben im Verlauf der Wirtschaftskrise in unterschiedliche Richtungen. Duisburg-Hamborn gelang es am besten, neben den allgemeinen Reduzierungen die Einsparpotentiale der Neugliederung zu realisieren. Der Anteil der Personalausgaben in seinem Haushalt sank von 1929 bis 1932 um rund 12 Prozentpunkte und damit auf den niedrigsten Wert aller Vergleichsstädte. Aber auch Essen, Köln und Wuppertal bemühten sich erfolgreich, die Personalkosten kräftig abzusenken. Nur Düsseldorf zeigte hier keine besonderen Ambitionen. Dort blieb der Anteil der Personalkosten an allen Ausgaben 1932 und 1933 mit 30 % an der Spitze der untersuchten Großstädte.

Die Umlagen an die Kommunalverbände spielten für die Haushalte aller Städte nur eine untergeordnete Rolle. Dagegen nahmen die Ausgaben für Zinsen und Tilgungen der aufgenommenen Schulden einen erheblichen Einfluß auf die Haushalte der sechs rheinischen Städte. Der höchste Anteil des Schuldendienstes an den Gesamtausgaben fiel mit der Kreditkrise 1931 zusammen. Köln gab in diesem Haushaltsjahr mehr als jede fünfte Mark für die Bedienung der Schulden aus und lag damit klar an der Spitze der sechs rheinischen Großstädte. Mit einigem Abstand folgten die Städte Wuppertal und Duisburg-Hamborn. Die Verschuldungspolitik Essens drückte sich in einem vergleichsweise niedrigen Anteil des Schuldendienstes an den gesamten Ausgaben aus.

Die sonstigen Ausgaben der sechs rheinischen Großstädte wurden vor allem von den Sozialausgaben bestimmt. In allen sechs rheinischen Großstädten konnten bis einschließlich des Haushaltsjahrs 1931/32 die Anteile der sonstigen an den Gesamtausgaben erheblich verringert werden. Doch während danach Düsseldorf und Köln in der Lage waren, den Anstieg ihres Anteils in Grenzen zu halten, mußten die übrigen Städte beim Übergang vom Haushaltsjahr 1931/32 zum Jahr 1932/33 große Anstiege der sonstigen Ausgaben hinnehmen.

Wie prekär sich die Finanzlage entwickelte, wird an dem Vergleich zwischen den Steuereinnahmen und den Ausgaben für die soziale Sicherung deutlich.[402] Konnten im

402 Vgl. Tabelle 16.

Tabelle 16

Deckung der Gesamtausgaben für die soziale Sicherung durch Steuereinnahmen
Quotienten Steuereinnahmen: EP 4 %

Quotienten Steuereinnahmen : EP 4 %

	1929/30	1930/31	1931/32	1932/33	1933/34
D	262	187	142	93	114
DU	209	145	103	55	69
E	237	196	139	73	90
K	158	189	143	95	106
MG	-	159	123	-	-
W	-	181	136	84	108

EP 4 = Gesamtausgaben des Einzelplans 4 „Soziale Sicherung", St = Steuereinnahmen. Auf ganze Zahlen gerundet. Vgl. Verzeichnis und Bearbeitung der Quellen Tabellen 44–59.

Haushaltsjahr 1930/31 in allen Städten die gesamten Steuereinnahmen die Ausgaben für die soziale Sicherung decken, so verzehrten diese Ausgaben bereits zu diesem Zeitpunkt durchweg mehr als die Hälfte der Steuereinnahmen. Die Schieflage der Haushalte verschärfte sich im Folgejahr drastisch. Duisburg-Hamborn war davon besonders betroffen. Auf dem Höhepunkt der Konjunktur- und Finanzkrise der Städte 1932/33 reichten in keiner Stadt mehr die Einnahmen aus den Gemeinde- und Überweisungsteuern für die Sozialaufwendungen aus. In Düsseldorf, Duisburg-Hamborn und Essen wurden im Haushaltsjahr 1932/33 die gesamten Überweisungen aus der Einkommen- und Körperschaftsteuer allein vom Gemeindeanteil für die Krisenfürsorge aufgezehrt, in Gladbach-Rheydt und Wuppertal zu mehr als 85 %.[403]

Im Gesamtergebnis mußten alle Städte Einnahmeverluste hinnehmen. Auf der Basis des Haushaltsjahrs 1929/30 fielen sie in Düsseldorf, Köln und Essen am stärksten aus, pro Einwohner verblieben sie allerdings in Düsseldorf und Köln immer noch über dem Niveau Essens im Ausgangsjahr 1929/30. Hingegen entwickelte sich die Summe der Ausgaben der Städte sehr unterschiedlich. Während ihr Rückgang in Düsseldorf und Wuppertal in etwa dem der Einnahmen entsprach und sich deshalb dort die Anteile der Fehlbeträge an den Haushaltssummen in vergleichsweise engen Grenzen hielten, vergrößerte sich vor

403 Krisenfürsorge: HStAD Reg. D 32228.

allem in Essen das Defizit, weil dort nicht eine dem Einnahmeausfall entsprechende Verringerung der Ausgaben gelang. So mußte unter den Vergleichsstädten Essen 1932/33 den größten Anteil eines Fehlbetrags an der Haushaltssumme eines Jahrs verkraften. Das höchste Pro-Kopf-Defizit entstand im Kölner Haushalt 1931/32 durch den plötzlichen Einbruch der Einnahmen bei etwa gleichbleibenden Ausgaben. Danach konnte in Köln mit massiven Ausgabenkürzungen, die größer als der erneute starke Rückgang der Einnahmen waren, das Haushaltsdefizit abgebaut werden. Somit ergibt sich aus dem Vergleich der Haushaltssalden für die Beurteilung der Handlungsspielräume der Städte ein zweigeteiltes Ergebnis: Am besten standen Düsseldorf und Wuppertal da. In Duisburg-Hamborn, Essen und Köln übten die Defizite der Haushalte einen großen Druck auf weitere Einschränkungen der städtischen Aufgaben aus.

G ZUSAMMENFASSUNG UND SCHLUSSFOLGERUNGEN

Versuchen wir eine Bilanz der Kommunalpolitik der rheinischen Großstädte Düsseldorf, Duisburg-Hamborn, Essen, Köln, Gladbach-Rheydt und Wuppertal während der Wirtschafts- und Staatskrise zu ziehen, dann ist sicherlich leicht festzustellen, daß ihr Handlungsspielraum deutlich kleiner geworden war.

Doch traten bereits bei der lokalen Wirtschafts- und Sozialstruktur gravierende Unterschiede zwischen den Städten auf. In Duisburg-Hamborn und Essen beherrschten die Großbetriebe des Steinkohlenbergbaus und der Eisen- und Stahlindustrie die Wirtschaft. Durch sie standen vor allem Arbeitsplätze für jüngere Männer zur Verfügung. Entsprechend niedrig war in diesen beiden Städten die Erwerbsquote im allgemeinen und die der Frauen im besonderen. Aber auch in Düsseldorf und Köln, bevorzugte Standorte für Banken, Versicherungen, Handelskonzerne, Wirtschaftsverwaltungen und Verbände, hatten die Hersteller von Produktionsgütern immer noch eine große Bedeutung für die Beschäftigung von Arbeitskräften. Jedoch bot der dort ausgeprägte tertiäre Sektor eine Vielzahl von Arbeitsplätzen für Angestellte, die großenteils von Frauen besetzt wurden. Dies ließ in beiden Städten die Erwerbsquote steigen. Extrem einseitige Verhältnisse herrschten in Gladbach-Rheydt. Dort waren rund zwei Drittel der Arbeitnehmer im Textil- und Bekleidungsgewerbe beschäftigt. Der Anteil der Arbeiter und Arbeiterinnen an den Erwerbstätigen war in dieser Stadt sogar höher als in den beiden Montanstädten. Im Unterschied zu Gladbach-Rheydt wurden die wirtschaftlichen Verhältnisse Wuppertals nicht nur von seiner Rolle als bedeutender westdeutscher Standort des Bekleidungsgewerbes geprägt, sondern ebenso von seiner Funktion als bergisches Dienstleistungs- und Handelszentrum.

Auffallend waren auch die sozialstrukturellen Unterschiede zwischen den Städten. Drei der Städte, Duisburg-Hamborn, Essen und Gladbach-Rheydt, hatten eine relativ junge Bevölkerung mit größeren Familien und Haushalten. Dagegen war die Einwohnerschaft in Düsseldorf, Köln und Wuppertal überdurchschnittlich alt. Dem entsprachen die vergleichsweise kleineren Haushalte. Die Einkommensverhältnisse in den sechs rheinischen Großstädten hingen stark vom Lohn- und Gehaltsniveau der örtlich vorherrschenden Wirtschaftsbranchen und von den Beschäftigungsverhältnissen ab. So spiegelten sie in etwa die nach der Wirtschaftsstruktur gebildeten Städtegruppen wider: Die höchsten Einkommen wurden in den beiden Dienstleistungszentren erzielt. In der Mitte lagen die Montanstädte, gefolgt von den Städten mit einem ausgeprägten Textil- und Bekleidungsgewerbe. Doch verloren die beiden Montanstädte während der Krise so stark an Boden, daß die dortigen durchschnittlichen Verdienste noch unter diejenigen der Textilstädte fielen.

Entsprechend diesen wirtschafts- und sozialstrukturellen Differenzen wirkte sich die Wirtschaftskrise aus. So verlief die anhand des Elektrizitätsverbrauchs gemessene Konjunkturkrise in der Industrie und im Gewerbe Kölns bis zum Herbst 1931 milder als in Düsseldorf. Danach kehrten sich die Verhältnisse zugunsten Düsseldorfs um, wo sich die Lage ab dem Herbst 1931 zunächst günstiger als in Köln entwickelte. Erst gegen Ende 1932 erreichte Köln den Konjunkturstand Düsseldorfs. Im Vergleich mit den beiden

Dienstleistungszentren am Rhein war die Situation der Montan- und Textilstädte im Frühjahr 1932 beträchtlich schlechter. Doch erfuhr die Wirtschaft dieser Städte ab dem Spätsommer 1932 einen langsamen Aufschwung. Infolge der Konjunkturkrise und der dadurch entstehenden Massenarbeitslosigkeit verschlechterte sich auch die soziale Lage in den Städten. Die Deflation brachte zwar eine Senkung der Lebenshaltungskosten, doch wurde der soziale Abstieg nicht so sehr von den Senkungen der Tarifentgelte, sondern durch die drastisch verkürzten Arbeitszeiten, die Dauer der Arbeitslosigkeit und die Kürzungen der öffentlichen Unterstützungsleistungen verursacht. Hier befand sich Duisburg-Hamborn in der schwierigsten Lage. Aus dem Sparen im Wohlstand wurde nun ein Angstsparen, und der Pfandkredit entwickelte sich zu einem wichtigen finanziellen Notstopfen.

So befand sich die Sozialpolitik der sechs rheinischen Großstädte in einer Zwangslage zwischen den Bedürfnissen der Wohlfahrtsunterstützten und der hereinbrechenden Finanzkrise. Sich dann letztlich doch dem finanziellen Druck beugend, senkten die Städte die Richtsätze der kommunalen Wohlfahrtsfürsorge auf dem Weg der Vereinheitlichung ab und verschärften die Anspruchsvoraussetzungen für die Wohlfahrtsunterstützung. Dieser zwischen den Städten abgestimmten Politik der Oberbürgermeister gingen teilweise heftige Auseinandersetzungen auf allen Ebenen der Kommunalpolitik voraus.

In der Wohnungspolitik hatten sich alle sechs Großstädte sehr stark engagiert und dazu den zweckgebundenen Teil der Hauszinssteuer verwendet. Mit dem Wegfall dieser Bindung und der immer prekärer werdenden Haushaltslage der Städte erlahmte das Interesse am Wohnungsbau und konnte nur teilweise durch den Bau von Stadtrandsiedlungen ersetzt werden. Bei der Organisation öffentlicher Beschäftigungsmaßnahmen gab es zwischen den sechs rheinischen Großstädten eine beachtliche Spannweite. Sie reichte von ihrer fast ausschließlichen Organisation als Pflichtarbeit für die Wohlfahrtsunterstützten in Gladbach-Rheydt, die deren Arbeitswillen mit dem Ziel der Kürzung sozialer Leistungen überprüfen sollte, bis zur größten Fürsorgearbeit aller sechs Städte in Düsseldorf, durch die sich die Stadt den Erwerb neuer Ansprüche der Erwerbslosen auf Arbeitslosen- und Krisenunterstützung erhoffte, welche ihre Finanzen entlasten sollten. Beim größten Teil dieser Maßnahmen handelte es sich um arbeitsintensive Handarbeit im Tiefbau. Die positiven Effekte aller öffentlichen Beschäftigungsprojekte hielten sich jedoch angesichts der Massenarbeitslosigkeit in bescheidenen Grenzen.

Neben den strukturellen und konjunkturellen Faktoren wurde der kommunale Handlungsspielraum durch immer stärkere Eingriffe des Reichs und Preußens beschnitten. Deutliche Anzeichen für diese Entwicklung gab es schon lange, wie bei den Regelungen des Reichs zur Gemeindefinanzierung und Sozialfürsorge. Diese Politik wurde während der Weltwirtschaftskrise außerordentlich intensiviert. So war 1931 das Jahr der schärfsten Einschnitte in die kommunalen Handlungsspielräume während der ganzen Wirtschaftskrise. Dabei standen diese Eingriffe bei weitem nicht alle im Zusammenhang mit der allgemeinen Verschlechterung der wirtschaftlichen und sozialen Verhältnisse. Bereits ein Jahr zuvor hatte sich deutlich das ganze Potential staatlicher Be- und Verhinderungen städtischer Politik im Rahmen der kommunalen Selbstverwaltung gezeigt. Es reichte von einzelnen Auflagen bis zur Bestellung eines Staatskommissars für die Einführung der Notverordnungssteuern anstelle der sich weigernden Stadtverordnetenversammlungen. Dieser politische Kurs konnte noch mit finanziellem Druck kombiniert werden wie bei der selektiven Gewährung der Reichshilfe, die eine strenge Kontrolle der kommunalen Finanz- und Wirtschaftsführung und der gesamten Leistungen der Wohlfahrtsfürsorge durch Reich und Preußen nach der RNotVO vom 5. Juni 1931 voraussetzte. Die Bewältigung der Kreditkrise des Sommers 1931 bot dann einen weiteren Anlaß, den bisherigen Kurs gegen die Städte aufgrund der RNotVO vom 24. August 1931 fortzusetzen. Von diesen politischen Rahmenbedingungen waren alle sechs rheinischen Großstädte gleichermaßen betroffen. Sie führten, wie die Prüfungen und Auflagen der preußischen Kommunalaufsicht, zu einer starken Egalisierung der Kommunalpolitik vor Ort. Jedoch blieben noch beachtliche Unterschiede der Handlungsspielräume zwischen den Städten erhalten. Ein wesentlicher Faktor dafür war, ob eine Stadt auf die Sonderzuweisung des Staats zum Erhalt ihrer Zahlungsfähigkeit angewiesen war oder nicht. Die dann aus diesem Anlaß vorgenommenen Sonderprüfungen der Kommunalaufsicht engten mit ihren alternativlos auszuführenden Auflagen den politischen Handlungsspielraum stark ein. Dies traf auf fünf der sechs untersuchten Städte zu. Die einzige Ausnahme blieb Düsseldorf, das keine Staatsbeihilfe erhielt. Typisch für dieses Vorgehen der Staatsaufsicht war der zaghafte Versuch Wuppertals für eine großzügigere Sozialpolitik gegenüber den Wohlfahrtserwerbslosen. Er wurde mit dem Hinweis auf die Nachbarstädte und die Empfehlungen des Deutschen Städtetags an seine Mitgliedsstädte zurückgewiesen. Die größte Aufmerksamkeit bei ihren Prüfungen widmete die Staatsaufsicht der Umsetzung der Sparvorschriften des Reichs und Preußens, der Beschneidung aller freiwilligen Sozial- und Bauausgaben und der Ausschöpfung aller vorhandenen Einnahmemöglichkeiten. Andererseits konnten durch die detaillierten Vergleiche mit Städten ähnlicher Größe Rationalisierungspotentiale in den Verwaltungen entdeckt werden, die die städtischen Verwaltungschefs bereitwillig realisierten.

Mit dieser Politik der kurzen Zügel des Reichs und Preußens ging eine Entmachtung der Stadtverordnetenversammlungen zugunsten der Oberbürgermeister einher. Parallel dazu versuchten die Oberbürgermeister, durch den Ausbau ihrer Beziehungen zu wichtigen Gremien und Entscheidungsträgern außerhalb der Stadtgrenzen ihren Gestaltungsspielraum zu erhalten. Dies gelang ihnen durch die regelmäßigen Besprechungen mit der Staatsaufsicht und die Übernahme wichtiger Ehrenämter des Deutschen Städtetags und anderer kommunaler Vereinigungen. Diese kommunalen Organisationen wurden so zu einem bedeutenden Faktor für die Kommunalpolitik. Sie erreichten eine große Vereinheitlichung der Geschäfte der laufenden Verwaltung bis hin zu Details der Büroorganisation und der Festsetzung der Regelsätze der kommunalen Wohlfahrtsunterstützung. Dies geschah ganz offensichtlich auch, um Versuche der Kommunalaufsicht zu unterbinden, die Städte durch Auflagen gegeneinander auszuspielen. Doch nutzte die Staatsaufsicht gerade diese schriftlich fixierten Absprachen für die Formulierung von Auflagen. Zur Interessenpolitik des Städtetags gehörte auch eine beachtliche Verbandsdisziplin der Mitgliedsstädte. Dies galt insbesondere für die von der Städtetagsführung verfolgte restriktive Haushaltspolitik, die sich großenteils mit der Wirtschafts- und Finanzpolitik der Reichsregierungen deckte. Durch sie erhielt die Verbandsführung ein starkes Gewicht gegenüber jedem einzelnen Mitglied. Zentrale Figur dieser Politik des Verbands war sein hauptamtlicher Präsident Mulert, der eine erfolgreiche Lobbyarbeit betrieb. So konnte der Städtetag ein Notbeschlußrecht zugunsten der Oberbürgermeister durchsetzen, bewahrte seine Mitgliedsstädte vor einer Verschärfung der Kreditkontrolle durch das Reich und nahm Einfluß auf die Gestaltung des kommunalen Haushaltsrechts. Schließlich wurde die Rolle des Städtetags gegenüber seinen Mitgliedsstädten mit der Einrichtung von Kreditausschüssen für die Begutachtung kommunaler Kreditanträge im Auftrag des Staats gestärkt. Allerdings gab es trotz aller Zusammenarbeit in den staatlichen und kommunalen Gremien zwischen den sechs Hauptverwaltungsbeamten der rheinischen Großstädte eine deutliche Abstufung der politischen Gestaltungsmöglichkeiten, die nur bedingt in einem Zusammenhang mit der Größe der Städte stand: Aufgrund der Kombination und der Bedeutung seiner Ämter in Staat und Verbänden war Kölns Oberbürgermeister Adenauer der einflußreichste unter seinen Kollegen. Doch ist es fraglich, ob ihm seine Einzelaktionen einen Machtgewinn brachten. Hingegen verfolgte Jarres, Oberbürgermeister von Duisburg-Hamborn, eine andere Strategie der Einflußnahme. Ihm gelang es, als Spitzenfunktionär des kommunalen Verbandswesens die Fäden zu ziehen und sich als Finanzexperte des Städtetags zu profilieren. Diesen beiden Spitzenpolitikern folgten mit Lehr, Düsseldorf, und Bracht, Essen, zwei, die in einer konservativ-pragmatischen Distanz zur Politik der Parteien in der Weimarer Republik standen und als Fachleute virtuos auf der Verwaltungsebene agierten. Ihre externen Einflußmöglichkeiten wurden gleichermaßen von der Größe ihrer Städte und ihren Persönlichkeiten bestimmt. Hingegen schienen sich die Oberbürgermeister Gladbach-Rheydts und Wuppertals im wesentlichen auf die lokalen Möglichkeiten ihrer Ämter zu beschränken.

Für die Finanzpolitik der sechs rheinischen Großstädte bedeutete die wirtschaftliche, soziale und politische Krise in den letzten Jahren der Weimarer Demokratie die größte Herausforderung nach der Hyperinflation. Bereits beim Eintritt in die große Depression zeigten sich aber anhand der Steuerkraftmeßzahlen deutlich die finanziellen Folgen der strukturellen Unterschiede zwischen den Städten. Die in der Einleitung vorgenommene Dreiteilung der sechs rheinischen Großstädte nach der Wirtschaftsstruktur traf sowohl auf die Steuerkraft im allgemeinen als auch auf die Gemeindesteuern im besonderen zu. Unter den sechs rheinischen Großstädten standen die Dienstleistungszentren Düsseldorf und Köln im Rechnungsjahr 1930/31 am besten da und behielten diese Position bis zum Ende des Haushaltsjahrs 1933/34. In der Konsequenz fiel die Realsteuerkraft dieser beiden Städte zwischen 1929 und dem Tiefpunkt 1932/33 gerade auf das Niveau, von dem aus die Ruhrstädte in die Wirtschafts- und Finanzkrise gingen. Unter Einrechnung der Einkommen- und Körperschaftsteuer stellte sich allerdings die Lage für Düsseldorf und Köln durch die Einkommens- und Ertragsverluste etwas schlechter dar. Selbst die scheinbar so stabilen Düsseldorfer Steuereinnahmen hingen von nur einem Großunternehmen, dem krisenfesten Hersteller chemischer Verbrauchsgüter Henkel ab. Das Unternehmen war erst 1929 durch die Eingemeindung Benraths nach Düsseldorf gekommen. Ohne diesen Gewerbesteuerzahler wäre die Stadt wahrscheinlich in eine ähnlich prekäre Lage gekommen wie Essen. Dafür sprach die großbetriebliche Industriestruktur, die sowohl räumlich als auch durch die Produktpalette dem Ruhrgebiet wesentlich näher stand als Köln. Trotz dieser relativ guten Position der beiden Dienstleistungsstädte bei den Steuereinnahmen, trug diese Einnahmeart vergleichsweise am geringsten zur Gesamtfinanzierung ihrer städtischen Haushalte bei.

Wie stark die lokale Wirtschaftsstruktur auf die kommunalen Finanzen einwirkte, zeigte sich auch bei den beiden Montanstädten. Noch im Haushaltsjahr 1930/31 nahmen Duisburg-Hamborn und Essen eine mittlere Position unter den sechs rheinischen Großstädten ein. Mit der großen Absatz- und Beschäftigungskrise im Steinkohlenbergbau und in der Schwerindustrie sank jedoch die Steuerkraft der beiden Montanstädte sogar noch unter die der beiden Textilstädte. Da aber die Krise des Textil- und Bekleidungsgewerbes früher als die der übrigen Wirtschaft einsetzte und sich während des allgemeinen Abschwungs verlangsamte, verringerte sich das Aufkommen der Realsteuern in Gladbach-Rheydt und Wuppertal nur noch vergleichsweise wenig.

Eine andere als diese Dreiteilung ergibt sich für die Besteuerung der Löhne und Gehälter. Im Unterschied zur Gruppe der „alten" Städte wohnte in Duisburg-Hamborn, Essen und Gladbach-Rheydt eine „junge" Einwohnerschaft mit größeren Familien, die mehrere abhängige Familienangehörige versorgen mußten. Ihnen wurden bei der Besteuerung erhöhte Freibeträge eingeräumt, die die Besteuerungsgrundlage reduzierten. Dies wirkte sich auf die Steuerkraft der drei „jungen" Städte stark mindernd aus. Vor allem fielen die relativ hohen Anteile der einkommensschwachen Unbesteuerten in den beiden Ruhrgebietsstädte ins Gewicht. Sie engten die Handlungsspielräume dieser Städte auf der Einnahmeseite zusätzlich ein. So war es die Kombination der strukturellen Nachteile, die nun in Duisburg-Hamborn, Essen und Gladbach-Rheydt negativ auf ihre Finanzlagen einwirkte. Umgekehrt verhielt es sich mit Düsseldorf. Dies erlaubte der Stadt sogar, mit der Rückendeckung des Regierungspräsidenten zeitweilig eine Niedrigsteuerpolitik aus wirtschaftspolitischen Motiven zu betreiben.

Die gesamte Entwicklung der Einnahmen der sechs rheinischen Großstädte während der Wirtschafts- und Staatskrise zeichnete sich durch einen massiven finanziellen Strukturwandel aus. Dabei wurde dieser Trend von den Rückgängen der Steuererträge mit-, aber bei weitem nicht ausschlaggebend bestimmt. Ein mindestens genauso großes Gewicht hatten die finanzpolitischen Maßnahmen der Reichsregierungen, vor allem die des Kabinetts Brüning. Bei den Realsteuern wurden durch die Aufhebung des Hebesatzrechts kommunale Erhöhungsspielräume zerstört und sogar Senkungen verordnet. Als finanzieller Ersatz wurden den Städten per Notverordnung Zuweisungen mit Auflagen angeboten und die Einführung neuer Steuern aufgrund von Vorgaben zwingend vorgeschrieben.

Noch problematischer als diese Ersatzmaßnahmen war, daß sich der Schwerpunkt der Einnahmen von den Steuern auf die Zuweisungen und Zuschüssen des Reichs und Preußens verlagerte. Dies galt insbesondere für die Reichswohlfahrtshilfe und die ausufernden Zuweisungen aus dem zentralen Ausgleichsfonds Preußens. Ihre Vergabe war kompliziert, wirkte willkürlich und wurde nicht einmal von den kommunalen Empfängerinnen vollständig durchschaut. Sie machte die Städte zunehmend von den Ermessensentscheidungen Dritter abhängig. Eine der Folgen davon war, daß es selbst bei identischen Anspruchskriterien zu erheblichen Einnahmedifferenzen zwischen den sechs rheinischen Großstädten kam. Für Düsseldorf fielen diese Einnahmen am geringsten aus und trugen nur wenig zur Haushaltsfinanzierung bei. Genau umgekehrt war die Lage in Duisburg-Hamborn, das 1933 jede dritte Reichsmark seiner Einnahmen aus Zuweisungen und Zuschüssen bezog und damit mehr als das Fünffache von 1929. So übernahmen für einen Teil der sechs rheinischen Großstädte die künstlich hoch gehaltenen Beiträge der Verkehrs- und Versorgungsbetriebe und Gewinne aus Kapitalbeteiligungen eine wichtige Rolle für den Erhalt ihres Handlungsspielraums. Von allen Städten setzte Düsseldorf diese finanzpolitische Handlungsalternative augenscheinlich am konsequentesten ein. Die Bedeutung dieser Einnahmen war entsprechend dem Umfang der eigenen wirtschaftlichen Aktivitäten der Städte extrem unterschiedlich. Sie hatten in Düsseldorf und Köln einen mehr als doppelt so hohen Anteil an den gesamten Einnahmen wie in den übrigen Städten. Dagegen hatten die beiden Ruhrstädte mangels Masse fast keinen finanzpolitischen Gewinn aus dieser Einnahmeart.

Komplexer als die Entwicklung der Einnahmen war die der großen Ausgabenblöcke der Städte. Gemeinsam war allen Städten, ihren finanziellen Überlebenskampf während der Wirtschaftsdepression durch rigorose Sparmaßnahmen gewinnen zu wollen. Dem Sparziel wurden grundsätzlich alle anderen untergeordnet. Dabei geschah das Sparen der Städte durchweg auf Kosten des Personals in den Verwaltungen und der Hilfsbedürftigen. Verwaltungsvorgänge wurden rationalisiert, Personal versetzt oder in den vorzeitigen Ruhestand zu herabgesetzten Bezügen geschickt und kündbare Anstellungsverhältnisse aufgelöst. Hierdurch gelang es den Städten, die von der kommunalen Neuordnung im Regierungsbezirk Düsseldorf 1929 betroffen waren, das Rationalisierungspotential der Zusammenlegungen früher selbständiger Gemeindeverwaltungen voll auszuschöpfen. Jedoch zeigte sich, daß ihnen die schwer veränderbaren Personalstrukturen eine Untergrenze für Kostensenkungen setzten. Dies wurde im Vergleich zwischen Düsseldorf, Duisburg-Hamborn und Essen deutlich. So sank das Personalkostenniveau in Düsseldorf und Köln nach den Sparmaßnahmen ungefähr auf das Niveau Essens vor den einsetzenden Kürzungen ab dem Haushaltsjahr 1930/31. Damit stellten die Personalausgaben während der Krise keine wirkliche Gefahr für die Finanzen und den Handlungsspielraum der sechs rheinischen Städte dar.

Unter den kommunalen Aufgabenbereichen waren die Kultureinrichtungen und Schulen sowie die Bauverwaltung von den Sparmaßnahmen stark betroffen. Bauvorhaben, die nicht schon freiwillig eingestellt wurden, mußten auf Anordnung der Staatsaufsicht stillgelegt werden.

Mit den Sozialausgaben und den Schuldendienstleistungen gab es aber auf der Ausgabenseite der Haushalte zwei Faktoren, die die finanzpolitischen Handlungsspielräume der sechs rheinischen Großstädte einschneidend beeinträchtigten. Wie prekär sich die Finanzlage vor allem durch die explosionsartig steigenden Sozialausgaben für die noch stärker wachsende Zahl der Wohlfahrtserwerbslosen entwickelte, wird am Verhältnis zwischen den Steuereinnahmen und den Ausgaben für die soziale Sicherung deutlich. Noch im Haushaltsjahr 1930/31 konnten die Steuereinnahmen die Ausgaben für die soziale Sicherung in allen Städten decken. Doch bald stellte sich hier ein Mißverhältnis ein, von dem Duisburg-Hamborn besonders betroffen war. Schließlich war im Haushaltsjahr 1932/33 keine Stadt mehr in der Lage, die geforderten Sozialaufwendungen aus ihren Steuereinnahmen zu finanzieren. Entscheidende Ursache dafür war die Verlagerung der Sozialausgaben vom Reich auf die Kommunen aufgrund des dreistufigen Systems der sozialen Sicherung Arbeitsloser und durch die zunehmende Dauer der Erwerbslosigkeit. Alle Sparbemühungen wie die wiederholten Senkungen der Richtsätze und eine verschärfte Bedürftigkeitsprüfung für die kommunalen Wohlfahrtsunterstützungen hinkten letztlich den finanziellen Auswirkungen der Konjunkturkrise hinterher und konnten diese nur abmildern. Trotzdem gelang es den sechs rheinischen Großstädten, den Anstieg ihrer Wohlfahrtsausgaben im Verhältnis zu dem der unterstützungsbedürftigen Erwerbslosen zu bremsen.

Waren also die Sozialausgaben entscheidend von Faktoren bestimmt, die außerhalb der kommunalpolitischen Kompetenzen lagen, so trifft diese Feststellung auf die Verschuldung der Städte und ihre Schuldendienstleistungen kaum zu. Ihre Höhe war das Ergebnis einer weitgehend autonomen städtischen Politik. Nicht die Städte mit den vergleichsweise schwierigsten wirtschafts- und sozialstrukturellen Verhältnissen wie Duisburg-Hamborn und Essen, sondern Köln geriet in die schwerste Liquiditätskrise aller sechs rheinischen

Großstädte. Zur Verschuldung hatte man sich vor allem der Sparkassen und der Landesbank der Rheinprovinz als regionale Zentralbank der Sparkassenorganisation bedient.

Bei der pünktlichen Erfüllung fälliger Zahlungen blieb keine Stadt ohne Makel. Allerdings waren die Liquiditätsengpässe qualitativ und quantitativ höchst unterschiedlich. Qualitativ, weil die Schuldenstrukturen der sechs Städte die Konsequenzen zwischen einer vorsichtigen Risikopolitik in Essen und einer kurzfristig orientierten in Köln und Gladbach-Rheydt waren. Gepaart mit der Höhe seiner Verschuldung erwies sich die Politik Kölns mit den starken Zinsbelastungen, gehäuften Zahlungsterminen und der Hergabe hochwertiger Sicherheiten als besonders krisenanfällig. Insofern deckte die Kreditkrise im Sommer 1931 nur noch die äußerst labile Lage der Kölner Schulden auf. Daß die akute Schuldendienstnot der Städte 1931 vorrangig eine Krise ihrer Schuldenstrukturen war, zeigt auch ein Vergleich zwischen den sechs rheinischen Großstädten. Köln mußte danach wegen des Schuldendienstes einen großen Teil seines Handlungsspielraums aufgeben. Im Haushaltsjahr 1931/32 verwendete die Stadt mehr als jede fünfte Mark für die Bedienung ihrer Schulden und stand damit an der Spitze der sechs rheinischen Großstädte. Aber auch eine zurückhaltende Schuldenpolitik wie in Essen bewahrte letztlich nicht vor massiven städtischen Finanzproblemen. Ähnlich schwierig war durch ein ungeschicktes Schuldenmanagement die Lage in Gladbach-Rheydt. Im Verhältnis zu diesen Städten verfügte Wuppertal über einen größeren Handlungsspielraum, soweit ein solcher trotz der Auflagen der Kommunalaufsicht für den Bezug von Staatsbeihilfen überhaupt noch vorhanden war.

Diese Entwicklung der kommunalen Verschuldung fand in ihren Grundzügen mit Kenntnisnahme und Billigung der preußischen Staatsaufsicht über die Großstädte statt. Offenbar fehlte es der Aufsicht an einer ausreichenden ökonomischen Fachkompetenz, um das ihr zur Verfügung stehende Instrumentarium von Eingriffen in die städtische Politik angemessen anzuwenden und flexibel zu erweitern. Alle Umschuldungsaktionen zur Beseitigung solcher Zustände während der letzten Jahre der Weimarer Demokratie, aber auch das Verbot von Gewährsträgerkrediten der Sparkassen 1931, führten nicht zu einer grundlegenden Änderung der kommunalen Verschuldung. Vielmehr verkomplizierte das Verbot von Gewährsträgerkrediten der Sparkassen nur die städtische Finanzwirtschaft. Eine durchgreifende Neuordnung erzielte erst die Zwangskonversion der kommunalen Schulden ab dem Herbst 1933.

Von großer Bedeutung für den kommunalpolitischen Handlungsspielraum waren die Haushaltsdefizite. Düsseldorf und Wuppertal standen dabei am besten da, während Duisburg-Hamborn, Essen und Köln sehr hohe Fehlbeträge in ihren Haushalten hinnehmen mußten.

Am Schluß dieses interkommunalen Vergleichs kann festgestellt werden, daß unter den sechs rheinischen Großstädten Düsseldorf während der Wirtschaftskrise den größten und Duisburg-Hamborn den kleinsten kommunalpolitischen Handlungsspielraum besaß. Dazwischen lagen die übrigen Städte. Unter diesen vier Städten wiederum war der Handlungsspielraum Kölns trotz der stark einengenden Wirkungen des extrem hohen Schuldendienstes wahrscheinlich immer noch größer als derjenige Essens, Gladbach-Rheydts und Wuppertals.

Greifen wir die Debatte über die „Krise der kommunalen Selbstverwaltung“ auf und stellen ihr die Ergebnisse dieser Arbeit gegenüber, so kann den in ihr vorgetragenen Argumenten nur teilweise gefolgt werden. Manche heftige Kritik an der Entwicklung der Kommunalpolitik vor Ort fußte offenbar auf einer mangelnden Einsichtsfähigkeit in die unausweichlichen Anpassungen kommunaler Politik an das neue gesellschaftliche und politische Umfeld der Nachkriegsdemokratie. Hierin lag auch ein wichtiges Motiv für das Beharrungsvermögen der althergebrachten Verfassung der Selbstverwaltung über den Wechsel des politischen Systems von der Monarchie zur Weimarer Demokratie hinaus. Dies galt gleichermaßen für die personelle Kontinuität in den kommunalen Spitzenämtern. Dazu trat der säkulare Wandel von einer ehrenamtlich geführten zu einer professionell organisierten Verwaltung, der nicht strategisch-planvoll, sondern situationsbedingt und unsystematisch geschah. Dieser kommunalen Professionalisierung und Aufgabenexpansion stand eine von Juristen bestimmte Staatsaufsicht gegenüber, die für diese Entwicklung nur eine partielle Fachkompetenz besaß. Dies zeigt sich bei der Verschuldung der Städte seit der Währungsstabilisierung. Da aber gerade die Verfassung der kommunalen Selbstverwaltung auf eine Kooperation von Gemeinde und Staat angelegt ist, kann deshalb der Vorwurf einer „Krise der kommunalen Selbstverwaltung" nur beide treffen. So zeigte sich, daß die „Krise der kommunalen Selbstverwaltung" bei weitem nicht nur die Folge eines durch den Strukturwandel und die Depression ausgelösten wirtschaftlichen und sozialen Umbruchs war, sondern ebenso einer ambivalenten Grundeinstellung zur Rolle der Kommunen. Vielfach erscheint deshalb das Schlagwort von der „Krise" wie eine Selbstrechtfertigung der zeitgenössischen Akteure für ihr Handeln in Richtung einer autoritären Herrschaft in den Städten, das die Machtübernahme der Nationalsozialisten in den Rathäusern im Frühjahr 1933 erleichterte.

Anhang

Tabellen

Tabelle 17

Berufszählungen 1925 und 1933
Anteile der Wirtschaftsabteilungen und -gruppen an der Gesamtzahl der Erwerbspersonen und berufslosen Selbständigen %

WA	D		DU		E		K		MG		W	
WG	1925	1933	1925	1933	1925	1933	1925	1933	1925	1933	1925	1933
WA A	1,5	1,8	0,7	1,7	1,3	1,7	1,4	1,5	2,8	3,7	1,1	1,7
B	49,9	42,3	61,6	49,6	58,0	48,8	42,4	38,1	60,8	55,4	57,4	50,5
C	24,5	24,6	19,8	20,3	18,0	19,0	30,3	29,1	16,4	16,1	21,2	21,0
D	5,8	7,2	3,9	4,7	4,4	5,1	5,6	6,9	3,8	4,4	4,0	4,6
E	2,7	3,3	1,9	2,6	1,9	2,6	2,8	3,3	2,0	2,6	2,2	2,8
F	6,4	5,4	6,3	5,7	6,1	4,8	6,8	5,2	4,8	3,8	5,0	4,0
G	9,2	15,4	5,9	15,5	10,4	18,0	10,8	15,9	9,5	14,1	9,1	15,4
WG 1	1,5	1,7	0,7	1,6	1,3	1,7	1,4	1,5	2,8	3,6	1,1	1,7
2	0,0	0,0	0,0	0,0	0,0	0,0	0,0	0,0	0,0	0,0	0,0	0,0
3	0,1	0,1	13,0	8,8	20,9	15,6	0,2	0,2	0,1	0,1	0,0	0,0
4	1,6	1,2	0,9	0,6	0,8	0,9	0,9	0,7	0,4	0,3	0,5	0,4
5	8,2	6,0	22,6	16,3	13,0	8,8	1,5	1,1	1,2	0,7	1,6	0,9
6	3,6	3,4	1,4	1,5	2,0	2,1	2,8	2,3	1,2	1,3	6,9	6,4
7	11,9	8,9	4,9	4,1	3,4	2,9	7,0	5,6	3,8	3,7	4,0	3,3
8	1,6	1,4	1,6	1,2	1,1	1,1	3,4	3,0	2,4	1,9	1,2	1,4
9	2,3	2,5	1,3	1,4	0,6	0,6	2,4	2,8	0,3	0,4	1,2	1,1
10	0,6	0,6	0,4	0,4	0,7	0,8	0,8	1,1	28,4	26,6	21,2	16,8
11	2,0	2,1	0,6	0,6	1,0	1,0	1,6	1,5	2,6	2,2	2,7	2,5
12	0,3	0,2	0,2	0,1	0,1	0,1	0,3	0,3	0,4	0,3	0,4	0,4
13	0,2	0,2	0,0	0,1	0,1	0,1	0,8	1,0	0,0	0,0	0,2	0,5
14	2,2	1,6	1,2	1,0	1,5	1,4	2,5	1,8	1,8	1,3	2,3	1,8
15	0,1	0,0	0,0	0,0	0,0	0,0	0,1	0,1	0,0	0,0	0,3	0,2
16	3,8	4,3	3,0	3,7	2,3	2,9	5,1	5,0	2,8	3,2	3,3	3,8
17	4,0	3,4	2,2	2,2	3,3	3,5	6,2	5,3	10,1	8,6	6,4	5,2
18	6,8	5,8	7,7	6,9	6,7	6,3	6,3	6,0	4,7	4,4	4,8	5,2
19	0,8	0,7	0,8	0,9	0,7	0,9	0,6	0,5	0,7	0,6	0,6	0,7
20	16,0	15,2	11,0	10,8	11,5	12,0	17,9	16,6	10,7	10,4	14,2	13,4
21	0,9	2,1	0,2	0,7	0,3	0,9	0,9	2,2	0,5	1,0	0,6	1,3
22	4,8	4,3	6,8	6,9	4,5	3,9	8,6	7,1	3,9	3,3	4,5	4,3
23	2,8	3,1	1,8	1,9	1,8	2,2	3,0	3,2	1,3	1,5	1,9	2,0
24	5,8	7,2	3,9	4,7	4,4	5,1	5,6	6,9	3,8	4,4	4,0	4,6
25	2,7	3,3	1,9	2,6	1,9	2,6	2,8	3,3	2,0	2,6	2,2	2,8
26	6,4	5,4	6,3	5,7	6,1	4,8	6,8	5,2	4,8	3,8	5,0	4,0
WA G	9,2	15,4	5,9	15,5	10,4	18,0	10,8	15,9	9,5	14,1	9,1	15,4

WA = Wirtschaftsabteilung, WG = Wirtschaftsgruppe. Berufszählung, Rheinprovinz, 1925, S. 90–115, 122–126. Berufszählung, Rheinprovinz, 1933, S. 40–43, 46 f., 50 f., 54 f., 58 f.; eigene Berechnungen.

Tabelle 18

Berufszählungen 1925 und 1933
Anteile der Wirtschaftsabteilungen und -gruppen an der Gesamtzahl der Berufszugehörigen %

WA WG	D 1925	D 1933	DU 1925	DU 1933	E 1925	E 1933	K 1925	K 1933	MG 1925	MG 1933	W 1925	W 1933
WA A	1,3	1,5	0,5	1,2	0,9	1,3	1,3	1,5	2,3	3,0	1,0	1,5
B	53,9	46,7	66,6	56,0	64,0	54,7	44,6	40,7	66,3	57,0	58,4	52,7
C	24,5	24,6	18,9	19,2	16,3	17,2	32,3	30,5	13,9	18,0	23,1	22,2
D	6,6	7,9	4,0	4,8	4,6	5,3	6,6	7,5	4,7	5,2	4,8	5,4
E	2,4	2,9	1,4	2,0	1,4	2,1	2,4	3,1	1,7	2,3	2,0	2,6
F	3,7	3,1	3,4	2,8	3,2	2,5	4,0	3,1	3,0	2,2	3,1	2,4
G	7,7	13,3	5,2	14,0	9,6	17,0	8,8	13,6	8,2	12,4	7,7	13,3
WG 1	1,3	1,5	0,5	1,2	0,9	1,3	1,3	1,5	2,3	2,9	1,0	1,4
2	0,0	0,0	0,0	0,0	0,0	0,0	0,0	0,0	0,0	0,0	0,0	0,0
3	0,1	0,1	17,1	12,0	27,0	21,6	0,3	0,3	0,1	0,1	0,1	0,1
4	1,9	1,5	0,9	0,7	0,7	0,9	1,0	0,8	0,5	0,4	0,6	0,5
5	10,5	7,9	25,7	20,5	15,4	10,2	1,9	1,4	1,6	0,9	1,8	1,1
6	3,7	3,7	1,2	1,4	1,6	1,8	2,9	2,4	1,2	1,4	7,1	6,9
7	13,0	10,0	4,5	4,0	3,5	3,1	7,9	6,4	4,1	4,3	4,1	3,7
8	1,5	1,3	1,2	1,0	0,8	1,0	3,7	3,3	2,5	2,2	1,2	1,3
9	2,4	2,7	1,5	1,6	0,6	0,6	2,8	3,1	0,4	0,4	1,4	1,3
10	0,5	0,5	0,3	0,3	0,5	0,6	0,7	1,1	26,9	26,3	20,8	16,8
11	1,9	2,1	0,5	0,5	0,8	0,9	1,5	1,5	2,5	2,3	2,6	2,4
12	0,3	0,2	0,1	0,1	0,1	0,1	0,3	0,3	0,5	0,4	0,4	0,4
13	0,3	0,3	0,0	0,0	0,0	0,1	0,7	0,9	0,0	0,0	0,2	0,4
14	2,3	1,7	1,1	1,0	1,4	1,3	2,7	2,0	2,0	1,5	2,5	2,0
15	0,1	0,0	0,0	0,0	0,0	0,0	0,1	0,1	0,0	0,0	0,3	0,2
16	3,5	3,9	2,5	2,9	2,0	2,3	4,7	4,6	2,9	2,9	3,4	3,7
17	3,2	2,8	1,7	1,6	2,3	2,5	5,0	4,3	8,3	7,1	5,3	4,5
18	8,0	7,1	7,3	7,4	6,6	6,8	7,7	7,6	6,4	6,0	5,9	6,5
19	1,1	1,0	0,9	1,1	0,8	1,1	0,9	0,8	1,0	0,9	0,8	1,0
20	14,9	13,8	9,2	8,5	9,0	9,4	16,9	15,2	11,4	10,3	14,2	12,7
21	1,0	2,2	0,2	0,7	0,3	0,9	0,9	2,3	0,6	1,2	0,6	1,5
22	6,2	5,9	8,2	8,6	5,7	5,3	11,9	10,2	6,2	5,2	6,5	6,3
23	2,4	2,6	1,4	1,4	1,4	1,6	2,6	2,8	1,3	1,3	1,7	1,7
24	6,6	7,9	4,0	4,8	4,6	5,3	6,6	7,5	4,7	5,2	4,8	5,4
25	2,4	2,9	1,4	2,0	1,4	2,1	2,4	3,1	1,7	2,3	2,0	2,6
26	3,7	3,1	3,4	2,8	3,2	2,5	4,0	3,1	3,0	2,2	3,1	2,4
WA G	7,7	13,3	5,2	14,0	9,6	17,0	8,8	13,6	8,2	12,4	7,7	13,3

WA = Wirtschaftsabteilung, WG = Wirtschaftsgruppe. Berufszählung, Rheinprovinz, 1925, S. 90–115, 122–126. Berufszählung, Rheinprovinz, 1933, S. 40–43, 46 f., 50 f., 54 f., 58 f.; eigene Berechnungen.

Tabelle 19

Berufszählungen 1925 und 1933
Anteile der Wirtschaftsabteilungen und -gruppen an der Gesamtzahl der weiblichen Erwerbspersonen und berufslosen Selbständigen %

WA WG	D 1925	D 1933	DU 1925	DU 1933	E 1925	E 1933	K 1925	K 1933	MG 1925	MG 1933	W 1925	W 1933
WA A	1,7	1,6	1,0	1,7	2,4	1,8	1,2	1,0	3,0	4,0	1,0	1,7
B	24,2	19,7	17,8	13,4	20,0	17,6	26,4	22,8	54,4	46,5	46,5	36,5
C	26,3	25,4	28,3	24,8	27,1	26,1	26,7	26,0	12,4	14,0	18,3	19,2
D	5,0	7,0	4,5	5,3	4,6	5,7	4,0	6,4	2,5	3,4	2,7	3,7
E	4,3	4,9	4,3	4,9	4,3	4,5	4,2	4,6	2,9	3,6	3,3	4,0
F	19,7	15,4	26,8	20,7	21,9	15,9	18,7	14,0	11,7	9,6	13,1	10,5
G	18,8	26,0	17,3	29,2	19,7	28,3	18,8	25,2	13,1	18,8	15,0	24,3
WG 1	1,7	1,6	1,0	1,7	2,4	1,8	1,2	1,0	3,0	4,0	1,0	1,7
2	0,0	0,0	0,0	0,0	0,0	0,0	0,0	0,0	0,0	0,0	0,0	0,0
3	0,0	0,0	0,4	0,2	0,4	0,3	0,0	0,0	0,0	0,0	0,0	0,0
4	0,4	0,3	0,2	0,2	0,3	0,4	0,2	0,1	0,0	0,0	0,1	0,0
5	1,0	0,8	2,1	1,0	2,3	1,3	0,3	0,1	0,1	0,0	0,2	0,1
6	1,9	1,2	0,4	0,2	0,7	0,5	0,6	0,4	0,1	0,1	3,0	2,4
7	2,1	1,3	1,1	0,8	0,5	0,4	0,9	0,7	0,2	0,3	0,6	0,6
8	0,7	0,5	1,5	0,6	0,4	0,4	1,1	0,9	0,5	0,4	0,7	0,7
9	2,3	2,5	0,3	0,3	0,3	0,3	1,4	2,0	0,2	0,4	0,6	0,6
10	1,1	1,0	0,9	0,7	1,5	1,7	1,1	1,3	33,0	28,0	23,8	17,5
11	1,9	1,5	0,7	0,4	1,0	0,8	1,4	1,1	1,8	1,4	2,4	1,9
12	0,1	0,1	0,0	0,0	0,0	0,0	0,2	0,2	0,1	0,1	0,2	0,2
13	0,2	0,2	0,0	0,0	0,1	0,1	0,9	1,5	0,0	0,0	0,1	0,4
14	0,5	0,3	0,2	0,1	0,6	0,4	0,5	0,3	0,2	0,1	0,7	0,4
15	0,0	0,0	0,0	0,0	0,0	0,0	0,0	0,0	0,0	0,0	0,2	0,0
16	3,9	3,8	3,3	3,8	2,5	2,7	5,6	4,5	1,5	2,0	2,1	2,7
17	7,4	5,7	5,9	4,6	8,9	7,6	11,7	9,1	16,5	13,4	11,3	8,4
18	0,6	0,5	0,7	0,5	0,7	0,6	0,5	0,4	0,2	0,2	0,4	0,5
19	0,1	0,1	0,2	0,1	0,2	0,2	0,1	0,1	0,1	0,1	0,0	0,1
20	19,6	18,6	21,5	19,1	21,6	20,5	19,4	18,7	10,1	11,2	14,4	15,0
21	0,6	1,7	0,1	0,6	0,2	0,8	0,6	1,6	0,2	0,6	0,5	1,0
22	1,8	1,1	2,0	1,3	1,4	0,8	2,7	1,7	0,5	0,4	0,9	0,7
23	4,3	4,0	4,7	4,0	3,8	4,0	4,0	4,0	1,6	1,9	2,6	2,5
24	5,0	7,0	4,5	5,3	4,6	5,7	4,0	6,4	2,5	3,4	2,7	3,7
25	4,3	4,9	4,3	4,9	4,3	4,5	4,2	4,6	2,9	3,6	3,3	4,0
26	19,7	15,4	26,8	20,7	21,9	15,9	18,7	14,0	11,7	9,6	13,1	10,5
WA G	18,8	26,0	17,3	29,2	19,7	28,3	18,8	25,2	13,1	18,8	15,0	24,3

WA = Wirtschaftsabteilung, WG = Wirtschaftsgruppe. Berufszählung, Rheinprovinz, 1925, S. 90–115, 122–126. Berufszählung, Rheinprovinz, 1933, S. 40–43, 46f., 50f., 54f., 58f.; eigene Berechnungen.

Tabelle 20

Berufszählung 1933
Anteile der Beschäftigungsverhältnisse %

Erwerbspersonen	D	DU	E	K	MG	W
davon hauptberuflich Erwerbstätige	72,7	64,6	69,3	72,0	76,1	70,7
davon Erwerbslose	27,3	35,4	30,7	28,0	23,9	29,3
Anteile an den hauptberuflich Erwerbstätigen						
Selbständige	16,2	12,1	12,0	17,8	15,9	18,0
Mithelf. Fam. angehörige	4,1	3,8	3,5	4,0	5,8	4,4
Beamte	7,5	7,4	6,4	9,1	5,3	7,0
Angestellte	26,5	19,8	21,8	25,3	15,3	20,1
Arbeiter	38,8	50,3	50,3	37,4	53,2	45,3
Hausangestellte	6,8	6,7	6,0	6,5	4,6	5,3
Anteile an den Erwerbslosen						
Leitende Angestellte	0,0	0,0	0,0	0,0	0,0	0,0
Angest. o. leit. Stell.	22,3	13,0	15,5	21,8	14,8	18,9
Arbeiter	74,9	83,9	81,8	75,4	83,5	79,3
Hausangestellte	2,8	2,9	2,7	2,7	1,6	1,7

Angest. o. leit. Stell. = Angestellte ohne leitende Stellung, Mithelf. Fam. angehörige = Mithelfende Familienangehörige, MG = M.Gladbach + Rheydt. Berufszählung, Rheinprovinz, 1933, S.41, 43, 47, 51, 55, 59; eigene Berechnungen.

Tabelle 21

Gewerbliche Betriebszählungen 1925 und 1933
Anteile der Gewerbeabteilungen und -gruppen
an der Gesamtzahl der beschäftigten Personen %

GA GG	D 1925	D 1933	DU 1925	DU 1933	E 1925	E 1933	K 1925	K 1933	MG 1925	MG 1933	W 1925	W 1933
GA A	0,2	0,1	0,2	0,1	0,4	0,1	0,3	0,1	0,1	0,1	0,2	0,1
B	64,5	53,6	72,9	61,6	73,0	63,7	55,7	47,1	79,3	74,7	71,6	62,9
C	35,3	46,3	27,0	38,3	26,6	36,2	44,0	52,8	20,6	25,2	28,2	37,0
GG 1	0,2	0,1	0,2	0,1	0,4	0,1	0,3	0,1	0,1	0,1	0,2	0,1
2	-	-	-	-	-	-	-	-	-	-	-	-
3	-	-	15,6	11,8	25,9	22,1	-	0,1	-	-	-	-
4	2,2	1,4	1,0	0,6	1,4	1,4	1,1	0,7	0,4	0,4	0,6	0,3
5	15,1	10,5	26,4	18,3	18,1	12,3	3,2	1,5	0,9	0,3	1,7	0,8
6	3,8	3,0	1,6	1,3	2,1	1,8	3,0	1,9	1,5	1,1	8,6	7,9
7	11,2	7,3	6,6	5,9	2,6	0,9	7,6	6,8	5,2	3,8	4,9	3,3
8	2,7	1,6	1,8	1,4	1,2	1,3	5,7	3,1	3,3	2,8	2,0	2,2
9	2,8	3,8	1,4	1,7	0,2	0,7	2,8	3,0	0,3	0,5	1,3	1,7
10	0,6	0,8	0,6	0,5	1,0	1,1	0,8	1,2	40,0	37,5	26,6	22,0
11	3,1	3,8	0,9	1,5	1,9	2,6	2,5	2,5	3,4	3,6	3,9	3,7
12	0,4	0,2	0,2	0,1	0,1	0,1	0,4	0,3	0,4	0,3	0,6	0,8
13	0,3	0,4	0,0	0,0	0,0	0,0	0,9	1,9	0,0	0,0	0,1	0,7
14	2,7	1,4	1,4	0,9	2,1	1,4	3,4	1,7	2,1	1,3	3,0	2,2
15	0,1	0,0	0,0	0,0	0,0	0,0	0,2	0,0	0,0	0,0	0,4	0,1
16	4,8	7,0	3,4	6,3	3,0	4,5	6,3	7,6	3,4	4,5	4,1	5,8
17	4,5	6,5	2,1	4,7	3,6	7,0	7,6	10,0	12,7	14,6	7,5	7,1
18	9,9	5,2	9,2	5,5	9,1	5,5	9,9	4,3	5,0	3,1	5,8	3,8
19	0,5	0,8	0,6	1,0	0,8	1,2	0,4	0,5	0,8	0,7	0,6	0,6
20	24,2	31,9	13,3	22,2	17,9	25,0	27,1	35,6	14,1	17,2	19,5	25,1
21	1,2	1,9	0,2	0,4	0,3	0,5	1,2	0,2	0,6	0,6	0,7	0,9
22	6,6	7,9	11,4	12,3	6,1	6,9	12,0	12,4	4,5	5,2	5,7	7,9
23	3,4	4,6	2,0	3,4	2,4	3,9	3,7	4,7	1,5	2,2	2,2	3,2

GA = Gewerbeabteilung, GG = Gewerbegruppe. W 1933: Summe der Gewerbeabteilungen weicht vom gedruckten Gesamtergebnis der Statistik um 2000 ab, wahrscheinlich ein Druckfehler. Gewerbliche, Rheinprovinz, 1925, S. 46–77, 86–90, 94–96, 103–105, 111–113, 131–133. Gewerbliche, Rheinprovinz, 1933, S. 26–54; eigene Berechnungen.

Tabelle 22

Gewerbliche Betriebszählungen 1925 und 1933
Anteile der Gewerbeabteilungen und -gruppen an der Gesamtzahl der betrieblichen Niederlassungen %

GA GG	D 1925	D 1933	DU 1925	DU 1933	E 1925	E 1933	K 1925	K 1933	MG 1925	MG 1933	W 1925	W 1933
GA A	0,4	0,3	0,4	0,2	0,3	0,3	0,4	0,3	0,3	0,3	0,4	0,2
B	41,4	41,8	38,2	40,3	37,4	41,0	40,1	41,0	52,2	50,5	54,9	53,9
C	58,3	57,9	61,5	59,5	62,3	58,7	59,5	58,7	47,6	49,2	44,8	45,9
GG 1	0,4	0,3	0,4	0,2	0,3	0,3	0,4	0,3	0,3	0,3	0,4	0,2
2	–	–	–	–	–	–	–	–	–	–	–	–
3	–	–	0,1	0,1	0,2	0,1	–	0,0	–	–	–	–
4	0,7	0,7	0,6	0,4	0,5	0,5	0,5	0,6	0,4	0,4	0,3	0,3
5	0,2	0,2	0,3	0,1	0,1	0,1	0,1	0,1	0,2	0,1	0,2	0,1
6	3,3	3,0	2,9	2,4	2,6	2,6	3,0	2,9	2,5	2,7	5,0	4,8
7	2,4	1,7	1,7	1,3	1,2	0,9	1,7	1,3	1,7	1,5	1,7	1,5
8	1,8	2,0	1,6	1,6	1,3	1,3	1,8	1,9	1,1	1,2	1,2	1,6
9	0,5	0,4	0,3	0,2	0,2	0,2	0,5	0,5	0,2	0,3	0,3	0,3
10	0,4	0,3	0,3	0,2	0,3	0,3	0,4	0,3	4,4	3,0	13,8	10,4
11	1,2	1,4	0,9	0,9	1,2	1,2	1,2	1,3	1,3	1,4	1,7	1,8
12	0,5	0,3	0,5	0,4	0,5	0,4	0,4	0,3	0,5	0,5	0,7	0,6
13	0,1	0,2	0,0	0,1	0,1	0,1	0,1	0,2	0,0	0,1	0,1	0,1
14	3,7	2,6	3,0	2,3	2,9	2,4	3,6	2,8	3,7	3,2	3,7	3,4
15	0,1	0,1	0,1	0,0	0,1	0,1	0,2	0,1	0,1	0,1	0,1	0,1
16	5,8	5,7	6,9	6,8	5,4	5,2	5,8	5,6	7,3	7,5	4,9	5,1
17	13,3	15,4	10,9	15,7	14,1	18,2	13,9	16,1	22,6	21,3	15,5	16,9
18	7,4	7,7	8,1	7,8	6,8	7,5	6,8	7,1	6,1	7,1	5,6	6,8
19	0,1	0,1	0,1	0,1	0,1	0,1	0,1	0,1	0,1	0,1	0,1	0,1
20	49,7	49,3	48,3	47,6	52,0	48,2	50,0	49,5	40,5	41,4	37,8	38,3
21	1,0	1,0	0,7	0,7	0,8	0,8	0,9	0,4	0,8	0,8	0,6	0,7
22	2,0	2,5	4,1	3,7	2,6	3,1	2,2	3,0	1,7	2,2	1,3	2,0
23	5,5	5,1	8,4	7,5	7,0	6,6	6,4	5,8	4,6	4,8	5,1	4,8

GA = Gewerbeabteilung, GG = Gewerbegruppe. Gewerbliche, Rheinprovinz, 1925, S. 46–77, 86–90, 94–96, 103–105, 111–113, 131–133. Gewerbliche, Rheinprovinz, 1933, S. 26–54; eigene Berechnungen.

Tabelle 23

Steinkohlenbergbau in Duisburg-Hamborn und Essen
Selbständig produzierende Betriebsteile

	1929		1930		1931		1932		1933	
	DU	E	DU	E	DU	E	DU	E	DU	E
Steinkohlenförderung	8	23	8	22	9	20	8	19	8	19
Kokserzeugung	4	11	4	11	4	9	3	7	3	6
Gaserzeugung	4	11	4	11	4	9	3	7	3	6
Preßkohlenerzeugung	0	11	0	11	0	11	0	10	0	10

Maschinen für die Kohlenveredelung

	1929		1930		1931		1932		1933	
	DU	E	DU	E	DU	E	DU	E	DU	E
Koksöfen	1133	1812	880	1471	661	909	541	734	532	736
Brikettpressen	0	49	0	36	0	29	0	30	0	29

Beschäftigte

	1929		1930		1931		1932		1933	
	DU	E	DU	E	DU	E	DU	E	DU	E
pro Betrieb	3389	2420	2955	2279	1942	1939	1642	1821	1697	1891
Index (1929 = 100)	100	100	87,2	94,2	57,3	80,1	48,5	75,3	50,1	78,1

Auf ganze Zahlen gerundet. Jahrbuch für den Ruhrkohlenbezirk 32 (1934); eigene Berechnungen.

Tabelle 24

Statistik der staatlichen Gewerbeaufsicht Arbeitnehmer der Betriebe der Gewerbeabteilung B „Industrie und Handwerk" und in der Summe

	GA	1929		1930		1932		1934	
		G	M	G	M	G	M	G	M
D	B	84870	20322	57041	15693	38371	11225	52405	13656
	A-C	97945	33474	70093	29237	49116	22456	63655	25438
DU	B	56023	14202	43526	11175	23887	6739	34634	7777
	A-C	71942	21767	61129	17735	35821	12086	49341	12097
E	B	52044	16530	47286	15371	25626	10679	44718	13032
	A-C	65960	26805	61000	25843	38860	19454	61583	22120
K	B	75179	26465	64923	24089	42950	17897	58317	17131
	A-C	96311	46302	86932	43512	60520	35386	77530	32501
MG	B	50275	11349	42542	9659	34175	7151	43163	8627
	A-C	51530	13432	43984	11396	35878	8837	44814	10387
W	B	55525	25500	55301	27033	31697	17149	41509	19519
	A-C	60270	32564	60274	34197	35688	22474	46276	24567

Ohne Bergbau. G = Großbetriebe mit ≥ 50 Arbeitnehmern, GA = Gewerbeabteilung, M = Mittelbetriebe mit 5–49 Arbeitnehmern. Systematik vgl. Anlage. Gebietsstände 1929: D = Stadt- und Landkreis Düsseldorf, DU = Duisburg + Hamborn + Landkreis Dinslaken + Sterkrade, E = Stadt- und Landkreis Essen, MG = Stadt- und Landkreis M. Gladbach + Rheydt, W = Barmen + Elberfeld. Gebietsstand MG 1930–1934 = Stadt Gladbach-Rheydt + Viersen. HStAD Reg. D 34373, 34376 I, 34382, 34391. Jahresberichte der Gewerbeaufsichtsbeamten 1928, S. 646f.; 1929, S. 640f.; 1931 und 1932, S. 71–73; 1933 und 1934, S. 71–73. Statistisches Jahrbuch der Stadt Köln 19 (1930), S. 47–53; 20 (1931), S. 19f.; 22 (1933), S. 19f.; 24 (1934), S. 19f.; eigene Berechnungen.

Tabelle 25

Statistik der staatlichen Gewerbeaufsicht
Betriebe der Gewerbeabteilung B „Industrie und Handwerk" und in der Summe

	GA	1929		1930		1932		1934	
		G	M	G	M	G	M	G	M
D	B	413	1359	291	1092	215	825	246	975
	A-C	505	2445	376	2112	286	1775	317	1920
DU	B	315	986	284	790	179	513	225	604
	A-C	394	1575	378	1330	260	977	317	1053
E	B	261	1198	239	1120	148	792	205	971
	A-C	361	1999	333	1959	233	1408	314	1653
K	B	376	1838	317	1725	204	1316	232	1290
	A-C	534	3205	489	3169	331	2865	362	2449
MG	B	291	802	243	627	193	490	217	559
	A-C	301	933	250	748	202	598	226	693
W	B	360	1674	361	1840	217	1151	269	1297
	A-C	403	2190	404	2387	253	1494	312	1703

Ohne Bergbau. G = Großbetriebe mit ≥ 50 Arbeitnehmern, GA = Gewerbeabteilung, M = Mittelbetriebe mit 5–49 Arbeitnehmern. Systematik vgl. Anlage. Gebietsstände 1929: D = Stadt- und Landkreis Düsseldorf, DU = Duisburg + Hamborn + Landkreis Dinslaken + Sterkrade, E = Stadt- und Landkreis Essen, MG = Stadt- und Landkreis M. Gladbach + Rheydt, W = Barmen + Elberfeld. Gebietsstand MG 1930–1934 = Stadt Gladbach-Rheydt + Viersen. HStAD Reg. D 34373, 34376 I, 34382, 34391. Jahresberichte der Gewerbeaufsichtsbeamten 1928, S. 646 f.; 1929, S. 640 f.; 1931 und 1932, S. 71–73; 1933 und 1934, S. 71–73. Statistisches Jahrbuch der Stadt Köln 19 (1930), S. 47–53; 20 (1931), S. 19 f.; 22 (1933), S. 19 f.; 24 (1934), S. 19 f.; eigene Berechnungen.

Tabelle 26

Statistik der staatlichen Gewerbeaufsicht
Anteil der weiblichen Arbeitnehmer an der Gesamtzahl der in der Gewerbeabteilung B „Industrie und Handwerk“ Beschäftigten

%

	1929		1930		1932		1934	
	G	M	G	M	G	M	G	M
D	13,0	24,7	13,9	26,6	16,4	31,9	14,1	28,6
DU	4,7	13,7	5,3	17,2	7,5	19,4	6,2	15,0
E	12,3	21,3	11,4	20,5	14,4	25,8	11,3	22,7
K	25,9	27,8	28,2	29,1	31,2	32,8	26,3	30,7
MG	41,7	28,6	40,7	31,5	46,1	34,4	41,1	30,9
W	39,1	32,0	39,4	30,7	40,6	35,4	38,2	31,2

Index 1929 = 100

	1930		1932		1934	
	G	M	G	M	G	M
D	72,2	83,2	57,2	71,4	67,2	77,8
DU	88,6	99,4	68,5	67,5	82,3	86,6
E	84,4	89,4	57,8	78,3	79,2	83,9
K	94,0	95,1	68,8	79,8	78,9	71,4
MG	82,5	93,5	74,9	75,7	84,5	82,1
W	100,2	101,8	59,2	74,4	73,0	74,6

Ohne Bergbau. G = Großbetriebe mit ≥ 50 Arbeitnehmern, GA = Gewerbeabteilung, M = Mittelbetriebe mit 5–49 Arbeitnehmern. Systematik vgl. Anlage. Gebietsstände 1929: D = Stadt- und Landkreis Düsseldorf, DU = Duisburg + Hamborn + Landkreis Dinslaken + Sterkrade, E = Stadt- und Landkreis Essen, MG = Stadt- und Landkreis M. Gladbach + Rheydt, W = Barmen + Elberfeld. Gebietsstand MG 1930–1934 = Stadt Gladbach-Rheydt + Viersen. HStAD Reg. D 34373, 34376 I, 34382, 34391. Jahresberichte der Gewerbeaufsichtsbeamten 1928, S. 646 f.; 1929, S. 640 f.; 1931 und 1932, S. 71–73; 1933 und 1934, S. 71–73. Statistisches Jahrbuch der Stadt Köln 19 (1930), S. 47–53; 20 (1931), S. 19 f.; 22 (1933), S. 19 f.; 24 (1934), S. 19 f.; eigene Berechnungen.

Tabelle 27

Volkszählung 1933
Größe der privaten Haushalte

	Zahl der Personen je Haushalt Anteile der Haushaltsgrößen an der Gesamtzahl %									durchschn. Haushaltsgröße
	1	2	3	4	5	6	7	> 7	Anstalt	
D	9,6	26,5	27,6	18,9	9,4	4,3	1,9	1,6	0,2	3,22
DU	5,8	20,7	27,6	21,7	12,3	6,2	2,9	2,6	0,1	3,59
E	6,9	22,1	27,5	21,0	11,6	5,8	2,7	2,3	0,1	3,50
K	9,9	25,5	27,0	19,0	9,9	4,7	2,1	1,8	0,2	3,27
MG	7,3	21,9	25,7	19,5	11,8	6,5	3,4	3,7	0,1	3,62
W	11,5	27,0	28,2	17,9	8,5	3,8	1,6	1,2	0,1	3,10

Anstalt = Anstaltshaushalte. Volkszählung, Familien, Haushaltungen, 1933, S. 42 f.; eigene Berechnungen.

Tabelle 28

Volkszählung 1933
Soziale Stellungen der Familien zusammenlebender Ehepaare Anteile an der Summe der Haushalte der jeweiligen sozialen Stellung %

Soziale Stellung	D		DU		E		K		MG		W	
	O	M	O	M	O	M	O	M	O	M	O	M
Eigentümer und Pächter	58,3	41,7	50,1	49,9	49,6	50,4	57,7	42,3	46,9	53,1	56,0	44,0
Leitende Ange- stellte	50,6	49,4	44,1	55,9	50,0	50,0	52,6	47,4	50,7	49,3	46,5	53,5
Leitende Beamte	48,6	51,4	48,1	51,9	46,0	54,0	50,7	49,3	42,4	57,6	60,1	39,9
Mithelfende Fam.angehörige	53,9	46,1	53,5	46,5	53,9	46,1	60,0	40,0	44,9	55,1	60,4	39,6
Beamte ohne Leitende	49,1	50,9	40,3	59,7	41,4	58,6	48,7	51,3	38,4	61,6	46,5	53,5
Angestellte ohne Leitende	50,5	49,5	41,1	58,9	43,8	56,2	50,5	49,5	41,2	58,8	50,0	50,0
Arbeiter und Hausangestellte	45,0	55,0	31,0	69,0	33,7	66,3	41,8	58,2	36,0	64,0	46,4	53,6
Berufslose Selbständige	80,1	19,9	70,3	29,7	73,3	26,7	77,9	22,1	74,0	26,0	82,2	17,8
Summe	52,0	48,0	39,5	60,5	43,7	56,3	50,7	49,3	43,2	56,8	52,6	47,4

Fam. angehörige = Familienangehörige, M = Mit Kindern unter 16 Jahren, O = Ohne Kinder unter 16 Jahren. MG: Gebietsstand nach dem 1.8.1933. Volkszählung, Familien, Familien, 1933, S. 83 f., 86–88; eigene Berechnungen.

Tabelle 29

Umsatzsteuerveranlagung 1929
Anteile der Gewerbegruppen am gesamten Umsatzsteueraufkommen %

GG	D	DU	E	K	MG	W
1	0,1	0,1	0,2	0,1	0,4	0,1
2	0,0	0,1	0,1	0,1	0,1	0,1
3	0,0	1,8	16,2	1,6	-	-
4	0,8	0,8	0,5	1,7	0,2	0,3
5	32,7	4,9	22,7	0,5	0,2	1,0
6	1,0	1,0	0,7	1,0	1,3	4,6
7	4,1	7,7	1,0	4,7	2,9	3,6
8	0,3	1,4	0,4	4,9	4,4	1,2
9	8,6	3,3	0,9	6,2	0,5	1,5
10	0,6	0,6	0,4	0,7	37,9	23,6
11	0,9	0,8	0,5	1,5	2,4	2,0
12	0,1	0,1	0,0	0,2	0,7	0,2
13	0,1	0,0	0,1	0,7	0,0	0,1
14	0,4	1,2	1,1	1,0	1,3	1,4
15	0,0	0,0	0,0	0,1	0,0	0,2
16	3,5	8,9	4,1	13,6	5,6	8,0
17	0,4	0,6	1,2	1,9	8,0	2,7
18	1,7	4,9	6,0	2,5	2,4	3,0
19	-	1,3	5,1	0,3	1,1	0,5
20	42,1	46,9	34,5	51,3	26,6	40,9
21	0,0	0,1	0,0	0,0	0,2	0,1
22	0,4	9,5	0,5	1,3	0,4	1,1
23	1,5	2,8	2,8	2,8	2,4	2,5
24	0,1	0,2	0,2	0,4	0,2	0,2
25	0,0	0,0	0,0	0,0	0,0	0,0
26	0,2	0,4	0,4	0,4	0,4	0,5
27	0,4	0,6	0,6	0,6	0,5	0,6

Umsatz, S. 150 f., 153, 155; eigene Berechnungen.

Tabelle 30

Körperschaftsteuerveranlagungen
Index, Pflichtige, Gesamteinkommen

Index 1929 = 100

		D	DU	E	K	MG	W
Zahl der Pflichtigen	1929	100	100	100	100	100	100
	1932	61,6	58,2	58,0	58,3	62,8	56,8
	1933	75,8	65,4	58,6	63,4	65,5	62,4
	1934	132,1	111,8	113,0	99,7	116,9	124,2
Gesamt-einkommen	1929	100	100	100	100	100	100
	1932	42,7	27,3	11,6	43,8	33,6	26,0
	1933	54,3	34,6	24,7	52,1	52,1	37,1
	1934	73,4	70,4	92,8	100,8	116,9	98,0

Pflichtige und Gesamteinkommen absolut

		D	DU	E	K	MG	W
Zahl der Pflichtigen	1929	492	263	386	860	148	322
	1932	303	153	224	501	93	183
	1933	373	172	226	545	97	201
	1934	650	294	436	857	173	400
Gesamt-einkommen 1000 RM	1929	104874	20108	56932	71748	7911	14318
	1932	44727	5481	6581	31434	2657	3724
	1933	56929	6959	14086	37378	4121	5315
	1934	76959	14150	52831	72318	9250	14025

MG 1932–1934 = M. Gladbach + Rheydt. StJbdtSt 28 (1933), S. 166, 180 f. StJbdtG 30 (1935), S. 616 f.; 32 (1937), S. 353, 355; eigene Berechnungen.

Tabelle 31

Körperschaftsteuerveranlagungen
Anteile der Einkommensgruppen an der Summe %

Klasse RM	Jahr		D	DU	E	K	MG	W
< 8000	1929	PF	56,1	59,3	55,7	57,6	62,8	58,7
		E	0,7	1,9	1,0	1,7	2,8	3,2
	1932	PF	65,0	68,6	66,1	66,7	68,3	70,0
		E	1,0	3,7	4,3	2,4	5,3	7,5
	1934	PF	68,6	73,1	67,2	67,4	60,6	73,5
		E	1,2	2,6	0,9	1,5	2,3	4,0
8000 - < 50000	1929	PF	26,4	25,5	30,3	25,7	20,3	27,3
		E	2,7	6,2	4,4	6,3	8,0	11,8
	1932	PF	26,1	24,2	23,7	21,4	18,3	24,0
		E	3,4	15,4	13,4	6,3	13,2	24,1
	1934	PF	20,2	17,0	22,7	20,4	21,3	18,8
		E	3,3	7,9	3,5	4,8	8,7	12,7
50000 - < 200000	1929	PF	11,2	9,5	8,3	10,1	10,1	10,9
		E	4,7	13,5	5,2	11,5	23,7	24,4
	1932	PF	5,0	5,2	7,1	7,2	8,3	3,8
		E	3,7	17,8	27,1	11,0	30,2	13,4
	1934	PF	6,6	6,1	6,2	6,3	11,7	4,0
		E	5,2	14,0	5,2	6,9	15,0	12,4
200000 - < 1 Mio.	1929	PF	4,9	3,4	3,4	4,9	6,8	2,2
		E	10,6	18,2	11,2	24,2	65,5	20,4
	1932	PF	3,6	0,7	3,1	3,2	5,0	1,6
		E	9,0	7,4	55,3	26,8	51,2	24,5
	1934	PF	3,7	2,4	2,8	4,6	6,4	3,0
		E	13,8	18,1	11,6	23,2	74,1	38,9
□ 1 Mio.	1929	PF	1,4	2,3	2,3	1,7	-	0,9
		E	81,3	60,2	78,1	56,4	-	40,2
	1932	PF	0,3	1,3	0	1,6	0	0,6
		E	82,8	55,9	0	53,5	0	30,5
	1934	PF	0,9	1,4	1,2	1,3	-	0,8
		E	76,5	57,5	78,7	63,5	-	32,0
Zahl der Pflichtigen mit □ 1 Mio. RM Einkommen	1929		7	6	9	15	-	3
	1932		1	2	0	8	0	1
	1934		6	4	5	11	-	3

– in Spalte MG: Zur Wahrung des Steuergeheimnisses von der Quelle in die nächstniedrigere Einkommensgruppe gelegt, E = Anteil der Einkommensklasse an der Summe der Einkommen %, PF = Anteil der Pflichtigenklasse an der Summe der Pflichtigen %. MG 1932 und 1934: ohne Rheydt. StJbdtSt 28 (1933), S. 180 f., 183. StJbdtG 30 (1935), S. 618 f.; 32 (1937), S. 357 f.; eigene Berechnungen.

Tabelle 32

Einkommensteuerveranlagungen
Die je drei höchsten und niedrigsten Einkommensklassen %

Klasse	Jahr		D	DU	E	K	MG	W
< 1500 RM	1929	PF	19,5	21,9	27,7	22,1	24,7	24,5
		E	2,8	3,7	5,1	3,7	4,9	4,8
	1932	PF	38,4	43,6	44,0	38,8	37,0	41,6
		E	7,1	10,8	10,9	8,0	9,1	11,3
	1933	PF	40,1	42,5	44,6	38,9	35,9	42,0
		E	8,0	11,2	11,1	8,0	8,7	12,1
1500 - < 3000 RM	1929	PF	28,1	29,3	29,4	29,2	31,4	30,7
		E	8,4	10,6	11,1	9,8	12,4	12,4
	1932	PF	28,4	29,2	29,2	28,1	32,2	30,6
		E	11,4	15,4	15,7	12,2	16,8	17,2
	1933	PF	28,4	30,7	29,4	29,7	32,7	31,2
		E	12,4	17,0	15,8	13,0	16,3	18,4
3000 - < 5000 RM	1929	PF	16,8	16,4	14,1	16,1	16,4	17,4
		E	9,0	10,5	9,5	9,7	11,6	12,2
	1932	PF	11,2	10,1	10,1	11,3	12,9	11,1
		E	8,2	9,8	10,0	9,0	12,2	11,5
	1933	PF	11,7	10,8	10,2	11,8	13,2	11,2
		E	9,3	11,0	10,1	9,4	11,8	12,2
25000 - < 50000 RM	1929	PF	2,6	1,9	1,9	2,3	1,7	1,8
		E	12,1	10,6	11,3	12,1	10,9	11,1
	1932	PF	1,7	1,3	1,1	1,7	1,5	1,1
		E	11,2	11,2	10,0	11,9	14,0	9,6
	1933	PF	1,4	1,0	1,1	1,5	1,3	0,9
		E	9,4	9,2	10,1	10,2	10,9	8,7
50000 - < 100000 RM	1929	PF	0,7	0,5	0,5	0,6	0,8	0,5
		E	6,2	5,1	6,2	6,5	9,8	6,2
	1932	PF	0,5	0,3	0,4	0,4	0,4	0,2
		E	6,2	7,9	6,8	6,2	7,5	3,7
	1933	PF	0,5	0,3	0,3	0,4	0,6	0,1
		E	6,4	5,9	5,1	9,6	13,5	3,1
□ 100000 RM	1929	PF	0,3	0,2	0,2	0,3	0,1	0,2
		E	13,6	7,0	8,2	8,9	3,7	6,4
	1932	PF	0,2	0,0	0,1	0,2	-	0,1
		E	14,4	0,9	3,7	8,5	-	2,6
	1933	PF	0,1	0,1	0,1	0,2	-	0,1
		E	14,6	3,3	7,6	11,0	-	3,3

– in Spalte MG: Zur Wahrung des Steuergeheimnisses von der Quelle in die nächstniedrigere Einkommensklasse gelegt, E = Anteil der Einkommensklasse an der Summe der Einkommen, PF = Anteil der Steuerpflichtigen dieser Klasse an der Gesamtzahl, MG 1932 und 1933: ohne Rheydt. Einkommen- und Körperschaftsteuerveranlagung für 1929, S. 36f. Einkommen- und Körperschaftsteuerveranlagung für 1932 und 1933, S. 36f., 175, 207; eigene Berechnungen.

Tabelle 33

Lohnsteuerabzüge
Anteile der Steuerbelasteten und Einkommen an den Summen %

Klasse RM	Jahr		D	DU	E	K	MG	W
< 1500	1928	StB	35,1	30,7	34,0	36,0	54,7	44,7
		E	15,2	13,0	15,0	14,6	30,7	21,8
	1932	StB	24,2	24,2	25,9	24,6	41,4	32,9
		E	8,9	9,9	10,5	8,5	20,0	13,9
	1934	StB	23,3	20,1	22,6	23,8	35,3	29,9
		E	9,2	7,9	10,1	8,7	19,1	14,2
1500 - < 3000	1928	StB	43,0	52,0	48,8	41,1	31,8	39,1
		E	41,2	52,3	48,6	40,2	36,5	42,2
	1932	StB	50,5	54,2	54,9	49,6	41,3	47,7
		E	45,3	49,6	51,1	44,6	42,8	46,8
	1934	StB	55,5	68,8	61,5	53,2	50,3	54,2
		E	52,0	68,7	59,3	49,5	50,7	53,9
≥ 3000	1928	StB	21,9	17,4	17,2	23,0	13,5	16,2
		E	43,6	34,7	36,4	45,2	32,8	36,0
	1932	StB	25,3	21,6	19,2	25,8	17,3	19,4
		E	45,8	40,6	38,4	46,9	37,3	39,3
	1934	StB	21,2	11,1	15,9	23,0	14,4	15,9
		E	38,8	23,4	30,7	41,8	30,2	32,0

E = Anteil der Klasse an der Summe der Einkommen, StB = Anteil der Klasse an der Gesamtzahl der Steuerbelasteten. 1928: D = Düsseldorf+ Benrath, DU = Duisburg + Hamborn, E: Gebietsstand vor dem 1.8.1929, W = Barmen + Elberfeld, MG 1928 und 1934 = M.Gladbach + Rheydt. Der Steuerabzug vom Arbeitslohn im Jahre 1928, S.46f. Der Steuerabzug vom Arbeitslohn in den Jahren 1932 und 1934, S.105, 107, 115, 123, 131, 155; eigene Berechnungen.

Tabelle 34

Lohnsteuerabzüge
Anteile der Unbesteuerten, Steuerbefreiten und Steuerbelasteten an den Steuerpflichtigen %

Pflichtige	Jahr	D	DU	E	K	MG	W
Unbesteuerte Arbeitnehmer	1928	36,8	33,0	41,9	39,5	38,4	33,7
	1932	56,3	58,6	61,7	54,9	53,9	57,5
	1934	43,5	53,4	51,8	47,5	52,6	42,7
Steuerbefreite Arbeitnehmer	1928	0,8	1,7	1,7	0,8	2,0	1,2
	1932	2,0	2,2	2,9	2,2	4,3	2,4
	1934	5,0	3,3	5,5	4,6	8,1	9,6
Steuerbelastete Arbeitnehmer	1928	62,4	65,3	56,4	59,7	59,6	65,1
	1932	41,8	39,2	35,4	42,9	41,8	40,1
	1934	51,5	43,3	42,8	47,9	39,3	47,8

1928: D = Düsseldorf+ Benrath, DU = Duisburg + Hamborn, E: Gebietsstand vor dem 1.8.1929, MG 1928 und 1934 = M.Gladbach + Rheydt. Steuerabzug vom Arbeitslohn im Jahre 1928, S. 47. Steuerabzug vom Arbeitslohn in den Jahren 1932 und 1934, S. 33.

Tabelle 35

Steinkohlenförderung und ihre Nebenprodukte

Steinkohle		1929	1930	1931	1932	1933
Förderung 1000 t	DU	8448,2	7482,0	5776,7	4854,8	5028,3
	E	17618,6	15269,8	12727,3	11524,5	11821,5
Förderung pro Arbeit-nehmer t	DU	311,6	316,5	330,5	364,5	370,4
	E	316,6	304,5	328,3	333,0	329,1

Produktionsindizes 1929 = 100						
Steinkohle	DU	100	88,6	68,4	57,5	59,5
	E	100	86,7	72,0	65,2	66,9
Preßkohle	DU	k. A.	k. A.	k. A.	k. A.	k. A.
	E	100	74,6	85,2	83,3	84,6
Koks	DU	100	86,9	55,3	42,1	45,8
	E	100	75,4	48,7	37,4	40,7
Gas	DU	100	83,8	55,5	43,9	48,0
	E	100	74,2	48,4	38,2	42,3

k. A. = keine Angaben in der Quelle. E Steinkohlenförderung 1929 und 1930 ein offensichtlicher Druckfehler im Jahrbuch für den Ruhrkohlenbezirk 32 (1934), S. 493, Berichtigung aus 31 (1933), S. 501. Jahrbuch für den Ruhrkohlenbezirk 32 (1934); eigene Berechnungen.

Tabelle 36

Fried. Krupp AG, Essen

Produktion und Steinkohlenförderung 1000 t

Geschäftsjahr	Hochöfen, Stahl-, Walzwerke			Steinkohlenförderung	Kokserzeugung
	Roheisen	Rohstahl	Walzwerkprodukte		
1928/29	1292	1587	1160	1656	580
1929/30	1307	1366	1023	1551	512
1930/31	933	1112	816	1142	361
1931/32	473	685	478	942	303
1932/33	665	838	580	1036	336

Auslastung der Kapazität der Betriebsteile der Gußstahlfabrik Essen %

Geschäftsjahr	Stahlbetriebe	Schmieden	Walzwerke
1928/29	70	k. A.	k. A.
1929/30	60	40	45
1930/31	50	40	35
1931/32	35	35	25
1932/33	k. A.	k. A.	k. A.

k. A. = keine Angabe. Geschäftsjahr 1.10.-30.9. Steinkohlenförderung: Förderung der Bergwerke Essen. Fried. Krupp: Jahresbericht 1928/1929, S. 7–9; 1929/1930, S. 6–9; 1930/1931, S. 6–9; 1931/1932, S. 7–10; 1932/1933, S. 7, 10.

Tabelle 37

Grundbesitzwechsel

Zahl der Besitzwechsel

Jahr	D	DU	E	K	W
1929	1382	427	910	2283	928
1930	1191	454	1053	1759	637
1931	1481	564	1102	1646	697
1932	1680	643	983	1658	661
1933	1381	577	480	1710	565

Fläche des gewechselten Grundbesitzes nach Veräußerungsarten

Jahr	Veräußerungsart	D		DU		E		K		W	
		s	u	s	u	s	u	s	u	s	u
1929	freiwillig	92,2	99,5	92,3	98,8	93,5	98,5	84,9	99,5	89,8	97,1
	Zwangsver.	7,8	0,5	7,7	1,2	6,5	1,5	15,1	0,5	10,2	2,9
1930	freiwillig	82,8	100	87,0	99,3	92,6	98,6	75,4	98,6	73,4	96,9
	Zwangsver.	17,2	0	13,0	0,7	7,4	1,4	24,6	1,4	26,6	3,1
1931	freiwillig	73,8	100	64,7	67,4	84,7	99,2	64,1	96,9	77,3	95,0
	Zwangsver.	26,2	0	35,3	32,6	15,3	0,8	35,9	3,1	22,7	5,0
1932	freiwillig	73,2	96,5	54,3	82,8	85,1	82,2	66,6	96,6	53,8	93,6
	Zwangsver.	26,8	3,5	45,7	17,2	14,9	17,8	33,4	3,4	46,2	6,4
1933	freiwillig	79,1	99,6	60,4	96,7	90,8	100	76,4	98,4	84,8	94,4
	Zwangsver.	20,9	0,4	39,6	3,3	9,2	0	23,6	1,6	15,2	5,6

Freiwillig = freiwillige Veräußerung, s = städtische bebaute Grundstücke, u = unbebaute Grundstücke, Zwangsver. = Zwangsversteigerung. MG: Werte fehlen; 1929: D, E: Gebietsstand vor dem 1.8.1929, DU nur Duisburg; W = Barmen + Elberfeld. Vierteljahrshefte zur StdDR 39 (1930), H. 4, S.70f.; 40 (1931), H. 4, S.56f.; 41 (1932), H. 4, S.58f.; 42 (1933), H. 4, S.80f.; 43 (1934), H. 4, S.60f.; eigene Berechnungen.

Tabelle 38

Bruttozugang von Gebäuden und Wohnungen 1929–1933

absolute Zahlen

	1929		1930		1931		1932		1933	
	G	W	G	W	G	W	G	W	G	W
D	467	2417	999	3349	508	2227	253	826	781	1303
DU	961	3240	890	3301	597	1434	241	406	267	291
E	783	2844	939	3545	646	2522	346	1232	515	1070
K	1599	5962	1476	5210	955	4150	732	2052	1067	2945
MG	285	602	262	661	263	819	125	248	222	417
W	709	2096	405	1530	428	1502	108	289	91	285

Index 1929 = 100

	1930		1931		1932		1933	
	G	W	G	W	G	W	G	W
D	213,9	138,6	108,8	92,1	54,2	34,2	167,2	53,9
DU	92,6	101,9	62,1	44,3	25,1	12,5	27,8	9,0
E	119,9	124,7	82,5	88,7	44,2	43,3	65,8	37,6
K	92,3	87,4	59,7	69,6	45,8	34,4	66,7	49,4
MG	91,9	109,8	92,3	136,1	43,8	41,2	77,9	69,3
W	57,1	73,0	60,4	71,7	15,2	13,8	12,8	13,6

G = Gebäude, W = Wohnungen. 1929: DU = Duisburg + Hamborn, W = Barmen + Elberfeld. Vierteljahrshefte zur StdDR 39 (1930), H. 1, S. 50 f., H. 4, S. 36 f.; 40 (1931), H. 4, S. 73–75; 42 (1933), H. 1, S. 85 f.; 43 (1934), H. 1, S. 93–95; eigene Berechnungen.

Tabelle 39

Bruttozugang von Wohngebäuden und Wohnungen

Anteile der Wohngebäude mit 1-2 Wohnungen am gesamten Bruttozugang %

	1929	1930	1931	1932	1933
D	38,3	59,6	37,2	71,2	92,7
DU	38,9	32,7	62,0	77,8	97,2
E	31,6	28,5	28,5	51,0	84,1
K	41,4	48,8	21,1	59,3	86,3
MG	80,2	65,2	45,7	83,5	89,0
W	44,7	32,5	55,9	70,2	77,9

Durchschnittliche Zahl der Wohnungen in Wohngebäuden

Stadt	1929	1930	1931	1932	1933
D	5,3	3,5	4,6	3,5	1,7
DU	3,7	4,6	3,1	2,1	1,2
E	4,3	4,6	4,6	4,7	2,3
K	4,3	4,3	5,3	3,9	3,0
MG	2,1	2,6	3,2	2,1	2,0
W	3,6	4,5	3,6	2,7	3,2

1929: D, E, MG: Gebietsstand vor dem 1.8.1929, DU = Duisburg + Hamborn, W = Barmen + Elberfeld. Vierteljahrshefte zur StdDR 39 (1930), H. 1; 39 (1930), H. 4; 40 (1931), H. 4; 42 (1933), H. 1; 43 (1934), H. 1; eigene Berechnungen.

Tabelle 40

Arbeitslosenversicherung und Krisenfürsorge
Anteil der Ausgesteuerten an den abgehenden Unterstützten %

Zeitraum	D		DU		E		K		MG		W	
	A	K	A	K	A	K	A	K	A	K	A	K
16.06.29-15.07.29	23	k	24	k	59	k	27	k	39	k	40	k
16.12.29-15.01.30	26	34	31	19	32	29	26	36	43	40	30	32
16.06.30-15.07.30	38	26	35	18	58	41	35	36	41	35	32	41
16.12.30-15.01.31	46	43	59	25	52	36	45	36	48	48	53	62
16.06.31-15.07.31	51	48	54	65	47	36	37	39	43	45	47	51
16.12.31-15.01.32	64	59	63	71	60	74	62	59	51	62	67	62
15.06.32-15.07.32	40	45	49	54	64	61	59	41	55	37	65	45

Auf ganze Zahlen gerundet. A = Arbeitslosenversicherung, K = Krisenfürsorge, k = keine Angaben in den Quellen vorhanden. Mitteilungen zur Statistik des rheinischen Arbeitsmarktes 4 (1929)-8 (1933). Volkszählung, Familien, Haushaltungen, 1933, S. 42 f.; eigene Berechnungen.

Tabelle 41

Richtsätze für die kommunalen Wohlfahrtsunterstützungen

Hauptleistungen für Personen mit einem eigenen Haushalt RM pro Monat

Personenkreis	Stichtag	D		DU		E		K		MG		W	
		A	G	A	G	A	G	A	G	A	G	A	G
Allein-stehende	1.7.1930	40	50	43	54	40	50	42	53	43	54	45	49
	1.8.1931	40	50	39	49	38	48	40	50	40	50	40	50
	1.3.1932	36	45	36	45	36	45	36	42	36	45	36	45
	ab 1.7.1932	34	40	34	40	34	40	34	40	34	40	34	40
Ehepaare	1.7.1930	60	75	63	79	61	77	64	78	65	81	63	74
	1.8.1931	60	70	59	68	57	67	60	70	60	70	60	70
	1.3.1932	54	63	54	63	54	63	54	60	54	63	54	63
	ab 1.7.1932	51	57	51	57	51	57	51	57	51	57	51	57
Zuschlag für das 1. Kind, Alter: 10 Jahre	1.7.1930	14	14	16	17	17	18	18	18	14	14	15	15
	1.8.1931	14	14	14	14	15	15	16	16	14	14	14	14
	1.3.1932	14	14	14	14	14	14	14	14	14	14	14	14
	1.7.1932	14	13	13	13	13	13	12	12	14	14	13	13
	ab 1.10.33	14	14	13	13	13	13	12	12	13	13	13	13

Auf ganze Zahlen gerundet. A = Allgemeine Fürsorge, G = Gehobene Fürsorge. Städte und Statistik 24 (1930), Nr. 8, S. 75* f. StJbdtSt 27 (1932), S. 1 f., 337–339. StJbdtG 29 (1934), S. 408 f.

Tabelle 42

Pflicht- und Fürsorgearbeiter 1930–1933

Ende Quartal Jahr	D		DU		E		K		MG		W	
	PF	FÜR	PF	FÜR	PF	FÜR	PF	FÜR	PF	FÜR	PF	FÜR
1.1930	5209	0	918	408	23	5109	1625	1437	-	91	250	1066
2.1930	6311	k.A.	1462	364	243	4666	1420	1842	6	49	319	1517
3.1930	3485	3750	1684	288	420	6460	1347	2148	621	478	769	1521
4.1930	461	4734	1402	190	775	6476	1340	2299	353	312	930	1898
1.1931	244	4544	1040	922	1577	5049	1377	2213	633	163	1200	2693
2.1931	293	4720	1579	903	1767	3914	842	4390	1319	184	792	3437
3.1931	218	5096	1325	1048	2032	6589	1104	3252	1277	130	1394	1534
4.1931	259	5281	835	879	2616	5173	1191	1719	1000	32	2301	1013
1.1932	264	4816	434	516	3042	4858	1725	2404	1333	45	2696	1018
2.1932	131	5392	406	339	243	1510	2571	1725	1582	85	2802	863
3.1932	109	4827	262	727	254	3366	1289	1928	2228	173	3504	715
4.1932	110	4495	184	1384	383	3592	1392	1975	1695	41	1686	648
1.1933	68	1831	99	1545	917	2447	2307	1879	1958	95	1806	1544

FÜR = Fürsorgearbeiter, k. A. = keine Angabe, PF = Pflichtarbeiter. 1.1930–3.1930: Erwerbslose, 4.1930–1.1931: Wohlfahrtserwerbslose, 2.1931–1.1933: Anerkannte Wohlfahrtserwerbslose. Städte und Statistik 24 (1930), S. 58*, 104*; 25 (1931), S. 6*, 67*, 114*, 146*; 26 (1932), S. 2*, 50*, 68*, 100*; 27 (1933), S. 6*, 26*, 58*.

Tabelle 43

Pflicht- und Fürsorgearbeiter pro 1000 Einwohner

Haushalts-jahr	D	DU	E	K	MG	W
Fürsorgearbeiter						
1930/31	9,1	1,0	8,7	2,9	1,3	4,6
1931/32	10,5	1,9	7,9	4,0	0,5	4,2
1932/33	8,7	2,3	4,2	2,5	0,5	2,3
Pflichtarbeiter						
1930/31	5,0	3,2	1,2	1,9	2,0	1,5
1931/32	0,6	2,4	3,7	1,6	6,1	4,4
1932/33	0,2	0,5	0,7	2,6	9,2	6,0
Summe Pflicht- und Fürsorgearbeiter						
1930/31	14,1	4,2	9,9	4,7	3,3	6,5
1931/32	11,1	4,3	11,6	5,6	6,6	8,6
1932/33	9,0	2,8	4,9	5,1	9,7	8,3

Städte und Statistik 24 (1930), S. 58*, 104*; 25 (1931), S. 6*, 67*, 114*, 146*; 26 (1932), S. 2*, 50*, 68*, 100*; 27 (1933), S. 6*, 26*, 58*; eigene Berechnungen.

Verzeichnis der Sonderabkürzungen in den Tabellen 44–49

Einw.	Einwohner
H.-Jahr	Haushaltsjahr
Einnahmeart	EIN ART
ST	Steuern
Z	Zuweisungen und Zuschüsse von Reich, Staat und anderen öffentlich-rechtlichen Körperschaften
EIN GEW B	Einnahmen aus Gewinnabführungen der städtischen Unternehmen und Erträgen der Beteiligungen
SCH EIN	Schuldendienstleistungen von Dritten
SONST EIN	Sonstige Einnahmen
FEHLBETR	Fehlbetrag (Ausgaben > Einnahmen); errechnete Restgröße
Ausgabeart	AUS ART
PERS AUS	Personalausgaben
UML	Umlagen an Kommunalverbände
SCH AUS	Ausgaben für den Schuldendienst an Dritte
SONST AUS	Sonstige Ausgaben
ÜBERSCH	Überschuß (Einnahmen > Ausgaben); errechnete Restgröße
SUMME	Summe aller Zeilen in der Spalte

Verzeichnis und Bearbeitung der Quellen für die Tabellen 44–59

1 Verzeichnis der Quellen

Düsseldorf: Stadt Düsseldorf. Haushaltsplan für das Rechnungsjahr ... 1930, 1931, 1932. Haushaltsplan der Stadt Düsseldorf für das Rechnungsjahr ... 1933, 1934, 1935. Geschäftsbericht der Städt. Gas-, Wasser- und Elektrizitäts-Werke Düsseldorf für das Geschäftsjahr 1929. Geschäftsbericht. Städtische Gas-, Wasser- und Elektrizitäts-Werke zu Düsseldorf für das Geschäftsjahr ... 1930, 1931, 1932, 1933.

Duisburg-Hamborn: Stadt Duisburg-Hamborn. Haushaltsplan für das Rechnungsjahr ... 1930, 1931, 1932, 1933, 1934. Stadt Duisburg. Haushaltssatzung für das Rechnungsjahr 1935.

Essen: Stadtgemeinde Essen. Haushaltsplan für das Rechnungsjahr ... 1930, 1931, 1932, 1933, 1934, 1935.

Gladbach-Rheydt: Haushaltsplan der Stadt Gladbach-Rheydt ... 1930, 1931, 1932, 1933. Verwaltungsbericht MG 1932–1933.

Köln: Haushaltsplan der Stadtgemeinde Köln für das Rechnungsjahr vom 1. April ... bis 31. März ... 1930/1931, 1931/1932, 1932/1933, 1933/1934, 1934/1935, 1935/1936.

Wuppertal: Haushaltsplan der Stadt Wuppertal für das Rechnungsjahr ... 1930, 1931, 1932, 1933, 1934, 1935.

2 Systematiken für die Tabellen[1]

2.1 Gruppierungsplan

Nummer	Einnahmearten
00	Realsteuern
01	Einkommensteuer
02	Andere Steuern
03	Steuerähnliche Einnahmen
04	Schlüsselzuweisungen
05	Bedarfszuweisungen
06	Sonstige allgemeine Zuweisungen
1	Einnahmen aus Verwaltung und Betrieb
10	Verwaltungsgebühren
11	Benutzungsgebühren und ähnliche Entgelte

1 In Anlehnung an: Mengert: Kommunalhaushalt, S. 8–15.

12	Zweckgebundene Abgaben
13	Einnahmen aus Verkauf
14	Mieten und Pachten
15	Sonstige Verwaltungs- und Betriebseinnahmen
16	Erstattungen von Ausgaben des Verwaltungshaushalts
17	Zuweisungen und Zuschüsse für laufende Zwecke
20	Zinseinnahmen
21	Gewinnanteile von wirtschaftlichen Unternehmungen und Beteiligungen
22	Konzessionsabgaben
23	Schuldendiensthilfen
24	Ersatz von sozialen Leistungen außerhalb von Einrichtungen
25	Ersatz von sozialen Leistungen in Einrichtungen
26	Weitere Finanzeinnahmen
27	Kalkulatorische Einnahmen
29	Übertragungs- und Abschlußbuchungen
32	Rückflüsse von Darlehen
35	Beiträge und ähnliche Entgelte
36	Zuweisungen und Zuschüsse für Investitionen und Investitionsförderungsmaßnahmen
Nummer	Ausgabearten
4	Personalausgaben
5/6	Sächlicher Verwaltungs- und Betriebsaufwand
7	Zuweisungen und Zuschüsse
80	Zinsausgaben
82	Allgemeine Zuweisungen
83	Allgemeine Umlagen
84	Weitere Finanzausgaben
85	Deckungsreserve
89	Abwicklung der Vorjahre
91	Zuführung an Rücklagen
92	Gewährung von Darlehen
93	Vermögenserwerb
94–96	Baumaßnahmen
97	Tilgung von Krediten, Rückzahlung von inneren Darlehen
98	Zuweisungen und Zuschüsse für Investitionen
99	Sonstiges

2.2 Zuordnung des Gruppierungsplans zu den Gruppierungsübersichten[2]

Einnahme-/Ausgabenart	Nummer des Gruppierungsplans
Summe der Einnahmen	00–06, 1, 20–27, 29, 32, 35–36
ST	00–03
Z	04–06, 17, 36
EIN GEW B	21
SCH EIN	20, 32
SONST EIN	10–16, 21–27, 29, 35
Summe der Ausgaben	4–7, 80, 82–85, 89, 91–99
PERS AUS	4
UML	83
SCH AUS	80, 97
SONST AUS	5–7 (ohne 715), 82, 84–85, 89, 91, 96, 98–99

2.3 Nicht berücksichtigte Gruppen des Gruppierungsplans

07, 31 und 81 treffen auf die Gemeinden 1929–1933 nicht zu bzw. sind in den Quellen nicht systematisch erfaßbar. 86 und 90 entsprechen nicht der Abgrenzung zwischen dem ordentlichen und außerordentlichen Haushalt. 33, 34, 37 und 39 sind Bestandteile des außerordentlichen Haushalts.

2.4 Gliederungsplan

Einzelplannummer **Aufgabenbereich**

0 **Allgemeine Verwaltung**

Gemeindeorgane, Rechnungsprüfung, Zentral-, Haupt-, Finanzverwaltung, besondere Dienststellen der allgemeinen Verwaltung, Einrichtungen für die gesamte Verwaltung und für Verwaltungsangehörige

1 **Öffentliche Sicherheit und Ordnung**

Polizei, öffentliche Ordnung, Feuer- und Katastrophenschutz, Rettungsdienst, Verteidigungslasten

2 **Schulen**

Schulverwaltung, Schulen nach Schulformen, Sonstiges

3 **Wissenschaft, Forschung, Kulturpflege**

Kulturverwaltung, Wissenschaft und Forschung, Museen, Sammlungen, Ausstellungen, Theater, Musik, sonstige Kunstpflege, Volkshochschulen, öffentliche Büchereien, sonstige Volksbildung, Heimatpflege, Kirchen

2 Zuweisungen und Zuschüsse: Die Quellen differenzieren nur unzureichend zwischen Zuweisungen und Zuschüssen. Sie wurden deshalb vollständig separat gesammelt.

4 **Soziale Sicherung**
Sozialverwaltung, Unterstützungen der Wohlfahrts- und Kriegsopferfürsorge, Jugend- und Sozialeinrichtungen, Förderung anderer Träger der Wohlfahrtspflege und Jugendhilfe, sonstige soziale Angelegenheiten

5 **Gesundheit, Sport, Erholung**
Gesundheitsverwaltung, Krankenhäuser, sonstige Gesundheitspflege, Sportförderung und -stätten, Bäder, Parks, Gärten, sonstige Erholungseinrichtungen

6 **Bau- und Wohnungswesen, Verkehr**
Bauverwaltung, Stadtplanung, Vermessung, Bauordnung, Wohnungsbauförderung und -fürsorge, Straßen, -beleuchtung und -reinigung, Parkeinrichtungen, Wasserläufe und Wasserbau

7 **Öffentliche Einrichtungen, Wirtschaftsförderung**
Abwasser- und Abfallbeseitigung, Märkte, Schlacht- und Viehhöhe, Bestattungswesen, sonstige öffentliche Einrichtungen, Hilfsbetriebe der Verwaltung, Wirtschaftsförderung, Forst- und Landwirtschaft.

8 **Wirtschaftliche Unternehmen, allgemeines Grund- und Sondervermögen**
Wirtschaftsverwaltung, Versorgungs- und Verkehrs-, Wirtschaftsförderungs-, Land- und Forstwirtschaftsunternehmen, Kur- und Badebetriebe, sonstige wirtschaftliche Unternehmen, allgemeines Grund- und Sondervermögen

3 Bearbeitungshinweise

Je kleinteiliger die Haushaltsgliederung angestrebt wird, desto häufiger tritt durch die unterschiedlichen Systematiken der Quellen das Problem eigener Neuberechnungen der Daten auf. Die Darstellung der Ergebnisse in den Gliederungsübersichten ist deshalb auf die Ebene der Einzelpläne beschränkt. Durch die in den Quellen oft vorgenommenen Zusammenlegungen von zweckgebundenen und -freien Einnahmen (z.B. Gebühren und Anliegerbeiträge, Zuweisungen und Zuschüsse) sind entsprechende Differenzierungen nicht sinnvoll. Die Neuberechnung der Haushaltsabschlüsse und Fehlbeträge erfolgt unabhängig von den speziellen Haushaltstechniken und ausgewiesenen Fehlbeträgen der Städte. Die zusammenfassenden Haushaltsübersichten und Anlagen werden grundsätzlich ignoriert, weil sie von speziellen Haushaltstechniken bestimmt sind. Für die Vervollständigung des Einzelplans 7 der Gliederungsübersicht wurden für die zeitweilig aus dem ordentlichen Haushalt ausgelagerten Betriebe die in den Anlagen enthaltenen Gewinn- und Verlustrechnungen herangezogen. Das Spieljahr von Theatern und Orchestern dauerte vom 1.9.-31.8. Die in der Quelle des Haushaltsjahrs enthaltenen Daten für das Spieljahr wurden mit dem Haushaltsjahr gleichgesetzt.

Gruppierungsübersichten: Die Gruppierungsübersichten enthalten keine inneren Verrechnungen und keinen kalkulatorischen Schuldendienst, d. h. stellen die tatsächlich geflossenen Einnahmen und Ausgaben dar.

Steuern: Siehe Umlagen.

Zuweisungen und Zuschüsse: Summarische Erfassung, weil keine exakte Trennung zwischen Zuweisungen und Zuschüssen möglich, ab Haushaltsjahr 1931/32 einschließlich Entschädigungen für Steuersenkungen und Reichswohlfahrtsbeihilfe.

Einnahmen aus Gewinnabführungen der städtischen Unternehmen und aus Erträgen der Beteiligungen: Einschließlich Straßenbenutzungsgebühren, Straßenbeleuchtungs-, Konzessions- und ähnlichen Abgaben an den städtischen Haushalt, abgeführte Lohn- und Gehaltskürzungen, weil häufig nicht von den Gewinnabführungen trennbar. Die Zuordnung erfolgte nicht nach der Rechtsform, in welcher diese Betriebe geführt wurden. Maßgebend waren ein eigenständiger Jahresabschluß, der mit dem städtischen Haushalt über sein Nettosaldo verbunden ist, und die hauptsächlichen Geschäftsbereiche. Zu diesen Geschäftsbereichen gehörten die Gas-, Wasser-, Elektrizitätsversorgung, die Straßenbahnen, Busse und andere öffentliche Verkehrsmittel.

Schuldendienstleistungen von Dritten: Zins- und Tilgungsleistungen an den Haushalt von außerhalb der städtischen Haushaltswirtschaft stehenden Schuldnern für vergebene Kredite.

Personalausgaben: Löhne und Gehälter einschließlich der Nebenkosten für das Personal. Einschließlich der Beiträge zur preußischen Landesschul- und Landesmittelschulkasse zur Vergleichbarkeit der Personalkosten zwischen den Einzelplänen.

Umlagen: Ohne Umlagen für den preußischen Polizeilastenausgleich. Diese werden teils separat, teils vorab von den Überweisungssteuern abgezogen und nicht dargestellt. Zur Vereinheitlichung wird der preußische Polizeilastenausgleich stets vorab von den Überweisungssteuern abgezogen.

Ausgaben für den Schuldendienst an Dritte: Zins- und Tilgungsleistungen der Stadt an außerhalb der städtischen Haushaltswirtschaft stehende Gläubiger für aufgenommene Kredite.

Gliederungsübersichten: Die Gliederungsübersichten enthalten die inneren Verrechnungen und den kalkulatorischen Schuldendienst, d. h. sie weisen die Ausgaben nach dem Entstehungsprinzip aus. Bei den Personalausgaben wurde die zentralisierte und über Verrechnungshaushalte organisierte Personalbewirtschaftung aufgelöst. Die an die zentrale Lohn- und Gehaltsabrechnung abgeführten Aufwendungen der Einzelpläne wurden diesen selbst wieder zugeordnet. Die übrigen inneren Verrechnungen der Personalausgaben zwischen den Einzelplänen lagen unter einer Promille der Personalausgaben der betroffenen Einzelpläne. Die Beiträge an die Landesschul- und Landesmittelschulkassen für die Volks- und Mittelschullehrer wurden den Personalausgaben des Einzelplans 2 „Schulen" zugerechnet. Die Sachausgaben enthalten alle nichtpersonalgebundenen Ausgaben. Die Gesamtausgaben bestehen aus der Summe der Personal- und Sachausgaben.

Anmerkungen zu den einzelnen Zuordnungen

Die Systematiken der Quellen wichen teilweise erheblich von den angewandten Gliederungs- und Gruppierungsplänen ab. Dies war solange unerheblich, wie die Quellen die Haushaltsdaten so detailliert wiedergaben, daß eine Umordnung möglich war. Faßten die Quellen jedoch die in den Plänen getrennt ausgewiesenen Haushaltspositionen zusammen, so war die Konstruktion von ergänzenden Zuordnungs- und Zerlegungsregeln erforderlich, um eine interkommunale Vergleichbarkeit der Haushalte herzustellen.

Zuordnungsregel 1: Einzelne fehlende Werte wurden im Verhältnis der nächstliegenden Zahlen rekonstruiert. Fehlte eine komplette Wertereihe, so wurden die Anteile der vorhandenen Reihe der Haushaltsstelle der Ausgabenart am Volumen des gesamten Haushalts bestimmt. Aus den ermittelten Verhältniszahlen wurde die fehlende Reihe errechnet.

Zuordnungsregel 2: Die überwiegende Zahl der Haushaltspläne legte einzelne Haushaltsstellen zusammen, die nach dem verwendeten Gliederungsplan verschiedenen Einzelplänen zugehörten. Hier entschied die Mehrheit zugunsten einer Zusammenlegung der Werte auch für die übrigen Haushaltspläne, um die Vergleichbarkeit zu verbessern und die Berechnung marginaler Kunstzahlen zu vermeiden.

Zuordnungsregel 3: Führen die meisten Städte durchgehend und die betroffene Stadt überwiegend die Haushaltsstellen getrennt voneinander, die auch nach dem Gliederungsplan verschiedenen Einzelplänen angehören, so werden sie in den zusammengelegten Fällen auf die entsprechenden Einzelpläne verteilt. Dazu wird eine Verhältniszahl der Volumina der betroffenen Haushaltsstellen untereinander durch das arithmetische Mittel der Haushaltsjahre mit getrennten Ausweisen der betroffenen Haushaltsabschnitte gebildet.

Zuordnungsregel 4: Die größere Zahl der Städte weist in den Haushaltsplänen einzelne Haushaltsabschnitte und -unterabschnitte verschiedener Einzelpläne stets getrennt aus. Die kleinere Zahl der Städte legt sie für alle Haushaltsjahre zusammen. Für jedes Haushaltsjahr werden die zusammengelegten Daten durch eine Verhältniszahl der Volumina der betroffenen Haushaltsstellen untereinander zerlegt, die als arithmetisches Mittel der getrennt ausweisenden übrigen Städte errechnet worden ist.

Düsseldorf: Die Medizinische Akademie ist für die Rechnungsergebnisse (Ist) 1932/33 und 1933/34 in den Krankenanstalten enthalten, angewandte Zuordnungsregel 3. Das Gesundheitsamt ist in der Wohlfahrtspflege (Einzelplan 4) integriert, angewandte Zuordnungsregel 4. Die Angaben zu den Bädern wurden den Geschäftsberichten der Gas-, Elektrizitäts- und Wasserwerke entnommen.

Duisburg-Hamborn: Theater und Orchester: Die Sollzahlen wurden den Spieljahren entnommen, die Ist-Werte rechnerisch ergänzt, angewandte Zuordnungsregel 1. Das bei den Wohlfahrtsanstalten (Einzelplan 4) geführte Mütter- und Säuglingsheim (später Frauen- und Kinderklinik) wird durchgehend in Einzelplan 5 geführt. Die Haniel-Krankenstiftung wird wegen ihres Charakters als Krankenhaus in den Einzelplan 5 eingefügt. Die Straßenreinigung (Einzelplan 6) wird dem Einzelplan 7 zugeordnet, angewandte Zuordnungsregel 2.

Essen: Das Stadtarchiv wird bei der allgemeinen Verwaltung (Einzelplan 0) belassen, da seine Gesamtausgaben unter 1% dieses Einzelplans liegen. Die Volkshochschule bleibt im Schuletat (Einzelplan 2), da ihre Gesamtausgaben unter 1% dieses Einzelplans liegen. Die Rettungsfürsorge wird in der Wohlfahrtspflege (Einzelplan 4) belassen, da ihre Gesamtausgaben unter 1% dieses Einzelplans liegen. Die Gesundheitsverwaltung wird von der Wohlfahrtsverwaltung (Einzelplan 4) separiert, angewandte Zuordnungsregel 3.
Der Sportetat verblieb in der Schulverwaltung (Einzelplan 2), da seine Gesamtausgaben unter 1% dieses Einzelplans und 3% des Einzelplans 5 liegen.

Köln: Die Gartenbauabteilung (Einzelplan 5) wird für das Haushaltsjahr 1933/34 von der Friedhofsverwaltung (Einzelplan 7) abgetrennt, angewandte Zuordnungsregel 3.
Für die Bühnen wird der fehlende Ansatz ergänzt, angewandte Zuordnungsregel 1.

Gladbach-Rheydt: Die Straßenreinigung wird dem Einzelplan 7 zugerechnet, angewandte Zuordnungsregel 2. Der Verwaltungsbericht für das Haushaltsjahr 1932/33, S. 46, hält fest, daß die Betriebsfortführung des Theaters auf genossenschaftlicher Grundlage geschah, und die Stadt einen Barzuschuß von 15000 RM gewährte.

Wuppertal: Das Pestalozzi-Heim wechselt im Haushaltsjahr 1933/34 von der Schulverwaltung (Einzelplan 2) in die Wohlfahrtsfürsorge (Einzelplan 4). Es wird nicht herausgerechnet, da seine Gesamtausgaben unter 1% dieses Einzelplans liegen. Die Volkshochschule wird im Schuletat (Einzelplan 2) belassen, da ihre Gesamtausgaben unter 1% dieses Einzelplans sind. Die Straßenreinigung wird in den Einzelplan 7 integriert, angewandte Zuordnungsregel 2.

Tabelle 44

Gruppierungsübersicht für den ordentlichen Haushalt der Stadt Düsseldorf Rechnungsergebnisse (Ist) 1929/30–1933/34

Einnahmen					Ausgaben				
EIN ART	H.-Jahr	1 Mio. RM	RM je Einw.	% der Summe	AUS ART	H.-Jahr	1 Mio. RM	RM je Einw.	% der Summe
	1929	49	102	41		1929	38	80	31
	1930	53	112	45	PERS	1930	38	80	33
ST	1931	44	94	40		1931	34	72	31
	1932	33	69	35	AUS	1932	29	60	30
	1933	36	75	38		1933	28	58	30
	1929	2	5	2		1929	3	7	3
	1930	3	5	2		1930	4	8	3
Z	1931	3	6	2	UML	1931	3	6	3
	1932	5	12	6		1932	2	3	2
	1933	5	10	5		1933	4	9	5
	1929	15	31	12					
EIN	1930	15	31	13					
GEW	1931	13	27	12					
B	1932	14	29	15					
	1933	14	30	15					
	1929	6	12	5		1929	12	25	10
SCH	1930	7	15	6	SCH	1930	13	28	11
	1931	6	14	6		1931	17	36	16
EIN	1932	5	11	6	AUS	1932	14	30	15
	1933	7	14	7		1933	12	25	13
	1929	45	94	37		1929	68	142	56
SONST	1930	36	75	31	SONST	1930	62	130	53
	1931	38	80	35		1931	56	118	51
EIN	1932	34	72	36	AUS	1932	50	105	53
	1933	29	61	31		1933	49	103	53
	1929	4	9	4					
FEHL	1930	4	8	3	ÜBER				
	1931	6	12	5					
BETR	1932	3	6	3	SCH				
	1933	2	5	2					
	1929	121	252	100		1929	121	252	100
	1930	117	246	100		1930	117	246	100
SUMME	1931	110	233	100	SUMME	1931	110	233	100
	1932	94	199	100		1932	94	199	100
	1933	93	195	100		1933	93	195	100

Auf ganze Zahlen gerundet. Vgl. Sonderabkürzungen Tabellen 44–49; Verzeichnis und Bearbeitung der Quellen Tabellen 44–59.

Tabelle 45

Gruppierungsübersicht für den ordentlichen Haushalt der Stadt Duisburg-Hamborn Rechnungsergebnisse (Ist) 1929/30–1933/34

Einnahmen					Ausgaben				
EIN ART	H.-Jahr	1 Mio. RM	RM je Einw.	% der Summe	AUS ART	H.-Jahr	1 Mio. RM	RM je Einw.	% der Summe
	1929	43	98	54		1929	28	64	35
	1930	42	94	50	PERS	1930	27	61	32
ST	1931	33	76	40		1931	24	54	29
	1932	23	53	29	AUS	1932	19	42	23
	1933	27	62	36		1933	19	43	25
	1929	4	10	6		1929	3	6	3
	1930	7	16	8		1930	3	7	3
Z	1931	10	24	13	UML	1931	3	7	4
	1932	18	42	23		1932	2	5	3
	1933	24	55	32		1933	2	5	3
	1929	6	12	7					
EIN	1930	6	13	7					
GEW	1931	4	9	5					
B	1932	4	8	4					
	1933	4	8	5					
	1929	4	8	4		1929	11	25	14
SCH	1930	4	8	4	SCH	1930	12	27	14
	1931	3	7	4		1931	15	34	18
EIN	1932	3	6	3	AUS	1932	12	28	15
	1933	2	6	3		1933	11	25	14
	1929	22	49	27		1929	39	87	48
SONST	1930	21	48	26	SONST	1930	41	94	50
	1931	20	45	24		1931	41	93	49
EIN	1932	16	37	20	AUS	1932	48	108	59
	1933	16	37	21		1933	44	100	58
	1929	2	5	3					
FEHL	1930	4	8	4	ÜBER				
	1931	12	27	14					
BETR	1932	17	38	21	SCH				
	1933	2	5	3					
	1929	80	182	100		1929	80	182	100
	1930	83	188	100		1930	83	188	100
SUMME	1931	83	188	100	SUMME	1931	83	188	100
	1932	81	184	100		1932	81	184	100
	1933	76	173	100		1933	76	173	100

Auf ganze Zahlen gerundet. Vgl. Sonderabkürzungen Tabellen 44–49; Verzeichnis und Bearbeitung der Quellen Tabellen 44–59.

Tabelle 46

Gruppierungsübersicht für den ordentlichen Haushalt der Stadt Essen Rechnungsergebnisse (Ist) 1929/30–1933/34

Einnahmen					Ausgaben				
EIN ART	H.-Jahr	1 Mio. RM	RM je Einw.	% der Summe	AUS ART	H.-Jahr	1 Mio. RM	RM je Einw.	% der Summe
ST	1929	63	97	49	PERS AUS	1929	39	61	31
	1930	61	94	54		1930	38	58	34
	1931	46	71	44		1931	33	51	31
	1932	33	51	30		1932	26	40	24
	1933	37	57	34		1933	26	40	24
Z	1929	6	9	5	UML	1929	5	8	4
	1930	6	9	5		1930	4	7	4
	1931	8	12	7		1931	4	7	4
	1932	16	24	14		1932	4	6	3
	1933	15	23	14		1933	4	7	4
EIN GEW B	1929	5	8	4					
	1930	6	9	5					
	1931	7	10	6					
	1932	5	8	5					
	1933	5	7	4					
SCH EIN	1929	3	5	2	SCH AUS	1929	7	11	6
	1930	3	4	2		1930	8	12	7
	1931	3	4	3		1931	10	16	10
	1932	3	4	2		1932	8	13	8
	1933	3	4	3		1933	9	14	9
SONST EIN	1929	35	54	27	SONST AUS	1929	76	118	59
	1930	33	50	29		1930	63	97	56
	1931	31	48	30		1931	57	88	55
	1932	26	40	23		1932	72	111	65
	1933	24	37	22		1933	69	106	64
FEHL BETR	1929	16	24	12	ÜBER SCH				
	1930	5	8	4					
	1931	11	16	10					
	1932	28	42	25					
	1933	26	39	23					
SUMME	1929	128	198	100	SUMME	1929	128	198	100
	1930	113	174	100		1930	113	174	100
	1931	105	161	100		1931	105	161	100
	1932	110	170	100		1932	110	170	100
	1933	109	167	100		1933	109	167	100

Auf ganze Zahlen gerundet. Vgl. Sonderabkürzungen Tabellen 44–49; Verzeichnis und Bearbeitung der Quellen Tabellen 44–59.

Tabelle 47

Gruppierungsübersicht für den ordentlichen Haushalt der Stadt Köln Rechnungsergebnisse (Ist) 1929/30–1933/34

Einnahmen					Ausgaben				
EIN ART	H.-Jahr	1 Mio. RM	RM je Einw.	% der Summe	AUS ART	H.-Jahr	1 Mio. RM	RM je Einw.	% der Summe
	1929	84	114	42		1929	64	87	32
	1930	98	132	49	PERS	1930	61	83	31
ST	1931	74	100	37		1931	53	72	26
	1932	53	72	33	AUS	1932	45	61	28
	1933	61	82	36		1933	43	58	26
	1929	4	6	2		1929	2	3	1
	1930	6	8	3		1930	3	4	2
Z	1931	7	9	3	UML	1931	5	7	2
	1932	11	14	7		1932	4	6	3
	1933	12	17	7		1933	4	5	2
	1929	22	30	11					
EIN	1930	23	32	12					
GEW	1931	22	29	11					
B	1932	19	26	12					
	1933	21	28	12					
	1929	10	13	5		1929	20	27	10
SCH	1930	10	14	5	SCH	1930	26	36	13
	1931	10	14	5		1931	44	60	22
EIN	1932	9	12	6	AUS	1932	34	46	21
	1933	13	17	8		1933	30	40	18
	1929	61	83	31		1929	112	153	57
SONST	1930	63	85	31	SONST	1930	110	148	55
	1931	56	75	28		1931	100	135	49
EIN	1932	47	63	29	AUS	1932	79	107	49
	1933	49	66	29		1933	91	122	54
	1929	18	25	9					
FEHL	1930	0	0	0	ÜBER				
	1931	34	46	17					
BETR	1932	23	31	14	SCH				
	1933	12	16	7					
	1929	199	270	100		1929	199	270	100
	1930	201	271	100		1930	201	271	100
SUMME	1931	202	273	100	SUMME	1931	202	273	100
	1932	162	219	100		1932	162	219	100
	1933	168	226	100		1933	168	226	100

Auf ganze Zahlen gerundet. Vgl. Sonderabkürzungen Tabellen 44–49; Verzeichnis und Bearbeitung der Quellen Tabellen 44–59.

Tabelle 48

Gruppierungsübersicht für den ordentlichen Haushalt der Stadt Gladbach-Rheydt Rechnungsergebnisse (Ist) 1929/30–1933/34

Einnahmen					Ausgaben				
EIN ART	H.-Jahr	1 Mio. RM	RM je Einw.	% der Summe	AUS ART	H.-Jahr	1 Mio. RM	RM je Einw.	% der Summe
	1929	-	-	-		1929	-	-	-
	1930	16	81	51	PERS	1930	11	55	35
ST	1931	14	70	47		1931	10	48	32
	1932	-	-	-	AUS	1932	-	-	-
	1933	-	-	-		1933	-	-	-
	1929	-	-	-		1929	-	-	-
	1930	1	6	4		1930	1	5	3
Z	1931	2	11	7	UML	1931	1	6	4
	1932	-	-	-		1932	-	-	-
	1933	-	-	-		1933	-	-	-
	1929	-	-	-					
EIN	1930	3	15	9					
GEW	1931	3	15	10					
B	1932	-	-	-					
	1933	-	-	-					
	1929	-	-	-		1929	-	-	-
SCH	1930	1	5	3	SCH	1930	5	23	14
	1931	1	6	4		1931	5	23	16
EIN	1932	-	-	-	AUS	1932	-	-	-
	1933	-	-	-		1933	-	-	-
	1929	-	-	-		1929	-	-	-
SONST	1930	8	41	25	SONST	1930	15	76	48
	1931	10	48	32		1931	14	68	45
EIN	1932	-	-	-	AUS	1932	-	-	-
	1933	-	-	-		1933	-	-	-
	1929	-	-	-		1929	-	-	-
FEHL	1930	2	12	7	ÜBER	1930	0	0	0
	1931	0	0	0		1931	1	5	2
BETR	1932	-	-	-	SCH	1932	-	-	-
	1933	-	-	-		1933	-	-	-
	1929	-	-	-		1929	-	-	-
	1930	32	159	100		1930	32	159	100
SUMME	1931	30	151	100	SUMME	1931	30	151	100
	1932	-	-	-		1932	-	-	-
	1933	-	-	-		1933	-	-	-

Auf ganze Zahlen gerundet. Vgl. Sonderabkürzungen Tabellen 44–49; Verzeichnis und Bearbeitung der Quellen Tabellen 44–59.

Tabelle 49

Gruppierungsübersicht für den ordentlichen Haushalt der Stadt Wuppertal Rechnungsergebnisse (Ist) 1929/30–1933/34

Einnahmen					Ausgaben				
EIN ART	H.-Jahr	1 Mio. RM	RM je Einw.	% der Summe	AUS ART	H.-Jahr	1 Mio. RM	RM je Einw.	% der Summe
	1929	-	-	-		1929	-	-	-
	1930	39	94	47	PERS	1930	28	68	33
ST	1931	31	76	43		1931	23	57	32
	1932	24	58	36	AUS	1932	19	45	28
	1933	29	70	40		1933	19	46	26
	1929	-	-	-		1929	-	-	-
	1930	2	5	3		1930	3	7	4
Z	1931	4	10	6	UML	1931	3	7	4
	1932	9	21	13		1932	2	5	3
	1933	12	29	17		1933	3	7	4
	1929	-	-	-					
EIN	1930	7	18	9					
GEW	1931	6	15	8					
B	1932	4	10	6					
	1933	3	9	5					
	1929	-	-	-		1929	-	-	-
SCH	1930	5	12	6	SCH	1930	13	31	15
	1931	5	12	7		1931	14	34	19
EIN	1932	5	12	7	AUS	1932	11	28	17
	1933	4	10	6		1933	15	35	20
	1929	-	-	-		1929	-	-	-
SONST	1930	25	61	30	SONST	1930	40	96	48
	1931	22	53	30		1931	32	78	44
EIN	1932	21	51	31	AUS	1932	35	85	52
	1933	21	51	29		1933	35	86	49
	1929	-	-	-					
FEHL	1930	5	12	6	ÜBER				
	1931	4	9	5					
BETR	1932	5	12	8	SCH				
	1933	2	6	3					
	1929	-	-	-		1929	-	-	-
	1930	84	202	100		1930	84	202	100
SUMME	1931	72	175	100	SUMME	1931	72	175	100
	1932	67	163	100		1932	67	163	100
	1933	72	175	100		1933	72	175	100

Auf ganze Zahlen gerundet. Vgl. Sonderabkürzungen Tabellen 44–49; Verzeichnis und Bearbeitung der Quellen Tabellen 44–59.

Tabelle 50

Anteile der Einnahmearten am Gesamtbetrag der städtischen Einnahmen Rechnungsergebnisse (Ist) 1929/30–1933/34 %

H.-jahr	D	DU	E	K	MG	W
Steuern						
1929	42	55	56	46	-	-
1930	47	52	57	49	55	50
1931	43	47	49	44	47	45
1932	36	36	40	38	-	38
1933	39	37	44	39	-	41
Zuweisungen und Zuschüsse von Reich, Staat und anderen öffentlich-rechtlichen Körperschaften						
1929	2	6	5	2	-	-
1930	2	9	5	3	4	3
1931	3	15	8	4	7	6
1932	6	29	19	8	-	14
1933	5	33	18	8	-	17
Einnahmen aus Gewinnabführungen der städtischen Unternehmen und Erträgen der Beteiligungen						
1929	13	7	5	12	-	-
1930	13	7	5	12	10	9
1931	12	6	7	13	10	9
1932	15	6	6	14	-	6
1933	16	5	6	13	-	5
Schuldendienstleistungen von Dritten						
1929	5	5	3	5	-	-
1930	6	5	3	5	4	6
1931	6	4	3	6	4	7
1932	6	4	3	7	-	8
1933	7	3	3	8	-	6
Sonstige Einnahmen						
1929	38	27	31	34	-	-
1930	32	27	30	31	27	32
1931	36	28	33	33	32	32
1932	37	25	31	34	-	34
1933	32	22	29	31	-	30

H.-jahr = Haushaltsjahr. Auf ganze Zahlen gerundet. Vgl. Verzeichnis und Bearbeitung der Quellen Tabellen 44–59.

Tabelle 51

Anteile der Ausgabearten am Gesamtbetrag der städtischen Ausgaben
Rechnungsergebnisse (Ist) 1929/30–1933/34 %

H.-jahr	D	DU	E	K	MG	W
Personalausgaben						
1929	31	35	31	32	-	-
1930	33	32	34	31	35	33
1931	31	29	31	26	33	32
1932	30	23	24	28	-	28
1933	30	25	24	26	-	26
Umlagen an Kommunalverbände						
1929	3	3	4	1	-	-
1930	3	3	4	2	3	4
1931	3	4	4	2	4	4
1932	2	3	3	3	-	3
1933	5	3	4	2	-	4
Ausgaben für den Schuldendienst an Dritte						
1929	10	14	6	10	-	-
1930	11	14	7	13	14	15
1931	16	18	10	22	16	19
1932	15	15	8	21	-	17
1933	13	14	9	18	-	20
Sonstige Ausgaben						
1929	56	48	59	57	-	-
1930	53	50	56	55	48	48
1931	51	49	55	49	47	44
1932	53	59	65	49	-	52
1933	53	58	64	54	-	49

H.-jahr = Haushaltsjahr. Auf ganze Zahlen gerundet. Vgl. Verzeichnis und Bearbeitung der Quellen Tabellen 44–59.

Tabelle 52

Gesamteinnahmen und Gesamtausgaben der Haushalte der Städte Rechnungsergebnisse (Ist) 1929/30–1933/34 RM pro Einwohner

Gesamteinnahmen

H.-jahr	D	DU	E	K	MG	W
1929	244	177	174	245	-	-
1930	238	180	167	271	148	189
1931	220	161	145	227	151	166
1932	193	146	128	188	-	151
1933	191	168	128	209	-	169

Gesamtausgaben

H.-jahr	D	DU	E	K	MG	W
1929	252	182	198	270	-	-
1930	246	188	174	271	159	202
1931	233	188	161	273	146	175
1932	199	184	170	219	-	163
1933	195	173	167	226	-	175

H.-jahr = Haushaltsjahr. Auf ganze Zahlen gerundet. Vgl. Verzeichnis und Bearbeitung der Quellen Tabellen 44–59.

Tabelle 53

Gliederungsübersicht für die ordentlichen Ausgaben der Einzelpläne 0–7 der Städte Düsseldorf und Köln
Rechnungsergebnisse (Ist)
Anteile an ihrer Summe %

	Haushaltsjahr	A	Einzelplan 0	1	2	3	4	5	6	7
D	1929/30	P	13,7	5,2	36,1	9,6	3,6	13,5	7,0	11,3
		S	30,7	0,8	3,7	3,6	19,6	5,3	28,3	7,9
		G	25,5	2,1	13,6	5,4	14,8	7,8	21,8	9,0
	1930/31	P	14,3	5,3	34,9	8,4	4,2	13,8	7,5	11,7
		S	21,3	0,7	3,8	3,2	31,8	6,1	24,6	8,4
		G	19,1	2,1	13,4	4,8	23,3	8,5	19,3	9,4
	1931/32	P	14,2	5,1	33,4	8,2	4,7	15,9	6,8	11,7
		S	21,4	0,6	2,6	2,9	40,0	5,0	19,5	8,0
		G	19,1	2,0	12,3	4,6	28,9	8,4	15,5	9,2
	1932/33	P	15,8	5,5	28,9	9,2	5,9	15,9	6,8	12,0
		S	14,6	0,5	2,7	2,9	53,1	5,9	12,3	8,1
		G	15,0	2,1	10,9	4,9	38,2	9,0	10,6	9,3
	1933/34	P	15,3	5,4	28,4	9,8	6,3	15,9	6,7	12,3
		S	16,7	0,4	2,9	2,6	50,5	5,3	13,2	8,3
		G	16,2	2,0	11,1	4,9	36,2	8,7	11,1	9,6
K	1929/30	P	14,5	4,4	33,5	8,0	7,0	12,1	7,2	13,4
		S	10,2	0,8	7,2	2,9	34,8	7,5	21,7	14,8
		G	11,6	2,0	15,4	4,5	26,0	8,9	17,2	14,4
	1930/31	P	14,1	4,6	32,1	7,8	7,5	12,1	7,9	13,9
		S	16,9	1,9	6,3	2,4	33,7	7,6	18,1	13,0
		G	16,1	2,7	14,1	4,1	25,8	9,0	15,0	13,3
	1931/32	P	14,4	4,7	31,8	7,5	8,1	12,5	7,5	13,5
		S	22,4	2,8	4,8	2,1	34,6	5,9	16,0	11,4
		G	20,2	3,3	12,4	3,6	27,2	7,8	13,6	12,0
	1932/33	P	16,0	5,0	28,3	7,7	9,6	12,8	7,2	13,5
		S	17,6	3,3	3,9	1,9	44,5	6,5	12,7	9,7
		G	17,2	3,7	10,6	3,5	34,9	8,2	11,1	10,7
	1933/34	P	15,8	5,0	27,5	7,8	9,6	13,5	7,2	13,6
		S	13,8	3,2	3,6	1,6	44,9	6,4	12,6	14,0
		G	14,4	3,7	10,1	3,3	35,3	8,3	11,1	13,9

Einschließlich der inneren Verrechnungen und des kalkulatorischen Schuldendienstes. A = Ausgabenart, G = Gesamtausgaben, P = Personalausgaben, S = Sachausgaben. Vgl. Verzeichnis und Bearbeitung der Quellen Tabellen 44–59.

Tabelle 54

Gliederungsübersicht für die ordentlichen Ausgaben der Einzelpläne 0–7 der Städte Duisburg-Hamborn und Essen Rechnungsergebnisse (Ist) Anteile an ihrer Summe %

	Haus-halts-jahr	A	Einzelplan 0	1	2	3	4	5	6	7
DU	1929/30	P	11,6	3,7	44,7	9,6	7,6	5,1	8,7	9,0
		S	15,0	3,5	5,1	2,1	32,5	7,0	30,7	4,1
		G	13,9	3,6	18,4	4,6	24,1	6,4	23,3	5,7
	1930/31	P	12,9	4,2	42,7	8,5	8,3	5,4	8,7	9,3
		S	15,3	3,9	4,2	1,4	42,2	5,8	23,5	3,7
		G	14,6	4,0	15,8	3,5	32,0	5,7	19,0	5,4
	1931/32	P	12,0	5,0	42,4	8,4	9,8	4,9	6,5	11,0
		S	10,9	4,5	3,9	1,1	53,5	5,9	15,5	4,7
		G	11,2	4,6	15,2	3,3	40,6	5,6	12,9	6,6
	1932/33	P	13,9	4,8	35,6	7,7	15,2	5,5	7,0	10,3
		S	9,3	4,5	3,4	0,7	64,8	4,8	8,4	4,1
		G	10,3	4,6	10,9	2,4	53,3	4,9	8,1	5,5
	1933/34	P	13,8	5,5	35,3	6,4	16,4	5,5	6,7	10,4
		S	6,7	5,4	3,5	0,6	65,7	5,2	8,5	4,4
		G	8,5	5,4	11,6	2,0	53,2	5,3	8,1	5,9
E	1929/30	P	7,1	3,0	49,4	6,1	5,4	8,9	13,0	7,1
		S	25,6	3,5	6,9	3,8	24,3	5,3	24,9	5,7
		G	20,4	3,4	18,8	4,4	19,0	6,3	21,6	6,1
	1930/31	P	7,3	3,0	45,8	7,1	5,7	9,6	13,7	7,7
		S	19,7	2,9	6,3	2,6	33,4	5,5	22,7	6,9
		G	16,0	2,9	18,2	4,0	25,0	6,8	20,0	7,1
	1931/32	P	7,1	3,2	46,5	7,1	6,8	9,1	12,4	7,8
		S	16,5	3,1	5,5	1,6	41,0	5,3	19,4	7,6
		G	13,7	3,1	17,9	3,2	30,7	6,4	17,3	7,7
	1932/33	P	8,1	3,7	40,2	7,5	9,3	9,8	12,9	8,5
		S	10,0	2,6	4,3	1,1	54,7	4,7	13,6	9,0
		G	9,5	2,9	13,3	2,7	43,3	6,0	13,4	8,9
	1933/34	P	7,7	3,8	37,6	11,0	8,7	10,0	12,9	8,3
		S	12,9	3,6	4,9	1,1	51,6	5,6	13,5	6,8
		G	11,5	3,7	13,4	3,7	40,5	6,7	13,3	7,2

Einschließlich der inneren Verrechnungen und des kalkulatorischen Schuldendienstes. A = Ausgabenart, G = Gesamtausgaben, P = Personalausgaben, S = Sachausgaben. Vgl. Verzeichnis und Bearbeitung der Quellen Tabellen 44–59.

Tabelle 55

Gliederungsübersicht für die ordentlichen Ausgaben der Einzelpläne 0–7 der Städte Gladbach-Rheydt und Wuppertal Rechnungsergebnisse (Ist) Anteile an ihrer Summe %

	Haushaltsjahr	A	Einzelplan 0	1	2	3	4	5	6	7
MG	1930/31	P	18,7	6,2	43,2	2,8	4,4	7,0	9,8	7,9
		S	23,8	0,6	4,3	0,3	38,0	5,2	22,6	5,2
		G	22,3	2,3	15,9	1,0	27,9	5,8	18,8	6,0
	1931/32	P	19,5	6,0	43,4	2,6	5,9	6,6	8,0	8,0
		S	25,7	0,6	3,6	0,2	48,5	4,0	12,0	5,4
		G	23,8	2,2	15,7	0,9	35,6	4,8	10,8	6,2
W	1930/31	P	9,7	6,6	41,4	5,6	6,4	9,3	10,6	10,4
		S	26,7	1,0	4,1	1,3	38,8	8,0	14,2	5,9
		G	20,7	3,0	17,2	2,8	27,4	8,5	12,9	7,5
	1931/32	P	10,2	7,0	41,1	5,0	6,8	9,5	10,1	10,3
		S	21,2	1,2	3,7	1,1	47,9	7,4	12,1	5,4
		G	17,4	3,2	16,5	2,5	33,8	8,1	11,4	7,1
	1932/33	P	13,3	7,7	37,6	2,3	8,0	10,0	10,0	11,1
		S	16,8	1,0	2,9	0,6	62,2	6,1	6,3	4,1
		G	15,8	3,0	13,5	1,1	45,7	7,3	7,4	6,2
	1933/34	P	13,7	7,7	37,4	2,5	8,2	9,8	9,6	11,1
		S	23,9	0,8	2,4	1,2	49,3	5,3	10,9	6,2
		G	21,2	2,6	11,9	1,5	38,2	6,5	10,6	7,5

Einschließlich der inneren Verrechnungen und des kalkulatorischen Schuldendienstes. A = Ausgabenart, G = Gesamtausgaben, P = Personalausgaben, S = Sachausgaben. Vgl. Verzeichnis und Bearbeitung der Quellen Tabellen 44–59.

Tabelle 56

Gliederungsübersicht für die ordentlichen Ausgaben der Einzelpläne 0–7 der städtischen Haushalte Rechnungsergebnisse (Ist) Personalausgaben

RM pro Einwohner

	Haushaltsjahr	Einzelplan								
		0	1	2	3	4	5	6	7	0-7
D	1929/30	11	4	29	8	3	11	6	9	79
	1930/31	11	4	28	7	3	11	6	9	80
	1931/32	10	4	24	6	3	11	5	8	72
	1932/33	10	3	17	6	4	10	4	7	60
	1933/34	9	3	17	6	4	9	4	7	58
DU	1929/30	7	2	29	6	5	3	6	6	64
	1930/31	8	3	26	5	5	3	5	6	61
	1931/32	6	3	23	5	5	3	4	6	54
	1932/33	6	2	15	3	6	2	3	4	42
	1933/34	6	2	15	3	7	2	3	4	43
E	1929/30	4	2	31	4	3	5	8	4	61
	1930/31	4	2	27	4	3	6	8	5	58
	1931/32	4	2	24	4	3	5	6	4	51
	1932/33	3	2	16	3	4	4	5	3	40
	1933/34	3	2	15	4	3	4	5	3	40
K	1929/30	13	4	29	7	6	10	6	12	87
	1930/31	12	4	27	6	6	10	7	12	83
	1931/32	10	3	23	5	6	9	5	10	72
	1932/33	10	3	17	5	6	8	4	8	61
	1933/34	9	3	16	5	6	8	4	8	60
MG	1929/30	k	k	k	k	k	k	k	k	k
	1930/31	10	3	24	2	2	4	5	4	55
	1931/32	9	3	21	2	3	3	4	4	48
	1932/33	k	k	k	k	k	k	k	k	k
	1933/34	k	k	k	k	k	k	k	k	k
W	1929/30	k	k	k	k	k	k	k	k	k
	1930/31	6	4	28	4	4	6	7	7	67
	1931/32	6	4	23	3	4	5	6	6	57
	1932/33	6	3	17	1	4	5	5	5	45
	1933/34	6	4	17	1	4	5	4	5	46

k = keine Angaben in den Quellen. Auf ganze Zahlen gerundet. Vgl. Verzeichnis und Bearbeitung der Quellen Tabellen 44–59.

Tabelle 57

Gliederungsübersicht für die ordentlichen Ausgaben
der Einzelpläne 0–7 der städtischen Haushalte
Rechnungsergebnisse (Ist)
Sachausgaben

RM pro Einwohner

	Haushaltsjahr	Einzelplan								
		0	1	2	3	4	5	6	7	0-7
D	1929/30	56	1	7	7	36	10	51	14	181
	1930/31	38	1	7	6	57	11	44	15	180
	1931/32	34	1	4	5	63	8	31	13	157
	1932/33	19	1	3	4	70	8	16	11	131
	1933/34	20	1	4	3	62	7	16	10	123
DU	1929/30	19	4	7	3	42	9	39	5	128
	1930/31	21	6	6	2	60	8	33	5	141
	1931/32	14	6	5	1	69	8	20	6	130
	1932/33	13	6	5	1	91	7	12	6	140
	1933/34	8	7	5	1	83	7	11	6	127
E	1929/30	40	6	11	6	38	8	39	9	156
	1930/31	26	4	8	3	45	7	30	9	134
	1931/32	19	4	7	2	48	6	23	9	117
	1932/33	12	3	5	1	66	6	16	11	120
	1933/34	15	4	6	2	60	6	16	8	116
K	1929/30	19	2	14	5	66	14	41	28	189
	1930/31	32	4	12	5	64	15	35	25	191
	1931/32	41	5	9	4	64	11	30	21	185
	1932/33	28	5	6	3	71	10	20	15	159
	1933/34	21	5	6	2	71	10	20	22	155
MG	1929/30	k	k	k	k	k	k	k	k	k
	1930/31	31	1	6	0	49	7	29	7	130
	1931/32	28	1	4	0	54	4	13	6	110
	1932/33	k	k	k	k	k	k	k	k	k
	1933/34	k	k	k	k	k	k	k	k	k
W	1929/30	k	k	k	k	k	k	k	k	k
	1930/31	33	1	5	2	48	10	18	7	124
	1931/32	23	1	4	1	52	8	13	6	109
	1932/33	18	1	3	1	65	6	7	4	104
	1933/34	30	1	3	1	61	7	13	8	123

k = keine Angaben in den Quellen. Auf ganze Zahlen gerundet. Vgl. Verzeichnis und Bearbeitung der Quellen Tabellen 44–59.

Tabelle 58

Gliederungsübersicht für die ordentlichen Ausgaben der Einzelpläne 0–7 der städtischen Haushalte Rechnungsergebnisse (Ist) Gesamtausgaben

RM pro Einwohner

	Haushaltsjahr	Einzelplan								
		0	1	2	3	4	5	6	7	0-7
D	1929/30	67	5	36	15	39	21	57	23	260
	1930/31	49	5	35	13	60	22	50	24	260
	1931/32	44	5	28	11	66	19	36	21	229
	1932/33	29	4	20	10	74	18	20	18	191
	1933/34	29	4	21	9	66	16	20	17	181
DU	1929/30	26	6	36	9	47	12	45	11	192
	1930/31	30	9	32	7	65	11	38	11	202
	1931/32	20	9	28	6	74	11	24	12	184
	1932/33	19	8	20	4	97	9	15	10	182
	1933/34	14	9	20	4	90	9	14	10	170
E	1929/30	44	8	42	10	41	13	47	13	217
	1930/31	30	6	35	7	48	13	38	14	192
	1931/32	23	6	31	6	51	11	29	13	168
	1932/33	15	5	21	4	70	10	21	14	160
	1933/34	18	6	21	6	63	10	21	11	156
K	1929/30	32	6	43	12	72	24	47	40	276
	1930/31	44	8	39	11	70	25	42	37	274
	1931/32	51	8	32	9	70	20	35	31	257
	1932/33	38	8	23	8	76	18	24	23	220
	1933/34	30	8	22	7	77	18	24	30	216
MG	1929/30	k	k	k	k	k	k	k	k	k
	1930/31	41	4	30	2	51	11	34	11	185
	1931/32	37	4	25	2	57	7	17	10	158
	1932/33	k	k	k	k	k	k	k	k	k
	1933/34	k	k	k	k	k	k	k	k	k
W	1929/30	k	k	k	k	k	k	k	k	k
	1930/31	39	5	33	6	52	16	25	14	191
	1931/32	29	5	27	4	56	13	19	12	166
	1932/33	24	4	20	2	69	11	12	9	149
	1933/34	36	5	20	2	65	12	17	13	169

k = keine Angaben in den Quellen. Auf ganze Zahlen gerundet, einschließlich der inneren Verrechnungen und des kalkulatorischen Schuldendienstes. Vgl. Verzeichnis und Bearbeitung der Quellen Tabellen 44–59.

Tabelle 59

Ordentliche Haushalte der Städte 1930/31–1933/34
Geschätzte Abweichungen der Voranschläge
(Soll) von den Rechnungsergebnissen (Ist) %

Steuereinnahmen

Haushalts-jahr	D	DU	E	K	MG	W
1930/31	+ 6	+ 8	+ 4	- 6	+ 0	+ 4
1931/32	+ 15	+ 29	+ 16	+ 11	+ 8	+ 20
1932/33	- 2	+ 4	+ 11	+ 10	-	+ 1
1933/34	- 10	- 29	- 10	+ 3	-	- 21

Personalausgaben

Haushalts-jahr	D	DU	E	K	MG	W
1930/31	+ 6	+ 6	+ 8	- 2	+ 8	+ 5
1931/32	+ 10	+ 11	+ 13	+ 9	+ 9	+ 12
1932/33	- 11	+ 4	- 8	+ 1	-	+ 10
1933/34	+ 5	+ 4	- 1	+ 8	-	+ 0

Gesamtausgaben Einzelplan 4 "Soziale Sicherung"

Haushalts-jahr	D	DU	E	K	MG	W
1930/31	- 15	- 34	- 16	- 10	- 30	- 12
1931/32	+ 6	+ 3	+ 3	- 1	+ 26	- 1
1932/33	+ 5	+ 1	+ 4	- 6	-	- 10
1933/34	+ 5	+ 20	+ 6	+ 10	-	+ 9

Auf ganze Zahlen gerundet. Vgl. Verzeichnis und Bearbeitung der Quellen Tabellen 44–59.

Tabelle 60

Statistik des Städtetags
Kassenwirksame Steuereinnahmen

Gesamteinnahmen RM pro Einwohner

Haushaltsjahr	D	DU	E	K	MG	W
1929/30	117	99	97	114	82	94
1930/31	113	91	93	113	82	84
1931/32	90	66	69	91	70	78
1932/33	70	49	51	71	50	57
1933/34	72	49	53	72	55	59

Auf ganze Zahlen gerundet. Abweichungen von den ordentlichen Haushalten der sechs rheinischen Großstädte können sich durch die unterschiedlichen Erfassungszeiträume und -methoden ergeben. StJbdtSt 26 (1931), S. 367; 27 (1932), S. 135; 28 (1933), S. 138. StJbdtG 29 (1934), S. 188; 30 (1935), S. 229 f; eigene Berechnungen.

Tabelle 61

Statistik des Städtetags
Anteile an der Summe der kassenwirksamen Steuereinnahmen %

Haushaltsjahr	R	HZ	G	R	HZ	G	R	HZ	G
	D			DU			E		
1929/30	25,0	21,7	53,4	26,7	13,4	59,8	30,0	14,2	55,7
1930/31	23,1	19,9	57,1	26,2	13,2	60,5	28,2	14,7	57,1
1931/32	17,2	12,2	70,6	22,5	9,2	68,3	22,8	10,9	66,3
1932/33	13,2	4,0	82,8	21,6	1,8	76,6	20,6	4,3	75,2
1933/34	16,0	4,1	79,9	25,6	-5,3	79,7	25,1	2,8	72,0
	K			MG			W		
1929/30	24,0	20,7	55,3	27,7	16,6	55,7	34,7	21,3	44,0
1930/31	20,6	19,4	60,0	27,2	13,2	59,5	36,9	19,7	44,4
1931/32	15,1	12,0	72,9	18,9	9,1	72,1	22,2	11,9	65,9
1932/33	12,7	4,0	83,3	17,1	0,7	82,2	19,3	3,5	77,2
1933/34	14,1	3,7	82,1	16,6	1,9	81,5	22,3	-1,7	79,4

Haushaltsjahr	GR	GEW	B	EK	GR	GEW	B	EK	GR	GEW	B	EK
	D				DU				E			
1929/30	15,6	27,9	-	21,2	13,5	40,5	-	21,1	14,6	33,6	-	24,1
1930/31	17,2	29,9	1,3	18,4	18,2	35,4	1,1	19,4	16,1	32,2	1,5	21,3
1931/32	20,8	29,4	5,5	11,9	21,9	32,0	4,7	13,7	20,8	28,1	4,9	14,3
1932/33	29,3	27,1	12,2	6,1	31,2	24,2	11,8	8,8	25,6	26,1	12,1	8,9
1933/34	26,5	27,0	14,1	9,0	35,2	22,6	13,3	12,5	23,5	24,3	14,4	12,9
	K				MG				W			
1929/30	18,9	26,4	-	19,8	14,1	34,1	-	21,1	11,7	23,0	-	29,9
1930/31	20,3	28,3	1,2	16,4	19,0	31,4	1,4	19,6	12,0	22,8	1,6	30,7
1931/32	27,3	28,6	4,5	10,1	30,0	26,1	5,5	10,9	24,1	25,3	5,2	16,3
1932/33	35,0	25,8	11,3	5,8	34,7	27,0	10,3	6,7	31,3	23,5	11,0	10,6
1933/34	34,4	23,5	13,0	7,9	36,9	21,8	13,4	7,6	34,6	21,2	13,8	14,8

B = Bürgersteuer, EK = Einkommen- und Körperschaftsteuer, G = Gemeindesteuern, GEW = Gewerbesteuer, GR = Grundsteuer, HZ = Hauszinssteuer, R = Reichssteuern. 1929/30: Die kommunale Neugliederung am 1.8.1929 änderte auch das Volumen der städtischen Steuereinnahmen. StJbdtSt, 26 (1931), S. 367, enthält getrennt für die Zeiten 1.4.-31.7.1929 und 1.8.1929–31.3.1930 die kassenwirksamen Steuereinnahmen. Für die Berechnung der Einnahmen für das gesamte Haushaltsjahr 1929/30 nach dem Gebietsstand 1.8.1929 wurden die Ergebnisse für die Zeit vom 1.8.1929–31.3.1930 verwendet. Berechnungsformel:

$$\text{Einnahmen Haushaltsjahr 1929/30} = \frac{\text{Einnahmen 1.8.1929–31.3.1930}}{2} \times 3.$$

Abweichungen von den ordentlichen Haushalten der sechs rheinischen Großstädte können sich durch die unterschiedlichen Erfassungszeiträume und -methoden ergeben. StJbdtSt 26 (1931), S. 367, 380 f.; 27 (1932), S. 135, 145; 28 (1933), S. 138, 148–150, 152. StJbdtG 29 (1934), S. 188, 198, 200; 30 (1935), S. 229 f., 239, 241 f.; eigene Berechnungen.

Tabelle 62

Schlüsselmäßige Verteilung der Reichswohlfahrtshilfe im 4. Quartal 1932

a) Multiplikatoren

Monat	D	DU	E	K	MG	W
Okt.	1,57	3,42	1,68	1,34	1,86	1,79
Nov.	1,24	1,97	1,27	1,17	1,33	1,31
Dez.	1,24	2,19	1,34	1,13	1,33	1,37

b) Beträge RM

Monat	D	DU	E	K	MG	W
Okt.	374188	1273952	702814	546244	189457	407693
Nov.	515370	1282111	913172	814424	243539	520550
Dez.	560948	1725447	1056533	700106	257656	650976

c) Beträge RM je Wohlfahrtserwerbslosen

Monat	D	DU	E	K	MG	W
Okt.	15,61	33,99	18,59	14,86	17,49	17,75
Nov.	21,50	34,21	24,15	22,16	22,48	22,67
Dez.	25,51	44,97	30,23	25,43	26,05	28,15

Okt. = Oktober, Nov. = November, Dez. = Dezember. Mulitplikator: Quotient aus der durch Rechtsvorschriften aufgewerteten und der tatsächlichen Zahl der Wohlfahrtserwerbslosen. Berechnungsbasis für die Reichswohlfahrtshilfe: Zahl der Wohlfahrtserwerbslosen für Oktober und November: Stand am 31.7.1932, für Dezember: Stand am 31.10.1932. LAB 142/1, StB, 1981; eigene Berechnungen.

Tabelle 63

Statistik des Städtetags
Entschädigungen für Steuersenkungen und Reichswohlfahrtshilfen 1931/32–1933/34

1000 RM

	H.-Jahr	Entschädigungen	Wohlf. hilfen	Summe	RM pro Einw.
D	1931/32	191	162	353	0,75
	1932/33	209	-	209	0,44
	1933/34	227	-	227	0,48
DU	1931/32	2047	4167	6214	14,09
	1932/33	2675	3483	6158	13,96
	1933/34	2681	1722	4403	10,10
E	1931/32	2376	149	2525	3,90
	1932/33	2592	-	2592	4,00
	1933/34	2592	779	3371	5,19
K	1931/32	2477	258	2735	3,70
	1932/33	2477	-	2477	3,34
	1933/34	2702	-	2702	3,62
MG	1931/32	849	1619	2468	12,27
	1932/33	786	-	786	3,89
	1933/34	1069	178	1247	6,17
W	1931/32	644	116	760	1,84
	1932/33	766	-	766	1,86
	1933/34	735	1453	2188	5,32

Einw. = Einwohner, H.-Jahr = Haushaltsjahr, Wohlf. hilfen = Reichswohlfahrtshilfen. Abweichungen von den ordentlichen Haushalten der sechs rheinischen Großstädte können sich durch unterschiedliche Erfassungszeiträume und -methoden ergeben. StJbdtSt 28 (1933), S. 149f. StJbdtG 29 (1934), S. 200; 30 (1935), S. 241f.; eigene Berechnungen.

Tabelle 64

Beiträge der städtischen Unternehmen und Beteiligungen zu den Haushalten nach Branchen

1000 RM

Branche	Haus-haltsjahr	D	DU	E	K	MG	W
Gas-, Elektrizitäts- und Wasserversorgung	1929/30	11067	3838	3031	23257	-	-
	1930/31	11813	4650	2760	24807	2826	6707
	1931/32	11972	3200	4556	23361	2632	5922
	1932/33	11030	2800	4026	20504	-	3703
	1933/34	12121	2800	3645	21957	-	3242
Verkehr	1929/30	3297	0	64	-1338	-	-
	1930/31	2279	0	251	-1367	100	667
	1931/32	- 358	172	221	-1773	323	446
	1932/33	1501	0	217	-1211	-	319
	1933/34	1501	17	170	-1404	-	309
Sonstige	1929/30	606	1662	2245	111	-	-
	1930/31	737	1078	2508	0	3	- 97
	1931/32	1070	813	1724	0	3	- 212
	1932/33	1271	754	804	0	-	- 162
	1933/34	623	743	877	0	-	- 125
Summe	1929/30	14970	5500	5340	22030	-	-
	1930/31	14829	5728	5519	23440	2929	7277
	1931/32	12684	4185	6501	21588	2958	6156
	1932/33	13802	3554	5047	19293	-	3860
	1933/34	14245	3560	4692	20553	-	3426

– = Verlustabdeckung durch den städtischen Haushalt. Maßgebend für die Zuordnung ist die Abgrenzung des Einzelplans 8. Vgl. Verzeichnis und Bearbeitung der Quellen Tabellen 44–59.

Tabelle 65

Anteile der Einzelpläne O-7 am Personalbestand der Stadtverwaltungen %
Stand: 1.7.1928

	EP 0	EP 1	EP 2	EP 3	EP 4	EP 5	EP 6	EP 7
D	15,8	8,4	3,5	6,9	5,1	34,5	14,1	11,7
DU	18,9	5,9	3,4	12,7	13,0	17,4	15,4	13,4
E	16,9	6,4	1,9	7,5	8,3	21,0	18,9	12,7
K	19,5	5,8	1,8	9,1	8,4	26,9	16,5	12,0
MG	21,6	6,0	2,7	9,8	4,3	22,0	23,2	10,3
W	17,8	8,6	5,3	5,7	11,9	19,1	18,5	13,1

EP = Einzelplan. DU = Duisburg + Hamborn, MG = M. Gladbach + Rheydt, W = Barmen + Elberfeld. Vgl. Verzeichnis und Bearbeitung der Quellen Tabellen 44–59. StJbdtSt 24 (1929), S. 464–479; eigene Berechnungen.

Tabelle 66

Offene Wohlfahrtsfürsorge der Städte
Durchschnittliche laufende Barunterstützung

RM pro Partei

Quartal. Jahr	D	DU	E	K	MG	W
1. 1930	154	143	152	158	133	172
2. 1930	157	131	135	180	127	164
3. 1930	119	139	156	179	136	141
4. 1930	159	137	168	194	145	157
1. 1931	163	141	154	195	186	157
2. 1931	151	145	139	182	173	166
3. 1931	150	117	135	178	146	138
4. 1931	145	114	130	142	124	112
1. 1932	131	123	110	131	128	102
2. 1932	141	117	86	129	115	112
3. 1932	135	115	107	124	115	111
4. 1932	134	126	109	128	115	115
1. 1933	130	132	113	129	119	121
2. 1933	124	136	105	130	115	126
3. 1933	123	130	113	136	125	156
4. 1933	118	123	122	127	126	121

Auf ganze Zahlen gerundet. Städte und Statistik 24 (1930), S. 52*, 98*; 25 (1931), S. 2*, 69*, 116*, 148*; 26 (1932), S. 4*, 52*, 70*, 102*; 27 (1933), S. 2*, 22*, 54*. Gemeinden und Statistik 27 (1933), S. 98*; 28 (1934), S. 12*, 35*; eigene Berechnungen.

Tabelle 67

Offene Wohlfahrtsfürsorge der Städte
Gesamtkosten und Zahl der Parteien in der laufenden Barunterstützung

Indizes Ende 1. Quartal 1930=100

Quartal. Jahr	D		DU		E		K		MG		W	
	KO	P	KO	P	KO	P	KO	P	KO	P	KO	P
1.1930	100	100	100	100	100	100	100	100	100	100	100	100
2.1930	108	106	109	119	97	110	106	93	106	111	96	101
3.1930	71	92	130	134	130	127	112	99	117	114	101	122
4.1930	150	145	159	165	156	142	147	120	153	140	150	164
1.1931	168	158	181	183	149	147	152	123	218	156	166	182
2.1931	163	166	172	169	103	113	143	124	198	152	182	188
3.1931	169	173	181	220	115	131	147	130	186	169	173	216
4.1931	180	191	210	263	146	171	141	157	167	179	153	235
1.1932	189	220	250	288	160	218	155	184	214	206	162	271
2.1932	210	226	265	321	151	263	166	200	202	215	191	290
3.1932	223	252	296	365	220	308	181	226	238	254	208	320
4.1932	239	271	345	388	245	336	204	247	239	256	236	349
1.1933	222	261	350	375	254	338	215	259	253	261	251	353
2.1933	208	256	352	366	226	323	217	259	229	245	243	327
3.1933	197	244	296	321	213	283	208	237	229	224	286	312
4.1933	177	229	283	325	220	271	196	240	221	215	200	282

KO = Gesamtkosten, P = Parteien. Auf ganze Zahlen gerundet. Städte und Statistik 24 (1930), S. 52*, 98*; 25 (1931), S. 2*, 69*, 116*, 148*; 26 (1932), S. 4*, 52*, 70*, 102*; 27 (1933), S. 2*, 22*, 54*. Gemeinden und Statistik 27 (1933), S. 98*; 28 (1934), S. 12*, 35*; eigene Berechnungen.

Tabelle 68

Kommunale kurzfristige inländische Verschuldung am 1.9.1931

Gläubiger und Verwendungszwecke

	D	DU	E	K	MG	W
Gläubiger						
Landesbank der Rheinprovinz	35,4	52,2	32,0	30,0	55,6	35,2
Eigene Sparkasse	24,3	14,2	44,0	0	25,0	24,8
Nachbarsparkassen	2,1	0,9	0	0	0,6	0
Stadt-Sparkasse Krefeld	0	0,5	0	1,8	0	0
Stadt Krefeld	4,1	0	0	1,4	0	0
Geschäfts- und Privatbanken	33,1	31,0	6,6	58,3	7,5	29,0
Nichtbanken-unternehmen	1,0	1,0	13,0	7,4	7,7	2,4
Privatpersonen	0	0,3	0	0	0,1	0
Sonstige Gläubiger	0	0	0	1,1	0,0	8,0
Anteile der Verwendungszwecke an den Verschuldungen %						
Wohnungsbau und Grunderwerb	64,4	11,1	29,6	k. A.	84,9	24,4
Zwischenfinanzierungen	0,8	39,8	0	k. A.	0	10,3
Kassenkredite	13,8	45,2	67,7	k. A.	13,7	65,3
Sonstige Zwecke, nicht zuordenbar	21,0	4,0	2,7	k. A.	1,4	0

k. A. = keine Angaben in der Quelle. Kurzfristig = **hier** Restlaufzeit von ≤ 2 Jahren. Zwischenfinanzierungen: DU: für genehmigte Anleihen, W: für Hauszinssteuerhypotheken. Ohne Aufwertungsdarlehen, weil in einem Teil der Fälle keine Aufwertungsdarlehen aufgelistet wurden. GStAB Rep. 77, 479, 226, 45, 1, Bl. 132–135, 138–149, 166–168, 224–238, 327–330, 434–439; eigene Berechnungen.

Tabelle 69

Kommunale kurzfristige inländische Verschuldung am 1.9.1931
Fälligkeitsstruktur

Anteil an der Kreditsumme %

Fälligkeitstermin	D	DU	E	K	MG	W
Bereits fällig	20,0	18,8	12,2	37,0	33,2	4,5
davon						
bis zum 13.7.1931	2,7	9,0	2,9	3,5	12,8	3,0
14.7.-31.8.1931	17,3	9,8	9,3	33,4	20,4	1,5
Noch fällig	66,6	79,4	62,3	47,6	58,4	70,4
davon						
1.9.-30.9.1931	26,8	22,3	20,0	19,4	12,3	13,1
1.10.-30.11.1931	24,4	21,5	17,0	11,1	14,8	23,7
1.12.-31.12.1931	3,0	9,3	2,4	2,8	1,3	9,3
1.1.-31.3.1932	4,0	12,5	21,9	11,9	14,6	6,9
1.4.1932-31.8.1933	8,5	13,8	1,0	2,5	15,4	9,4
undifferenziert zwischen 1.10.1931 und 1.4.1932	0	0	0	0	0	8,0
Kontokorrentkredit und kurzzeitig kündbare Kredite	13,4	1,9	25,5	15,4	8,4	25,1

Kurzfristig = **hier** Laufzeit ≤ 2 Jahre, d. h. bis zum 31.8.1933. Ohne Berücksichtigung zwischenzeitlicher Verlängerungen wegen uneinheitlicher Angaben in den Quellen. Einbezogen wurden Kredite gegen Schuldschein, Wechsel, Schuldanerkenntnis, aufgrund brieflicher Vereinbarung, „formlose" Kredite, Kontokorrentkredite, Kassenkredite, Kredite mit weniger als 3 Monaten Kündigungsfrist (gesetzliche Kündigungsfrist für Spareinlagen). Nicht berücksichtigt wurden Kredite aufgrund von Hypotheken, Grundschulden, Leibrenten- und Aufwertungsansprüchen, langfristig bei öffentlich-rechtlichen Körperschaften. Im Unterschied zur Gegenwart wurden Schuldscheindarlehen auch für Laufzeiten von weniger als einem Jahr gegeben. Z. B. verfügte Wuppertal über einen jederzeit monatlich kündbaren Kredit mit einem Zinssatz für Kontokorrentkredite aufgrund eines Schuldscheins. Ohne Aufwertungsdarlehen, weil in einem Teil der Fälle keine Aufwertungsdarlehen aufgelistet wurden. Die Quellen geben den Beginn der Laufzeit nicht einheitlich an. Ein Teil erwähnte nur den Anfang der letzten Prolongation, ein Teil den erstmaligen Beginn des Kredits, es wurden nur die Endtermine berücksichtigt. GStAB Rep. 77, 479, 226, 45, 1, Bl. 132–135, 138–149, 166–168, 224–238, 327–330, 434–439; eigene Berechnungen.

Tabelle 70

Zahlungsrückstände der Städte

Regierungsbezirk Düsseldorf bei der Landesbank der Rheinprovinz

Zinsen und Tilgungsraten 1000 RM					
Stichtag	D	DU	E	MG	W
13.10.1932	16	2354	1219	1383	3035
13.12.1932	13	2728	1376	1529	3030
14.03.1933	19	3758	1741	2078	4153
17.07.1933	14	4998	2073	2765	5204
Anteile der Zinsen an den Zahlungsrückständen %					
Stichtag	D	DU	E	MG	W
13.10.1932	65,8	90,3	96,6	94,9	83,0
13.12.1932	59,0	92,6	97,0	99,5	92,1
14.03.1933	57,6	87,9	91,8	96,8	88,6
17.07.1933	100,0	87,4	91,7	97,5	89,3

Köln
Abzuliefernde Staatssteuern

Stichtag	1000 RM
01.10.1931	5213
01.01.1932	9602
01.04.1932	12799
01.07.1932	19633
01.10.1932	23534
01.01.1933	23534
01.04.1933	23678
01.07.1933	23404
01.10.1933	23404
31.12.1933 nach Abrechnung	25109

K: Beträge gekürzt um die jeweilige Aufrechnung des Staats mit Steuerüberweisungen. Materialsammlung Paul Klein, in: HAStK 901, 51, Bl. 38. HStAD Reg. D, 55469, Bl. 8, 19, 29, 36, 55, 111, 141.

Tabelle 71

Schuldenstand der Städte im Regierungsbezirk Düsseldorf am 31.3.1933
Mio. RM und RM pro Einwohner

Art der Verschuldung	Mio. RM					RM pro Einwohner				
	D	DU	E	MG	W	D	DU	E	MG	W
Altschulden (vor dem 1.4.1924)	12	8	8	4	13	25	18	13	20	31
Neuschulden (ab dem 1.4.1924)	144	116	98	48	151	305	263	151	240	366
davon: Auslandsschulden Summe	7	11	-	2	8	16	25	-	10	20
davon: Inlandsschulden Summe	137	105	98	46	142	289	237	151	230	346
davon: Langfristige Anleihen	38	42	40	6	96	80	95	62	30	232
davon: Öffentliche Mittel	20	10	9	7	15	20	22	13	32	37
davon: Kassenkredite	4	10	17	3	23	8	23	26	13	55
davon: Sonstige kurzfristige Schulden	55	29	17	23	2	55	65	8	112	5
Rückständige Zahlungsverpflichtungen Summe	4	21	20	6	14	9	48	31	29	34
davon: Lieferungen und Leistungen	-	-	0	0	0	-	-	0	1	0
davon: Zinsen und Tilgungsraten	0	6	2	3	6	1	14	3	15	14
davon: Staatssteuern und sonstige öffentliche Abgaben	4	15	18	3	8	8	34	28	13	19
Gesamtbetrag	160	145	126	58	177	338	311	195	289	431

– = nichts, 0 = mehr als nichts, aber weniger als 0,5, Leistung. = Leistungen, langfristig = Laufzeit ≥ 10 Jahre, kurzfristig = Laufzeit ≤ 1 Jahr, Kassenkredite = Schulden, die innerhalb des laufenden Haushaltsjahres oder 9 Monaten aus ordentlichen Einnahmen abgedeckt werden sollen, Lieferungen und Leistungen = Forderungen, die seit mindestens einem halben Jahr fällig oder gestundet sind. Sonstige öffentliche Abgaben = Umlagen, Krisenfürsorge, Fürsorgekosten u. a. Zinsen und Tilgungsraten nicht in „Altschulden“ und „Neuschulden“ enthalten. HStAD Reg. D 55432, 55433, 55434, 55442, 55470; eigene Berechnungen.

Tabelle 72

Schuldenstand der Städte im Regierungsbezirk Düsseldorf am 31.3.1933
Anteile der Schuldenarten am Gesamtbetrag %

Art der Verschuldung			D	DU	E	MG	W
Altschulden (vor dem 1.4.1924)			8	6	6	7	7
Neuschulden (ab dem 1.4.1924)			90	80	78	83	85
davon	Auslandsschulden Summe		4	8	-	3	5
	Inlandsschulden Summe		86	72	78	79	80
	davon	Langfristige Anleihen	24	29	32	10	54
		Öffentliche Mittel	13	7	7	11	8
		Kassenkredite	3	7	13	5	13
		Sonstige kurzfristige Schulden	34	20	13	39	1
Rückständige Zahlungsverpflichtungen Summe			3	14	16	10	8
davon	Lieferungen und Leistung.		-	-	0	0	0
	Zinsen und Tilgungsraten		0	4	2	5	3
	Staatssteuern und sonstige öffentliche Abgaben		3	10	14	5	5

- = nichts, 0 = mehr als nichts, aber weniger als 0,5, Leistung. = Leistungen, langfristig = Laufzeit ≥ 10 Jahre, kurzfristig = Laufzeit ≤ 1 Jahr, Kassenkredite = Schulden, die innerhalb des laufenden Haushaltsjahres oder sonst innerhalb von 9 Monaten aus ordentlichen Einnahmen abgedeckt werden sollen, Lieferungen und Leistungen = Forderungen, die seit mindestens einem halben Jahr fällig oder gestundet sind, sonstige öffentliche Abgaben = Umlagen, Krisenfürsorge, Fürsorgekosten u. a. Auf ganze Zahlen gerundet. Zinsen und Tilgungsraten nicht in „Altschulden" und „Neuschulden" enthalten. HStAD Reg. D 55432, 55433, 55434, 55442, 55470; eigene Berechnungen.

Tabelle 73

Stand der fundierten Schuld am Ende des Haushaltsjahres (31.3.)
Rechnungsergebnisse (Ist)

RM pro Einwohner

	Haushaltsjahr				
	1929/30	1930/31	1931/32	1932/33	1933/34
D	306	306	330	329	331
DU	261	279	279	295	345
E	132	153	166	164	217
K	559	587	579	567	589
MG	233	260	262	260	285
W	351	404	403	397	418

Index 1929/30 = 100

	Haushaltsjahr			
	1930/31	1931/32	1932/33	1933/34
D	99,6	107,7	106,4	107,5
DU	107,0	106,9	112,8	132,0
E	116,5	125,9	124,7	165,1
K	105,5	104,0	102,0	106,8
MG	112,3	113,4	112,9	123,6
W	114,7	113,9	111,7	117,6

Auf ganze Zahlen gerundet. MG 1933/34 = M.Gladbach + Rheydt. StJbdtG 31 (1936), S.581–583; eigene Berechnungen.

Tabelle 74

Bevölkerungszahlen für die Städte zugleich Divisoren für die Pro-Einwohner-Werte

Mittlere Jahresbevölkerung 1930-1934 -1000-

	1930	1931	1932	1933	1934
D	477,5	473,9	472,0	499,1	503,0
DU	440,4	440,7	440,3	439,9	439,5
E	646,7	647,5	647,7	654,5	655,9
K	738,9	738,9	740,5	757,0	758,1
MG	200,2	200,8	201,4	204,4	204,3
W	415,4	413,3	411,4	408,4	409,5

Bevölkerung am 1. Januar 1930-1934 -1000-

Stichtag Haushaltsjahr	1.1.30 1929/30	1.1.31 1930/31	1.1.32 1931/32	1.1.33 1932/33	1.1.34 1933/34
D	479,0	476,3	472,8	473,0	475,8
DU	441,4	441,7	441,1	441,1	436,1
E	645,7	648,5	648,2	648,3	649,3
K	736,9	740,1	739,1	741,3	746,2
MG	199,9	200,6	201,2	201,9	202,0
W	416,4	414,7	412,7	411,4	411,4

Mittlere Jahresbevölkerung: Für Kalenderjahrdaten. Bevölkerung am 1.Januar: Für Haushaltsjahrdaten (1.4.-31.3.). MG 1933–1934 = M.Gladbach + Rheydt. Durch einen Wechsel der Volkszählungen von 1925 zu 1933 entstehen Sprünge, die die Vergleichbarkeit zwischen den Jahren wesentlich beeinträchtigen. Die aufgrund der Volkszählung 1925 für die Jahre 1930–1933 fortgeschriebene Einwohnerzahl wurde für den 1.Januar 1934 fortgesetzt, um statistisch vergleichbare Werte zu erhalten. Fortschreibungsmethode: Einwohnerzahl am 1.1.1934 (Fortschreibung 1925) = [Einwohnerzahl am 1.1.1933 (Fortschreibung 1925) x Einwohnerzahl am 1.1.1934 (Fortschreibung 1933)]: Einwohnerzahl am 1.1.1933 (Rückrechnung 1933). StJbdtSt 26 (1931), S.11; 27 (1932), S.388; 28 (1933), S.528f. StJbdtG 29 (1934), S.480–482; 30 (1935), S.376f.; eigene Berechnungen.

Verzeichnis der Tabellen

Tabelle 69
Kommunale kurzfristige inländische Verschuldung am 1.9.1931. Fälligkeitsstruktur

Tabelle 70
Zahlungsrückstände der Städte

Tabelle 71
Schuldenstand der Städte im Regierungsbezirk Düsseldorf am 31.3.1933. Mio. RM und RM pro Einwohner

Tabelle 72
Schuldenstand der Städte im Regierungsbezirk Düsseldorf am 31.3.1933. Anteile der Schuldenarten am Gesamtbetrag

Tabelle 73
Stand der fundierten Schuld am Ende des Haushaltsjahrs (31.3.). Rechnungsergebnisse (Ist)

Tabelle 74
Bevölkerungszahlen für die Städte zugleich Divisoren für die Pro-Einwohner-Werte

Verzeichnis der Graphiken

Anlage: Berufs- und Gewerbliche Betriebszählungen 1925 und 1933

1 Berufs- und Gewerbliche Betriebszählung 1925

Anteile der publizierten Stadtteile an der Einwohnerzahl der Städte nach dem Gebietsstand vom 1.8.1929[1]

	Einwohner	
	absolut	Anteil %
Düsseldorf	464543	100,00
1. Düsseldorf	432633	93,13
2. Benrath	25929	5,58
Summe 1.-2.	458562	98,71
Duisburg-Hamborn	421217	100,00
1. Duisburg	272798	64,76
2. Hamborn	126618	30,06
3. Huckingen	14632	3,47
Summe 1.-3.	414048	98,30
Essen	629564	100,00
1. Essen	470524	74,74
2. Steele	33823	5,37
3. Kray	25405	4,04
4. Katernberg	22381	3,56
5. Stoppenberg	13794	2,19
6. Kupferdreh	13390	2,13
7. Werden	13232	2,10
8. Schonebeck	11488	1,83
Summe 1.-8.	604037	95,95
Gladbach-Rheydt	193529	100,00
1. M.Gladbach	115302	59,58
2. Rheydt	45124	23,32
3. Odenkirchen	20076	10,37
Summe 1.-3.	180502	93,27
Wuppertal	405515	100,00
1. Barmen	187099	46,14
2. Elberfeld	167577	41,33
3. Vohwinkel	16093	3,97
4. Ronsdorf	15174	3,74
5. Cronenberg	14051	3,47
Summe 1.-5.	399994	98,64

1 Verzeichnis, S. 107–108; eigene Berechnungen.

2 Berufszählungen 1925 und 1933

Systematik[1]

Wirtschaftsabteilung A:	Landwirtschaft, Gärtnerei, Tierzucht, Forstwirtschaft, Fischerei
Wirtschaftsgruppe	1: Landwirtschaft, Gärtnerei, Tierzucht
	2: Forstwirtschaft, Fischerei
Wirtschaftsabteilung B:	Industrie und Handwerk
Wirtschaftsgruppe	3: Bergbau, Salinenwesen, Torfgräberei
	4: Industrie der Steine und Erden
	5: Eisen- und Metallgewinnung
	6: Herstellung von Eisen-, Stahl-, Metallwaren
	7: Maschinen-, Apparate-, Fahrzeugbau
	8: Elektrotechnische Industrie, Feinmechanik, Optik+
	9: Chemische Industrie
	10: Textilindustrie
	11: Papierindustrie und Vervielfältigungsgewerbe
	12: Leder- und Linoleumindustrie
	13: Kautschuk- und Asbestindustrie
	14: Holz- und Schnitzstoffgewerbe
	15: Musikinstrumenten- und Spielwarenindustrie
	16: Nahrungs- und Genußmittelgewerbe
	17: Bekleidungsgewerbe
	18: Baugewerbe und Baunebengewerbe
	19: Wasser-, Gas-, Elektrizitätsgewinnung und -versorgung
Wirtschaftsabteilung C:	Handel und Verkehr
Wirtschaftsgruppe	20: Handelsgewerbe
	21: Versicherungswesen
	22: Verkehrswesen
	23: Gast- und Schankwirtschaftsgewerbe
Wirtschaftsabteilung D:	Verwaltung, Heerwesen, Kirche, freie Berufe
Wirtschaftsgruppe	24 = Wirtschaftsabteilung
Wirtschaftsabteilung E:	Gesundheitswesen, hygienisches Gewerbe, Wohlfahrtspflege
Wirtschaftsgruppe	25 = Wirtschaftsabteilung
Wirtschaftsabteilung F:	Häusliche Dienste, Erwerbstätigkeit ohne feste Stellung oder ohne Angabe der Betriebszugehörigkeit
Wirtschaftsgruppe	26 = Wirtschaftsabteilung

1 Entspricht ungefähr der Systematik der Berufszählung vom 16.6.1925. Berufszählung, Einführung, 1925, S. 8–10. Berufszählung, Einführung, 1933, S. 29.

Wirtschaftsgruppe 27 = Wirtschaftsabteilung

Synopse der Wirtschaftsabteilungen

Berufszählung 1925	Berufszählung 1933
A	1 - Köhlereien
B	2/3 - Erwerbstätigkeit ohne Betriebszugehörigkeit oder ohne Angabe der Betriebszugehörigkeit, Kopieranstalten + Köhlereien, Eisenbahnwerkstätten, Näh- und Schneiderschulen, Haarflechtereien
C	4 - Eisenbahnwerkstätten + Treuhandgesellschaften, Varietes, Kabaretts, Wohngewerbe
D/E	5 - Näh- und Schneiderschulen, Wohngewerbe, Haarflechtereien, Varietes, Kabaretts, Treuhandgesellschaften + Filmkopieranstalten
F	6 + Erwerbstätigkeit ohne Betriebszugehörigkeit oder ohne Angabe der Betriebszugehörigkeit
G	7

3 Gewerbliche Betriebszählungen 1925 und 1933

Systematik[1]

Gewerbeabteilung A: Nichtlandwirtschaftliche Gärtnerei, Tierzucht, Hochseefischerei

Gewerbegruppe	1:	Nichtlandwirtschaftliche Gärtnerei, Tierzucht
	2:	Hochseefischerei

Gewerbeabteilung B: Industrie und Handwerk

Gewerbegruppe	3:	Bergbau, Salinenwesen, Torfgräberei
	4:	Industrie der Steine und Erden
	5:	Eisen- und Metallgewinnung
	6:	Herstellung von Eisen-, Stahl-, Metallwaren
	7:	Maschinen-, Apparate-, Fahrzeugbau
	8:	Elektrotechnische Industrie, Feinmechanik, Optik
	9:	Chemische Industrie
	10:	Textilindustrie
	11:	Papierindustrie, Vervielfältigungsgewerbe
	12:	Leder- und Linoleumindustrie
	13:	Kautschuk- und Asbestindustrie
	14:	Holz- und Schnitzstoffgewerbe
	15:	Musikinstrumenten- und Spielwarenindustrie
	16:	Nahrungs- und Genußmittelgewerbe
	17:	Bekleidungsgewerbe
	18:	Baugewerbe und Baunebengewerbe
	19:	Wasser-, Gas-, Elektrizitätsgewinnung und -versorgung

Gewerbeabteilung C: Handel und Verkehr

Gewerbegruppe	20:	Handelsgewerbe
	21:	Versicherungswesen
	22:	Verkehrswesen
	23:	Gast- und Schankwirtschaftsgewerbe

1 Entspricht ungefähr der Systematik der Gewerblichen Betriebszählung vom 16.6.1925. Gewerbliche Betriebszählung, Einführung, 1925, S. 55. Gewerbliche Betriebszählung, Einführung, 1933, S. 42–51.

Synopse der Gewerbeabteilungen

Gewerbliche Betriebszählung 1925	Gewerbliche Betriebszählung 1933
A	A
B	B - Filmaufnahme und -verleih, Barbiergewerbe
C	C - Apotheken

Abkürzungsverzeichnis

AG	Aktiengesellschaft
Aufl.	Auflage
Bd.	Band
bearb.	bearbeitet
Bl.	Blatt
BM	Bürgermeister
bzw.	beziehungsweise
D	Düsseldorf
ders.	derselbe
Diss.	Dissertation
DSt	Deutscher Städtetag
DU	Duisburg-Hamborn
E	Essen
ebd.	ebenda
Erl.	Erlaß, Erlasse
e. V., E. V.	eingetragener Verein
f.	folgende
GAA	Gewerbeaufsichtsamt
GAG	Gemeinnützige Aktiengesellschaft für Wohnungsbau in Köln
GStAB	Geheimes Staatsarchiv Stiftung Preußischer Kulturbesitz, Berlin
H.	Heft
HAStK	Historisches Archiv der Stadt Köln
hrsg.	herausgegeben
HStAD	Nordrhein-Westfälisches Hauptstaatsarchiv, Düsseldorf
i. R.	im Ruhestand
Jg.	Jahrgang
K	Köln
LAB	Landesarchiv Berlin
MBliV.	Ministerialblatt für die preußische innere Verwaltung
MG	Gladbach-Rheydt
Mio.	Million(en)
Mrd.	Milliarde(n)
N. F.	Neue Folge
NSDAP	Nationalsozialistische Deutsche Arbeiter-Partei
OB	Oberbürgermeister
Öffa	Deutsche Gesellschaft für öffentliche Arbeiten
o. J.	ohne Angabe des Erscheinungsjahrs
o. O.	ohne Angabe des Erscheinungsortes
OP	Oberpräsident
Pr	Preußischer(s)
PrFM	Preußischer Finanzminister
PrMdI	Preußischer Minister des Innern
PrMfHuG	Preußischer Minister für Handel und Gewerbe
PrMfV	Preußischer Minister für Volkswohlfahrt

PrMfWuA	Preußischer Minister für Wirtschaft und Arbeit
PrSt	Preußischer Städtetag
PrGS.	Preußische Gesetz-Sammlung, bis 1918: Gesetz-Sammlung für die Königlichen Preußischen Staaten
PrVO	Preußische Verordnung
RABl. I	Reichsarbeitsblatt, Teil I
RAM	Reichsarbeitsminister
RdErl.	Runderlaß, -erlasse
Reg.	Regierung
Reg. D	Regierung Düsseldorf
Rep.	Repositur
RGBl. I	Reichsgesetzblatt Teil I
RhSt	Rheinischer Städtetag
RM	Reichsmark
RNotVO	Notverordnung des Reichspräsidenten
RNotVOen	Notverordnungen des Reichspräsidenten
RP D	Regierungspräsident Düsseldorf
RP K	Regierungspräsident Köln
RuPrVBl.	Reichs- und Preußisches Verwaltungsblatt
RWE	Rheinisch-Westfälisches Elektrizitätswerk Aktiengesellschaft
RWI	Rheinisch-Westfälischer Industriegebiet
S.	Seite(n)
Sp.	Spalte(n)
SPD	Sozialdemokratische Partei Deutschlands
SSK	Stadt-/städtische Sparkasse
StdDR	Statistik des Deutschen Reichs
StAD	Stadtarchiv Düsseldorf
StADU	Stadtarchiv Duisburg
StAE	Stadtarchiv Essen
StAMG	Stadtarchiv Mönchengladbach
StenoVB	Stenographische Verhandlungsberichte der Stadtverordneten-Versammlung
StJbDR	Statistisches Jahrbuch für das Deutsche Reich
StJbdtG	Statistisches Jahrbuch deutscher Gemeinden
StJbdtSt	Statistisches Jahrbuch deutscher Städte
StK	Stadtkämmerer
Stv	Stadtverordnetenversammlung
t	Tonne(n)
U	Universität
u. a.	unter anderem(n)
u. a. O.	und andere Orte
usw.	und so weiter
VB	Verwaltungsbericht(e)
vgl.	vergleiche
VHzK	Vierteljahrshefte zur Konjunkturforschung
VO	Verordnung

W	Wuppertal
WWZ	Westdeutsche Wirtschafts-Zeitung
z. B.	zum Beispiel

Verzeichnis der Archivalien

GStAB: Geheimes Staatsarchiv Preußischer Kulturbesitz, Berlin, I. Hauptabteilung: Rep. 77 (Ministerium des Innern)
444 a: 2, 6; 2, 7; 3546 b, 1, 1.
479, 226: 28, 1; 38, 1; 39, 1; 40; 42, 1; 44, 1; 45; 45, 1. 479, 226 c: 1; 3. 2025, 12, 5.

HAStK: Historisches Archiv der Stadt Köln Bestand 901, 51.

HStAD: Nordrhein-Westfälisches Hauptstaatsarchiv, Düsseldorf
Reg. Aachen, 13008.
Reg. D (Düsseldorf): 30640 a; 30643; 31623; 31782; 32228; 32937 a; 34373; 34375; 34376 I; 34376 II; 34378; 34379; 34381; 34382; 34384; 34391; 42688; 51126; 51285; 51352; 51407; 51408; 55198; 55250; 55254; 55302; 55305; 55306; 55307; 55340; 55361; 55376; 55386; 55387; 55432; 55433; 55434; 55435; 55442; 55446; 55468; 55469; 55470; 55471; 55472; 55488; 55758.

LAB: Landesarchiv Berlin
142/1: StA 11; 75; 109; 182; 301 I; 530/I; 729; 744; 774.
StB 435; 525 a; 527; 552; 1425; 1669; 1981. 2197/II; 3613; 3691; 3765; 3766; 4721. 200, 2955, 12; 13; 15.

SSK E: Stadtsparkasse Essen. Archiv: Bestand 1930. Geschäftsentwicklung.

StADU: Stadtarchiv Duisburg
100 A, 1/18. 102: 483; 489; 499; 500; 517; 519; 520; 527; 656; 805; 1219. 130, 3. 150: 20; 27. 192, 499.

StAE: Stadtarchiv Essen Fd 4.

StAMG: Stadtarchiv Mönchengladbach 1 b 3, 54; 55; 57, Bd. 2. 1 b 4, 25.

Quellen- und Literaturverzeichnis

Fettdruck gibt die Kurzzitierweise an.
[...] = erschlossene Angaben.

Abelshauser, Werner: **Wirtschaft, Staat und Arbeitsmarkt** 1914-1945, in: Das Ruhrgebiet im Industriezeitalter. Geschichte und Entwicklung, hrsg. von Wolfgang Köllmann, Hermann Korte, Dietmar Petzina und Wolfhard Weber, Düsseldorf 1990, Bd. 1, S. 435-489.

Achter Deutscher Städtetag. Dresden, 26. September 1930, (= Schriftenreihe des Deutschen Städtetages, H. 13), Berlin [1930].

Die Aenderungen des Kommunalrechts seit dem 30. Januar 1933, in: Der Gemeindetag 27 (1933), S. 558-561.

Allgemeines Landrecht für die Preußischen Staaten von 1794, hrsg. von Hans Hattenhauer, Neuwied, Kriftel, Berlin, 3. Aufl. 1996.

Ambrosius, Gerold: **Die öffentliche Wirtschaft in der Weimarer Republik**. Kommunale Versorgungsunternehmen als Instrumente der Wirtschaftspolitik, (= Schriften zur öffentlichen Verwaltung und öffentlichen Wirtschaft, Bd. 78), Baden-Baden 1984.

–: **Der Staat als Unternehmer**. Öffentliche Wirtschaft und Kapitalismus seit dem 19. Jahrhundert, Göttingen 1984.

Apelt, Kurt: **Das Wirtschaftsleben in Gladbach-Rheydt**, in: Gladbach-Rheydt, bearb. von Mertens, M. Gladbach 1932, S. 134-138.

Asch, Bruno: **Die kommunalen Finanzen**. I: In den Großstädten, in: Der Städtetag 24 (1930), S. 438-440.

Assenmacher, Walter: **Konjunkturtheorie**, in: Wirtschaftslexikon, hrsg. von Artur Woll, München, Wien, 5. Aufl. 1991, S. 404-407.

Auer, H. H. von: **Die Wohnungsbautätigkeit** in den Groß- und Mittelstädten [ab 4. Vierteljahr 1929: Der Wohnungsbau in den Städten] ..., in: Städte und Statistik, Beilage zur Zeitschrift „Der Städtetag", ...

... **im 1. Vierteljahr 1929**, 23 (1929), H. 2, S. 65-69.

... **im 2. Vierteljahr 1929**, 23 (1929), H. 3, S. 171-175.

... **im 3. Vierteljahr 1929**, 23 (1929), H. 4, S. 224-229.

... **4. Vierteljahr und Jahr 1929**, 24 (1930), H. 5, S. 23-27.

... **1. Halbjahr 1930**, 24 (1930), H. 10, S. 93-97.

... **2. Halbjahr 1930 und 1. Halbjahr 1931**, 25 (1931), H. 11, S. 157*-163*.

... **im 2. Halbjahr 1931**, 26 (1932), H. 6, S. 61*-64*.

Die Auswirkungen der Notverordnung auf die Gemeinden, in: Der Städtetag 25 (1931), S. 299-304.

Bade, Klaus J.: **Arbeitsmarkt, Bevölkerung und Wanderung** in der Weimarer Republik, in: Die Weimarer Republik. Belagerte Civitas, hrsg. von Michael Stürmer, Königstein/ Taunus, 2. Aufl. 1985, S. 160-187.

Die Baukosten und Investitionen in der Wohnungswirtschaft 1928 bis 1932, in: Vierteljahrshefte zur StdDR 43 (1934), H. 1, S. 97-110.

Die Bautätigkeit in den Groß- und Mittelstädten im Jahre 1933, in: Gemeinden und Statistik, Beilage zur Zeitschrift „Der Gemeindetag" 28 (1934), H. 14, S. 53*-55*.

Becker, Henning: **Finanzwissenschaftliche Steuerlehre**. Steuerwirkung, Steuerfinanzierung, Steuerpolitik, München 1990.

Becker, Reinhard: **Der Reich-Länder-Finanzausgleich** im Bismarckreich und in der Weimarer Republik. Ein Vergleich zweier unterschiedlicher Finanzausgleichssysteme unter Berücksichtigung des Spannungsverhältnisses zwischen Föderalismus und Unitarismus, Diss. U Kiel, Kiel 1980.

Behr, Hans-Joachim: **Provinzialverwaltung**, in: Nordrhein-Westfalen. Landesgeschichte im Lexikon, Redaktion: Anselm Faust in Verbindung mit Norbert Andernach und Dieter Lück, (= Veröffentlichungen der staatlichen Archive des Landes Nordrhein-Westfalen, Reihe C, Bd. 31), Düsseldorf, 2. Aufl. 1994, S. 324-326.

Beisiegel, Ph./**Wölz**, O.: **Die Finanzierung des Wohnungsbaues aus öffentlichen Mitteln**, Berlin 1926.

Beitrag zum interlokalen Steuerbelastungsvergleich. Die Realsteuerzuschläge in den deutschen Gemeinden mit mehr als 10000 Einwohnern im Rechnungsjahr 1930, in: Vierteljahrshefte zur StdDR 41 (1932), H. 4, S. 121-126.

Bemerkungen zur Reichsfinanzstatistik, in: Ruhr und Rhein 9 (1928), S. 49-52.

Benz, Wolfgang: **Vom Freiwilligen Arbeitsdienst zur Arbeitsdienstpflicht**, in: Vierteljahrshefte für Zeitgeschichte 16 (1968), S. 317-346.

Berg, Wilfried: **Arbeits- und Sozialverwaltung** einschließlich Sozialversicherung und Reichsversorgung, in: Deutsche Verwaltungsgeschichte, hrsg. von Kurt G. A. Jeserich, Bd. 4: Das Reich als Republik und in der Zeit des Nationalsozialismus, Stuttgart 1985, S. 218-240.

Die bergbauliche Gewinnung im niederrheinisch-westfälischen Bergbaubezirk im Jahre 1931, in: Glückauf 68 (1932), S. 472-479.

Bergemann, Karl: **Staatsaufsicht zur Sicherung des kommunalen Haushalts**. Eine Darstellung des Eingriffsrechtes der Aufsichtsbehörde in die kommunale Finanzwirtschaft zur Sicherung des Haushalts nach geltendem Gemeinderecht ohne Berücksichtigung des Notrechts, Diss. U Köln 1933.

Berger: **Die Bestellung von Staatskommissaren** für preußische Stadtgemeinden, in: Zeitschrift für Kommunalwirtschaft 21 (1931), Sp. 345-356.

Bergisches Wirtschaftsblatt 1 (1929)-5 (1934).

Bergmann, Kurt: **Die wirtschaftsgeschichtliche Entwicklung des Ruhrkohlenbergbaues** seit Anfang des 19. Jahrhunderts, Diss. U Köln 1934, Kettwig 1937.

Bericht der Generaldirektoren der Landesbank über die Verwaltung der Landesbank der Rheinprovinz ...

... Geschäftsjahr **1929** (1. Januar bis 31. Dezember), Düsseldorf [1930]. ... Geschäftsjahr **1930** (1. Januar bis 31. Dezember), Düsseldorf [1931].

Bericht des Provinzialausschusses der Rheinprovinz über die Ergebnisse der Provinzialverwaltung für das Rechnungsjahr vom ...

... 1. April **1929** bis 31. März **1930**, Düsseldorf [1930].

in: Anlagen zu den Sitzungsprotokollen, Nr. 2, Verhandlungen des Rheinischen Provinziallandtages. 78. Provinziallandtag.

... 1. April **1930** bis 31. März **1931**, Düsseldorf [1931].

in: Anlagen zu den Sitzungsprotokollen, Nr. 2, Verhandlungen des Rheinischen Provinziallandtages. 79. Provinziallandtag.

Bericht und Bilanzen der Landesbank der Rheinprovinz. Geschäftsjahre **1931-1933**, Düsseldorf [1934].

Berolzheimer, Joseph: **Die Preussischen Realsteuern in der Krise**. Entwicklung der Realsteuern 1927-1932, in: Städte und Statistik, Beilage zur Zeitschrift „Der Städtetag" 26 (1932), Nr. 8, S. 85*-89*.

Berufszählung, Einführung, 1933: Berufszählung. Die berufliche und soziale Gliederung der Bevölkerung des Deutschen Reichs. Einführung in die Berufszählung. Systematische und alphabetische Verzeichnisse zur Berufszählung 1933, (= StdDR, Bd. 453, H. 1), hrsg. vom Statistischen Reichsamt, Berlin 1936.

Berufszählung, Einführung, 1925: Berufszählung. Die berufliche und soziale Gliederung der Bevölkerung des Deutschen Reichs. Einführung in die Berufszählung 1925. Methode der Berufsstatistik, Erhebungs- und Bearbeitungsplan, (= StdDR, Bd. 402, Teil I), bearb. im Statistischen Reichsamt, Berlin 1927.

Berufszählung, Rheinprovinz, 1933: Berufszählung. Die berufliche und soziale Gliederung der Bevölkerung in den Ländern und Landesteilen. Nord- und Westdeutschland. Rheinprovinz, (= StdDR, Bd. 455, H. 16), hrsg. vom Statistischen Reichsamt, Berlin 1936.

Berufszählung, Rheinprovinz, 1925: Berufszählung. Die berufliche und soziale Gliederung der Bevölkerung in den Ländern und Landesteilen. Der Norden und Westen Deutschlands. Rheinprovinz, (= StdDR, Bd. 404, H. 16), hrsg. vom Statistischen Reichsamt, Berlin 1928.

Die Beschäftigung der Industrie (Januar bis September 1933), in: Vierteljahrshefte zur StdDR 42 (1933), H. 4, S. 58-63.

Die Beschäftigung der Industrie von 1928 bis 1932 (Ergebnisse der Industrieberichterstattung), in: Vierteljahrshefte zur StdDR 41 (1932), H. 3, S. 20-27.

Bestellung von Staatskommissaren für Gemeinden, in: Der Städtetag 26 (1932), S. 426 f.

Bickel, Wilhelm: **Finanzwissenschaft und Statistik**, in: Handbuch der Finanzwissenschaft, hrsg. von Wilhelm Gerloff, Fritz Neumark, Bd. 1, bearb. von Erwin von Beckerath, Wilhelm Bickel, Ernst Blumenstein u. a., Tübingen 1952, S. 134-162.

Bitter, von: **Kommunalaufsicht**, in: Bitter. Handwörterbuch der Preußischen Verwaltung, hrsg. von Bill Drews, Franz Hoffmann, Berlin, Leipzig, 3. Aufl. 1928, Bd. 1, S. 1023-1029.

–: **Selbstverwaltung**, in: Bitter. Handwörterbuch der Preußischen Verwaltung, hrsg. von Bill Drews, Franz Hoffmann, Berlin, Leipzig, 3. Aufl. 1928, Bd. 2, S. 602-604.

Bleicher, Heinrich: **Kommunale Finanzwirtschaftslehre**, in: Handbuch der Finanzwissenschaft, hrsg. von Wilhelm Gerloff und Franz Meisel, Tübingen 1927, Bd. 2, S. 376-478.

Böhret, Carl: **Aktionen gegen die „kalte Sozialisierung" 1926-1930**. Ein Beitrag zum Wirken ökonomischer Einflußverbände in der Weimarer Republik, Berlin 1966.

Böttcher, Alexander: **Die Auswirkung der Realsteuerreform** auf den preußischen Finanzausgleich unter besonderer Berücksichtigung der geschichtlichen Entwicklung, Diss. U Marburg 1938.

Bogs, Walter: **Die Sozialversicherung in der Weimarer Demokratie**, (= Vierteljahresschrift für Sozialrecht, Beiheft 2), München 1981.

Boldt, Walter/Boldt, Gerhard: **Stadtverfassung** und Stadtverwaltung in Preußen, Berlin 1931.
Bracht, [Franz]: **Selbstverwaltung und Finanznot**. Eine Gewissensforschung, (Vortrag, gehalten vor der 13. Hauptversammlung der KPV des Zentrums in Koblenz vom 28. bis 30.5.1930), in: Kommunalpolitische Blätter 21 (1930), S. 327-330.
Bracker, Reiner: **Theorie und Praxis der Kommunalaufsicht**, in: Selbstverwaltung im Staat der Industriegesellschaft, Festgabe zum 70. Geburtstag von Georg-Christoph von Unruh, hrsg. von Albert von Mutius, (= Schriftenreihe des Lorenz-von-Stein-Instituts für Verwaltungswissenschaften Kiel, Bd. 4), Heidelberg 1983, S. 459-478.
Brandt, Paul: **Die Auslandsverbindungen der Kölner Wirtschaft**, (= Schriften der Industrie- und Handelskammer zu Köln, Bd. 3), Köln 1931.
Brauweiler, Roland: **Artikel 127.** Selbstverwaltung, in: Grundrechte und Grundpflichten der Reichsverfassung. Kommentar zum zweiten Teil der Reichsverfassung, hrsg. von Hans Carl Nipperdey, Berlin, Mannheim 1930, Bd. 2, S. 193-209.
Bredt, Joh. Victor: **Die Wohnungszwangswirtschaft**, Berlin 1930.
Bremer, Clemens: **Kölns rechtsrheinische Großindustrie**, von ihren Anfängen bis zur Gegenwart, Diss. U Köln, Würzburg 1934.
Brücher, Wolfgang: **Industriegeographie**, (= Das Geographische Seminar), Braunschweig 1982.
Buchloh, Ingrid: **Die nationalsozialistische Machtergreifung in Duisburg**. Eine Fallstudie, (= Duisburger Forschungen, Bd. 29), Duisburg 1980.
Bühl, Walter L.: **Krisentheorien**. Politik, Wirtschaft und Gesellschaft im Übergang, Darmstadt, 2. Aufl. 1988.
Bühler, Ottmar: **Die Selbstverwaltungskörper**. (U[!]berblick), in: Handbuch des Deutschen Staatsrechts, hrsg. von Gerhard Anschütz und Richard Thoma, (= Das öffentliche Recht der Gegenwart, Bd. 28), Tübingen 1930, Bd. 1, S. 697-706.
Die Bürgschaften und Garantien der öffentlichen Hand, in: Vierteljahrshefte zur StdDR 43 (1934), H. 2, S. 142-149.
Cuno, Willi: **Die Richtsätze der öffentlichen Fürsorge**. Grundsätze für ihre Aufstellung und Handhabung, (= Aufbau und Ausbau der Fürsorge. Veröffentlichungen des Deutschen Vereins für öffentliche und private Fürsorge, H. 19), Leipzig 1933.
Czach, Walter: **Die Mietregelung in der öffentlichen Fürsorge**. Stand 1. Oktober 1932, in: Städte und Statistik, Beilage zur Zeitschrift „Der Städtetag", 26 (1932), S. 119*-121*.
Czada, Roland: **Korporatismus**/Neo-Korporatismus, in: Wörterbuch Staat und Politik, hrsg. von Dieter Nohlen, Lizenzausgabe für die Bundeszentrale für politische Bildung, Bonn 1991, S. 322-326.
Däbritz: **Der Konjunkturverlauf im Jahre 1932**, in: Ruhr und Rhein 14 (1933), S. 14-19.
–: **Untersuchungen zur Struktur des rheinisch-westfälischen Industriebezirks**.
1. Die Struktur der Bevölkerung, in: Ruhr und Rhein 11 (1930), S. 1146-1150.
2. Die wirtschaftliche und soziale Struktur, in: Ruhr und Rhein 11 (1930), S. 1209-1217.
Delius: **Die Finanzierung der Wohnungsbautätigkeit** durch die Städte, in: Beiträge zur kommunalen Finanzwirtschaft, (= Verein für Kommunalwirtschaft und Kommunalpolitik E.V., Vereinsschriften Nr. 37), Berlin 1930, S. 175-190.

–: **Die Wohlfahrtshilfe des Reichs** nach der Notverordnung vom 14. Juni 1932, in: RuPrVBl. 53 (1932), S. 663-665.
Der Deutsche Städtetag. 25 Jahre Gemeinschaftsarbeit deutscher Städte, (= Schriftenreihe des Deutschen Städtetages, H. 12), Berlin, 2. Aufl. 1930.
Die deutschen Verfassungen des 19. und 20. Jahrhunderts, hrsg. von Horst Hildebrandt, Paderborn, 9. Aufl. 1975.
Deutsches Reichsadressbuch für Industrie, Gewerbe, Handel, Landwirtschaft, hrsg. von Rudolf Mosse, Berlin, 30. Ausgabe 1932.
Dierkes, Johannes/Kleinsorg, Franz Josef: **Kommentar der westlichen Städteordnungen Preußens**. Text, vorgeschlagene Neuregelungen und eingehende Erläuterungen der Westfälischen, Schleswig-Holsteinischen und Rheinischen Städteordnung nebst dem Gemeindewahlrecht, Saarbrücken 1933.
Dietrich-Troeltsch, Hermann: **Auf der Suche nach neuen Deckungsgrundsätzen** für die kommunale Schuldenpolitik, in: Kommunale Finanzpolitik in der Weimarer Republik, hrsg. von Karl-Heinrich Hansmeyer, (= Schriftenreihe des Vereins für Kommunalwissenschaften e. V. Berlin, Bd. 36), Stuttgart 1973, S. 171-174.
–: **Die Deckungsgrundsätze für die Schuldaufnahme der Gemeinden**, in: ebd., S. 186-200.
–: **Die Diskussion der Deckungsregeln**, in: ebd., S. 200-219.
–: **Die Errichtung der Beratungsstelle** für Auslandskredite und ihre Funktionsweise, in: ebd., S. 174-186.
–: **Kommunalkredit**, Reparationen und föderalistisches Prinzip. Ein Beitrag zur Geschichte der Kommunalen Finanzpolitik der Weimarer Zeit, Diss. U Mainz 1972.
Döring, Franz: **Kreditmärkte und Zinssätze** in Deutschland seit der Stabilisierung, in: Wirkungen und Ursachen des hohen Zinsfußes in Deutschland, hrsg. von Karl Diehl, Jena 1932, S. 386-425.
Dr. Schacht und die Gemeinden, in: Der Städtetag 23 (1929), Sp. 848-850.
Dreschhoff, Kurt: **Wirtschafts-Topographie** des Städtegebietes von Gladbach-Rheydt, Diss. U Köln 1934.
Dudek, Peter: **Erziehung durch Arbeit**. Arbeitslagerbewegung und freiwilliger Arbeitsdienst 1920-1935, Opladen 1988.
Düppe, Wilhelm: **Beiträge zur geschichtlichen Entwicklung der Kokereiindustrie**, Diss. U Köln 1939.
Eger, Reiner: **Krise, Krisenmanagement**, in: Grundbegriffe der politikwissenschaftlichen Fachsprache, hrsg. von Paul Noack, Theo Stammen, München 1976, S. 161-165.
Eickmeier, Heinz: **Der genossenschaftliche Wohnungsbau** der 20er Jahre als Alternative ‚von unten' zum Großsiedlungsbau?, in: Neubausiedlungen der 20er und 60er Jahre. Ein historisch-soziologischer Vergleich, hrsg. von Ulfert Herlyn, Adelheid von Saldern, Wulf Tessin, Frankfurt a. M., New York 1987, S. 157-187.
Einkommen- und Körperschaftsteuerveranlagung für 1929, (= StdDR, Bd. 430), bearb. im Statistischen Reichsamt, Berlin 1933.
Einkommen- und Körperschaftsteuerveranlagung für 1932 und 1933, (= StdDR, Bd. 482), bearb. im Statistischen Reichsamt, Berlin 1936.
Elsas, Fritz: **Wohlfahrtserwerbslose und Gemeindefinanzen**, in: Der Städtetag 24 (1930), S. 53-56.

Elsner, Hermann: **Das Gemeindefinanzsystem**. Geschichte, Ideen, Grundlagen, (= Neue Schriften des Deutschen Städtetages, H. 36), Stuttgart 1979.

Entscheidungen des Preußischen Oberverwaltungsgerichts, hrsg. von den Mitgliedern des Gerichtshofs, Bd. 83, Berlin 1929; Bd. 89, Berlin 1933; Bd. 90, Berlin 1933.

Die Entwicklung der deutschen Bauwirtschaft und die Arbeitsbeschaffung im Jahre 1934, hrsg. von der Deutschen Bau- und Bodenbank AG und der Deutschen Gesellschaft für öffentliche Arbeiten AG, Berlin.

Die Entwicklung der Realsteuerzuschläge in den deutschen Gemeinden mit mehr als 10 000 Einwohnern 1926 bis 1930, in: Vierteljahrshefte zur StdDR 42 (1933), H. 1, S. 112-120.

Die Entwicklung der Unternehmungen im Jahre 1932, in: Vierteljahrshefte zur StdDR 43 (1934), H. 1, S. 118-120.

Die Etatsorgen der Städte und Landkreise. Zwei ergebnisreiche und lehrreiche Aussprachetagungen der Kommunalpolitischen Vereinigung E. V., in: Kommunalpolitische Blätter 22 (1931), Ausgabe A, S. 103-106.

Fachinger, Josef: **Das staatliche Aufsichtsrecht** über Gemeinden und Gemeindeverbände in rechtsvergleichender Darstellung unter Berücksichtigung der preußischen Entwürfe, zugleich Diss. U Köln, Bergisch Gladbach 1928.

–: **Wandlungen** im Recht der Kommunalaufsicht, in: Die Gemeinde 9 (1932), S. 1011-1019.

Fack, Fritz-Ullrich: **Die deutschen Stahlkartelle** in der Weltwirtschaftskrise. Untersuchung über den ökonomisch-politischen Einfluss ihres Verhaltens und ihrer Marktmacht auf den Verlauf der grossen deutschen Staats- und Wirtschaftskrise, Diss. Freie U Berlin 1957.

Fey, Walter: **Leistungen und Aufgaben im Deutschen Wohnungs- und Siedlungsbau**, (= Sonderhefte des Instituts für Konjunkturforschung, Nr. 42), Berlin, Hamburg 1936.

Der Finanzausgleich im Deutschen Reich. Teil **II**: Der Finanzausgleich zwischen Ländern und Gemeinden, bearbeitet im Statistischen Reichsamt, (= Einzelschriften zur StdDR, Nr. 17), Berlin 1931.

Die Finanzlage der deutschen Gemeinden und Gemeindeverbände. Gemeinsame Kundgebung aller kommunalen Spitzenverbände, in: Der Städtetag 25 (1931), S. 504-506.

Das Finanz- und Wirtschaftsprogramm. Abbau auf allen Gebieten – Selbsthilfe und Reichshilfe, in: Der Städtetag 25 (1931), S. 401-406.

Die Finanzwirtschaft der öffentlichen Verwaltung im Deutschen Reich für das Rechnungsjahr 1932/33 mit Hauptergebnissen für das Rechnungsjahr 1933/34 (Ausgaben, Einnahmen, Personalstand und Schulden), bearb. im Statistischen Reichsamt, (= StdDR, Bd. 475), Berlin 1936.

Fischer, Albert: **Die Landesbank der Rheinprovinz**. Aufstieg und Fall zwischen Wirtschaft und Politik, (= Wirtschafts- und Sozialhistorische Studien, Bd. 6), zugleich Diss. U Jena, Köln, Weimar, Wien 1997.

Fischer, Wolfram: **Herz des Reviers**. 125 Jahre Wirtschaftsgeschichte des Industrie- und Handelskammerbezirks Essen-Mülheim-Oberhausen, Essen 1965.

Forsthoff, Ernst: **Die Krise der Gemeindeverwaltung** im heutigen Staat, (= Fachschriften zur Politik und staatsbürgerlichen Erziehung), Berlin 1932.

Frankenberg, H. von: **Die Grenzen der Gemeindeaufsicht**, in: Zeitschrift für Kommunalwirtschaft 20 (1930), Sp. 20-22.

Frerich, Johannes/**Frey**, Martin: **Handbuch der Geschichte der Sozialpolitik in Deutschland**, Bd. 1: Von der vorindustriellen Zeit bis zum Ende des Dritten Reichs, München, Wien 1993.

Fried. [Friedrich] **Krupp** Aktiengesellschaft, Essen:
Jahresbericht und Bilanz für das Geschäftsjahr vom ...
Jahresbericht 1928/1929: ... 1. Oktober 1928 bis 30. September 1929, Essen [1929].
Jahresbericht 1929/1930: ... 1. Oktober 1929 bis 30. September 1930, Essen [1930].
Jahresbericht 1930/1931: ... 1. Oktober 1930 bis 30. September 1931, Essen [1931].
Jahresbericht 1931/1932: ... 1. Oktober 1931 bis 30. September 1932, Essen [1932].
Jahresbericht 1932/1933: ... 1. Oktober 1932 bis 30. September 1933, Essen [1933].

Frotscher, Werner: **Organisation der Reichsverwaltung** und der Länderverwaltungen einschließlich Vorschläge zur Reichsreform, in: Deutsche Verwaltungsgeschichte, hrsg. von Kurt G. A. Jeserich, Hans Pohl, Georg-Christoph von Unruh, Bd. 4, Stuttgart 1985, S. 112-137.

Fülberth, Georg: **Konzeption und Praxis sozialdemokratischer Kommunalpolitik** 1918-1933. Ein Anfang, (= Schriftenreihe der Studiengesellschaft für Sozialgeschichte und Arbeiterbewegung, Bd. 47), Marburg 1984.

Fünfzig Jahre Rheinisch-Westfälisches Baugewerbe, hrsg. von den Baugewerbeverbänden in Nordrhein und Westfalen, [Dortmund] 1954.

Funcke, L. v.: **Handbuch für den Freiwilligen Arbeitsdienst** mit Erläuterungen, Berlin 1932.

Gebhardt, Gerhard: **Ruhrbergbau**. Geschichte, Aufbau und Verflechtung seiner Gesellschaften und Organisationen, Essen 1957.

Die Gemeindefinanzen in der Wirtschaftskrise, bearb. im Statistischen Reichsamt, (= Einzelschriften zur StdDR, Nr. 32), Berlin 1936.

Gemeinden und Statistik. Beilage zur Zeitschrift „Der Gemeindetag" 27 (1933)-28 (1934).

Die Gemeinden und die Finanzpolitik, in: Die Gemeinde 10 (1933), S. 229-232.

Geschäftsbericht der **Duisburg-Ruhrorter Häfen**:

4. Geschäfts-Bericht der Duisburg-Ruhrorter Häfen A.-G. in Duisburg für das Geschäftsjahr vom 1. Januar bis 31. Dezember **1929**, [Duisburg-Hamborn] [1930].
5. Geschäfts-Bericht der Duisburg-Ruhrorter Häfen Aktiengesellschaft in Duisburg für das Geschäftsjahr vom 1. Jan. bis 31. Dzbr. **1930**, [Duisburg-Hamborn] [1931].
6. Geschäftsbericht der Duisburg-Ruhrorter Häfen A.-G. in Duisburg für das Geschäftsjahr 1. Januar bis 31. Dezember **1931**, [Duisburg-Hamborn] [1932].
7. Geschäftsbericht der Duisburg-Ruhrorter Häfen Aktiengesellschaft in Duisburg für das Geschäftsjahr vom 1. Januar bis 31. Dezember **1932**, [Duisburg-Hamborn] [1933].
8. Geschäftsbericht der Duisburg-Ruhrorter Häfen Aktiengesellschaft in Duisburg für das Geschäftsjahr 1. Januar bis 31. Dezember **1933**, [Duisburg-Hamborn] [1934].

Geschäftsbericht der Städt. [ischen] **Gas-, Wasser- und Elektrizitäts-Werke** und Badeanstalten zu **Düsseldorf** für das Geschäftsjahr **1929** (1. April 1929 bis 31. März 1930), [Düsseldorf] [1930].

Geschäftsbericht. Städtische **Gas-, Wasser- und Elektritäts-Werke**, Badeanstalten und Fernheizwerk zu **Düsseldorf** für das Geschäftsjahr...
... **1930** (1.4.1930 bis 31.3.1931). ... **1931** (1.4.1931 bis 31.4.1932). ... **1932** (1.4.1932 bis 31.4.1933). ... **1933** (1.4.1933 bis 31.4.1934).
Geschäftsbericht der **Gas- Wasser- und Elektrizitätswerke der Stadt Essen** ...
... **1929/30**, Essen 1930. ... **1930/31**, Essen 1931. ... **1931/32**, Essen 1932. ... **1932/33**, [Essen] [1933]. ... **1933/34**, [Essen] [1934].
Geschäftsbericht der **Hochtief AG**: Geschäftsbericht der Hochtief Aktiengesellschaft für Hoch- und Tiefbauten vorm. Gebr. Helfmann, Essen, für das Geschäftsjahr...
... **1932**, [Essen] [1932]. ... **1933**, [Essen] [1933].
Gewerbliche Betriebszählung, Einführung, 1933: Gewerbliche Betriebszählung. Die gewerblichen Niederlassungen im Deutschen Reich. Einführung in die gewerbliche Betriebszählung, systematische und alphabetische Verzeichnisse zur gewerblichen Betriebszählung 1933, (= StdDR, Bd. 462, H. 1), hrsg. vom Statistischen Reichsamt, Berlin 1936.
Gewerbliche Betriebszählung, Einführung, 1925: Gewerbliche Betriebszählung. Die gewerblichen Betriebe und Unternehmungen im Deutschen Reich. Einführung in die gewerbliche Betriebszählung 1925. Die gewerblichen Niederlassungen (örtliche Betriebseinheiten) im Deutschen Reich, (= StdDR, Bd. 413, Teil I), hrsg. vom Statistischen Reichsamt, Berlin 1929.
Gewerbliche Betriebszählung, Nord- und Westdeutschland, 1933: Gewerbliche Betriebszählung. Die gewerblichen Niederlassungen in den Ländern und Landesteilen. Nord- und Westdeutschland, (= StdDR, Bd. 464), hrsg. vom Statistischen Reichsamt, Berlin 1935.
Gewerbliche Betriebszählung, Rheinprovinz, 1933: Gewerbliche Betriebszählung. Die gewerblichen Niederlassungen in den Ländern und Landesteilen. Nord- und Westdeutschland. Rheinprovinz, (= StdDR, Bd. 464, H. 9), hrsg. vom Statistischen Reichsamt, Berlin 1935.
Gewerbliche Betriebszählung, Rheinprovinz, 1925: Gewerbliche Betriebszählung. Die gewerblichen Niederlassungen und die technischen Betriebseinheiten in den Ländern und Landesteilen. Nord- und Westdeutschland. Rheinprovinz. Die gewerblichen Niederlassungen (örtliche Betriebseinheiten), (= StdDR, Bd. 416, H. 9 a), hrsg. vom Statistischen Reichsamt, Berlin 1929.
Gewerbliche Betriebszählung, Rheinprovinz, technische, 1925: Gewerbliche Betriebszählung. Die gewerblichen Niederlassungen und die technischen Betriebseinheiten in den Ländern und Landesteilen. Nord- und Westdeutschland. Rheinprovinz. Die technischen Betriebseinheiten, (= StdDR, Bd. 416, H. 9 b), hrsg. vom Statistischen Reichsamt, Berlin 1929.
Gewerbliche Betriebszählung, Textband, 1933: Gewerbliche Betriebszählung. Das Gewerbe im Deutschen Reich. Textband, (= StdDR, Bd. 466), hrsg. vom Statistischen Reichsamt, Berlin 1937.
Glückauf 66 (1930)-70 (1934).
Gramsch: **Der preußische Staat. Verwaltungsorganisation**, in: Handbuch der Verfassung und Verwaltung in Preußen und dem Deutschen Reiche, hrsg. Graf Hue de Grais und Hans Peters, Berlin, 25. Aufl. 1930, S. 87-182.
Grünbaum, Heinz: **Die Welttextilkrise**. Zur Umschichtung der internationalen In-

dustriestruktur, (= Vierteljahrshefte zur Konjunkturforschung, Sonderheft 24), Berlin 1931.

Haas, Ernst Joachim: **Stadt-Sparkasse Düsseldorf** 1825-1972. Ein Beitrag zur Wirtschaftsgeschichte der Landeshauptstadt Düsseldorf, (= Untersuchungen über das Spar-, Giro- und Kreditwesen, Abteilung A: Wirtschaftswissenschaft, Bd. 85), zugleich Diss. U Köln 1974, Berlin 1976.

Hahn, Karl: **Die Finanzen der Stadt Essen** seit der Inflation. 1924-1937, [Essen] [1937] [ungedruckt].

Handbuch über den Preußischen Staat für das Jahr ..., hrsg. vom Preußischen Staatsministerium, [Vorgängertitel: Handbuch über den Königlich Preußischen Staat für das Jahr ...], Berlin 1908-1914, 1918, 1922, 1925-1931.

Harlander, Tilman/**Hater**, Katrin/**Meiers**, Franz: **Arbeitslosigkeit und Wohnungsnot**. Die Stadtrandsiedlung für Erwerbslose 1931/32, in: Massenwohnung und Eigenheim. Wohnungsbau und Wohnen in der Großstadt seit dem Ersten Weltkrieg, hrsg. von Axel Schildt, Arnold Sywottek, Frankfurt a. M., New York 1988, S. 268-287.

Harlander, Tilman: **Kleinsiedlungspolitik** zwischen 1930 und 1950 – eine deutsche Geschichte, in: Wohnungspolitik im Sozialstaat. Deutsche und europäische Lösungen 1918-1960, hrsg. von Günther Schulz, (= Forschungen und Quellen zur Zeitgeschichte, Bd. 22), Düsseldorf 1993, S. 123-139.

Hauptergebnisse der zweiten amtlichen Lohnerhebung in der eisen- und stahlerzeugenden Industrie, in: Wirtschaft und Statistik 12 (1932), S. 373-377.

Haus, Wolfgang: **Staatskommissare und Selbstverwaltung** 1930-1933, in: Der Städtetag, N. F., 9 (1956), S. 96 f.

Haushaltsplan der Stadt **Düsseldorf** für das Rechnungsjahr

... **1933**, Düsseldorf [1933]. ... **1934**, Düsseldorf [1934]. ... **1935**, Düsseldorf [1935].

Haushaltsplan der Stadt **Gladbach-Rheydt**

... **1930**, [Gladbach-Rheydt] [1930]. ... **1931**, [Gladbach-Rheydt] [1931]. ... **1932**, [Gladbach-Rheydt] [1932].

... **1933**, [Gladbach-Rheydt] [1933].

Haushaltsplan der Stadt **Wuppertal** für das Rechnungsjahr

... **1930**, Wuppertal [1930]. ... **1931**, Wuppertal [1931].

... **1932**, Wuppertal [1932]. ... **1933**, Wuppertal [1933].

... **1934**, Wuppertal [1934]. ... **1935**, Wuppertal [1935].

Haushaltsplan der Stadtgemeinde **Köln** für das Rechnungsjahr vom

... 1. April **1930** bis 31. März **1931**, [Köln] [1930].

... 1. April **1931** bis 31. März **1932**, [Köln] [1931].

... 1. April **1932** bis 31. März **1933**, [Köln] [1932].

... 1. April **1933** bis 31. März **1934**, [Köln] [1933].

... 1. April **1934** bis 31. März **1935**, [Köln] [1934].

Haushaltsplan der Stadtgemeinde **Köln** für das Rechnungsjahr 1935 (vom 1. April **1935** bis 31. März **1936**), [Köln] [1935].

Heindl, Wolfgang: **Die Haushalte** von Reich, Ländern und Gemeinden in Deutschland von 1925 bis 1933. Öffentliche Haushalte und Krisenverschärfung, (= Europäische Hochschulschriften, Reihe 5, Bd. 565), Frankfurt a. M., Bern u. a. O. 1984.

Heinrich: **Die Gemeinden und die Preußische Notverordnung**, in: Staats- und Selbstverwaltung 12 (1931), S. 446-449.

Helbling, E.: **Die Organisation der kommunalen Wohlfahrtspflege im Jahre 1931**, in: Städte und Statistik, Beilage zur Zeitschrift „Der Städtetag" 26 (1932), S. 37*-48*.
Henning, Friedrich-Wilhelm: **Düsseldorf und seine Wirtschaft**. Zur Geschichte einer Region, Bd. 2: Von 1860 bis zur Gegenwart, Düsseldorf 1981.
–: **Finanzpolitische Vorstellungen und Maßnahmen Konrad Adenauers** während seiner Kölner Zeit (1906 bis 1933), in: Konrad Adenauer. Oberbürgermeister von Köln, Festgabe der Stadt Köln zum 100. Geburtstag ihres Ehrenbürgers am 5. Januar 1976, hrsg. von Hugo Stehkämper, Köln 1976, S. 123-153.
–: **Die Liquidität der Banken in der Weimarer Republik**, in: Finanz- und wirtschaftspolitische Fragen der Zwischenkriegszeit, hrsg. von Harald Winkel, (= Schriften des Vereins für Socialpolitik, N. F., Bd. 73) Berlin 1973, S. 45-92.
–: **Die zeitliche Einordnung** der Überwindung der Weltwirtschaftskrise in Deutschland, in: ebd., S. 135-173.
Hentschel, Volker: **Geschichte der deutschen Sozialpolitik** (1880-1980). Soziale Sicherung und kollektives Arbeitsrecht, Frankfurt a. M. 1983.
Herker, Hellmuth: **Der Steuerhaushalt** der Kommunen im niederrheinisch-westfälischen Industriegebiet. Entwicklungen und Erkenntnisse in Ansehung der Finanzausgleichsreform, in: Ruhr und Rhein 11 (1930), S. 445-451.
Herrmann, Walter: **Wirtschaftsgeschichte der Stadt Köln** 1914 bis 1970, in: Zwei Jahrtausende Kölner Wirtschaft, hrsg. von Hermann Kellenbenz unter Mitarbeit von Klara van Eyll, Köln 1975, S. 359-473.
Herzfeld, Hans: **Demokratie und Selbstverwaltung** in der Weimarer Epoche, (= Schriftenreihe des Vereins zur Pflege kommunalwissenschaftlicher Aufgaben e. V., Bd. 2), Stuttgart 1957.
Hettlage, K [arl] M [aria]: **Das Haushaltsplanmuster des Deutschen Städtetages**, in: Der Städtetag 26 (1932), S. 79-82.
–: **Die kurzfristige Verschuldung** der Städte und die Staatsaufsicht, in: RuPrVBl. 51 (1930), S. 748-751.
Hettlage, Karl Maria/**Loschelder**, Wilhelm/**Zschintzsch**, Werner: **Gemeindefinanzverordnung vom 2. November 1932** (GS. S. 341). Kommentar, Eberswalde, Berlin [1933].
Die Hilfsbedürftigkeitsprüfung in der Arbeitslosenversicherung und Krisenfürsorge. Stellungnahme des Deutschen Städtetages, des Deutschen Landkreistages, des Reichsstädtebundes und des Deutschen Landgemeindetages zu dem Gutachten des Prüfungsdienstes der Reichsanstalt für Arbeitsvermittlung und Arbeitslosenversicherung vom Oktober 1932, Berlin 1933.
Hirsch, Julius: **Das Urteil über die „Beratungsstelle"**. Der Enquete-Ausschuß als Kritiker, in: Der Städtetag 23 (1929), Sp. 977-984.
Hirtsiefer: **Die Wohnungswirtschaft in Preußen**, Eberswalde 1929.
Hömig, Herbert: **Das Preußische Zentrum** in der Weimarer Republik, (= Veröffentlichungen der Kommission für Zeitgeschichte, Reihe B: Forschungen, Bd. 28), Mainz 1979.
Hötte, F.: **Vereinheitlichung der Haushaltspläne**, in: Der Städtetag 25 (1931), S. 162-166.
Hoffmann, [Franz]: **Gewerbe**, in: Bitter. Handwörterbuch der Preußischen Verwaltung, hrsg. von Bill Drews, Franz Hoffmann, Berlin, Leipzig, 3. Aufl. 1928, Bd. 1, S. 711-714.

Hofmann, Wolfgang: **Preußische Stadtverordnetenversammlungen** als Repräsentativ-Organe, in: Die deutsche Stadt im Industriezeitalter. Beiträge zur modernen deutschen Stadtgeschichte, hrsg. von Jürgen Reulecke, Wuppertal 1978, S. 31-56.

–: **Städtetag und Verfassungsordnung**. Position und Politik der Hauptgeschäftsführer eines kommunalen Spitzenverbandes, (= Schriftenreihe des Vereins für Kommunalwissenschaften e. V. Berlin, Bd. 13), Stuttgart, Berlin, Köln, Mainz 1966.

–: **Zwischen Rathaus und Reichskanzlei**. Die Oberbürgermeister in der Kommunal- und Staatspolitik des Deutschen Reiches von 1890 bis 1933, (= Schriften des Deutschen Instituts für Urbanistik, Bd. 46), Stuttgart 1974.

Hogaust, Walter: **Die Konjunkturentwicklung** im rheinisch-westfälischen Industriebezirk seit der Währungsstabilisierung, Diss. U Köln 1941.

Huber, Ernst Rudolf: **Die Weimarer Reichsverfassung**, (= Deutsche Verfassungsgeschichte seit 1789, Bd. 6), Stuttgart 1981.

Hucke, Jochen: **Politische Handlungsspielräume**. Möglichkeiten und Probleme ihrer empirischen Bestimmung, Bad Honnef 1980.

Hüttenberger, Peter: **Düsseldorf**. Geschichte von den Anfängen bis ins 20. Jahrhundert, Bd. 3: Die Industrie- und Verwaltungsstadt (20. Jahrhundert), hrsg. von Hugo Weidenhaupt, Düsseldorf 1989.

Hütter, Hans Walter: **Mönchengladbach**. 11 Gemeinden bilden eine Stadt. Kommunale Neuordnungen im 19. und 20. Jahrhundert, (= Beiträge zur Geschichte der Stadt Mönchengladbach, Bd. 20), zugleich Diss. U Düsseldorf 1984, Mönchengladbach 1984.

Hütteroth: **Begriff und Wesen der Selbstverwaltung** und der Kommunalaufsicht in systematischer Darstellung, in: Staats- und Selbstverwaltung 11 (1930), S. 60 f.

Humboldt-Deutzmotoren Aktiengesellschaft. Köln: **Bericht über das Geschäftsjahr** ...

... **1930/31**, Köln [1931]. ... **1931/32**, [Köln] [1932]. ... **1932/33**, [Köln] [1933].

Hunck, Joseph: **Freie Wirtschaft und Zwangswirtschaft im Wohnungswesen**, (= Hamburger wirtschafts- und sozialwissenschaftliche Schriften, H. 10), Rostock 1929.

Huske, Joachim: **Die Steinkohlenzechen im Ruhrrevier**. Daten und Fakten von den Anfängen bis 1986, (= Veröffentlichungen aus dem Deutschen Bergbau-Museum Bochum, Nr. 40), Bochum 1987.

Jachmann, Hans: **Düsseldorf** in der Weltwirtschaftskrise, Diss. U Düsseldorf 1988.

Jaeger, Heinz/**Neuburger**, Otto: **Gemeinde und Arbeitsamt** in der Praxis der Arbeitslosenhilfe, Stuttgart 1932.

Jahrbuch für den Ruhrkohlenbezirk (bis 1929: Jahrbuch für den Oberbergamtsbezirk Dortmund). Ein Führer durch die niederrheinisch-westfälische Montanindustrie, die Elektrizitätswerke und Großbanken nebst einer Darstellung aller in Betracht kommenden Behörden und Organisationen, hrsg. vom Verein für die bergbaulichen Interessen, Essen, 27 (1929)-33 (1935).

Jahresbericht des Statistischen Amts der Stadt **Düsseldorf**, Düsseldorf, 26 (1930)-29 (1933).

Jahresbericht des Statistischen Amts der Stadt **Düsseldorf** für das Jahr **1929**, Düsseldorf [25 (1930)].

Jahresberichte der Gewerbeaufsichtsbeamten und Bergbehörden für das Jahr ... Amtliche Ausgabe, hrsg. vom Reichsarbeitsministerium,

... **1928**, Bd. III, Berlin 1929. ... **1929**, Bd. III, Berlin 1930. ... **1931 und 1932**, Berlin 1933. ... **1933 und 1934**, Berlin 1935.

James, Harold: **Deutschland in der Weltwirtschaftskrise** 1924-1936, Stuttgart 1988.

–: **The Reichsbank** and Public Finance in Germany 1924-1933. A Study of the Politics of Economics during the Great Depression, (= Schriftenreihe des Instituts für bankhistorische Forschung e. V., Bd. 5), Frankfurt a. M. 1985.

Janssen, Wilhelm: **Kleine rheinische Geschichte**, (= Veröffentlichung des Instituts für Geschichtliche Landeskunde der Rheinlande der Universität Bonn), Düsseldorf 1997.

Jarres: **In letzter Stunde**. Zur Finanznot der Gemeinden, in: Der Städtetag 25 (1931), S. 101-103.

Jellinek, Walter: **Verwaltungsrecht**, Berlin, 3. Aufl. 1931.

Jeserich, Kurt [G. A.]: **Die Bedeutung der Betriebsüberschüsse** für den kommunalen Haushalt, in: Beiträge zur kommunalen Finanzwirtschaft, (= Verein für Kommunalwirtschaft und Kommunalpolitik E. V., Vereinsschriften Nr. 37), Berlin 1930.

–: **Die kommunale Selbstverwaltung im nationalsozialistischen Staat**, (Vortrag, gehalten auf der Reichs-Musterschulungswoche des Kommunalpolitischen Amtes der NSDAP vom 4.-10.12.1933 in Berlin), in: Die nationalsozialistische Gemeinde 1 (1933), S. 274-276.

–: **Kommunalverwaltung und Kommunalpolitik**, in: Deutsche Verwaltungsgeschichte, hrsg. von Kurt G. A. Jeserich, Hans Pohl, Georg-Christoph von Unruh, Bd. 4: Das Reich als Republik und in der Zeit des Nationalsozialismus, Stuttgart 1985, S. 487-524.

–: **Oskar Mulert** (1881-1951), in: Persönlichkeiten der Verwaltung. Biographien zur deutschen Verwaltungsgeschichte 1648-1945, hrsg. von Kurt G. A. Jeserich und Helmut Neuhaus, Stuttgart 1991, S. 391-396.

Jesse: **Bezirksausschüsse**, in: Bitter. Handwörterbuch der Preußischen Verwaltung, hrsg. von Bill Drews, Franz Hoffmann, Berlin, Leipzig, 3. Aufl. 1928, Bd. 1, S. 288 f.

Jochmann, Hans: **Realsteuerzuschläge und Wirtschaftsstruktur**, in: Städte und Statistik, Beilage zur Zeitschrift „Der Gemeindetag" 27 (1933), Nr. 2, S. 13*-17*.

Jursch, H.: **Die Entwicklung des in- und ausländischen deutschen Kommunalkredits** seit der Stabilisierung, in: Beiträge zur kommunalen Finanzwirtschaft, (= Verein für Kommunalwirtschaft und Kommunalpolitik E. V. Vereinsschriften Nr. 37), Berlin 1930, S. 137-150.

Kämper, Otto: **Wohnungswirtschaft und Grundkredit** mit besonderer Betrachtung des nachstelligen Grundkredits im In- und Auslande, Berlin 1938.

Kellenbenz, Hermann: **Wirtschafts- und Sozialentwicklung der nördlichen Rheinlande** seit 1815, in: Rheinische Geschichte, hrsg. von Franz Petri und Georg Droege, Bd. 3: Wirtschaft und Kultur im 19. und 20. Jahrhundert, Düsseldorf 1979, S. 1-192.

Kirsten: **Die städtischen Haushaltspläne**, in: Der Städtetag 24 (1930), S. 538-540.

Kleinertz, Everhard/**Pabst**, Klaus: **Die Kölner Beigeordneten** 1906-1933 (Biographische Daten), in: Konrad Adenauer. Oberbürgermeister von Köln, Festgabe der Stadt Köln zum 100. Geburtstag ihres Ehrenbürgers am 5. Januar 1976, hrsg. von Hugo Stehkämper, Köln 1976, S. 619-641.

Kleinschmidt, Christian: **Rationalisierung** als Unternehmensstrategie. Die Eisen- und Stahlindustrie des Ruhrgebiets zwischen Jahrhundertwende und Weltwirtschaftskrise, (= Bochumer Schriften zur Unternehmens- und Industriegeschichte, Bd. 2), Essen 1993.

Kleinsorg: **Die Staatsaufsicht über Stadtgemeinden** nach preußischem Städterecht, in: Staats- und Selbstverwaltung 13 (1932), S. 130-132.

Kleßmann, Christoph: **Polnische Bergarbeiter** im Ruhrgebiet 1870-1945. Soziale Integration und nationale Subkultur einer Minderheit in der deutschen Industriegesellschaft, (= Kritische Studien zur Geschichtswissenschaft, Bd. 30), Göttingen 1978.

Knoche, Heinrich: **Die Wirtschafts- und Sozialpolitik** der Regierungen Brüning, Papen, Schleicher und Hitler in den Jahren der Weltwirtschaftskrise von 1928/30-1934, Diss. U Marburg 1989.

Könemann, Will: **Selbstverwaltung**-Staatsaufsicht-Staatskommissar, in: Die Gemeinde 8 (1931), S. 289-300.

–: **Der Weg der Selbstverwaltung** 1929-1933, in: Die Gemeinde 10 (1933), S. 256-258.

Köttgen, Arnold: **Die Krise der kommunalen Selbstverwaltung**, Tübingen 1931.

–: **Die Neuordnung der kommunalen Selbstverwaltung**, in: Der Gemeindetag 27 (1933), S. 545-552.

Kolb, Eberhard: **Die Weimarer Republik**, München, 3. Aufl. 1993.

Kommunale Finanzpolitik in der Weimarer Republik, hrsg. von Karl-Heinrich Hansmeyer, (= Schriftenreihe des Vereins für Kommunalwissenschaften e. V. Berlin, Bd. 36), Stuttgart 1973, S. 171-174.

Kommunale Kreditausschüsse in Preußen, in: Der Städtetag 24 (1930), S. 109 f.

Korsch, Andreas: **Der Stand der beschäftigungspolitischen Diskussion zur Zeit der Weltwirtschaftskrise in Deutschland**, Diss. U Freiburg im Breisgau 1976.

Kosch, Wilhelm: **Biographisches Staatshandbuch**. Lexikon der Politik, Presse und Publizistik, Bd. 2, Berlin, München 1963.

Koselleck, Reinhart: **Krise**, in: Geschichtliche Grundbegriffe. Historisches Lexikon zur politisch-sozialen Sprache in Deutschland, hrsg. von Otto Brunner, Stuttgart 1982, Bd. 3, S. 617-650.

Krabbe, Wolfgang R.: **Die Tendenz zur autoritären Kommunalverfassung**: Preußen, Deutschland und das Rheinland 1920-1935, in: Preußen und die rheinischen Städte, hrsg. von Margret Wensky, Köln 1994, S. 75-94.

Kuczynski, Jürgen: **Die Geschichte der Lage der Arbeiter in Deutschland** von 1800 bis in die Gegenwart, Bd. 1: 1800 bis 1932, Berlin (Ost) 1947.

Kuczynski, R.: **Deutsche Anleihen im Ausland** 1924-1928, 2. deutsche Ausgabe von American Loans to Germany, Berlin 1929.

Kunz, Kamillo: **Methoden und Ergebnisse der Reichsfinanzstatistik**, Diss. U Berlin 1930.

Lademacher, Horst: **Die nördlichen Rheinlande** von der Rheinprovinz bis zur Bildung des Landschaftsverbandes Rheinland (1815-1953), in: Rheinische Geschichte, hrsg. von Franz Petri und Georg Droege, Düsseldorf, 2. Aufl. 1976, Bd. 2, S. 475-866.

Lammert, Franz: **Das Verhältnis** zwischen der Eisen schaffenden und der Eisen verarbeitenden Industrie seit dem ersten Weltkrieg, Diss. U Köln 1960.

Lang, Richard: **Die Einflüsse von Selbstverwaltung und Staatsaufsicht** auf die deutsche Kommunalverschuldung unter besonderer Berücksichtigung Preußens, Berlin 1933.

Laß: **Die Rückwirkung der Reichs- und Landesgesetzgebung** auf den städtischen Haushalt, in: Beiträge zur kommunalen Finanzwirtschaft, (= Verein für Kommunalwirtschaft und Kommunalpolitik E. V., Vereinsschriften Nr. 37), Berlin 1930, S. 47-64.

Lassar, Gerhard: **Reichsverfassung und örtliche Selbstverwaltung**, in: RuPrVBl. 50 (1929), S. 524f.

Lenger, Friedrich/**Langewiesche**, Dieter: **Räumliche Mobilität** in Deutschland vor und nach dem Ersten Weltkrieg, in: Massenwohnung und Eigenheim. Wohnungsbau und Wohnen in der Großstadt seit dem Ersten Weltkrieg, hrsg. von Axel Schildt, Arnold Sywottek, Frankfurt a. M., New York 1988, S. 103-126.

Lenger, Friedrich: **Sozialgeschichte der deutschen Handwerker** seit 1800, Frankfurt a. M. 1988.

Leyden, V[ictor] v[on]: **Englische Selbstverwaltung**, (Vortrag, gehalten am 27. Juni 1929 im Festsaal des Preußischen Landtags), Berlin 1929.

–: **Die Kommissarbestellung als Mittel der Staatsaufsicht**, in: Neue Wege der Kommunalverwaltung, hrsg. von der Verwaltungs-Akademie Berlin, Berlin, Leipzig 1932, S. 49-67.

–: **Kommunale Wirtschaftsbetriebe** und ihr Verhältnis zur öffentlichen und privaten Wirtschaft, (Vortrag, gehalten am 25.2.1933 auf der Tagung der Interessengemeinschaft staatlicher und kommunaler Elektrizitätswerke Deutschlands in Weimar), Berlin 1933.

–: **Kommunalfinanzen**, (Vortrag, gehalten am 17. und 18. Juni 1932 vor der Mitgliederversammlung des Vereins für Kommunalwirtschaft und Kommunalpolitik e. V. in Rostock), in: Zeitschrift für Kommunalwirtschaft 22 (1932), Sp. 685-702.

–: **Der künftige Finanz- und Lastenausgleich**, (Vortrag, gehalten am 17.6.1930 auf der Tagung des Reichsstädtebundes in Leipzig), Berlin 1930.

–: **Preußische Verwaltungsreform**, (Vortrag, gehalten am 28. und 29. Juni 1929 vor der Mitgliederversammlung des Vereins für Kommunalwirtschaft und Kommunalpolitik e. V. in Hamburg), (= Verein für Kommunalwirtschaft und Kommunalpolitik e. V., Vereinsschriften Nr. 34), Berlin 1929.

–: **Das Problem der Großgemeinde**, in: Gegenwartsfragen der Kommunalverwaltung, hrsg. von der Verwaltungsakademie Berlin, Berlin 1929, S. 41-56.

–: **Probleme und Möglichkeiten eines preußischen Finanzausgleichs**, (Vortrag, gehalten am 16. Januar 1930 im großen Sitzungssaale des ehemaligen Herrenhauses), Berlin 1930.

–: **Staatskommissare**, in: RuPrVBl. 52 (1931), S. 27-31.

–: **Stein und die heutige Selbstverwaltung**, in: RuPrVBl. 52 (1931), S. 502-506.

–: **Wandlungen im Gemeinderecht**. Gegenwarts- und Zukunftsfragen der Gemeinden und Gemeindeverbände, in: Recht und Staat im Neuen Deutschland. Vorlesungen gehalten in der Deutschen Vereinigung für Staatswissenschaftliche Fortbildung, hrsg. von Bernhard Harms, Berlin 1929, Bd. 1, S. 312-349.

–: **Warum mußten die Staatskommissare kommen?**, in: Frankfurter Zeitung und Handelsblatt vom 18.2.1931, 1. Morgenausgabe, S. 1.

–: **Die Zukunft der Selbstverwaltung**, (Vortrag, gehalten am 20. Mai 1930 vor der Vereinigung für rechts- und staatswissenschaftliche Fortbildung in Köln), in: RuPrVBl. 51 (1930), S. 445-450.

Lichtenstein, Herta: **Die Finanzwirtschaft der deutschen Großstädte** von 1925 bis 1931. Ein Beitrag zu dem Problem des Finanzausgleichs, (= Finanzwissenschaftliche und volkswirtschaftliche Studien, H. 29), Jena 1933.

Link, H.: **Arbeitsfürsorge**, in: Handwörterbuch der Wohlfahrtspflege, hrsg. von Julia Dünner, Berlin, 2. Aufl. 1929, S. 52-55.

Löser: **Staat und Selbstverwaltung**. Der Referentenentwurf des preußischen Innenministeriums und die Städte, in: Der Städtetag 24 (1930), S. 273-275, 323-326, 382-385.

–: **Die Stellung der Gemeinden im heutigen Staat**, in: RuPrVBl. 50 (1929), S. 13-16.

Lucht, Johannes: **Probleme einer gewerblichen Betriebszählung**, in: Zeitschrift des Preußischen Statistischen Landesamts 71 (1932/33), Berlin 1933, S. 6-17.

Lüdtke, Alf: **Hunger in der Großen Depression**. Hungererfahrungen und Hungerpolitik am Ende der Weimarer Republik, in: Archiv für Sozialgeschichte 27 (1987), S. 145-186.

Lütge, Friedrich: **Wohnungswirtschaft**. Eine systematische Darstellung unter besonderer Berücksichtigung der deutschen Wohnungswirtschaft, Stuttgart, 2. Aufl. 1949.

Lympius, von: **Provinzialrat**, in: Bitter. Handwörterbuch der Preußischen Verwaltung, hrsg. von Bill Drews, Franz Hoffmann, Berlin, Leipzig, 3. Aufl. 1928, Bd. 2, S. 359 f.

Marder, K./**Rabnow**, K.: **Die Inhaberanleihen** der deutschen Städte (Inlandsanleihen) seit der Währungsstabilisierung, in: Städte und Statistik, Beilage zu „Der Städtetag" 24 (1930), Nr. 11, S. 113-117; Nr. 12, S. 125-128.

Maß, Konrad: **Kommunalpolitik**. Ein Nachschlagebuch für Theorie und Praxis, (= Meyer's Wörterbücher, Bd. 6), Halberstadt 1928.

–: **Die Selbstverwaltung in Deutschland** unter besonderer Berücksichtigung Preußens, Bonn 1928.

Matthes, Hans-Joachim: **Die Zulässigkeit der Bestellung eines Kommissars** gegenüber den Kommunen in Preußen (Rechtszustand bis zum Jahre 1932), Diss. U Halle-Wittenberg, Baruth/Mark, Berlin 1934.

Matzerath, Horst: **Nationalsozialismus und kommunale Selbstverwaltung**, (= Schriftenreihe des Vereins für Kommunalwissenschaften e. V., Bd. 29), Stuttgart 1970.

Maull, Heinz: **Die Staatsaufsicht** über Gemeinden und Gemeindeverbände in Preußen, Berlin 1932.

MBliV.: Ministerialblatt für die Preußische innere Verwaltung 82 (1921)-94 (1933).

Medicus, Franz-Albrecht: **Reichsverwaltung**, in: Jahrbuch des öffentlichen Rechts der Gegenwart 20 (1932), S. 1-115.

Meis, Hans: **Der Ruhrbergbau im Wechsel der Zeiten**, hrsg. vom Verein für die bergbaulichen Interessen, Essen, im Auftrag des Vereinsvorstands bearbeitet, Essen 1933.

Meister, Reiner: **Die große Depression**. Zwangslagen und Handlungsspielräume der Wirtschafts- und Finanzpolitik in Deutschland 1929-1932, (= Kölner Schriften zur Sozial- und Wirtschaftspolitik, Bd. 11), Regensburg 1991.

Mengert, Friedrich/**Kunert**, Christa/**Rehn**, Johann: **Kommunalhaushalt in Schlagworten**. Systematische Darstellung der Haushaltsgliederung und -gruppierung mit einem Schlagwortkatalog und Erläuterungen zur Finanzstatistik, Köln u. a. O., 4. Aufl. 1983.

Merkwürdige Aufbereitung der Reichsfinanzstatistik, in: Magazin der Wirtschaft 3 (1927), S. 1784 f.

Mewes, Bernhard: **Der Kölner Arbeitsmarkt**, (= Kölner Verwaltung, Wirtschaft und Statistik, Bd. 9), Köln 1932.

–: **Das Schicksal der ausgesteuerten Erwerbslosen**, in: Deutsche Zeitschrift für Wohlfahrtspflege 7 (1932), S. 631-636.

–: **Die Wohlfahrtserwerbslosen in Köln**, Beilage zum Monatsbericht des Statistischen und Wahlamts der Stadt Köln für Juni 1929.

Meyer, Herbert: **Deutscher und Preußischer Städtetag**, in: Kommunales Jahrbuch, hrsg. von Hugo Lindemann, Otto Most, Oskar Mulert, N. F. Bd. 3, Jena 1932, S. 38-40.

–: **Neue Ergebnisse der Finanzstatistik**. Zwiespalt zwischen Ausgabe und Deckung, in: Der Städtetag 24 (1930), S. 545 f.

–: **Neugestaltung der Reichsfinanzstatistik**, in: Der Städtetag 25 (1931), S. 594 f.

Meyer-Lülmann: **Aufgaben der kommunalen Kreditausschüsse**, in: Der Städtetag 24 (1930), S. 394 f.

–: **Kommunalkreditgesetz**, in: Der Städtetag 25 (1931), S. 104-106.

Mischke, Lothar: **Zwecksetzungen der Finanzstatistik**, in: Die Gemeinde 9 (1932), S. 976-982.

Mitteilungen zur Statistik des rheinischen Arbeitsmarktes, hrsg. vom Landesarbeitsamt Rheinland, Köln, 4 (1929)-8 (1933).

Möhrlein, Karl: **Die Problematik der Ausgabenentwicklung in den Großstädten**, Diss. U Heidelberg 1935.

Mohaupt, Helga: **Kleine Geschichte Essens**. Von den Anfängen bis zur Gegenwart, Bonn 1991.

Moll, Bruno: **Zur Klassifikation der ordentlichen öffentlichen Einnahmen**, in: Finanz-Archiv 46 (1929), S. 499-516.

Monatsbericht des Statistischen und Wahlamtes der Stadt Köln 16 (1929)-20 (1933).

Most, [Otto]: **Fehlentscheidungen in der Selbstverwaltung** (unter besonderer Berücksichtigung der Gesetzentwürfe), (Vortrag, gehalten vor der 15. Mitgliederversammlung des Vereins für Kommunalwirtschaft und Kommunalpolitik e. V. am 10. und 11.10.1930 in Osnabrück), in: Zeitschrift für Kommunalwirtschaft 20 (1930), Sp. 1443-1456.

–: **Die Finanzlage der Ruhrgebietsstädte** unter der Einwirkung der Wirtschaftskrise und des Finanzausgleichs. Grundlagen, Stand, Folgerungen. Teil I: Tatsachen und ursächliche Zusammenhänge, Jena 1932.

Motorenfabrik Deutz Aktiengesellschaft. Köln-Deutz: **Bericht über das Geschäftsjahr ...**

... **1928/29** mit Rechnungsabschluß und Gewinn- und Verlust-Rechnung zum 30. Juni 1929, Köln [1929].

... **1929/30** mit Rechnungsabschluß und Gewinn- und Verlust-Rechnung zum 30. Juni 1930, Köln [1930].

Mulert, Oskar: **Der Anfang ist gemacht**. Die Gemeinden erwarten endgültige Lösungen und solidarisches Handeln, in: Der Städtetag 26 (1932), S. 313 f.

–: **Entwicklungstendenzen der kommunalen Selbstverwaltung**, in: Neue Wege der Kommunalverwaltung, hrsg. von der Verwaltungs-Akademie Berlin, Berlin, Leipzig 1932, S. 7-20.

–: **25 Jahre Deutscher Städtetag**, (Vortrag, gehalten am 26.9.1930 vor der 8. Hauptversammlung des Deutschen Städtetages), in: Achter Deutscher Städtetag. Dresden, 26. September 1930, (= Schriftenreihe des Deutschen Städtetages, H. 13), Berlin [1930], S. 33-39.

–: **Geordnete Gemeindefinanzen.** Eine Grundlage des Wirtschaftsaufbaus. Ein Schreiben Dr. Mulerts an den Reichskanzler, in: Der Städtetag 26 (1932), S. 521-523.

–: **Grundsätzliche Fragen der Kommunalpolitik**. Zur Jahreshauptversammlung des Städtetages in Frankfurt a. M., in: Der Städtetag 23 (1929), Sp. 1105-1112.
–: **Kommunale Verfassungs- und Verwaltungsreform**, in: Kommunales Jahrbuch, hrsg. von Hugo Lindemann, Otto Most, Oskar Mulert, N. F., Bd. 3, Jena 1932, S. 11-17.
–: **Konsolidierung des Kommunalkredits**, in: Der Städtetag 23 (1929), Sp. 1369-1374.
–: **Läßt das Reich die Gemeinden im Stich?** Dr. Mulert an den Reichsfinanzminister, in: Der Städtetag 26 (1932), S. 221-223.
–: **Die Linie der Finanzpolitik**, in: Der Städtetag 25 (1931), S. 57-60.
–: **Notverordnung und Städte**, in: Der Städtetag 25 (1931), S. 297-304.
–: **Nüchterne Kommunalpolitik**, in: Der Städtetag 27 (1933), S. 53 f.
–: **Reichsstädteordnung**, in: Der Städtetag 24 (1930), S. 169-171.
–: **Sinn und Form der Selbstverwaltung**, (Vortrag, gehalten am 27.9.1929 vor der Jahresversammlung des Deutschen Städtetages), in: Der Städtetag 23 (1929), Sp. 1234-1237.
–: **Staatliche Verfassungs- und Verwaltungsreform**, Verhältnis von Staat zu Gemeinde, in: Kommunales Jahrbuch, hrsg. von Hugo Lindemann, Otto Most, Oskar Mulert, N. F., Bd. 3, Jena 1932, S. 1-11.
–: **Unsere Forderungen**, in: Der Städtetag 26 (1932), S. 113-116.
Neumark, Fritz: **Der öffentliche Haushalt**, insbesondere der Reichshaushalt, unter den Einwirkungen der bestehenden Kreditschwierigkeiten, in: Wirkungen und Ursachen des hohen Zinsfußes in Deutschland, hrsg. von Karl Diehl, Jena 1932, S. 573-637.
Norden: **Schwebende Schulden**, in: Bitter. Handwörterbuch der Preußischen Verwaltung, hrsg. von Bill Drews, Franz Hoffmann, Berlin, Leipzig, 3. Aufl. 1928, Bd. 2, S. 587-589.
Die öffentliche Fürsorge im Deutschen Reich in den Rechnungsjahren 1927 bis 1931 mit vorläufigen Angaben für das Rechnungsjahr 1932, bearb. im Statistischen Reichsamt, (= StdDR, Bd. 421), Berlin 1933.
Die öffentliche Verschuldung im Deutschen Reich am 31. März 1928 und am 31. Dezember 1929, bearb. im Statistischen Reichsamt, (= Einzelschriften zur StdDR, Nr. 13), Berlin 1930.
Öffentlicher Kredit und Wirtschaftskrise. Ergebnisse der Reichsschuldenstatistik 1929 bis 1932 und Zusammenstellung von Rechtsvorschriften über das öffentliche Schuldenwesen, hrsg. vom Statistischen Reichsamt, (= Einzelschriften zur StdDR, Nr. 27), Berlin 1933.
Orth: **Untersuchungen über die Finanzverhältnisse der preußischen Groß- und Mittelstädte** vor und nach dem Kriege, Diss. U Köln, Limburg an der Lahn 1933.
Pankoke, Eckart: **Öffentliche Verwaltung** 1918-1975, in: Das Ruhrgebiet im Industriezeitalter. Geschichte und Entwicklung, hrsg. von Wolfgang Köllmann, Hermann Korte, Dietmar Petzina, Wolfhard Weber, Düsseldorf 1990, Bd. 2, S. 7-66.
Pathe, Karl: **Das Kommunalaufsichtsnotrecht**, in: RuPrVBl. 54 (1933), S. 103-106.
–: **Oberverwaltungsgericht und Kommunalaufsichtsrecht**, in: Der Städtetag 26 (1932), S. 478 f.
Peffekoven, Rolf: **Finanzausgleich I**: Wirtschaftstheoretische Grundlagen, in: Handwörterbuch der Wirtschaftswissenschaft (HdWW), hrsg. von Willi Albers, Karl Erich Born, Ernst Dürr u. a., Stuttgart, New York, Tübingen 1980, Bd. 2, S. 608-636.
Pernice, Rudolf: **Die Zwangsetatisierung im preußischen Verwaltungsrecht** unter

besonderer Berücksichtigung der Rechtssprechung des Preußischen Oberverwaltungsgerichts, zugleich Diss. U Münster, Coburg 1932.

Persönlichkeiten der Verwaltung. Biographien zur deutschen Verwaltungsgeschichte 1648-1945, hrsg. von Kurt G. A. Jeserich und Helmut Neuhaus, Stuttgart 1991.

Peters, Hans: **Grenzen der kommunalen Selbstverwaltung in Preußen**. Ein Beitrag zur Lehre vom Verhältnis der Gemeinden zu Staat und Reich, Berlin 1926.

Peters, Karl-Heinz: **Wohnungspolitik am Scheideweg**. Wohnungswesen, Wohnungswirtschaft, Wohnungspolitik, (= Volkswirtschaftliche Schriften, H. 343), Berlin 1984.

Petzina, Dietmar: **Kommunale Finanzen und Handlungsspielräume in der Weltwirtschaftskrise**: Das Beispiel der Stadt Bochum, in: Stadtwachstum, Industrialisierung, sozialer Wandel. Beiträge zur Forschung der Urbanisierung im 19. und 20. Jahrhundert, hrsg. von Hans-Jürgen Teuteberg, (= Schriften des Vereins für Socialpolitik, N. F. Bd. 156), Berlin 1986, S. 231-254.

Petzina, Dietmar/**Abelshauser**, Werner/**Faust**, Anselm: **Sozialgeschichtliches Arbeitsbuch**, Bd. III: Materialien zur Statistik des Deutschen Reiches 1914-1945, München 1978.

Pfarr, Karlheinz: **Geschichte der Bauwirtschaft**, Essen 1983.

Popitz, Johannes: **Der Finanzausgleich** und seine Bedeutung für die Finanzlage des Reichs, der Länder und Gemeinden, (Vortrag, gehalten am 9.10.1930 im Steuerausschuß des Reichsverbandes der Deutschen Industrie), (= Veröffentlichungen des Reichsverbandes der Deutschen Industrie, Sonderheft 3), Berlin 1930.

Preller, Ludwig: **Sozialpolitik in der Weimarer Republik**, Düsseldorf 1949, unveränderter Nachdruck Düsseldorf, Kronberg/Taunus 1978.

PrGS.: Preußische Gesetz-Sammlung.

Pricha, Manfred: **Kommunalverband Ruhrgebiet**, in: Nordrhein-Westfalen. Landesgeschichte im Lexikon, Redaktion: Anselm Faust in Verbindung mit Norbert Andernach und Dieter Lück, (= Veröffentlichungen der staatlichen Archive des Landes Nordrhein-Westfalen, Reihe C, Bd. 31), Düsseldorf, 2. Aufl. 1994, 226 f.

Preuss, Hugo: **Staatsaufsicht**, in: Handwörterbuch der Kommunalwissenschaften, hrsg. von Josef Brix, Hugo Lindemann, Otto Most, Hugo Preuss, Jena 1924, Bd. 3, S. 808-813.

Preußische Gemeindefinanzverordnung, in: Der Städtetag 26 (1932), S. 590-592.

Das Problem der Staatskommissare, in: Der Städtetag 25 (1931), S. 126 f.

Produktion der Kohlen-, Eisen- und Hüttenindustrie im Jahre ...

... **1929**, in: Vierteljahrshefte zur StdDR 39 (1930), H. 4, S. 3-16. ... **1930**, in: Vierteljahrshefte zur StdDR 40 (1931), H. 4, S. 3-22. ... **1932**, in: Vierteljahrshefte zur StdDR 42 (1933), H. 4, S. 39-57.

Quante, Peter: **Frauenerwerb in Industriestädten**, in: Zeitschrift des Preußischen Statistischen Landesamts 71 (1932/33), Berlin 1933, S. 1-5.

Quellen zum modernen Gemeindeverfassungsrecht in Deutschland, bearb. von Christian Engeli und Wolfgang Haus, (= Schriften des Deutschen Instituts für Urbanistik, Bd. 45), Stuttgart 1975.

RABl.: Reichsarbeitsblatt, Teil I: Amtlicher Teil, N. F., 9 (1929)-13 (1933).

Rebentisch, Dieter: **Kommunalpolitik, Konjunktur und Arbeitsmarkt in der Endphase der Weimarer Republik**, in: Verwaltungsgeschichte. Aufgaben, Zielsetzungen, Beispiele, Vorträge und Diskussionsbeiträge der verwaltungsgeschichtlichen Arbeitstagung 1976 der Hochschule für Verwaltungswissenschaften Speyer, hrsg. von Rudolf Morsey, (= Schriftenreihe der Hochschule Speyer, Bd. 66), Berlin 1977.

–: **Die Selbstverwaltung in der Weimarer Zeit**, in: Handbuch der kommunalen Wissenschaft und Praxis. Grundlagen, hrsg. von Günter Püttner in Verbindung mit den kommunalen Spitzenverbänden, Berlin, Heidelberg, New York, 2. Aufl. 1981, Bd. 1, S. 86-100.

Das Recht der öffentlichen Fürsorge. Die Vorschriften des Reichs und des Landes Preußen. Textausgabe mit Verweisungen und Sachregister, Berlin 1933.

Die regionale Erwerbsstruktur im Deutschen Reich und in der Bundesrepublik 1895-1970, hrsg. von Rüdiger Hohls ud Hartmut Kaelble, (= Quellen und Forschungen zur historischen Statistik in Deutschland, Bd. 9), St. Katharinen 1989.

Reichsstädteordnung. Entwurf und Begründung, (= Schriftenreihe des Deutschen Städtetages, H. 11), Berlin 1930.

Reininghaus, Wilfried: **Entwicklung und Struktur des Handwerks**, in: Das Ruhrgebiet im Industriezeitalter. Geschichte und Entwicklung, hrsg. von Wolfgang Köllmann, Hermann Korte, Dietmar Petzina und Wolfhard Weber, Düsseldorf 1990, Bd. 1, S. 395-433.

Renard, Georg: **Struktur- und Konjunkturtendenzen im Düsseldorfer Wirtschaftsraum**, Diss. U Köln 1939.

Reulecke, Jürgen: **Aspekte der deutschen Urbanisierungsgeschichte seit dem Ersten Weltkrieg**, in: Massenwohnung und Eigenheim. Wohnungsbau und Wohnen in der Großstadt seit dem Ersten Weltkrieg, hrsg. von Axel Schildt, Arnold Sywottek, Frankfurt a. M., New York 1988, S. 92-102.

RGBl. I: Reichsgesetzblatt, Teil I.

Richtlinien für das Schuldenwesen der Gemeinden, in: Der Städtetag 25 (1931), S. 31-33.

Ritter, Gerhard A.: **Der Sozialstaat**. Entstehung und Entwicklung im internationalen Vergleich, München, 2. Aufl. 1991.

Roden, Günter von: **Geschichte der Stadt Duisburg**, Bd. 2: Die Ortsteile von den Anfängen. Die Gesamtstadt seit 1905, Duisburg, 2. Aufl. 1979.

Roehl, Christoph von: **Große Depression und Stagflation**. Eine kritische Analyse der deutschen Wirtschaftspolitik 1927/33 und 1970/86, (= Abhandlungen zu den Wirtschaftlichen Staatswissenschaften, Bd. 32), Göttingen 1988.

Rohrmoser, Isolde: **Arbeitslosenhilfe und Gemeinde**. Eine finanzpolitische Untersuchung, Diss. U Frankfurt a. M. 1932, [Berlin] 1933.

Romeyk, Horst: **Verwaltungs- und Behördengeschichte der Rheinprovinz** 1914-1945, (= Publikationen der Gesellschaft für Rheinische Geschichtskunde, Bd. 63), Düsseldorf 1985.

Rompe, Franz: **Die Steuerkraft der deutschen Großstädte**, in: Finanz-Archiv 47 (1930), S. 791-808.

Ruck, Michael: **Die öffentliche Wohnungsbaufinanzierung in der Weimarer Republik**, in: Massenwohnung und Wohnen in der Großstadt seit dem Ersten Weltkrieg, hrsg. von Axel Schildt, Arnold Sywottek, Frankfurt a. M., New York 1988, S. 150-200.

Ruhr und Rhein 10 (1929)-15 (1934).

Der Ruhrbergbau im Jahre 1929, in: Glückauf 66 (1930), S. 969-1005.

Der Ruhrbergbau im Jahre 1930, in: Glückauf 67 (1931), S. 528-532, 558-567.

RuPrVBl.: Reichs- und Preußisches Verwaltungsblatt 50 (1929)-54 (1933).

Saalfeld, Dietrich: **Die Mieten und Wohnungsausgaben der privaten Haushalte** in Deutschland 1880-1980, in: Wohnungspolitik im Sozialstaat. Deutsche und europäische Lösungen 1918-1960, hrsg. von Günther Schulz, (= Forschungen und Quellen zur Zeitgeschichte, Bd.22), Düsseldorf 1993, S.201-221.

Sachße, Christoph/**Tennstedt**, Florian: Geschichte der Armenfürsorge in Deutschland, Bd.3: **Der Wohlfahrtsstaat im Nationalsozialismus**, Stuttgart 1992.

Saldern, Adelheid von: **Entstehungsbedingungen der Neubauviertel in den 20er Jahren**, in: Neubausiedlungen der 20er und 60er Jahre. Ein historisch-soziologischer Vergleich, hrsg. von Ulfert Herlyn, Adelheid von Saldern, Wulf Tessin, Frankfurt a. M., New York 1987, S.29-50.

Sartor, Lutz: **Rationalisierung und Konzentration** in der deutschen Wirtschaft 1926-1929 am Beispiel der Vereinigten Stahlwerke, in: Streiflichter neuerer Geschichte. Aufsatzsammlung für Leo Haupts zum 65. Geburtstag, Köln 1992, S.75-89.

Sartor, Lutz Reinhard: **Wirtschaftsentwicklung und Arbeitsmarktpolitik** rheinischer Großstädte von 1925 bis zur kommunalen Neugliederung 1929 im Vergleich, Diss. U Köln 1991.

Schiller, Theo: **Politische Soziologie**, in: Grundzüge der Politikwissenschaft, hrsg. von Arno Mohr, München, Wien 1995, S.413-485.

Schlieper, Andreas: **150 Jahre Ruhrgebiet**. Ein Kapitel deutscher Wirtschaftsgeschichte, hrsg. vom Kommunalverband Ruhrgebiet, Düsseldorf 1986.

Schmidt, Karl: **Die Arbeitsfürsorge der Gemeinden** für die Wohlfahrtserwerbslosen. Ein Leitfaden für die Praxis, (= Schriftenreihe der öffentlichen Arbeitsfürsorge, 2. Reihe, Schrift Nr.5), Stuttgart 1930.

Schmidt-Jortzig, Edzard/**Makswit**, Jürgen: **Handbuch des kommunalen Finanz- und Haushaltsrechts**, Münster 1991.

Schmitt, Carl: **Freiheitsrechte und institutionelle Garantien der Reichsverfassung**, in: Rechtswissenschaftliche Beiträge zum 25-jährigen Bestehen der Handels-Hochschule Berlin von Carl Schmitt, Paul Gieseke, Karl August Eckhardt u. a., Berlin [1931], S.1-31.

Schoppen: **Das Personal der städtischen Verwaltungen**, in: Statistisches Jahrbuch deutscher Städte, N. F., Bd.3, 24 (1929), S.449-503.

Schröder, Heinrich Josef: **Gesetzgebung und Verbände**. Ein Beitrag zur Institutionalisierung der Verbandsbeteiligung an der Gesetzgebung, (= Schriftenreihe der Hochschule Speyer, Bd. 58), Berlin 1976.

Schröter, Verena: **Die deutsche Industrie auf dem Weltmarkt** 1929 bis 1933. Außenwirtschaftliche Strategien unter dem Druck der Weltwirtschaftskrise, (= Europäische Hochschulschriften, Reihe 3, Bd.251), Frankfurt a. M. 1984.

Schulz, Günther: **Kontinuitäten und Brüche in der Wohnungspolitik** von der Weimarer Zeit bis zur Bundesrepublik, in: Stadtwachstum, Industrialisierung, sozialer Wandel. Beiträge zur Forschung der Urbanisierung im 19. und 20. Jahrhundert, hrsg. von Hans-Jürgen Teuteberg, (= Schriften des Vereins für Socialpolitik, N. F., Bd.156), Berlin 1986, S.135-173.

Schwarz, Hans-Peter: **Adenauer**. Der Aufstieg: 1876-1952, Stuttgart, 3. Aufl. 1991.

Selbsthilfe der Städte. Wohlfahrtslasten. Schulwesen. Rationalisierung des Krankenhauses. Schuldenwesen. Wirtschaftsberatung, in: Der Städtetag 25 (1931), S.1-4.

Selbstverwaltung, in: Deutsches Rechts-Lexikon, hrsg. von Horst Tilch, bearb. für das Sachgebiet Kommunalrecht von Volker Hassel, München, 2. Aufl. 1992, Bd. 3, S. 363-365.

Selbstverwaltungsaufgaben der Kommunen, in: Deutsches Rechts-Lexikon, hrsg. von Horst Tilch, bearbeitet für das Sachgebiet Kommunalrecht von Volker Hassel, München, 2. Aufl. 1992, Bd. 3, S. 365 f.

Die Selbstverwaltung als Grundbau des Staates, in: Der Städtetag 23 (1929), Sp. 901-904.

Seutemann, Karl: **Finanzübersicht nach der Rechnung 1930**, in: StJbdtSt, N. F. Bd. 7, 28 (1933), S. 189-234.

–: **Finanzübersicht nach der Rechnung 1931**, in: StJbdtG, N. F. Bd. 8, 29 (1934), S. 211-248.

Simons, Rolf: **Staatliche Gewerbeaufsicht** und gewerbliche Berufsgenossenschaften. Entstehung und Entwicklung des dualen Aufsichtssystems im Arbeitsschutz in Deutschland von den Anfängen bis zum Ende der Weimarer Republik, zugleich Diss. U Köln 1983, Frankfurt a. M. 1984.

Soll man den Dingen ihren Lauf lassen? Die Lösung der kommunalen Schuldenprobleme als vordringliche Aufgabe, in: Der Städtetag 26 (1932), S. 523-526.

Speier, Hans: **Die Angestellten vor dem Nationalsozialismus**. Ein Beitrag zum Verständnis der deutschen Sozialstruktur 1918-1933, Göttingen 1977, Nachdruck Frankfurt a. M. 1989.

SSK DU: Stadtsparkasse Duisburg: **Geschäftsbericht** der Städtischen Sparkasse zu Duisburg für das Rechnungsjahr **1929**, [Duisburg-Hamborn] [1930].

–: Stadtsparkasse Duisburg-Hamborn: **Geschäftsbericht** der Städtischen Sparkasse zu Duisburg-Hamborn für das Rechnungsjahr ... [Duisburg-Hamborn]

... **1930**, [1931]. ... **1931**, [1932]. ... **1932**, [1933]. ... **1933**, [1934].

SSK E: Stadtsparkasse Essen: **Geschäftsbericht** der Städtischen Sparkasse Essen ..., [Essen]

... 89. Geschäftsjahr **1929**, [1930]. ... 90. Geschäftsjahr **1930**, [1931]. ... 91. Geschäftsjahr **1931**, [1932]. ... 92. Geschäftsjahr **1932**, [1933]. ... 93. Geschäftsjahr **1933**, [1934].

SSK K: Stadtsparkasse Köln: **Geschäftsbericht** ..., [Köln]

... **1929**: Bericht über die Verwaltung der Sparkasse und der Hypothekenanstalt der Stadt Köln für 1929, [1930]. [1930-1932: Sparkasse und Hypothekenanstalt der Stadt Köln. Geschäftsbericht]

... **1930**: 1930, [1931]. ... **1931**: 1931, [1932]. ... **1932**: 1932, [1933]. ... **1933**: Sparkasse der Stadt Köln. Geschäftsbericht 1933, [1934].

SSK MG: Städtische Sparkasse Gladbach-Rheydt: **Geschäftsbericht** ..., [Gladbach-Rheydt]

... Geschäftsjahr **1929**, [1930]. ... **1930**, [1931]. ... der Städtischen Sparkasse Gladbach-Rheydt für das Jahr **1931**, [1932]. ... der Städtischen Sparkasse Gladbach-Rheydt für das Jahr **1932**, [1933].

SSK W: **Geschäftsbericht** ..., [Wuppertal]
... Hauptstelle Elberfeld der Stadt-Sparkasse in Barmen-Elberfeld. Geschäfts-Bericht für das Geschäfts-Jahr **1929**, [Wuppertal] [1930].
... Städtische Sparkasse in Wuppertal. Geschäfts-Bericht für das Geschäftsjahr ... **1930**, [1931]. ... **1931**, [1932]. ... **1932**, [1933]. ... **1933**, [1934].

Stadt Düsseldorf. Haushaltsplan für das Rechnungsjahr ..., Düsseldorf
... **1930**, [1930]. ... **1931**, [1931]. ... **1932**, [1932].

Stadt Duisburg. Haushaltssatzung für das Rechnungsjahr 1935. (1. April 1935 bis 31. März 1936), [Duisburg] [1935].

Stadt Duisburg-Hamborn. Haushaltsplan für das Rechnungsjahr ..., [Duisburg-Hamborn]
... **1930**. (1. April 1930 bis 31. März 1931), [1930]. ... **1931**. (1. April 1931 bis 31. März 1932), [1931]. ... **1932**. (1. April 1932 bis 31. März 1933), [1932]. ... **1933**. (1. April 1933 bis 31. März 1934), [1933]. ... **1934**. (1. April 1934 bis 31. März 1935), [1934].

Stadtgemeinde Essen. Haushaltsplan für das Rechnungsjahr ..., Essen
... **1930**. 1. April 1930 bis 31. März 1931, [1930].
Beiheft: **Erläuterungen zum Haushaltsplan 1930**.
... **1931**. 1. April 1931 bis 31. März 1932, [1931].
Beiheft: **Erläuterungen zum Haushaltsplan 1931**.
... **1932**. 1. April 1932 bis 31. März 1933, [1932].
Beiheft: **Erläuterungen zum Haushaltsplan 1932**.
... **1933**. 1. April 1933 bis 31. März 1934, [1933].
Beiheft: **Erläuterungen zum Haushaltsplan 1933**.
... **1934**. 1. April 1934 bis 31. März 1935, [1934].
... **1935**. 1. April 1935 bis 31. März 1936, [1935].

Städte und Statistik. Beilage zur Zeitschrift „Der Städtetag" 24 (1930)-27 (1933).

Städtisches Haushalts-, Kassen- und Rechnungswesen, in: Der Städtetag 26 (1932), S. 274 f.

Staedtler, F. A.: **Der Wohnungsbau** in den Städten ..., in: Städte und Statistik, Beilage zur Zeitschrift „Der Städtetag", ...
... **im 1. Halbjahr 1932**, 26 (1932), H. 9, S. 91*-95*.
... **im zweiten Halbjahr und im Jahre 1932**, 27 (1933), H. 5, S. 45*-49*.
... **im ersten Halbjahr 1933**, in: Gemeinden und Statistik, Beilage zur Zeitschrift „Der Gemeindetag" 27 (1933), H. 9, S. 85*-89*.

Staender, Klaus: **Lexikon der öffentlichen Finanzwirtschaft**. Wirtschafts-, Haushalts- und Kassenrecht, Heidelberg, 2. Aufl. 1989.

Statistik der Vermögensteuerveranlagung 1928, (= StdDR, Bd. 390), bearb. im Statistischen Reichsamt, Berlin 1931.

Statistische Jahresübersichten der Stadt Essen 1930-1934, hrsg. vom Statistischen Amt, [Essen] [1935].

Statistische Vierteljahresberichte der Stadt Gladbach-Rheydt, hrsg. vom Städtischen Statistischen Amt, [Gladbach-Rheydt], 1 (1930)-3 (1932); 4 (1933), Nr. 1-2.

Statistischer Monatsbericht der Stadt Duisburg-Hamborn, hrsg. vom Statistischen Amt der Stadt Duisburg-Hamborn, 18 (1930).

Statistischer Vierteljahresbericht der Stadt Duisburg-Hamborn, hrsg. vom Statistischen Amt der Stadt Duisburg-Hamborn, 19 (1931)-21 (1933).

Statistischer Vierteljahresbericht der Stadt Essen, hrsg. vom Statistischen Amt der Stadt Essen, Juli-September 1930; April-Juni 1931.
Statistisches Heft, hrsg. vom Verein für die bergbaulichen Interessen, Essen, 33 (1933)-34 (1934).
Statistisches Jahrbuch der Stadt Köln, hrsg. vom Statistischen und Wahlamt der Stadt Köln, Köln, 1930-1935.
Stegemann: **Die Steuereinnahmen der Gemeinden im Rechnungsjahr** ...
... **1929**, in: StJbdtSt, N. F. Bd. 5, 26 (1931), S. 360-399.
... **1930**, in: ebd., N. F. Bd. 6, 27 (1932), S. 128-156.
... **1931** , in: ebd., N. F. Bd. 7, 28 (1933), S. 130-161.
... **1932**, in: StJbdtG, N. F. Bd. 8, 29 (1934), S. 178-210.
... **1933**, in: ebd., N. F. Bd. 9, 30 (1935), S. 219-260.
StenoVB D: Stenographische Verhandlungs-Berichte der Stadtverordneten-Versammlung zu Düsseldorf, Düsseldorf 1929-1932.
StenoVB K: Verhandlungen der Stadtverordneten-Versammlung zu Köln vom Jahre 1929, hrsg. vom Oberbürgermeister zu Köln, Köln [1929].
Stenographische Verhandlungsberichte der Kölner Stadtverordnetenversammlung vom Jahre ..., hrsg. vom Oberbürgermeister, Köln 1930-1933.
StenoVB W: Stenographische Berichte über die Verhandlungen der Stadtverordneten-Versammlung zu Wuppertal in der Zeit vom ...
... 1. Dezember 1929 bis 31. Dezember 1930, Wuppertal [1931].
... 1. Januar 1932 bis 31. Dezember 1932, Wuppertal [1933].
Stenographischer Bericht über die Verhandlungen der Stadtverordneten-Versammlung der Stadtgemeinde Wuppertal ...
... 1931.
... 1933, Sitzung vom 25. Januar 1933.
Der Steuerabzug vom Arbeitslohn im Jahre 1928, (= StdDR, Bd. 378), bearb. im Statistischen Reichsamt, Berlin 1931.
Der Steuerabzug vom Arbeitslohn in den Jahren 1932 und 1934, (= StdDR, Bd. 492), bearb. im Statistischen Reichsamt, Berlin 1937.
Die Steuereinnahmen der Gemeinden mit mehr als 10 000 Einwohnern im Rechnungsjahr 1933/34, in: Gemeinden und Statistik, Beilage zur Zeitschrift „Der Gemeindetag" 28 (1934), Nr. 22, S. 75*-90*.
Stier-Somlo, Fritz: **Handbuch des kommunalen Verfassungsrechts in Preußen**, Mannheim, Berlin, Leipzig, 2. Aufl. 1928.
–: **Selbstverwaltung und Staatsaufsicht**, in: Handwörterbuch der Rechtswissenschaft, hrsg. von Alexander Elster, Fritz Stier-Somlo, Berlin, Leipzig 1928, Bd. 5, S. 434-442.
–: **Der Staatskommissar zur Verwaltung der Stadt Berlin**, in: RuPrVBl. 51 (1930), S. 781-784.
StJbDR: Statistisches Jahrbuch für das Deutsche Reich, hrsg. vom Statistischen Reichsamt, 48 (1929)-55 (1934), Berlin 1929-1935.
StJbdtG: Statistisches Jahrbuch deutscher Gemeinden. Amtliche Veröffentlichung des Deutschen Gemeindetages, bearbeitet von der Arbeitsgemeinschaft für gemeindliche Statistik, Jena, N. F. Bd. 8-9, 29 (1934)-30 (1935).
StJbdtSt: Statistisches Jahrbuch deutscher Städte. Amtliche Veröffentlichung des Deut-

schen Städtetages, bearbeitet vom Verband der deutschen Städtestatistiker, Jena, N. F. Bd. 4-7, 24 (1929)-28 (1933).

Stöcker, Heinzgeorg: **Die Entwicklungsphasen in der gemeinnützigen Wohnungswirtschaft** unter dem Einfluß der Unternehmungsformen, (= Schriften des Instituts für Wohnungsrecht und Wohnungswirtschaft an der Universität zu Köln, Bd. 45), zugleich Diss. U Köln 1975, Bonn 1976.

Stockmann, Reinhard/**Willms-Herget**, Angelika: **Erwerbsstatistik in Deutschland**. Die Berufs- und Arbeitsstättenzählungen seit 1875 als Datenbasis der Sozialstrukturanalyse, Frankfurt a. M. 1985.

Strathoff, Wilhelm: **Die neue Form der städtischen Haushaltspläne**. Nach dem Vorschlag des Reichsstädtebundes, in: Staats- und Selbstverwaltung 11 (1930), S. 19-21.

Stumpp, Hans: **Die Entwicklung des Finanzausgleichs** in Deutschland von 1871 bis zur Gegenwart, Diss. U Würzburg 1964.

Sturm, Roland: **Krisentheorien**, in: Pipers Wörterbuch zur Politik, hrsg. von Dieter Nohlen und Rainer-Olaf Schultze, München, Zürich 1985, Bd. 1, S. 482-484.

Sturm, Roland/**Billing**, Peter: **Krisentheoretische Ansätze**, in: Lexikon der Politik, hrsg. von Dieter Nohlen, Bd. 2: Politikwissenschaftliche Methoden, hrsg. von Jürgen Kriz, Dieter Nohlen, Rainer-Olaf Schultze, München 1994, S. 227-229.

Surén: **Finanzgesetzgebung** und Finanznot der Gemeinden, in: Staats- und Selbstverwaltung 12 (1931), S. 505-508.

–: **Gemeindefinanzverordnung und Stellenplanverordnung**, in: RuPrVBl. 54 (1933), S. 9-12.

–: **Die letzten Änderungen des kommunalen Finanzrechts** und die Wege aus der Finanznot der Gemeinden, in: Neue Wege der Kommunalverwaltung, hrsg. von der Verwaltungs-Akademie Berlin, Berlin, Leipzig 1932, S. 68-94.

–: **Zur Finanznot der Gemeinden**, in: Reich und Länder 7 (1933), S. 65-70.

–: **Zur kommunalpolitische Lage**, (Vortrag, gehalten am 21.1.1933 in der Sitzung des Vorstandes und des Arbeitsausschusses des Vereins für Kommunalwirtschaft und Kommunalpolitik e. V. in Erfurt), in: Zeitschrift für Kommunalwirtschaft 23 (1933), Sp. 220-229.

Tapolski: **Kommunale Sparmöglichkeiten** (unter Berücksichtigung der bis Ende 1931 erlassenen Verordnungen und Bestimmungen), in: Neue Wege der Kommunalverwaltung, hrsg. von der Verwaltungs-Akademie Berlin, Berlin, Leipzig 1932.

Taschenbuch für die Gemeinde-, Stadt-, Kreistags- und Provinziallandtags-Verordneten in Preußen, (Kommunales Taschenbuch), hrsg. von Horst Neubauer, Johannes Dierkes, (= Verwaltungs-Bücherei, Bd. 22), Berlin 1930.

Tenfelde, Klaus: **Soziale Schichtung**, Klassenbildung und Konfliktlagen im Ruhrgebiet, in: Das Ruhrgebiet im Industriezeitalter. Geschichte und Entwicklung, hrsg. von Wolfgang Köllmann, Hermann Korte, Dietmar Petzina, Wolfhard Weber, Düsseldorf 1990, Bd. 2, S. 121-217.

Tennstedt, Florian: **Wohltat und Interesse**. Das Winterhilfswerk des Deutschen Volkes: Die Weimarer Vorgeschichte und ihre Instrumentalisierung durch das NS-Regime, in: Geschichte und Gesellschaft 13 (1987), S. 157-180.

Tetzlaff: **Zur Aufbereitung der kommunalen Reichsfinanzstatistik**, in: Zeitschrift des Preußischen Statistischen Landesamts 66 (1926), Berlin 1927, S. 67-84.

Timm, Helga: **Die deutsche Sozialpolitik** und der Bruch der großen Koalition im März 1930, Düsseldorf 1952.
Totzek, W.: **Zur Vereinheitlichung der gemeindlichen Haushaltspläne**, in: Die nationalsozialistische Gemeinde 1 (1933), S. 221-223.
Trischler, Helmuth: **Steiger im deutschen Bergbau**. Zur Sozialgeschichte der technischen Angestellten 1815-1945, (= Bergbau und Bergarbeit), zugleich Diss. U München 1986, München 1988.
Tschirbs, Rudolf: **Tarifpolitik im Ruhrbergbau** 1918-1933, (= Veröffentlichungen der Historischen Kommission zu Berlin, Bd. 64: Beiträge zu Inflation und Wiederaufbau in Deutschland und Europa 1914-1924, Bd. 5), Berlin, New York 1986.
Uebbing, Helmut: **Wege und Wegmarken**. 100 Jahre Thyssen, hrsg. von der Thyssen AG Duisburg, Berlin 1991.
Umsatz und Umsatzsteuer in Deutschland nach den Umsatzsteuerveranlagungen 1929 und 1930, bearb. im Statistischen Reichsamt, (= StdDR, Bd. 399), Berlin 1932.
Unger, Hermann: **Die Hauszinssteuer** als Mittel der öffentlichen Finanzierung des Wohnungsbaues, Diss. U Frankfurt a. M. 1931.
Unruh, Georg-Christoph von: **Spannungen zwischen Staats- und Selbstverwaltung** im bürgerlichen und sozialen Rechtsstaat, in: Der Staat 4 (1965), S. 441-468.
Upmeier, Gisela: **Außerparlamentarische Entscheidungsträger** in der kommunalpolitischen Willensbildung, in: Kommunale Finanzpolitik in der Weimarer Republik, hrsg. von Karl-Heinrich Hansmeyer, (= Schriftenreihe des Vereins für Kommunalwissenschaften e. V. Berlin, Bd. 36), Stuttgart 1973, S. 220-235.
–: **Der Kampf der Gemeinden** gegen die politische Bevormundung durch Reich und Länder, in: ebd., S. 139-143.
–: **Schachts Kampf gegen die kommunalen Auslandsanleihen**, in: ebd., S. 160-171.
–: **Das veränderte finanzpolitische Selbstverständnis der Gemeinden**, in: ebd., S. 129-131.
Urteil des Staatsgerichtshofs für das Deutsche Reich vom 10. und 11.12.1929, in: Entscheidungen des Reichsgerichts in Zivilsachen, Anhang: Entscheidungen des Staatsgerichtshofs für das Deutsche Reich, Berlin, Leipzig 1930, Bd. 126, S. 14*-25*.
VB D 1931/32: Verwaltungsbericht der Stadt Düsseldorf für das Jahr 1931/32. [nicht veröffentlicht].
VB D 1933-1936: Verwaltungs-Bericht der Stadt Düsseldorf für den Zeitraum vom 1. April 1933 bis 31. März 1936, bearb. im Statistischen Amt, Düsseldorf [1936].
VB DU: Verwaltungsbericht der Stadt Duisburg-Hamborn, hrsg. vom Statistischen Amt der Stadt Duisburg-Hamborn für das Jahr ..., [Duisburg-Hamborn].
... **1929**, [1930]. ... **1930**, [1931]. ... **1931**, [1932]. ... **1932**, [1933]. ... **1933**, [1934].
VB DU 1930-1932 N: Verwaltungsbericht der Stadt Duisburg für 1930-1932, hrsg. vom Städtischen Statistischen Amt, [Duisburg] [1936].
VB E: Verwaltungsbericht der Stadt Essen ..., bearb. im Statistischen Amt, [Essen].
... **1929**, [1930]. ... **1930**, [1931]. ... **1931**, [1932]. ... **1932**, [1933]. ... **1933**, [1934].
VB K: Verwaltungsbericht der Stadt Köln ..., bearb. vom Statistischen und Wahlamt, Köln.
... **1929/30**, 1930. ... **1930/31**, 1931. ... **1931/32**, 1932. ... **1932/33**, 1933. ... **1933/34**, 1934.

VB MG: Stadt Gladbach-Rheydt. Bericht über die Verwaltung und den Stand der Gemeindeangelegenheiten ..., bearb. im Städtischen Statistischen Amt, Gladbach-Rheydt.
... **1929 und 1930**: für die Rechnungsjahre 1929 und 1930, 1931. ... **1931**: für das Rechnungsjahr 1931, 1932. ... **1932-1933**: in der Zeit vom 1.4.1932-31.7.1933, M. Gladbach 1933.
VB der Reichsbank für das Jahr ..., Berlin
... **1929**, [1930]. ... **1930**, [1931]. ... **1931**, [1932]. ... **1932**, [1933]. ... **1933**, [1934].
VB W 1929-1931: Verwaltungsbericht der Stadt Wuppertal für die Zeit vom 1. August 1929 bis 31. Dezember 1931, hrsg. vom Statistischen Amt, [1932].
VB W: Verwaltungsbericht der Stadt Wuppertal für das Jahr ..., [Wuppertal].
... **1932**, hrsg. vom Statistischen Amt, [1933]. ... **1933**, hrsg. vom Propaganda-Amt, [1934].
Die Verantwortung der Reichsregierung. Um Aufrechterhaltung der Arbeitslosenhilfe und Sicherung der Gemeindefinanzen, in: Der Städtetag 26 (1932), S. 269-271.
Vereinheitlichung der kommunalen Spitzenverbände, in: Der Städtetag 27 (1933), S. 237.
Vereinigte Stahlwerke Aktiengesellschaft, Düsseldorf:
Bericht 1928/1929: Bericht über das 4. Geschäftsjahr vom 1. Oktober 1928 bis 30. September 1929 für die ordentliche Generalversammlung am 28. Februar 1930, Düsseldorf [1929].
Bericht 1929/1930: Bericht über das 5. Geschäftsjahr vom 1. Oktober 1929 bis 30. September 1930 für die ordentliche Generalversammlung am 18. März 1931, Düsseldorf [1930].
Bericht 1930/1931: Bericht über das 6. Geschäftsjahr vom 1. Oktober 1930 bis 30. September 1931 für die ordentliche Generalversammlung am 18. März 1932, Düsseldorf [1931].
Bericht 1933/1934: Bericht über das 7. Geschäftsjahr vom 1. April 1933 bis 31. März 1934 für die ordentliche Generalversammlung am 24. August 1934, Düsseldorf [1934].
Verhandlungen des Rheinischen Provinziallandtages ...
... **78. Provinziallandtag** vom 23. bis 28. März 1931, Düsseldorf [1931].
... **79. Provinziallandtag** vom 26. bis 30. April 1932, Düsseldorf [1932].
Verzeichnis der Verwaltungsbezirke, die seit 1925 eine Gebietsänderung erfahren haben, in: Vierteljahrshefte zur StdDR 39 (1930), H. 3, S. 104-113.
VHzK: Vierteljahrshefte zur Konjunkturforschung, hrsg. vom Institut für Konjunkturforschung, Berlin, Teile A und B, 4 (1929/30)-9 (1934).
Viergutz, Volker: **Deutscher und Preußischer Städtetag**. Repositur 142/1, (= Findbücher, hrsg. vom Landesarchiv Berlin, Bd. 5a, 5b, 5c), Bd. 1-3, Berlin 1988.
Vierteljahrshefte zur StdDR: Vierteljahrshefte zur Statistik des Deutschen Reichs, hrsg. vom Statistischen Reichsamt, 39 (1930)-43 (1934).
Vinschen, Klaus-Dieter/Heid, Ludger/Kraume, Hans-Georg/Lerch, Karl W./Milz, Josef/Pietsch, Hartmut/Tromnau, Gernot: **Kleine Geschichte der Stadt Duisburg**, Duisburg 1983.
Voigt, Fritz: **Untersuchungen zum Finanzsystem der deutschen gemeindlichen Selbstverwaltung**, (= Beiträge zur Finanzkunde, N. F. H. 1 b), Leipzig 1936.
Voigt, Rüdiger: **Die Auswirkungen des Finanzausgleichs** zwischen Staat und Ge-

meinden auf die kommunale Selbstverwaltung von 1919 bis zur Gegenwart, (= Schriften zum öffentlichen Recht, Bd. 259), Berlin 1975.

Volkszählung, Bevölkerung, Ausländer, 1933: Volkszählung. Die Bevölkerung des Deutschen Reichs nach den Ergebnissen der Volkszählung 1933. Die Ausländer im Deutschen Reich. Die Bevölkerung einiger Gebiete des Deutschen Reichs nach der Muttersprache, (= StdDR, Bd. 451, H. 4), bearb. im Statistischen Reichsamt, Berlin 1936.

Volkszählung, Bevölkerung, Einführung: Volkszählung. Die Bevölkerung des Deutschen Reichs nach den Ergebnissen der Volkszählung 1925. Einführung in die Volkszählung 1925. Tabellenwerk, (= StdDR, Bd. 401, Teil I), bearb. im Statistischen Reichsamt, Berlin 1928.

Volkszählung, Bevölkerung, Geschlecht, 1933: Volkszählung. Die Bevölkerung des Deutschen Reichs nach den Ergebnissen der Volkszählung 1933. Geschlecht, Alter und Familienstand der Bevölkerung des Deutschen Reichs, (= StdDR, Bd. 451, H. 2), bearb. im Statistischen Reichsamt, Berlin 1936.

Volkszählung, Bevölkerung, Stand, 1933: Volkszählung. Die Bevölkerung des Deutschen Reichs nach den Ergebnissen der Volkszählung 1933. Stand, Entwicklung und Siedlungsweise der Bevölkerung des Deutschen Reichs, (= StdDR, Bd. 451, H. 1), bearb. im Statistischen Reichsamt, Berlin 1935.

Volkszählung, Familien, Familien, 1933: Volkszählung. Die Familien und Haushaltungen nach den Ergebnissen der Volks- und Berufszählung 1933. Die Familien im Deutschen Reich nach der Zahl der im Haushalt lebenden Kinder, (= StdDR, Bd. 452, H. 2), bearb. im Statistischen Reichsamt, Berlin 1937.

Volkszählung, Familien, Haushaltungen, 1933: Volkszählung. Die Familien und Haushaltungen nach den Ergebnissen der Volks- und Berufszählung 1933. Die Haushaltungen im Deutschen Reich, (= StdDR, Bd. 452, H. 3), bearb. im Statistischen Reichsamt, Berlin 1936.

Vorstandssitzung des Preußischen Städtetages am 9. Februar 1929 im Städtehaus zu Berlin, in: Der Städtetag 23 (1929), Sp. 144-148.

Wagenführ, Rolf: **Die Bedeutung des Außenmarktes für die deutsche Industriewirtschaft**. Die Exportquote der deutschen Industrie von 1870 bis 1936, (= Sonderhefte des Instituts für Konjunkturforschung, Nr. 41), Berlin, Hamburg 1936.

Weber, Max: **Wirtschaft und Gesellschaft**. Grundriß der verstehenden Soziologie, hrsg. von Johannes Winckelmann, 1. Halbband, Tübingen, 5. Aufl. 1976.

Weidenhaupt, Hugo: **Kleine Geschichte der Stadt Düsseldorf**, Düsseldorf, 10. Aufl. 1993.

Weiß, Ulrich: **Macht**, in: Lexikon der Politik, hrsg. von Dieter Nohlen, Bd. 1: Politische Theorien, hrsg. von Dieter Nohlen und Rainer-Olaf Schultze, München 1995, S. 305-315.

Wessel, Horst A.: **Kontinuität im Wandel**. 100 Jahre Mannesmann 1890-1990, hrsg. von der Mannesmann AG, [Düsseldorf] [1990].

Weyermann, Moritz Rudolf: **Theorie des öffentlichen Kredits**, in: Handbuch der Finanzwissenschaft, hrsg. von Wilhelm Gerloff und Franz Meisel, Tübingen 1927, Bd. 2, S. 516-586.

Wiel, Paul: **Wirtschaftsgeschichte des Ruhrgebietes**. Tatsachen und Zahlen, hrsg. vom Siedlungsverband Ruhrkohlenbezirk, Essen 1970.

Wilhelm, Manfred: **Die Wuppertaler Textilindustrie** als Anstoßindustrie im Wuppertaler Industriebezirk, Diss. U Köln, Elberfeld 1929.
Wilhelms, Carl: **Die Übererzeugung im Ruhrkohlenbergbau** 1913-1932, (= Beiträge zur Erforschung der wirtschaftlichen Wechsellagen Aufschwung, Krise, Stockung, H. 15), Jena 1938.
Wirtschaft und Statistik 9 (1929)-14 (1934).
Wirtschaft und Verkehr 8 (1930)-12 (1934).
Wisotzky, Klaus: **Der Ruhrbergbau im Dritten Reich**. Studien zur Sozialpolitik im Ruhrbergbau und zum sozialen Verhalten der Bergleute in den Jahren 1933 bis 1939, (= Düsseldorfer Schriften zur Neueren Landesgeschichte und zur Geschichte Nordrhein-Westfalens, Bd. 8), Düsseldorf 1983.
Witt, Peter-Christian: **Finanzpolitik als Verfassungs- und Gesellschaftspolitik**. Überlegungen zur Finanzpolitik des Deutschen Reiches in den Jahren 1930 bis 1932, in: Geschichte und Gesellschaft 8 (1982), S. 386-414.
–: **Inflation, Wohnungszwangswirtschaft und Hauszinssteuer**. Zur Regelung von Wohnungsbau und Wohnungsmarkt in der Weimarer Republik, in: Wohnen im Wandel. Beiträge zur Geschichte des Alltags in der bürgerlichen Gesellschaft, hrsg. von Lutz Niethammer, Wuppertal 1979, S. 385-407.
Wohnreform in Köln. Geschichte der Baugenossenschaften, hrsg. von Klaus Novy, Köln 1986.
Die Wohnverhältnisse im Deutschen Reich nach der Reichswohnungszählung 1927, bearb. im Statistischen Reichsamt, (= StdDR, Bd. 362), Teil I: Text, Teil II: Tabellenwerk, Berlin 1930.
Wolff, Max J.: **Zwangswirtschaft und Wohnungswesen**, Berlin [1929].
Wolfgang, Ernst: **Kritische Darstellung der Kreditbeschaffungstechnik** der öffentlichen Körperschaften seit 1924, in: Wirkungen und Ursachen des hohen Zinsfußes in Deutschland, hrsg. von Karl Diehl, Erwin von Beckerath, Moritz Julius Bonn, Jena 1932, S. 781-820.
Wolffsohn, Michael: **Industrie und Handwerk** im Konflikt mit staatlicher Wirtschaftspolitik? Studien zur Politik der Arbeitsbeschaffung in Deutschland 1930-1934, (= Schriften zur Wirtschafts- und Sozialgeschichte, Bd. 30), Berlin 1977.
Wulf, Peter: **Die Mittelschichten** in der Krise der Weimarer Republik 1930-1933, in: Wirtschaftskrise und liberale Demokratie. Das Ende der Weimarer Republik und die gegenwärtige Situation, hrsg. von Karl Holl, Göttingen 1978, S. 89-102.
Wuppertaler Statistik. Halbjahresbericht des Statistischen und Wahlamts der Stadt Wuppertal, Nr. 1-6, 8-10, 12-15, Wuppertal 1930-1933.
WWZ: Westdeutsche Wirtschafts-Zeitung 7 (1929)-12 (1934).
Zarden: **Einkommensteuer**, in: Bitter: Handwörterbuch der Preußischen Verwaltung, hrsg. von Bill Drews, Franz Hoffmann, Bd. 1, Berlin, Leipzig, 3. Aufl. 1928, S. 418-430.
–: **Körperschaftsteuer**, in: ebd., S. 1050-1054.
–: **Vermögensteuer**, in: ebd., Bd. 2, Berlin, Leipzig, 3. Aufl. 1928, S. 915-918.
Zeck, W.: **Staatsaufsicht in Angelegenheiten des Gemeindehaushalts**, in: Staats- und Selbstverwaltung 12 (1931), S. 65-67.
Ziebill, Otto: **Geschichte des Deutschen Städtetages**. Fünfzig Jahre deutsche Kommunalpolitik, Stuttgart, Köln 1955.

–: **Politische Parteien und kommunale Selbstverwaltung**, (= Schriftenreihe des Vereins für Kommunalwissenschaften e. V. Berlin, Bd. 7), Stuttgart, 2. Aufl. 1972.

Zieger, Paul: **Entlastung der Gemeinden** durch Ausdehnung der Krisenfürsorge?, in: Die Arbeitslosenversicherung 7 (1930), Teil I, Sp. 338-342.

Zollitsch, Wolfgang: **Arbeiter** zwischen Weltwirtschaftskrise und Nationalsozialismus. Ein Beitrag zur Sozialgeschichte der Jahre 1928 bis 1936, (= Kritische Studien zur Geschichtswissenschaft, Bd. 88), zugleich Diss. U Freiburg im Breisgau 1986, Göttingen 1990.

Zunkel, Friedrich: **Von der Hyperinflation zur Stabilisierung**. Die Finanzpolitik der rheinischen Großstädte Köln, Düsseldorf, Duisburg und Hamborn 1923 und 1924 im Vergleich, in: Von der Landwirtschaft zur Industrie. Wirtschaftlicher und gesellschaftlicher Wandel im 19. und 20. Jahrhundert. Festschrift für Friedrich-Wilhelm Henning zum 65. Geburtstag, hrsg. von Günther Schulz, Paderborn u. a. O. 1996, S. 219-252.

–: **Die wirtschaftliche, soziale und finanzielle Entwicklung Kölns** während der Weltwirtschaftskrise, in: Geschichte in Köln, Jg. 1985, H. 18, S. 35-75.

Zunkel, Friedrich/**Froese**, Wolfgang: **Die Wirtschaft um 1925**. Erwerbstätige nach Wirtschaftsbereichen, hrsg. von Franz Irsigler, Günter Löffler, (= Geschichtlicher Atlas der Rheinlande, Beiheft VII/3), Köln 1992.

Zwischenbilanz, in: Der Städtetag 26 (1932), S. 409 f.

Abbildungsnachweis

Stadtarchiv Mönchengladbach: Abb. 1
Stadtarchiv Duisburg: Abb. 2
Stadtarchiv Wuppertal: Abb. 3
Medienzentrum Rheinland, Düsseldorf: Abb. 4, 6
Stadtarchiv Essen: Abb. 5
Niederbergische Beiträge 16, S. 51: Abb. 7
150 Jahre Regierungsbezirk Düsseldorf, Berlin-West 1966, S. 109: Abb. 8
Preußen und die rheinischen Städte, Köln/Bonn 1994, S. 82: Abb. 9

ORTS- UND PERSONENREGISTER

Böhlau

Günther B. Ginzel
und Sonja Güntner (Hg)
»Zuhause in Köln...«
Jüdisches Leben 1945 bis heute

Auch fünf Jahrzehnte nach der Befreiung erscheint jüdische Existenz in Deutschland wie ein Paradoxon: hier die Vernichtung, die Auslöschung einer zweitausendjährigen Geschichte, dort der Mut zum Neubeginn. Während die Schändungen jüdischer Friedhöfe, antisemitische Angriffe und neonazistische Provokationen alte Ängste und Zweifel wachhielten, ermöglichten das Wirtschaftswunder und die demokratische Entwicklung der Bundesrepublik die Neugründung von Gemeinden und ihren steten Ausbau. Das Buch dokumentiert diesen Prozeß am Beispiel von Köln – der ältesten jüdischen Gemeinde auf deutschem Boden – in Beiträgen renommierter Autoren sowie einer Fülle bislang unbekannter Dokumente und unveröffentlichter Photos. Dabei spannt sich der Bogen von der Rückholung der Überlebenden aus dem Lager Theresienstadt bis zum Kölner Karneval, von der Israel-Mission bis zur Zuwanderung russischer Juden in den neunziger Jahren.

1998. 211 Seiten.
112 s/w-Abbildungen. Broschur.
ISBN 3-412-09198-7

Köln Weimar

Ursulaplatz 1, D-50668 Köln, Telefon (0221) 913900, Fax 9139032